JN138118

漢字字形史小字典

落合淳思 著

東方書店

漢字字形史小字典

落合　淳思

はじめに

漢字の字形がどのように成り立ったのかについての研究を、字源研究と言う。総合的な字源研究は、かつて日本で盛んであり、中国でも近年になって盛んになっている。また、字形の研究に関しては、古代から現代まで、どのように継承されたのかという分野（本書では字形史と呼ぶ）も研究されている。

字源研究や字形史研究は、ただ漢字研究の一部であるだけではなく、中国史学の資料読解、あるいは古代中国の文化研究にも関わっている。さらに、漢字は古代から現代まで継承されたのであり、現代の書道や漢字教育など、幅広い分野に関連している。

しかし、従来の研究は、古代の字形を見落としたり、実際の古代資料に基づかずに解釈したりするなど、理由は様々であるが、いずれにも問題があった。本書は、各時代の字形を網羅的に集めることで、漢字の字源や字形変化を、より正確に復元する。具体的には、各時代の諸字形について、単に羅列するのではなく、推定される継承関係を示すことで字源や字形史の復元を試みる。また、一部の文字については初出の用例や字音からも分析し、あわせて先行研究の誤解や曲解についても指摘する。

本書の分析対象は、現代日本の小学校で習う教育漢字のうち、一～三年生で学習する文字、およびその同源字とした。その理由としては、現代日本でなじみ深いというだけではなく、漢字は古代から継承されたため、現代で基本的な文字は古代でもそうであったものが多く、漢字の字形史の概要を把握するために適した文字群と考えたからである。前述のように、字源研究や字形史研究は多様な分野に関連しており、本書の内容が、多くの研究で役立てられることを期待したい。

目次

謝辞　本書は、ＪＳＰＳ科研費１６Ｋ０２６４９の助成を受けており、分担者の佐藤信弥氏から多大なご助言をいただきました。また、本書はアジア・アフリカ言語文化研究所の共同利用・共同研究課題「アジア文字研究基盤の構築１：文字学に関する用語・概念の研究」の支援を受けています。この場を借りてお礼申し上げます。

1　漢字の歴史

漢字の誕生

中国では、新石器時代から記号が使用されており、仰韶《ぎょうしょう》文化（紀元前五千～前三千年ごろ・黄河中流域）などの遺跡からは、多種の陶文《とうぶん》（陶器に刻まれた記号）が発見されている。しかし、それらは基本的に単独で記されており、文章を構成していないため、言語を記述できる「文字」として一般には認められていない。

漢字が最初に成立したのがどの時代かは、いまだに判明していない。新石器時代末期の山東竜山文化（紀元前三千年紀・黄河下流域）からは、ごく僅かであるが多数の記号を並べた陶文が発見されている（図１）ものの、漢字とは別系統の字形体系であり、漢字の成立年代に関する直接の証拠にはならない。

ただし、黄河中流域においても、二里頭《にりとう》文化（紀元前二千～千六百年ごろ）には王朝が成立しているため、図１などの資料と合わせて、紀元前二千年前後に漢字が成立したと推定するのは妥当であろう。

図１　山東竜山文化の陶文（『竜山文化』から引用）

殷代

殷《いん》王朝（紀元前十六～十一世紀）は、前期の二里岡《にりこう》文化期と後期の殷墟《いんきょ》文化期に大きく分けられる。二里岡文化期の遺跡からは、少数であるが文章になった文字が

図２　甲骨文字の例
（『甲骨文合集』5203）
「翌癸亥王歩（翌《よく》癸《き》亥《がい》、王《おう》歩《ゆ》かんか）」

発見されており、すでに漢字が成立していたことが確かめられる。

そして、殷墟文化期（紀元前十三〜十一世紀）の遺跡からは、大量の甲骨文字が発見されている。甲骨文字は、亀甲や獣骨を用いた占い（甲骨占卜《こうこつせんぼく》）の内容を使用した甲骨に刻んだものである。

殷代後期には王や貴族によって甲骨占卜が盛んに行われたが、それは純粋な占いではなかった。甲骨占卜は、甲骨に熱を加え、出現した卜兆（ひび割れ）の形によって将来の吉凶を占うものであるが、甲骨の背面にあらかじめ窪みを掘ることで、出現する卜兆の形状をコントロールできた。つまり、甲骨占卜は吉凶が操作されていたのであり、一種の儀礼化による政治利用がされていたのである。

甲骨文字の字形については、すでに象形・指事・会意・形声の四種が出揃っている。また、字音による当て字（仮借）や、類似の字義への転用（転注）の用法も見られる。なお、王が主宰した甲骨文字は、大きく五期に区分され、しばしば各時期で異なる字形が見られる。そのため、甲骨文字全体では多くの異体があり、時には二十種以上にのぼることもある。

甲骨文字は、文法的に見ても後代の漢文とほぼ同様であり、所謂「書き下し」が可能である（図２）。漢字・漢語の基礎は、少なくとも殷代後期には整っていたと言える。ちなみに、殷代後期には後述する金文も出現していたが、文章になったものは末期の数十器のみであり、ほかは祖先名と図象記号に限定されている。

周王朝は、前期の西周代（紀元前十一〜八世紀）と後期の東周代（紀元前八〜三世紀）に分けられ、東周代は春秋戦国時代とも呼ばれる。西周王朝は、殷王朝よりも安定した支配体制を構築しており、王と貴族の間、あるいは貴族間における各種の儀礼が発達した。

西周代の漢字資料は、青銅器の銘文である金文にほぼ限定され、そのほかにはごく少数の甲骨文字などが発見されているだけである。金文は、高価な青銅器に鋳込まれた文字であり、装飾性が高いことが特徴である。彫刻された甲骨文字に比べて曲線が多く、また複雑な字形が選択される傾向がある。

西周金文は、王侯よりも下位の貴族が作ったものが多く、王や有力者からの賜与儀礼や職務への任命儀礼などが記録されている（図３）。青銅器は直接的には祖先祭祀の器であるが、自己の権力やその正統性を誇示する意味もあったのである。

漢字の構造として見ると、西周金文では殷代に比べて形声文字が増加しており、発音の表示が文字表記において比重を増していた。また、仮借や転注の用法も増えており、漢字は時代が降ると、徐々に複雑な、あるいは抽象的な語彙を表記するようになっている。

図３　西周金文の例（『殷周金文集成』2661。作器者である「徳」が周王から褒賞として宝貝を賜ったことを記している）

東周代

西周王朝は、内乱によって本家が滅亡し、分家が東方で支配体制を再構築した。これ以降を東周王朝と呼び、春秋戦国時代とも言う。

図４　竹簡文字の例
（『清華大学蔵戦国竹簡（壹）』から引用）

前半の春秋時代（紀元前八～五世紀）は、文化的に西周王朝との連続性が強く、漢字資料としても西周代と同じく金文が中心である。ただし、周王朝の弱体化に伴い、各諸侯の独立性が強まり、文字についても徐々に地域差が生じた。

さらに、後半の戦国時代（紀元前五～三世紀）になると、有力諸侯では専制君主制への移行が始まり、官僚制や徴兵制などが施行され、また新しい思想も多数出現した。その過程で、新しく出現した概念を表記するため、文字も新しく作られており、文字種の数が増加している。

東周代には、王侯貴族だけではなく広く官僚層も漢字を扱うようになり、彼らが用いた簡牘《かんとく》文字（木牘や竹簡に記された文字）が近年に多数発見されている（図４）。簡牘文字には、行政や法律以外にも、思想に関する記述が多く、伝世文献資料との対照研究が行われている。そのほか、東周代には陶器・貨幣・絹布・石刻など、多様な漢字資料の媒体が見られる。

秦代

秦は春秋時代の初期に登場した諸侯であり、東遷後の旧西周王畿などを支配下に置いた。その後、戦国時代の中期に法律改革の成功などにより強大化し、最終的に始皇帝によって中国を統一支配した。

始皇帝は中国全土を官僚制による支配下に置き、徴兵制や郡県制を施行した。また制度的な統一も進めており、度量衡（単位）や貨幣の統一を進めた。その一環として、文字についても統一基準が作られた。

ただし、始皇帝が定めたとされる小篆《しょうてん》（図５）は、新たに作り出されたものではなく、一部を除いてそれ以前から秦で使われていた字形が基礎になっており、実際に戦国時代後期の秦系文字と一致するものが多い。本書でも、「秦（秦代）」として提示した字形は、統一王朝期（紀元前二二一～二〇六年）だけではなく、戦国時代後期（紀元前三世紀）の秦系資料も含んでいる。

なお、本書は小篆を「篆書《てんしょ》」と呼称する。秦代においては、篆書は最も正式な字形として定められたものであるが、官僚層が用いた簡牘文字には簡素な字形が多く、戦国時代から継承された字形や篆書の略体なども多く見られる。殷代の甲骨文字と金文のように、簡素な字形と装飾性の高い字形が併用されていたのである。

図５　篆書の例（「古代量器小考」から引用。度量衡の標準器。始皇帝による天下統一や度量衡の統一が記されている）

隷書

前漢代（紀元前二〇六～西暦八年）には、引き続き篆書が正式な字体とされたが、官僚層が用いる比較的簡易な字形として、隷書《れいしょ》の方が広く使われた。秦～前漢時代の簡牘文字などの字形は「古隷」などと呼ばれる。隷書には、篆書を簡略化したものと、戦国時代や秦代の簡牘文字を継承したものがあり、両系統が併用されることもあった。

その後、篆書は徐々に使われなくなり、後漢代（二五～二二〇年）には隷書が正式な字体として使われるようになった。そのため、文字の美しさも重視される

図６　隷書の例（『中国法書選6』から引用）

ようになり、この時代には波《は》磔《たく》（横画の末尾の払い）を用いた八分隷書が流行した（図６）。

このように、ひとくちに隷書と言っても様々な書体があり、また時代も唐代ごろまでは広く使われた。ただし、本書は字源および字形史が主題なので、隷書や楷書については現代でも使われているものや、それに繋がるものだけを取り上げることにする。

楷書

楷書の書法の基礎を作ったのは東晋代（三一七～四一九年）の王羲之《おうぎし》とされる。ただし、王羲之の楷書は隷書や行書に近い形も併用されており、字形としては定まってはいなかった。

その後、唐代（六一八～九〇七年）になると、儒教の経典や注釈が『五経正義』としてまとめられ、また官僚の採用試験として科挙がおこなわれたため、「正式な字形」が求められ、漢字の正俗を定義した「字様書」が作られた（図７）。

宋代（九六〇～一二七九年）、明代（一三六八～一六四四年）、清代（一六三六～一九一二年）にも「正字」の概念はあり、各時代で正字の定義がされた。現在では、秦代の『康熙《こうき》字典』に掲載された字形を正字と見なすことが多い。一方で、民間における俗字の使用も続けられ、楷書でも多数の異体字が出現した。

また、宋代以降には印刷技術が発達し、印刷用の字体である宋朝体や明朝体が出現し、版木に彫りやすいという理由で略体も盛んに使われた。現代日本の新字体も、そうした略体を起源とするものが少なくない。

現代

現代日本でも、教育漢字などに「新字体」が採用されており、一種の字形変化が起こっている。現代中国は、より大胆な字形変化である「簡体字」を採用しており、原型を全くとどめない文字も多い。そのほか、ベトナムや朝鮮半島では漢字そのものを放棄する政策が採用されており、漢字文化圏で現代でも旧字体を全面的に使用しているのは台湾のほか香港と澳門《マカオ》だけになっている。

なお、漢字の字源を知るうえでは、やはり旧字体の方が理解しやすい場合が多いが、新字体や簡体字についても、中世あるいは古代から使われ続けた俗字や略体を採用していることもあり、必ずしも現代になって作られた字形とは限らない。一部には、「新字体」の方が長い歴史を持つ文字も存在するのであり、現代の「新旧」という概念が字形史の中では逆転する場合もある。

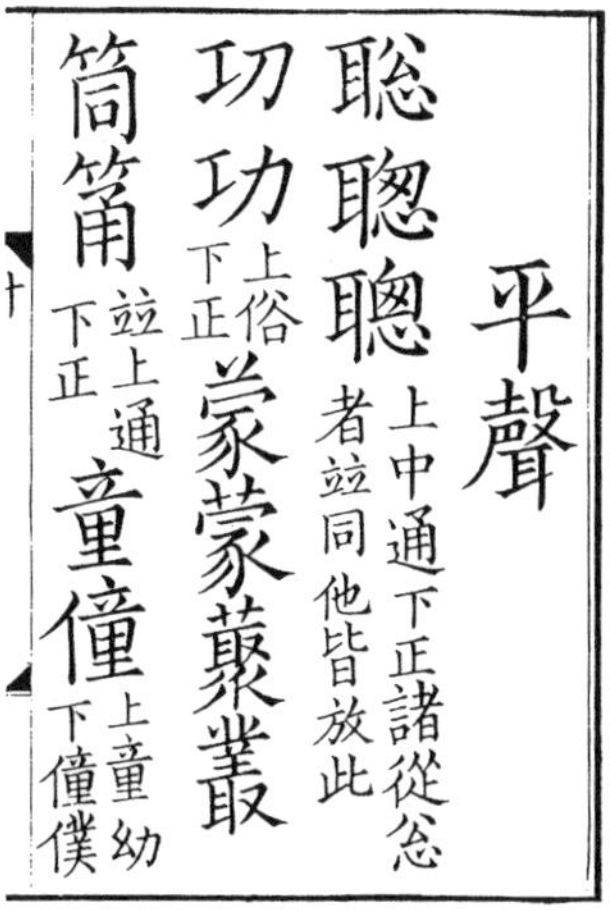

図７　字様書の例（『干禄字書』和刻官版出雲寺本）

2 漢字の成り立ちと字形変化

象形・指事・会意・形声

個々の漢字の字形構造は、象形・指事・会意・形声の四種で説明ができる。

象形は、対象の物体を視覚的に表示した文字であり、いわば絵文字の延長である。指事は、記号（指事記号）を用いて部位や状態を表した文字であり、指事記号だけで構成される場合もある。会意は、複数の象形を用いて対象の動作や様子を表した文字である。

形声は最も機能的な造字法であり、意味を表す部分（意符）と発音を表す部分（声符）を組み合わせた文字である。形声は殷代の段階では少数であるが、西周以降に増加し、現在使われている文字の八割以上を占めている。なお、略体を声符として用いた場合、その部分を「省声《しょうせい》」と呼ぶ。

中間的な文字と亦声

漢字の構造は、象形・指事・会意・形声の四種であるが、中間的な文字も存在する。例えば、「血」は初出の甲骨文字では「」の字形であり、皿（）と血液を表す指事記号の小点からできている。しかし、小点を「血の象形」と見れば、複数の象形を合わせた会意文字と解釈でき、また文字全体を「血液が入った皿の象形」と見ることもできる。

四種の分類について、具体的な方法を最初に示したのは、現存の資料では後漢代に許慎が著した『説文解字《せつもんかいじ》』

が最古であり、それより古い時代には、経験的に文字を作り、また使っていたのであろうから、中間的な文字が出現したのも当然と言える。

そのため、分類の方法は研究者によって様々であり、一義的には決定できない。本書の分類方法は以下の通りである。指事記号を使用し、それが原義に関わる場合は指事文字とした。また象形文字の向きを変えることで新たな字義を表す方法についても、指事文字と見なした。象形と会意の区分については、複数の象形に分けられる場合は会意文字、複数の象形に分けられない場合は象形文字とした。

そして、中間的な分類の代表的なものが「亦声《えきせい》」である。亦声とは、意味と発音の両方を表す部分のことであり、例えば会意文字の「友」は甲骨文字では「㕛」の形であり、二つの手の形（楷書では𠂇と又）を組み合わせて「協力者」を表した文字であるが、「又」は「友」の発音も表しており、亦声の部分に当たる。

こうした会意文字の亦声のほか、形声文字の声符が意味を表す場合も亦声になり、例えば「空」は、「穴」を意符、「工」を声符とするが、鑿の象形の「工」は穴を開けることも意味する亦声の部分と考えられている。

なお、近現代には四種分類以外の分類方法も模索されているが、四種分類が最も伝統があり、また感覚的に理解しやすいため、それ以外は普及していない。本書も四種分類を使用する。

仮借・転注

象形など四種のほかに、「仮借《かしゃ》」と「転注」が知られている。これも具体的に述べたのは『説文解字』が最初であり、許慎はまとめて「六書」と呼称する。

仮借については、同じ発音の別字を借りる用字法であり、字音による当て字であることが判明している。例えば、「東」は甲骨文字では袋の象形の「」であり、当時は袋を指す発音と「ひがし」を指す発音が同じか近かったため、袋の形を借りて「ひがし」の字義表示に用いたものである。特に仮借の用法だけが残った文字は「仮借文字」と呼ばれ、「東」もこれに該当する。

転注については諸説あるが、類似の字義の別字を借りる用字法とする説が有力視されている。例えば、音楽を意味していた「楽（ガク）」を「たのしい」を意味する「ラク」に転用するなどの方法である。字音を借りた当て字である仮借に対し、転注は字義を借りた当て字と言えるだろう。ただし、転注については仮借に比べて転用の経緯が分かりにくく、諸説あることも含め、用語として定着していない状況である。

また、仮借・転注については、語彙に対して字形を用いる方法という点では、象形や指事などと同列の存在であるが、字形の成り立ちという点から見ると、既存のものを転用する方法であり、象形など四種が「造字法」であるのに対して、仮借・転注は「用字法」にあたる。本書でも、字源については造字法を中心に分類をおこなう。

異体字

漢字は、時代によって字形が変化するだけではなく、同じ時代でも複数の字形が併用されることも多く、それを「異体字」あるいは「異体」と呼ぶ。異体字には線の本数や長さの違いといった細かな差異から、偏旁の位置を入れ換えたりするような大きな違いもある。

さらに、字形構造が異なる異体字が併用されることもある。例えば、甲骨文字では「風」は鳳凰の象形である「」で表されるが、声符として「凡（）」を加えた「」の字形も併用されている。前者は象形文字、後者は形声文字にあたる。

また、意符が追加されることもある。例えば、「何」は、本来は人が荷物を背負った形（・）であったが、後に仮借の用法で疑問を表す助字として使われたため、原義については意符として「艹」を追加した「荷」が使われるようになった。楷書の「荷」は、構造としては「何」を声符（原義も表す亦声の部分）とする形声文字である。より一般化して言えば、意符が追加された場合、原初の形を声符（亦声）とする形声文字になる。声符や意符が追加されるなどして構造が変化した場合、原初の形を「初文」、後起の形を「繁文」などと呼ぶ。

また、古代には左右の向きを逆にした「左右反転字」も使われており、特に殷代に多く見られる（意味は変わらない）。そのほか複数の文字を組み合わせて熟語を表示する「合文」という技法もある。まれに左右反転字や合文が字源となった文字も存在する。

複雑な字形変化

漢字の字形変化は、何段階にもわたって複雑な形態でおこなわれる場合もあり、それを例示する。例えば、「雪」を意味する文字は、殷代には雨（）と羽（）から成る「」で表されており、「空から降ってくる羽状のもの」を表す会意文字であった。その後、西周代に羽を声符の「彗」に変えた形声文字（）となり、さらに隷書で彗が簡略化されて「雪（旧字は雪）」の形になった。

また、「望」を意味する文字は、殷代には「」の形であり、目の形の一種である臣（）と人（）から成り、「望み見る人」を表していた。甲骨文字には下部に土盛りの象形の土（）を加えて「土盛りに乗って遠くを望み見る人」を表した形（）があり、これが後代に継承された。その後、西周代に望み見る対象として「月」を加えた「」の形が出現し、さらに臣を声符の亡に変えて「望（）」の形となった。なお、新字体は下部が

「王」であるが、旧字の「朢」は下部が土盛りの形と人の形を合わせた「𡈼《てい》」である。

　そのほか、漢字は意符や声符の追加を用いずに、字形を変えることで字義の差異を表示することもあり、本書ではこれを「分化」と呼ぶ。例えば、甲骨文字の段階では月の象形（・）が「夜間」を意味して用いられていたが、後に一画少ない異体が「夕」として分化した。同様に、史と事、単と干、無と舞なども分化した文字である。

　逆に、本来は別の形だったものが楷書に至るまでに同じ形になる現象も発生しており、本書では「同化」と呼称する。有名なのは「月」と「月（にくづき）」であり、後者は「肉」を簡略化した形（厳密には「肉」の方が繁雑化した形）である。また部分的に同化することもあり、例えば「則」や「貞」は本来は「鼎」だった形が簡略化して「貝」に同化したものである。

原義と引伸義

　個々の漢字には、字形・字義・字音の三つの要素がある。ここまでは字形について述べたが、これ以降は字義と字音について述べる。

　漢字は、最初に作られた段階で表していた字義だけではなく、派生して新たな字義が出現することもある。一字多義は漢字の一般的な現象であり、それは殷代から既に見られる。字形が直接的に表す原初の字義を「原義」、派生して出現した字義を「引伸義《いんしんぎ》」（引申義とも）と呼ぶ。

　例えば、「日」は甲骨文字では太陽の象形である「」の形であり、原義は太陽である。しかし、すでに殷代の段階で「日中」や「日数」の意味でも用いられており、これらは引伸義にあたる。

なお、文字を別語の表現として転用する場合、字音によって転用すると「仮借」、字義によって転用すると「転注」に該当し、特に仮借の用法は引伸義とは見なされない（厳密には転注も別の語彙に転用するものであるから、引伸義とは区別されることがある）。

字音の構造と上古音の復元

漢字は一字一音節であることが特徴であり、これは漢語が一語一音節であることに由来する。

漢字の字音構造は、大きく「声母」と「韻母」に分かれる。声母は字音の冒頭の子音であり、韻母はそれ以外の部分である。また、韻母は介音・主母音・韻尾に分解できる。例えば現代中国語の「典」の発音は［diǎn］と表記され、［d（声母）i（介音）ǎ（主母音）n（韻尾）］という区分になる。

形声文字と声符の関係は、声母・韻母が完全に一致するとは限らず、近いものが選択されることがある。やや異なる発音から選択される場合、声母は清音と濁音の関係になることが多く、韻母は陰声と入声の関係になるものが多い。

漢字の字音の歴史については、大きく分けて上古音（古代の発音）、中古音（中世の発音）、近古音（近世の発音）、現代音があり、このうち字源研究に主に関わるものは上古音である。

上古音の声母・韻母については、『詩（詩経）』の押韻などから、ある程度の分類が可能であるが、個々の字音復元には研究者によって相違がある。さらに、発音体系についても多くの異論があり、現在でも結論が得られていない（巻末の「各研究者の上古音分類」を参照）。

さらに、一定の復元が可能な上古音は、東周代～秦漢代の発音であり、それ以前に関しては発音体系の復元すら試みられていない。西周代については、王朝が連続することから上古音に近いと推定されるが、王朝が異なる殷代については、より大きな発音の変化が予想され、実際に後代と声符の発音が乖離している例もある。

字音の継承と変化

漢字の字音は上古音から現代まで継承されたが、個々の字音や全体の発音体系は徐々に変化した。特に大きな変化は語尾が詰まる（無声子音になる）「入声」であり、中世までは存在したが、近世以降に消滅した。

一方、日本の「音読み」は、中世の発音である中古音を元にしており、徳・鉄・域などに入声が残っている。ただし、漢語の中古音にあった介音の微少な差異や声調などは失われている。ちなみに中国の現代音も、声調は残っているものの、入声の消滅や声母・介音の統合などにより、上古音・中古音に比べて字音の種類が二割ほどにまで減少したと推定されている。

なお、日本の音読みは大きく分けて漢音と呉音があり、漢音は唐代初期の長安付近の発音、呉音は南北朝時代（四二〇～五八九年）の南朝の発音を元にしている。時代としては呉音の方が古いが、漢音が遣唐使などで中国で直接学ばれた発音であるのに対し、呉音は仏典などで朝鮮半島を経由してもたらされた発音とされ、不規則に変化していることもある。

そのほか、日本の音読みには唐音や慣用音があり、唐音は近古音に基づく発音であり、慣用音は日本で変化したり誤用されたりした発音である。

3 先行研究とその問題点

許慎の研究

後漢時代に許慎《きょしん》が著した『説文解字』（西暦一〇〇年に成書）は、現存最古の漢字字典（字源と原義の字典）である。また、六書の定義を示し、各文字について実際に分類を行っている（転注以外の五種）。許慎は所謂「古文学派」に属しており、古い字形によって記された経書の読解を第一義として漢字研究をおこなった。

亦声や省声の概念を明示したのも『説文解字』であり、字形分析として整った形になっているだけではなく、約一万字もの漢字を分析対象としており、最古の漢字字典でありながら、きわめて優れた内容であった。そのほか、一部の文字は戦国時代以前の字形についても「古文」や「籀文《ちゅうぶん》」として掲載している。現存の出土資料と比較すると、「古文」は主に東方諸侯が使用していた文字であり、東周代の金文や簡牘文字と重複することが多い。「籀文」は、伝説では西周王朝の太史籀が作った文字とされるが、実際には西方諸侯が使用していた文字であることが多い。ただし、「古文」「籀文」の一部は、現存の出土資料に全く確認できない場合もある。

なお、後漢代には、殷代や西周代の漢字資料がほとんど残っていなかった。そのため、早くに字形が大きく変化したり、構造が変わった文字、あるいは原義で使われなくなった文字などついては、『説文解字』にも多くの誤解が見られる。

許慎以後の研究史

許慎以後は、新資料の発見が少なく、また篆書が使われなくなったこともあり、字源研究は盛んではなくなった。そのため、文字学では『説文解字』が長く権威として定着した。唐代や宋代に「正字」を定めた字様書も、『説文解字』を意識した字形選択が見られる。

一方、漢字そのものは、主に形声によって新たな文字が作り続けられており、南朝の梁で作られた『玉篇』は収録字数が約一万七千字あったとされ、明代の『正字通』では約三万三千字となっている。そのほか、中世には字音を説明する「韻書」が作られており、また宋代には青銅器銘文の読解がはじまっている。

五代末～北宋代には、徐鉉《じょげん》・徐鍇《じょかい》の兄弟によって『説文解字』の注釈が作られた。弟の徐鍇が先に伝を作り、その死後に兄の徐鉉が校定を行った。通称、前者を「小徐本」、後者を「大徐本」と呼ぶ、これらが普及し、逆にそれ以前の版本はごく僅かな例外を除いて失われた。

清代には考証学の一環として音韻学や金石学が発達し、古代の字形や字音に関する知識が蓄積された。そして、清末に甲骨文字が発見されると、それまでの研究を生かして急速に解読が進められ、漢字の字源や字形史に関する情報が飛躍的に増加した。ただし、戦前には網羅的な字源研究がおこなわれることはなく、個別の文字を対象とするにとどまっていた。

加藤常賢の研究

総合的な字源研究および字形史研究が始まったのは戦後であり、日本の加藤常賢《じょうけん》（一八九四～一九七八年）が最初である。加藤は約二十年をかけて二千五百字以上を分析し、一九七〇年に『漢字の起原』としてまとめた。現在発行されている漢和辞典にも、加藤の見解を採用しているものが少なくない。

ただし、加藤の研究は字音を重視しているものの、日本の音読み（漢音）に基づいているという欠点がある。また、それ以外でも発音の時代関係に無理な変化を想定することが見られる。字形についても、加藤は甲骨文字が専門ではなかったため、金文から分析した文字も少なくない。さらには、金文の字形すら考慮せず、『説文解字』の記述を鵜呑みにしたものや、経書や注釈書などの記述を採用することもあった。

加藤は総合的な研究の先駆けであるから、研究史上においては重要な存在であるが、そうであるが故に、誤解や曲解も必然的に多かったと言えるだろう。

藤堂明保の研究

加藤に続いて総合的な研究をおこなったのは藤堂明保《あきやす》（一九一五～一九八五年）であり、字源や字形について述べたものに『学研　漢和大字典』などがある。藤堂も加藤と同じく字音を重視したが、上古音を復元して研究したことが特徴であり、加藤よりも理論化が進んだと言える。また、藤堂は上古音を二百あまりのグループに分け、字音に共通点があるものは字源にも共通のイメージがあるものとして分析した。

しかし、藤堂の研究手法にも問題があり、まず「イメージ」は恣意的な解釈になりやすいことが挙げられ、自説に都合のよいものを連想しているだけに過ぎない場合も多く見られる。特に形声文字について、声符を「イメージの共有による亦声」として解釈する傾向があり、牽強付会の主張も少なくない。

また、上古音は分類の段階から異説があり、それが異なれば（字形は同じなのに）字源も変わるという矛盾を抱えている。さらに、そもそも「上古音」は東周～秦漢代の発音を復元したものであるから、それ以前に作られた文字に対してどの程度適用できるのかということも未検証であった。そのほか、藤堂は甲骨文字だけではなく金文も専門ではなく、後代の字形・字義で字源を解釈している例も多い。

白川静の研究

白川静（一九一〇〜二〇〇六年）は、当初は文学や史学の分野で研究をしており、その後、字源研究を開始した。多数の著作があり、字源研究については『字統』に集成されている。

白川は、加藤・藤堂よりも遅くに字源研究を始めたが、甲骨文字や金文の知識を多く持っており、より多くの成果を挙げることができた。また、白川の研究は字音よりも字形を重視したことが特徴であり、字源研究とは字形の起源の研究であるから、これも成果につながった。特に、多くの字形を比較するという方法は、単独の文字からでは論理的に判断できない場合でも分析を可能にするものであった。

ただし、白川の研究にも問題はあり、特に、存在が確認されない呪術儀礼を前提にした字源解釈は科学的とは言えない手法であった。古代文明といえども人間の社会であるから、社会的合理性のない儀礼を想定すべきではない。そのほか、白川も甲骨文字より金文や篆書から字源解釈をすることがあり、また発音を軽視したことによる誤解も発生している。

『新字源』と『新漢語林』

各種の漢和辞典にも字源が記載されていることが多い。その中でも最も普及しているのが『新字源』であり、親文字については赤塚忠《きよし》が担当している。

『新字源』は、加藤・藤堂・白川の三者から選択して字源説を採用しており、ごく一部に自説を掲載しているだけである。そのため、三者を比較できるという点で極論は排除できたが、三者ともに誤っている場合は自動的に正解が得られない形になっている。また、編集協力者の関係であろうが、加藤の説が多めに採用されており、結果的に誤りも多くなっている。

なお、『新字源』は二〇一七年に改訂新版が発行された。字源は阿辻哲次が担当しており、新しい研究情報によって字源の記述が改められたものがある一方で、むしろ許慎や加藤の説をより積極的に採用している部分もあり、問題点も多く残っている状態である。

『新漢語林』も広く普及した漢和辞典であり、作者の鎌田正・米山寅太郎は日本最大の漢和辞典である『大漢和辞典』の修訂も手がけている。『新漢語林』は、小型の漢和字典では最も多く親文字を設けており、文字単位での調査には便利な構成になっている。

字源の記述について言えば、『新漢語林』も同様に前述の三者から字源説を採用し、自説を述べた文字は少ないため、やはり後から比較検討できる強みはあるが、三者ともに誤っている場合は同様の誤解をすることが多い。また、『新漢語林』は藤堂の学説を重視しており、藤堂と同じく亦声として字源を曲解したものが多い。

現代中国の研究

現代中国でも、早くから字源研究がおこなわれていたが、総合的な字源字典は発表されていなかった。そして、二十一世紀になってはじめて字源字典が制作されるようになったが、かつての日本以上に研究者は多く、現在までにかなりの数が出版されている。ただし、その大半が古代漢字の知識が少ない状態で分析をするか、あるいは近年に整理された古代漢字資料を使用せずに分析しているため、比較対象にできる水準のものは少ない。

最も大部であり、また多くの漢字資料を参照したものとして、李学勤主編『字源』が挙げられる。『字源』は甲骨文字から楷書に至る各時代の字形を比較的多く集めており、それを系統的に整理している。ただし、『字源』は三十人以上が分担して執筆しているため、玉石混交の状態である。また、字形を集めたと言っても、本書ほど網羅的には集められていないことが多い。

それ以外では、谷衍奎『漢字源流字典』が最も優秀であり、甲骨文字や金文の字形を元に字源分析を行っている。また、分析対象についても『字源』に次ぐ字数を扱っている。ただし、甲骨文字や金文の用法や用例にまで踏み込んだ分析は少なく、それによって誤解や曲解も多くなっている。

また、字源字典ではないが、何琳儀『戦国古文字典』や戴家祥主編『金文大字典』なども字源については優秀な見解が見られることがある。ただし、網羅的な字源字典ではないので、本書の主たる比較対象には含めない。そのほか各資料の字義については、筆者による『甲骨文字辞典』や王文耀『金文簡明詞典』が使いやすい。

全時代にわたる字形集成については、徐無聞『甲金篆隷大字典』や高明・涂白奎編『古文字類編』などがあり、本書も利用している。そのほか甲骨文字・金文・簡牘文字などの各分野についても多種の字形集成が発表されている。

従来の研究とその問題点

従来の字源研究や字形史研究の問題について、主な点をまとめると、次の五つが挙げられる。

・最古の資料である甲骨文字を軽視していた。

・時代の前後関係を無視して字源解釈をした。

・網羅的に字形を集めていなかった。
・字音を過大評価したり拡大解釈したりした。
・古代の資料に基づかない文化解釈をした。

以上の問題点の原因として、かつては甲骨文字の読解が進んでいなかったことが挙げられる。そのため、字源研究においても甲骨文字が軽視され、また結果として字形の時代的関係を把握できないまま研究が進められたのである。

また、かつては甲骨文字や金文の拓本が百冊を越えて分散しており、一覧することが難しかった。その結果、網羅的に字形を集めることが難しく、字音や呪術儀礼など偏った基準で分析が進められてしまったのである。しかし現在では、諸種の工具書により甲骨文字の読解は比較的容易になっており、また前述のように、各時代の字形を集めることも難しくはなくなっている。本書は近年の資料を活用することで各時代の字形を網羅的に集め、より正確な形で字源研究・字形史研究を進める。

４字典の凡例

字形表の年代について

各文字には字形史の表を付す。上段から殷代（殷代後期。紀元前十三〜十一世紀）、西周代（紀元前十一〜八世紀）、東周代（紀元前八〜三世紀）、秦代の順である。殷代から秦代までは、出土文字に基づきつつ、コンピュータ用のフォントとして標準化した字形（現在で言う丸ゴシック体で作成）を掲載する。フォントや字形表は筆者自身が作成・編集している。

秦代については、統一帝国期だけではなく、戦国時代末期（紀元前三世紀）の秦系文字を含む。また『説文解字』記載の篆書（小篆）も掲載したが、現状では北宋代の小徐・大徐本が最古であるため、後代に誤写や改編がされている可能性のある文字も存在する（本書が掲載する篆書は大徐本に拠る）。

「隷書」は後漢時代の碑文で使われた八分隷書（フォント化したもの）を挙げ、資料が不足する場合には、一部、三国時代や西晋代を含む。

「楷書」は、正字体（康熙字体）を掲載し、そのほか中世に出現しており、かつ現代日本で使われる異体についても記載した。いずれも明朝体で表示している。本書の主題は古代における漢字の字源・字形史であるため、楷書については、行書や草書、および現代に繋がらない俗字などは基本的には省いた。

時代間の「↓」は継承関係を示す。継承関係が確実ではなくても、字形の連続性が推定できるものは「↓」でつないでいる。複数の時代にわたってほぼ同じ字形が使われている場合には、「=」でつないで同じ字形を掲載する。また、「-×」はその系統全体が消滅したことを示す。

字形表の異体字について

異体字については、各時代の字形を最大八種挙げる。さらに多くの異体字がある場合は、時代の表示部分に「*」を付して示す。

当該時代に部首としての用例しかない場合には、部首の字形を掲載する。独立した文字があれば部首のみの形は掲載しない。

本書の対象は教育漢字（一〜三年生）であるが、同源字（字形の起源を同じくする文字）がある場合は、教育漢字以外でも挙げる。同源かどうかが確実でない場合は、解説文で述べるにとどめる。別系統の文字を仮借したものや字形を流用した用例などは挙げず、字義・字形ともに起源が共通するもののみを取り上げる。ただし、早い段階で仮借字として定着している場合には、字義が異なっても例外的に同一表に含めたものもある。

古代の字形について、左右反転字は掲載しない（ただし偏旁の入れ替え等は掲載する）。東周代の文字について、『説文解字』には「古文」や「籀文」として記載があるが出土資料に確認できないものは挙げていない。また呉越の鳥文も除いている。楷書について、『説文解字』の古文・籀文を模倣して新たに作られた字形は基本的には除いている。

伝世文献資料については、書写による文字の異同や著述当時の字形が確認できないため、対象としていない（解説には記載することもある）。

同時代内の「←」「→」は派生して出現した同源字や異体字を示し、「―」は同時代に出現した異体字で先後・参照関係が不明のものである。また、矢印によって字形表が複雑になりすぎる場合も、同時代の異体を「―」でつないで並列させている。

部首・親文字と文字情報

本書の部首は、字源に基づいて分類・配列をしている。現在の部首分類と重複するものが多いが、一部、分類の必要上から独自の部首を設けている。

また、部首分類の内部に「関連部首」を設けている。関連部首は、本来は同一の起源または部首を同じくする文字であったが、現在の漢和字典で別の部首とされているものである。例えば、「人」と「儿」は甲骨文字の段階では明確な区分はなく、どちらも人体を表示していたが、後に部首として区別されるようになった。また、例えば「疒」は「人」を使った会意文字が起源であるが、後代に疾病に関係する文字の部首として独立した。

部首の先頭に、その部首および関連部首の字源を解説する。また、掲載した文字の一覧を画数順で列記する。関連部首がある場合には、関連部首ごとに画数順になっている。

親文字は【 】内に大きく表示した。また同源字があれば教育漢字以外でも親文字として掲載している。同源字の順番は初文を最初とした。新字体・旧字体があるものは、［ ］に旧字体を掲載した。また楷書に異体がある場合、〔 〕に掲載した。親文字の上にある数字は通し番号である。

楷以下は、楷書の画数、楷書の部首である。新字体と旧字体で画数が異なる場合、（ ）内に旧字の画数を記入した。楷書の部首についても、異説がある場合や新字と旧字で異なる場合にはやはり（ ）に記した。

㊀成は、楷書の字形の構造（成り立ち）である。字形の構造については、象形・指事・会意・形声の四種で示し、亦声の部分がある場合、および合文を字源とする場合には（　）に記入した。古代文字の構造や文字の用法、字形の変化などについては、解説の部分で述べる。

上古音・中古音と音読み

㊀古以下は、推定される上古音の分類と発音である。推定上古音は、李珍華・周長楫『漢字古今音表（増訂版）』、藤堂明保『学研　漢和大字典』、林連通・鄭張尚芳総編『漢字字音演変大字典』の三者から引用し、推定音は順に「;」で区切って［　］内に表示する。複数の字音が想定されている場合、「+」によって併記する。『漢字古今音表』に記載がない場合は、比較的復元方法が近い郭錫良『漢字古音手冊（増訂版）』で代用し、同様に『学研　漢和大字典』に記載がない場合はカールグレン(Bernhard Karlgren)〝GRAMMATA SERICA RECENSA〟で代用する。いずれにも記載がない場合は「-」とした。三系統のうち二系統以上で記載がない場合、上古音・中古音の表記を省略する（「略」と表記）。『漢字字音演変大字典』は上古音・中古音を前後期に分けている文字もあるが、前期のみを記載している。

発音記号については、基本的に各研究者の用いたものを使用するが、介音などの「i」や「ɪ」は、詳細な区分をせず、一律に「i」「u」で表記した。また送気音は一律に「h」で表示する。前段階の声調として一部の研究者が上古音に想定する韻尾の「ʔ」「s」や主母音の長音表示は省く。そのほか、表記はＩＰＡ（国際音声記号）を基準としている。

㊥以下は、推定される中古音の分類と発音である。表記規則は上古音に準じ、声母・韻母の分類は『広韻』に

従う。韻母の分類について、複数の発音があり、かつ声調のみの違いである場合は、一方を（　）内に記す。また半母音（以紐）については表記を「y」とした。

日本の音読みについて、㊂は漢音、㊁は呉音であり、歴史的仮名遣いは（　）内に記す。唐音や慣用音があれば、それぞれ㊃・㊄に示す。

字源と字形の解説

解説の文章では、まず字源について述べ、その後、各時代の字形変化や異体字・分化字などについて記す。また、先行研究に異説がある場合、列記して是非を検討する。

本書が対象とする先行研究とその略称は、以下の通りである。ただし字源・字形以外の情報（文献の用例や語源など）は比較検討の対象としない。また、必要に応じてそのほかの字典類からも字源説などを掲載することもある。

略称	**著者・書名・出版社・出版年**
許慎	許慎『説文解字』同治十二年刊（大徐本。附検字、中華書局、一九六三年）
加藤	加藤常賢『漢字の起原』角川書店、一九七〇年
藤堂	藤堂明保『学研　漢和大字典』学習研究社、一九七八年
白川	白川静『字統』（新訂版）平凡社、二〇〇四年
赤塚	小川環樹・西田太一郎・赤塚忠『角川　新字源』（改訂版）角川書店、一九九四年

鎌田　鎌田正・米山寅太郎『新漢語林』（第二版）大修館書店、二〇一一年
阿辻　阿辻哲次・釜谷武志・木津祐子編『新字源　改訂新版』角川書店、二〇一七年
谷衍奎　谷衍奎『漢字源流字典』語文出版社、二〇〇八年
李学勤　李学勤主編『字源』天津古籍出版社、二〇一二年

第二版について

第二版では、初版から誤字・脱字などを修正した。ただし各文字の頁数は変更していない。また、取・娶（七二頁）、箸・著・着（三〇二頁）、亘・回・迴（四八五頁）については、字形表の矢印を修正している。

漢字字形史小字典

本文

人体に関係する部首の文字

人部

「人（〓）」は、人の側面形であり、人が立っている姿を表している。人間に関係する文字の部首として使われることが多い。〔関連部首〕「匕」は、後に匙の形とも誤解されたが、起源は人の左右反転形である。「儿」は、人の首から下の部分にあたる。元は卩だった部分が楷書に至るまでに儿になることもある。「尸」は、殷代の字形（〓）では人の死体を表していた。字形の類似から、人がかがんだ姿（〓）が楷書では尸になることがあり、また广などと同様に家屋の形として使われることもある。「方」は、字源に諸説あるが、人（〓）に近い形であり、人部に配列した。「疒」は、殷代の形（〓）では人（〓）が寝台である爿《しょう》（〓）に寝ている様子を表しており、病人の姿である。「老」は、杖をついた老人の姿である。その略体が耂（おいがしら）である。「身」は、人の腹部を示した指事文字である。「長」は老と同じく老人の姿であり、長髪が強調されている。

《人》②人(千)③丸④化⑤仕・他・代⑥休⑦何(荷)・住・役(疫)⑨係⑩倍《匕》⑤北⑥死《儿》④元(兀)⑤兄⑥先《尸》⑦局⑨屋《方》④方《疒》⑩病《老》⑥老(考)《身》⑦身(腹)《長》⑧長

001【人】楷二画　人部　成象形

古泥紐真部・日紐真部[ȵien, nien, ȵiin]→中日紐真韻[ɻien, n(r)ien, ȵiin+ȵʑiin]→漢ジン呉ニン

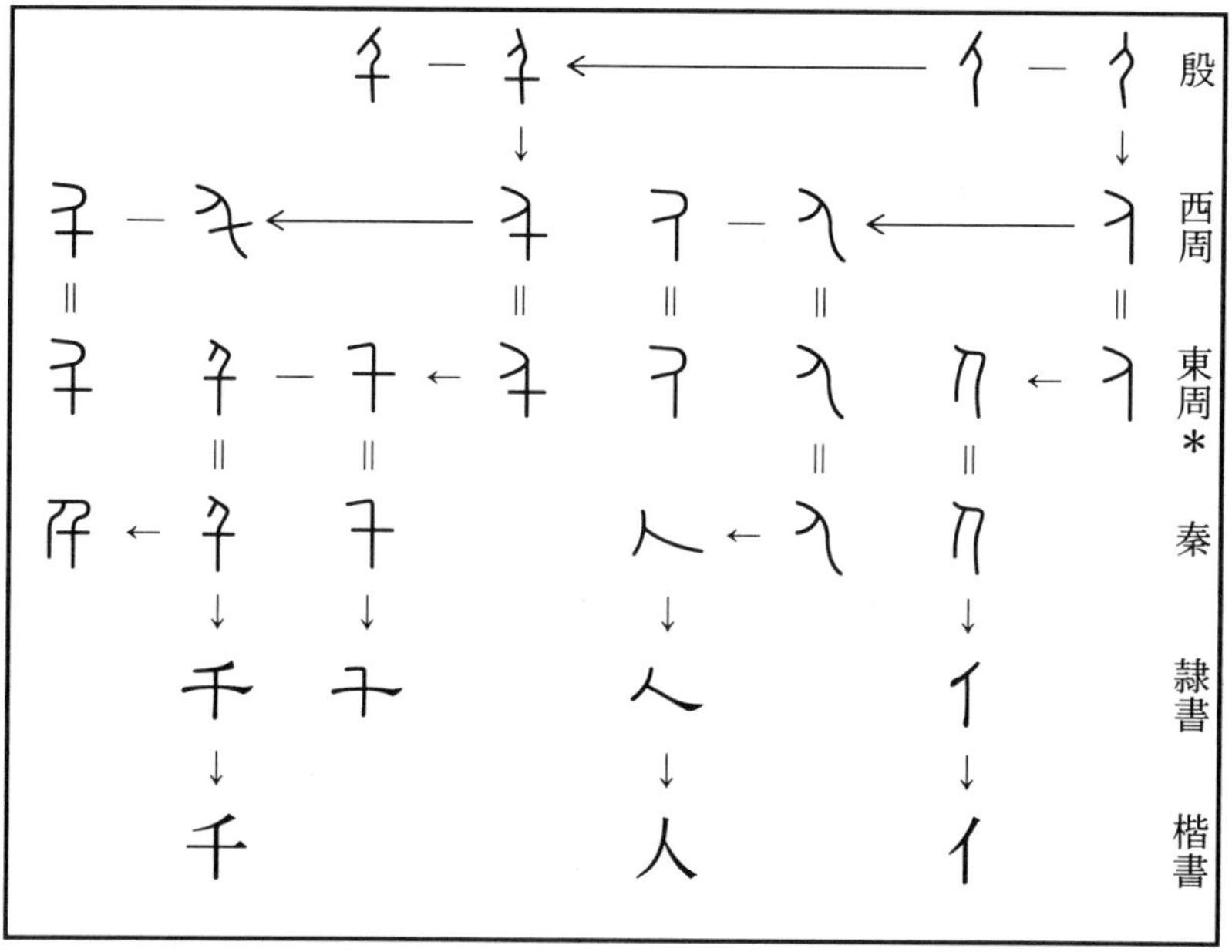

002 **【千】** 楷三画　十部　成象形（合文）

古清紐真部・灘紐真部[tshien, tshen, snhin]→
→中清紐先韻[tshien, tshen, tshen]→漢セン呉セン

「人」について、許慎は篆書の形（⼃）を元に臂脛の形とするが、実際には、諸家が述べるように人間を側面から見た形の全身像である。殷代の「𠆢」は、横に突き出た部分が手であり、やや曲がった縦の線が頭部・胴体・脚を表している。楷書の一画目が頭部と手であり、二画目は胴体と脚にあたる。

楷書の部首では、「儿（ひとあし）」や「亻（にんべん）」などの形になることもある。「儿」は人の首から下の形であり、「亻」は人を縦長に書いたものである。なお、「人」は秦代に出現した異体（人）を元にしており、むしろ「亻」の方が元来の形に近い。後述する「千」のほか「重」などでは「亻」の形が残っている。

「千」については、殷代には発音が人と近く、それを借りた仮借の用法である。字形は仮借した「人（𠆢）」に

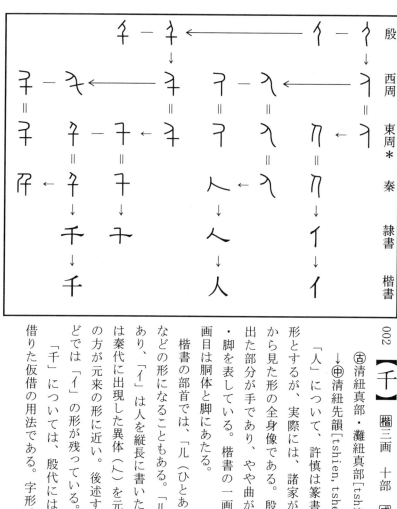

数字の「一（二）」を加えて「一千」を表した合文（）を起源とする。上古音以降に人・千は声母が離れたが、東周代の資料には「年（）」の下部にある人（亦声の部分）を声符としての千に置換したもの（）があり、東周代の段階でも千は人と近い発音だったようである。なお、字形は「人」の場合とは異なり、古くからの形が継承され、「亻」と「二」で「千」の形になった。

「千」の字源について、許慎は「十と人に従う」とし、阿辻はこれに従うが、字形の誤解である（殷代には十は「丨」の形）。また、加藤は「人」が「千なる数」を表したとし、鎌田も「多くの意味を示す人と一から成る会意文字」とするが、「人」の字形そのものには「千」や「多い」の意味はなく、字音を仮借した部分である。藤堂は、人の前進する様から進・晋の音を表すとし、これは上古音の声母が異なることからの解釈であろうが、前述のように東周代までは近い発音が維持されたと考えられる。

---

003 【丸】［丸］ 楷三画　丶部　成会意？

(古)匣紐元部・群紐元部[ɣuan, ɦuan, g^{w}an]→(中)匣紐桓韻[ɣuan, ɦuan, ɦuan]→(漢)カン（クヮン）(呉)ガン（グヮン）

「丸」は、秦代に初出であるが、他に類例のない形であるため、字源は明らかではない。許慎は仄《しょく》（）の左右反転形とし、藤堂・赤塚・阿辻はこれに従い、人が体を丸めている姿と解釈する。また鎌田は、刃物の形を組み合わせた形で「刃物で丸くしたたま」の意味とする。谷衍奎は手でものを丸めている様子とし、李学勤は球形の物体の象形とする説を挙げる。

いずれも論理的に矛盾するものではないが、篆書以前の用例がなく、字源を特定することは難しい。便宜上、

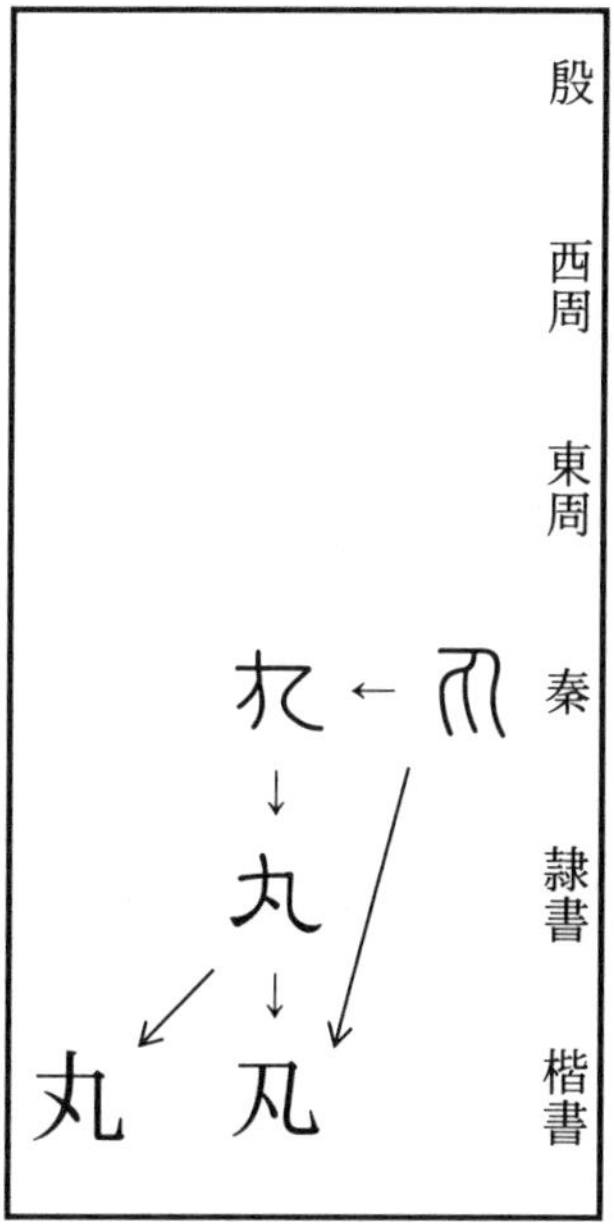

人（ ）のような形が含まれることから、暫く人部に配列し、会意文字と見なした。

そのほか、加藤は仄の左右反転形としつつ、厂《かん》を声符とするが、そもそも仄が厂声でないうえ、その反転形が声符として機能したことも考えられない。白川は殷代の弾［彈］（ ）から分かれた文字とするが、西周〜東周代には「丸」の文字は見えず、継承関係を想定するのは難しい。

字形は秦代の帛書に異体の「 」があり、これが隷書の「丸」となり、楷書（正字）の「凡」となった。現在では異体の「丸」の形が主に使われている。

---

004 【化】［化］ 楷四画　匕部（人部）　成会意

古暁紐歌部・疑紐歌部[hoai, huar, hgʷral]→中暁紐禡韻[hua, hua, hyua]→漢カ（クワ）呉ケ

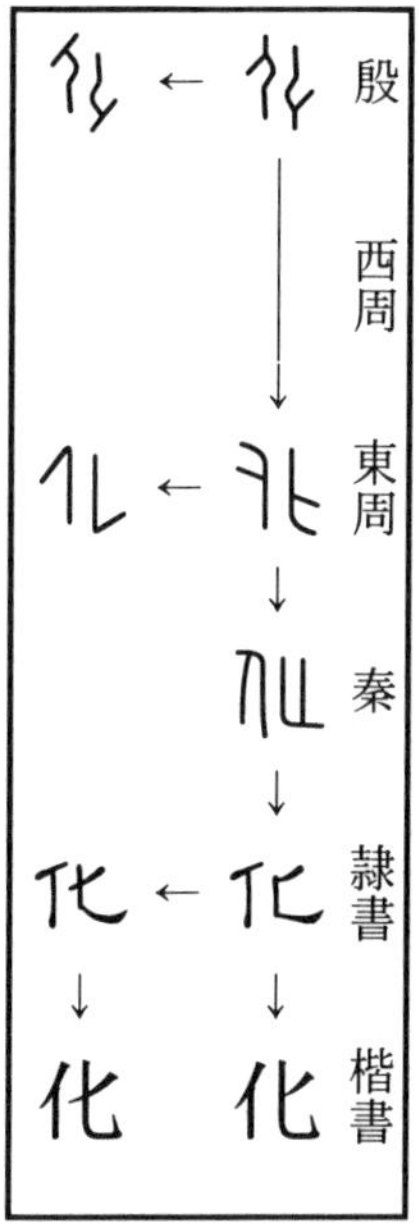

化［化］（ ）は、人（ ）とその上下逆向きの匕《か》（ ）を組み合わせた形である。字源について、許慎は人が教化されることとする。加藤は匕を声符とする純粋な形声文字とする。藤堂は人が姿勢を変えることとし、赤塚・

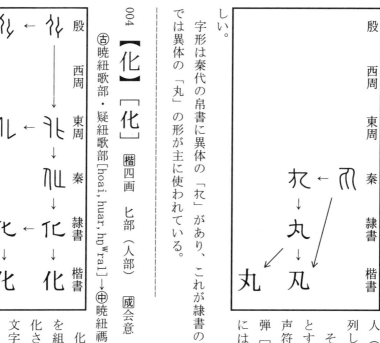

阿辻・谷衍奎・李学勤も同様の考えである。また、白川・鎌田は人が死ぬこととする。

殷代における匕（〓）の用法を見ると、人が梯子から墜落する様子を表した墜の初文（〓）に用いられている。したがって藤堂説が近く、物理的に人が向きを変えることが原義であり、そこから引伸義で変化を表すようになったと考えられる。また楷書では匕を独立した文字と見なすこともあるが、殷代には単独では使われていないので、起源は化の略体と考えられ、化［化］においては声符や亦声の部分とはならない。

なお、新字体は匕《ひ》を用いた形であり、一方、楷書では「化」が正字とされるが、東周代〜秦代には「〓」や「〓」の形であり、むしろ新字とされる「化」に近い形であった。

005【仕】　㊣楷五画　人部　㊣成形声（亦声）

㊀古崇紐之部・従紐之部[dʒiə, dʒiəg, zrɯ]→㊥崇紐止韻[dʒiə, dʒiəi, dʒi]→㊨漢シ㊨呉ジ

「仕」について、許慎は会意文字とするが、具体的な意義は述べていない。谷衍奎・李学勤は許慎に従い、政事を学習する人と考え、会意文字で士が亦声とする。一方、加藤は士を声符とする形声文字とする。また、白川・赤塚・鎌田・阿辻は、「士」を声符としつつも士大夫としての意味があるとし、形声文字の亦声と考える（この場合、士の繁文となる）。

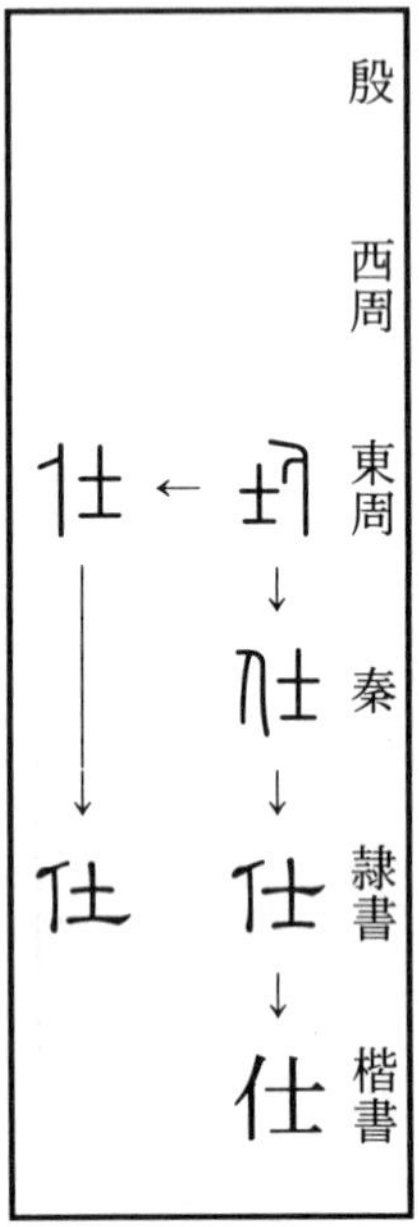

いずれにも矛盾はないが、初出の東周代について、出土文字には固有名詞しかなく、文献資料でも「つかえる」の意味しかないので、会意文字の「学習者」ではないだ

ろう。また、「士」と意味上の関連があるので、純粋な形声文字とするよりは、亦声の形声文字と考える方が妥当である。

そのほか、藤堂は「士」を男性器の形とするが、「士」にはその用法があるものの、「士」には見られない。東周代や隷書の異体には「士」を使ったもの（仕など）もあるが、これを字源とすると字形構造上での整合性が得られない。

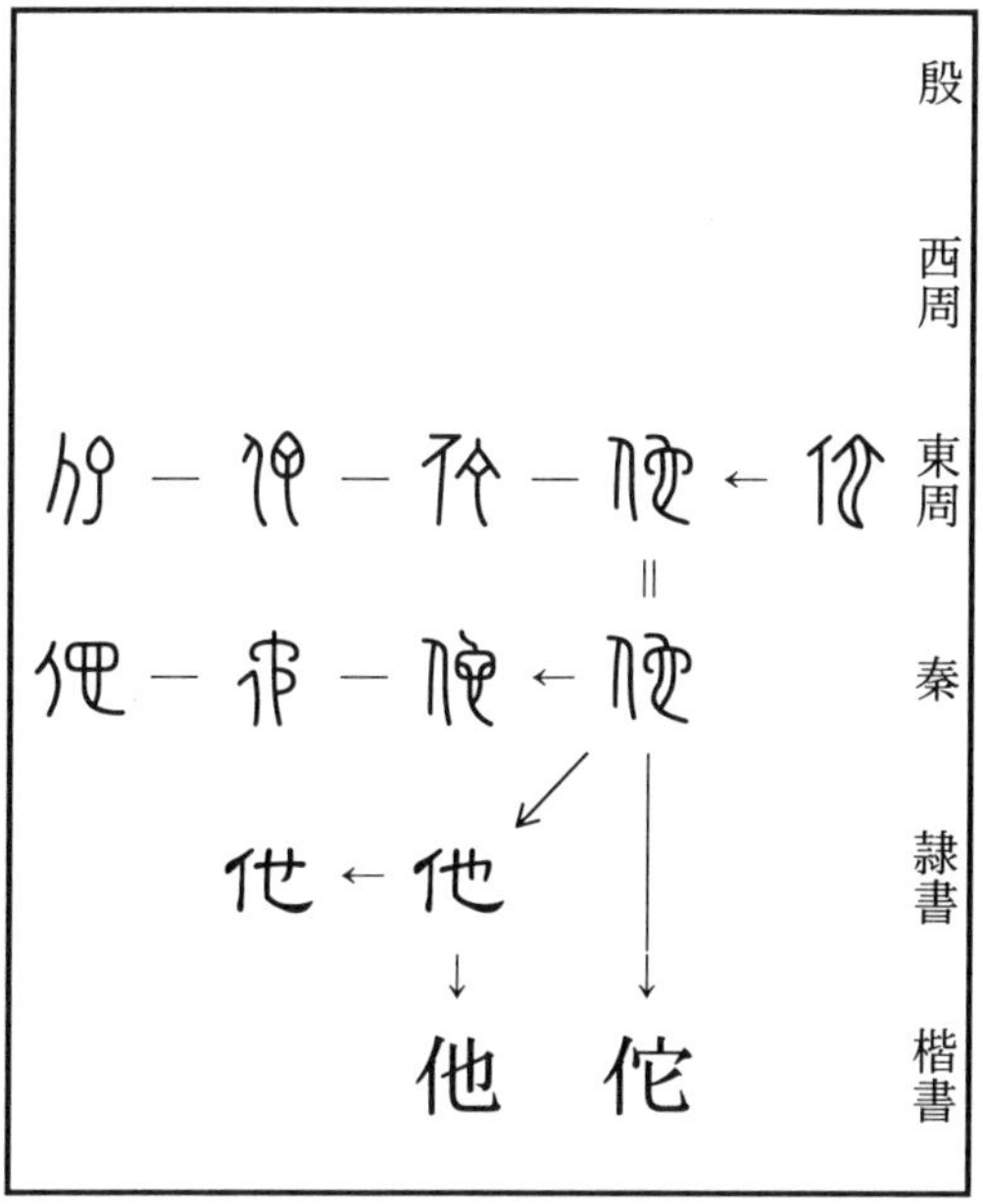

006【他】〔佗〕 楷五画　人部　成形声

古透紐歌部・胎紐歌部[thai, thar, lhal]→中透紐歌韻[tha, tha, tha]→漢タ呉タ

初出の形である「佗」について、亻は人、它は蛇の象形である。

許慎は人を意符、它《た》を声符とする形声文字とし、「になう」を原義とする。加藤・谷衍奎・李学勤も純粋な形声文字とする。この場合、「ほか」は仮借の用法となる。一方、殷代から「它（[illegible]）」は仮借して「ほか」の意味でも用いられており、白川・阿辻は、その意味の繁文として「佗」が作られたとする。ただ、いずれの場合も「它」

の字音によって「ほか」の意味を表示していることは同じなので、正否を確かめることは難しい。

そのほか、藤堂は蛇の形が変異の意味で、そこから「見慣れぬこと、ほかのこと」になったとし、赤塚・鎌田も同様の説である。しかし、藤堂は蛇を変異とする論拠に「它亡きか」があるとするが、実際には甲骨文字に見える「壱（）亡きか」であり、「壱」は足を蛇に噛まれる様子を表した会意文字（亡失字）で、祟りの意味である。

字形は隷書で它を同源字の也に変えた「他」が作られた（楷書に「佗」も残っている）。なお、藤堂は「也」を「さそりの象形」とし、別源の文字とするが、それに該当する文字は「萬」（）である。

---

007 **【代】** 楷五画　人部　成形声

古定紐之部・以紐職部[de, deg, lhɯg]→中定紐代韻[dɒi, dəi, dʌi]→漢タイ呉ダイ

「代」は、人を意符、弋《よく》を声符とする形声文字とする説が有力である。「代わりの人」が字源であろう。なお、上古音では弋は余紐職部（[ʎiək]などと復元）と推定されており、あるいは代も上古音では入声だったかもしれない（『漢字字音演変大字典』は入声で復元する）。

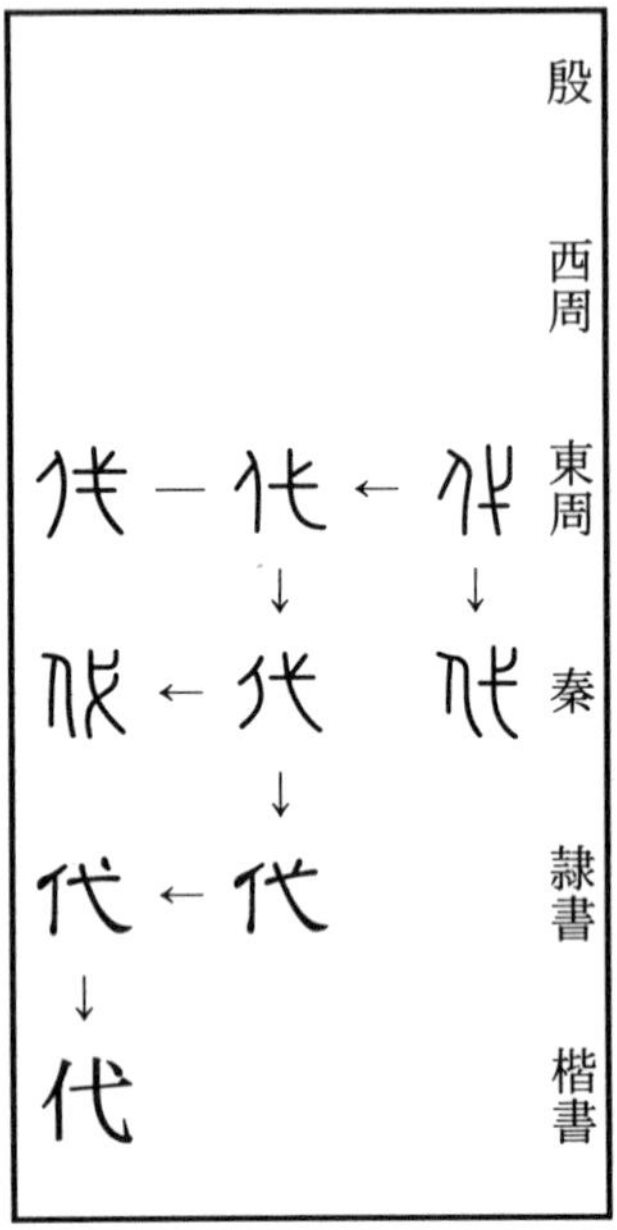

なお、鎌田は篆書（）を元に、弋を「二本の木を交差させて作ったくい」と見なして、そこから「たがいちがい」の意味を表す亦声の部分とする。しかし、篆書以

外では弋が「交差」の形にはなっていない（弋は古くは「〓」などの形）。また、白川は代に含まれる弋を朮《しゅく》の初文とし、朮は聖器で更改が代の原義とする。しかし、朮は杙の象形の弋に小点を加えたもので聖器とは限らず、また初出の東周代から楷書に至るまで「朮」に従う「代」は見えないので、憶測と言うほかない。

008【休】　楷六画　人部　成会意

古暁紐幽部[hiu, hiog, qhu]→中暁紐尤韻[hiau, hiau, hiu]→漢キュウ（キウ）呉ク

初出の殷代の字形（〓など）は人（〓）と木（〓）に従っており、許慎が「人に従い木に依る」と述べるのが正しく、人が木に寄りかかって休んでいる様子である。この形が後代に継承され、楷書でも人（亻）と木から成る形が残っている。

一方、殷代の異体には、木の枝を強調した「〓」などの形があり、この系統も西周代に継承され、しかも木の部分が穀物を表す禾（〓）に近い形になっている。そのため、白川は禾を用いた軍門で表彰を受けることが字源と解釈し、また加藤は禾形を若木と見なして「柔」が声符の形声文字とし、赤塚はこれに従う。しかし、いずれも変化した後の字形に基づく解釈であり、字源とは言えない。

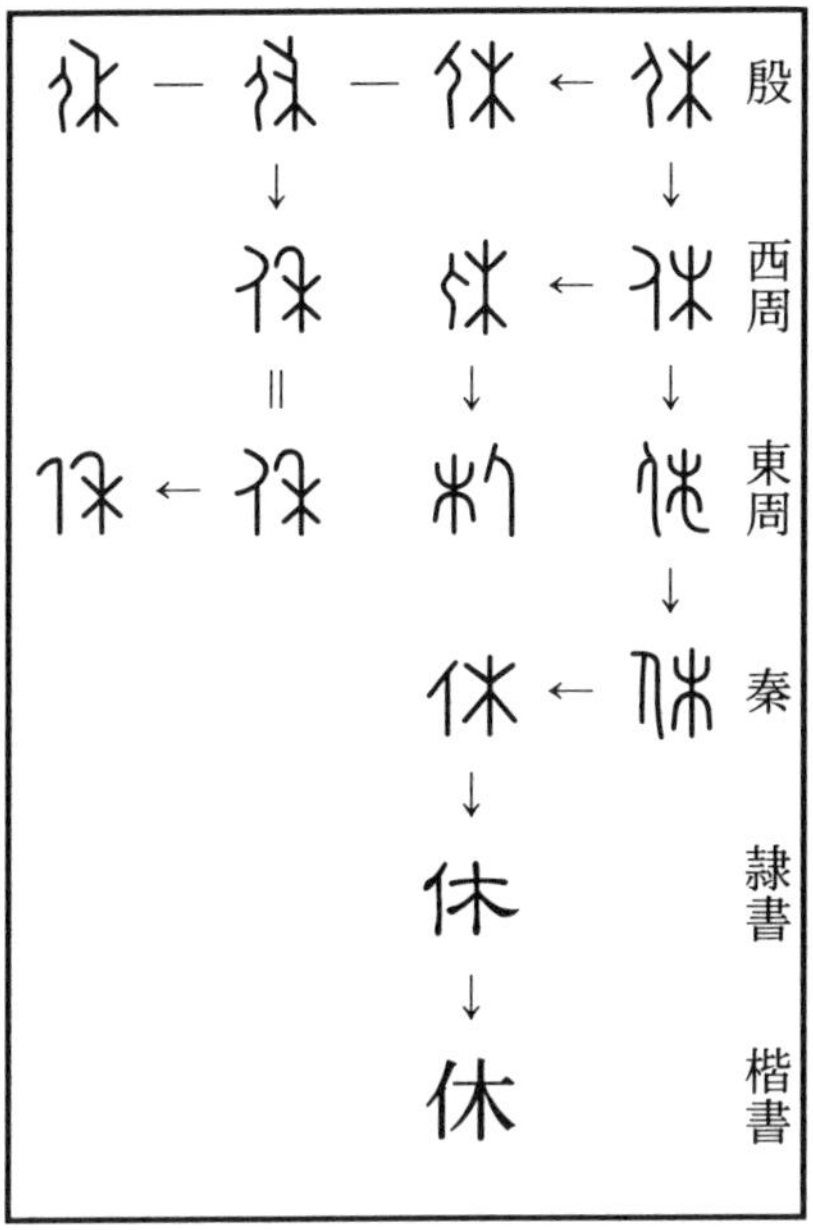

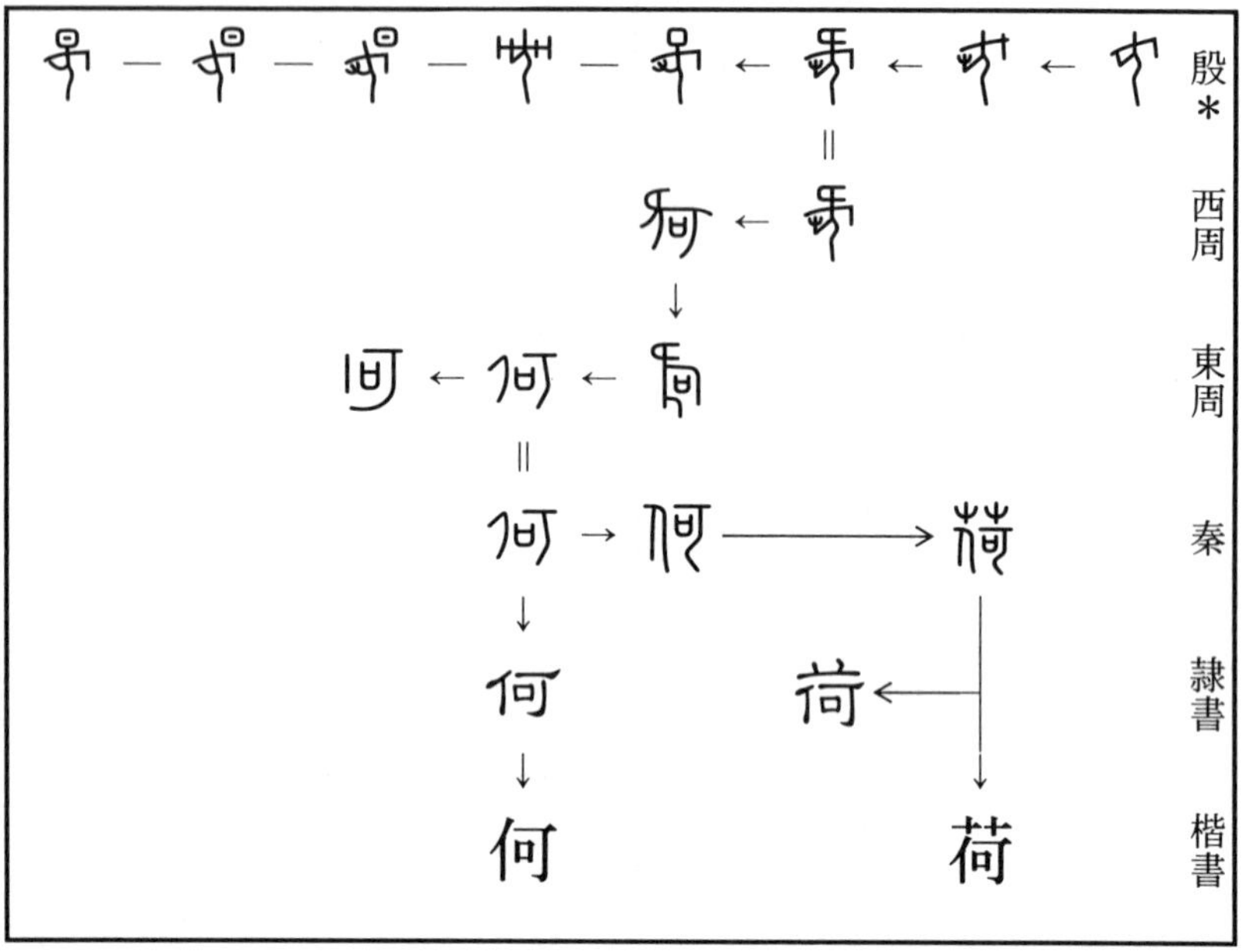

なお、禾形を用いた理由については、西周代には「休」が引伸義の「賜与物」の意味で用いられることが多く、それを表したものであろう。

「禾」を用いた字形は東周代までは使われており、周代にはむしろ「木」を用いた字形よりも例数が多いが、秦代以降には原義を反映した系統のみが選択されている。

篆書について、許慎は休の或体《わくたい》として「庥」を挙げるが、楷書では木や庇の陰として使われており、同源字とは見なさないのが一般的である。

---

009 **【何】** (楷)七画　人部　(成)会意（亦声）

(古)匣紐歌部・群紐歌部[ɣai, ɦar, gal]→

→(中)匣紐歌韻[ɣa, ɦa, ɦa]→(漢)カ(呉)ガ

010 **【荷】**［荷］ (楷)十画（十一劃）　艸部

(成)形声（亦声）

(古)匣紐歌部・暁紐歌部・群紐歌部[ɣai, ɦar, qhal+gal]→

→(中)匣紐歌(哿)韻[ɣa, ɦa, ɦa]→(漢)カ(呉)ガ

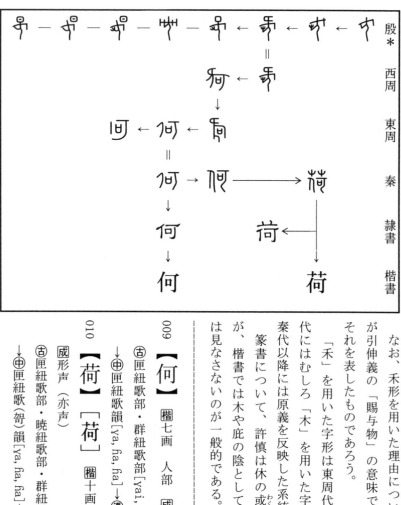

殷代の「」などは人（）が荷物を背負った形であり、初文は「仃」の部分にあたる。背負っているものは武器の戈（）で亦声の部分と推定されている。

殷代には、おそらく日中の労働または行軍を表して「日（）」を加えた異体（など）があるが、後代には継承されていない。

字形は西周代以降に口（楷書のうち「口」の部分）を加えた「何」の形になったため、許慎は可を声符とする純粋な形声文字とし、加藤・赤塚・阿辻はこれに従うが、厳密には字源とは異なっている。

後代には、「何」は疑問助字として主に用いられるようになった。一方、「荷［荷］」は篆書で作られた字形であり、艸を意符として原義は蓮の葉であるが、これを仮借して原義の「になう」の意味で使用された。白川は『論語』を元に「になう」が原義で蓮の葉を転用とするが、東周代の出土資料には「荷」の字形が確認できないので、当初は「何」だったものが後代の版本で「荷」に改められたものであろう。

---

011 【住】［住］ 楷七画　人部　成形声

古定紐侯部・端紐侯部[diuɔ, diug, to]→中澄紐遇韻・定紐遇韻・知紐遇韻[ɖiu, diu, ʈio]→
↓漢チュ呉ジュ（ヂュ）慣ジュウ

殷	西周	東周	秦	隷書	楷書	
				住 ↓	住	← 住

「住［住］」は、人を意符、主を声符とする形声文字である。人がとどまることから転じて、「すむ」の意味で使われる。

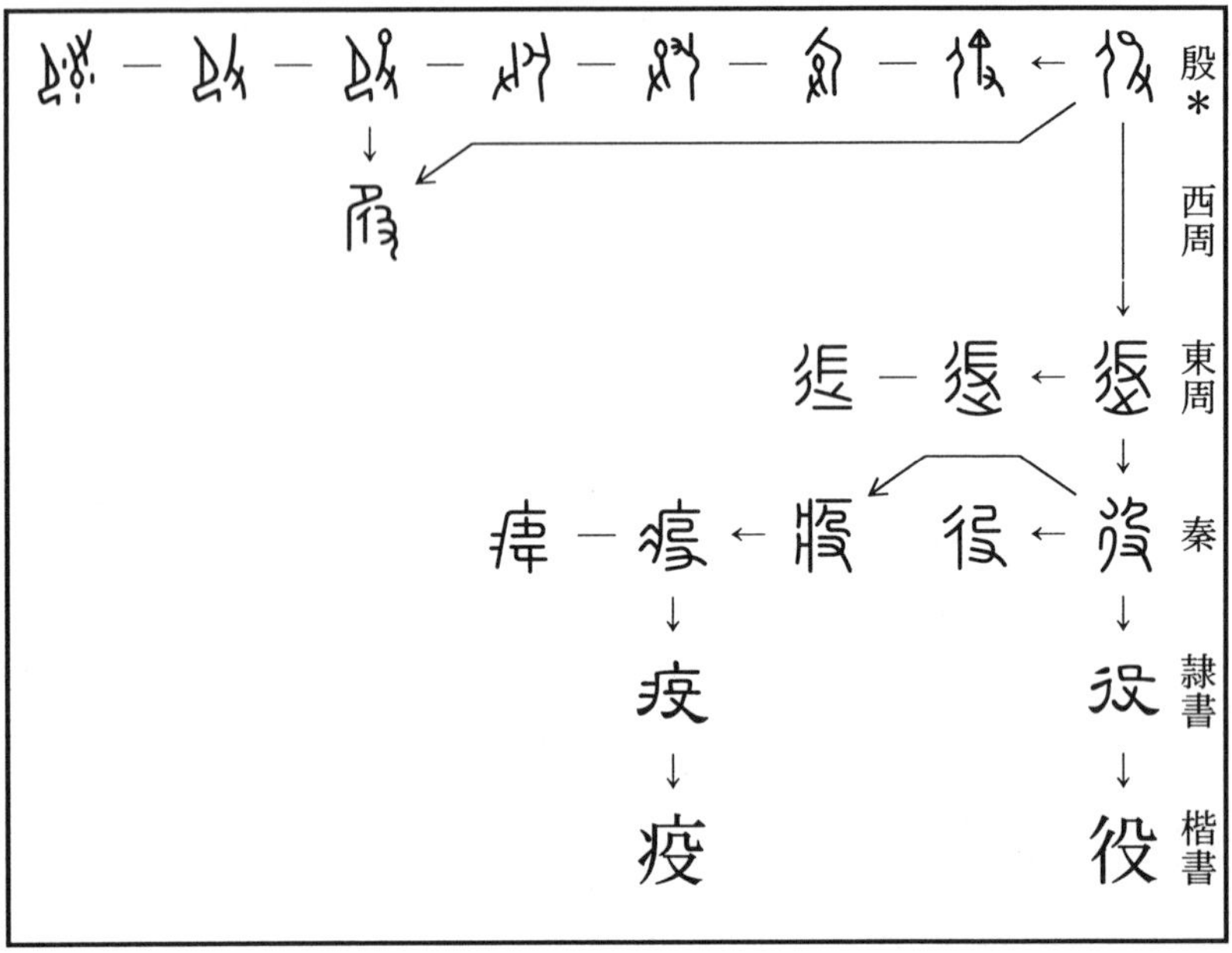

藤堂は主を亦声と見なして「定立して動かない意味」とし、鎌田も同様であるが、論拠として「主」の語源を「同じ所にとどまる」とする所が薄弱である。また、白川も同様に主に「柱立する意味」があるとするが、「柱」との通用例が示されていない。

初出は隷書であり、篆書は『説文解字』（大徐本）の新附のみにしか見えないため表には挙げていない。

---

012 【役】 楷七画　彳部　成会意

古余紐錫部・匣紐錫部[ʎiuek, ɖiuek, ɢʷeg]→
→中以紐昔韻[yiuɛk, yiuɛk, yiuɛk]→漢エキ呉ヤク

013 【疫】 楷九画　疒部　成形声

古余紐錫部・匣紐錫部[ʎiuek, ɖiuek, ɢʷeg]→
→中以紐昔韻[yiuɛk, yiuɛk, yiuɛk]→漢エキ呉ヤク

殷代の「」は、人（）と殳（）に従い、人を手に持った道具で撃つ形で、祭祀名などに使用されている。殷代の異体字には、人を卩（）や丮（）にしたもの、

あるいは殳（〓）を攴（〓）に変えたものなどもある。

後に「武器を持って地方を守備する」という意味に解釈され、東周代には「人」の部分について進行を象徴する「辵（⻌）」に変えた字形（〓）が作られ、さらに篆書で「辵」を「彳」に略した形（〓）が採用された。なお、人に従う字形を許慎は古文として挙げている

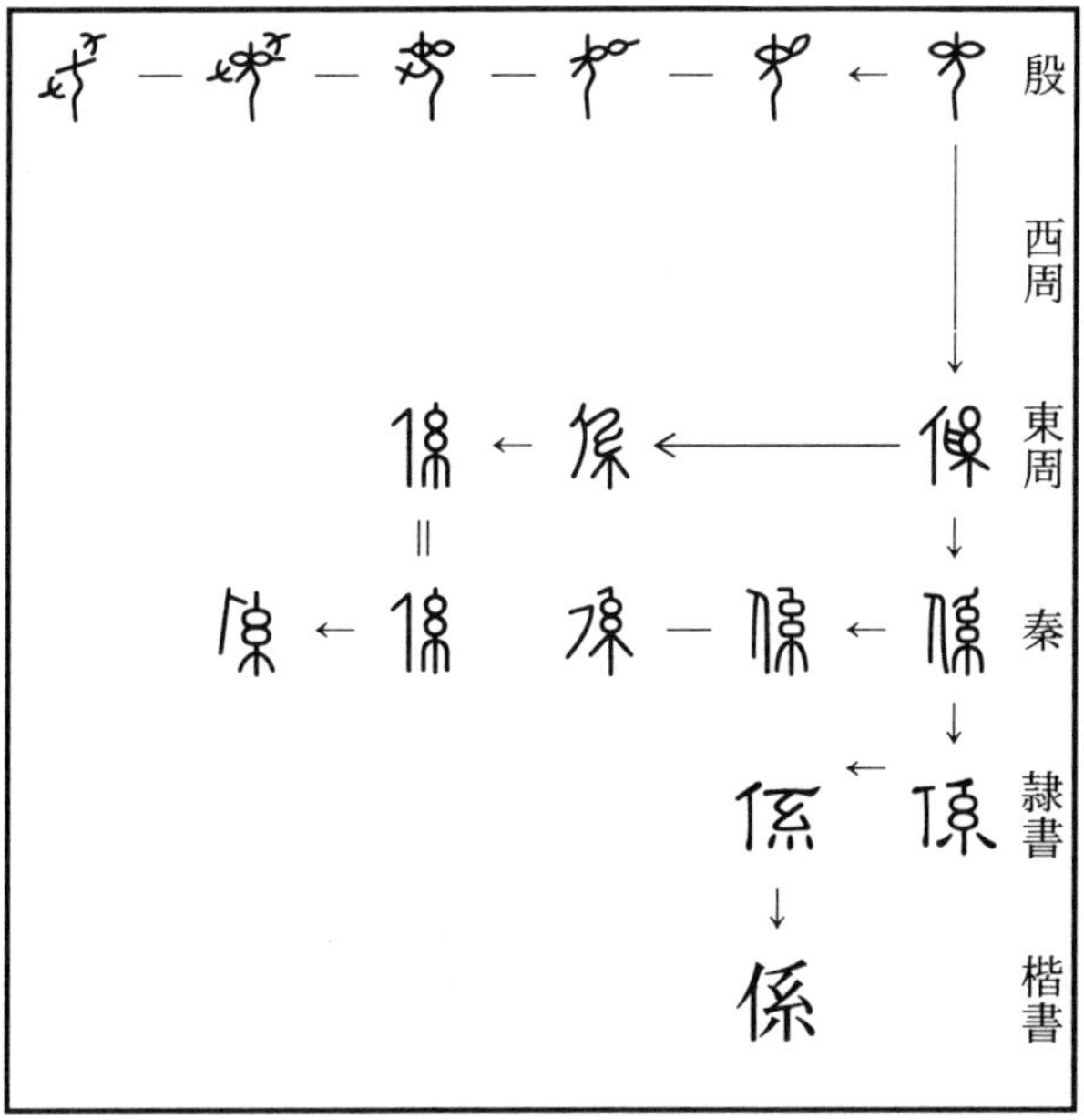

殷代には、「役」を借りて「疫（疫病）」の意味に使用された。この意味では篆書で「疫」の形が作られており、許慎が「疒に従い役の省声」とするのが正しい（諸家もこれに従う）。

---

014 【係】 楷九画　人部　成形声（亦声）

古見紐支部・匣紐脂部・見紐錫部・群紐錫部

[kie, ɦer, keg+geg]→中見紐霽韻・匣紐霽韻

[kiei, ɦei, kei+ɦei]→漢ケイ呉ゲ

殷代の「〓」などは、人（〓）と紐の形（〓）を組み合わせており、人の首に紐をつけた様子を表している。原義としては捕虜を係留する意味の動詞であり、甲骨文字では捕らえた捕虜の意味でも用いられている。

殷代の異体には、人を捕らえる両手の形を加えた異体（など）もある。紐の形は、東周代に形が近く発音を表す「系」に置き換えられており、上古音が係に近いと推定されている（系は匣紐支部で[ɣie]などと復元）。また、「系」はつなぐことも表す亦声の部分である。そのほか、東周〜秦代には「系」を「糸」に略した異体（など）も使われていた。

なお、従来の研究は、ほとんどが篆書から字源を分析しており、許慎は系を声符とする純粋な形声文字とし、加藤・李学勤はこれに従う。また、赤塚・鎌田・阿辻は「人のつながり」の意味で作られた文字とし、藤堂は系の繁文と誤解している。白川は会意文字と見なし、人と呪飾から成ると見なす。谷衍奎のみ、甲骨文字の字形を挙げ、人が首に縄を縛られた様子であることを述べている。

---

015 **【倍】**［倍］ 楷十画　人部　成形声（亦声）

古並紐之部[bə, buəɡ, bɯ]→中並紐海韻[bɒi, buəi, bʌi]→漢ハイ呉バイ

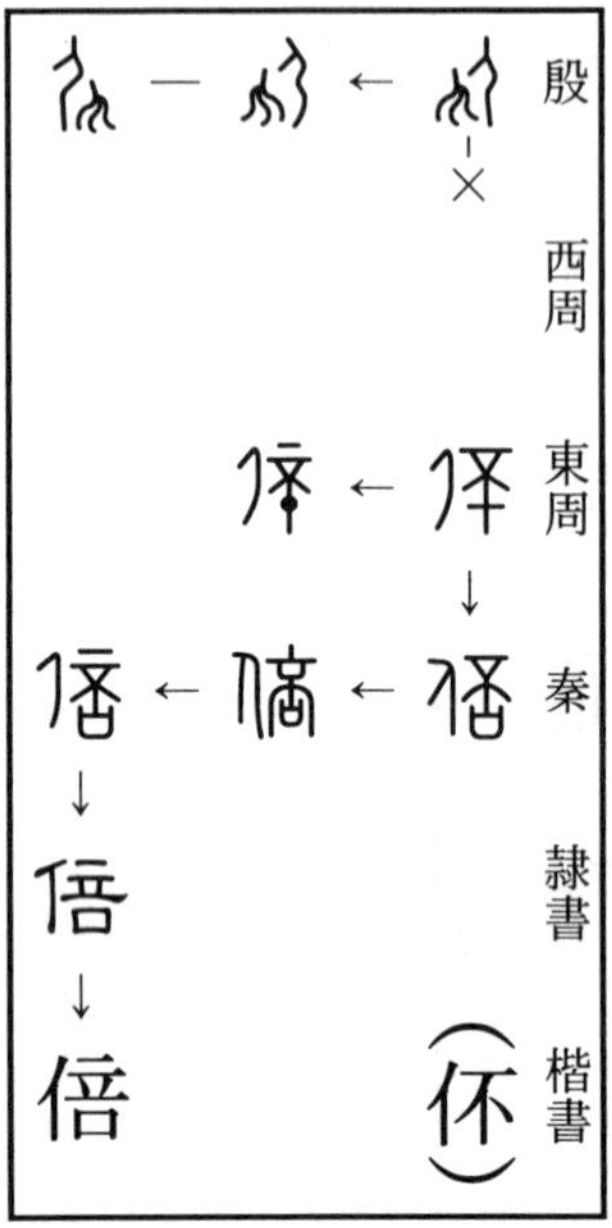

東周代の「伓」などは、人を意符、不を声符とし、「人に背く」が原義である。秦代の篆書で声符を音《ほう》に変えた「倍」になった。音は、不と同源の否からさらに分化した文字であり、谷衍奎などが述べるように否定的な意味も表す亦声の部分であろう。

後に「増す」や「倍にする」の意味に使われたことに

ついては、加藤などが述べるように仮借と考えるのが妥当であり、「陪」と同義であろう。

なお、藤堂は音を「剖の原字」とし、二つに切り分けることから二倍の意味になったとし、白川・鎌田も同様の考えである。しかし、音は否からの分化字であるから、「音」自体には「剖」の意味はない。

そのほか、殷代にも人（〓）と不（〓）から成る「〓」などが見えるが、「人」が花弁の象形である「不」を持つ会意文字のようであり、「倍」との直接の継承関係は認められない（「〓」などは甲骨文字に人名として見える）。また、楷書では伾《ひ》の異体として人を意符、不を声符とする「伓」が作られたが、これも「倍」とは継承関係がない文字である。

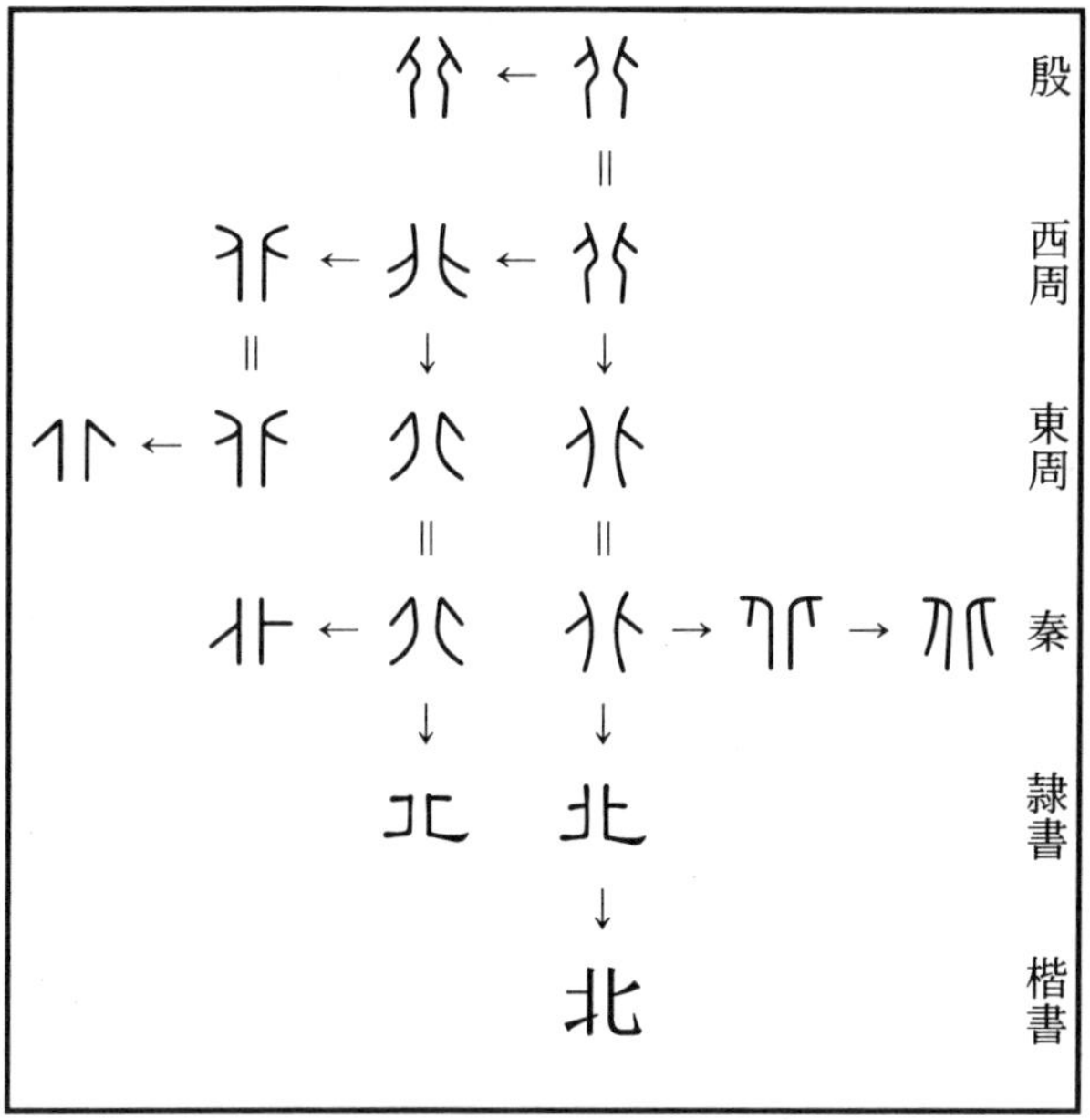

▽匕部

016【北】 楷五画　匕部　成会意

古幫紐職部[pək, puək, puŋ]→中幫紐徳韻[pək, puək, pək]→漢ホク・ハイ呉ホク・ヘ

初文（〓）は二人の人（〓）が背を向けた形であり、「そむく」や「にげる」が原義である。借りて「きた」の意味に用いられたが、現代でも「敗北（敗れてにげる）」の

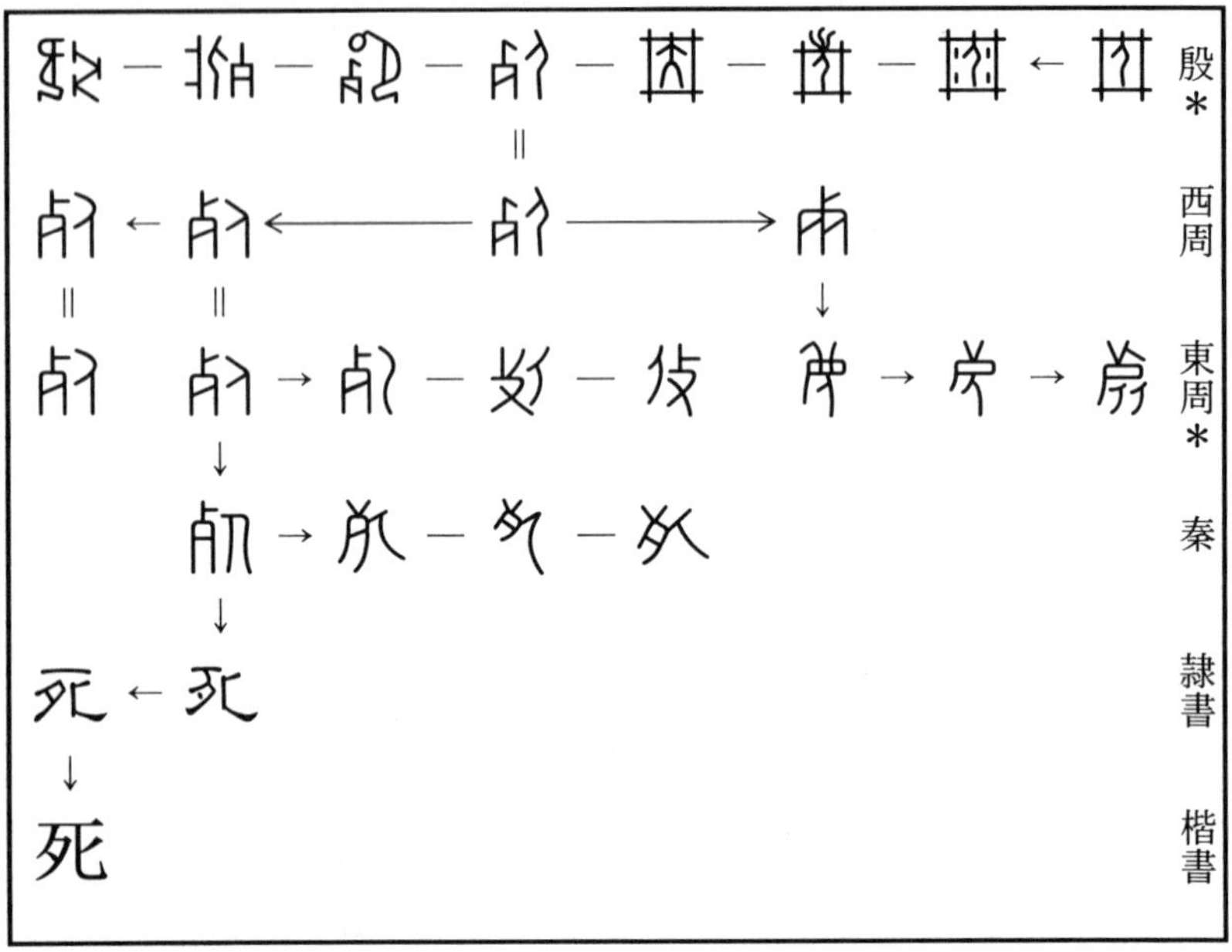

場合には、原義で使われている。

字形は大きな変化がなく、楷書にまで継承されている。なお、加藤は古代の家屋はすべて南向きであり、北に背を向ける建築だったため「北」の字形を「きた」の意味に用いたとするが、新石器時代～初期国家の建築は南向きとは限らない。

「そむく」の意味について、篆書に初出の「背」は、肉（にくづき）を意符、北を声符とし、「せなか」を表した形声文字であるが、後代にはこれが用いられることが多い。

---

017 【死】 楷六画　歹部　成会意

古心紐脂部・以紐脂部[siei, sier, hlii]→
→中心紐旨韻[si, sii, sii]→漢シ呉シ

殷代の「丼」は、井（井）の中に人（ㄟ）がある形である。井は殷代には人為的に掘られた穴を意味し、この文字では墓穴を表す。墓穴に人が入ることから「死」の

意味を表している。異体字には人の正面形の大（〓）に従うもの（〓）や、出血を表したであろう小点を加えたもの（〓）などがある。

殷代には、少数例だが死者の骨を表す歹《がつ》（〓）とそれを悼む人（〓）に従う異体字（〓）もあり、これが後代に継承された。この系統には、病床を表す爿《しょう》（〓）用いた異体字（〓）などもある。また東周代には、歹・人を上下に並べた「〓」などもあるが、いずれも後代には残っていない。隷書で人を匕《ひ》に変えた形が作られた。

なお、「〓」について、字形の類似から囚（〓）の異体とする説などもあるが、殷代には「〓」と「〓」に字義上の明確な区別が見られない。

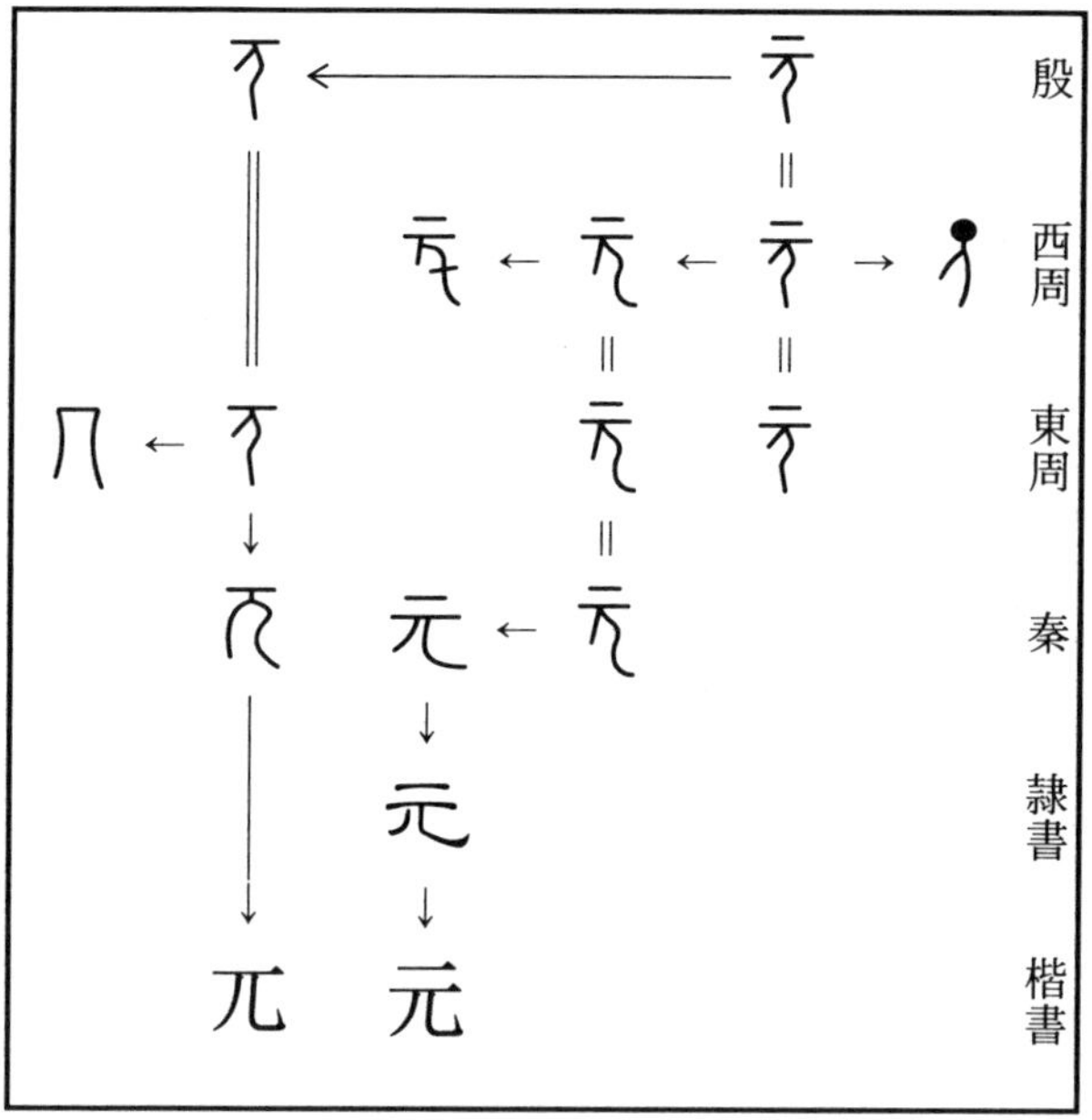

▽儿部

018 【元】 楷四画　儿部　成指事

古疑紐元部[ŋiuan, ŋiuan, ŋon]→中疑紐元韻[ŋiuɒn, ŋiuɒn, ŋuɒn]→漢ゲン呉ガン(グヮン)

019 【兀】 楷三画　儿部　成指事

古疑紐物部[ŋuət, ŋuət, ŋud]→中疑紐没韻[ŋuət, ŋuət, ŋuət]→漢ゴツ呉ゴチ慣コツ指事記号の線の本数の相違があるが、「元（）」と「兀（）」は殷代の甲骨文字では通用しており、同源字である。いずれも人（）の頭部を強調した形である。

「元」は頭部が人体の最も高い位置にあることから「最初」や「始原」を意味して使われた。また「兀」については、後代に字義が分化し、「頭部」から転じて「突き出た様子」に用いられた。

なお、「兀」について、藤堂は「儿」形にとび出た姿とするが、初出の殷代の字形は、下部が明らかに人の形である。また白川は、兀に刑罰としての足切りの意味があることから、罪人の髪を切った様子とし、谷衍奎も頭髪を剃った人の姿とする。しかし、殷代や西周代には足を切る意味の刖《げつ》と字義上の関連は見られないので、後代に仮借の用法で「刖」に当てたものであろう。

「元」について、加藤は段玉裁『説文解字注』が「一に従い兀声」とするのを採るが、構造としては上部の二線はともに指事記号であり、形声文字ではない。また鎌田は「かんむりをつけた人」とするが、それに相当する文字は竟《きょう》（殷代には「」など）である。谷衍奎は頭髪を剃った人の姿に指事記号を加えたものとするが、前述のように誤りである。

なお、加藤・藤堂なども字音についても同源とする。しかし、推定される上古音は、声母は同じであるが、韻母が大きく異なっている。したがって、別源の言葉に転用された可能性が高い。

---

020 【兄】 楷五画 儿部 成会意

古暁紐陽部・明紐陽部[hiuaŋ, hiuaŋ, hmraŋ]→中暁紐庚韻[hiuɒŋ, hiuʌŋ, ɦuɣiæŋ]→漢ケイ呉キョウ（キャウ）

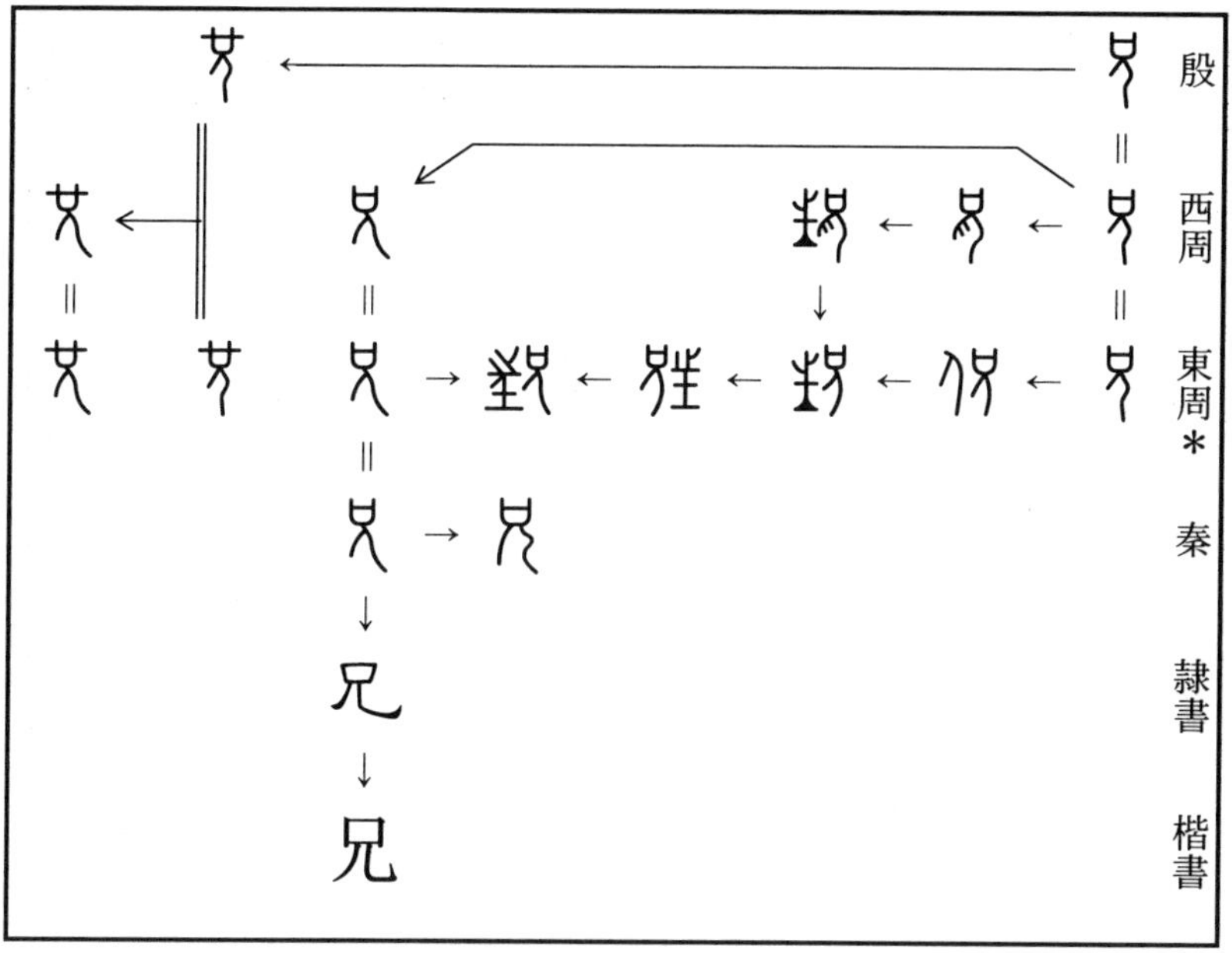

兄（）は、口（）と人（）に従う会意文字である。許慎が「長なり」とするなど、多くの研究者が「年長の兄弟」の字義から字源を解釈する。藤堂は頭部が大きな年長の子とし、阿辻も同様である。白川は祝詞を収める器を戴く人の形とし、兄長が家の祭事を掌ったとする。赤塚は長大して頭蓋骨が定まった人とし、鎌田は人の上に立って弟妹の世話をする人とする。そのほか加藤は口に従い尪《おう》声とするが、下部は尪ではなく人（儿）であり発音とは関係がない。また李学勤は「構形不明」とする。

しかし、初出の殷代には、「類別呼称」が用いられていた。これは世代内の長幼の区別がない親族呼称体系であり、例えば父の世代の男性であれば、すべて「父」と称され、父・伯父・叔父などが区別されていなかった。「兄」も同様であり兄・弟・従兄弟が区別されていない。つまり、「年長者」からの字源解釈はすべて誤りなのである。

殷代には、祝詞を唱える人の姿である祝の初文（）と兄（）が近い形であり、おそらく谷衍奎が「祝と同

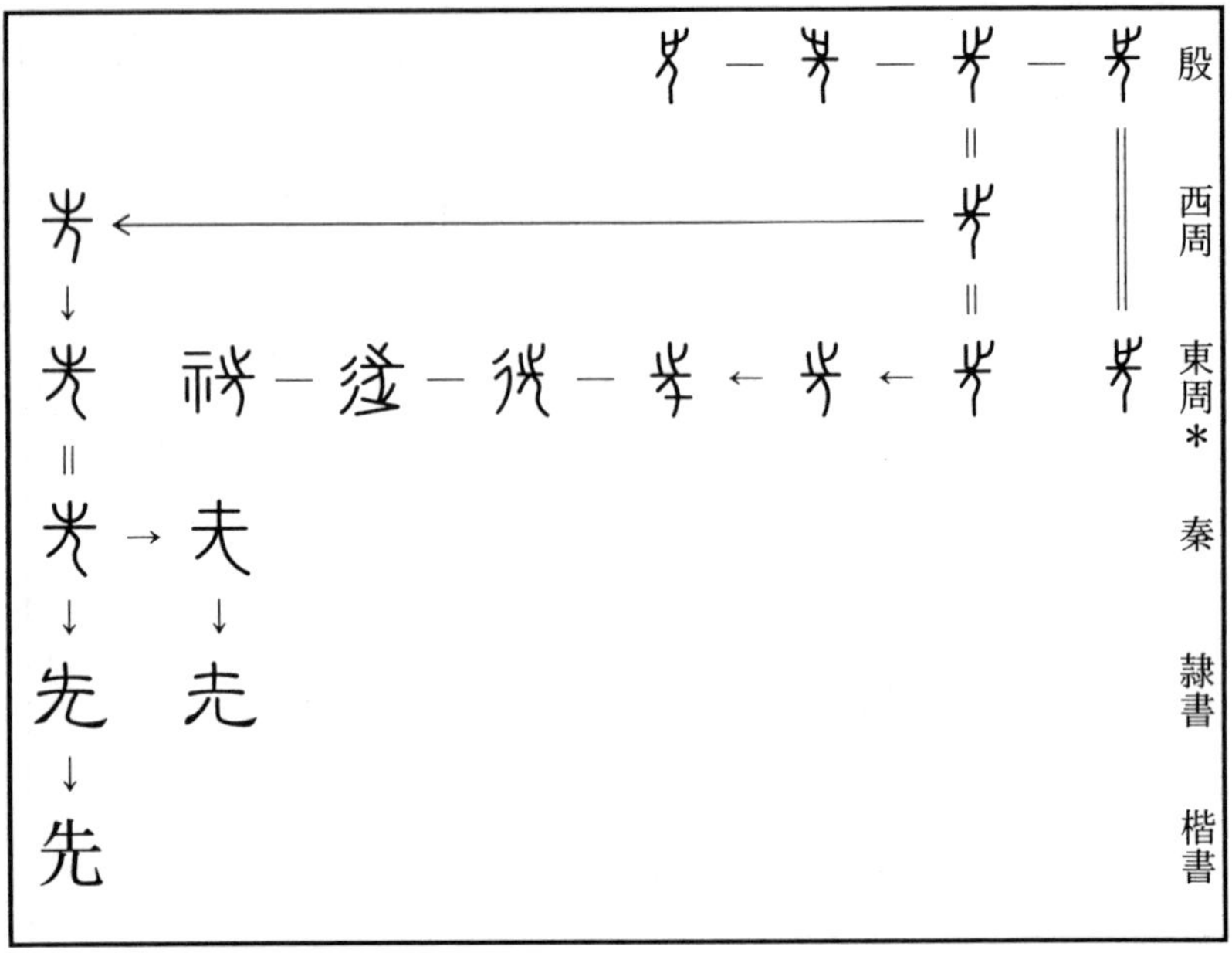

源」とするのが近く、「自身とともに父祖の祭祀に参列する人」を表したものと思われる。ただし、甲骨文字では兄（[glyph]）が祭祀儀礼の意味では使われていないので、表には祝は含めていない。

ちなみに、西周代になると伯・仲・叔・季によって兄弟の長幼が表示されるようになり、東周代に兄・弟の区分が普及した。なお、殷代にも男子に限っては「大子」や「小子」のように兄弟の序列を区分することがある。

西周〜東周代の異体には、「人」を「卂（[glyph]）」に近い形にしたもの（[glyph]）や、往の初文の「生」を声符として加えた形声の形（[glyph]など）が見えるが、後代には残っていない。西周代に下部を「儿」の原形に変えた「[glyph]」があり、これが楷書に継承されて「兄」になった。

---

021 **【先】** [楷]六画　儿部　[成]会意

(古)心紐文部[siən, sən, sɯn]→

→(中)心紐先韻[sien, sen, sen]→(漢)セン(呉)セン

殷代の字形のうち最も単純なものは、下部が人（〓）、上部が足の象形の止（〓）から成る「〓」である。また、殷代には足の形と人の形を分ける記号を付けた形（〓など）が多く、止と一（一）は之（〓）にあたる。後者が後代に継承された。

赤塚・鎌田・阿辻・李学勤は、止や之が人よりも上にあることから「人よりも先だつこと」と解釈し、白川・谷衍奎は止が歩行を象徴することから「人が先行すること」と解釈する。いずれも矛盾はないが、殷代には臣下が王に先立って行く意味での用例が多く、後者が妥当であろう（之にも前進の意味がある）。

そのほか、加藤は形声文字と見なし、止や之の音が先の音になったとする。しかし、上古音では声母・韻母ともに異なっており、止・之は之部（[tiɑ]などと復元）と推定されている。また、藤堂は足が人体の先にあることから「さき」の意味になったとするが、上部に足の形をつけることは人体の構造に矛盾する。

字形は、東周代において、止と同じく進行を象徴する彳や辵を加えた形（〓など）があるが、楷書には残っていない。また「示」を加えた「〓」は、祖先を表した異体であるが、やはり後代に継承されていない。秦代や隷書では止（之）を変形させた字形がつくられ、そのひとつが楷書の「先」に継承された。

なお、類似の文字として、甲骨文字や金文には「〓・〓」などがあり、「先」と釈されることもあるが、用法が異なっており、別字である。おそらく人の頭髪を強調した形であろう。

▽尸部

022 【局】 楷七画　尸部　成形声（亦声）？

(古)群紐屋部[giuɔk, giuk, gog]→(中)群紐燭韻[giuok, giok, giok]→(漢)キョク(呉)ゴク

「局」について、許慎は尺と口から成るとし、白川・阿辻・谷衍奎も同様であるが、原義は人がかがむことなので、人がかがんだ形が部首の尸になったと考えるのが妥当である（尺は指を広げて長さを測る形）。局のうち尸を除く部分について、加藤は句の略体で純粋な声符とする。句は上古音で見紐侯部（[kɔ]などと復元）と推定されており、字音にある程度の共通点があることは認められる。また鎌田・李学勤も句の略体として声符とするが、句は曲げる意味もある亦声の部分とする。この考え方も矛盾はない。

殷　西周　東周　秦　隷書　楷書

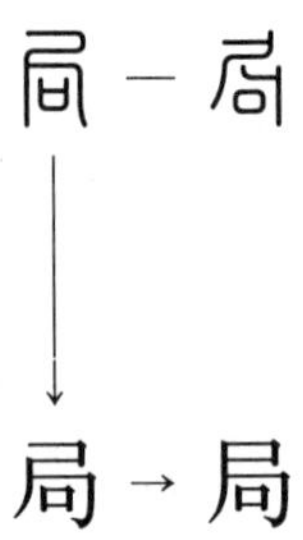

そのほか、赤塚は广と句から成るとするが、該当する字形は見えない。また、藤堂は局の文字全体が句の異体が起源とするが、秦代以前に句との中間体は見えない。おそらく篆書の句（）が論拠であろうが、句の字形史の中では特殊な繁体である。

023 **【屋】** 楷九画　尸部　成会意

(古)影紐屋部[ɔk, ʔuk, qog]→(中)影紐屋韻[uk, uk, ʔuk]→(漢)オク（ヲク）(呉)オク（ヲク）

「屋」について、許慎は家屋としての「尸」と止《とど》まる所を意味する「至」から成る会意文字とし、鎌田・谷衍奎・李学勤はこれに従う。加藤も同様であるが、至を室の略体と見なし、赤塚はこれに従う。

東周代の「」などは、上部は「台［臺］」（篆書では「」）に近い形であるから、屋のうち「尸」が家屋の

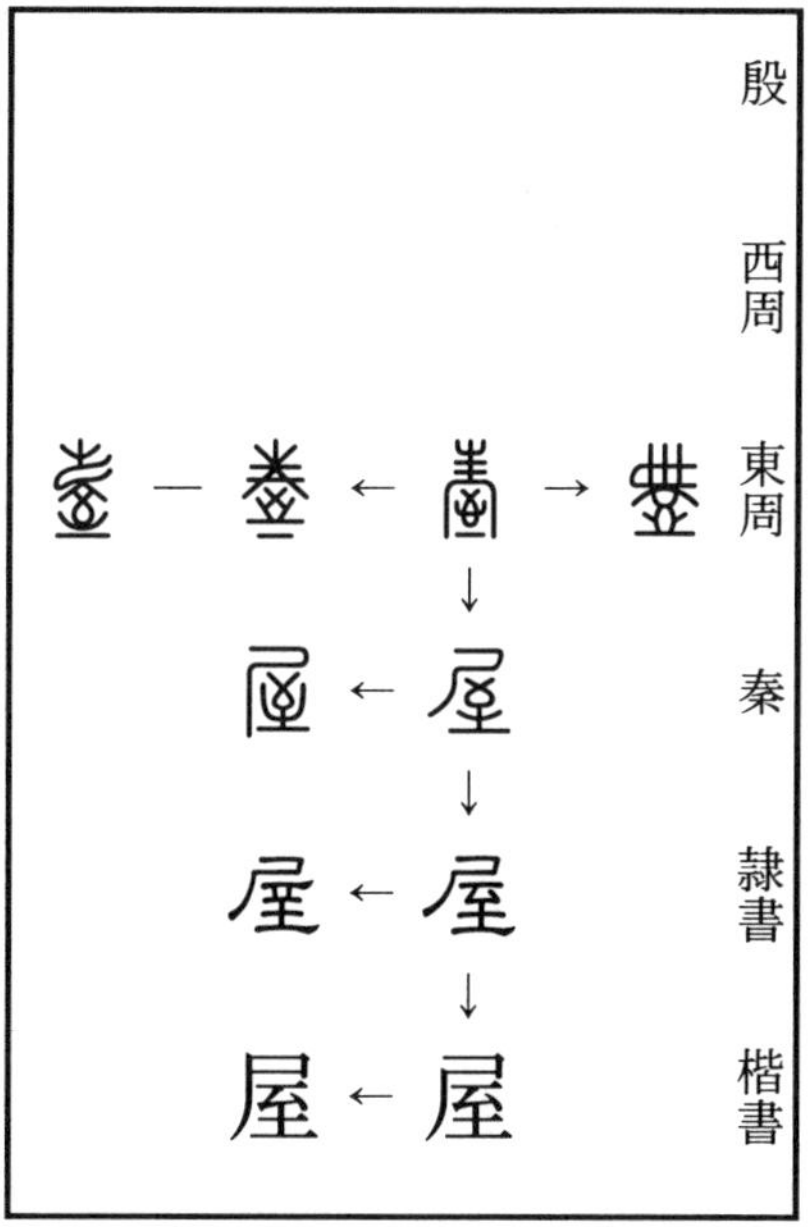

表現であると考えるのは妥当である。ただし、下部は至か室の略体かは明らかではない。あるいは文字全体が台［臺］と同源の字形かもしれない。

そのほか、白川は死体の形としての「尸」と矢を放って至った場所としての「至」から成るとし、殯（かりもがり）の場所を選んだ占卜儀礼を字源と考える（阿辻も同様）。しかし、初出の東周代の字形に合わず、またそのような風習があったことは考古学的にも文字資料でも確認されていない。藤堂は「尸」を「おおってたれた布」とするが、尸にその用法はなく、それに該当するのは「冖」や「巾」である。

東周代の異体のうち、「」は上部を鹿（）の頭部の形にしており、鹿は上古音で屋部（[lɔk]などと復元）と推定されているので、声符への置換と思われる。また秦代には楷書と同じ尸を用いた形（など）が出現した。

▽方部

024【方】 [楷]四画　方部　[成]象形

(古)幫紐陽部・並紐陽部［piuaŋ, piaŋ, paŋ+baŋ］→(中)幫紐陽韻・奉紐陽韻［piuaŋ, piaŋ, piŋ+biŋ］→

↓㊇漢ホウ（ハウ）㊇呉ホウ（ハウ）

「方」の字源について、許慎は篆書の字形（）をもとに、二艘の舟をあわせる様子とし、また或体《わくたい》として「汸」を挙げる（阿辻はこれに従う）。しかし、殷代の「方」の字形（）は舟（）とは関連しない。あるいは、「もやう」や「船頭」を表す「舫」と関連付けたものかもしれないが、いずれにせよ字源とは言えない。

字形は耜《すき》の象形（）に近いため、多くの研究者は耜の一種の象形とする。また使われている形は人（）にも近く、白川は横にわたした木に死者をつるしている形とする。

殷代の段階から原義での用法はなく、仮借あるいは引伸義で地方や敵対勢力の意味で使用されているため、字源を明らかにすることは難しいが、構造は人の正面形に首枷をつけた形の央の異体（）に近いので、暫く方（）を首枷をつけた人の側面形と推定する。

殷代の異体のうち、略体（）が後代に継承された。西周代には刀（）のような形を用いた異体があり、これが篆書（）などを経て楷書の「方」になった。そのほか各時代に若干の変形をした異体が見える。

なお、「族」や「旅」などは、本来は「方」ではなく軍旗の象形の「㫃《えん》（）」が部首であった。

025 【病】［病］ 楷十画 疒部 成形声

古並紐陽部[biaŋ, biaŋ, braŋ]→中並紐映韻[biaŋ, biaŋ, byiæŋ]→漢ヘイ呉ビョウ(ビャウ)

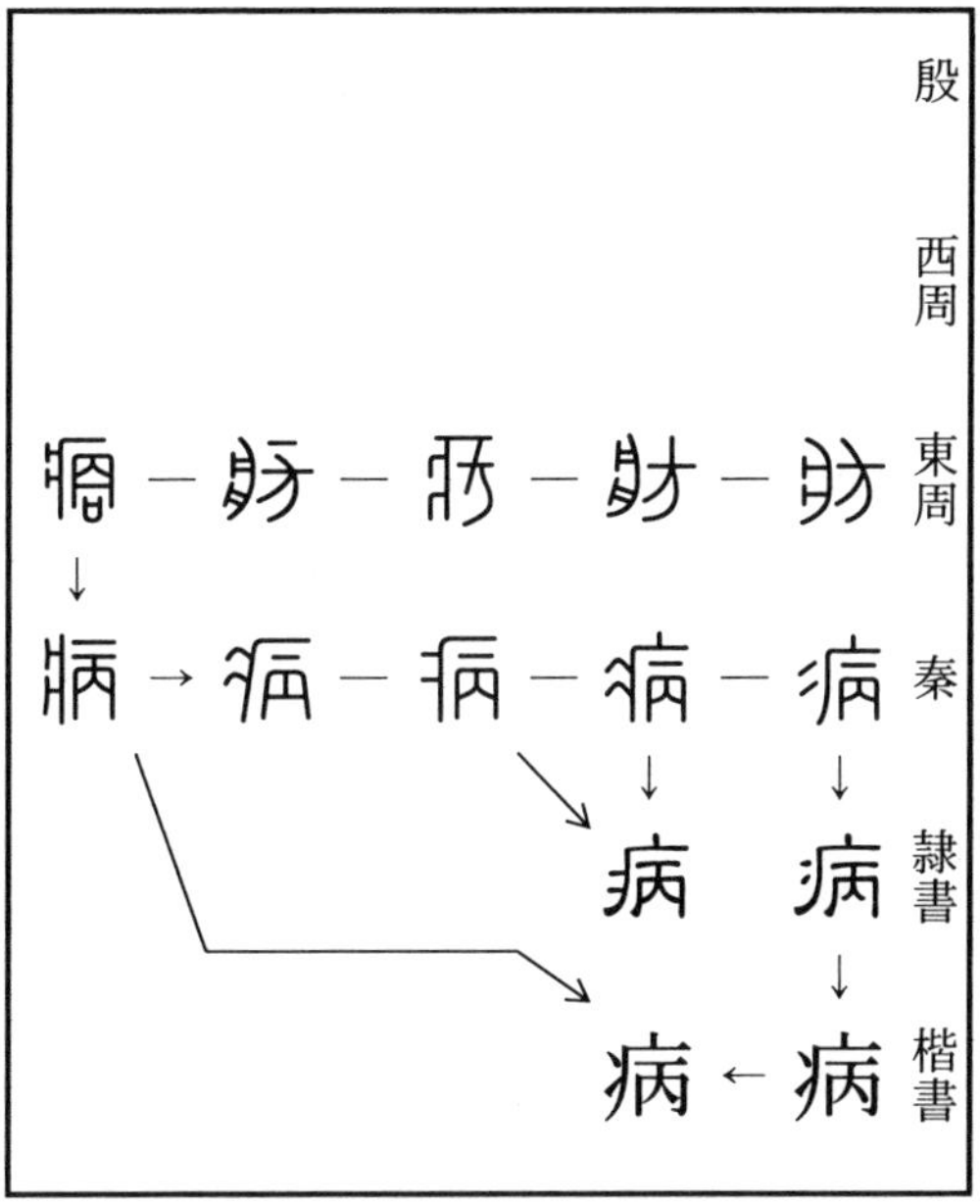

「病［病］」は、疒を意符、丙［丙］を声符とする形声文字であり、病気が重くなることが原義である。

谷衍奎は、病を疒からの分化字とするが、直接の分化字として病気全般を表した文字は「疾」である。病の原義は「疾加（病気が重くなること）」であり、「疾病」はもと「疾（やまい）が重くなること」の意味であった。後代に、「病」や「疾病」が病気全般の意味とされた。

そのほか、藤堂は丙が両足を広げた形として病気の人の様子とし、鎌田も同様の考えであるが、丙の字源は建物や器物の台である。

字形について、初出の東周代には、楚系文字で「丙」に発音が近い「方」を声符としている（昉など）が、後代には残っていない。

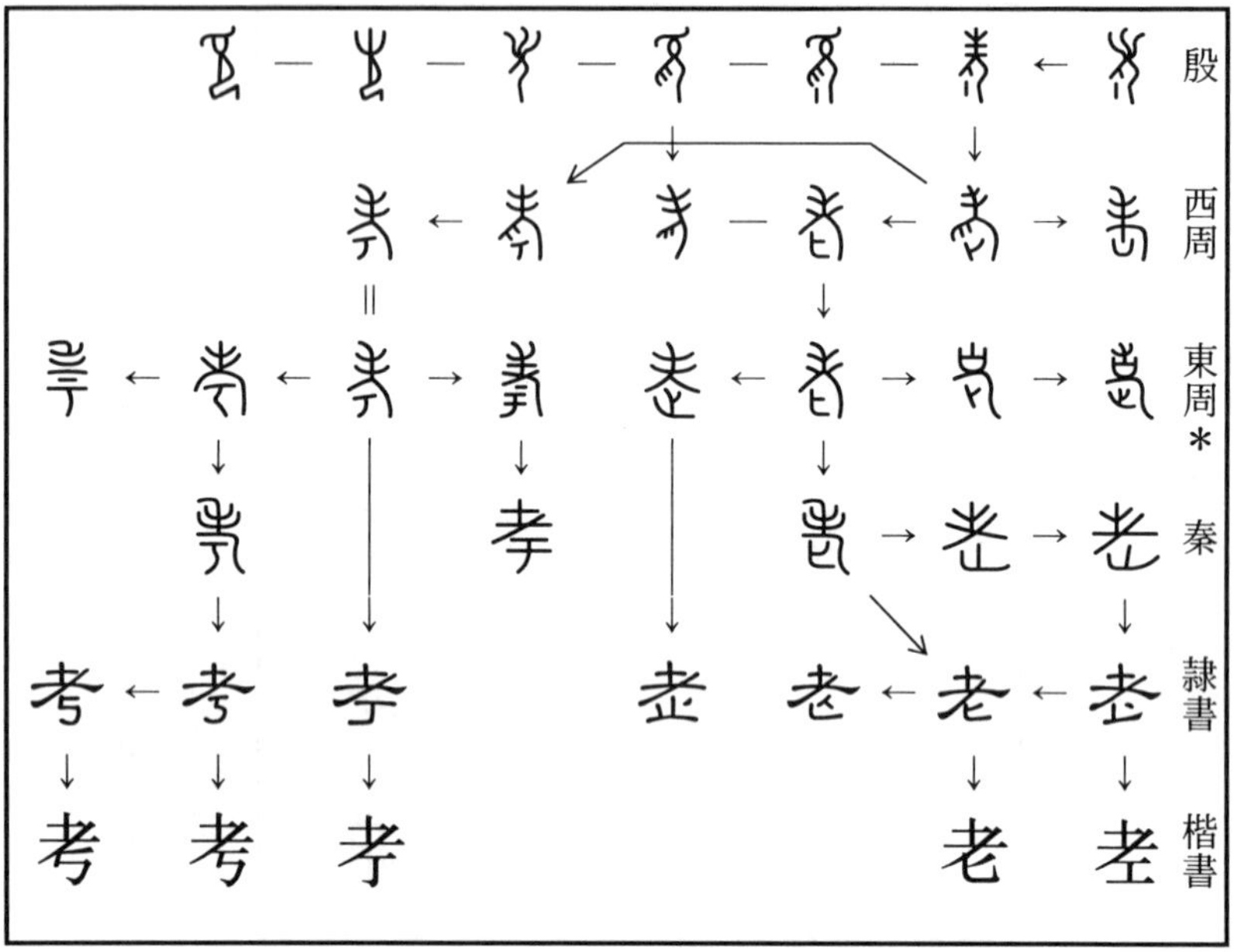

▽老部

026 【老】｛耂｝ 楷六画　老部　成象形

古来紐幽部[lu, log, ru]→中来紐晧韻[lau, lau, lau]→
→漢ロウ(ラウ)呉ロウ(ラウ)

027 【考】［考］｛孝｝ 楷六画　老部　成形声

古渓紐幽部[khu, khog, khlu]→中渓紐晧韻
[khau, khau, khau]→漢コウ(カウ)呉コウ(カウ)

「老」について、許慎は篆書の形（　）を元に、人と毛と匕《か》に従うとし、白川も匕を構成要素とする。しかし、初出の殷代の形（　など）は、杖をついた長髪の老人の姿であり、匕は後に杖の形が変化したものである。なお、甲骨文字などでは、長髪は杖とともに老人を象徴して用いられている。また、李学勤は「老」を老人の象形と杖の形の会意文字とするが、杖の形が単独で用いられることがないので、本書では象形文字として分類した。

後代には「老」は他字の部首としても用いられており、略体の「耂」が使われることが多い。

殷代には杖を省いた異体（〓など）があり、東周代〜隷書には杖の形を「止」に変えた異体字（〓など）も見られるが、いずれも楷書に残っていない。また秦代に異体として作られた「老」の系統は、楷書の異体の「耂」に継承されたようである。

西周代には、引伸義または転注で死去した父親を指して用いられており、この意味では杖の部分を声符の「丂《こう》」に変えた形声の形（〓）が作られた。これが「考」にあたる。なお、丂（〓）は足が曲がった机の象形であり、老人の腰が曲がった様子も表す亦声の部分とする説もある。

「考」については、東周代以降に「丂」を「于」や「丁」に変えた異体（〓など）があるが、字音が大きく異なるため、声符としての機能を失った俗字である。耂と丂に従う伝統的な形（考）が楷書では正字とされるが、隷書では丂の部分を変形した形（考）が作られ、これを継承した「考」が現代日本では主に用いられる。

なお、谷衍奎は「考」についても「丂」を杖の形とするが、上古音では、丂は考と同じく溪紐幽部（[khəu]などと復元）と推定されており、類似形の声符への置換と考えるのが妥当である。

▽身部

028 **【身】** 楷七画　身部　成指事（亦声）

古書紐真部・透紐真部・暁紐真部[ɕien, thien, qhiin]→中書紐真韻・生紐真韻[ɕien, ʃien, ɕiin]→漢シン呉シン

029 **【腹】** 楷十三画　肉部　成形声

古幫紐覚部・幫紐屋部[piuk, piuk, pug]→中非紐屋韻[piuk, piuk, piuk]→漢フク呉フク

「身」について、許慎は「躳《からだ》なり」として身体を原義とし、李学勤はこれに従う。そのほかの研究者は、妊娠した女性の象形で妊娠が原義とする。

しかし、殷代の甲骨文字では、目や骨盤などの疾病と同様に「貞《と》う、身を疾むを父乙《ふいつ》に禦せんか」のように身体の一部として使われており、「」などは人（）のうち腹部に丸印を付けた指事文字が起源と考えられる。なお、白川のみは甲骨文字の用法に気づき、「卜辞に疾病を示すものに、腹部の膨張するものがある」とするが、字源を妊娠とすることは変えていない。

周代以降の資料では「身」が妊娠の意味で使われており、おそらく「人の腹部を強調した指示文字」を「腹部が膨らんだ人の象形文字」と誤解したのであろう。ちなみに甲骨文字では、妊娠を意味する文字としては孕《よう》（）が用いられている。また周代以降には、引伸義で「身体」の意味でも用いられている。

殷代の異体には指事記号として点を増し加えたもの（）や腹部を手で押さえている会意の異体字（）な

どもあり、前者は楷書のうち横線のひとつ（四画目）として残っている。そのほか西周〜東周代にも異体が多く、下部に線を加えたものが多い。この場合には、千（　）の形が発音も表す亦声の部分であろう（千は上古音で清紐真部と推定されており、[tshien]などと復元されている）。

「腹」も殷代にすでに見えており、腹部を意味する身（　）に声符の复（　）を加えたもの（　）が起源である（复は復の初文）。異体として身を人（　）に変えたもの（　）があり、これが西周代に継承された。さらに、西周代には意符が人から勹に変わり、東周代には勹から肉（にくづき）に変わったため、最終的に「腹」の形になった。なお身・腹は上古音では大きく異なっているので、「身」が妊娠の意味に用いられた段階で字音が転換したと思われる。

そのほか、「月」は「身」の左右反転形を元にする同源形であるが、単独では使われず、「殷」やそれを用いた形声文字以外には用例がないため、表には加えていない。

▽長部

030 **【長】** [楷]八画　長部　[成]象形

(古)端紐陽部・定紐陽部[tiaŋ+diaŋ, tiaŋ+diaŋ, taŋ+daŋ]→(中)知紐養韻・澄紐陽(漾)韻

[tiaŋ+ɖiaŋ, tiaŋ+ɖiaŋ, tiaŋ+ɖiaŋ]→(漢)チョウ(チャウ)(呉)チョウ(チャウ)・ジョウ(ヂャウ)

「長」は、老（　）と同じく長髪の人物の象形である。原義はおそらく「としうえ」であるが、殷代には「長」の用例は「長子」の語だけに見えるので、一般に年長者を指す語だったかどうかは分からない。後代には長髪か

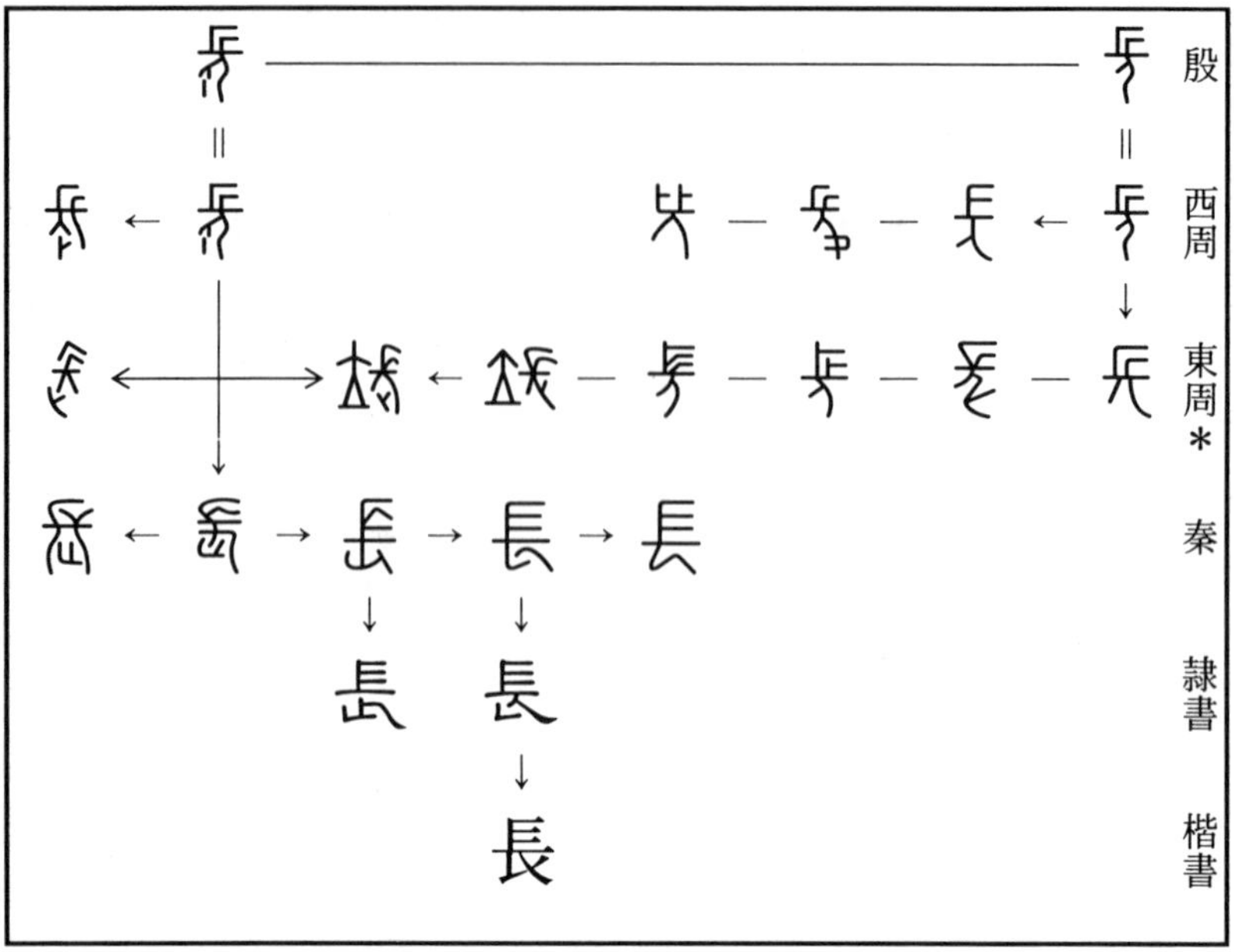

らの引伸義で「ながい」の意味でも用いられた（「ながい」の場合には声母が上古音では端紐であり、別源語に転用されたとする説もある）。

殷代には杖を持った形（〓）と持たない形（〓）があり、ともに後代に継承されて多くの異体が作られたが、最終的に楷書に残ったのは前者の系統である。楷書の「長」のうち、左下の六画目が杖の形にあたる。

そのほか東周代には立（〓）を加えたもの（〓など）もあるが、その意義は未詳である。

大部

「大（〓）」は、人が立っている姿を正面から見た形である。象形・指事・会意文字で人体を表して使われることが多い。〔関連部首〕「文」は、人の胸部を強調し、そこに文身を表示した文字であったが、楷書に至るまでに文身の部分は略された。「立」は、人が地面の上に立っている姿である。「走」は、人が走っている様子を表した夭《よう》に意符として止を追加した形である。「黄」は、人が腰に佩玉を帯びた姿である。

《大》③大④太(泰・亢)・天⑤央・去⑥交⑨美《文》④文(彣・紋)《立》⑤立(位)《走》④夭(走)⑩起《黄》⑪黄

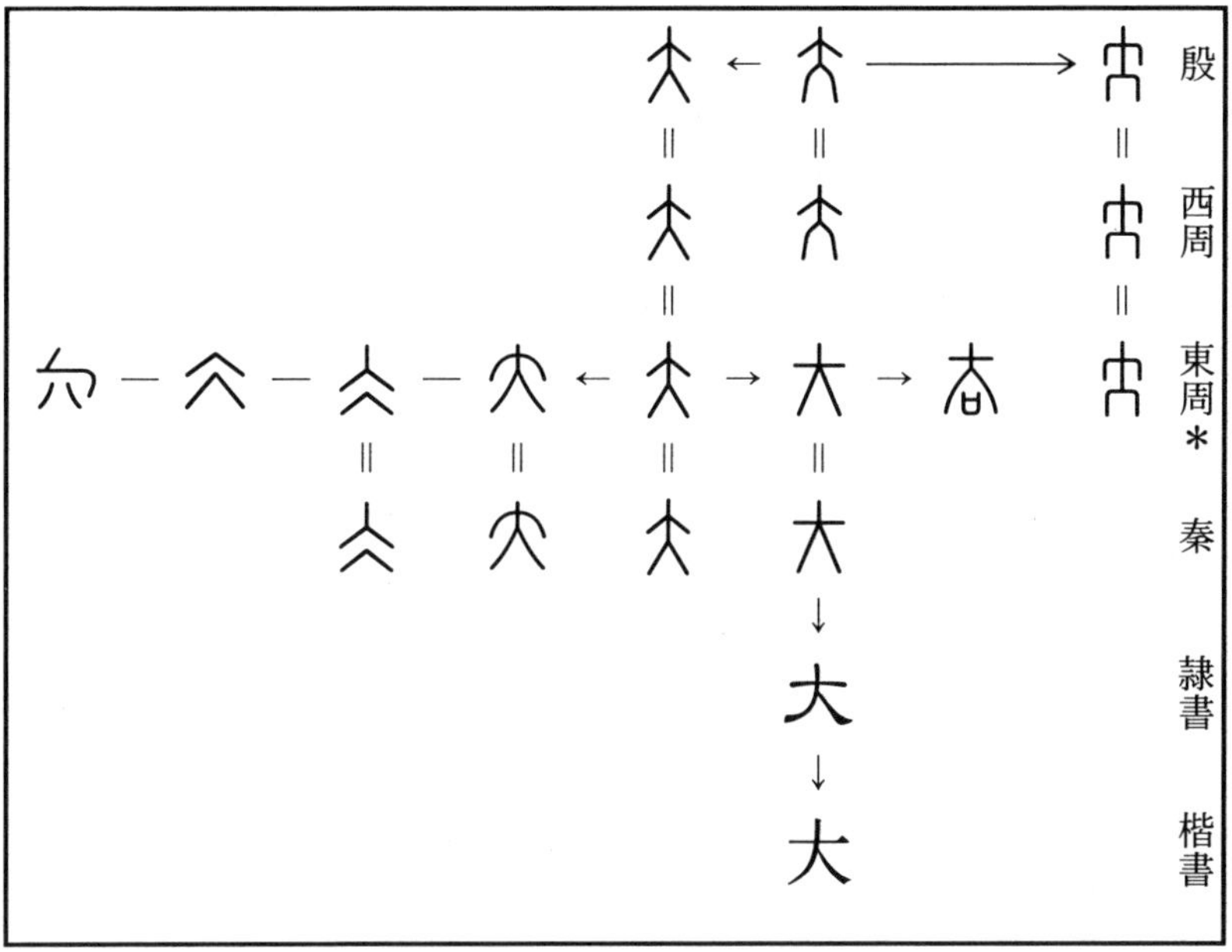

031【大】 楷三画　大部　成象形

古定紐月部・定紐歌部[dat+dai, dad+dar, dad]→
→中定紐泰韻・定紐箇韻[dai+da, dai+da, dai+da]→
→漢タイ・タ呉ダイ・ダ

大(　)は、手足を広げた人を正面から見た形である。人が体を大きく見せていることから「おおきい」の意味を表す。ただし、会意文字などでは「おおきい」ではなく「人の形」として使われることが多い。

なお、加藤・谷衍奎・李学勤は原義が「大人」であり、転じて「おおきい」の意味になったとするが、成人男性を表す形は「夫(　)」である。

東周代には異体が多く、楚系文字では人の形を崩した

「大・大」などの形が使われている。また、「夻」については、斉の銅貨に「夻化」として見える形であり、かつては「法〔灋〕」の略体と見て「法貨」と読まれていたが、現在では「大刀」の繁文とする説が有力である。ただし、これらの異体は楷書に残っておらず、東周代に出現した両手の部分を直線で表した「大」の形が楷書に継承された。

---

032 **【太】**　〔楷〕四画　大部　〔成〕指事（亦声）

(古)透紐月部・透紐歌部[that, thad, thad]→(中)透紐泰韻[thai, thai, thai]→(漢)タイ(呉)タイ(慣)タ・ダ

033 **【泰】**　〔楷〕十画　水部　〔成〕会意（亦声）

(古)透紐月部・透紐歌部[that, thad, thad]→(中)透紐泰韻[thai, thai, thai]→(漢)タイ(呉)タイ

034 **【亢】**　〔楷〕四画　亠部　〔成〕象形

(古)渓紐陽部・見紐陽部[khaŋ+kaŋ, khaŋ, khaŋ+kaŋ]→(中)渓紐唐韻・見紐宕韻[khaŋ+kaŋ, khaŋ, khaŋ+kaŋ]→(漢)コウ(カウ)(呉)コウ(カウ)

「太」について、許慎・藤堂は字形のみを挙げる。そのほか、加藤は『説文解字』が挙げる古文の形（夳）を元に「大」に重複記号の「二」を加えて「はなはだ大きい」の意味を字源とし、赤塚・鎌田・阿辻もこれに従うが、殷～西周代の字形に合わない。また白川・谷衍奎は後掲の「泰」の略体とするが、これも出現順が逆である。李学勤は諸説を挙げて「考を俟つ」とする。

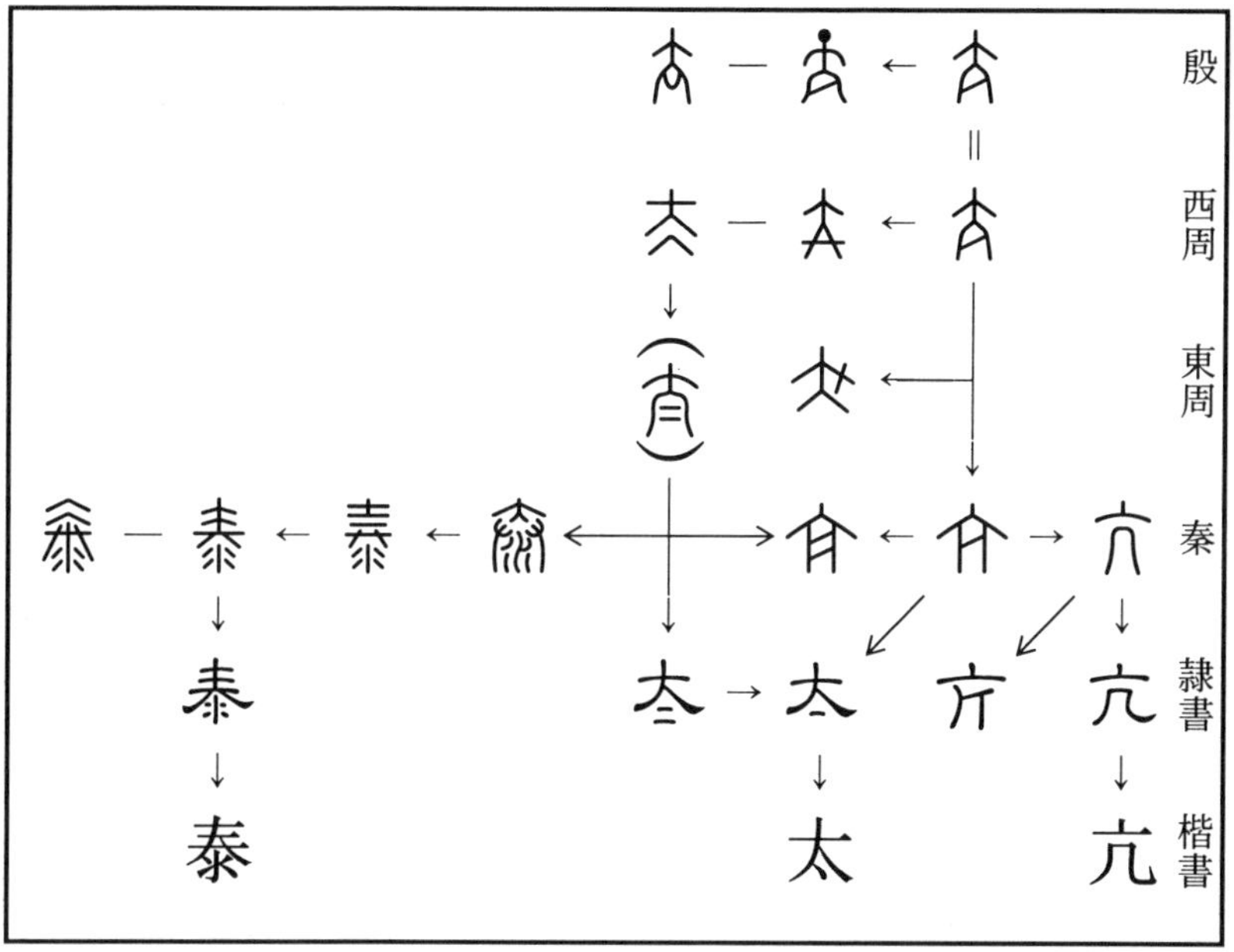

殷代の字形（など）は、人の正面形である大（）の股の部分に指事記号を加えた形であり、おそらく人が足を大きく広げている様を表している。足を広げることから転じて、物事のはなはだしいことを指すようになったのであろう。「大」は発音も表す亦声の部分である。

「泰」は秦代に作られた形であり、篆書（）は大に両手の形の「廾」と「水」を加えたものである。許慎・加藤・李学勤は大を声符とする形声文字とし、藤堂は両手でたっぷりと水を流すさま、白川は水に落ちた人を助ける形とする。また赤塚は水路を広げる様子とし、阿辻はこれに従う。鎌田は水につかってゆったりしている人の様子とし、谷衍奎は体を洗う人の形とする。

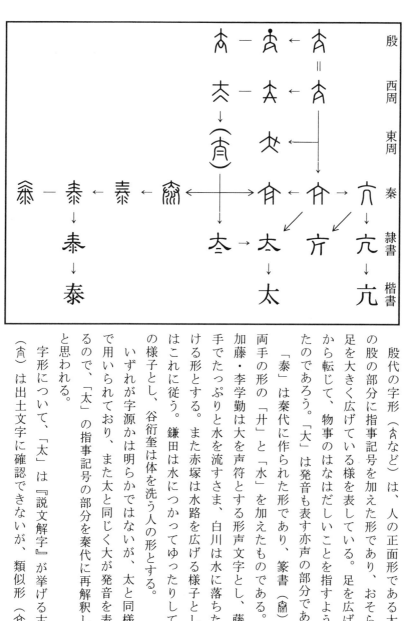

いずれが字源かは明らかではないが、太と同様の字義で用いられており、また太と同じく大が発音を表しているので、「太」の指事記号の部分を秦代に再解釈したものと思われる。

字形について、「太」は『説文解字』が挙げる古文の形（）は出土文字に確認できないが、類似形（）が秦

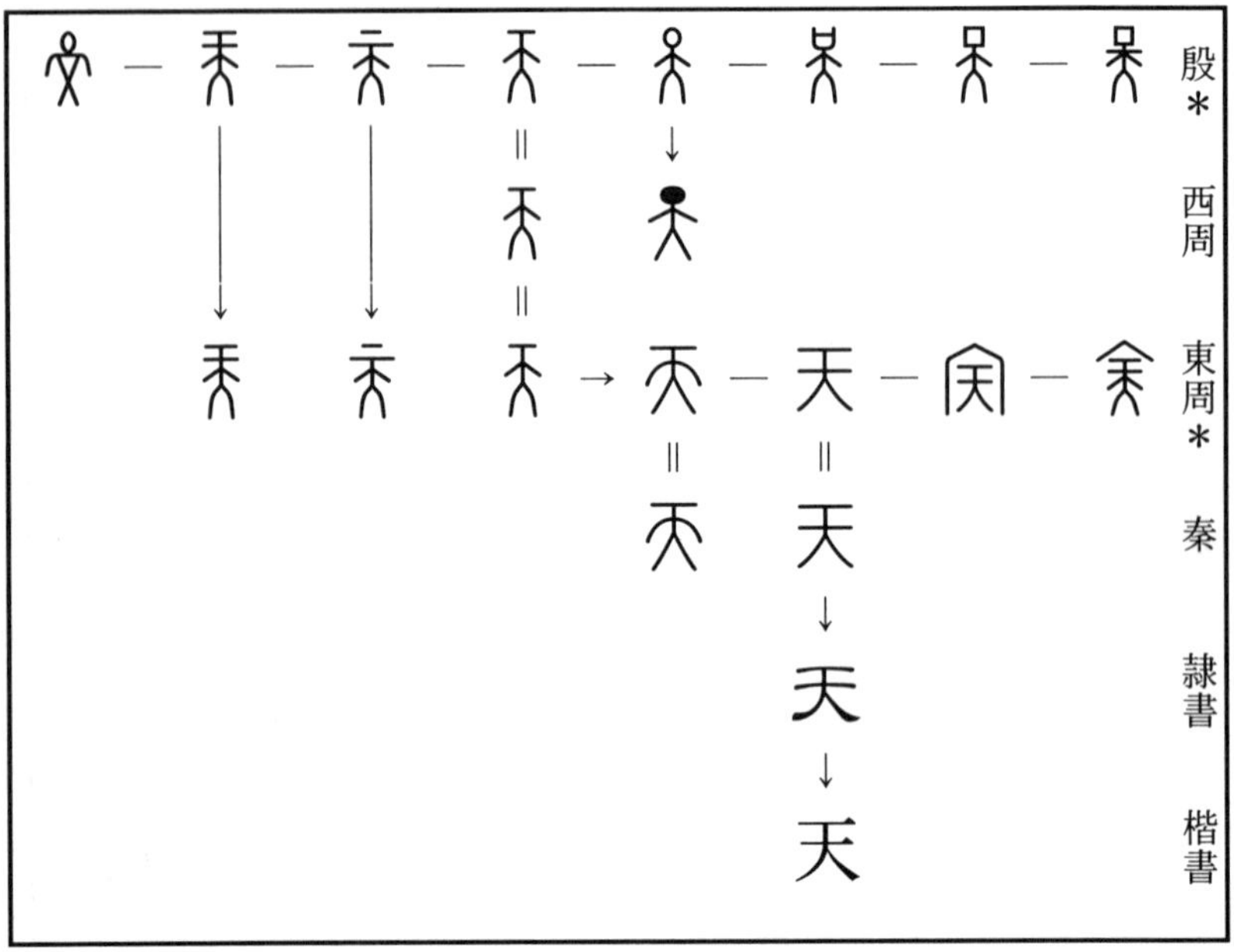

代の簡牘に見られる。さらに、殷～西周代の形（亣）との折衷形（亣）があり、これと隷書で「古文」の形を模倣した「太」と折衷した「太」が継承され、楷書の「太」になった。また「泰」については、秦代～隷書で大と廾が重なって「𡗗」の部分になっている。

そのほか、「亢」も篆書で出現した形（亢）であり、字形の類似から「太」の同源字と推定されている。ただし、字義としては頭部を指す文字であり、また字音も大きく異なるので、字形の偶然の類似であり、継承関係はないかもしれない。

---

035 **【天】** 楷四画　大部　成指事

古透紐真部・暁紐真部[thien, then, qhlin]→
→中透紐先韻[thien, then, then]→漢テン呉テン

「天」は、正面から見た人の形である大（大）の頭部を強調して示した指事文字であり、頭部からの引伸義で天空も意味する。頭部の強調の方法は様々であり、円形

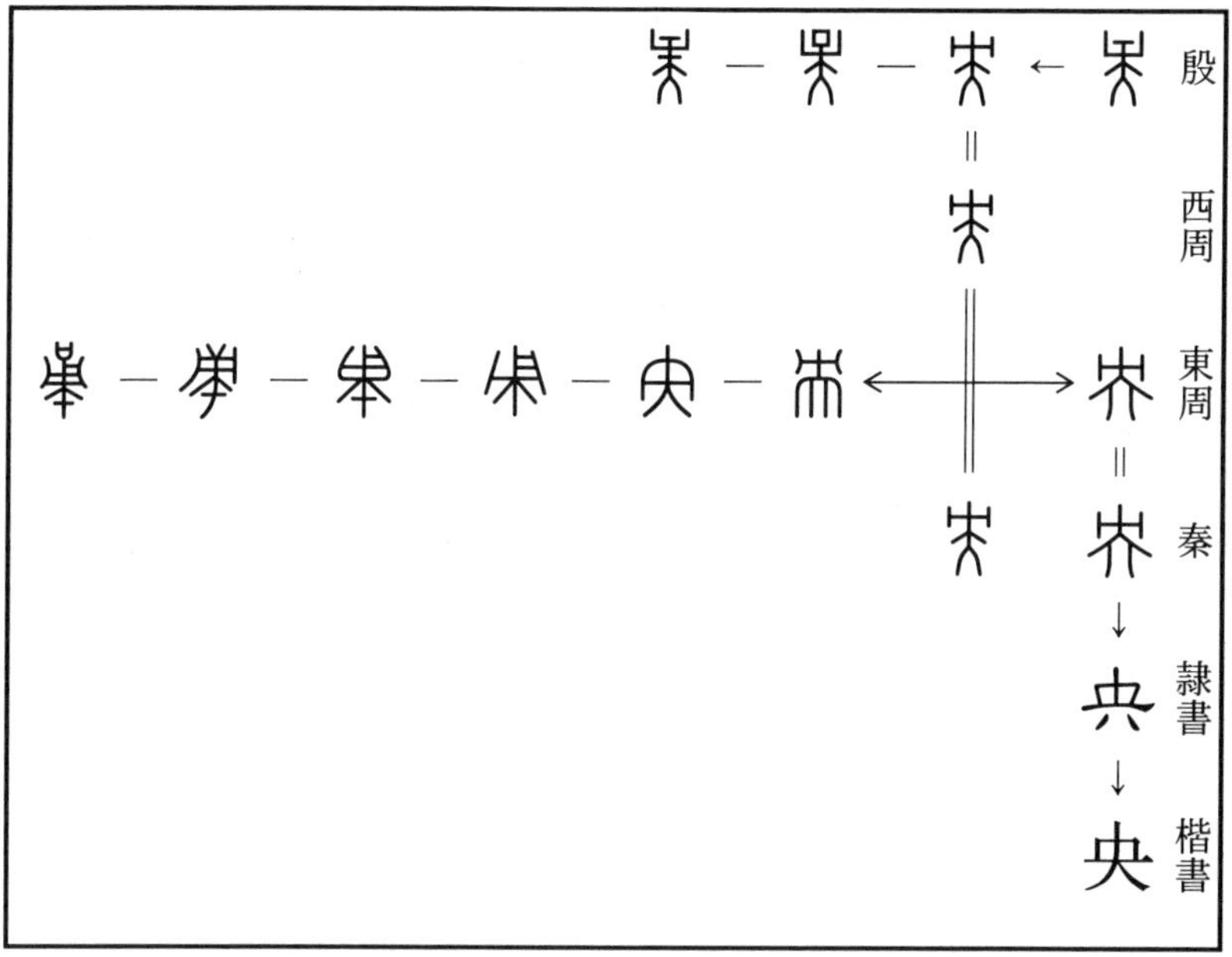

を加えたもの（）や二本線を用いたもの（）などがあるが、頭部を一本線で表示した形（）が楷書にまで継承された。楷書の「天」のうち、一画目が頭部を示す記号、二画目は両手にあたる。
そのほか、東周代には家屋の形の宀を用いたもの（）や屋根の形の入を加えた形（）もあり、いずれも「高所」の表示であろう。
ちなみに、天空への信仰としては、殷代には自然神のひとつであったが、西周代には主神とされ、周王は「天子」とも呼ばれた。

---

036 **【央】** 楷五画　大部　成象形

古影紐陽部[iaŋ, ʔiaŋ, qaŋ]→
→中影紐陽韻[iaŋ, ʔiaŋ, ʔiɐŋ]→
→漢ヨウ(ヤウ)・エイ呉オウ(アウ)・ヨウ(ヤウ)

「央」の字源について、許慎は大と冂から成るとするが、甲骨文字の字形（など）は冂（冂）とは異なって

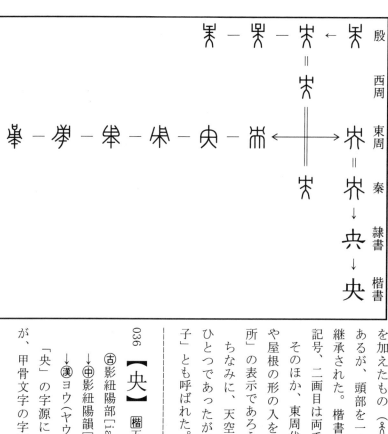

いる。加藤は「工」が頸を示す指事記号で央が「頸」の原字とするが、「工」形が部位を示す指事記号として使われた例は他にない（藤堂も同様に「工」が首の部分を示す印とする）。

央の異体には「」があり、白川が述べるように、首枷（工）をつけた人の正面形とするのが妥当である（赤塚・鎌田・阿辻・谷衍奎・李学勤もこれに従う）。

「中央」の意味として使われたことについて、白川は首に枷して殺す呪儀が字源で、呪霊のさかんなところからの引伸義とするが、史料上では「央」が呪儀の意味で使われた例は見られない。そのほか、赤塚は仮借の用法とし、阿辻はこれに従う。鎌田は人の首が首枷の中央にあるためとし、谷衍奎・李学勤も同様の説である。いずれも矛盾はなく、正否は確かめ難い。

殷代には「」の用例は少数であるが、これが後代に継承された。東周代には多くの異体が作られたが、そのうち「」が秦代に篆書とされ、楷書の「央」に継承された。

037【去】 楷五画　ム部　成会意

古溪紐魚部[khia, khiag, kha]→中溪紐語(御)韻[khio, khio, khiʌ]→漢キョ呉コ

「去」の字源について、許慎・加藤・藤堂・白川・赤塚・阿辻は「凵」に従う篆書の字形（）から解釈するが、殷代には「」はごく少数であり、「」が主に使われている。したがって、大（）と口の形（）から成る「」から字源を解釈すべきである。

鎌田は、「口」が祈りの言葉で、祈って穢れを除去することとし、谷衍奎は、「口」が穴居の出口で、出口か

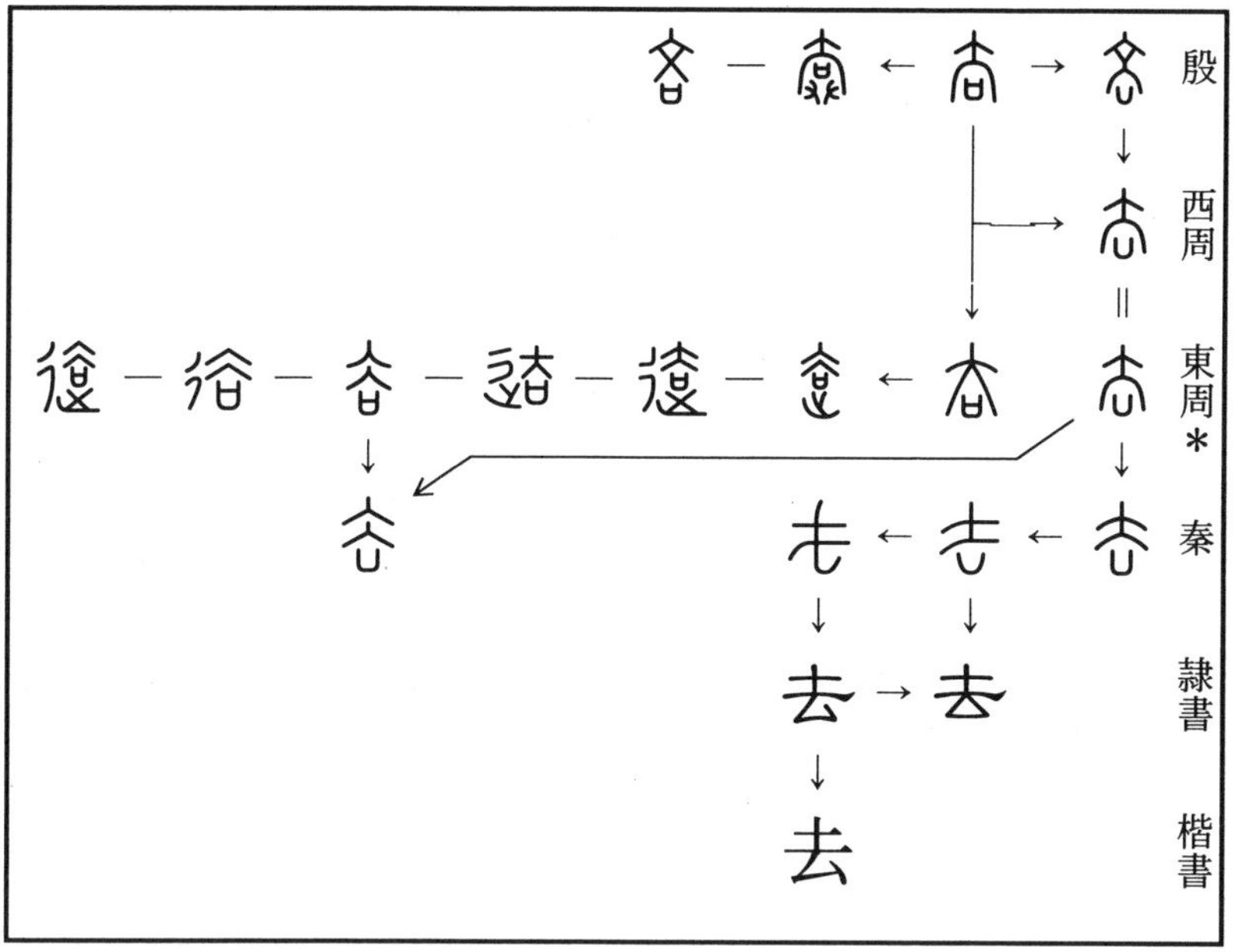

ら走り出ることとする。そのほか李学勤は大と口から成る字形について「構形不明」とする。

甲骨文字では「去」を穢れを祓う儀礼として用いた例はなく、また「口」を穴居の出口とした文字もないので、いずれも賛成しがたい。「凵」は器物の形としても使われるので、それを踏み越えることから転じて「ゆく」の意味になったと見るべきであろう。

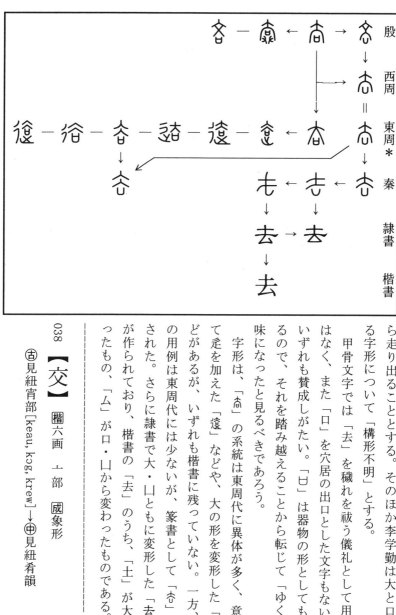

字形は、「〓」の系統は東周代に異体が多く、意符として辵を加えた「〓」などや、大の形を変形した「〓」などがあるが、いずれも楷書に残っていない。一方、「〓」の用例は東周代には少ないが、篆書として「〓」が採用された。さらに隷書で大・凵ともに変形した「去」などが作られており、楷書の「去」のうち、「土」が大の変わったもの、「ム」が口・凵から変わったものである。

---

038 【交】 楷六画　亠部　成象形

古見紐宵部[keau, kɔg, krew]→中見紐肴韻

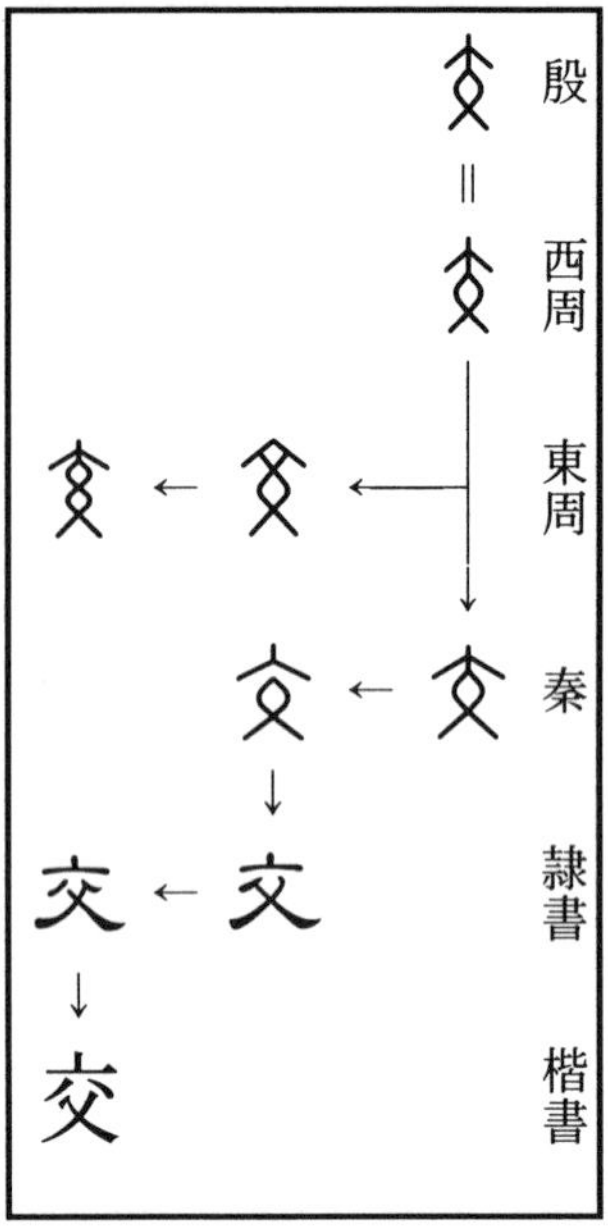

[kau, kau, kyau]→漢コウ（カウ）呉キョウ（ケウ）

交（ ）は、人の正面形の大（ ）の脛の部分を交差させた状態を表しており、それによって「まじわる」の意味を表している。

秦代～隷書で上半身と下半身を分離した字形（ など）が作られた。脛を交差させた部分は楷書の下部の「乂」として形が残っている。

039【美】 楷九画　羊部　成会意

古明紐脂部・明紐微部[miei, miuer, mrɯl]→中明紐旨韻[mi, miui, myii]→漢ビ呉ミ

「美」は、殷代の段階から羊（ ）の角の形（ ）と大（ ）から成る。多くの研究者が「大きい羊」の意で犠牲の美しい様と解釈しているが、甲骨文字では祭祀名や固有名詞として用いられており、修飾する語が下に来る例がない。そのほか、白川は羊の全身像とするが、初出の殷代には大（ ）を動物の姿として使う例もない。

羊の角の飾りを付けた人の姿である羌《きょう》（ ）に類似しているので、美（ ）についても、谷衍奎・李学勤が述べるように羊の角の飾りを付けた姿であり、舞踊の装飾、あるいは異族の習俗であろう。したがって「うつくしい」は仮借あるいは引伸義となる。

字形は殷代と秦代に異体が多く、殷代には角の形を変えたもの（ など）が多い。また、秦代には大の部分を

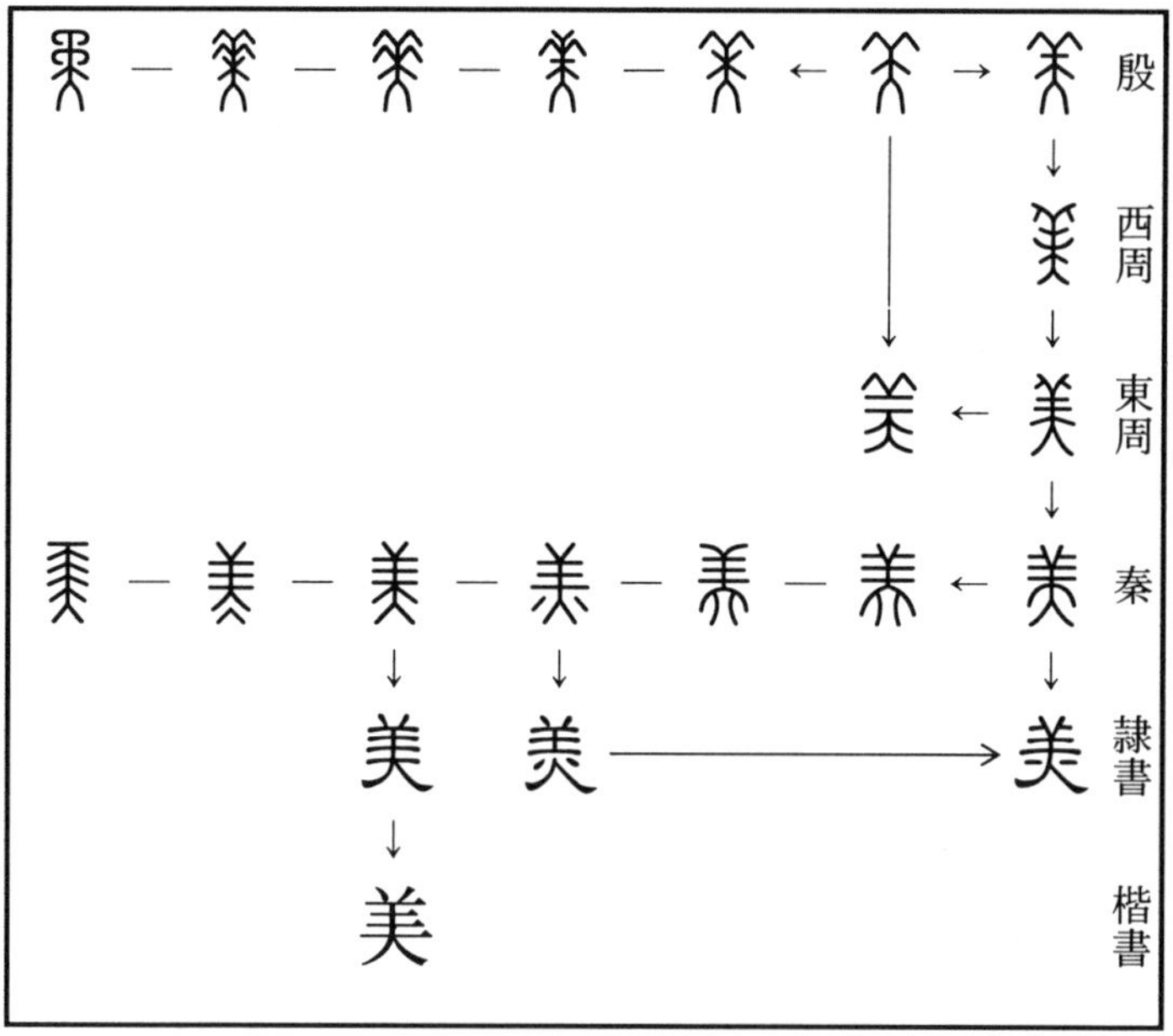

変えたものが多く、「羙」では下部を「火」にしており、この系統は隷書の「羙」などにも残っているが、楷書には継承されていない。

▽文部

040【文】 楷四画　文部　成象形
古明紐文部[miuən, miuən, mɯn]→中微紐文韻[miuən, miuən, miun]→漢ブン呉モン

041【彣】 楷七画　彡部　成形声（亦声）
古明紐文部[miuən, miuən, -]→中微紐文韻[miuən, miuən, -]→漢ブン呉モン

042【紋】 楷十画　糸部　成形声（亦声）
古明紐文部[miuən, miuən, mɯn]→中微紐文韻[miuən, miuən, miun]→漢ブン呉モン

文（）は、人の正面形の大（）のうち胸部を強調し、そこに模様を加えた形である。加えられた模様の形は㐅《ご》（）や小点、火（）など多様であり、「文身（入

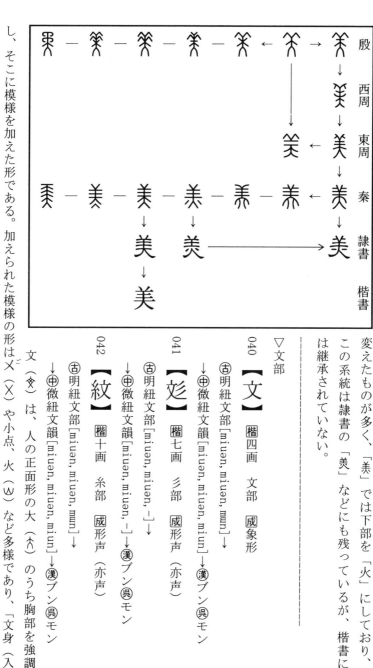

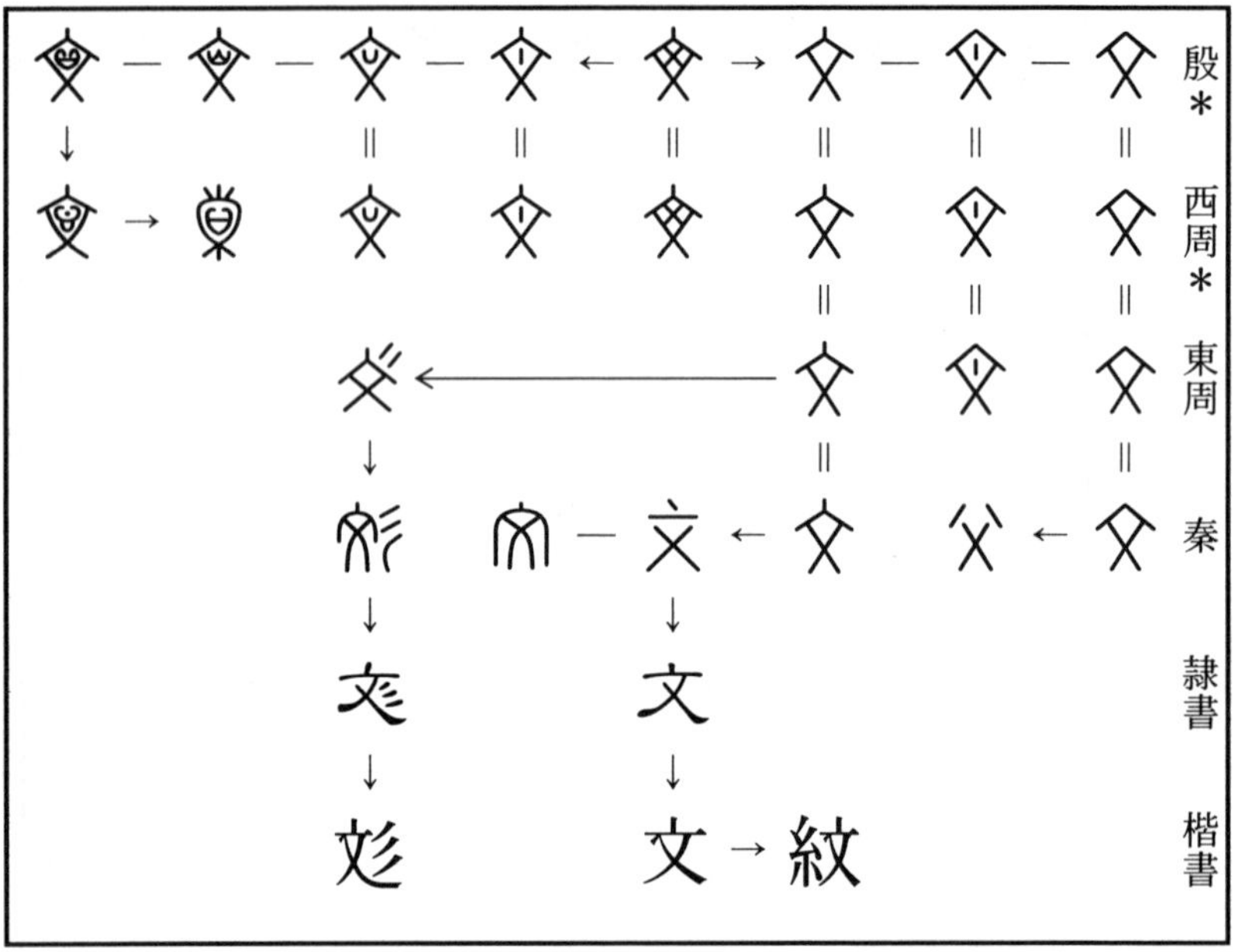

れ墨）」を字源とする文字である。また模様がない略体もある。

そのほかの先行研究では、許慎は篆書の形（〓）を元に、交錯して描いた形とするが、「大」を用いた原型に合致しない。加藤は甲骨文字の「衣」の異体（〓）を元に衣服のえりの形とし、赤塚はこれに従うが、標準的な衣の字形（〓）とは異なっており、また多様な異体があることの説明ができない。藤堂は土器につけた縄文の模様とするが、この形の縄文は、出土した土器に一般的に見えることはない。

字形は西周代までは多様な形が継承されたが、最終的には模様を省いた略体が継承されたため、結果として「文身」の表示ではなくなっている。また略体にも二系統があり、楷書に残っているのは頭部を表現しているもの（〓）の系統である。頭部まで省いた形（〓）の系統は現在では使われていないが、秦代の「〓」に近い形は初期の楷書にも見られる。

表のほかにも殷〜西周代には多くの異体がある。また

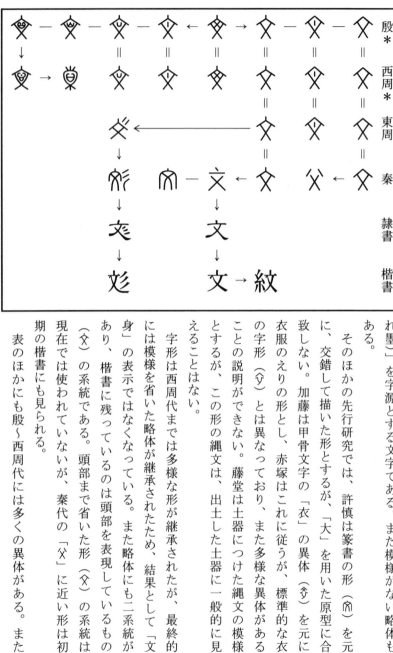

西周代には「文王」を指す「玟（玟）」などの形もあり、広義には異体字に該当する。

後代には、「文」に様々な引伸義が出現し、模様や飾り、文字や文章、学問や人徳などの表現として使われた。このうち模様や飾りの意味として分化したのが「彣」や「紋」である。「彣」は、意符として「彡」を加えた繁文であり、東周代に初出である。なお「彡」は、原義としては光や音などを表す指事記号であるが、後に長いものや飾りの形を表すためにも転用された。楷書に初出の「紋」は、意符として「糸」を増し加えたものであり、織物などの模様を意味している。

▽立部

043 【立】 楷五画　立部　成指事

古来紐緝部[liəp, liəp, rɯb]→中来紐緝韻[liep, liep, liip]→漢リュウ（リフ）呉リュウ（リフ）慣リツ

立（立）は、人の正面形の大（大）の下に地面を表す指事記号の横線を加え、手足を広げた人が地上に立っている姿を表している。なお、王（王）は殷代には字形が近いが別源の文字である。

東周代には下部に線を増し加えた異体（立）などがあるが、後代には残っていない。隷書で人の手の形を横一線にした形（立）が作られ、これが楷書に継承された。

「立」について、殷～西周代には「王が特定の場所に立つ」という用法があり、その繁文が「位」にあたる。

044 【位】 楷七画　人部　成会意

古匣紐微部・匣紐緝部[ɣiuəi, ɦiuəd, ɢʷrɯb]→中雲紐至韻[ɣui, ɦiiu, ɦiui]→漢イ（ヰ）呉イ（ヰ）

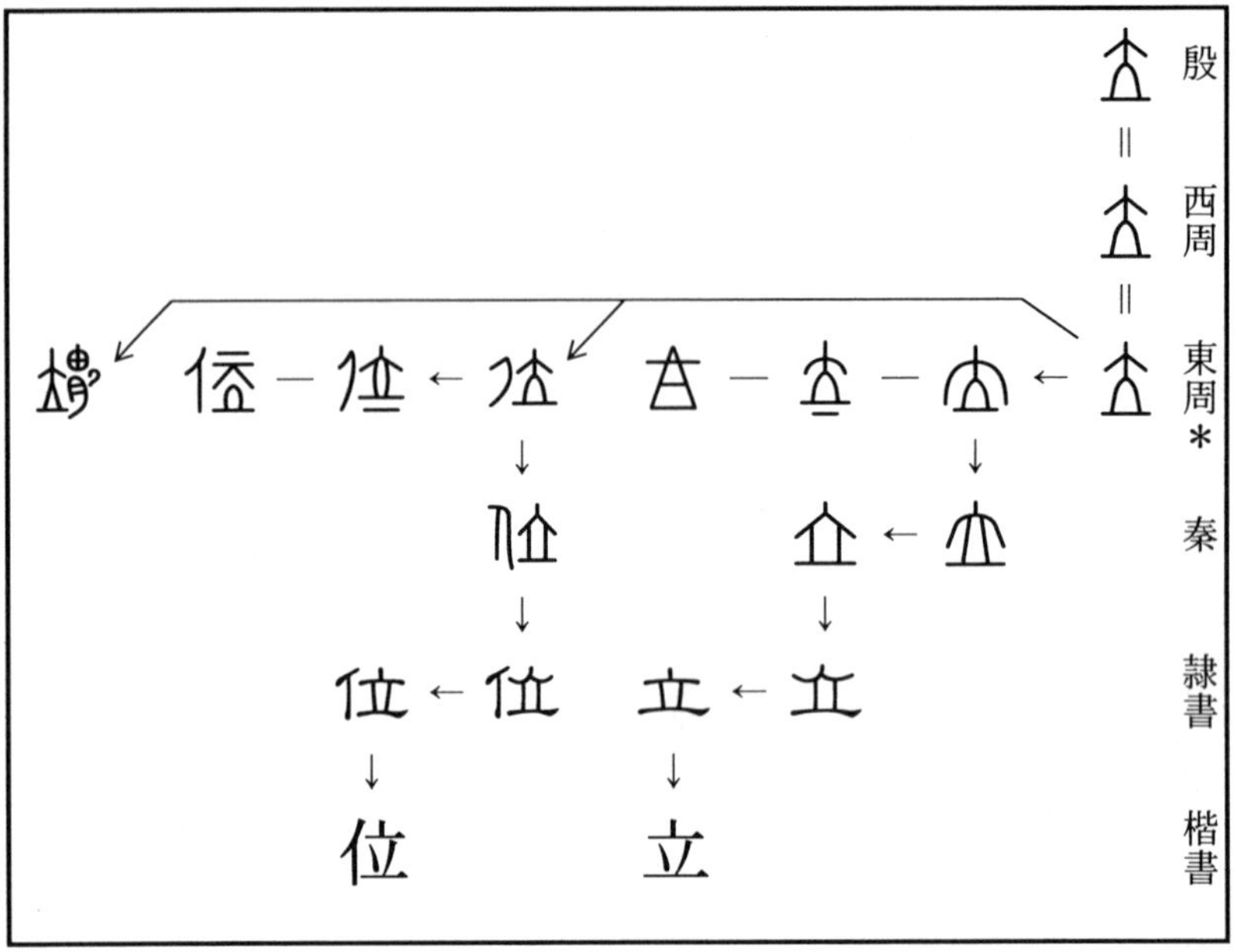

立・位は同源字であり、東周代に「人（亻）」を加えて区別された。
加藤は位を立と同源語とする説を採り、また上古音を立と同じく緝部で復元する説もあるが、東周代には位の異体に「胃」を声符として追加した「[illegible]」があり、「胃」も「立」とは異なり上古音が微部（または物部）と推定されているので、別源語への転用と考えるのが妥当であろう。

▽走部

045 【夭】〔夭〕 楷四画　大部　成象形

古影紐宵部・影紐幽部[iau, ʔiog, qrow]→中影紐宵(小)韻[iɛu, ʔiɛu, ʔɣieu]→漢ヨウ（エウ）・オウ（アウ）呉ヨウ（エウ）・オウ（アウ）

046 【走】〔𧺆・赱〕 楷七画　走部

成形声（亦声）　古精紐侯部[tsɔ, tsug, ʔso]→中精紐厚韻[tsəu, tsəu, tsəu]→漢ソウ呉シュ

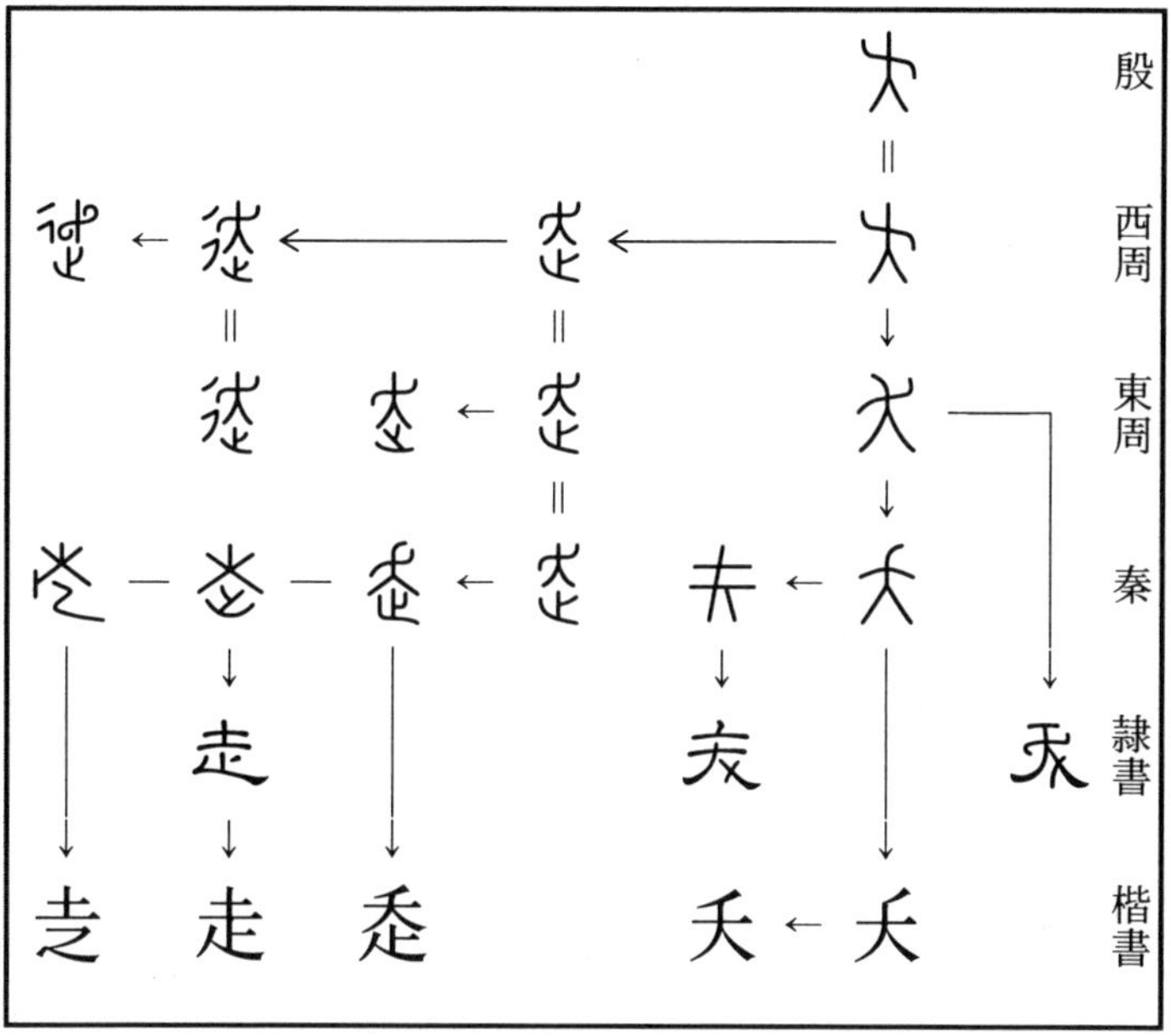

「夭」について、許慎は篆書の形（夭）を元に「屈するなり」とし、加藤は首を傾けた美しい容《かたち》、藤堂はしなやかな姿、赤塚・阿辻は首をまげた幼児の形、白川・鎌田・谷衍奎は舞をするさまとする。

しかし、殷代の形（夭）は人が腕を振って走る様子を表した象形文字である。この文字は、東周〜秦代に首を曲げた形になり、さらに字義も転じて「わかい」や「わかじに」の意味に当てて用いられたため、多くの誤解を生じた。九種の字源字典のうち、正解を述べたのは李学勤が「人が両手を曲げた様子」と「人が手を曲げて走る様子」を併記したのみである。

字形は前述にように篆書で変わったが、隷書までは原形を残した「夭」が使われていた。また秦代〜隷書には「夭」などの異体も見られる。

一方、「走」は夭に意符として足の形の「止」を加えた繁文であり、西周代に初出の形（走）である。こちらは原義が残っているため、字源を誤った研究者は少ない。

異体として、西周〜東周代には意符を止から辵に変えた形（𨑳など）があるが、楷書には残っていない。また、秦代～隷書では略体が作られ、それらの一部は楷書に残っており、「走」では夭が土になっており、「赱」ではさらに止の部分も大きく変形している。また篆書の形（〓）を反映した「𧺆」も楷書に見られる。

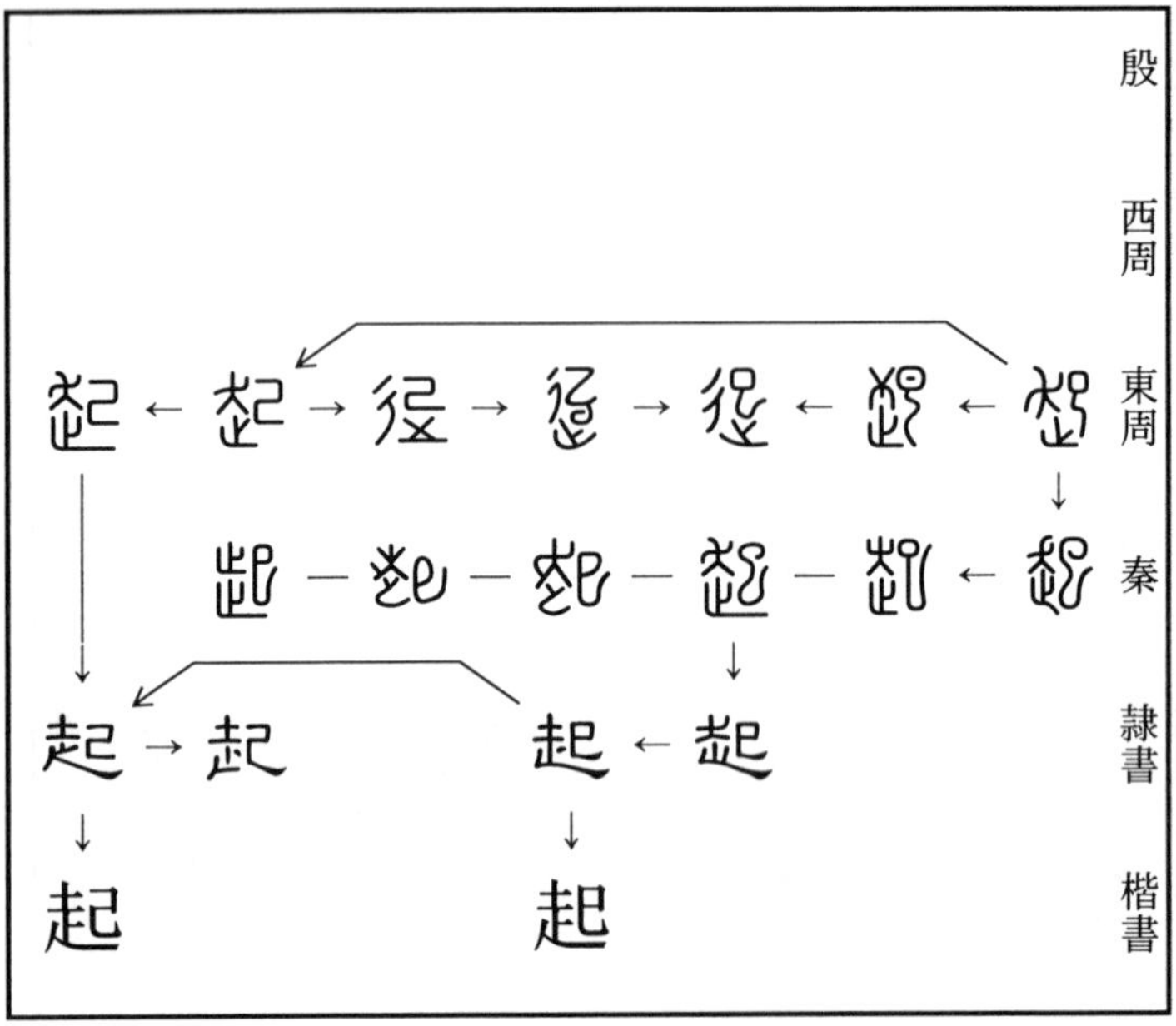

047【起】［起］ 楷十画 走部 成形声

古渓紐之部[khiə, khiəg, khɯ]→

→中渓紐止韻[khiə, khiei, khi]→漢キ 呉キ

「起」について、東周代の「〓」などは走を意符、巳を声符とする形声文字である。

「巳」を亦声とする説もあり、藤堂は起き上がる意があるとし、鎌田はひざまずく意があるとし、谷衍奎は始めるの意があるとするが、「巳」自体は蛇の象形であり、いずれの意味もない。また、白川は巳が蛇の形であることを理解するが、「起」の原義を「蛇が頭をもたげて行くこと」としており、そのような奇抜な語彙があったとは考えにくい。

また原義については、許慎が「立ち上がる」とし、藤堂・鎌田・赤塚・谷衍奎・李学勤はこれに従う。また、

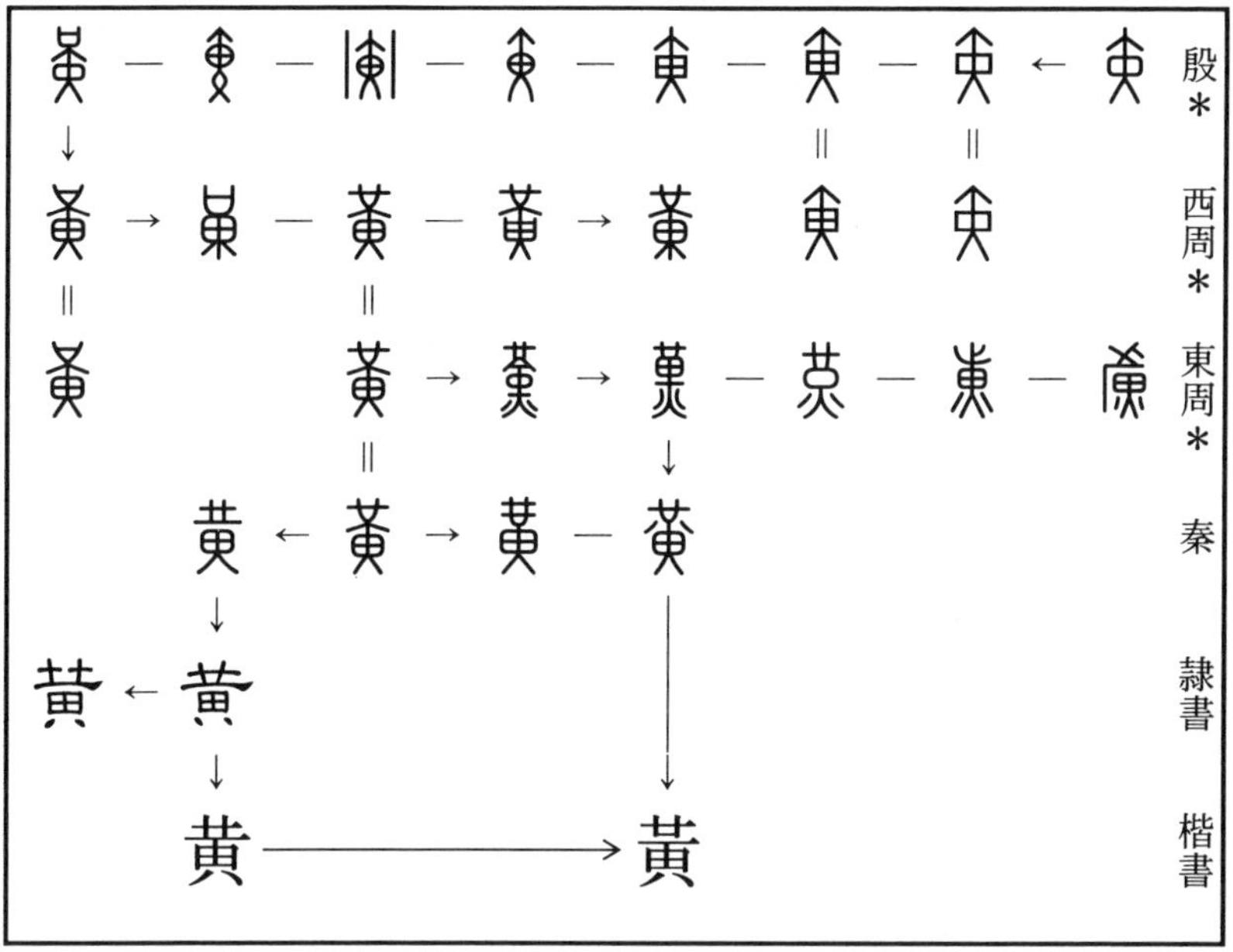

赤塚は「走り出す」とする。初出の東周代には既に起点や開始の意味で用いられており、いずれが正しいかは明らかではない。また加藤は「走っていたものが立ち止まる」とするが、これは意味が逆である。

字形は、東周代の楚系文字に声符を己に変えた形（起など）があり、これが後代に継承され、楷書の「起」になった。また、辵を意符、己を声符とする形（⿺辶己など）も見られる。一方、巳を声符とする系統も残っており、秦代にはむしろこちらが使われていた。楷書にも「起」として残っており、『康熙字典』はこちらを正字とする。

▽黄部

048 **【黄】**［黃］ 〈楷〉十二画（十二劃） 黄部

〈成〉象形 〈古〉匣紐陽部・群紐陽部［ɣuaŋ, ɦuaŋ, g^{w}aŋ］→

→〈中〉匣紐唐韻［ɣuaŋ, ɦuaŋ］→

→〈漢〉コウ（クヮウ）〈呉〉オウ（ワウ）

許慎は篆書の形（黄）を元に、「田」を意符とし、他の部分は声符としての「光」の古文とするが、殷代の字形（など）とは異なっており、また「光」の字形史とも合わない。

加藤は西周金文の字形（など）を元に、火矢の形で上部の「廿」が火を表すとし、藤堂・赤塚はこれに従う。しかし、上部は殷代の異体（）で追加された部分を受けたものであり、やはり初文の字形に合わない。殷代には矢の形（）を用いた異体（）もあるが、ごく少数の例外であって、誤字または俗字であろう。

殷代には、人の正面形である大（）を用いた字形（・など）が多いので、鎌田・阿辻・李学勤が述べるように、字源は人の腰の部分に佩玉を帯びた形とするのが妥当である。なお、後代に継承された「」の形については、人の頭部を強調した形である天（）を使用した異体である。

そのほか、白川は文字全体を佩玉の象形とし、谷衍奎はこれに従う。佩玉は玉飾りを紐でつないだものであり、紐は腐食により失われてしまうので、殷代の佩玉はどのようなつながれ方をしたのか明らかではなく、この説の正否は確かめられないが、偶然に大の形になったとするよりは、人が佩玉を帯びた形を表したため、人の正面形である大（）が含まれたとするのが妥当であろう。

殷代の異体として前述のように矢の形を用いた異体のほか、囲いの形を加えた異体（）もあるが、その意義は不明である。また東周代には、下部を火に変えた異体（など）が多く、前述のような「光」や「火矢」という誤解をもたらしている。楷書の正字の「黃」は篆書の形（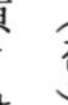）を意識して作られたものであるが、現存の八分隷書では略体の「」のみが用いられており、新字体の「黄」はこれを継承している。

卩部

「卩《せつ》（ ）」は、座った人の姿であり、左下に膝、右下に足首がある。大と同様に象形・指事・会意文字で人の形として使われることが多い。〔関連部首〕「欠」は、人が口を開けた様子を表している。「色」は、会意文字であり、もとは座った人が顔に手を当てた形であった。

《卩》④𠬝(服)⑤令(命)《欠》⑥次⑫飲(㱃)《色》⑥色

---

049 **【𠬝】** 楷四画　又部　成会意

古並紐職部[biuək, biuk, -]→中奉紐屋韻[biuk, biuk, -]→漢フク呉ブク

050 **【服】**［服］ 楷八画　月部　成形声

古並紐職部[biuək, biuək, bɯg]→中奉紐屋韻[biuk, biuk, biuk]→漢フク呉ブク

初文の「𠬝（ ）」について、許慎は治めることとし、卩を「事之節」とする（阿辻はこれに従う）。しかし、初出の殷代には「卩」に「節」の意味はない。加藤は卩声の形声文字とするが、それでは異体の「（ ）」などが説明できない。また、藤堂・赤塚は、「人に手を付ける」「わきにつける」などと解釈する。人の卩（ ）と手の形（ ）から成るので、字形の解釈としては矛盾はないが、殷代には捕虜や服従を意味して用いられている。

したがって、白川が「人を圧服する形」、鎌田が「人を上から手で押さえつける形」、李学勤が「人を捕らえる形」とするのが正しく、座った人（ ）と、それを後ろから捕らえる手の形（ ）から成る会意文字である（そ

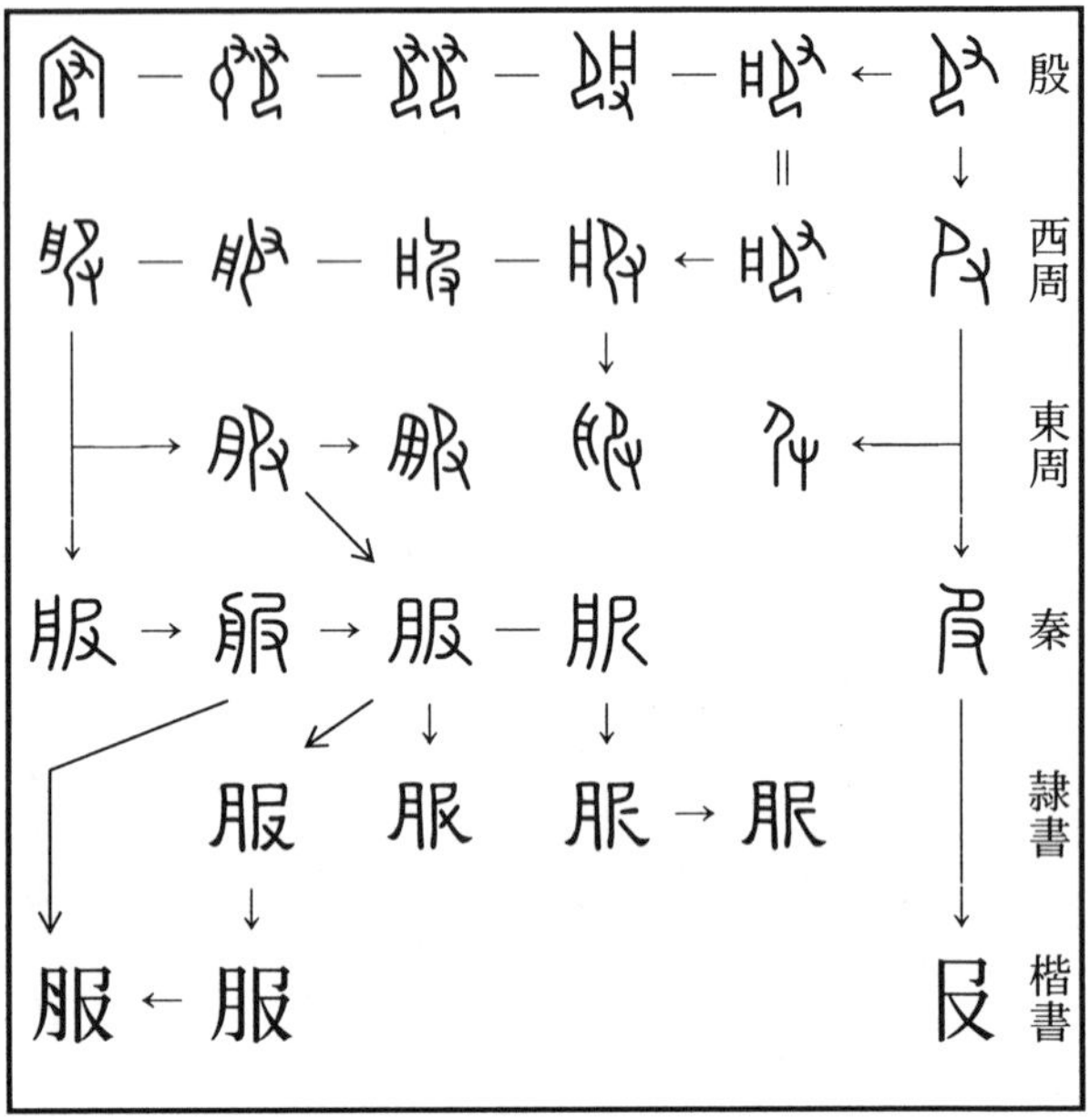

のほか谷衍奎は𠬝に言及していない）。

初文は卩と又で「𠬝」の部分であり、甲骨文字には、すでに凡［凡］（日）を加えた字形があり、これが繁文の「服［服］」にあたる。

「服」について、多くの研究者は「舟」に従う篆書の字形（䑺）から解釈するが、字源とは異なっている。白川は盤に向かって儀礼に服する意味とし、谷衍奎・李学勤は盤を持って服務することとする。凡は盤の意味で使われることもあるが、殷代には𠬝と服に字義上の区別がないので、儀礼の様子とすることはできない。容器の象形である「凡」は捕虜である「服」の字義に関連しないので、声符として加えられたと考えられるほかない。ただし、上古音の段階ですでに字音が分化している（凡は上古音で談部または侵部と推定されており、[biam]などと復元されている）。

字形について、「𠬝」は卩と又から成る形がそのまま楷書に残っている。「服」に関しては、西周代には「凡」を「舟」に変えた異体（䑺など）があり、これが秦代に継承された。さらに、東周代や秦代には「舟」を「月」に変えた異体（服など）があり、これが隷書の「服」を経て、楷書（新字）の「服」になっている。また、楷書

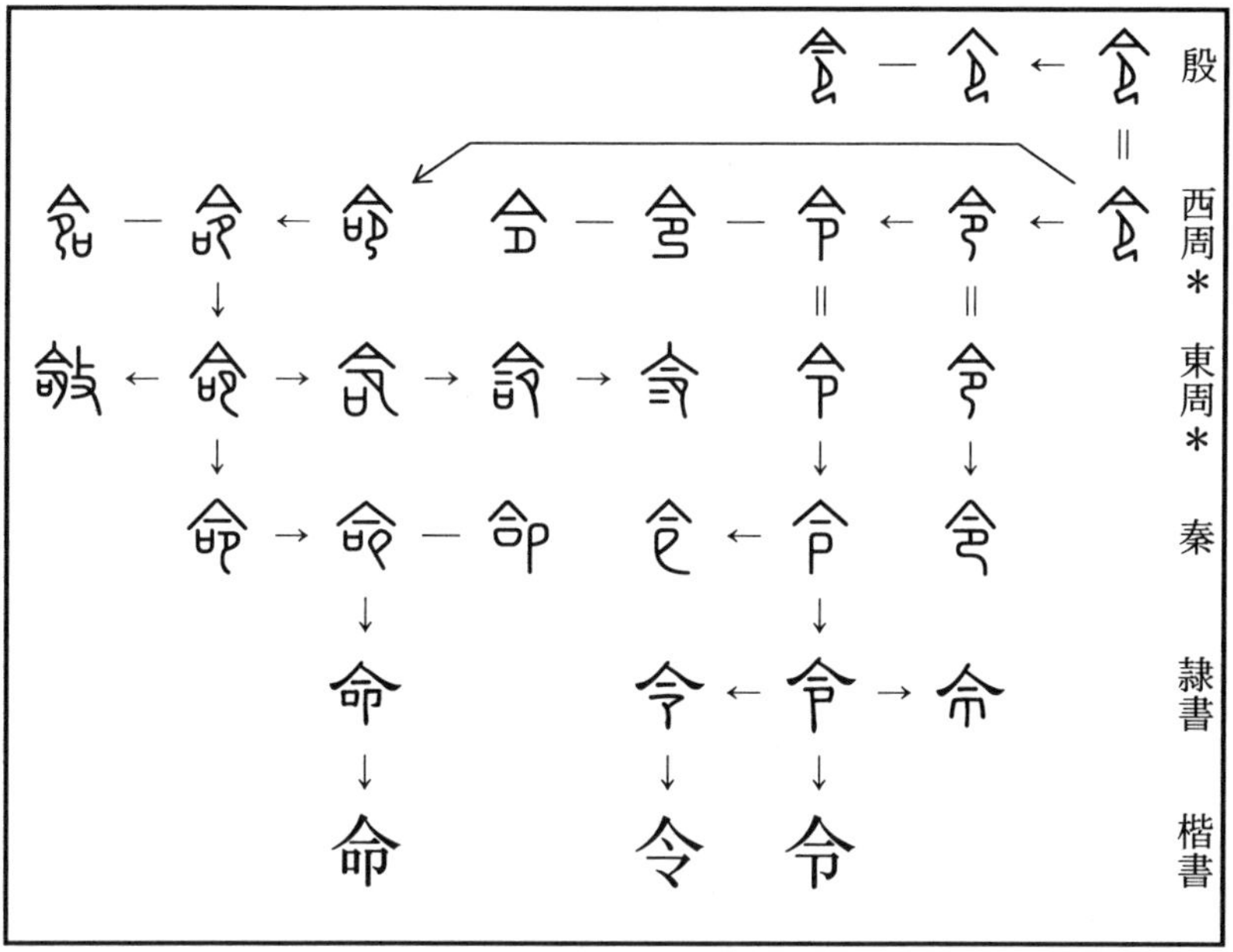

の正字は篆書の「𦙾」を模倣した「服」とされている。そのほか隷書には「𠬝」の部分を崩した異体（肞など）が見られる。

051 【令】〔令〕 楷五画　人部　成会意

古来紐耕部[lieŋ, lieŋ, reŋ]→中来紐勁韻・来紐青（径）韻・来紐仙韻[liɛŋ+lieŋ, liɛŋ, lieŋ+leŋ+lien]→漢レイ呉リョウ（リャウ）

052 【命】 楷八画　口部　成会意

古明紐耕部[mieŋ, mieŋ, mreŋ]→中明紐映韻[miɐŋ, miʌŋ, myiæŋ]→漢メイ呉ミョウ（ミヤウ）

「令」について、許慎は字形構造が会意であることを述べるのみである。加藤は「亼」に「キョウ」の音があるとし、形声文字とする。藤堂は、「亼（亼）」に「集める」の意味があるとする説を採り、人を集めて宣告することとする（赤塚・阿辻・李学勤も同様である）。白川は

「亼」が礼冠で跪いて神意を聞く人の形とする（鎌田は藤堂説と白川説を併記する）。また谷衍奎は「亼」を木鐸とし、李学勤は「亼」を口（凵）の逆向きとする説を採る。

しかし、「亼」は文字としては覆いや屋根の形の「今」の初文であって、「キョウ」の音も「集める」「木鐸」「口」などの意味もない。屋根の象形である「亼」の下に座った人の姿の卩《せつ》（）を加えた形であるから、王の居所に呼ばれて命令を受けている様であろう。

殷代の異体には、亼を同じく屋根の形である入（∧）に変えた形（）などもあるが、後代には残っていない。そのほか各時代に異体があるが、亼と卩から成る形が楷書まで継承された。また、楷書の異体の「令」も、隷書の「令」から見える形であり、一定の伝統がある。

「命」については、令に口を加えており、「口頭での命令」を表した文字である。ただし、当初は意味上で大きな違いはなく、西周金文では命・令が通用していた。

なお、「命」について、藤堂は亼＋人＋口の会意とするが、実際には令の繁文である。また、白川は口を祭器の形とし、神の啓示を表すとするが、初出の西周代には呪儀としての用例はない。李学勤は令を亦声とするが、命の上古音の声母に辺音があったかどうかは諸説ある。

字形は東周代に、さらに「攴」を加えたもの（）があり、おそらく命令による使役を表しているが、後代には残っていない。

▽欠部

053

【次】［次］

楷六画　欠部　成形声

古清紐脂部・胎紐脂部[tshiei, tshier, slhi]→中清紐至韻[tshi, tshii, tshii]→漢シ呉シ慣ジ

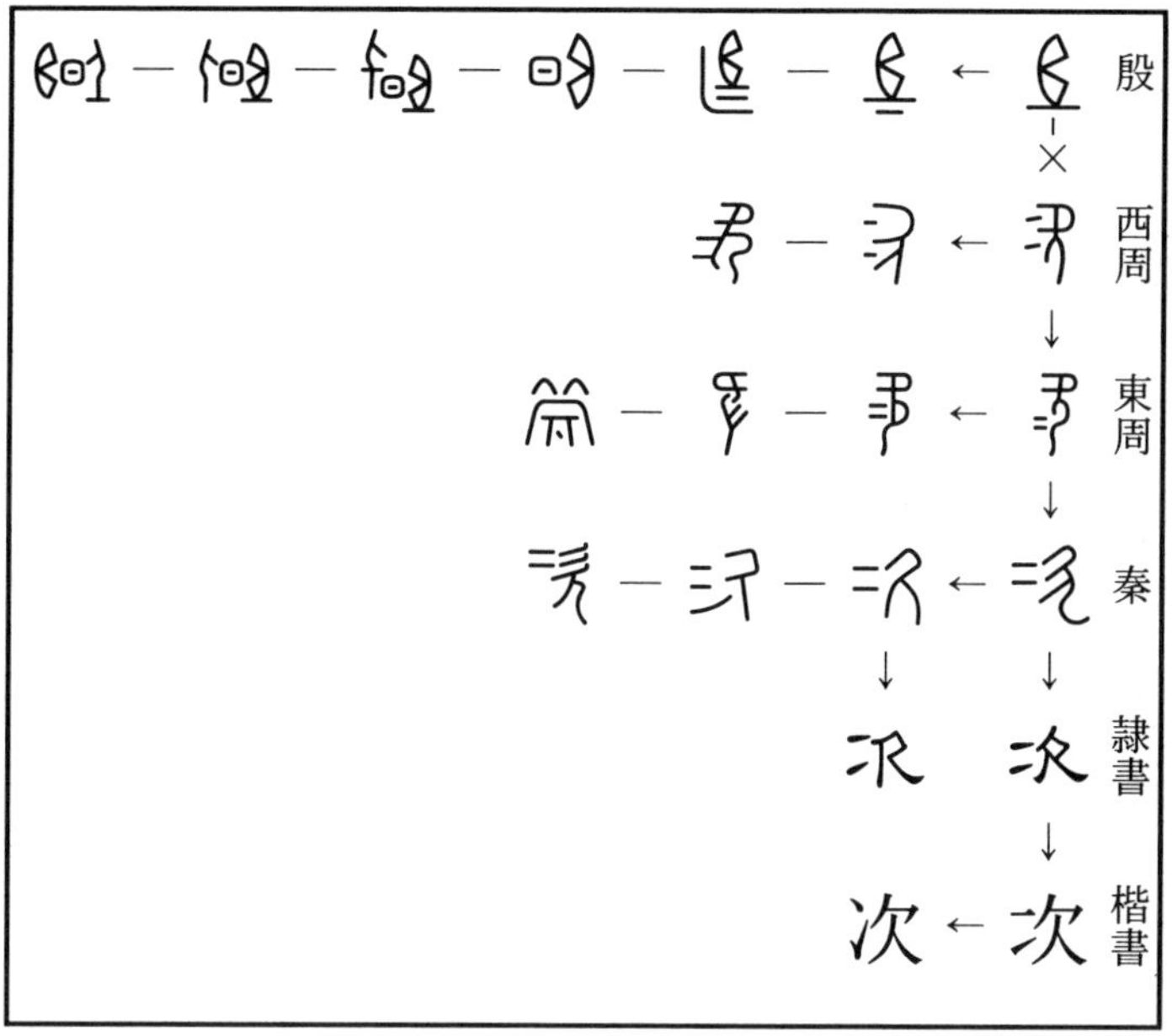

殷代の「」は、軍隊を象徴する自（）に地面を表す横線を加えた指事文字であり、抽象的に軍隊の駐屯を表現している。異体字について、日（）や千（）などを加えた形も同じ意味で用いられているが、その意義は不明である。なお、自は「師」の初文であり、師・次はいずれも上古音が脂部なので、亦声かもしれない。

軍隊が駐屯する意味としては、西周代には休んでいる人を表す「欠《けん》（）」に声符の「二」を加えた形声の形（など）で表示されるようになった。

類似形に「㳄《せん》」があり、「盗［盜］」などに使われている。㳄は涎の初文（甲骨文字では「」など）であり、次とは字源が異なるが、白川・鎌田・谷衍奎は誤って次を次の初文と見なしている。また、藤堂は次を会意文字とし、二が並べるの意味で身の回りを整理することを表すとするが、後起の字義からの解釈である。

そのほか、東周代の「」については、類似形を許慎が次の古文として挙げており、異体と見なした。また新字体の「次」は中世から使われていた形であり、二を冫（にすい）に誤っている。

---

054 【飲】［飲］｛歓｝　楷十二画（十三劃）　食部（欠部）　成会意

古影紐侵部[iəm, ʔiəm, qrɯm]→中影紐寝(沁)韻[iem, ʔiem, ʔyiim]→漢イン(イム)呉オン(オム)

055 【酓】　楷十一画　酉部　成形声

古中略→漢イン(イム)・エン(エム)呉オン(オム)・エン(エム)

「のむ」を意味する文字には二系統がある。一つは殷代の「」などであり、口（）を開けた人（）が樽（）から水や酒を飲む様子を表している。もう一つは殷代の「」などであり、樽の形の酉（）を意符、今（）を声符とする形声文字である。

前者については、西周代に「酓」を用いた字形（）が作られ、これは楷書の「歓」にあたる（この場合、酓は発音と意味の両方を表す亦声である）。さらに、東周代には意符を酓から食［食］に変えた形（）が作られ、これが「飲［飲］」になっている（この場合には亦声ではない会意文字にあたる）。

後者については、西周～東周代に「今」をかがんだ人の形に変えた「」などがあり、この場合には会意文字である。ただし、これは楷書には残っておらず、本来の形が楷書の「酓」になっている。また字義について、後代には「酒の苦《にが》み」の意味でも用いられた（この場合の音読みは「エン」）。

なお、許慎は「歓」について酓を声符とする形声文字と見なすが、前述のように意味上でも通用する亦声であ

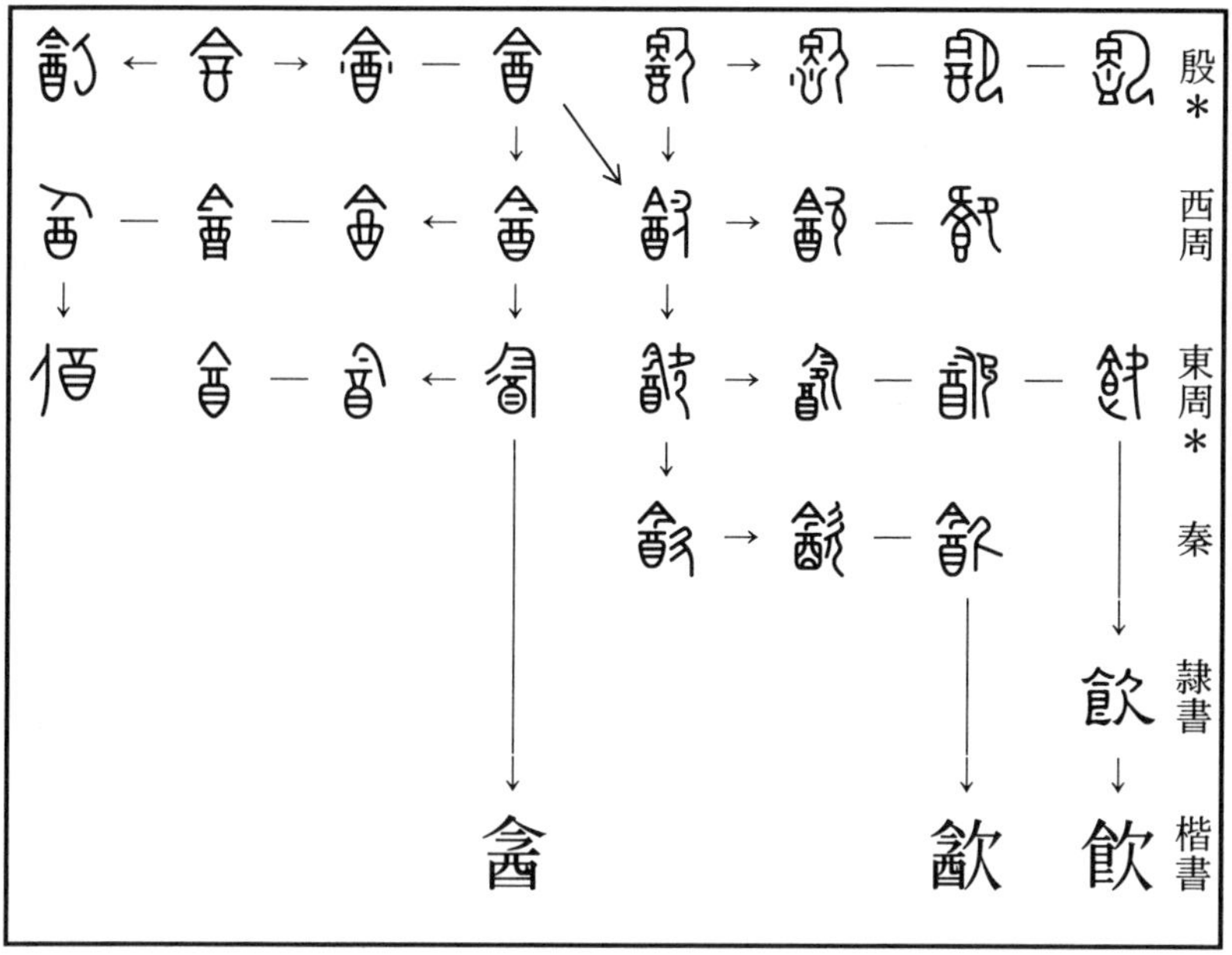

る。また白川は「酓」を会意文字として「今」を「酒樽の蓋栓」とするが、殷代には酒樽に蓋をした形として五（㐅）の異体を用いた「〓」（亡失字）が使われていた。

▽色部

056 【色】［色］ 楷六画　色部　成会意

古心紐職部・生紐職部[ʃiak, siak, srɯg]→
→中生紐職韻・心紐職韻[ʃiak, siak, ʃik]→
→漢ショク呉シキ

「色」の初文（〓）は人が座った形の「卩」と手の形の「爪」から成り、人が顔に手を当てている様子で「顔色」が原義である。

篆書（〓）では「爪」の部分が人の形に変化したため、許慎は人と卩から成る文字とし、加藤・藤堂・白川・赤塚・鎌田・阿辻・谷衍奎も人の上に人があるさまとして字源を解釈するが、いずれも初文の形に合わない。九種の字源辞典のうち、東周代の初出の字形から字源を解釈

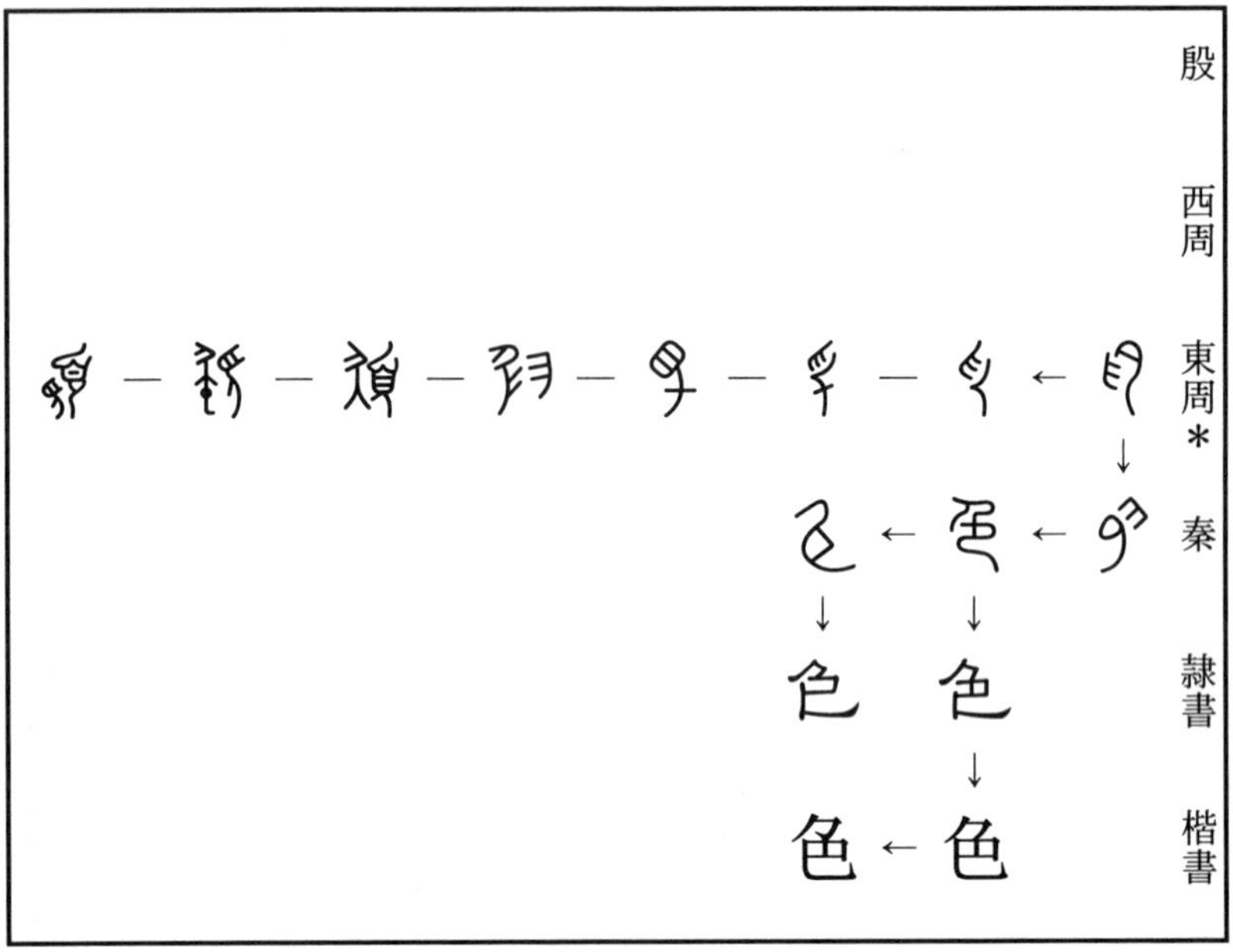

したのは李学勤だけである。

東周代には異体が多く、人の頭部を強調した「頁」を用いたもの（など）や人が振り向いた形の「旡」を用いたもの（など）がある。また、楷書では、旧字は上部を「刀」のような形、新字はカタカナの「ク」のようなの形にしており、いずれも字源とは異なっているが、新字の方が隷書からある形（）を継承しており、むしろ古い形である。

女部

「女（）」は跪いた女性の姿である。主に女性に関係する文字の部首に使われる。〔関連部首〕「毋」は、女から分化した文字である。

《女》③女（母・毋）⑧姒（始）・姉・妹《毋》⑥毎

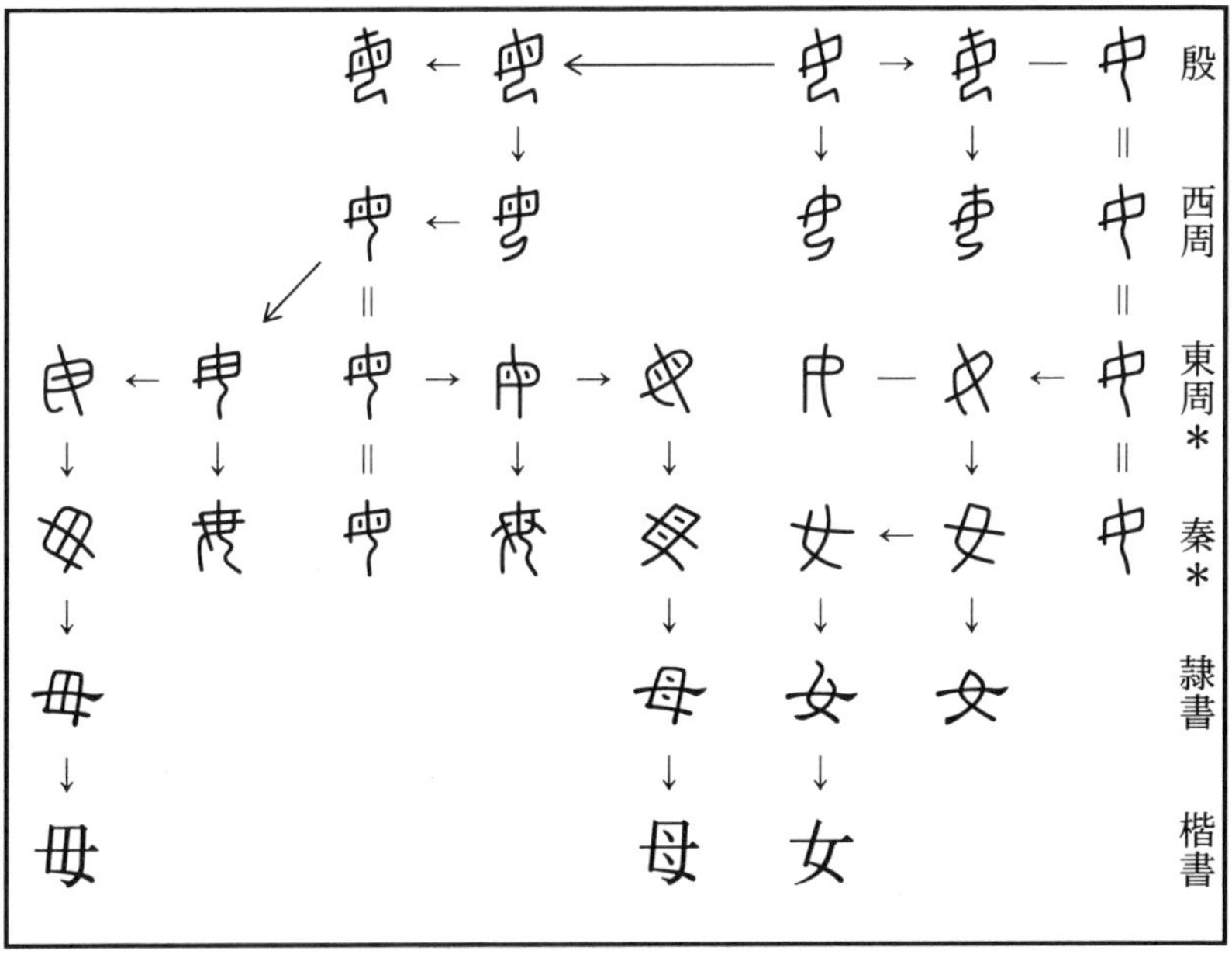

057【女】〔楷〕三画　女部　〔成〕象形
〔古〕泥紐魚部[nia, niag, na]→〔中〕泥紐語(御)韻
[nio, nio, niʌ]→〔漢〕ジョ(ヂョ)〔呉〕ニョ〔慣〕ニョウ

058【母】〔楷〕五画　毋部　〔成〕象形
〔古〕明紐之部・明紐幽部[mə, muəg, mɯ]→〔中〕明紐厚韻
[məu, məu, məu]→〔漢〕ボウ〔呉〕モ〔慣〕ボ

059【毋】〔楷〕四画　毋部　〔成〕象形
〔古〕明紐魚部[miua, miuag, ma]→
→〔中〕微紐虞韻[miu, miuo, mio]→〔漢〕ブ〔呉〕ム

女（〓）は跪いた女性が手を前で合わせている姿である。左に合わせた手の部分があり、下部の足の形は卩《せつ》（〓）と同様の表現である。殷代の異体のうち、二点を加えた「〓」の字形は女性の乳房を表現したものである。殷代には両者に明確な区別がなく、いずれの字形も女と母の両方の字義で用いられていた。

その後、後者が「母」として分化し、字形についても、楷書まで二点が残っている。また、「女」と「母」のいずれも秦代から隷書にかけて縦横の向きが変わっており、「女」については上部を離した字形が楷書に継承された。

殷～西周代の異体のうち、「」や「」などは簪《かんざし》をつけた成人女性を表しているが、「大（）」と「夫（）」のような意味上の違いはない。ただし、簪を強調した形は別字であり、「妻（）」である。

「女」が部首として使われる場合、殷～西周代には右に置かれることが多く、東周代以降に左に置かれることが多くなった（「妹」などを参照）。

殷代や西周代には、「母」の字音を借りて否定の助字に用いており、この意味では字形が東周代に分化して「毋」となった

字源について、許慎は「母」の小点を両手で子を抱きかかえる様とし、加藤・鎌田はこれに従うが、それに該当するのは「好（）」である。また許慎は毋の成り立ちを「女に禁止を表す線を加えたもの」とし、藤堂・李学勤はこれに従うが、仮借した字義からの解釈であり、字源としては「母」の二点を簡略化したものである。

060【姒】 楷八画　女部　成形声

古邪紐之部・透紐之部・以紐之部[zia, thiag, liɯ]→中邪紐止韻[zia, ʃiei, zi]→漢シ呉ジ

061【始】 楷八画　女部　成形声

古書紐之部・透紐之部・以紐之部[ɕia, thiag, hliɯ]→中書紐止韻[ɕia, ʃiei, ɕi]→漢シ呉シ

西周代に初出であり、初文は女を意符、以を声符とする「」などである。この系統は偏旁の入れ替えのみで

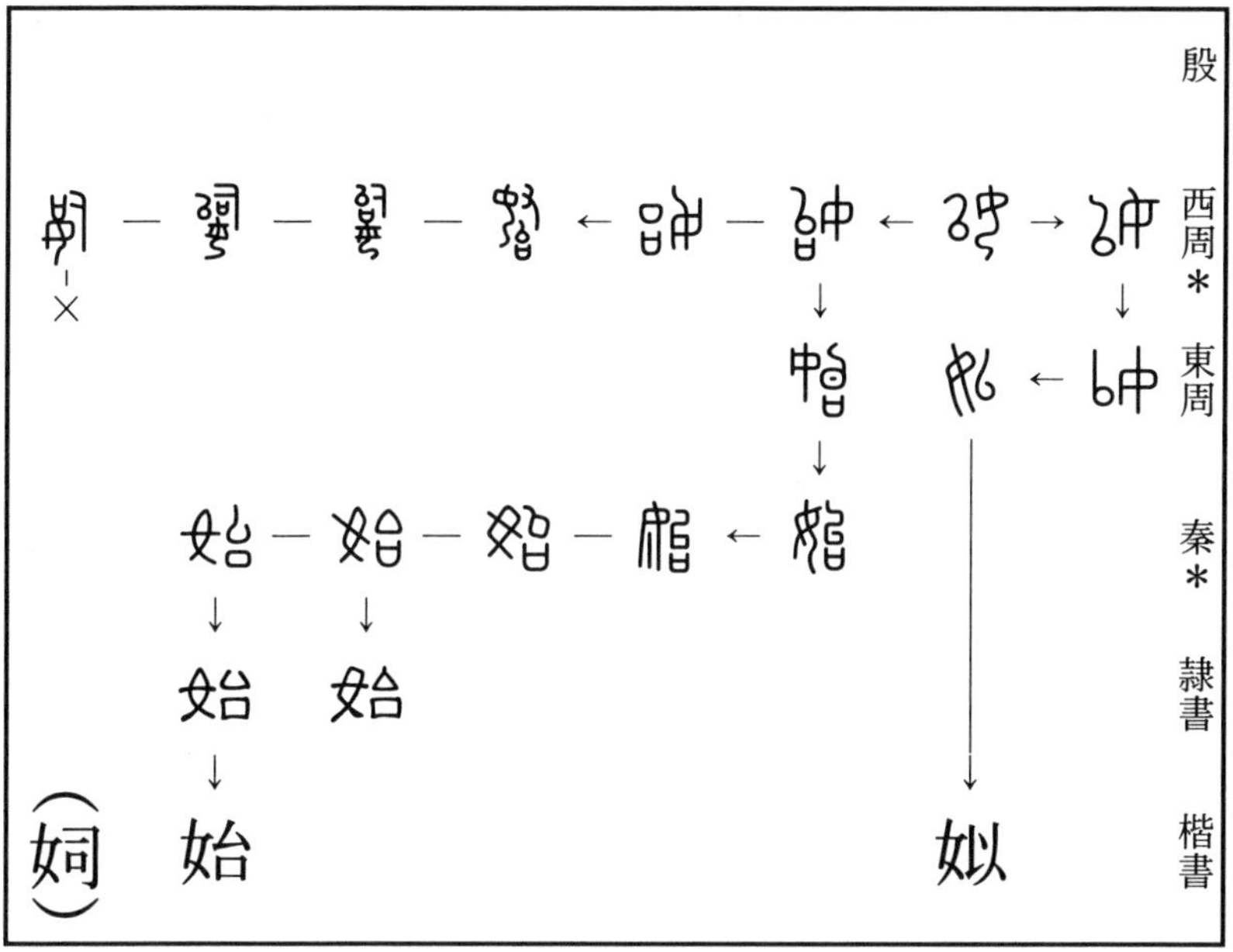

楷書の「姒」になっている。

　西周代には異体が多く、以の初文である厶の下部に口を加えた「□」などは「始」にあたる。この場合、構造としては台《い》を声符とする形声文字になる。「始」の系統も、秦代に偏旁の入れ替えがあっただけで楷書の「始」になっている。

　「始」の原義について、許慎は「女の初なり」とし、長姉の意味とする（加藤・赤塚・阿辻も同様）。しかし、西周金文では女性の出自の表示として用いられており、李学勤が述べるように姓の一つ（姒姓）が起源である。後に長姉の意味に転用され、さらに引伸義で「はじめ」の意味になった。

　そのほか藤堂・白川・鎌田は字源を女と耜の形から成ると誤解し、「はじめ」を原義とする。また谷衍奎は「台」が「懐胎」の形で、女性の出産から「はじめ」の意味になったとするが、これも西周金文の用法に合わない。

　西周代には、声符を台から司に入れ換えた字形（□など）も見られるが、これは後代に残っていない。なお、楷書の「婤」は女性の字《あざな》として作られたもので、直接の継承関係がない文字である。また殷代にも女・司に従う形があるが、これは「司母（王妃の意）」の合文であり、やはり直接の継承関係は認められない。

062【姉】〔姊〕 楷八画　女部　成形声

古精紐脂部[tsiei, tsier, ʔsi]→中精紐旨韻[tsi, tsii, tsii]→漢シ呉シ

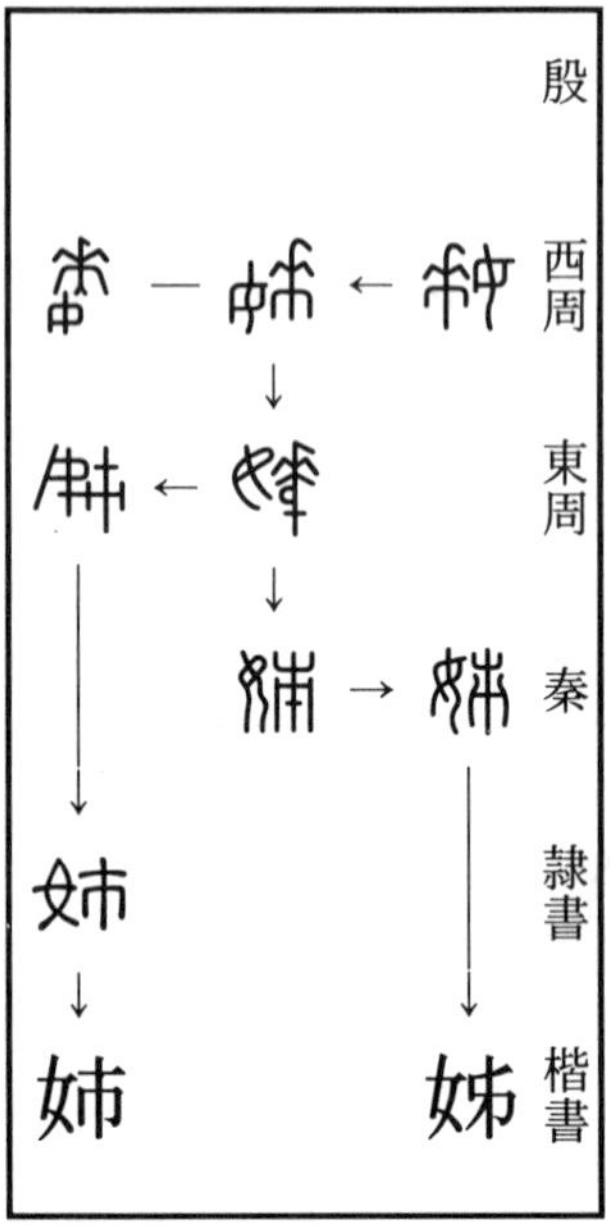

姉の初文の姊（〓）は西周代に初出の文字であり、女を意符、𠂔《し》を声符とする。𠂔については、当初は麦の象形の来［來］（〓）に近い形だったので、原義は穀物の容量を表す「秭」であろう。

東周代に声符を𠂔から字形や字音がやや近い市（〓）に変えた異体（〓）が作られ、これが楷書の「姉」になっている（初文の「姊」も楷書に残っている）。ただし、市は上古音で之部（[ʑie]などと復元）と推定されており、字音に違いもある。

声符の「𠂔」を亦声とする説もあり、赤塚は「秭」が穀物を積み重ねることから「年かさの女」とし、鎌田は「進」に通じて先に生まれた女性とするが、いずれも根拠に乏しい。また、加藤は西周金文（〓）の旁の部分を「市」とし、「姉」を初文とするが、西周金文の市（〓）とは別字である。そのほか、藤堂は字源を「弔」と混同して𠂔を亦声とする。

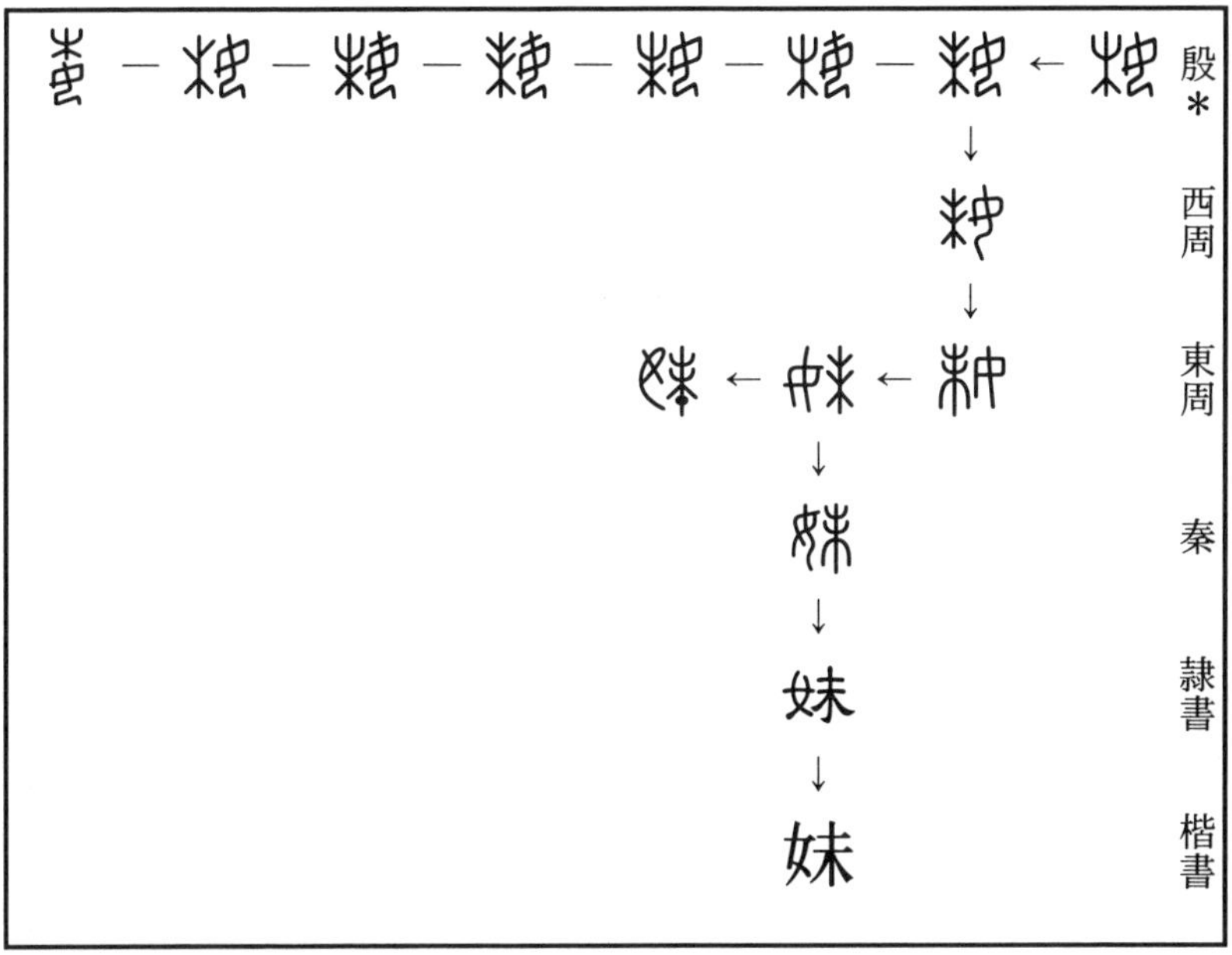

063 【妹】 楷八画　女部　成形声

古明紐微部・明紐物部[mɯəi, mɯəd, mɯd]→

→中明紐隊韻[mɯɒi, mɯəi, mɯʌi]→漢バイ呉マイ

妹（）は、女（）を意符、未（）を声符とする形声文字である。殷代には異体が多く、女の異体（）を用いたもの（など）や、未・女を上下に並べたもの（）などがある。

なお、「未」は木の枝が伸びる様子を表しているが、藤堂はこれを若木の象形と見なして「若い」の意を含む亦声の部分とし、赤塚も同様の解釈である。しかし、殷代には類別呼称が用いられており、世代内の長幼の区分はされておらず、まだ「姉（あるいは姊）」は見えていない（類別呼称については「兄」や「父」を参照）。

字形は東周代に女と未の左右を入れ換えた形（）が作られ、これが後代に継承された。

なお、殷代には仮借して「昧」すなわち昧爽（夜明け）

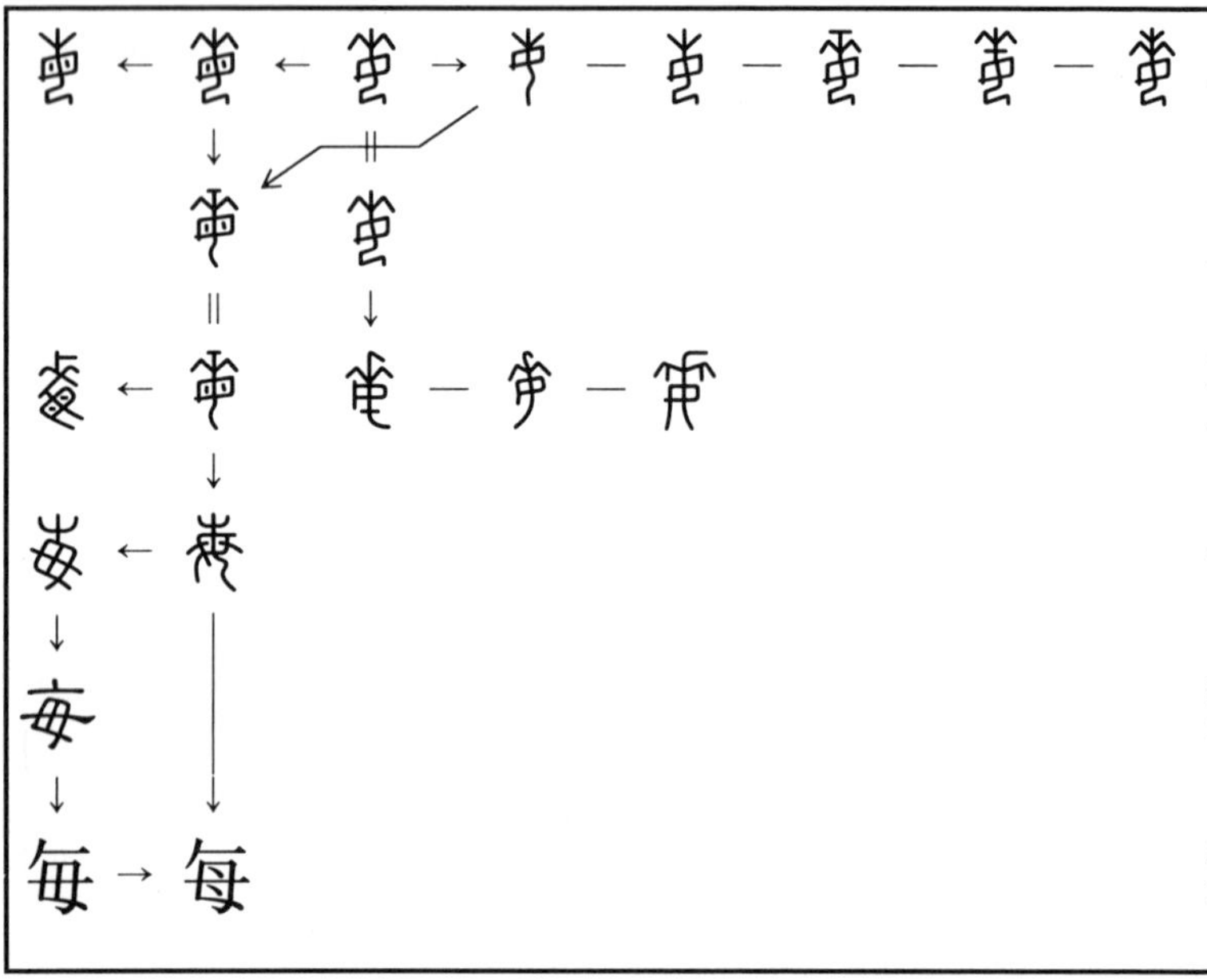

の意味にも用いられており、この意味では西周代に日を意符、未を声符とする「昧」の形が作られたが、原義とは関係がないため表には含めていない。

▽毋部

064 **【毎】**［毎］ 楷六画（七劃） 毋部 成会意

古明紐之部[muə, muəg, mɯ]→

→中明紐賄韻[muɒi, muəi, muʌi]→漢バイ呉マイ

毎［毎］の初出は殷代の「」や「」などの形である。許慎は篆書の形（）を元に上部の屮《てつ》を意符、母を声符として「草が大きくなる様子」とし、加藤はこれに従う。しかし、殷代の異体には母（）の形ではなく女（）の形を用いたものも多く、また上部の形も様々なので、諸家が述べるように、髪に装飾をつけた女性の姿とするのが妥当である。

殷代には、仮借して「悔」として用いられ、この意味では東周代に「心」を加えた繁文が作られた。また西周

代には借りて「敏」の意味に用いられたが、いずれも原義とは関係がないため、表からは省いた。
なお、「敏」については、白川・谷衍奎・李学勤は殷代の「」を字源とするが、これは先王の配偶を指して用いられており、別字である。また藤堂も「敏」を会意で解釈するが、「毎」を許慎の解釈から分析しており、女性の姿である「毎」の字源と矛盾している。ちなみに敏の上古音の韻母については、之部、蒸部、文部など諸説あり、字音の変化の経緯は明らかではない。

字形は殷代に異体が多いが、そのうち母（）を用いた形（）が後代に継承された（西周～東周代には「女」に従う字形（など）も残っている）。秦代には、母が毋《ぶ》に、上部が中に変えられ、さらに隷書で中を変形した形（など）が作られ、楷書の「毎」になった。ただし、正字としては篆書の形（）を模倣した「毎」が用いられている。

子部

「子（）」は、子供の姿を表した文字である。
《子》③子（巳）

065 【子】 楷三画　子部　成象形
古精紐之部[tsiə, tsiəg, ʔslɯ]→中精紐止韻[tsiə, tsiei, tsi]→漢シ呉シ唐ス

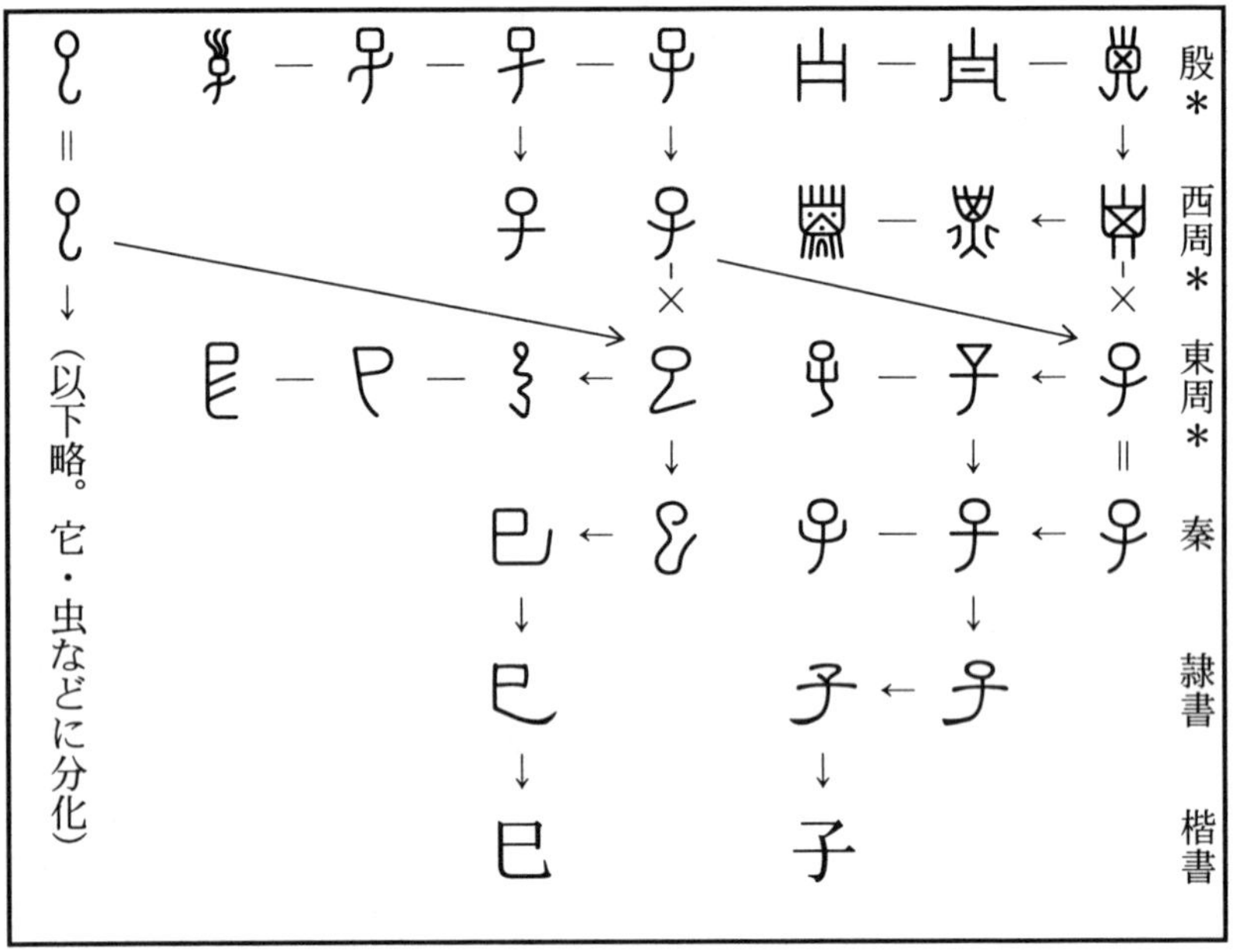

066 【巳】 楷三画　己部　成象形

古邪紐之部・余紐之部・以紐之部[zia, diag, liɯ+lɯ]→
→中邪紐止韻・以紐志韻[ziə, yiei, zi+yi]→漢シ呉ジ

殷～西周代には、十二支の六番目が子供の象形の「子（〓など）」であり、十二支の一番目は別の形（〓など）が用いられていた。

「〓」の系統について、許慎は「子」の籀文として挙げ、子供の頭部に髪がある形とし、これが有力視されている。そのほか、加藤は魔除けの形代である魌頭とし、白川も同様である。明白な矛盾はないが、十二支以外でも会意文字で「〓」の系統が「〓」の系統に入れ替わることがあり、子供の頭部の象形とするのが妥当である。

一方、子（〓）は、子供の全身像であり、幼児の頭部が相対的に大きく、また歩行がおぼつかない様子を表している。そのほか殷代の異体のうち、頭に毛が生えた状態を表した「〓」も子の異体であり、許慎も古文として挙げている（ただし周代以降の出土資料には見えない）。

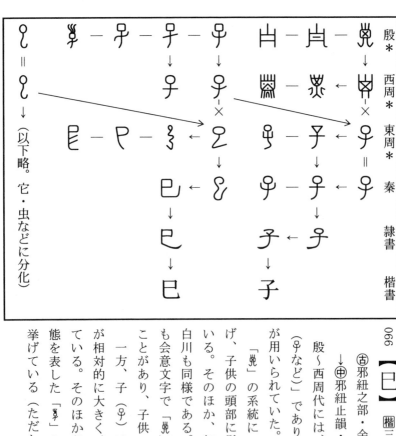

この両者について、東周代に字形の入れ替わりが起こっており、十二支の一番目は「〓」の系統が使われなくなり、「〓」の系統が使われるようになった。そして十二支の六番目については、「〓」と字形・字音が類似する巳（〓）が転用された。

「〓」は、本来は蛇の象形であり、蛇を意味する「它」や「虫」などと同源の文字である。甲骨文字では借りて「祀」の意味でも用いられていた（蛇に関連する文字は別系統の語彙であるため本項には含めていない）。

「巳」について、藤堂は胎児の象形し、李学勤・谷衍奎も同様であるが、これは篆書の包［包］（〓）を元にした誤解であり、包のうちの「巳」の部分は「子」を略体化したものである。

東周代には「巳」の系統に「〓」などの異体があるが、楷書には残っていない。

目部

「目（〓）」は、目の形を文字にしたものである。見ることに関する文字の部首として使われることが多い。〔関連部首〕「見」は、人の目を強調した形であり、見ることを意味する。「面」は、人の顔面の象形である。

《目》⑤目⑧直(徳)⑨相《見》⑦見(現)⑯親《面》⑨面

067【目】 楷五画　目部　成象形

古明紐覚部・明紐屋部[miuk, miuk, mug]→中明紐屋韻[miuk, miuk, miuk]→漢ボク呉モク

目（〓）は目の象形である。中央の楕円形が瞳にあたる。西周代に目の形を縦にした字形（〓）が出現し、こ

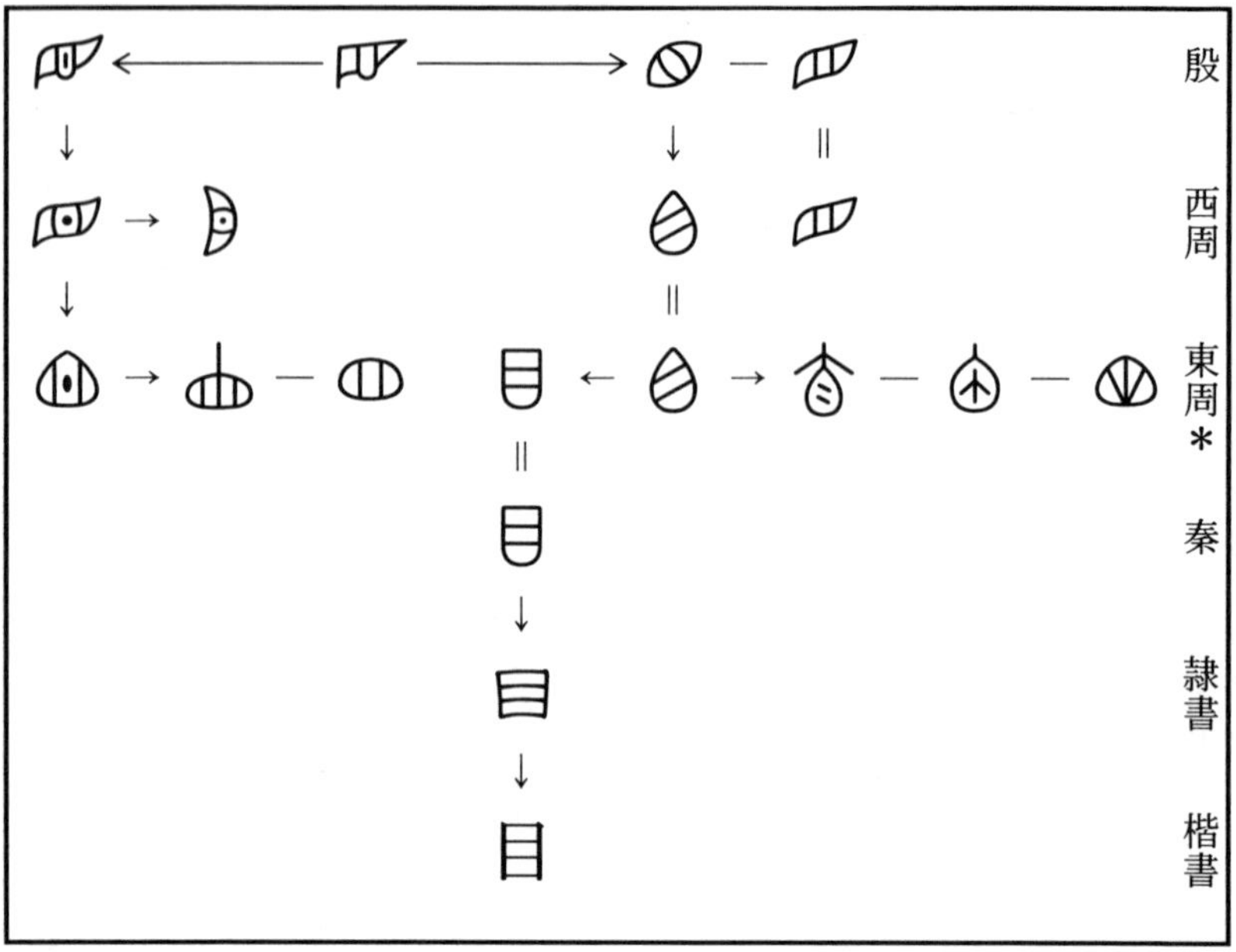

れが後代に継承された。また東周代には形を大きく変えた「」なども見られるが、楷書には残っていない。
　また、殷代には瞳に点を加えた異体（）があり、この系統も東周代の「」などまで使われたが、それ以降には残っていない。

068 【直】〔直〕 楷八画　目部　成指事
古定紐職部[diək, diək, dɯg]→→中澄紐職韻
[ḍiək, diək, ḍik]→漢チョク・チ呉ジキ（ヂキ）・ジ（ヂ）

069 【徳】〔德〕〔悳〕
楷十四画（十五劃）　彳部　成形声（亦声）
古端紐職部[tək, tək, tɯg]→
→中端紐徳韻[tək, tək, tək]→漢トク呉トク
　殷代に初出の直（）は、目（）に指事記号の縦線を加えた形であり、真っ直ぐ見ることを表している。その後、西周代に乚（乚）（楷書では「乚《いん》」）を加えた「」の形が作られた。

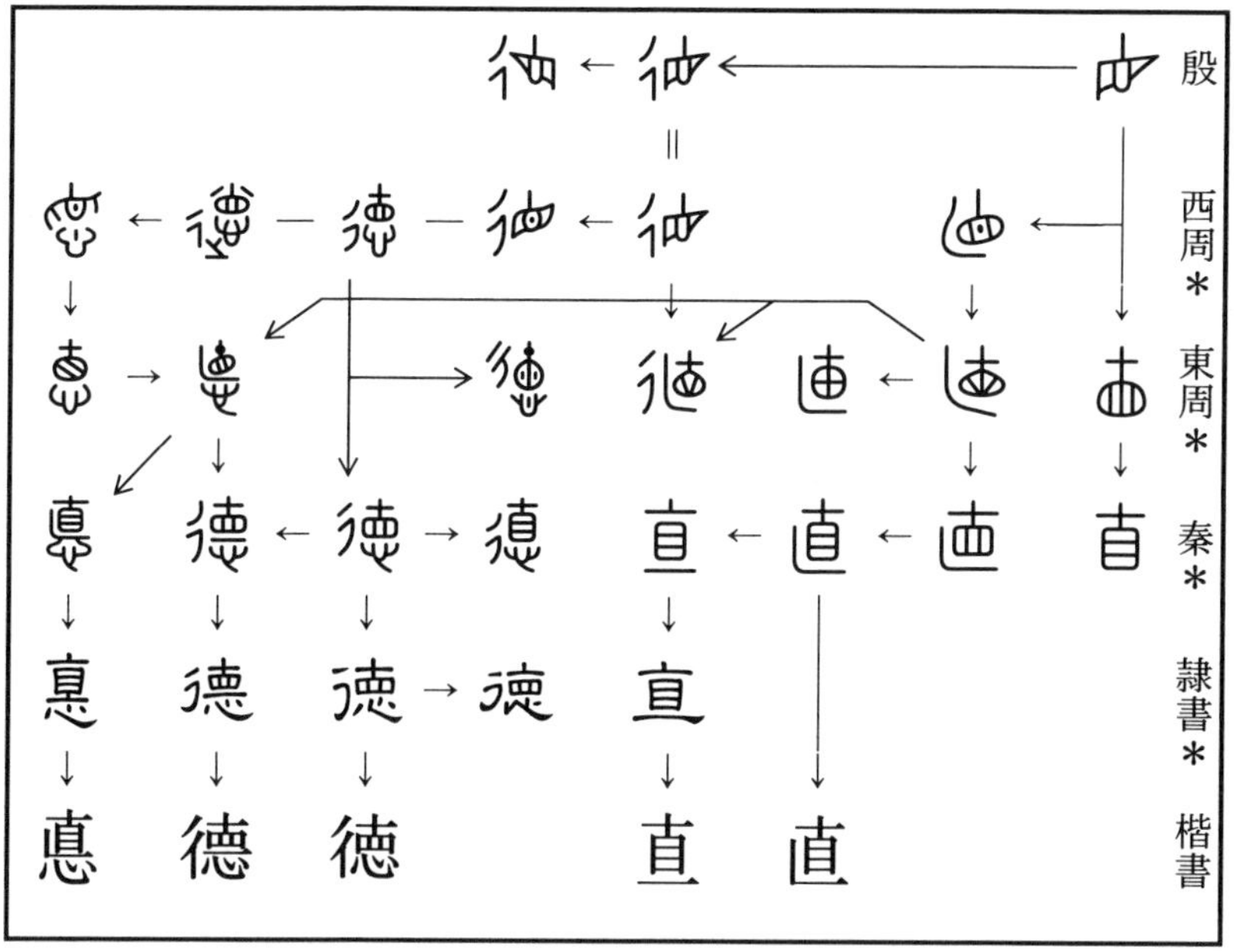

なお、許慎は上部を十とするが、これは後起の形である。白川は省としから成る文字とし、また上部を呪飾と見なしており、鎌田はこれに従う。しかし、殷代の省（初文は「眚」）は「〓」の形であり、上部も声符の生（〓）であり呪飾ではない。

匸（乚）の部分については、加藤は曲がった線でただす対象、赤塚は見る対象の隠れているもの、谷衍奎は測量のための矩尺の形とするが、由来を明らかにできる資料がない。甲骨文字などでは「乚」は「区分け」を意味する記号として用いられているので、あるいは「見て区別する」の意味かもしれない。

字形は東周代に指事記号の縦線が「十」に変化した。また異体として、東周代に目の形を変えたもの（〓など）があり、また秦代に乚を一に変えたもの（〓）がある。後者については、楷書に「直」として残っており、現代中国の簡体字もこれに近い形を用いている。

「直（〓）」は、殷代には真っ直ぐ見ることからの引伸義で視察の意味として使われており、それに進行を象徴

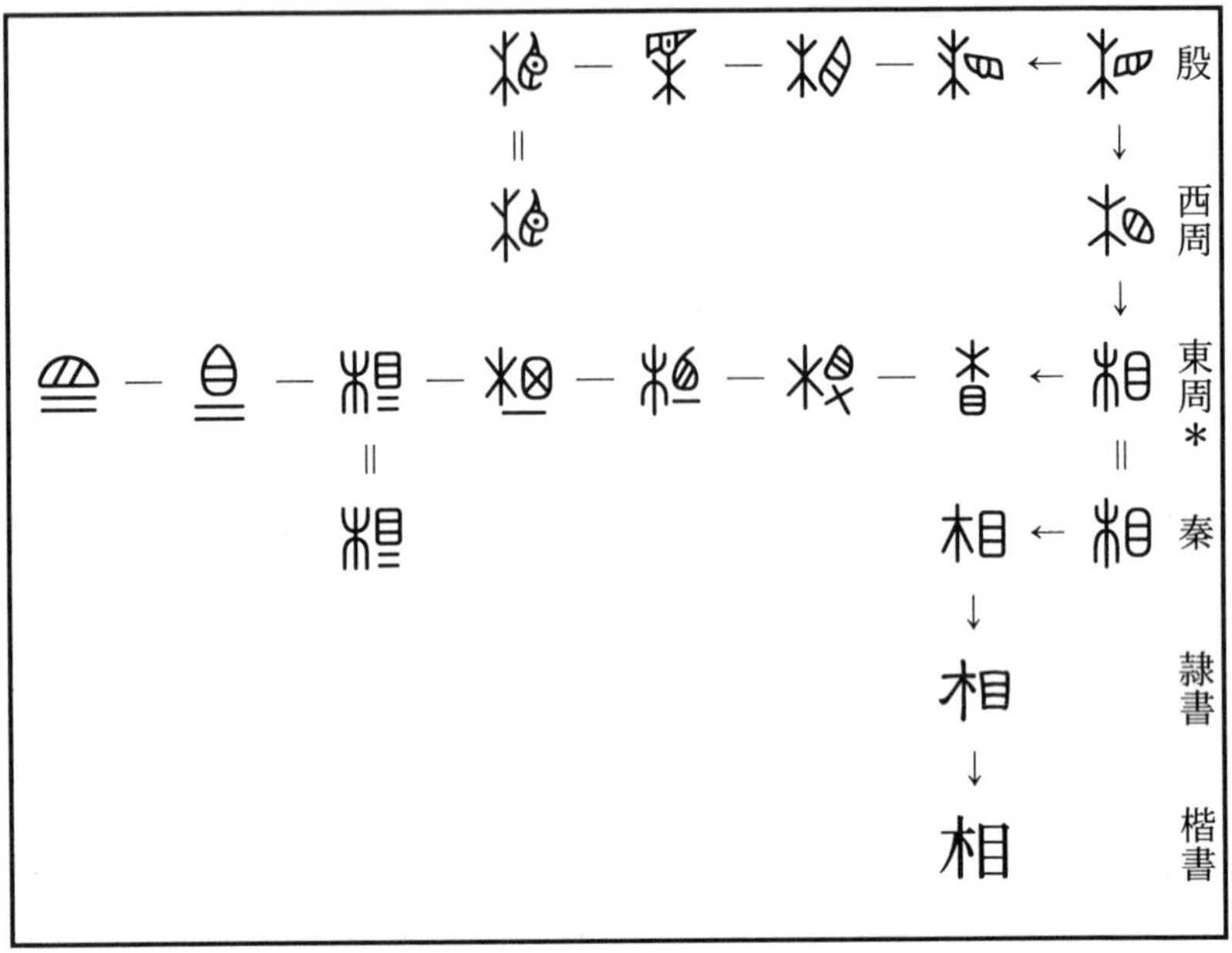

する「彳（亻）」を加えた「徝」（徳の初文）は巡察を意味する。さらに、西周代には「りっぱなおこない」の意味に用いられるようになったため、意符として「心」を増し加えた「徳［德］（𢛳）」が作られた。

許慎は徳と悳を別字とし、徳を彳に従い悳声とし、加藤・藤堂・赤塚・鎌田・阿辻はこれに従う。しかし、現状の出土資料から言えば、出現順は徳が先であり、谷衍奎が述べるように悳は後起の別体と見るべきである。

字形は直と同様の変化をしており、指事記号が「十」になり、また乚を加えた形になった。さらに乚が一に変えられ、最終的に「德」の形になった。また、乚を加えない字形も秦代に残っており（「徳」の形）、新字体の「徳」になっている。楷書では「徳」が新字とされるが、現状の資料では、むしろ「德」の方が新しい字形と考えられる。そのほか、楷書には「悳」も残っている。

---

070 **【相】** 楷九画　目部　成会意

(古)心紐陽部[siaŋ, siaŋ, saŋ]→(中)心紐陽(漾)韻[siaŋ, siaŋ, siaŋ]→(漢)ショウ(シャウ)(呉)ソウ(サウ)

殷代の「」などは、目（）で木（）を見る形であり、対象を見ることが原義である。

殷代には、目・木を上下に並べた異体（）や、目を縦に向けた臣（）の異体を使った形（）などもある。また、東周代にも異体が多く、「目」の下に二線を加えた「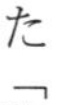」や、さらにそこから「木」を省いた略体の「」などがある。篆書以降には基本的な形が継承されており、隷書の「相」を経て、楷書の「相」になった。

なお、加藤・赤塚は、木ではなく桑の形で声符とするが、桑（甲骨文字では「」など）とは字形が異なる。

▽見部

071 【見】 ［楷］七画　見部　［成］会意

(古)見紐元部・匣紐元部・群紐元部[kian, kan+ɦan, ken+gen]→(中)見紐霰韻・匣紐霰韻[kien, ken+ɦen, ken+ɦen]→(漢)ケン(呉)ケン・ゲン

072 【現】 ［楷］十一画　玉部　［成］形声（亦声）

(古)匣紐元部・群紐元部[ɣian, ɦan, gen]→(中)匣紐霰韻[ɣien, ɦen, ɦen]→(漢)ケン(呉)ゲン

「見」は、諸家が述べるように、もと人（）と目（）から成り、目で見ることを表している。篆書以降に人の形が「儿」となり、「見」の形になった。なお、加藤は儿《じん》を声符とする形声文字とするが、上古音とも殷代の字形とも合わない。

殷〜東周代の異体字には、下部を座った人である卩《せっ》（）や人の正面形の大（）にしたものがある。当初は

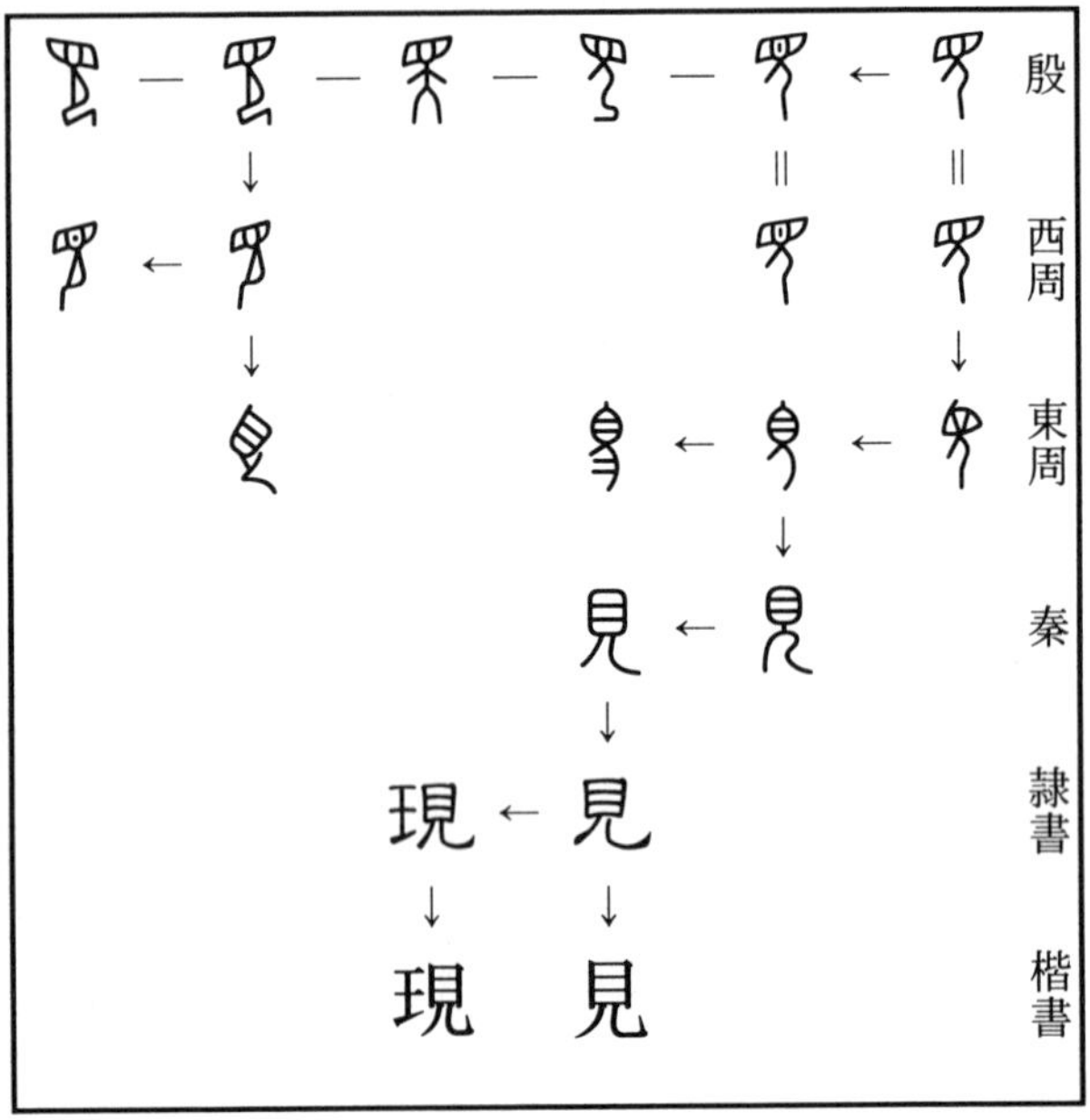

明確な使い分けは見られなかったが、東周代には卩に従う字形が「視［視］」の意味に転用されることもあった（「視」は見が意符、示が声符の形声文字で東周代に初出）。ただし、卩に従う字形は後代には残っていない。
また、「見」は殷代の段階から引伸義で「あらわれる」の意味でも用いられていたが、この字義について字形が分化したのは隷書であり、「光沢が現れる」の意味で、意符として玉（王）を加えた繁文である（玉光が原義で「あらわれる」は仮借の用法とする説もある）。

073 **【親】**｛親｝ [楷]十六画 見部 [成]形声

(古)清紐真部[tshien, tshien, shiŋ]→(中)清紐真韻[tshien, tshien, tshiin]→(漢)シン(呉)シン

西周代に初出の文字であり、「親」は、見を意符、辛を声符とする形声文字である。「直接に見る」が原義で、そこから「みずから」の意味を表し、後に転じて「したしむ」や「おや」の意味でも用いられた。

また、西周代には王が宮中で接見することが多く、家屋を表す「宀」を付した繁文の寴（寴など）も作られた。

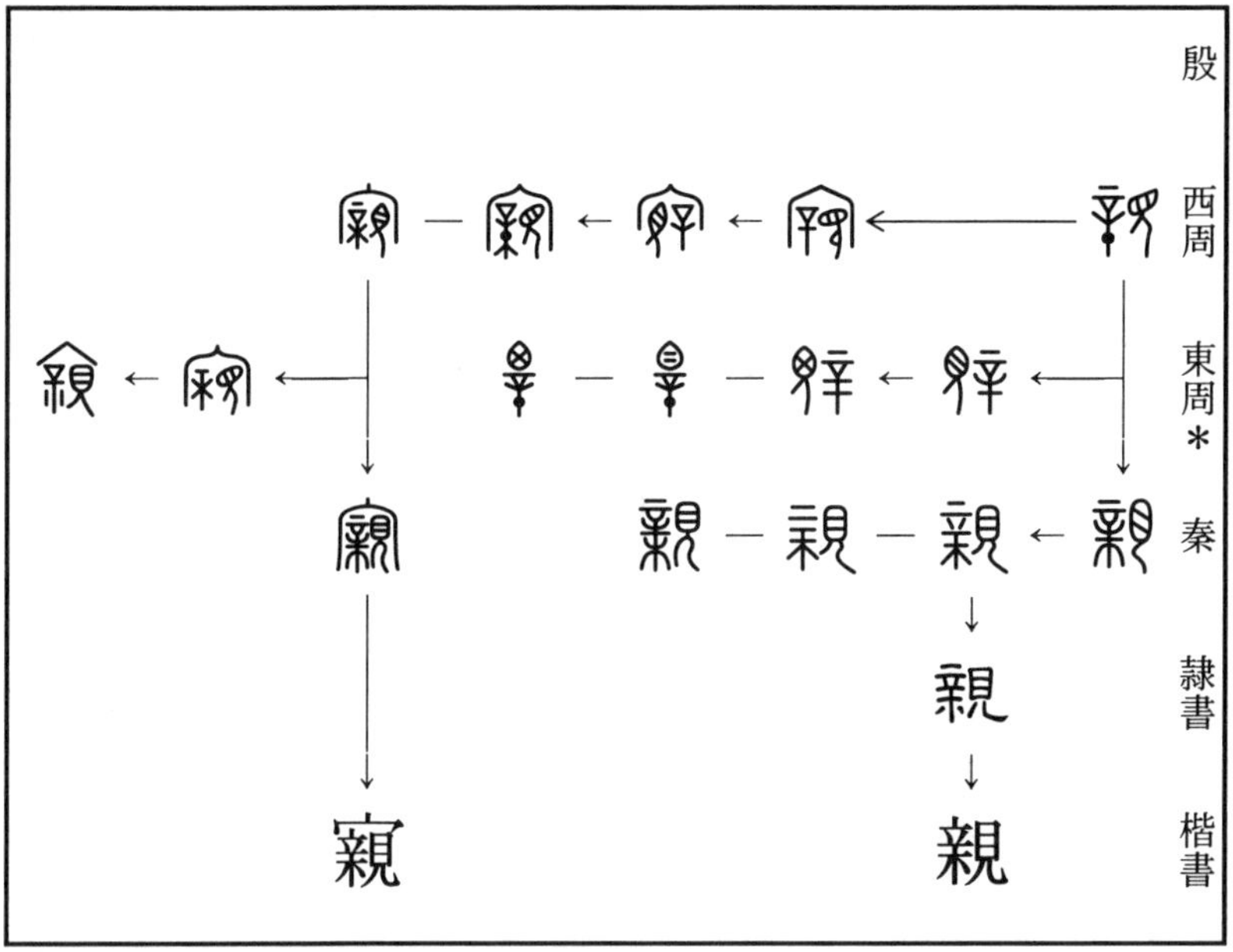

そのほか声符に「新」の略体の「亲」を用いる例（など）もある（西周～東周代には、「新」などを借りて用いることもある）。

許慎・加藤・赤塚・鎌田は、字源を亲を声符とする形声文字とするが、これは後起の字形であり、初文は谷衍奎が述べるように辛が声符である。また白川・阿辻は加えられた「木」を位牌と見なして「おや」を原義とするが、初出の西周代には親・寴ともに「みずから」の意味で用いられている。藤堂は辛が刃物の象形であることから「ナイフで身を切るように身近に接して見ていること」とするが意味不明である。

「親」について、東周代には「目」を意符とする字形（）がある。また、異体（）を元にして囟《しん》と辛から成る異体（）も作られている。囟は上古音で辛と同じく真部（[sien]などと復元）と推定されており、この場合には声符を二重に用いた字形ということになる。また「寴」にも入を用いた異体（）が見えるが、楷書には残っていない。

▽面部

074 【面】 楷九画　面部　成象形

古明紐元部[mian, mian, men]→

→中明紐線韻[miɛn, miɛn, mien]→漢ベン呉メン

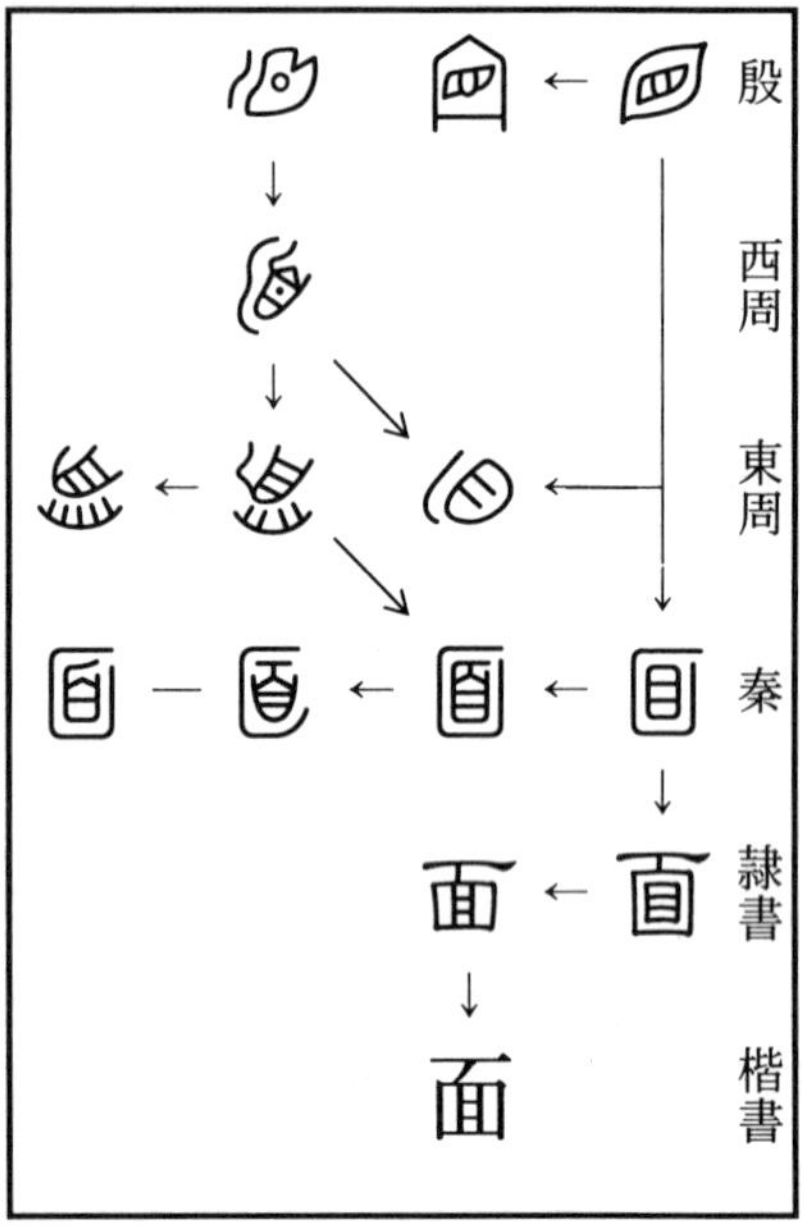

「面」のうち、殷代の「」などは目（）とそれを囲う形から成っており、顔面の象形である。転じて面会などの意味にも用いられる。殷代の異体には頭部の象形である首の異体の百（）の顔面部分に指事記号をつけた形（）も見られる。

両系統が後代に継承され、しかも相互に影響を与えた。東周代の「」は「目」と指事記号から成り、両者を折衷した形である。また「」などは下部に「臼」を加えているが、その意義は不明である。

秦代には「」を継承したものであろう「」があり、また「目」を首の異体の「𦣻《しゅ》」に変えた「」が篆書とされている。このうち前者のみが後代に継承されており、隷書の「靣」などを経て、楷書の「面」になった。楷書は「」の系統であるため、字形に「目」が含まれている。

耳部

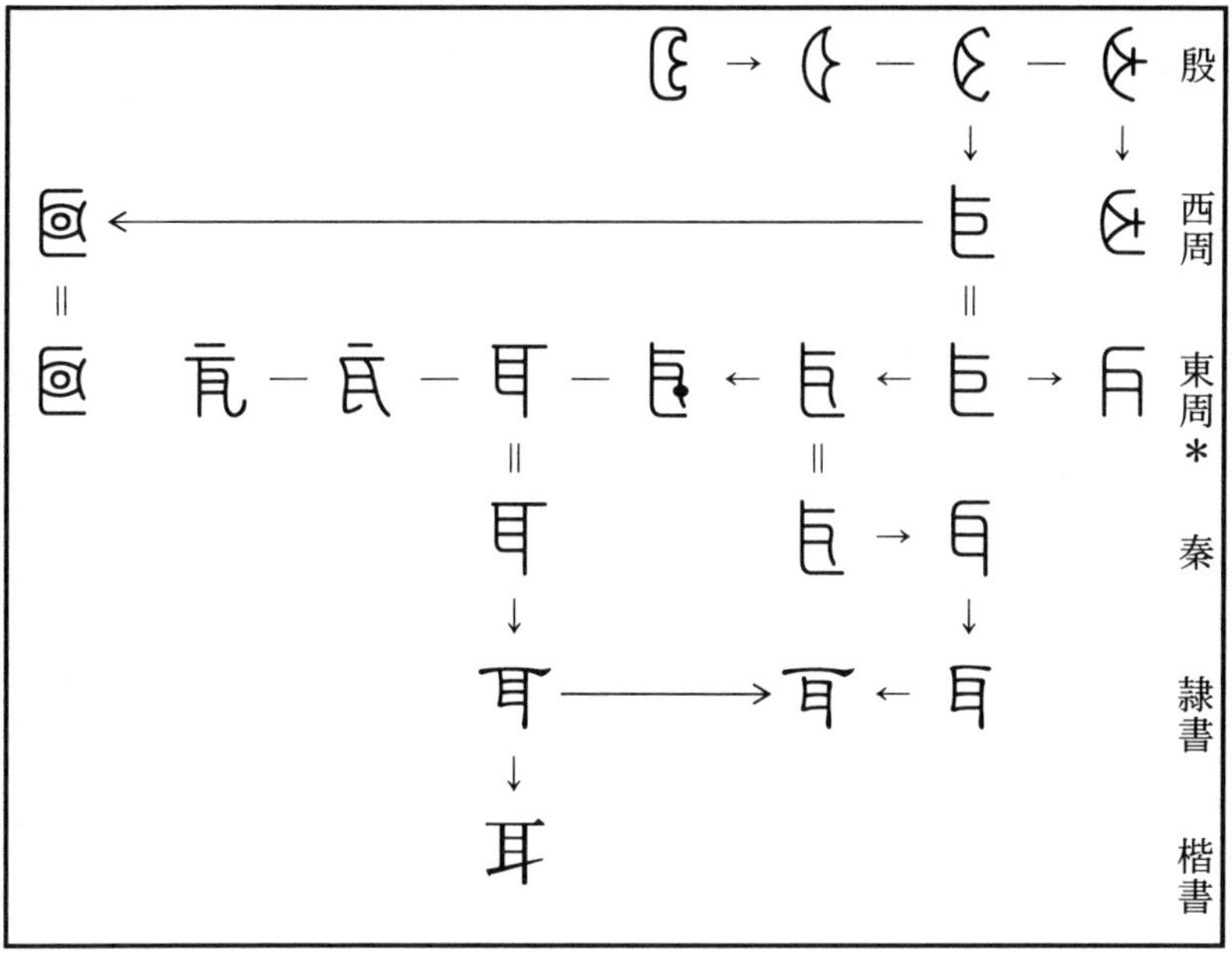

「耳（　）」は、耳の形を文字にしたものである。聞くことに関係する文字の部首として使われることが多い。

《耳》⑥耳⑧取⑭聞

---

075 **【耳】** 楷六画　耳部　成象形

古泥紐之部・日紐之部[ȵiə,ȵiəg,ȵiɯ]→中日紐止韻[ɹiə,n(r)iei,ɳʑi]→漢ジ・ジョウ呉ニ・ニョウ

「耳」は、耳の象形であり、「　」が最も原初の形に近いものであろう。殷代には「　」の使用例が最も多いが、「　」が後代に継承されたようである。

字形は西周～東周代に大きく変化し、また多くの異体が出現した。「　」などは右側の線を延長しており、さらに「　」では、それぞれの線をつなげている。後者が楷書の「耳」になっており、楷書のうち、一・二画目と最終画が耳の外側の部分に当たる。また、前者の系統も隷書まで「　」などとして使われている。なお、西周代の「　」、および隷書の「　」は部首としてのみ見える。

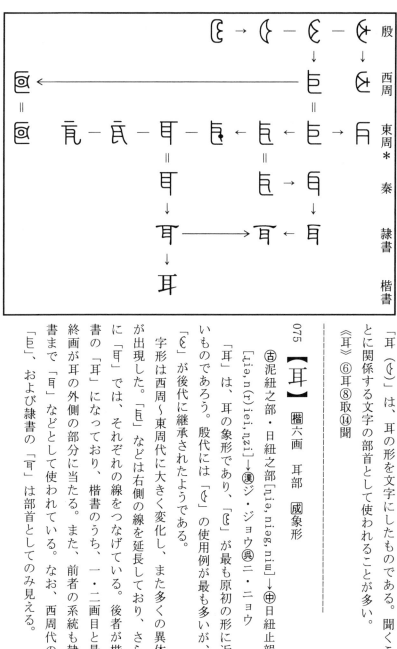

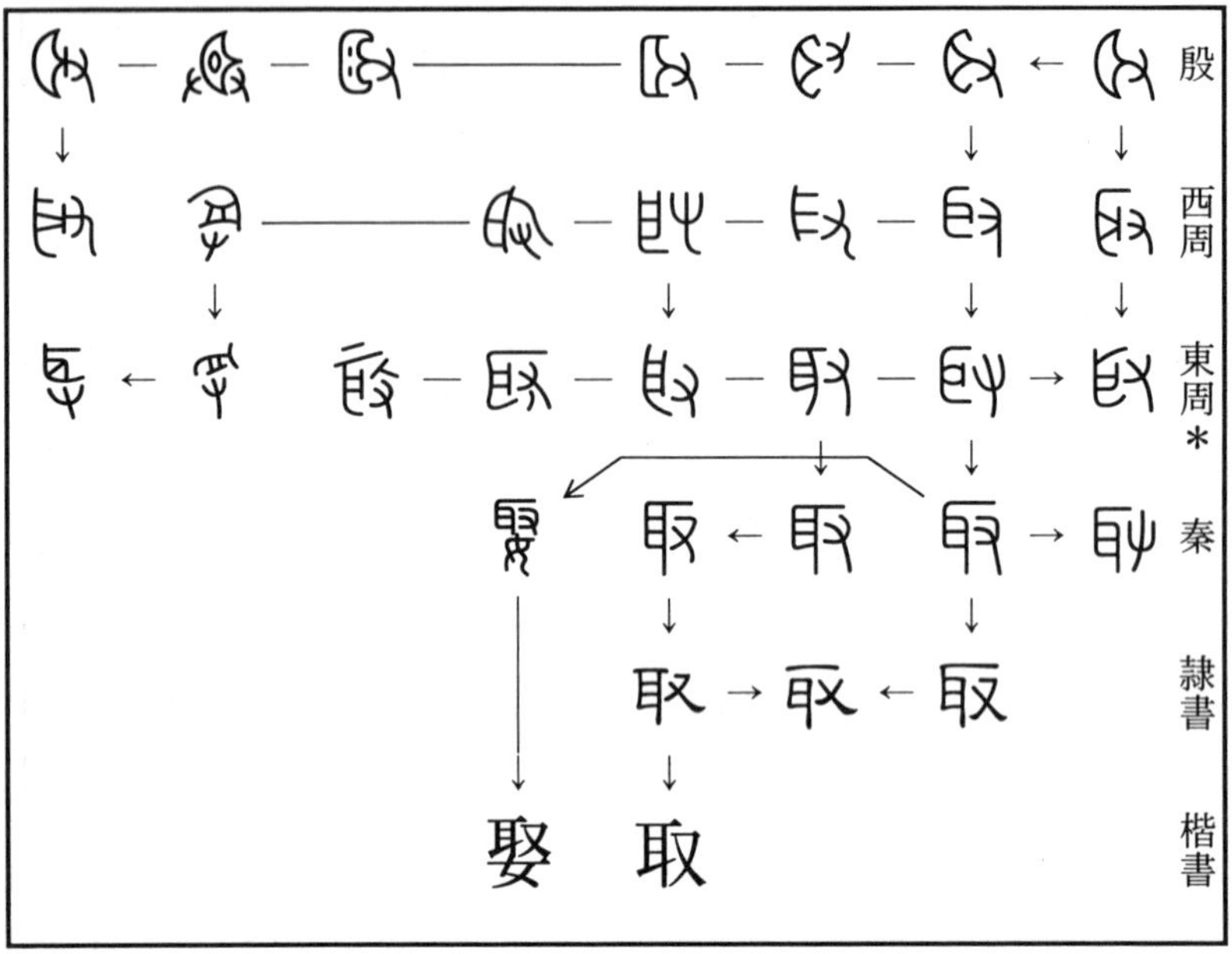

076【取】 [楷]八画　又部　[成]会意

(古)清紐侯部[tshiuɔ, tshiug, shlo]→(中)清紐麌韻・清紐厚韻[tshiu, tshiu, tshio+tshau]→

→(漢)シュ(呉)シュウ(シウ)

077【娶】 [楷]十一画　女部　[成]形声（亦声）

(古)清紐侯部・心紐侯部[tshiuɔ, tshiug, shlo+slo]→

→(中)清紐遇(麌)韻・心紐虞韻

[tshiu, tshiu, tshio+sio]→(漢)シュ(呉)シュウ(シウ)

「取（〓）」は、「耳（〓）」とそれを取る手の形の又（〓）から成る。基本的な構造は殷代から楷書まで同じであるが、「耳」の部分は形状の変化が大きい。

字源について、許慎は『周礼』に基づき捕らえた捕虜は首ではなく左耳を取ることとし、藤堂・白川・鎌田・阿辻・李学勤はこれに従う。また、加藤・赤塚は耳をつかんで獣を捕らえる様子とする（谷衍奎は両説併記）。

殷代の資料には、足首を切り取る意味の刖の初文（〓）

や、目を潰す形の民（）などは見えるが、捕虜の耳を切る習慣は確実な例がない。また、殷代には祭祀名としての用法があり、東周代には盟約の際に牛の耳を切り取って血をすする儀礼が行われたので、犠牲の耳を切り取る儀礼が字源かもしれない。

なお、加藤は手声の形声文字とするが、又・手は別字であり、しかも殷代には「手」は未出現である。

字形について、東周代には「又」を寸に変えた形（）や攴に変えた形（）もあるが、後代には残っていない。また「耳」と同様に、隷書まで「取」の系統が残っているが、楷書には継承されていない。

字義について、史料上では「めとる」の意味で使われることもあり、この意味では篆書で意符として「女」を加えた「娶」が作られた。

078【聞】 楷十四画　耳部　成形声

古明紐文部[miuən, miuən, mɯn]→中微紐文(問)韻[miuən, miuən, miun]→漢ブン呉モン

殷代の字形のうち、「」は耳（）と座った人の形の卩（）から成り、「耳で聞いている人」を表した会意文字である。そのほか、耳をふたつにした異体（）や、卩を丮の形にした異体（）などがある。また、小点を加えた字形（）があり、おそらく小点は音や声を表している。

いくつかの字形が後代に継承され、東周代にも耳を省略したもの（）や小点を「米」に変えたもの（）などが見られるが、初文の系統は秦代以降には残っていない。

初文の系統に代えて、東周代には形声文字が作られており、「」などは耳を意符、昏を声符とする。「」

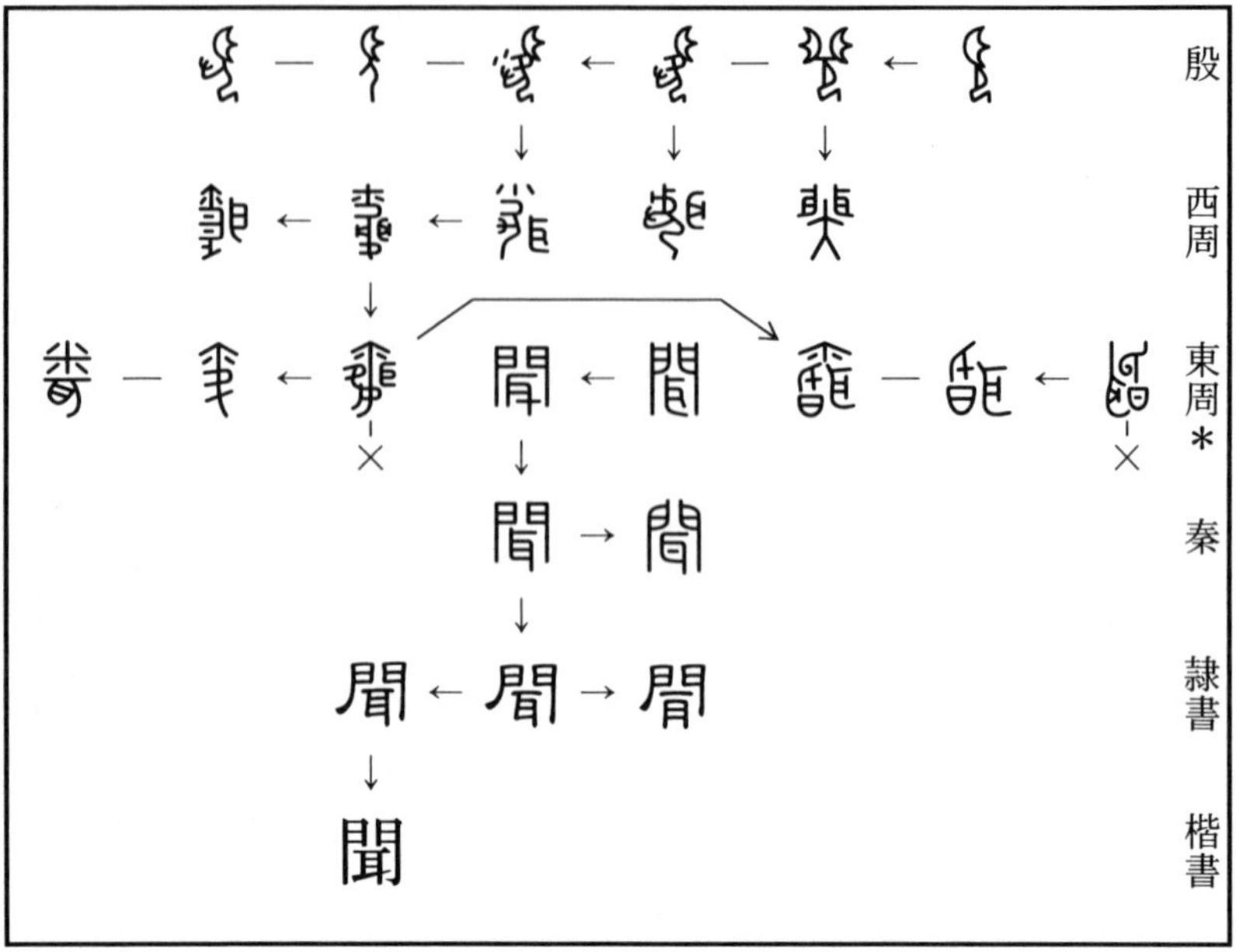

などは耳を意符、門を声符とする。後者が秦代以降に継承され、楷書で「聞」となった。

なお、加藤は甲骨文字に聞があることを知らず、西周金文を起源とし、「□」などを形声文字とするが誤りである。また、藤堂は「門」が亦声で中を隠すことを表し、「よくわからないことが耳に入る」とし、「問」に近い意味とする（鎌田はこれに従う）。白川は、「神の啓示を聞く形」とする。殷代には祭祀名の用例もあるが、動詞としては人と人との間で「きく」や「きかせる」の意味で用いられており、字源にそれらの概念があったかどうかは確証が得られない。

自部

「自（□）」は、鼻の形を表したものである。その繁文が鼻［鼻］である。

《自》⑥自（鼻）

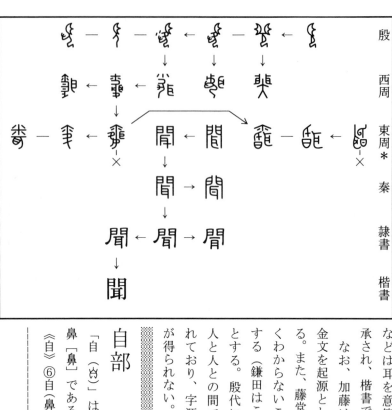

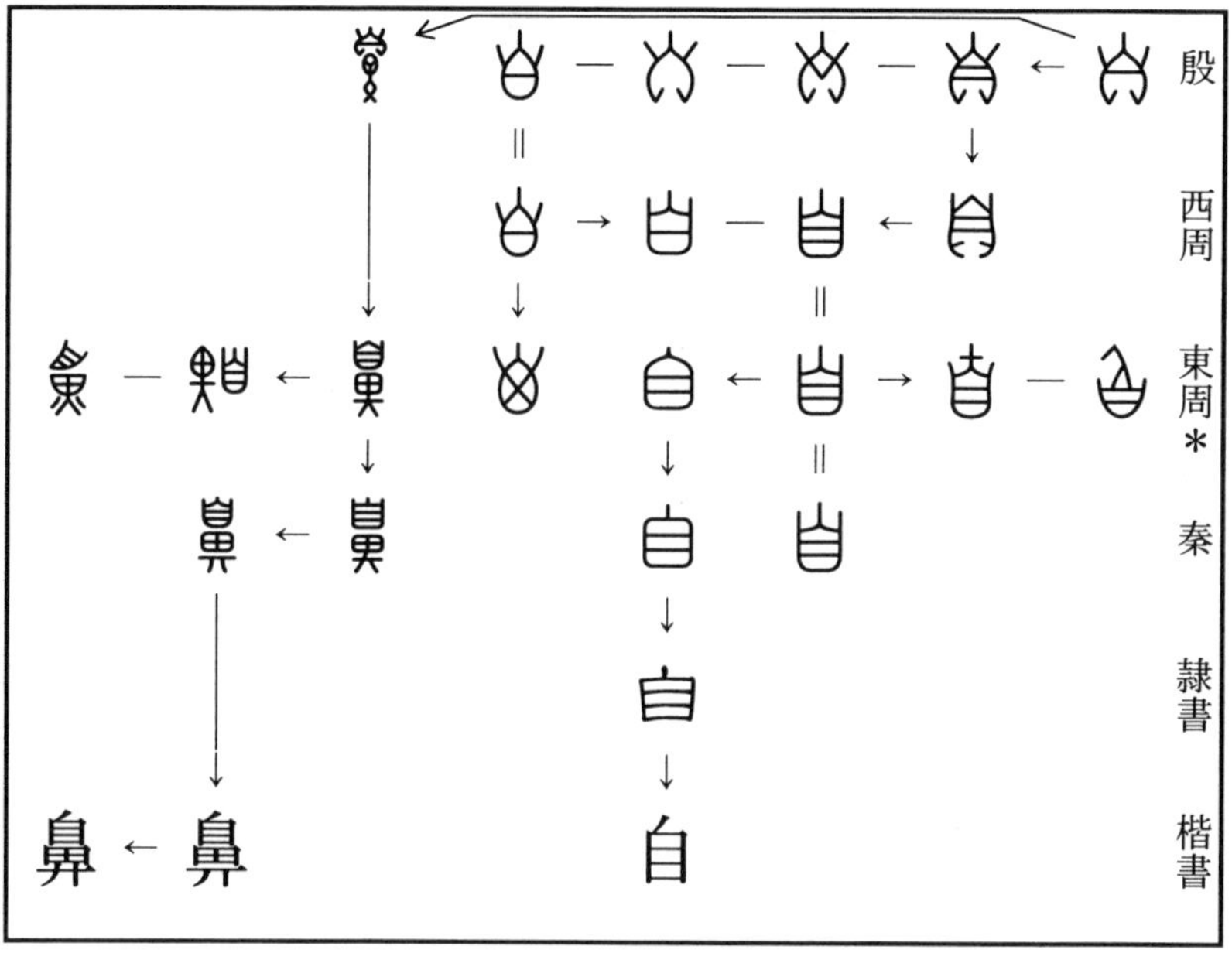

079 【自】 楷六画　自部　成象形
古従紐脂部・以紐質部[dziei, dzied, ɦliid]→中従紐至韻[dzi, dzii, dzii]→漢シ呉ジ

080 【鼻】［鼻］ 楷十四画　鼻部　成形声
古並紐脂部・並紐質部[biei, bied, blid]→中並紐至韻[bi, bii, bii]→漢ヒ呉ビ

自（）は人間の鼻の象形であり、上部の三本の線のうち、中央が鼻筋を表し、残りの二本が鼻の両脇を表している。転じて自己を表し、また仮借して起点を表す助字に使われた。いずれの用法もすでに殷代に見られる。なお、引伸義の自己の意味については、自分を示すときに鼻を指すためと言われる。

原義については、殷代に既に声符として「畀《ひ》（）」を増し加えた繁文の鼻［鼻］（）が作られている。上古音でも鼻・自は声母が異なると推定されており、早い段階で字音の変化があったようである。

「畀」の部分について、赤塚は畀が庇に通じて「突き出ているおおい」とするが、畀は矢の一種（おそらく鏑矢であろう）の象形であり、覆いの意味はない。また、許慎は「自ら畀《あた》う」という意味の会意文字とし、谷衍奎も同様の解釈であるが、殷代には畀を借りて「あたえる」の意味では使われていない。鎌田は畀を「こしきの中敷き」とするが、やはり誤りである。

「自」の字形は西周代以降に下部を閉じた形（𦣻など）になった。また西周代の略体の「𦣹」は、白の異体（𦣹）とほぼ同形である。

「鼻［鼻］」についても異体が見られ、東周代には自・畀を横に並べた形（[illegible]）などがある。また新字体の「鼻」は畀の下部を廾に変えた俗字であるが、中世から使われていた形である。

口部

「口（𠙵）」は、口の形を文字にしたものである。人の発声や味覚などに関係する文字の部首として主に使われる。〔関連部首〕「𠙵」は、口と同形であるが、器物を表す形が同化したものである。「曰」は、口に指事記号の線を加えて言葉を発する様子を表している。「言」は、口に声符として辛《けん》を加えた形である。「歯」は、口中に歯が生えた形に声符として止を加えたものである。

《口》③口⑧味・和⑪問《𠙵》⑤古・由⑥会・合・同・名（銘）⑧者⑨品《曰》⑫智（知）《言》⑦言（音）⑨計⑩記⑬詩・話⑭歌・語・読⑮談・調《歯》⑫歯

081【口】〔𠙵〕 楷三画 口部 成象形

㊀溪紐侯部[khɔ, khug, kho]→㊥溪紐厚韻[khəu, khəu, khəu]→㊦コウ㊇ク

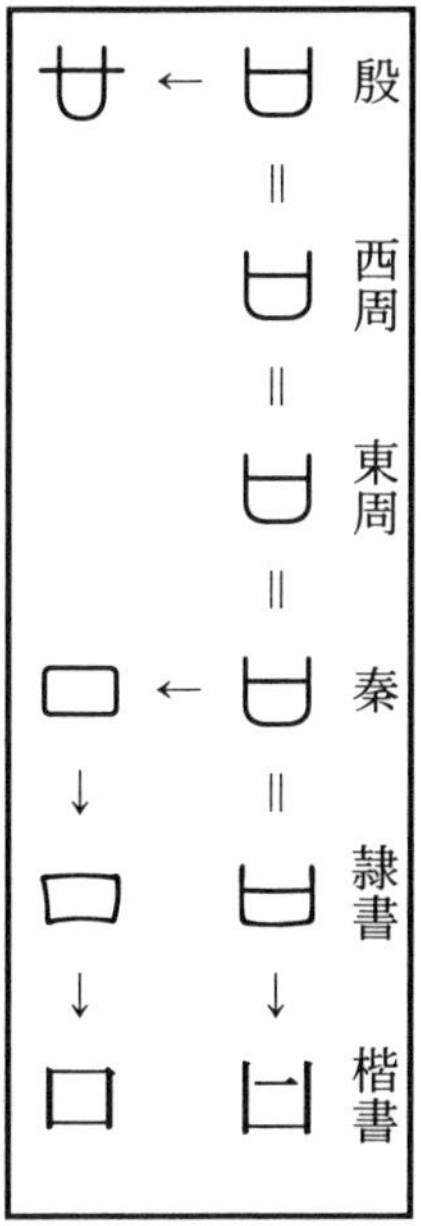

諸家が述べるように口を開けた形である。また白川が指摘するように、古くには祭器の用法があり、「合（㕣）」や「品（㗊）」などに使われている。なお、祭器の用法については、白川は古い形の「𠙵」を用いて区別しており、本書もこれに倣っている。また𠙵を部首とする文字については口の部首と分けて配列した。

そのほか「𠙵」の形は、甲骨文字や金文では、抽象的な物体、建物の土台、祭祀に関係することを表す意符、デザイン的な配置など、多様な用法が見られる。いずれの場合も字形に大きな違いはなく、形だけから用途を明らかにすることは難しい。また、加藤や藤堂は「あな」の意味もあるとし、実際に甲骨文字でも穴の象形である「凵（⊔）」に代えて使われることがある。

082【味】 楷八画　口部　成形声

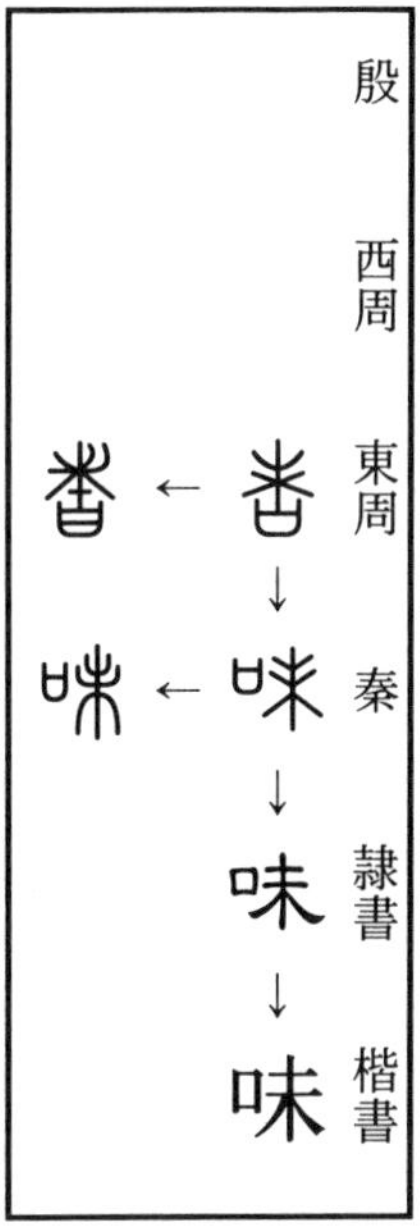

㊀明紐微部・明紐物部[miuəi, miuəd, mɯd]→
→㊥微紐未韻[miuəi, miuəi, mii]→㊦ビ㊇ミ

「味」は、口を意符、未を声符とする形声文字である。未を亦声とする説もあり、藤堂は細かいの意があり、

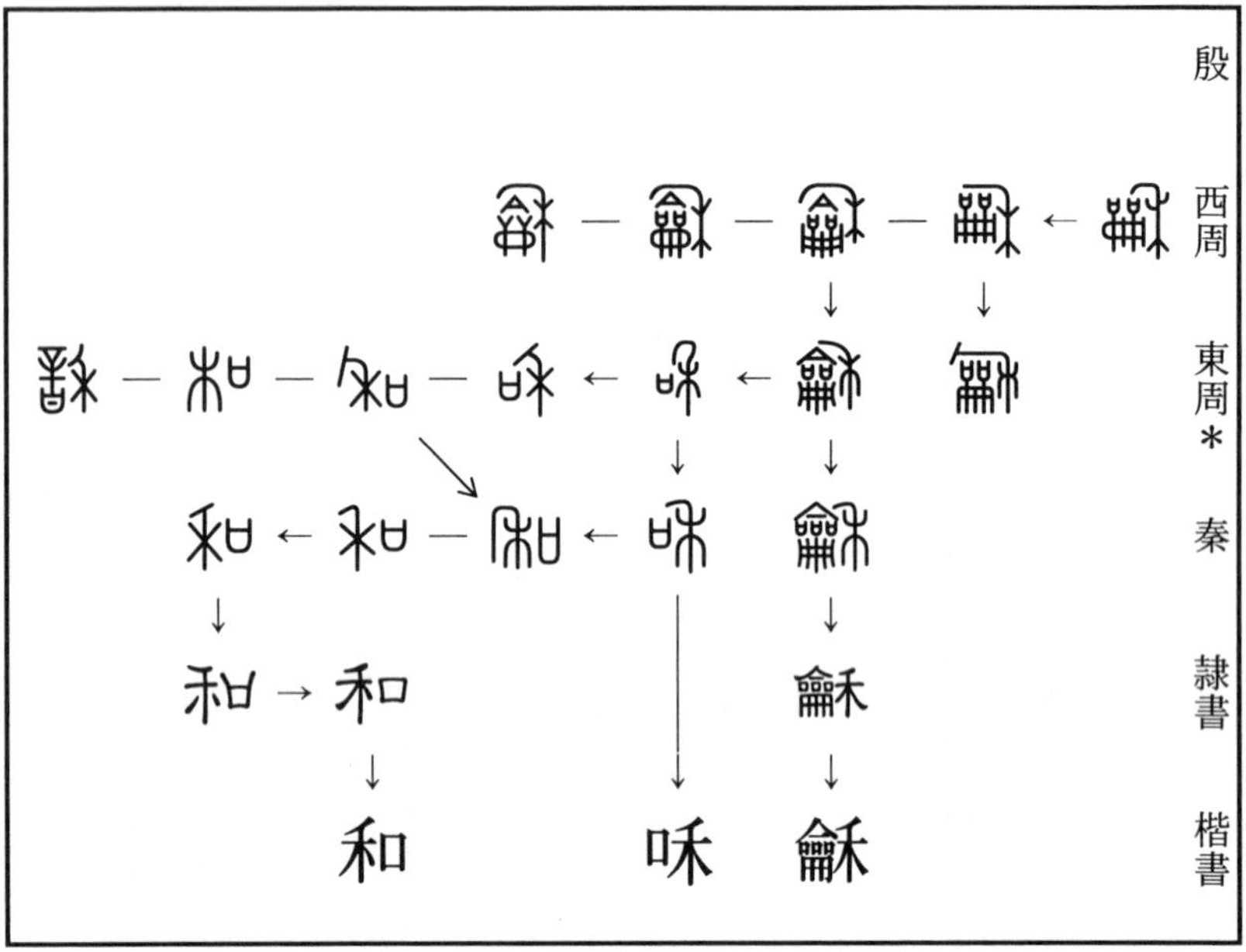

口で微細に吟味するとし、鎌田も同様である。また、谷衍奎は滋味の意味があるとする。しかし、未は木の枝が伸びる様子であり、直接の意味表示ではない。

字形は、初出の東周代には口・未が上下に並ぶ構造であったが、秦代以降に左右に並ぶ構造になった。

---

083 **【和】**〔龢・咊〕 楷八画　口部　成形声

古匣紐歌部・群紐歌部[ɣuai, ɦuar, gol]→
→中匣紐戈(過)韻[ɣua, ɦua, ɦua]→
→漢カ(クヮ)呉ワ唐オ(ヲ)

先に出現するのが「龢」であり、楽器の象形の「龠《やく》」を意符、「禾」を声符とする形声文字である。楽器の調和を表した文字である。初出の西周代には龠の古い形（亼がないもの）を使った異体（龢など）もある。

「和」はやや遅れて東周代に出現し、意符を「口」に変えて声楽の唱和を表している。東周～秦代には口・禾の位置を逆にした「咊」などがあり、これが楷書の「和」

になった（楷書には篆書（𠯑）を模倣した「咊」もある）。そのほか東周代の「𧦝」は意符を「言」に変えている。

なお、加藤・赤塚などは和・龢を同字の別体と見なしており、本書も同字としたが、許慎は別字としており、白川・李学勤もこれに従う。

「禾」を亦声とする説もあり、藤堂は粟であり穂がまるくしなやかことから「かどだたない意」とする。また、鎌田は会に通じるとし、谷衍奎は禾のように一致する意味とする。しかし、いずれも根拠に乏しく、純粋な形声文字とするのが妥当であろう。そのほか白川は会意文字とし、禾が軍門の標識で、軍門の前で和議を行う意とするが、禾にその用法は見られない。

084【問】 楷十一画　口部　成形声

古明紐文部[miuən, miuən, muən]→中微紐問韻[miuən, miuən, miun]→漢ブン呉モン

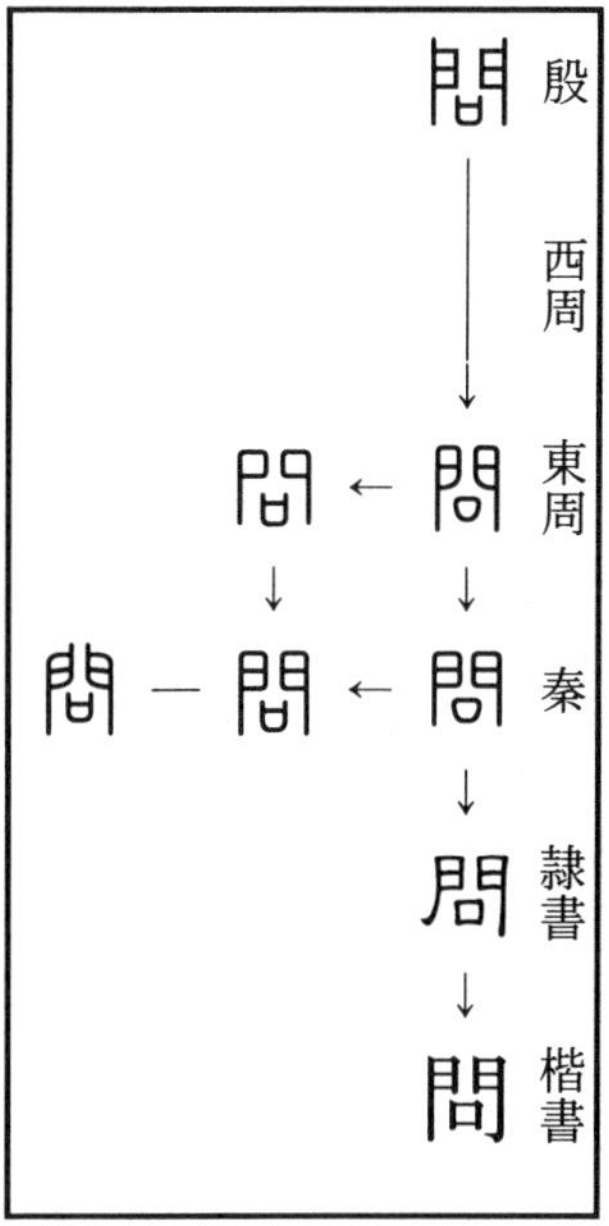

「問」は、口を意符、門を声符とする形声文字であり、口頭で問うことを表している。

門を亦声とする説として、藤堂は隠されて分からないことを表し、「わからないことを口で探り出す意」とする。また白川は家廟の廟門で神意を諮《と》うこととし、赤塚は文に通じ、「もののあやを聞きただす」とし、鎌田は人の家

の門や神域でたずねることとする。いずれも根拠に乏しく、憶測にすぎない。ただし、初出の殷代には、甲骨文字に二例しか見られず、しかもいずれも欠損片であり、亦声であることを否定できる根拠もない。

字形は口・門から成る形が殷代から楷書まで継承された。

▽曰部

085 【古】 楷五画　口部　成会意

古見紐魚部[ka, kag, ka]→中見紐姥韻[ku, ko, kuo]→漢コ呉コ

篆書（古）が十（十）と口（口）から成ることから、許慎は「前言を識る者なり」とするが、初出の殷代には十（｜）に従っていない。阿辻も同様に「十」から字源を解釈し、谷衍奎は金文の字形（古）から考えるが、いずれも古い形に合わない。

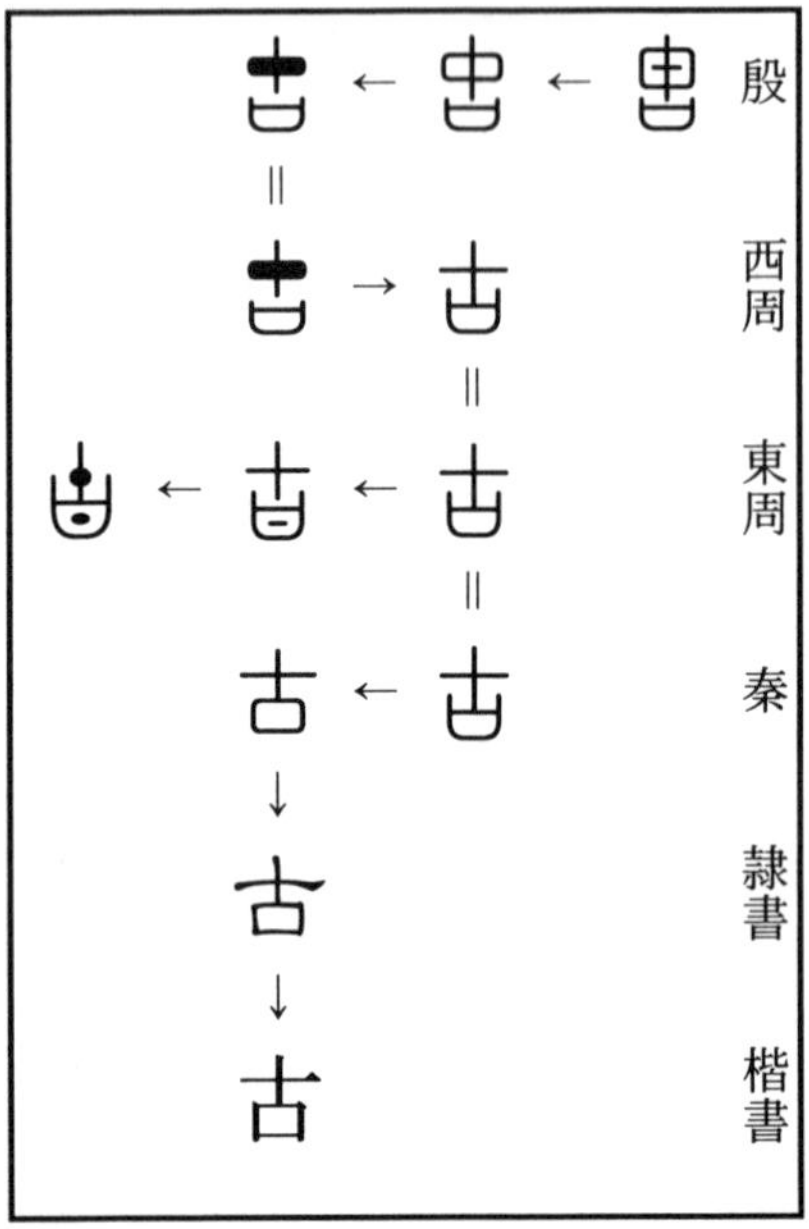

また、加藤・藤堂は「毌」を原型とし、克（克）の一部で模造した頭蓋骨とし、鎌田はこれに従う。しかし、殷代には「毌」は載・戴の意味で用いられており、「古」とは別字である（初文は甾《し》の形）。赤塚は「神を象徴するかんむりの形」とするが、殷代には冠の象形として「∀」が使われており、これも「古」とは全く関連がない。

初出の殷代の字形では、最も詳細に描かれたのが「甴」であり、上部の「毌（毌）」は白川・李学勤が述べるように楯の象形である（殷代には敵の攻撃を防ぐ意味などで用いられている）。したがって、字源としては器物である凵（凵）の上に楯を置いた形である。

「ふるい」の意味について、白川は器物の中の祝禱を守る様子から典故や先古の意味となったとする。また、李学勤は楯が強固であることから「固」の初文と見なす。しかし、初出の殷代には固有名詞の用例しかなく、また西周代にも祝禱や強固の意味では使われておらず、字源かは明らかではない。

字形は、殷代に略体として毌が中（中）のような形になり、さらに西周代に十字形に略されて「古」になった。また東周代には下部を甘（甘）にした形（𠮛など）があるが、楷書には残っていない。

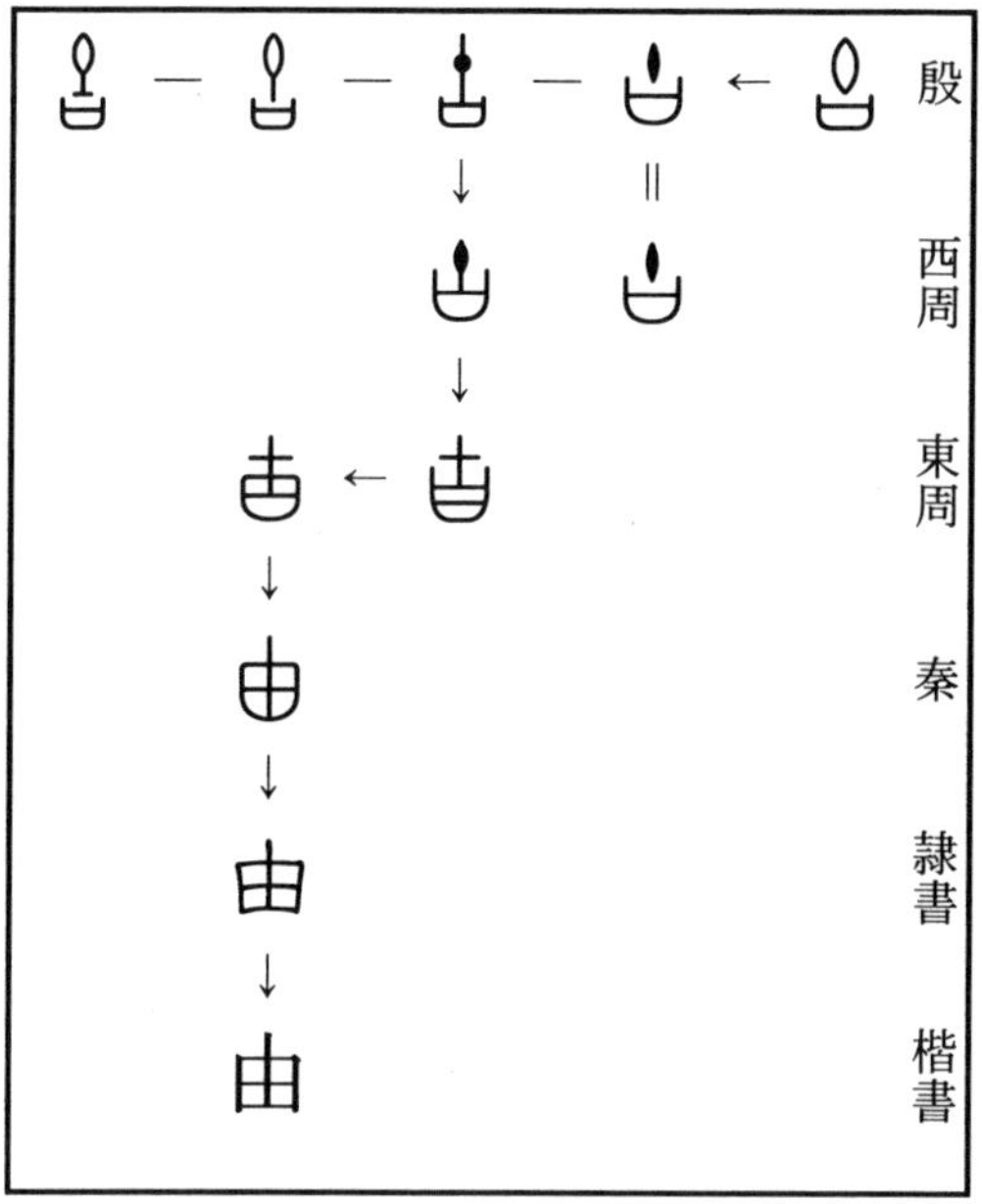

086【由】 楷五画　田部　成会意

古余紐幽部・以紐幽部[ɦiu, ḍiog, lɯw]→中以紐尤韻[yiəu, yiəu, yiu]→漢ユウ(イウ)呉ユ慣ユイ

殷代の「𠙴」は、器である凵（凵）の上に楕円形がある形状をしている。殷代には吉凶語や方向を変えて進む意味の動詞などとして使われたが、字形と字義の関連は明らかではなく、字源は不明である。

字源について、許慎は「繇《よう》（したがう）」の別体とするが、由は繇よりも先に出現しており、また字形上の共通点もない。加藤は西と同字とし、藤堂・白川・赤塚・鎌田・阿辻は卣と同字とし、李学勤は甾《し》と同源とするが、殷代の字形は西（〓・〓）とも卣（〓）とも甾（〓）とも異なる。また谷衍奎は竹や木で作った籠とするが、「〓」などが籠の形とも思われない。

字形は殷代の異体に上部を線と点で構成したもの（〓）があり、これが後代に継承された。東周代に上部を十（〓）、下部を甘（〓）に変えた「〓」となり、その略体が篆書の「〓」である。

---

087 **【会】**［會］〈〓〉 楷六画（十三劃） 日部（人部） 成会意

古見紐月部・溪紐歌部・見紐葉部・匣紐月部・匣紐歌部・群紐葉部[kuat+ɣuat, khuad+ɦuad, kob+gob]→
→中見紐泰韻・溪紐泰韻・匣紐泰韻[kuai+ɣuai, khuai+ɦuai, kuai+ɦuai]→漢カイ（クワイ）呉エ（ヱ）

殷代の「〓」は、蒸器の甑《こしき》に蓋をした形である。甑に下部の器（「〓」の部分）を加えた形は甑《そう》の初文の曽《そう》［曾］にあたり、その略体と蓋の形である今の初文の亼（〓）を合わせて「會」となる。甑と蓋を合わせることから転じて会合の意味になったと言われる。殷代には甑の部分を「日（〓）」や四角形などの略体で表現したものが多いが、後代には継承されていない。

なお、加藤は「亼」にシュウの音があり声符とするが、実際には「亼」は今の初文である。藤堂は三角形と増［增］の略体から成る会意文字とするが、上部は三角形ではなく、また増は会よりも後に出現した文字である。谷衍奎は殷代の略体（〓）を元に倉の象形とするが、倉（〓）とは字形も用法も異なっている。李学勤は合（〓）

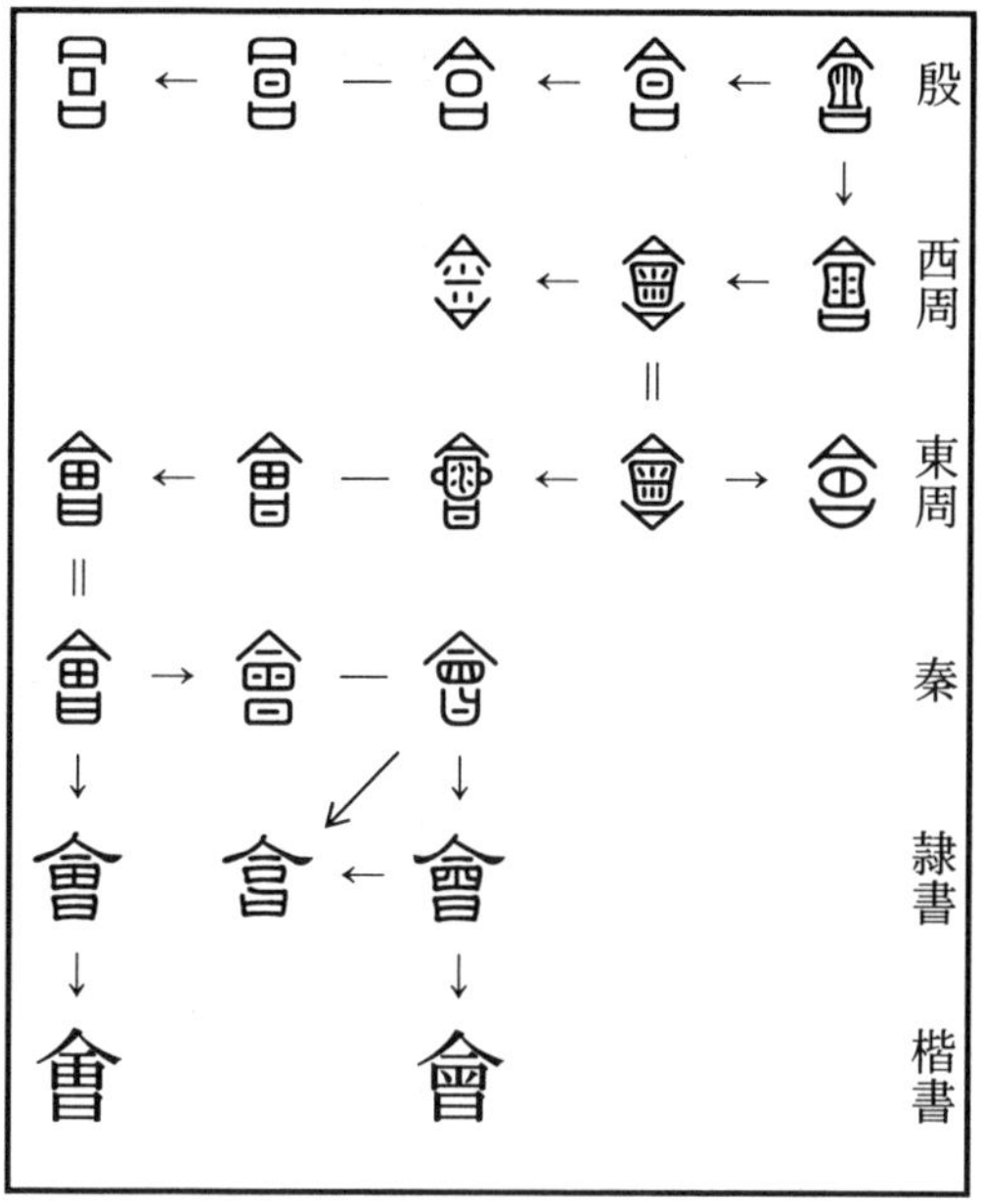

を意符、胃の象形を声符とするが、胃（　）に使われている形とは異なっており、そもそも「胃」の初出は東周代である。

字形は東周代に器の形の囗が日に変えられ、また甑の形も変化した。楷書では、「會」が正字で「會」が異体とされるが、字形史から言えば「會」の方が東周代に先に出現した形であり、「會」の系統は篆書の形（　）が最古である。なお新字体は甑などを簡略化した俗字である。

そのほか、許慎は古文として「㣛」を挙げ、会〔會〕の異体とするが、これは甲骨文字では「㣛」の形であり「迨（　）」の異体として使われたものである（亡失字で西周代まで使われた）。

088【合】 楷六画　口部　成会意

古見紐緝部・匣紐緝部・群紐緝部[kəp+ɣəp, ɦəp, kub+gub]→中見紐合韻・匣紐合韻[kɒp+ɣɒp, ɦɒp, kʌp+ɦʌp]→漢コウ(カフ)呉ゴウ(ゴフ)慣カッ・ガッ

許慎は上部の「亼」を「三合」とし、また加藤・阿辻は「亼」を「葺」や「集」の原字とする。しかし、古く

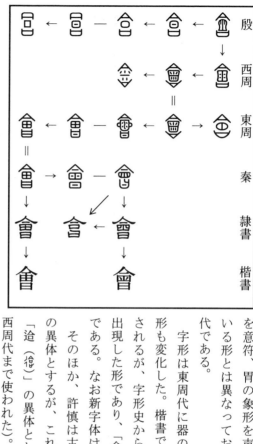

は「亼」の形であり、蓋や屋根の象形である（「食（〓）」や「高（〓）」などにも含まれる）。また文字としては「今」の初文にあたり、字音にも関連がない。

多くの研究者が述べるように、殷代の字形（〓）は器物の象形である𠙵（〓）に蓋である亼（〓）を合わせた様である。

なお、藤堂は下部を穴の形とするが、殷代には穴の象形である凵（〓）を用いた異体は少数であり、また後代には継承されていないので、派生した形であって初文ではないとするのが妥当である。

東周代にも異体があり、𠙵を二つ用いて器物に物を入れたうえで蓋をした様子を表した形（〓）などがあるが、後代には残っていない。

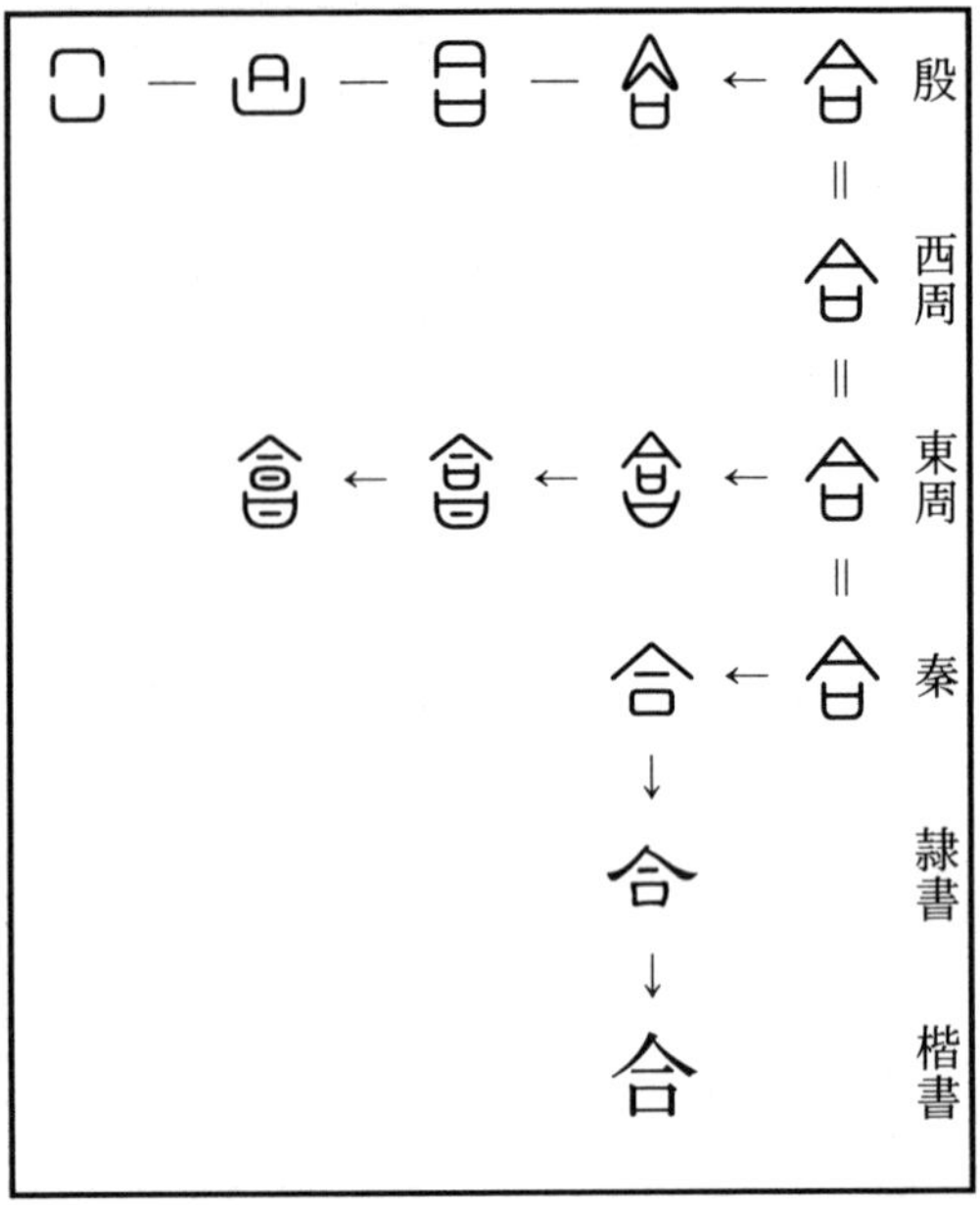

089【同】楷六画　口部　成会意

古定紐東部[dɔŋ, duŋ, doŋ]→中定紐東韻[duŋ, duŋ, duŋ]→漢トウ呉ズ（ヅ）慣ドウ

同（〓）は、凡［凡］（〓）と器物の形の𠙵（〓）から成る。凡については字源が諸説あるが、類似形が盤の

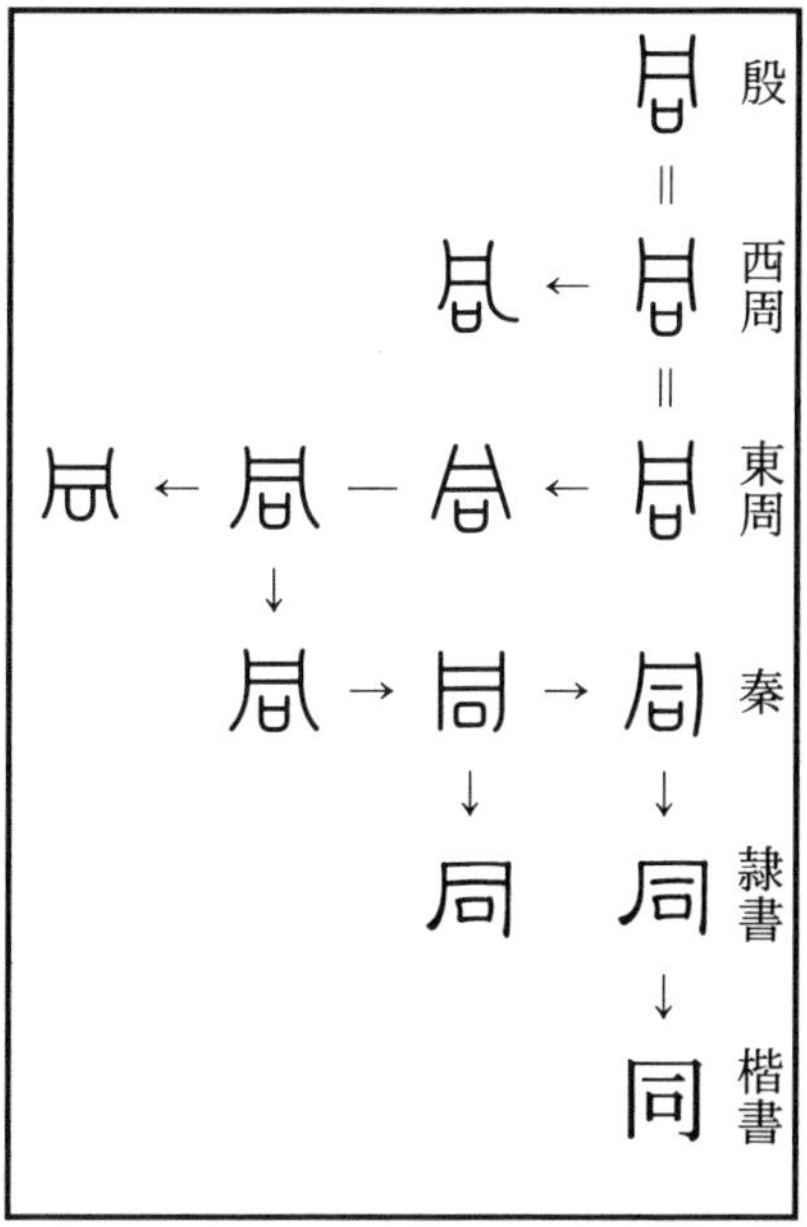

初文（〓）や打楽器の象形の南（〓）、矢を入れる器具である箙の初文（〓）などに使われており、特定の器物ではなく、中空の器物の一般像であろう。したがって、「同（〓）」は中空の容器にものを入れる形と考えられる。ただし、初出の殷代には祭祀名として使われており、「おなじ」の字義の由来は明らかではない。

字源について、許慎・加藤・赤塚・阿辻・李学勤は「〓」を「くち」として解釈するが、「同（〓）」は、二人が両手で容器を持つ形の興（〓）にも使われており、「〓」が「くち」ではなく器物の形であることは明らかである。また、藤堂は「〓」を「穴」とし、「穴をあけて突き通す」と解釈するが、凡は穴を空ける器具ではない。鎌田は同じ直径の二つの筒とするが、「〓」は上下で明らかに形状が異なっている。谷衍奎は「興」の略体とし、「興（〓）」を二人で井戸の上に井桁を乗せる形とするが、上部は井（〓）ではなく凡（〓）である。ただし、殷代～西周代には井・凡は入れ替わることがあるので、確実な否定はできない。

白川のみ、祭祀と器物から字源を解釈し、殷代の甲骨文字にも「同」に祭祀名としての用法がある。ただし、白川は酒礼の一種とするが、甲骨文字には詳細な記述がなく、どのような祭祀であったかは不明である。

字形は秦代に「凡」を変形した「〓」が作られ、さらに隷書で変形して楷書の「同」になった。

090 【名】 楷六画　口部　成会意

古明紐耕部[mieŋ,mieŋ,meŋ]→中明紐清韻[miɛŋ,miɛŋ,mieŋ]→漢メイ呉ミョウ(ミャウ)

091 【銘】 楷十四画　金部　成形声

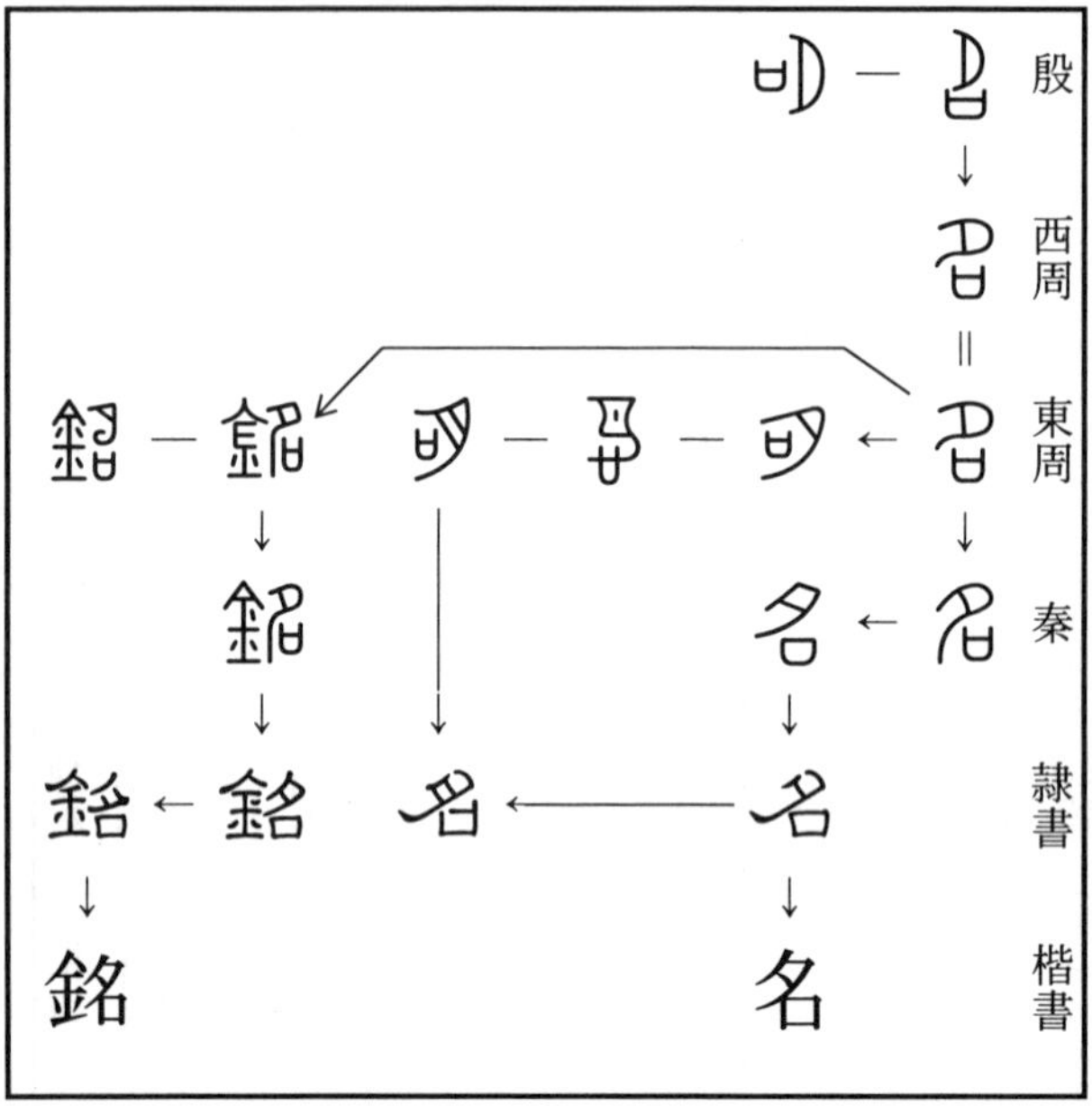

古明紐耕部[mieŋ,meŋ,meŋ]→中明紐青韻[mieŋ,meŋ,meŋ]→漢メイ呉ミョウ(ミャウ)

名（ ）は、上部が月の象形の夕（ ）、下部が口の形（𠙵）である。夜間を意味する夕と口から成ることから、許慎は闇の中で自ら名のることとし、藤堂・赤塚・阿辻・谷衍奎・李学勤はこれに従う。また加藤は夕を大声を意味する「唶《せき》」の意として声符と見なし、鎌田は「夜明けにおんどりがときをつくること」とする。

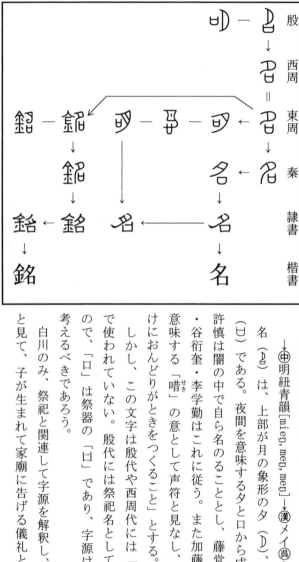

　しかし、この文字は殷代や西周代には「名前」の意味で使われていない。殷代には祭祀名として使われているので、「口」は祭器の「𠙵」であり、字源は夜間の祭祀と考えるべきであろう。

　白川のみ、祭祀と関連して字源を解釈し、上部を「肉」と見て、子が生まれて家廟に告げる儀礼とするが、上部は肉（ ）の形ではない。
西周代になると、借りて「銘文」の意味で使われ、また「名付ける」の意味へと派生し、最終的に東周代に「名前」の意味として用いられるようになった。「銘文」の意味では、東周代に意符として金（ ）を付した「銘」（ など）が作られた。仮借の用法に意符を加えたものなので、亦声ではない形声文字となる。また「名」の異体として、月（ ）を使った字形が東周代（ ）や隷書（ ）に見られるが、楷書には残っていない。

092【者】［者］ 楷八画（九劃） 老部 成会意

古端紐魚部・章紐魚部[tɕia, tiag, tia]→中章紐馬韻[tɕia, tʃia, tɕia]→漢シャ呉シャ

「者」の字源について、許慎は篆書（ ）を元に上部を「古文の旅字」とする。東周代にそれに近い字形（ など）はあるものの、より古い字形とは異なっている。

藤堂・赤塚・鎌田・阿辻・谷衍奎は、西周代の字形（ など）を元に、上部を薪を焚く様子し、同様に加藤・白川も薪に関係する文字と見なすが、これも変化した形である。そのほか、谷衍奎も焼くことを表す燎（ ）と同源の文字とするが、やはり誤りである。

最も古い殷代の字形（ ）は、枝が伸びた木の象形（ ）に器物の形の𠙵（ ）を加えた形であり、何らかの儀礼の様子と考えるのが妥当である。李学勤のみ上部が木の形であることを述べている。

ただし、殷代の段階から仮借して助字としてのみ用いられており、字形構造の具体的な意義は不明である。李学勤は「楮《ちょ》（こうぞ）」の初文とするが、木製品や繊維製品は遺物として残りにくいので、殷代から利用されて

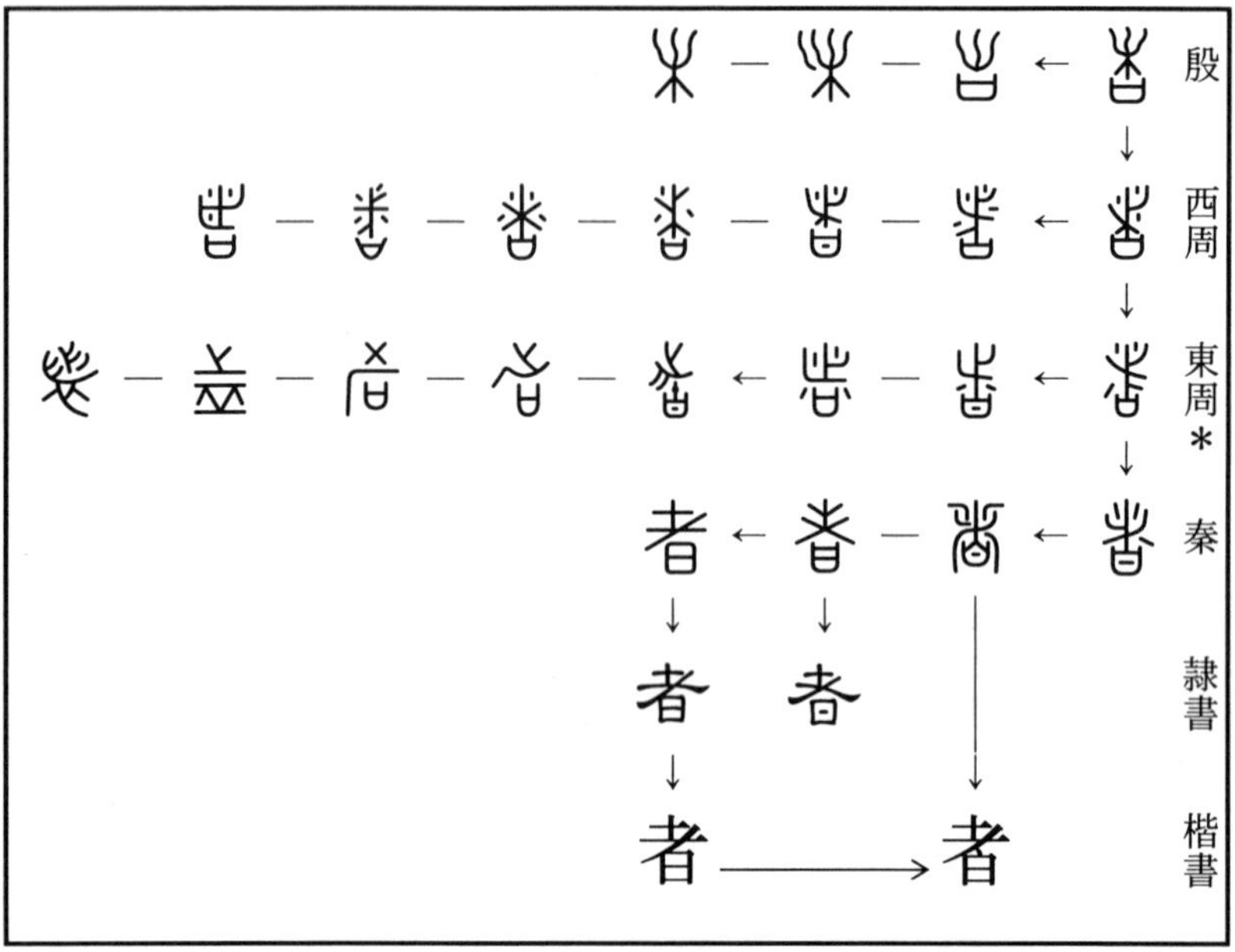

いたかどうかは不明である。

　殷代の異体には略体が多く、「木」だけにしたものもある。その後、西周代には上部が薪を焚くような形になり、東周代にも多くの異体が作られた。秦代の篆書（者）では下部が「白（曰）」のような形になっている。さらに秦代には、上部を「耂」、下部を「日」に変えた形（者）があり、これが楷書（新字体）の「者」になった。また楷書には篆書を模倣した「者」もあり、これが正字とされるが、むしろ新字体の方が隷書でも使われた伝統のある形である。

---

093 **【品】** 〔楷〕九画　口部　〔成〕会意

〔古〕滂紐侵部[phiəm, phiəm, phrɯm]→〔中〕滂紐寝韻[phiem, phiəm, phyiim]→〔漢〕ヒン（ヒム）〔呉〕ホン（ホム）

　許慎・加藤・谷衍奎・李学勤は、「口」を「くち」として字源を解釈する。しかし、初出の殷代には祭祀名として使われているので、白川が述べるように、「口」は器物の曰で多くの器物を並べた儀礼の様子と考えるのが妥当である。藤堂・鎌田も近い解釈で、多様な品を表すとする。また、赤塚は区別して整理された多くの物とし、阿辻はこれに従うが、それに該当する文字は区［區］（區）である

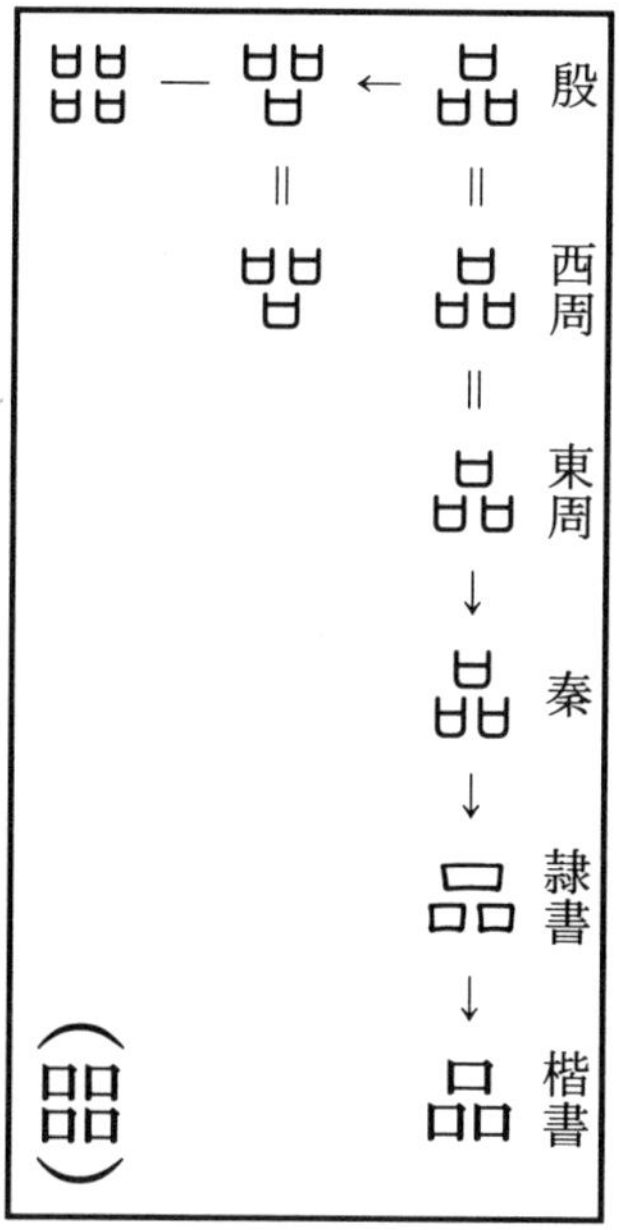

なお、殷代の異体には器物を四つ並べた「㗊」があるが、楷書の「㗊《しつ》」とは別字である（㗊では「口」が「くち」の意味で使われている）。そのほか殷代には類似系に「㗊」があるが、これも別字で人名である。

▽曰部

094【智】 (楷)十二画　曰部　(成)形声

(古)端紐支部[tie, tieg, te]→(中)知紐寘韻[tie, tie, tie]→(漢)チ(呉)チ

095【知】 (楷)八画　口部　(成)会意

(古)端紐支部[tie, tieg, te]→(中)知紐支韻[tie, tie, tie]→(漢)チ(呉)チ

殷代の「嗣」は、「〓」などの形であり、大（〓）と子（〓）は「嫡長子」を表すといわれる。殷代の嗣の異体のひとつに「子」を「干（〓）」に変えた「〓」があり、西周代の「智」の字形（〓）は、その上部を声符に用いている。上古音では、嗣は邪紐之部（[zia]などと復元）と推定され、智・知と発音が近い。下部は意符の

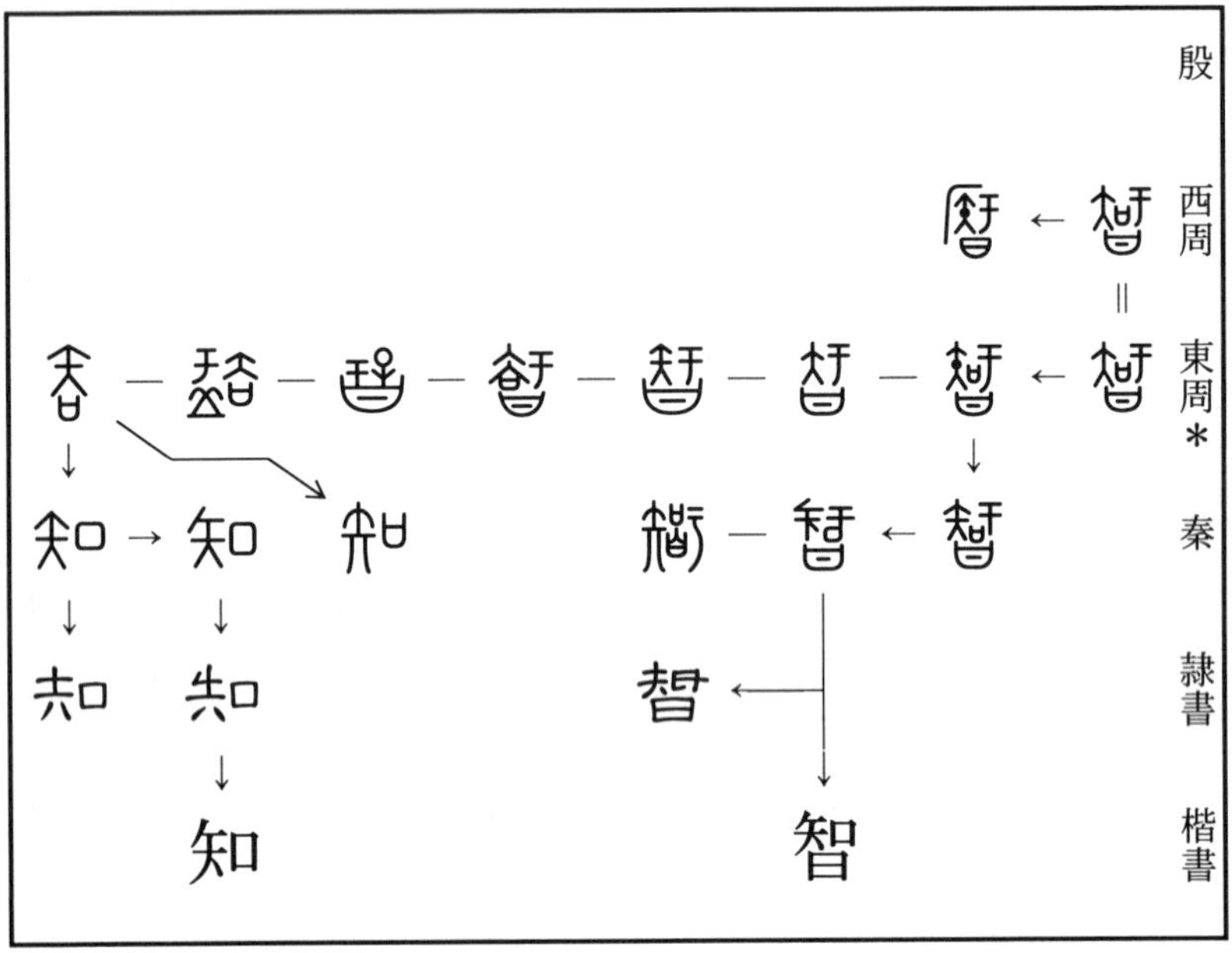

「甘」であり、西周代以降には甘は「曰」の代替字として使われることがあった（後に日に同化）。したがって、智の字源は甘（曰）を意符とし、嗣の省声の形声文字と考えられる。なお、従来の研究は、いずれも矢を用いた字形から字源を解釈するが、出現の時代順に合わない。

「智」について、西周〜東周代には、「大」の部分を「矢」に誤ったもの（〓など）が多く、上部が「〓」の形になったもの（〓）が後代に継承された。ちなみに、矢は殷代の字形（〓）は大とは異なるが、西周代の形（〓）は近似したため、大と入れ替わることがある。さらに「于」が省かれたものが楷書の「智」である。

「知」は、東周代の矢・口のみを残した略体（〓）が起源であり、秦代に配列が変化した。構造としては、意符の甘（曰）がないので、会意である嗣の略体を仮借した形になっている。字義について、智・知は同源字であるが、楷書では智は「さとい」、知は「しる」の意味で使われることが多い。

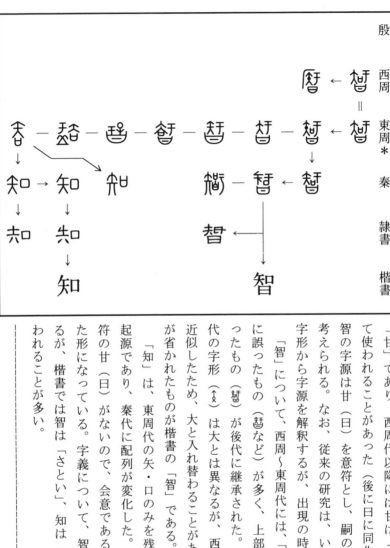

096 【言】 楷七画　言部　成形声

古疑紐元部[ŋian, ŋian, ŋan]→中疑紐元韻[ŋian, ŋian, ŋian]→漢ゲン・ギン呉ゴン・ギン

097 【音】 楷九画　音部　成指事

古影紐侵部[iəm, ʔiəm, qrɯm]→中影紐侵韻[iem, ʔiəm, ʔyiim]→漢イン（イム）呉オン（オム）

「言」については、殷代において異体が多く、辛《けん》（〓）、辛（〓）、丵《さく》（〓）を用いた形が見られ、それぞれ「〓」「〓」「〓」の形である。

このうち辛に従う形を字源とするのは藤堂・白川・鎌田であり、辛の意味について、藤堂は「はっきりとかどめをつけて発音する」ことを表すとする。白川は辛が針、口が器で自己詛盟の様子とし、鎌田もこの説を採る。しかし、殷代の資料には辛に従う字形が最も用例が多いので、これを字源と考えるのが妥当であろう。辛は上古音で言と同部と推定される（『漢字古音手冊』は渓紐元部[khian]とする）ので、許慎が「口に従い辛声」とするのが正しく、加藤・赤塚がこの説を採っている。

そのほか、阿辻は「口の中から舌がのび出ている」形とするが、それに該当するのは「舌（〓）」である。また、李学勤は「舌」の上部に横線を加えた指事文字するが、横線が字形に組み込まれているので、独立した指事記号とは考えられない。また、谷衍奎は口で管楽器を吹く形とするが、辛や辛に楽器としての用法はない。ちなみに管楽器の象形としては「龠」が見られ、初出の殷代には亼がない「〓」の形である。

周代には「〓」と「〓」の形が継承されたが、最終的には「〓」の系統が選択され、また上部に一線を加えた

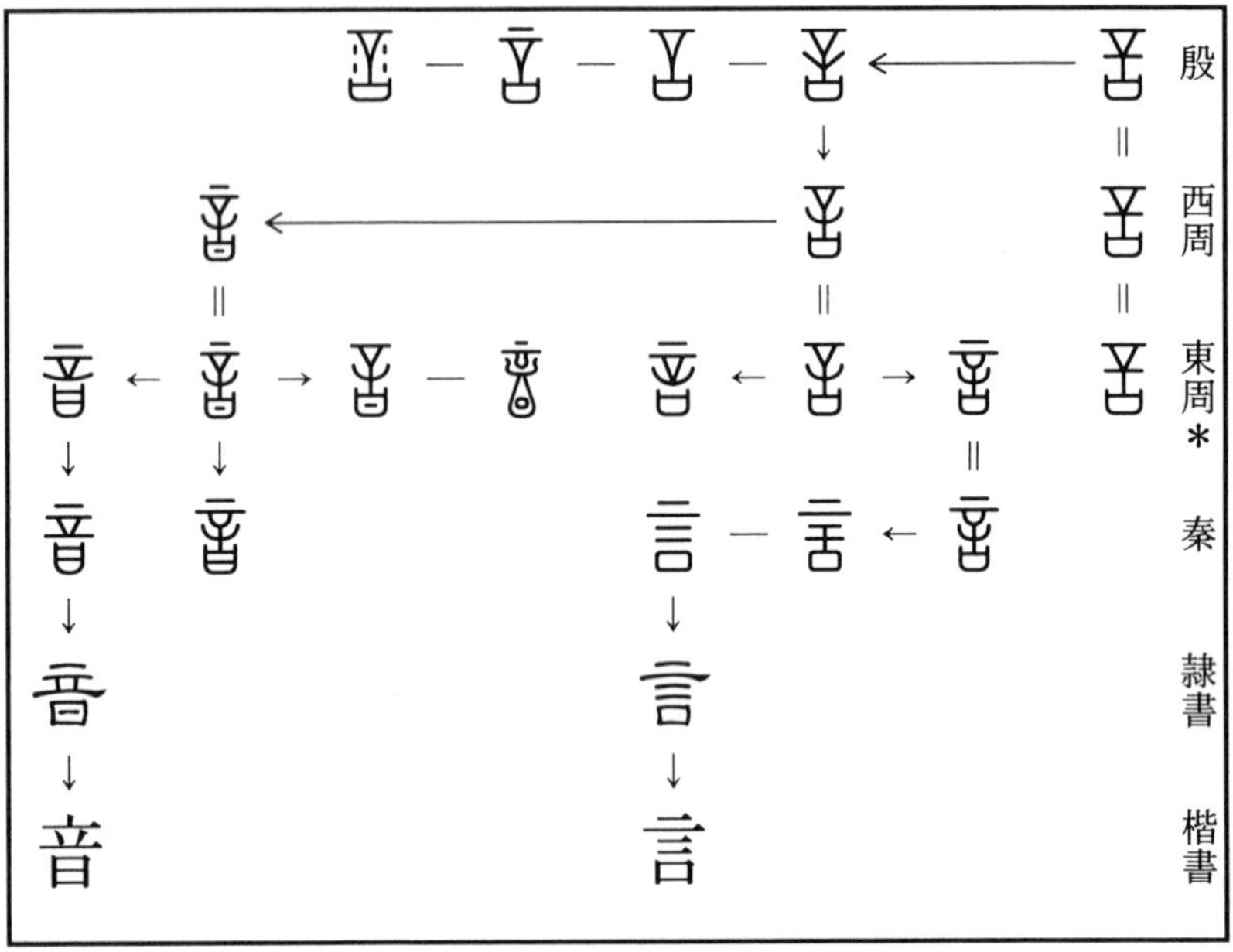

「〓」が篆書とされている。さらに秦代には簡略化した「言」の形が出現し、これが楷書の「言」の元になっている。

「音」も、「言」と同源の文字であり、西周代に「言（〓）」に指事記号の単線を加えた形（〓）として派生した。ただし、加えられた記号については、「音」の字義を表す指事記号とする説と、差異化のための記号とする説があるが、いずれが正しいかは明らかでない。

そのほか、阿辻は「音」の字源を「言と曰から成る」とするが、前述のように「〓」の下部は「言」の一部が変わったものである。また、加藤は字源については誤っていないが、「音」の発音が「ゲン」から「イン」になったと解釈しており、これは両者の字音が上古音の段階から大きく異なっているので無理がある。「言」の字形を「音」に用いたのは、近い字義への転用と考えるのが妥当である。

なお、楷書では「言」と「音」は大きく字形が違うが、「音」については東周代の異体（〓）が後代に継承されたものの、「言」については東周代（言）の異体が継承されず、新たに秦代の簡牘文字で出現した略体（言）が残ったためである。

098【計】 楷九画　言部　成会意

古見紐脂部・見紐質部[kiei, ker, kid]→中見紐霽韻[kiei, kei, kei]→漢ケイ呉ケイ

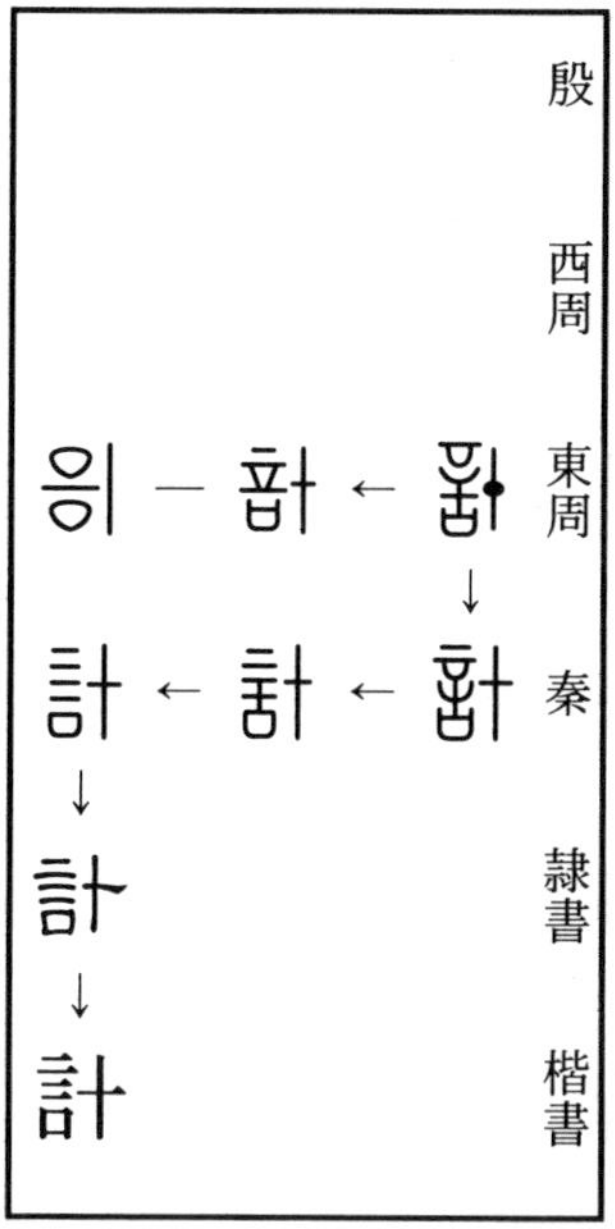

言（言）と数字の十（十）から成る会意文字である。「はかる」や「かぞえる」の意味として使われており、多くの研究者が「数字を口にすること」あるいは「口で数えること」を原義と考えている。

藤堂は「十」を算木とし、「計」の中では「多くを一本に集める」の意味として使われていると見なす。「十」は、例えば多数の協力を表す「協」では「多数」を意味して用いられており、矛盾はないが、しかし「かぞえる」が原義であることを否定するような資料もない。白川は、もと「卜」に従う形だが「訃」の形を避けて「計」になったとするが、隷書で「訃」に近い形（訃）が出現しただけであり、字源とは異なる。

099【記】 楷十画　言部　成形声

㊍見紐之部[kiə, kiəg, kɯ]→㊥見紐志韻[kiə, kiei, ki]→㊠キ㊡キ

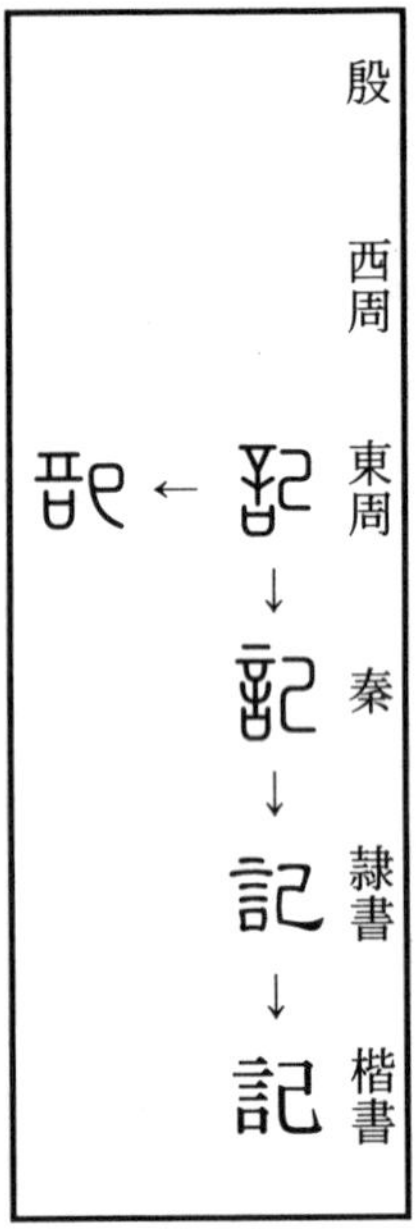

「記」は、言を意符、己を声符とする形声文字である。東周代には声符を字形・字音ともに近い「巳」に変えた異体（）もあるが、後代には残っていない。なお、「己」を意味も表す亦声の部分とする説もあり、赤塚は「はじめ」の意味があって「すじだてて表す」が原義とし、藤堂は起に通じて「手がかりを引きおこすことば」とし、谷衍奎は識別を表すとするが、いずれも根拠に乏しい。また白川・鎌田は己を糸巻きの象形とし、「心に整えて覚える」のように解釈するが、己は会意文字で糸や紐の象形として使われることはあるが、糸巻きの象形ではない。

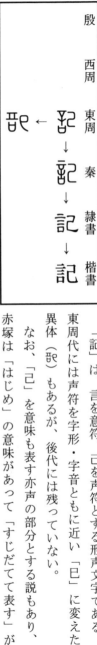

---

100 **【詩】** 楷十三画　言部　成形声

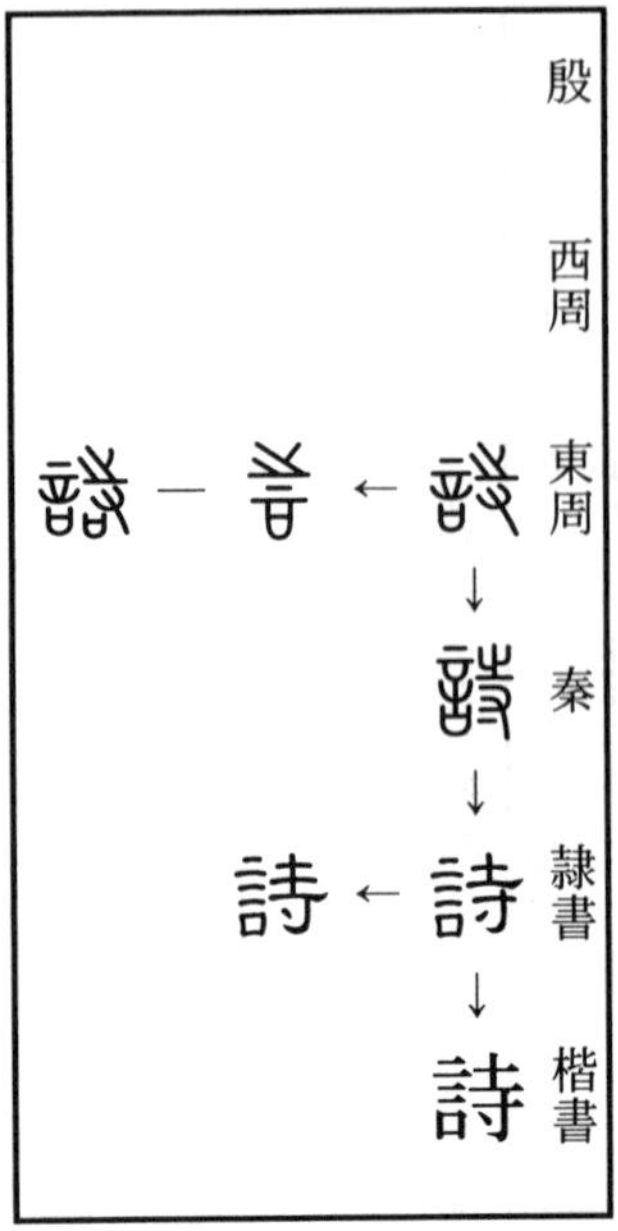

㊍書紐之部・透紐之部・以紐之部[ɕiə, thiəg, hlɯ]→㊥書紐之韻[ɕiə, ʃiei, ɕi]→㊠シ㊡シ

「詩」は、言を意符、寺を声符とする形声文字であり、「感情を言葉にしたもの」を表している。

藤堂は「寺」が「持」の初文であることから亦声とし、「心の進むままをことばであらわしたもの」とし、鎌田

も「寺」が「之」に通じて「内面的なものが言語表現に向かっていったもの」とする。明白な矛盾があるわけではないが、根拠も全く示されていない。
東周代には、声符を止にした字形（）や、持の古い形（）を使った字形（）もあるが、後代には残っていない。

---

101 **【話】**〔䛡〕 楷十三画　言部　成形声

古匣紐月部・匣紐歌部・群紐月部[ɣoat, ɦuad, grod]→中匣紐夬韻・匣紐禡韻[ɣuæi, ɦuai+ɦua, ɦɣuai]→漢カイ(クヮイ)呉エ(ヱ)慣ワ

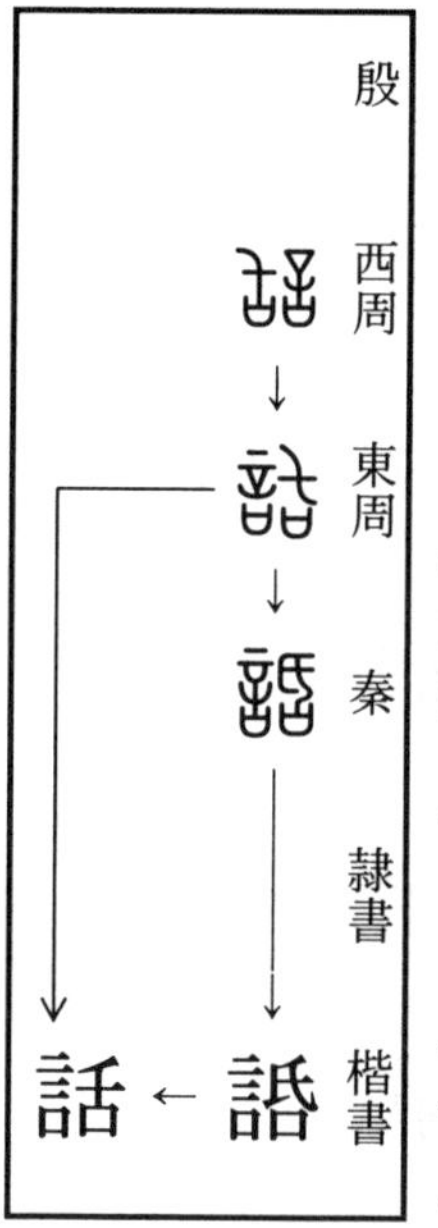

諸家が述べるように、言を意符、𠯑《かつ》を声符とする形声文字である。西周～東周代には、𠯑は舌の形で表されていた（など）。
楷書では、𠯑が「舌」の形に変えられたが、これは加藤が述べるように舌の略体と見るべきであろう（舌の形は「活（）」などで秦代にも見える）。
漢音は「カイ」であり、一般に「ワ」は慣用音と見なされるが、藤堂は近古音の[hua]に由来する唐音とする。
そのほか、許慎は籀文として言・會に従う形を挙げるが現状の出土資料には未確認である。また藤堂・白川は、𠯑を刀の形を用いた文字として字源を解釈するが、実際には「乇」であり、「刀」の意味はない。

102【歌】{謌} 楷十四画　欠部　成形声（亦声）

古見紐歌部[kai, kar, kal]→中見紐歌韻[ka, ka, kɑ]→漢カ呉カ

東周代の「訶」は言を意符、可を声符とする形声文字である。異体に意符として「音」を用いたもの（〓・〓）や声符として「哥」を用いたもの（謌）があり、後者が後代に継承された。

「哥」については、歌うことの意味もある亦声の部分とされる。ただし単独では篆書以前の用例がないため正否は明らかではなく、謌の略体が哥という可能性もある。

さらに、篆書には意符に口を開けた人の象形の「欠」を用いた形（歌）があり、これを継承した「歌」が現在では主に用いられている（謌も楷書に残っている）。

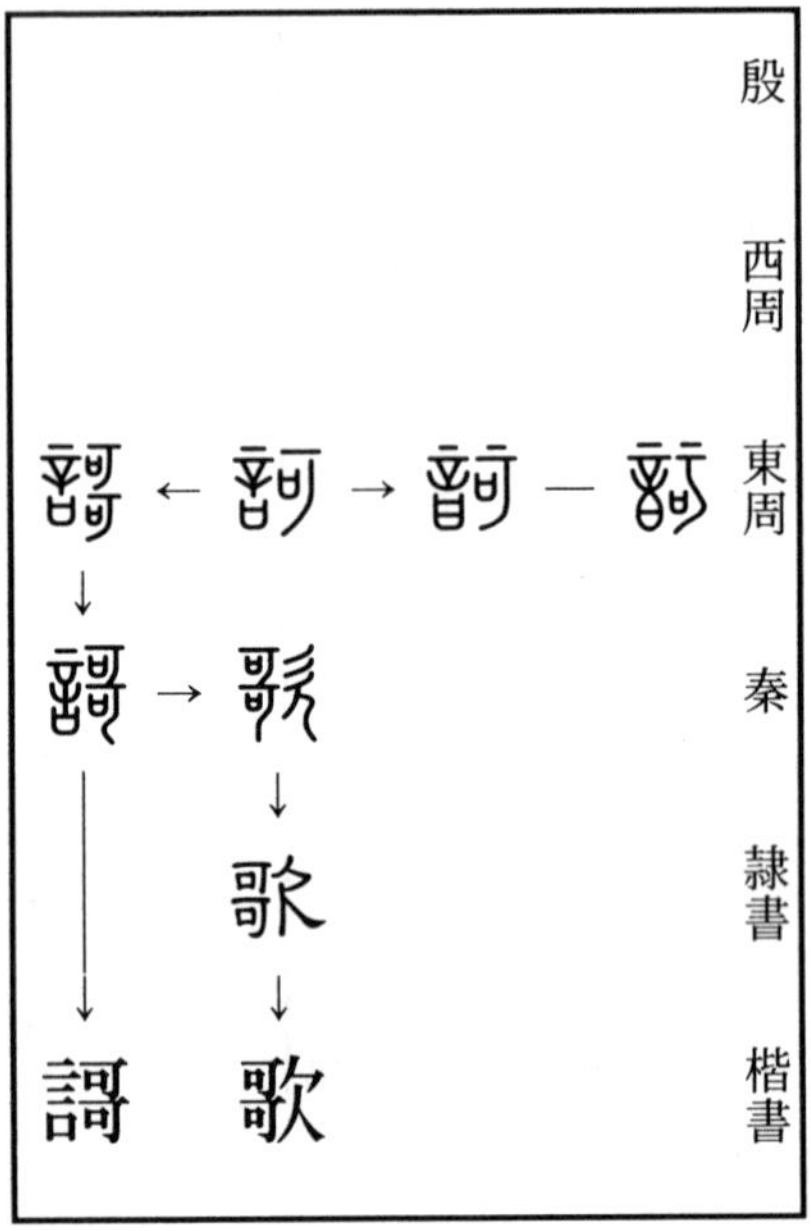

103【語】 楷十四画　言部　成形声

古疑紐魚部[ŋia, ŋiag, ŋa]→中疑紐語(御)韻[ŋio, ŋio, ŋiʌ]→漢ギョ呉ゴ

「語」は、東周代に初出であり、言（〓）を意符、五（〓）を重ねたものや吾（〓）を声符とする。「かたる」

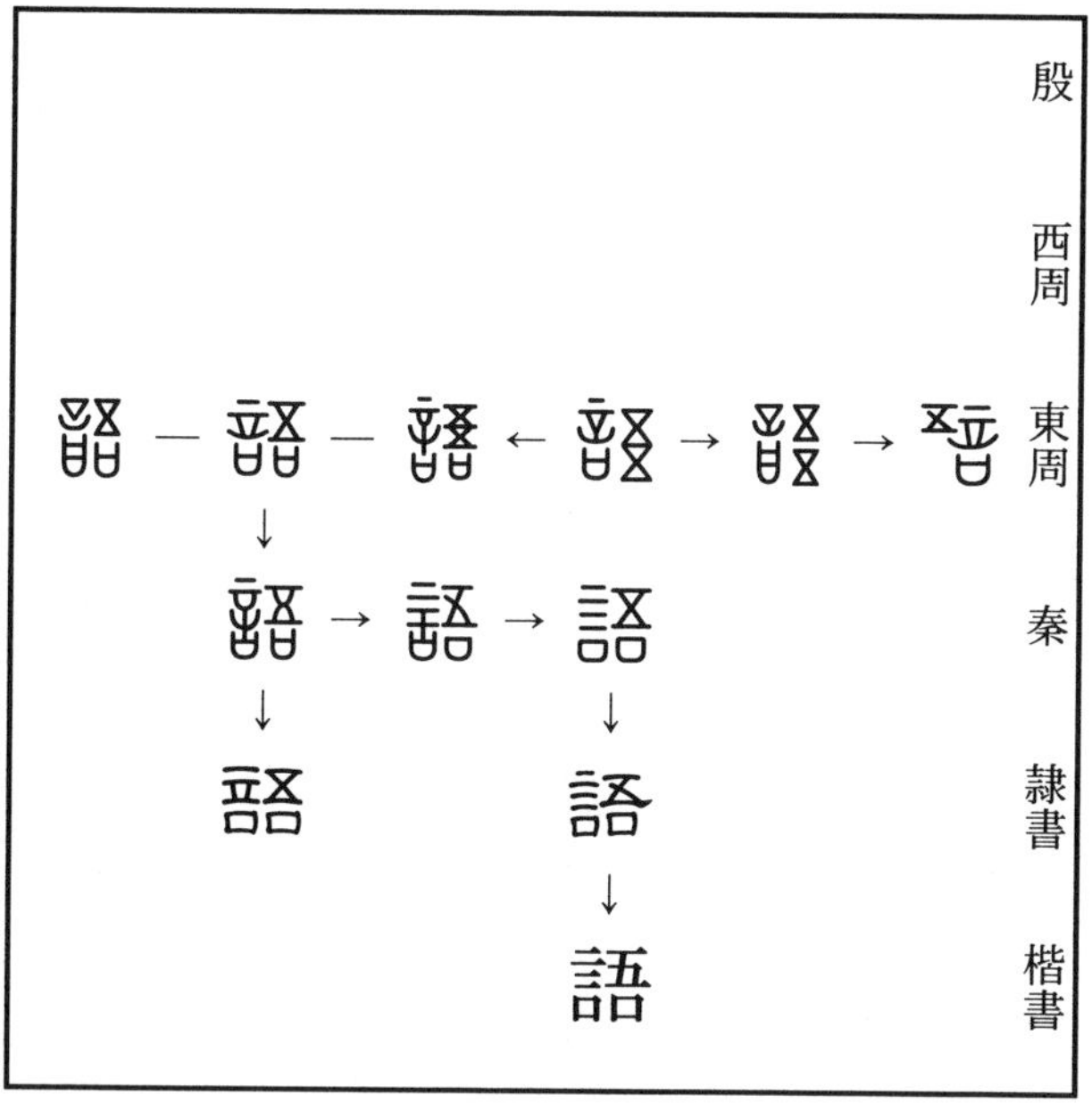

や「ことば」の意味であり、東周代に増加した思想家との関連が深い文字である。

赤塚・鎌田は「吾」を亦声の部分とし、「互」に通じて交互に発言することを意味するとする。語源に共通点があった可能性はあるが、「吾」自体には「たがい」の意味はなく、字形の構造として亦声とは言えない。同様に、藤堂は「吾」が「語」の初文であるとするが、殷～西周代には吾に「かたる」の用例はなく、借りて一人称として使われているので、これも認めがたい。白川は「敵」に通じて「防禦的な言語」とし、「言」が「攻撃的な言語」とするが、そのような明確な使い分けは見られない。

字形は「吾」に従うものが秦代に継承され、隷書以降も使用された。

---

104 **【読】**［讀］｛讀｝ [楷]十四画（二十二劃） 言部 [成]形声

(古)定紐屋部・定紐侯部・以紐屋部［dɔk, duk+dug, lʼog］→(中)定紐屋韻・定紐侯部［duk, duk+dəu, duk］→(漢)トク・トウ(呉)ドク・ズ（ヅ）

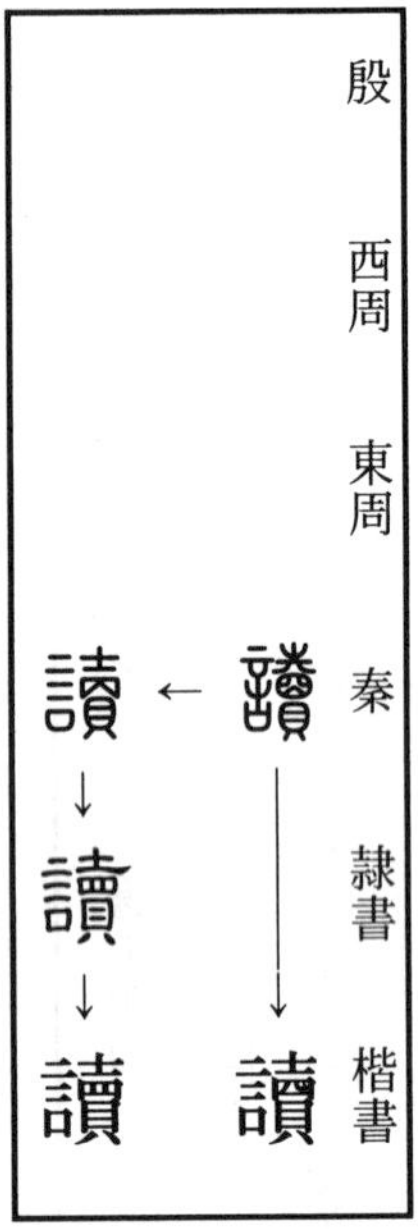

「読［讀］」は、言を意符、𧶠《いく》を声符とする形声文字であり、書物を読むことが原義である。

秦代以降には、声符の𧶠を簡略化して「賣（売）」に変えた形（讀など）がある。𧶠と賣は字形・字義が近いため入れ替わりやすいが、字音が異なる文字であるから声符として機能しておらず、「讀」は略体の俗字にあたる。

なお、藤堂は「しばし息を止めて区切って読むこと」が原義とし、入声（漢音はトク）にもその意味があるとするが、諸家が述べるように、その意味は後起の陰声（漢音はトウ）のみである。

---

105 【談】 楷十五画　言部　成形声

古定紐談部・以紐談部[dam, dam, l'am]→中定紐談韻[dam, dam, dam]→漢タン(タム)呉ダン(ダム)

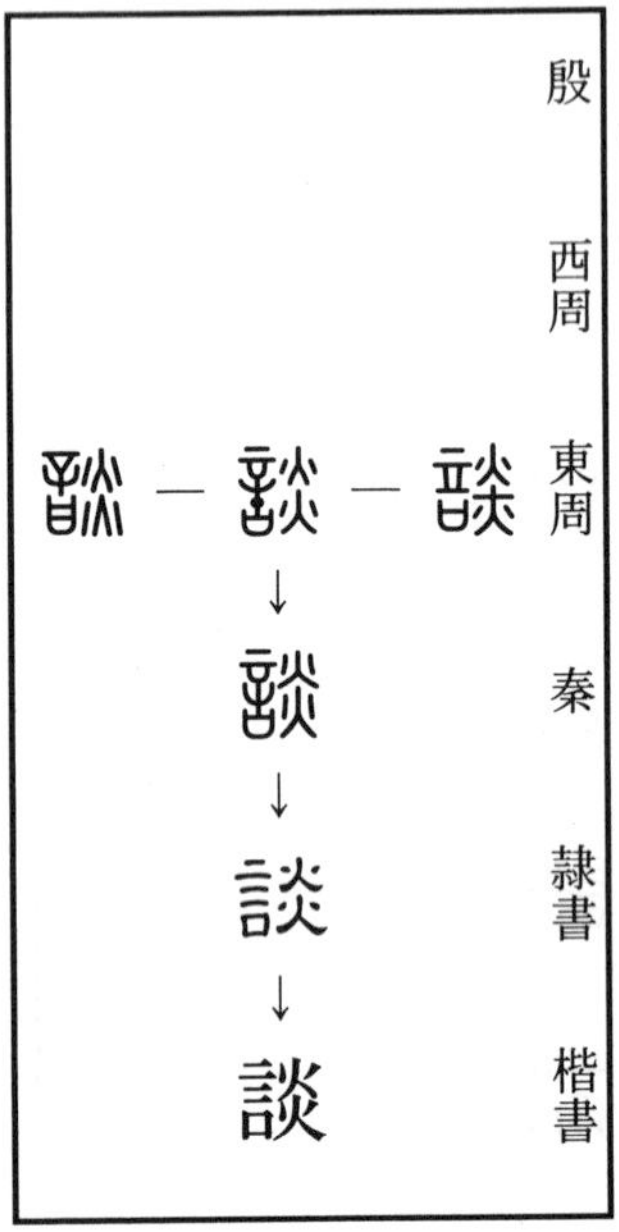

「談」は、言を意符、炎を声符とする形声文字である。

加藤・赤塚・阿辻は「倓《たん》」や「淡」に通じて「静かに語る」の意があるとするが、明確な使い分けは見られない。逆に、藤堂は声符が「焱《えん》」で盛んに燃えることから盛んに話す意味になったとし、鎌田も同様であるが、出土文字資料でも声符には「炎」のみを用いている。

106 【調】[調] 楷十五画　言部　成形声

古定紐幽部・端紐幽部[diu, dog, tɯw+dɯw]→中定紐蕭(嘯)韻・知紐尤韻[diəu, deu, deu+ʈiu]→
→漢チョウ(テウ)・チュウ(チウ)呉ジョウ(デウ)・チュ

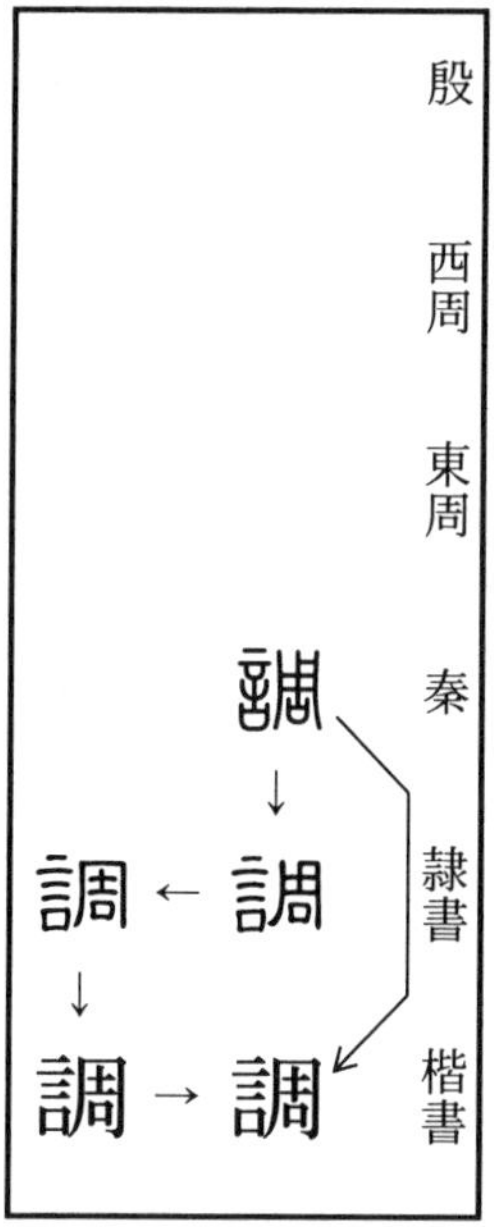

「調[調]」は、言を意符、周[周]を声符とする形声文字である。許慎は「龢なり」としており、「調和」が原義である。

声符の「周」を亦声とする説もあり、藤堂は「まんべんなく行き渡らせる」の意味があるとし、赤塚や鎌田も同様である。この説に明白な矛盾はないが、積極的に肯定できるような根拠もない。

▽歯部

107 【歯】[齒] 楷十二画（十五劃）　歯部　成形声

古透紐之部・昌紐之部[tʰiə, tʰiəg, tʰiɯ]→中昌紐止韻[tɕiə, tʃʰiei, tɕʰi]→漢シ呉シ

殷代の「𠚕」などは、口（𠙵）の中に歯が生えている形を表している。初文は楷書のうち「𠚕」の部分であり、東周代に声符として「止」を加えた形（𣥠など）が作られた。

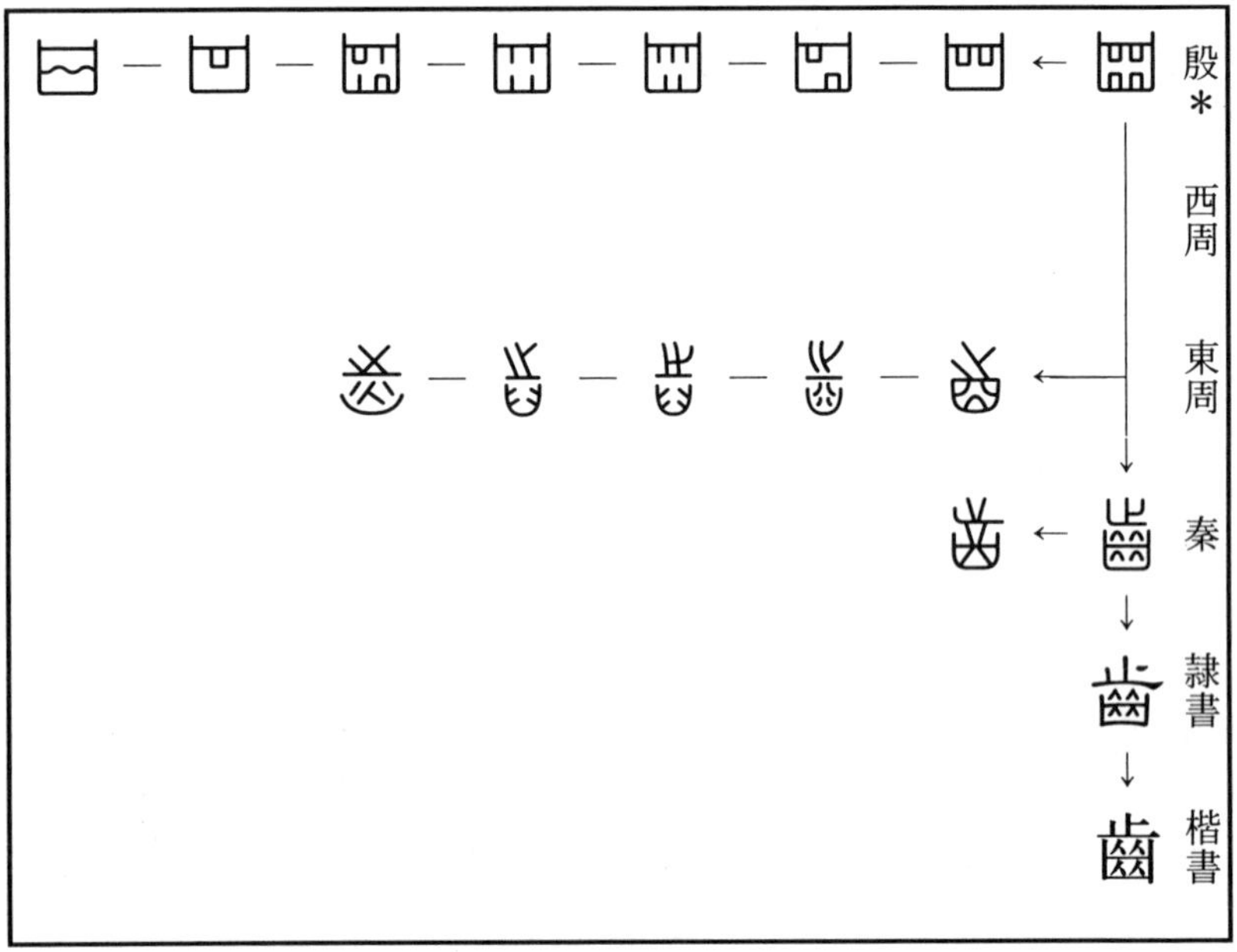

なお、『説文解字』が「古文」として挙げた字形は、厳密には「臼」であるが、東周代には歯の形として「臼」を用いた字形（〓など）が見られる（ほかに「鼠」でもネズミの歯の形として用いられている）。ただし臼に従う字形は後代に残っておらず、篆書は殷代に近い形を使った「〓」となり、楷書の「齒」となった。隷書については現存の資料では部首としてのみ見える。

なお、藤堂は声符の止に噛み止める前歯の意味があるとし、鎌田も同様の説であるが、「歯」字に前歯を限定する用法は見られない。また初文は人の口中に歯が生えている形であるから、捕食動物のような歯による捕獲を原義とするのは矛盾する。

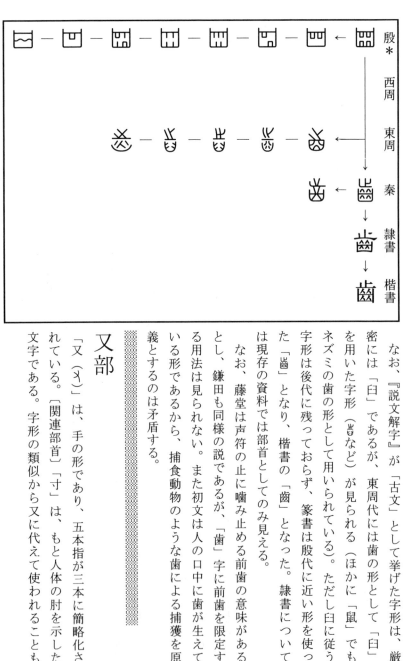

又部

「又（〓）」は、手の形であり、五本指が三本に簡略化されている。〔関連部首〕「寸」は、もと人体の肘を示した文字である。字形の類似から又に代えて使われることも多い。「攴」は、棒や道具などを持った手の形である。何らかの動作を表す文字に使われることが多い。「父」も、道具を持った手の形である。「手」は五本指を簡略化していない手の形である。比較的新しく作られた部首であり、形声文字に多く使われている。

《又》②九・又(右・祐・佑)③屮(左・佐)④尹(君)・反(返)・友⑥吏(史・使・事)⑨度《寸》⑥寺(持)⑦対《攴》⑧放⑪教⑬数⑯整《父》④父《手》④手⑤打⑦投⑨指・拾

---

108 **【九】** 楷二画　乙部　成象形

古見紐幽部[kiu, kiog, kʷu]→中見紐有韻[kiau, kiau, kiu]→漢キュウ(キウ)呉ク

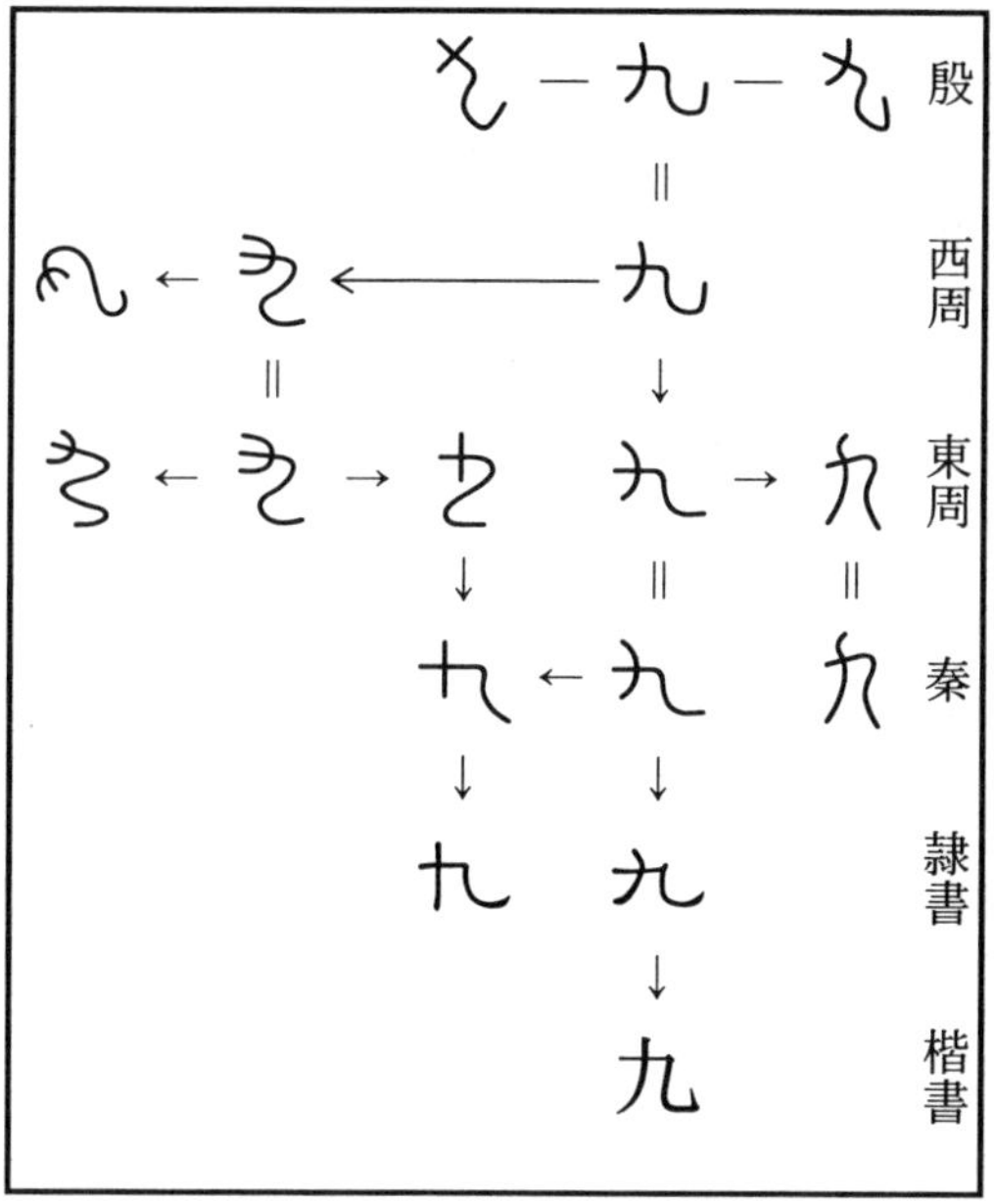

物体が屈曲した形であるが、許慎は何が曲がったものかは述べていない。白川は「雌の竜」の形とし、谷衍奎は「尻」の本字で動物の尻尾とするが、「九」の形にそれらの用法は存在しない。

殷代の文字のうち、九（）に近い形として手（右手）の形である又（）があるので、字源としては、加藤や藤堂などが腕を曲げた形とするのが正しい。

また、李学勤は肘の本字とするが、それに該当するの

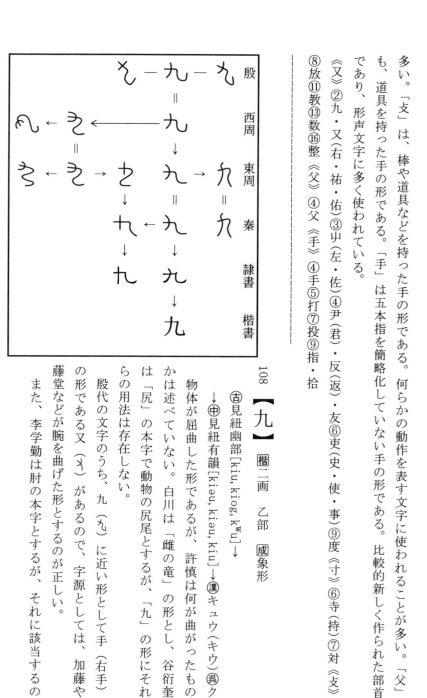

は「寸（）」である。ただし、肘と九は上古音で同部であり、語源としては近かった可能性がある。そのほか、九の語源としては窮や究との関連も指摘されている。

殷代の異体のうち、「九」が後代に継承された。西周～東周代には「」や「」などの異体が作られたが、これらは楷書に残っておらず、古くからの「九」の系統が楷書に継承された。

---

109 【又】 楷二画　又部　成象形

古匣紐之部[ɣiuə, ɦiuəg, ɢʷɯ]→中雲紐宥韻[ɣiəu, ɦiəu, ɦiu]→漢ユウ（イウ）呉ウ

110 【右】 楷五画　口部　成会意（亦声）

古匣紐之部[ɣiuə, ɦiuəg, ɢʷɯ]→中雲紐宥（有）韻[ɣiəu, ɦiəu, ɦiu]→漢ユウ（イウ）呉ウ

111 【祐】［祐］ 楷九画（十劃）　示部　成形声（亦声）

古匣紐之部[ɣiuə, ɦiuəg, –]→中雲紐宥韻[ɣiəu, ɦiəu, –]→漢ユウ（イウ）呉ウ

112 【佑】 楷七画　人部　成形声（亦声）

古匣紐之部[ɣiuə, ɦiuəg, ɢʷɯ]→中雲紐宥韻[ɣiəu, ɦiəu, ɦiu]→漢ユウ（イウ）呉ウ

殷代の「」は自分の右手を見た形（指先が左に向いている）であり、原義は「みぎ」、初文が「又」である。

藤堂は「又」を「物をかばう形」あるいは「手でわくを構えたさま」とするが誤りである。

そのほか、殷代には発音を借りて、並列（「又」の義）、神の祐助（「祐」「佑」の義）、存在（「有」の義）、祭

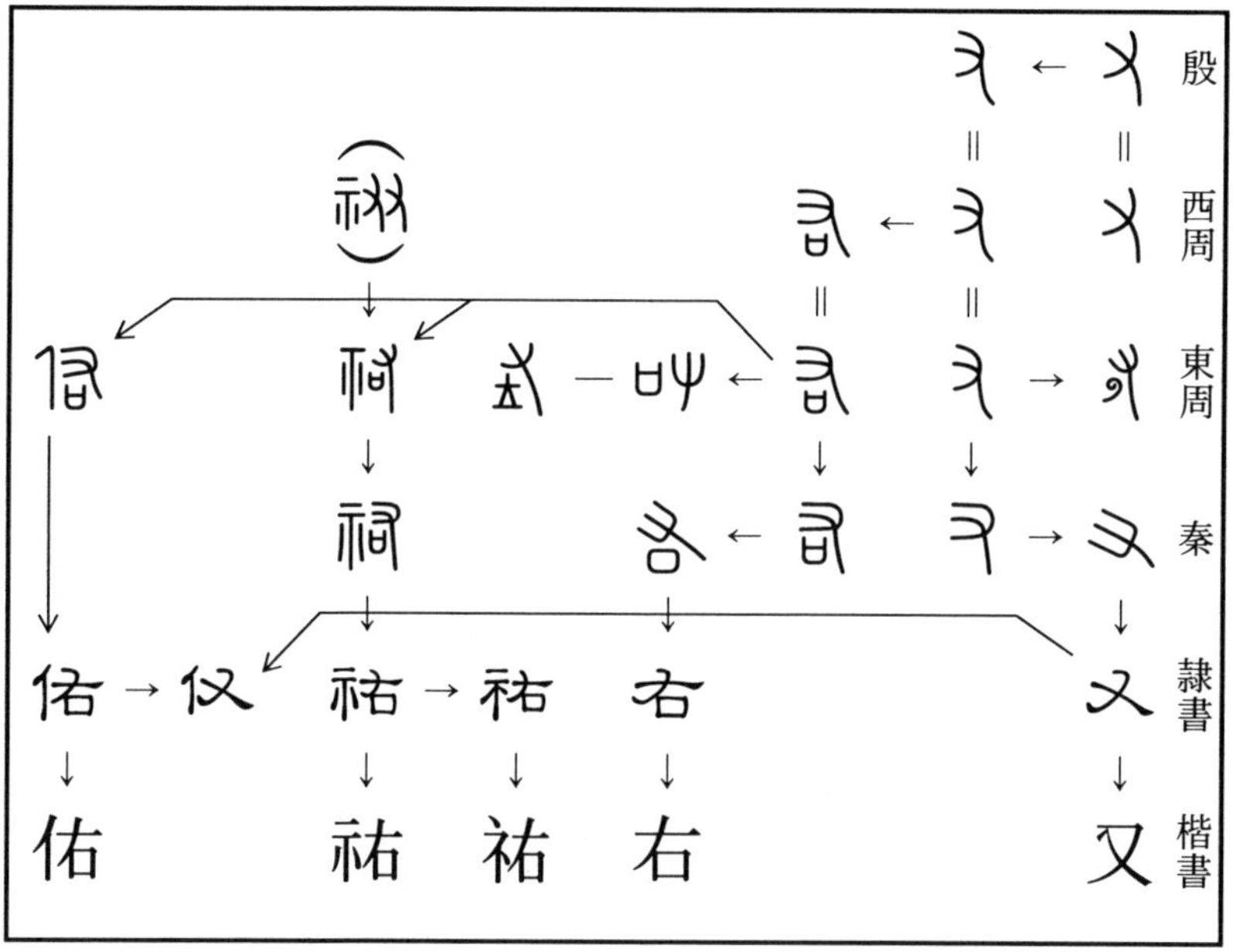

祀の汎称（「侑」の意義）の意味でも用いられていた（本書は有・侑は別項とした）。

西周代以降には、意味ごとに字形が分化し、仮借の用法である並列の意味が初文の形である「又」に残っている。

「右」のうち「口」の部分について、加藤は「口で勧助する」とし、藤堂は「口をかばう」とし、鎌田は「祈りの言葉」とするが、口と同形で器物の象形である「曰」を加えた会意文字と見るのが妥当である（初文にあたる「ナ」が発音も表す亦声の部分）。「曰」について、白川静は「祝禱の器」、李学勤は「装飾符号」とし、いずれも矛盾はないが、左右の別を表示したのであるから、右手に持つ器物と見るのが妥当であろう。

そのほか東周代の「右」の異体字に「〓」があり、「王（鉞の刃の形）」または「士（もとは家屋の象形だが後に王に近い形になった）」を手に持っている様子を表している。なお、「又」など本来は「右手の形」を視覚的に表した形であるが、殷～東周代には左右反転形が使用されることもあった。

　また「祐［祐］」の意味としては、西周代において、祭祀や神霊を象徴する「示」を意符、友（𠬪）を声符とする「𥘅」の形が作られたが、東周代には「右」に従う字形（祐）になった。許慎は「祐」について純粋な形声文字と見るが、「右」は発音だけではなく手で助けることも意味するので、亦声にあたる。なお、西周代には「右」や「又」の字形によって「たすける」を意味する用法も見られる。

　そのほか、後に「たすける」の意味として、「祐」のほか、「人（亻）」を増し加えた「佑」が繁文として作られた（隷書には人・又から成る字形（𠬝）も見える）。ただし、東周代の「佑」は印章に見えるのみであり、別字かもしれない（この場合、佑の初出は隷書となる）。

　これらのほか、殷～西周代には、祐［祐］に近い「𥘅」の形があり、祐の初文とする説もある。しかし、これは「たすける」の意味ではなく祭祀の呼称であり、儀礼の様子を表した別字（亡失字）である。

113【屮】楷三画　屮部　成指事
古中略→漢サ呉サ

114【左】楷五画　工部　成会意（亦声）
古精紐歌部[tsai, tsar, ʔsal]→中精紐哿(箇)韻[tsɑ, tsɑ, tsɑ]→漢サ呉サ

115【佐】楷七画　人部　成形声（亦声）

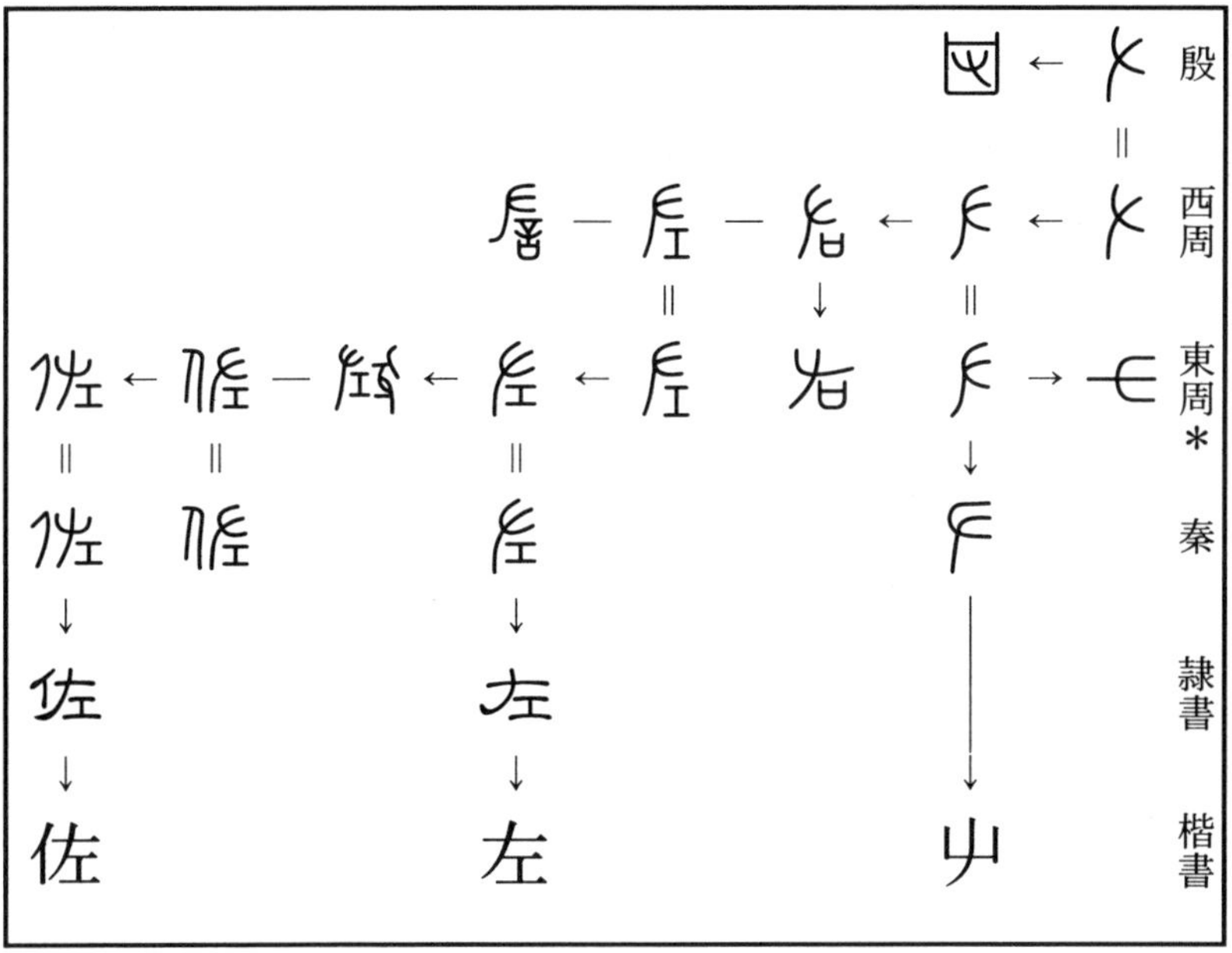

（古）精紐歌部[tsai, tsar, ʔsai]→

→（中）精紐箇韻[tsɑ, tsɑ, tsɑ]→（漢）サ（呉）サ

初文（𠂇）は手の形（又）の指先を右に向けており、「左手」を表している。初文は楷書では「𠂇」にあたる。なお、字形が近いため「屮《てつ》」の部首とされるが、屮は草の象形であり別字である。

西周代以降には「たすける」の意味でも用いられたが、甲骨文字ではその用法はなく、むしろ「たすける」を意味する右（又）とは反対に、神が人を助けない意味で用いられており、異体字の「図」はこの意味に特化した字形である。

西周代には初文の𠂇に「工」が加えられたが、工は鑿の象形であり、鑿を持った左手を表した会意文字（𠂇が亦声）である。なお「工」の部分について、加藤は斧の象形とし、李学勤は曲がる物差しとし、谷衍奎は杵の象形とするが、いずれも誤りである。また白川は巫祝の呪具とするが「巫」は工を組み合わせた形（殷代には「𢀝」）であり、別字である。

そのほか、周代には右（[illegible]）と同じく𠙵（[illegible]）を追加した異体（[illegible]）もある。なお、本来は左右の向きで字義を表していたが、東周代には左右反転形を用いて「右」と同じ向きにすることもあった。そのほか「言」を追加した異体（[illegible]）も「たすける」の意味で使われており、あるいは「助言」の意味かもしれない。

さらに、「たすける」の意味としては東周代に意符として「人（亻）」を追加して「補助者」を表した「佐」が作られた（[illegible]など）。

楷書では、「左」は「右」とほぼ同様の「ナ」の形を用いているが、書き順には初文の形が反映されており、「右」では親指と小指を表す「丿」を先に書き、「左」では親指と小指を表す「一」を先に書くことが一般的である。

116【尹】楷四画　尸部　成象形

古余紐真部・群紐文部・匣紐真部[ʎiuen, giuen, gʷiin]→
→中以紐準韻[yiuen, yiuen, yiuin]→漢イン（ヰン）呉イン（ヰン）

117【君】楷七画　口部　成会意（亦声）

古見紐文部[kiuen, kiuen, kun]→中見紐文韻[kiuen, kiuen, kiun]→漢クン呉クン

「尹」は、殷代の基本的な形は「[illegible]」であり、棒状の物を持った手の形を表している。楷書では手の形が「彐」の部分になっている。

尹の字源と原義について、許慎は「事を握る者なり」とするのみで詳細は述べていない。加藤は手に持つ者を

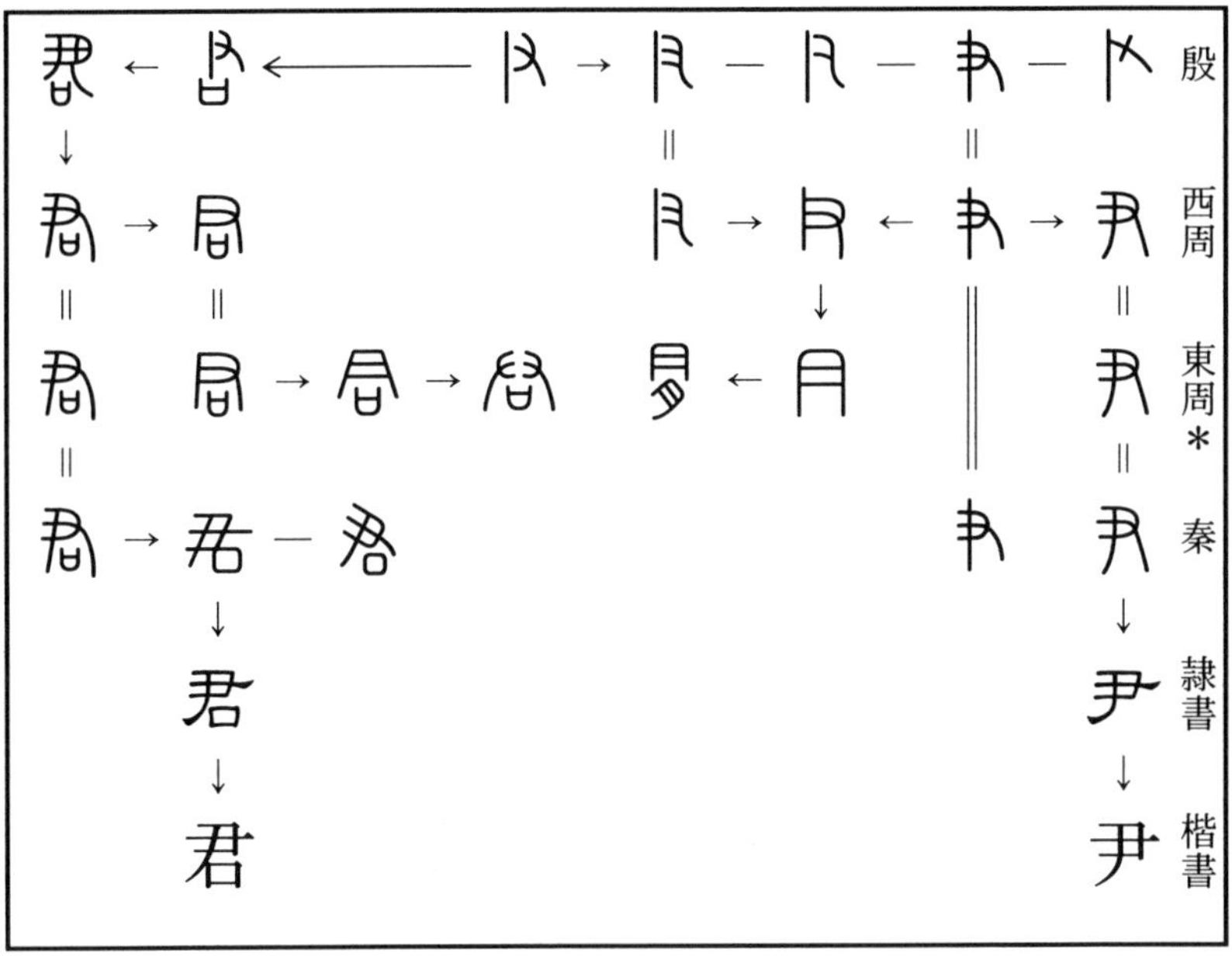

棒とし、尹を衆を率いる人とする。藤堂は縦線が「上下をつらぬく記号」で、尹を「世を調和させておさめる人」とする。白川は「神杖をもつ形」とし、尹を「聖職者」とする（鎌田・阿辻も同様）。赤塚は「ものさし」とし、尹を「工事を監督する人」とする。谷衍奎は針を執る形とし、「病気を治すこと」を原義とする。李学勤は筆を持つ形とし、尹を治める職官とする。

しかし、「尹」は後代には長官の意味となったが、殷代には王の臣下の汎称であった。したがって、「道具を持って奉仕する者」が字源であろう。棒状のものも具体的な器物というよりは、「道具」の一般形と見るべきである。

字形は東周代に肉（）を加えた異体（）が作られたが、後代には残っていない。

また、「君（）」は、尹（）に「𠙵」を加えた形である。君の字源について、許慎は「𠙵」を「くち」として「発号」を意味するとし、加藤・藤堂・赤塚・阿辻・谷衍奎・李学勤も同様である。また鎌田は「𠙵」を「のりと」の意味とする。白川のみ、「𠙵」を祭器とし、君も尹と同じく「聖職者」とする。

字義からいえば、君は後に領主や君主の意味で使われたが、殷代には尹と明確な区別はなく、臣下の汎称であった。したがって、尹の異体から派生した文字と考えるべきである。「𠙵」についても棒状のものと同じく、漠然とした「道具」の意味であろう。

字音についても、上古音では尹・君を近い発音とする説が有力であり、言葉としても同源であった可能性が高く、「尹」が発音も表す亦声にあたる。

字形は東周代に「尹」の部分を廾（）に誤った字形（）があり、許慎も古文として挙げているが、楷書には残っていない。

---

118 【反】 楷四画　又部　成会意

古幫紐元部・滂紐元部[piuan, piuan, pan+phan]→
→中非紐阮韻・敷紐元韻[piuɐn+phiuɐn, piuɐn, piɐn+phiɐn]→漢ハン呉ホン慣タン

119 【返】［返］ 楷七画（八劃）　辵部　成形声（亦声）

古幫紐元部[piuan, pan]→中非紐阮韻[piuɐn, piuɐn, piɐn]→漢ハン呉ホン慣ヘン

「反」は「厂」と「又」から成るが、その字源について、許慎は会意として原義を「覆也」とするものの、詳細な説明がない。

加藤・赤塚・阿辻は、又を意符、厂《かん》を声符とする形声文字とする。白川は崖を登る様子とし、聖域を侵す反逆

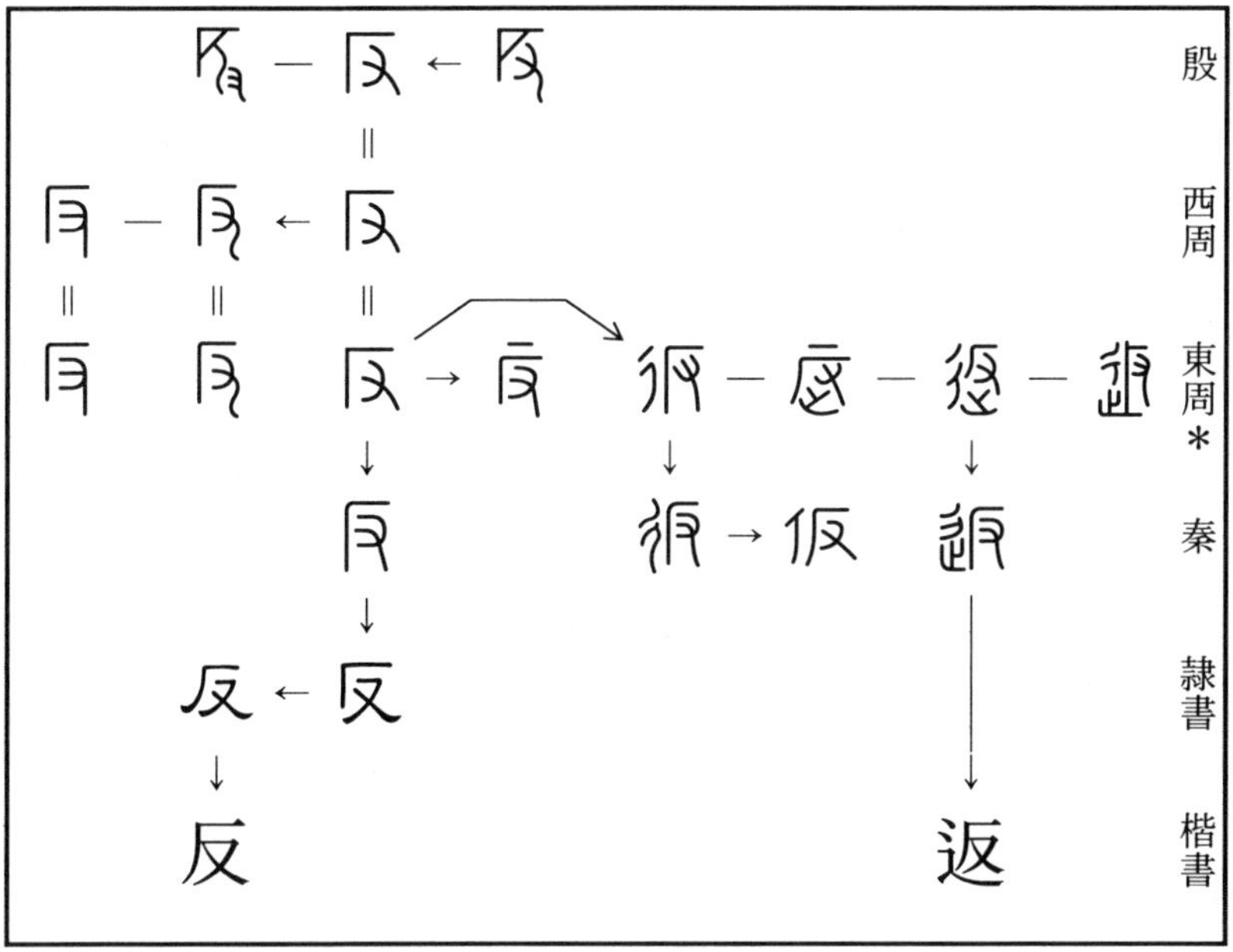

の意味とする。また鎌田は崖の形を用いて「のしかかる重圧を手でくつがえす」を表したとし、李学勤も崖をよじ登る様子とする。しかし、初出の殷代には、「厂」は「石」の異体（初文）であり、崖の意味も字音もなかった（詳しくは厂・石を参照）。そのほか、藤堂は「布または薄い板を手で押してそらせた姿」とするが、厂にはその用法もない。

谷衍奎だけは「厂」の原義を理解し、手で岩を転がす様子とし、この説のみ矛盾がない。ただし、殷代や西周代には「反」が「反乱」の意味で使われており、手に石製の武器を持って反乱を起こすことを表しているかもしれない。

そのほか、西周代には「引き返す」としても使われており、この意味では東周代に繁文の「返」が作られた。東周〜秦代には辵（辶）を加えた形（など）のほか、彳のみを加えた形（）なども見られるが、後者は楷書に残っていない。

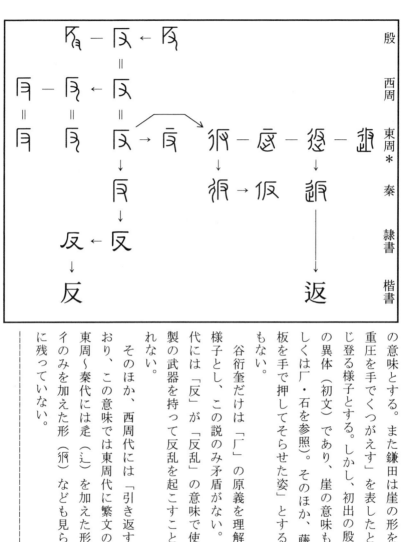

120【友】 楷四画　又部　成会意（亦声）

㊀匣紐之部[ɣiuə, ɦiuəɡ, $ɢ^{w}ɯ$]→
→㊥雲紐有韻[ɣiəu, ɦiəu, ɦiu]→㊇ユウ（イウ）㊉ウ

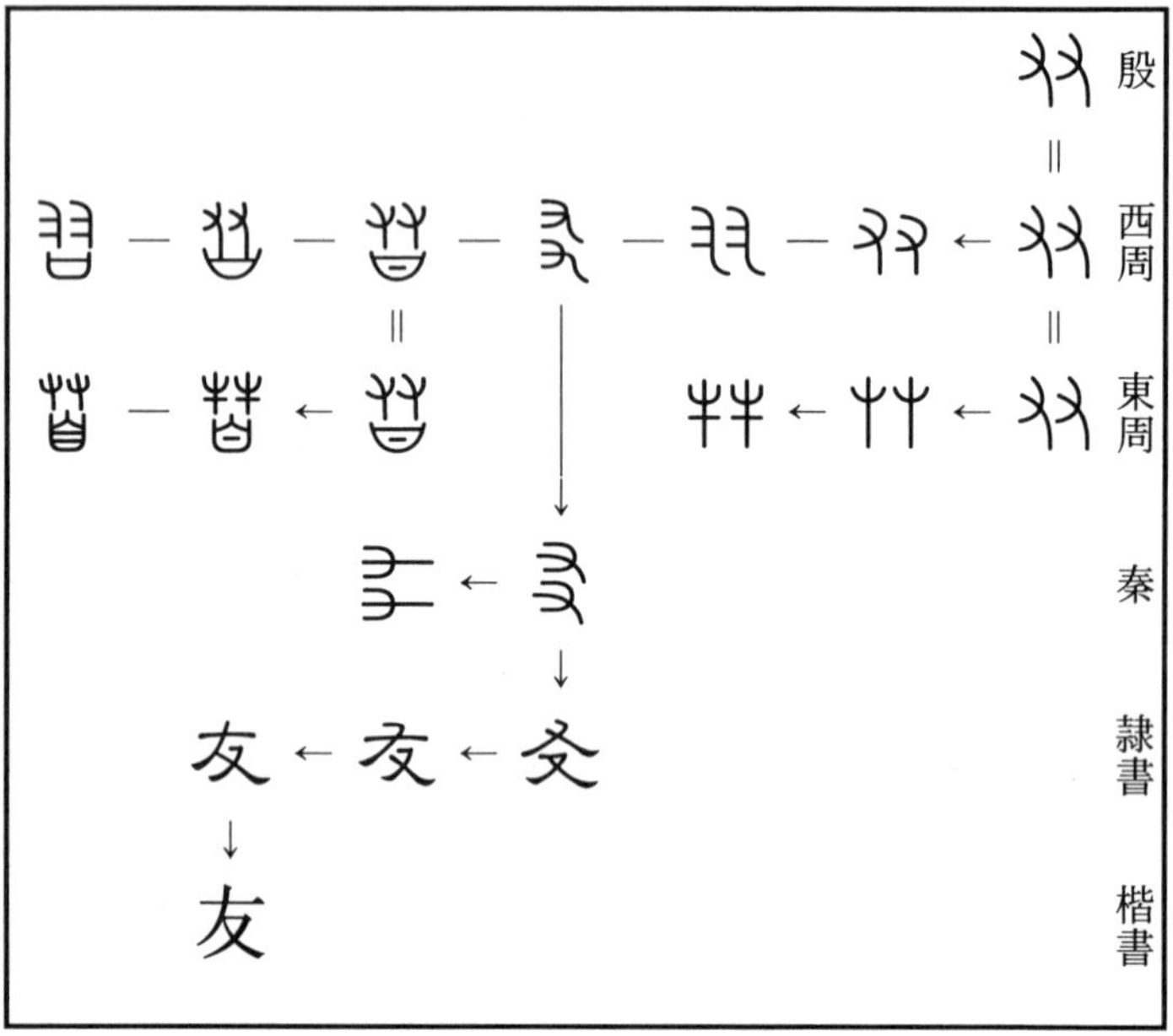

友（〓）は、手（〓）に手（〓）を重ねて助け合う形である。原義としては「同格の者」という程度の意味であり、後に引伸義で「とも」の意味になった。「又（〓）」は発音も表す亦声である。

西周～東周代には多くの異体があり、又を上下に並べた形（〓）、草の象形の屮（〓）のような形をもちいたもの（〓）、下部に曰（〓）を加えた形（〓）、下部に自（〓）を加えた形（〓）などがある。ちなみに許慎は「〓」や「〓」に近い形を「古文」として挙げている。

最終的に秦代には又を上下に並べた形（〓）が継承され、さらに隷書で上部の又が「ナ」に変えられ、楷書の「友」になった。

ちなみに、よく似た形に「双」があるが、これは「雙」の俗字であり、字源は別である。

121【吏】楷六画　口部　成会意

古来紐之部[lia, liag, rɯ]→中来紐志韻[lia, liei, li]→漢リ呉リ

122【史】楷五画　口部　成会意

古生紐之部・心紐之部[ʒia, sieg, srɯ]→中生紐止韻[ʃia, ʂiei, ʃi]→漢シ呉シ

123【使】楷八画　人部　成形声（亦声）

古生紐之部・心紐之部[ʃia+ʒia, sieg, srɯ]→中生紐止(志)韻[ʃia, ʂiei, ʃi]→漢シ呉シ

124【事】楷八画　亅部　成会意

古従紐之部・崇紐之部[dʒia, dziəg, zrɯ]→中崇紐志韻[dʒia, dʒiei, dʒi]→漢シ呉ジ

字形としては「吏（）」が基礎の形であり、取っ手を付けた器（）を手（）で持つ形である。原義は使者であり、器の中には命令の文書が入っていたのであろう。異体には器の形を簡略化した「」があり、これは字形としては「史」にあたる。そのほか、殷代の異体には器を両手で持つ形（）などがある。

西周代には「記録官」や「つかえる」の意味としても使われており、字義としては、前者が「史」、後者が「事」にあたる。ただし、この段階までは、字形としては明確な使い分けはされていない。

さらに東周代には「吏（官吏）」としての用法が出現したため、原義については彳《てき》を加えた繁文（）が作られ、さらに篆書で彳を人（亻）に変えた形（）となった。

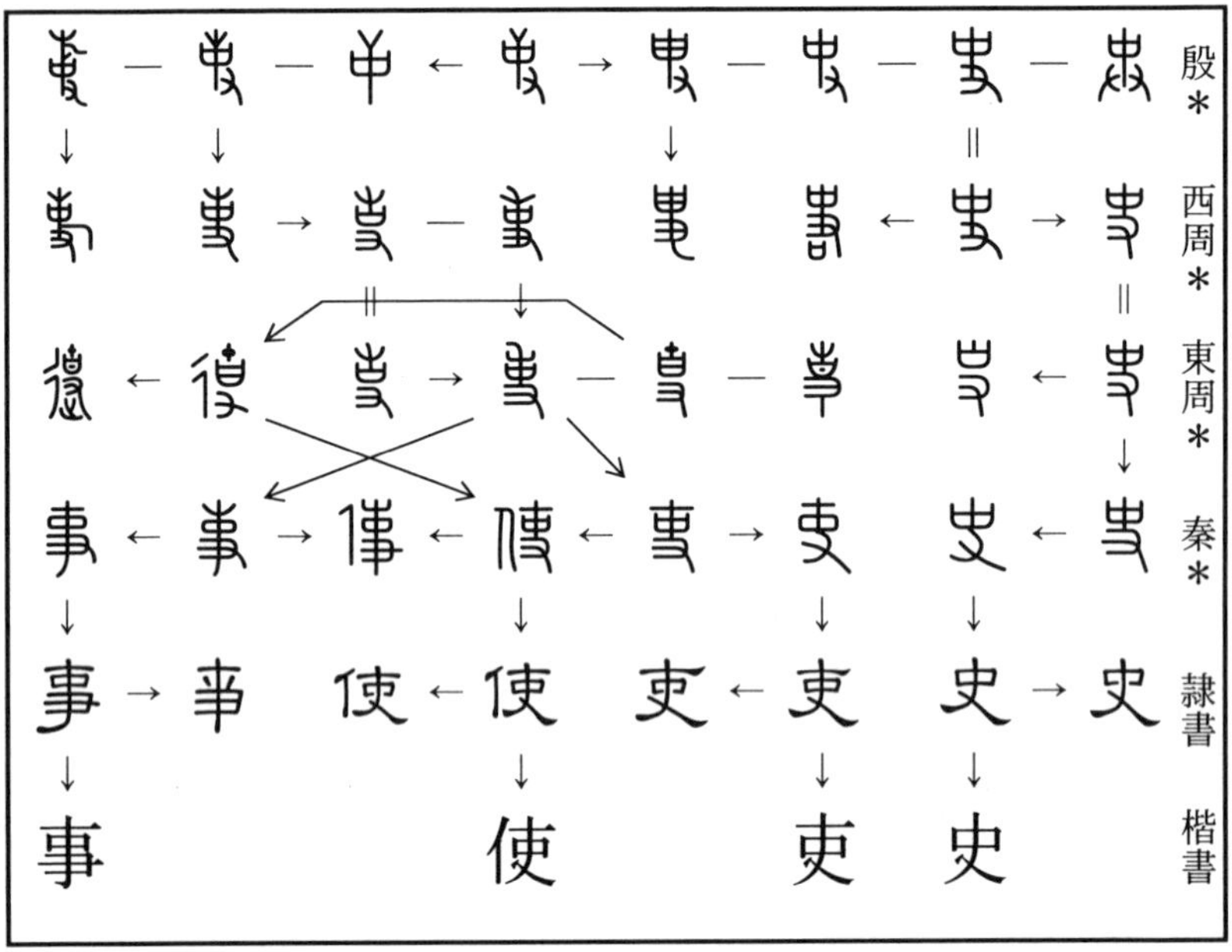

そのほか、「事」が字形として明確に分化したのも秦代であり、器の取っ手の部分が長く伸びて「𠦬」となった（手の形は「彐」の部分にあたる）。

字形史としては大きく「史」系と「吏」系に分かれ、「吏」系から「事」「使」が出現したという経緯である。

このように、四種に分化した文字であるが、字音としては近い状態が維持されており、「吏」の声母がやや離れただけである。

---

125 **【度】** 楷九画　广部　成形声

古定紐鐸部・定紐魚部[dak+da, dak+dag, dag]→

→中定紐鐸部・定紐暮韻[dak+du, dak+do, dak+duo]→

→漢タク・ト呉ダク・ド

初出の東周代の形（𢻲）は攴を意符、庶を声符とする形声文字であり、道具を使って物の長さをはかることを表している。秦代に意符を又に変えた形（度）が作られ、手で直接に長さをはかる意味の構造になっている。

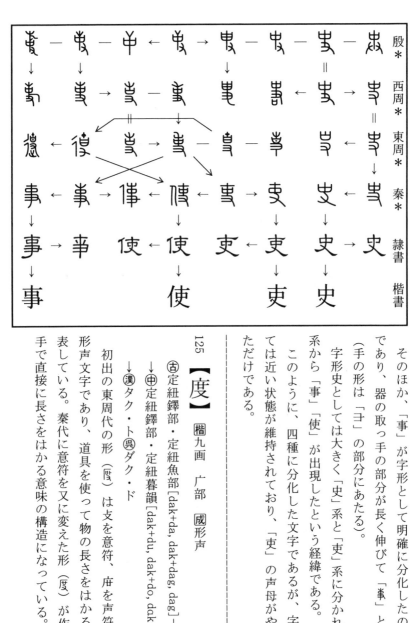

庳について、許慎は庶の省声とし、加藤・藤堂・鎌田・谷衍奎はこれに従う。また白川は席の省声とする。しかし、庳は「石」の異体にあたる（庶などでも石の発音で声符に使用されている）ので、赤塚・阿辻が庳自体を声符とするのが正しい。そのほか、李学勤も石声としている。

ちなみに、原義ははかることで漢音は「タク」であり、石は「橐《たく》」などでも声符として使われている。その後、目盛りや法度などの意味にも転用されており、この場合には漢音が「ト」である。

字形は、秦代の篆書（度）などで「厂」の部分を「广」に変えた形となっており、これが楷書の「度」に継承さ

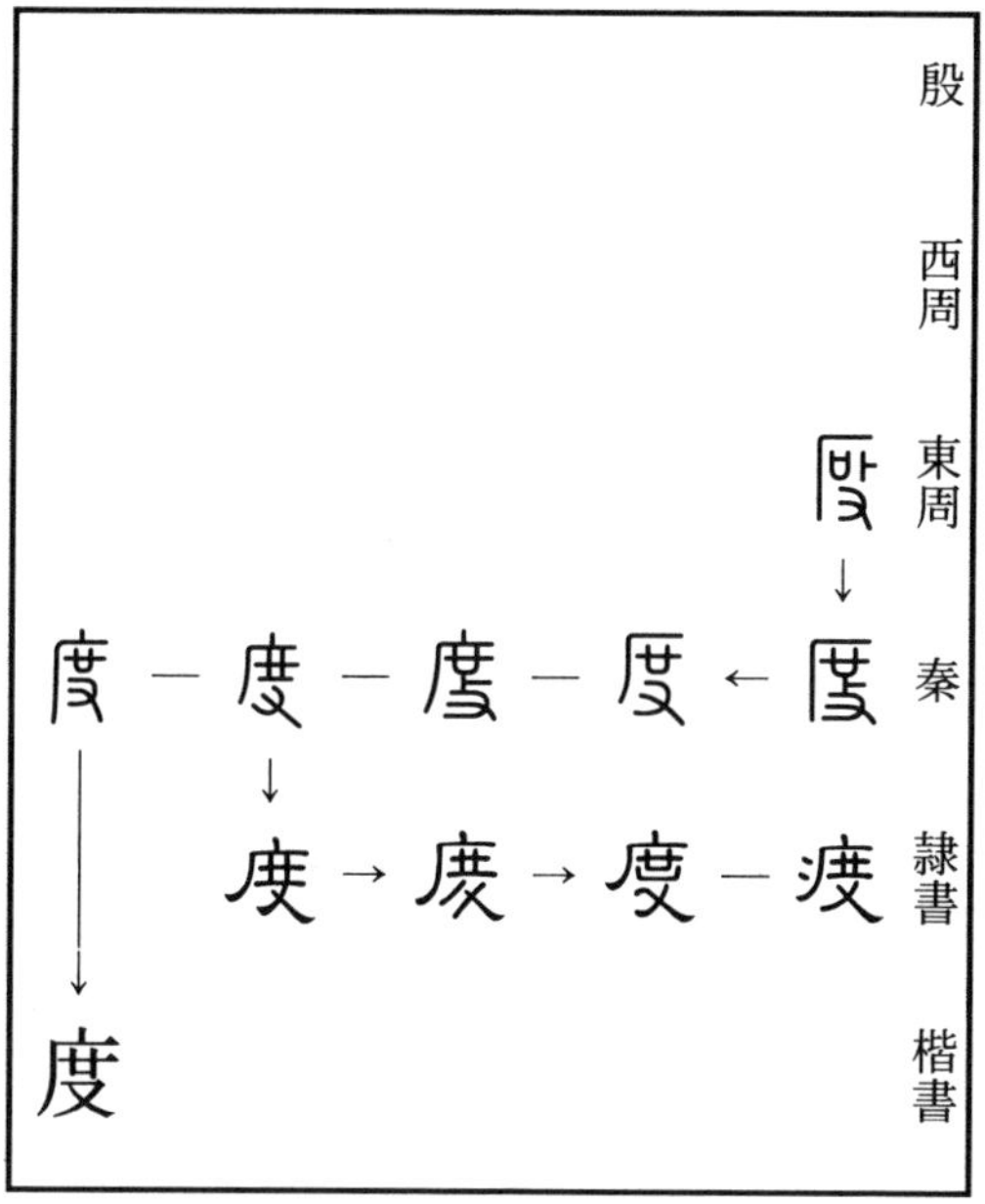

れた。そのほか隷書にも多くの異体がある。

▽寸部

126【寺】㊣六画　寸部　㊎形声

㊁邪紐之部・余紐之部・以紐之部[ziə, ḍiəg, liɯ]→㊥邪紐志韻[ziə, ziei, zi]→㊝シ㊟ジ

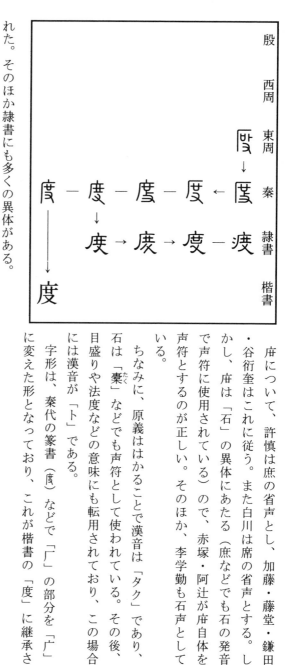

127 【持】 楷九画　手部　成形声（亦声）

古定紐之部[diə, dieg, dɯ]→中澄紐之韻[ɖiə, ɖiei, ɖi]→漢チ呉ジ

「寺」の初出の字形（）は、手の形の又（）を意符、之（）を声符とする。

許慎は「法度ある者なり」とし、役人を原義とし、鎌田もこれに従う。また藤堂は「侍」や「待」の原字とする。しかし、金文では「もつ」の意味で使用されており、加藤や白川などが述べるように「持」の初文とするのが正しい。東周代に官僚制が普及し、役所の意味で転用され、さらに後に仏教が流入して僧侶がいる寺院の意味に用いられた。

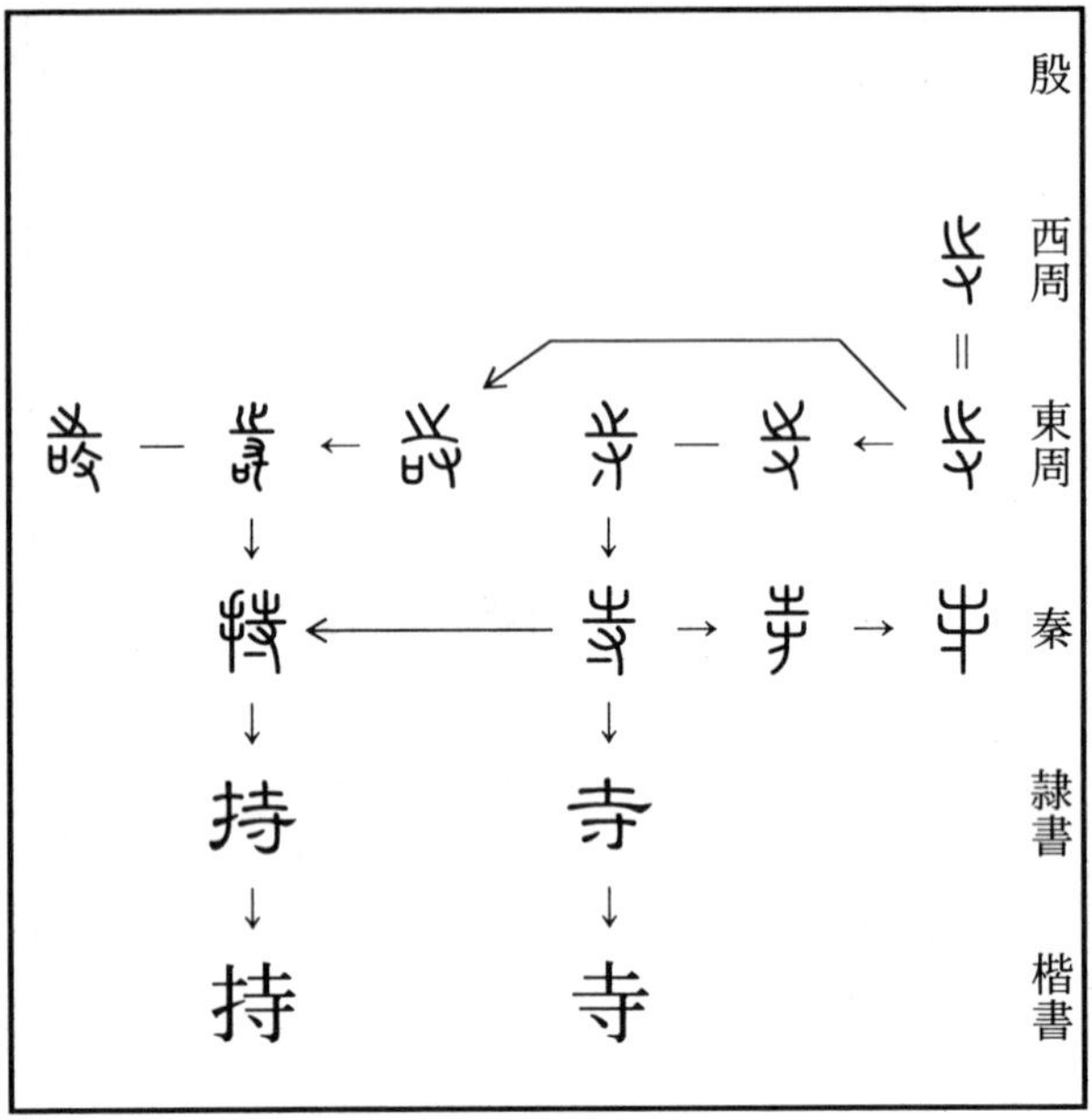

字形は、東周代に「又」を肘を表す「寸」に入れ換えた異体（）が作られた。寸は字形・字義の類似から、しばしば又と通用する。さらに秦代～隷書で「之」が「土」に変形して楷書の「寺」になった。

原義については、東周代に意符として手に持つ物体を意味して曰（）を追加した繁文（）が作られ、さらに篆書（）で意符が手（扌）に置換された。また初文の部分も寺と同様に又が寸に変化している。そのほか東

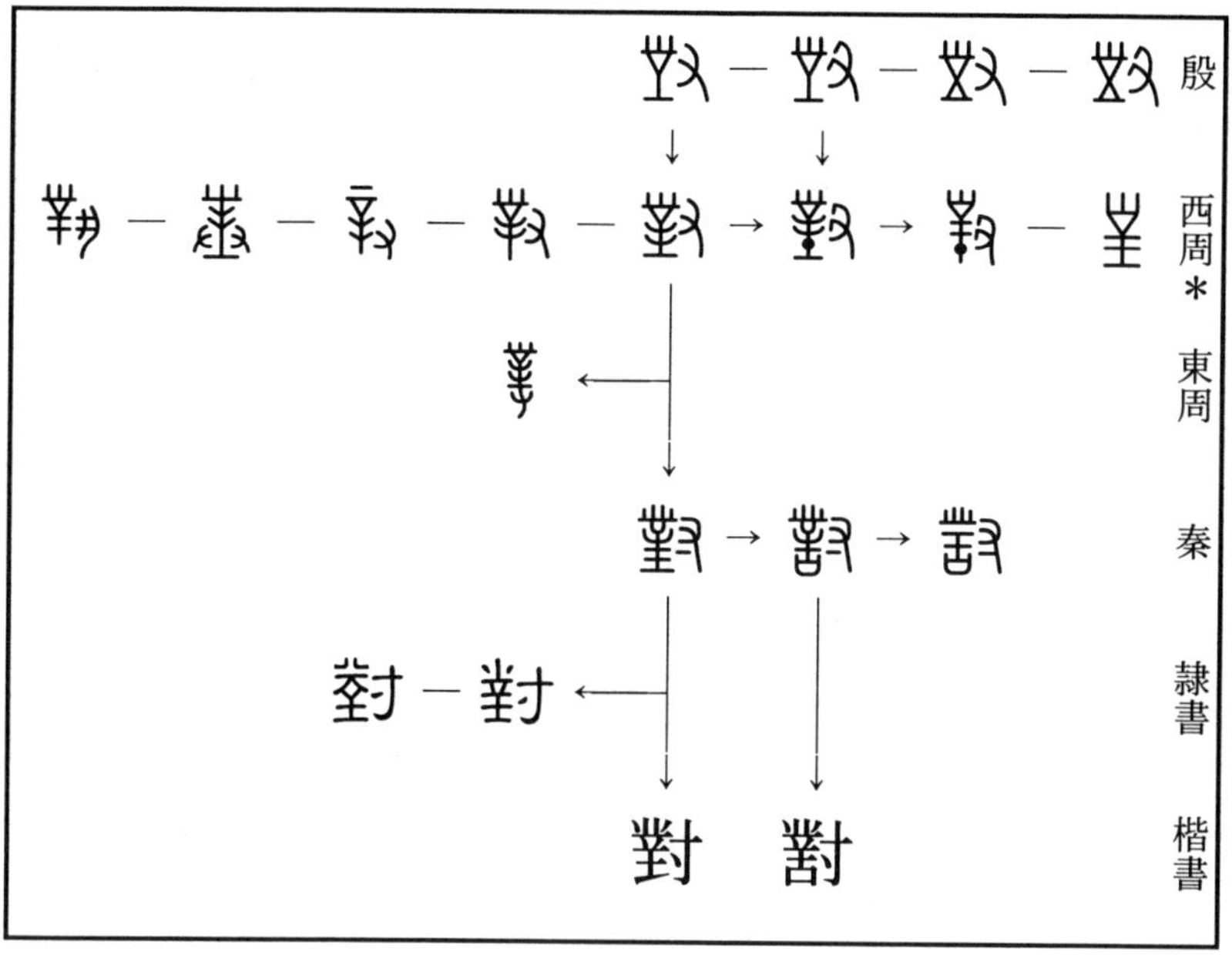

周代の「〓」は又を攴に変えたものである。

---

128 【対】［對］〔對〕 楷七画（十四劃）

寸部 成会意

古端紐微部・端紐緝部[tuəi, tuəd, tuəb]→

→中端紐隊韻[tuɒi, tuəi, tuʌi]→漢タイ呉ツイ

殷代の「〓」などは、何かの道具を手（〓）に持っている形である。手を握った形の丑（〓）に従う字形（〓）もある。字形は西周代に道具の形が鑿《のみ》の象形の丵《さく》に同化し、その下に「土」が加えられた。また、篆書では又が寸に変わり、合わせて「對」になった。篆書には、道具の下に「口」を加えた字体（〓）も見られ、楷書にも「對」として残っているが、現在ではほとんど使われていない。

持っている道具については諸説あり、許慎は鐘を打つ道具とする。赤塚はこれに従い、楽器に向かうことから「向かい合う」の意味になったとする。白川は土を突き固める道具とし、二人で向かい合って作業することから

「むかう」の字義になったとする（阿辻がこれに従う）。いずれも矛盾はないが、他に使われていない形なので、証明も難しい。

そのほか、加藤・藤堂は誤って業（楽器を掛ける柱）に従う文字とし、鎌田は後起の字形から鞶を手に持つ形と誤解している。また、谷衍奎・李学勤は何の道具かを明確にしていない。

▽攴部

129【放】 [楷]八画　攴部　[成]形声

(古)幫紐陽部[piuaŋ,piaŋ,paŋ]→(中)非紐養(漾)韻[piuaŋ,piaŋ,piaŋ]→(漢)ホウ（ハウ）(呉)ホウ（ハウ）

「放」は、攴を意符、方を声符とする形声文字であり、放逐が原義である。

「方」について意味も表す亦声とする説もあり、藤堂は両側に伸びた耜の形で左右に伸ばすの意味があるとし、鎌田も同様である。また白川は架屍の形でそれを殴ち邪霊を放逐する呪儀とする。谷衍奎は杖を持って放逐する意味で、方は遠方の意味とする。方の字源が明確ではないため、いずれも否定はできないが、積極的に支持するような論拠もない。そのほか、赤塚は誤って「攸」の初文を原字として挙げている。

130【教】［敎］ [楷]十一画　攴部　[成]会意（亦声）

(古)見紐宵部[keau, kɔg, kraw]→(中)見紐肴(効)韻[kau, kau, kyau]→(漢)コウ(カウ)(呉)キョウ(ケウ)

殷代の「𢼂」は、爻《こう》(ⅩⅩ)・攴(攵)・子(子)から成る。許慎は「斈」と「攴」から成るとし、加藤・赤塚・鎌田・阿辻はこれに従うが、「斈」は東周代に教[𢽈]の略体として作られたもの(斈の形)であり、殷代には存在しない。

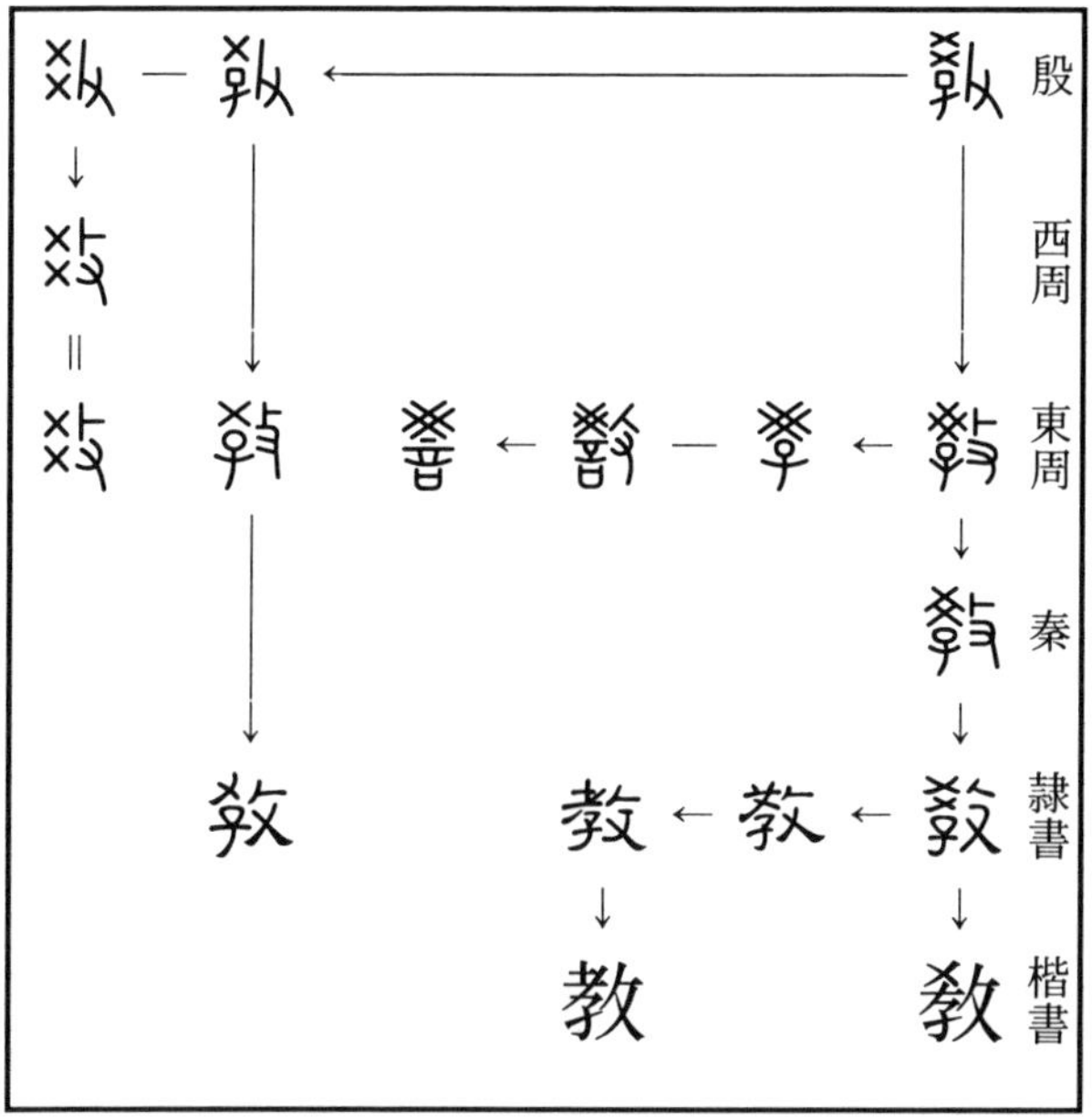

藤堂・白川・谷衍奎・李学勤は爻・攴・子の三者を合わせた文字とし、これが妥当である。個々の部分の意義については諸説あるが、爻は文字を表す記号であり教育施設の象徴、攴は教鞭、子は教育の対象であろう。爻は発音も表す亦声の部分である。

殷代～東周代には爻・攴のみから成る字形(𢼄)があり、類似形を許慎が古文として挙げている。また東周代には前述の攴を省いた字形のほか、子を言に変えた形(𧦝)などが見られるが、楷書には残っていない。新字体は爻・子を孝に変えた俗字であるが、すでに隷書にその形(教)が見られる。

131 **【数】［數］** 楷十三画（十五劃） 攴部

成形声　古生紐侯部・心紐侯部・生紐屋部・心紐屋部[ʃiuɔ+ʃeɔk, siug+suk, sro+srog]→↓中生紐麌(遇)韻・生紐覚韻[ʃiu+ʃɔk, ʂiu+ʂɔk, ʃio+ʃγʌk]→漢ス・サク・ソク呉シュ・サク・ショク慣スウ

秦代には「攴」を意符、「婁《ろう》」を声符とする形（）になったが、初出の東周代の字形（）は、上部が声符の「婁」の略体、下部が意符の「言」である。秦代に意符が「攴」に変わっており、「口に出して数える」から「算木をあやつって数える」という成り立ちに変わったと思われる。なお婁は女性の髪を整える形であり、下部に「女」、上部に両手の形の「臼《きょく》」と女性の髪型の象形がある。

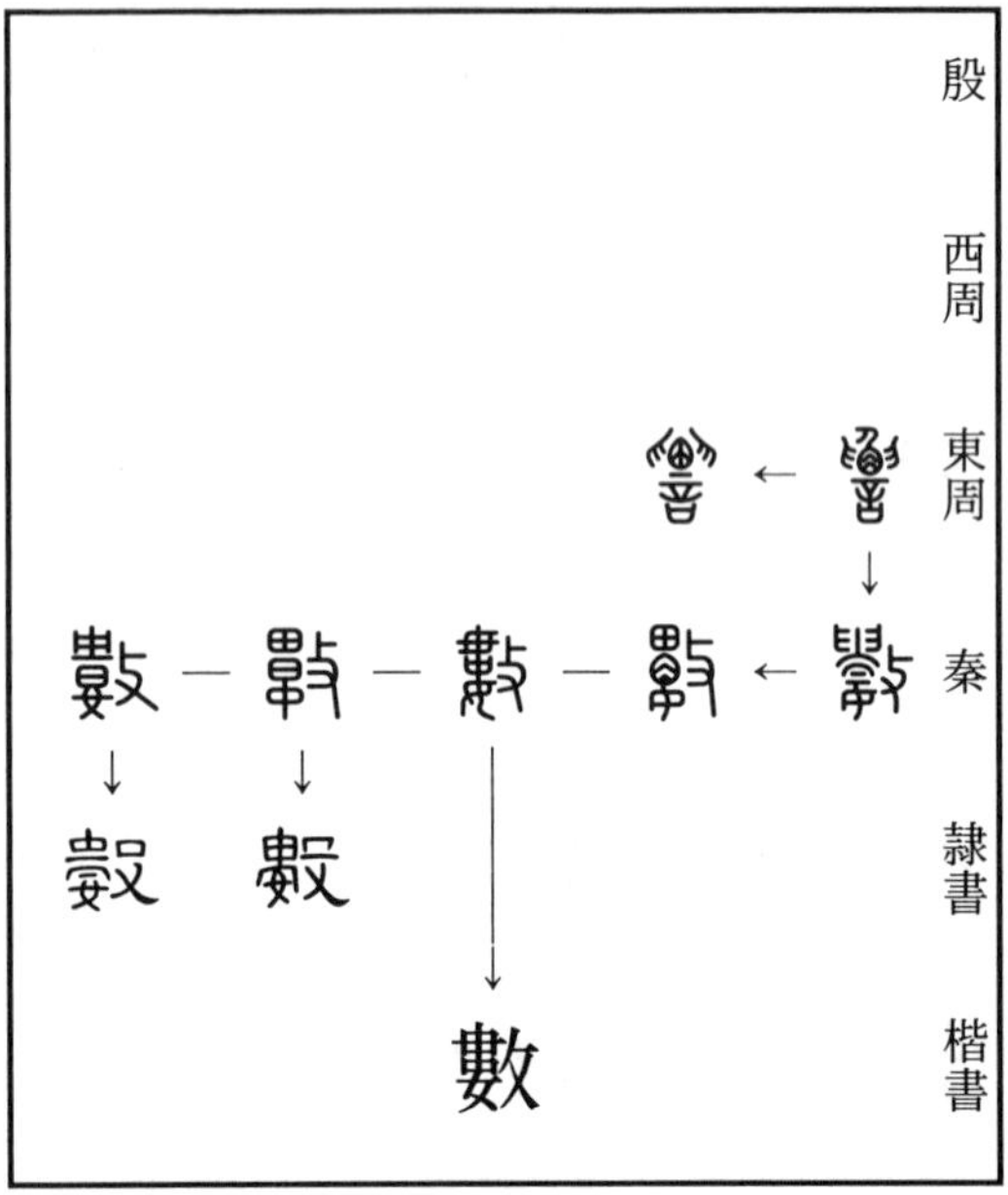

秦代以降の字形に攴が含まれることから、白川は「女性の髪を乱すこと」を原義とし、鎌田「続けて打つこと」を原義とするが、いずれも東周代の字形から見て妥当な解釈ではない。また藤堂は婁を「女と女をじゅずつなぎにしたさま」とし、そこから字源を解釈するが、婁の初文には「女」がひとつしか含まれていない。李学勤は治めることを原義とするが、初出の東周代には「かず」の意味で使われている

婁は上古音が来紐侯部（[lɔ]などと復元）と推定され

ており、数〔數〕と声母が異なるが、どの段階で字音が分化したのかは不明である。また「数」は「しばしば」や「こまかい」などの意味にも転用され、この場合には入声（漢音はサクやソク）になる。

字形は隷書に攴を殳に変えた異体（⿰婁殳など）がある。また教育漢字の「数」は婁の上部を変えた俗字である。

132 【整】〔愸〕 楷十六画　攴部　成会意（亦声）

㊀古端紐耕部・章紐耕部[tieŋ, tieŋ, tieŋ]→㊥章紐静韻[tɕiɛŋ, tʃiɛŋ, tɕieŋ]→漢セイ呉ショウ（シャウ）

許慎は束・攴・正の三字の会意で正が発音も表す亦声とし、「束ね整え正す」の意味とする（谷衍奎はこれに従う）。また鎌田も三字構成の文字とするが、形声文字で正が意味も表す亦声とする。加藤は敕と正の会意で正が亦声とし、敕にいましめるの意があることから「いましめ正す」の意味とする（藤堂・白川・赤塚・阿辻・李学勤も同様）。

いずれも矛盾はないが、初出の西周代には軍隊を整える意味で使われており、敕と正から成る文字とするのが整合的である。

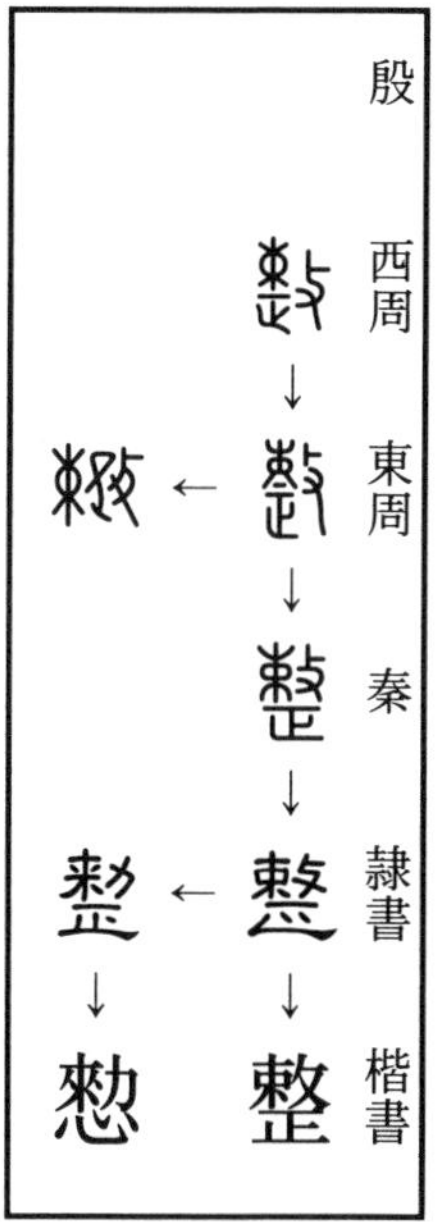

字形は隷書で敕を勑（ライ・チョク）に変えた異体（⿱勑正）が作られた。勑は意味・発音ともに勅に通じる文字である。さらに、この系統は楷書では正を心に変えて「愸」の形になっている。

133【父】 楷四画　父部　成会意

古幫紐魚部・並紐魚部[piua+biua, piuag+biuag, pa+ba]→
→中非紐麌韻・奉紐麌韻[piu+biu,piu+biu,pio+bio]→漢フ呉フ・ブ慣ホ

父（）は、手（）に物を持つ形である。持っている物については、許慎は杖とし、赤塚・鎌田は鞭《むち》とするが、そのほかの研究者が述べるように、発音が共通する斧《ふ》の形とするのが妥当であろう。

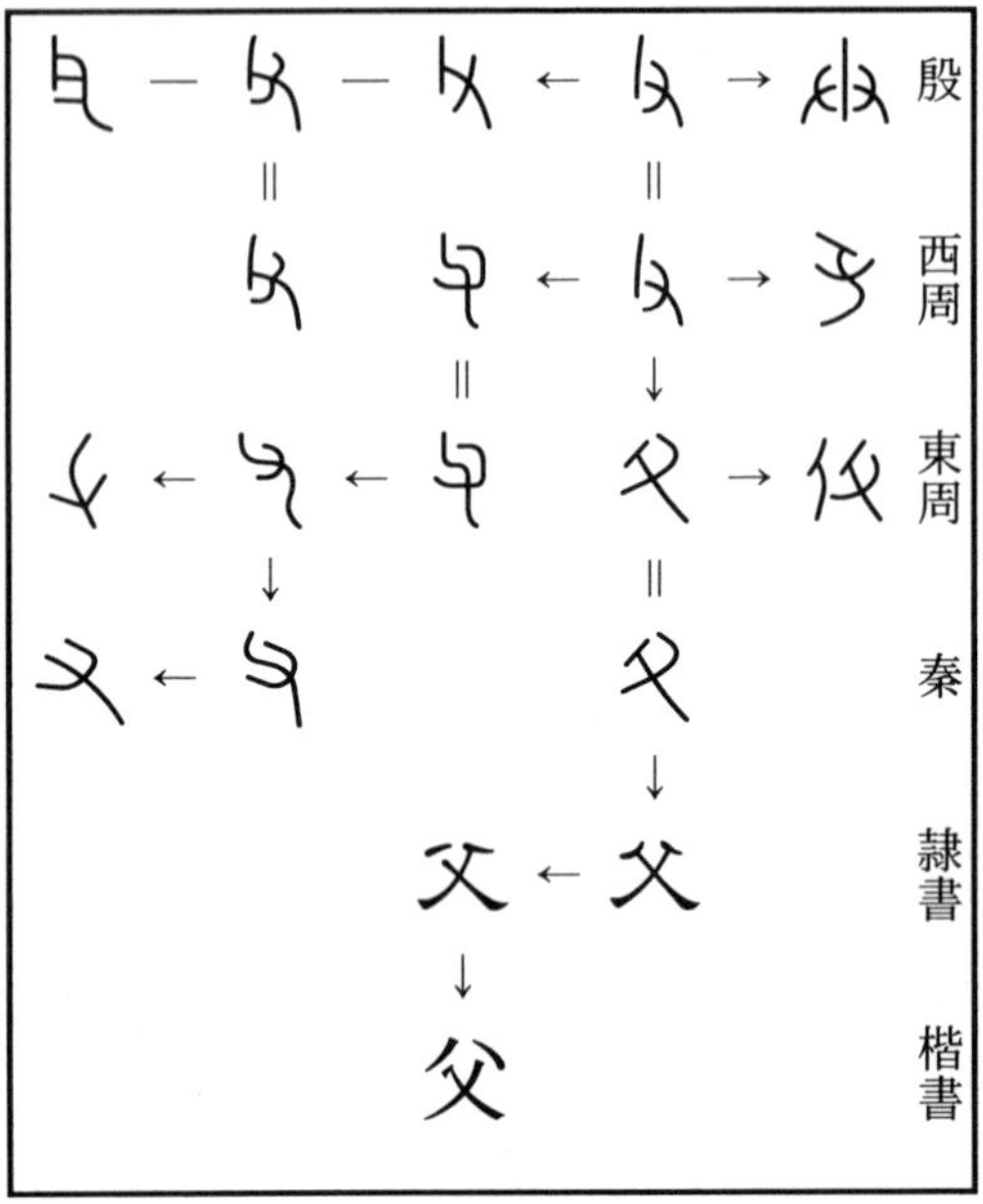

なお、殷代には類別呼称が使用されており、実父だけではなく、その兄弟や従兄弟も「父」と称されたので、原義としては「家長」のような意味はなく、単に「力仕事をする人」の意味と考えられる。

殷代には手の形を二つにした異体（）が見られ、東周代には意符として「人」を加えた形（）もあるが、いずれも楷書には残っていない。隷書で手の形の「又」が変形しており、楷書の「父」の一画目が斧の形、それ以外が「又」が変化したものである。

134 【手】 楷四画　手部　成象形

古書紐幽部・透紐幽部・泥紐幽部[ɕiu, thiog, hniuw]→中書紐有韻[ɕieu, ʃieu, ɕiu]→漢シュウ（シウ）呉シュ慣ス・ズ

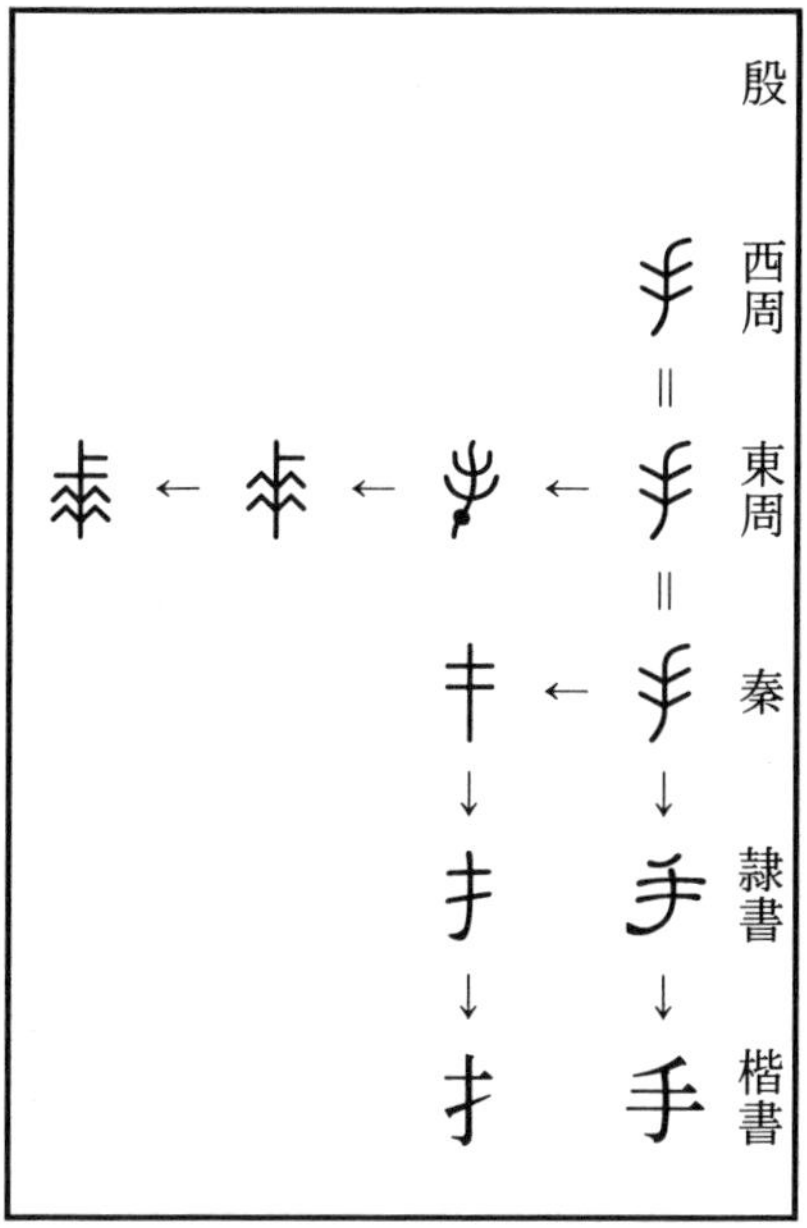

五本指の手の象形である。殷代には手の形としては右の初文の又（）だけが使われたが、西周代以降に作られた文字では「手」を使ったものが多い。

西周～東周代には左右反転形も多く使われていた。また、「」などについては『説文解字』が古文として近い形（）を挙げている。その後、隷書で中指にあたる部分が一画として独立したため、楷書の「手」は左右に突き出た線が五本ではなく六本になっている。一方、秦代に作られた略体の「」は、後代には偏として使われ、楷書では「扌」の形になっており、こちらは「五本指」の状態が残っている。

135 【打】 楷五画　手部　成形声（亦声）

古×→中端紐梗韻・端紐迥韻[teŋ, tʌŋ, tyæŋ+teŋ]→漢テイ呉チョウ(チャウ)慣ダ

殷	西周	東周	秦	隷書	楷書
					打

「打」は、現状の資料では楷書に初出である（大徐本『説文解字』は新附部分のみに記載）。藤堂は上古音を復元しているが、その段階で未出現なので無意味である。

構造としては手（扌）を意符、丁を声符とする形声文字である。「丁」について、藤堂・白川・鎌田・谷衍奎は、釘を打つ意味も表す亦声とする。丁は、元は四角形（口）を使用していたが、東周～秦代に釘の側面形に変化したので、解釈としては矛盾はない。

殷	西周	東周	秦	隷書	楷書

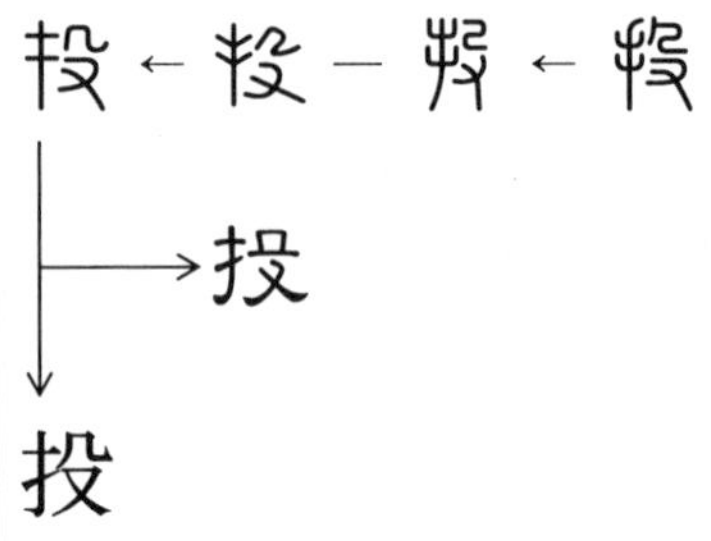

136 【投】 楷七画　手部　成会意（亦声）

古定紐侯部[dɔ, dug, do]→
→中定紐侯韻[dəu, dəu, dəu]→漢トウ呉ズ(ヅ)

「投」は、手（扌）と殳から成る形である。

上古音では殳も侯部（[ʑiuɔ]など）と復元されており、加藤・阿辻は純粋な形声文字とする。また、藤堂は殳に「手で立てる」の意味があるとし、「立つように、また、じっとおさまるように投げる」意味とする。白川

は、殳が呪杖で邪霊を殴ち祓うことを原義とし、そこから投げるの意味になったとする。赤塚は殳自体に「投げる」の意味があるとする。鎌田は殳が「なぐる」の意味で、そこから「なげる」の意味になったとする。（以上のうち藤堂・赤塚・鎌田は殳を亦声とする）

「殳」は道具を持った手の形であるから、赤塚説は矛盾するが、それ以外は正否を判断しがたい。そのほか、谷衍奎は、殷代に出現している簋の初文である𣪘の異体（𣪕）を「投」の初文とし、豆声の形声文字とするが誤りである。また、許慎は会意と見なすが詳細を述べていない（李学勤も同様）。

137【指】 楷九画　手部　成形声

古章紐脂部・端紐脂部・見紐脂部[tiei, tier, kii]→中章紐旨韻[tɕi, tʃii, tɕii]→漢シ呉シ

「指」は、手（扌）を意符、旨を声符とする形声文字であり、「手の指」が原義である。

「旨」の部分を亦声とする説もあり、白川は、もと旨肉（脂ののった肉）の意で食指の意味になったとし、鎌田も旨いものに食指が動く意味とする。しかし、「食指」自体が「ゆび」の意味の「指」の文字を前提にした語であり、指の字源とするのは矛盾する。

138 【拾】 楷九画　手部　成形声

古禅紐緝部・群紐緝部[ʑiəp, dhiəp, giub]→中禅紐緝韻[ʑiep, ʒiep, ʑiəp]→漢シュウ(シフ)呉ジュウ(ジフ)

「拾」は、手（扌）を意符、合を声符とする形声文字であり、拾うことを意味する。合・拾ともに上古音の声母に異説があり、どの段階で字音が分かれたのかは明らかではない。

殷	西周	東周	秦	隷書	楷書
			拾	↓ 拾	↓ 拾
				← 拾	

「合」の部分について、意味も表す亦声とする説があり、藤堂・赤塚は「集める」の意味があるとするが、「合」そのものに集めるの意味はない。また、鎌田・谷衍奎は「合わせる」から「拾い集める」の意味があるとし、こちらは矛盾がないが、確実に証明するだけの材料もない。

止部

「止（㞢）」は、足（足首）の象形であり、五本の指が三本に簡略化されている。古くは、足の形から進むことを象徴して用いられた。〔関連部首〕「夊」は、止を上下逆向きにした形であり、戻ることを意味して使われることが多い。「癶」は、両足をそろえた様子を表している。「足」は、足（脚部）全体を表現した文字である。

《止》④止(趾)⑤市・出・正(征)⑧歩《夊》⑨後《癶》⑫登《足》⑦足(⻊)⑬路

139【止】 楷四画　止部　成象形
古端紐之部・章紐之部[tiə, tiəg, tiɯ]→中章紐止韻[tɕiə, tʃiei, tɕi]→漢シ呉シ

140【趾】 楷十一画　足部　成形声（亦声）
古端紐之部・章紐之部[tiə, tiəg, tiɯ]→中章紐止韻[tɕiə, tʃiei, tɕi]→漢シ呉シ

「止」について、許慎は原義を草木が生えて根本がある形とし、「あし」を引伸義とするが、殷代から「あし」の意味で使われている。藤堂・鎌田・谷衍奎・李学勤は字源を足の形とし、加藤・白川・赤塚・阿辻は足跡の形とする。関連する文字では、殷代の字形で企（）や足（）などで人体の一部として使われているので、起源としては足首の象形であり、「あしあと」は引伸義と考えられる。

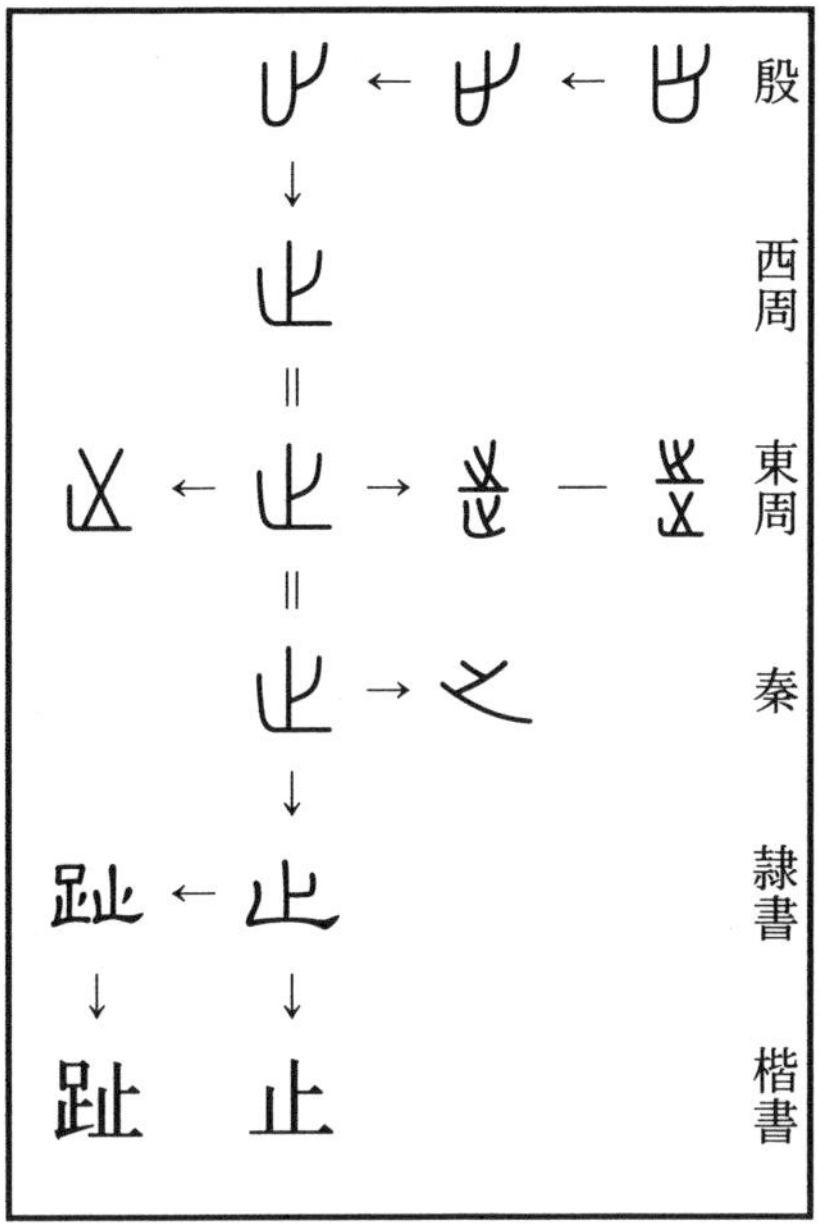

字義について、東周代には転じて「とまる」の意味に使用されたが、殷～西周代には「ゆく」の意味で使われていた。また、部首としても歩行を象徴しており、例えば「武」の原義は「戈（武器）を携えてゆくこと」である。

字形は東周代に意符として同じく「ゆくこと」を意味する「之」を加えた異体（など）が作られたが、後代には残っていない（「之」や「持」などの意味にも使われており、別字かもしれない）。

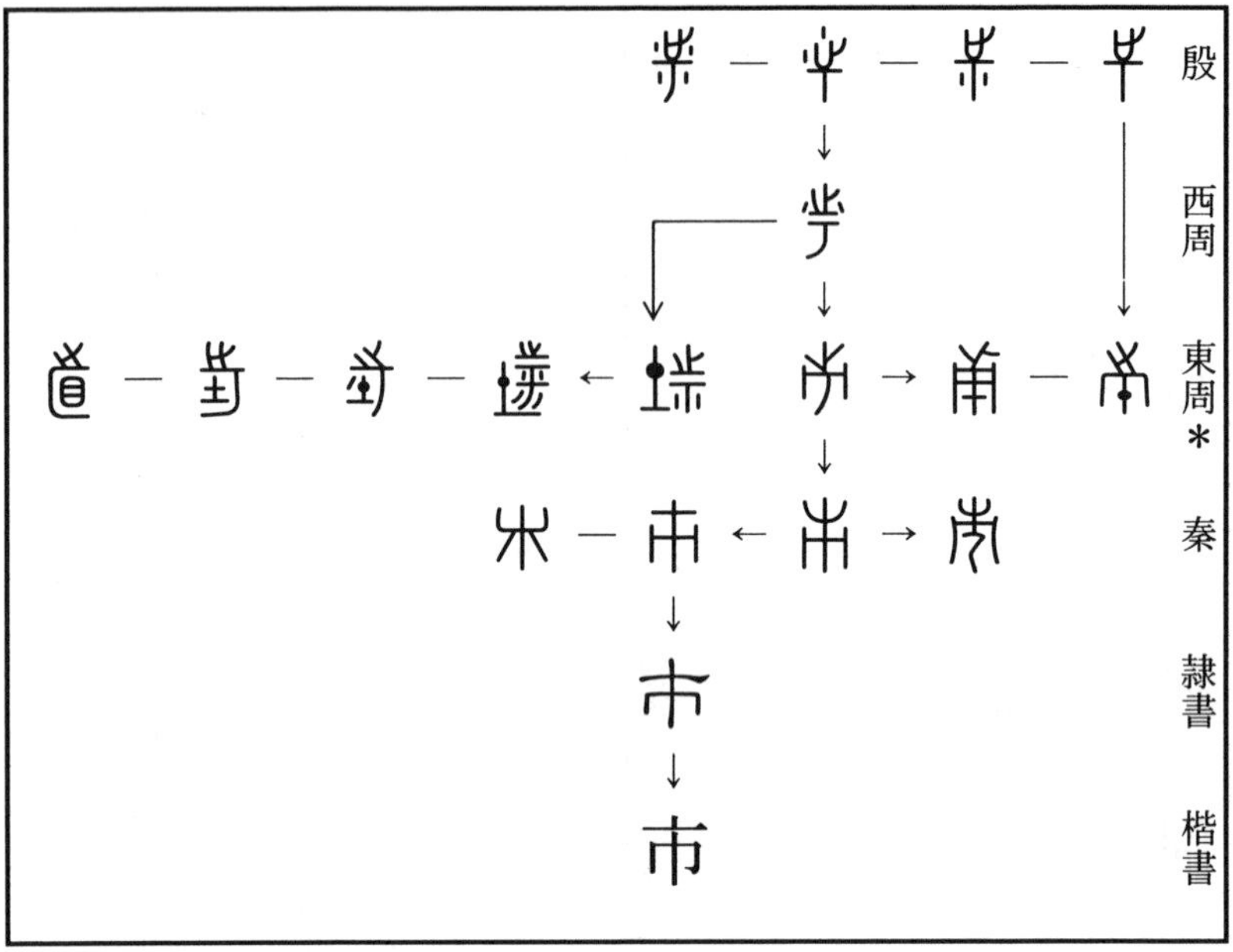

また、「あし」や「あしあと」の意味については、隷書で意符として「足」を加えた「趾」が作られた。

141【市】楷五画　巾部　成会意（亦声）

古禅紐之部・定紐之部[ʑiə, dhiəg, diɯ]→
→中禅紐止韻[ʑiə, ʒiei, dʑi]→漢シ呉ジ

許慎は市場を原義として、それを表現した字形とし、鎌田・白川・谷衍奎も同様の解釈である。しかし、殷代の字形（𢀿・𡳿など）は上部が足の形の止（ㄓ）またはそれに水滴を加えた沚《し》（㞢）、下部は祭祀用の机の形の示（丅）や丂《こう》（丁）であり、いずれも市場の表現ではない。

また、阿辻は西周金文や篆書の形から冂と之に従うとするが、より古い殷代の字形に合わない。

加藤・藤堂・赤塚は、丂が「平」の意味で等価の交換を表す意符で、止（または後起の字形に含まれる之）を声符とする形声文字とする（李学勤も形声文字とするが丂の意義を述べていない）。この説には論理的な矛盾はな

いが、殷代には、「市」は祭祀名として用いられているので、切った足を祭祀机に置いた様子であり、止の小点は血液の標示とするのが妥当であろう。当時は捕虜や奴隷の逃亡防止として足首を切ることが行われていた。字形の構造としては会意文字にあたり、字音が近い止・沚は発音も表す亦声である。

後代には、借りて市場の意味で用いられたため、東周代にはそれを表すために意符として「土」を付した字形（⿰土市など）や市場での取引を表したのであろう「貝」の略体を付した字形（⿱市貝）などが作られたが、後代には残っていない。楷書には沚に従う字形が継承されたが、字形が大きく変化しており、楷書の第一・二画が足の形、第三画と四画の後半が沚の小点にあたる。

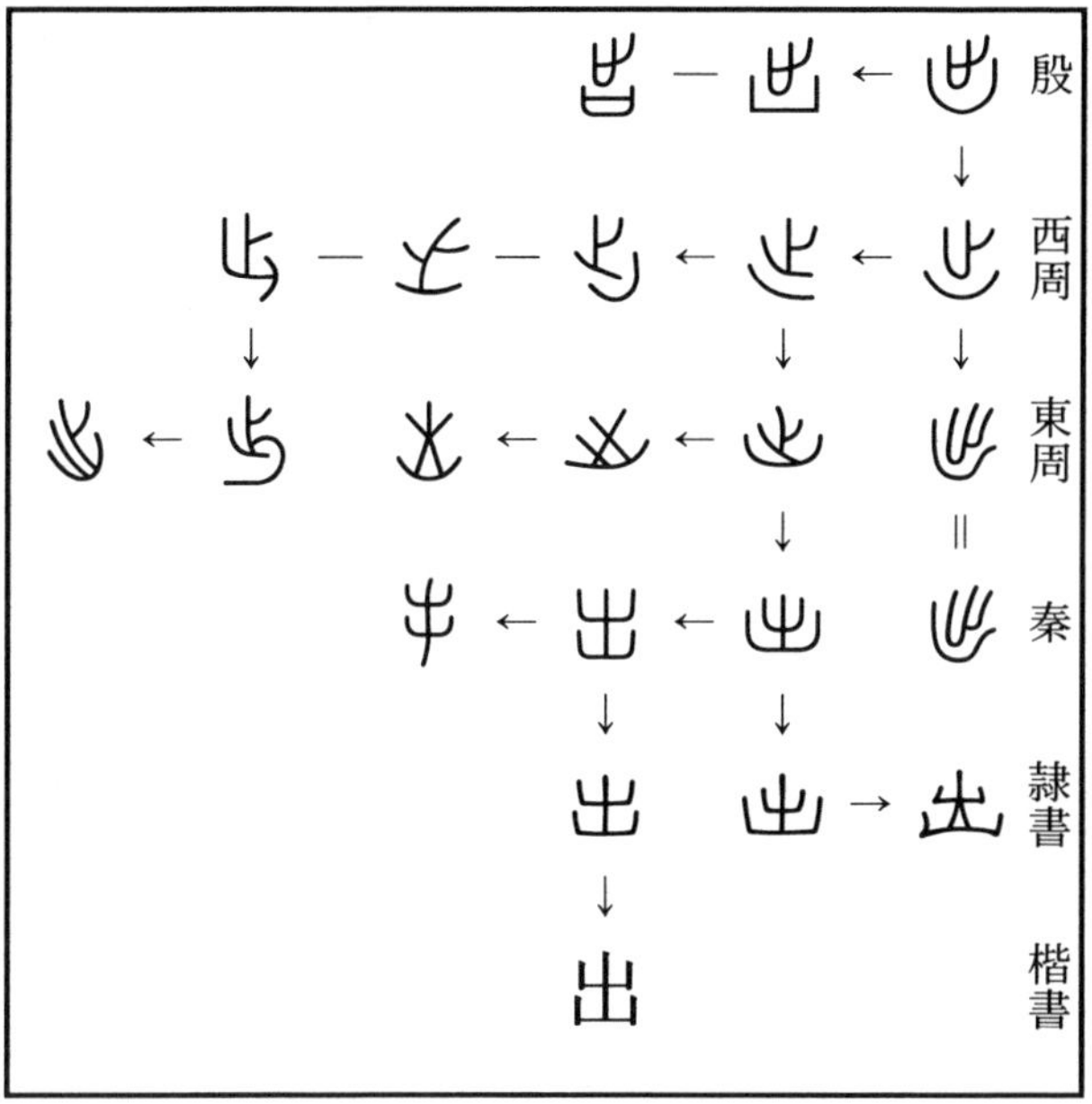

142 **【出】** [楷]五画　凵部　[成]会意

(古)昌紐物部・透紐物部・透紐微部・溪紐物部

[t̂hiuət, thuət+thiuəd, khlɪud]→

→(中)昌紐術韻・昌紐至韻

[tɕhiuet, tʃiuet+tʃiui, tɕhiuit+tɕhiui]→

→(漢)シュツ・スイ(呉)シュチ・スイ

許慎は篆書の形（⿱止凵）を元に草木が伸びる様とするが、

初出の殷代の字形は明らかに上部が足の形の止（ㅂ）である。

下部については、加藤は履（靴）の形とする説を採り、藤堂は指事記号とし、白川は踵の跡とする。赤塚はくぼんだところとし、鎌田はこれに従う。阿辻は囲いとし、谷衍奎・李学勤は穴居の形とする。初出の殷代には、凵（凵）に従う字形が多く使われており、凵は穴の意味で使われる。したがって、赤塚説が妥当であり、「穴から出る」ことを表した会意文字であろう。

字形は秦代に「止」の部分を簡略化した字形（㞢など）が出現し、楷書では「屮」のような形になっているが、草の象形である屮とは字源が異なっている。なお、表に挙げたほかに、殷～西周代に見える「𡴀」も出の異体とする説がある。

---

143 **【正】** 楷五画　止部　成会意

古端紐耕部・章紐耕部[tieŋ, tieŋ, tieŋ]→中章紐清(勁)韻[tɕiɛŋ, tʃiɛŋ, tɕieŋ]→漢セイ呉ショウ(シャウ)

144 **【征】**〔延〕 楷八画　彳部　成形声（亦声）

古端紐耕部・章紐耕部[tieŋ, tieŋ]→中章紐清韻[tɕiɛŋ, tʃiɛŋ, tɕieŋ]→漢セイ呉ショウ(シャウ)

殷代の字形のうち、「囗ㅂ」が最も基本的な形であり、都市を囲む城壁（口）に足の象形の止（ㅂ）を向ける様を表し、軍事攻撃を意味する。初文は「正」であり、西周代以降に城壁の形が「一」に簡略化された。なお、「丁」は上古音で征・正と字音が近く（端紐耕部で[teŋ]などと復元）、亦声の部分かもしれない。

字源について、許慎は篆書の字形（𤴓）を元に一と止から成る字形とし、藤堂もこれに従うが、字源に合致し

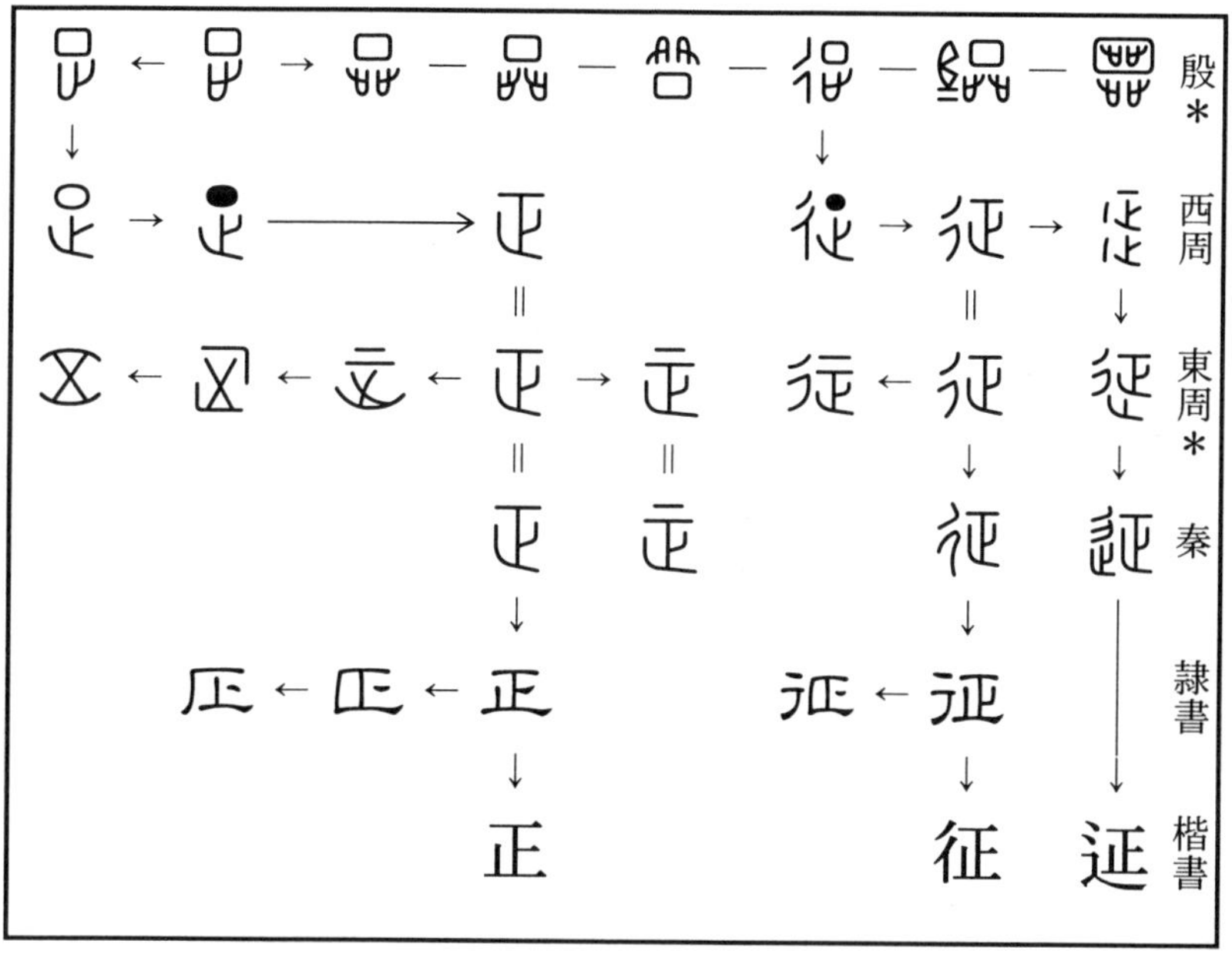

ない。また加藤は「足」や「疋」を「正」と同源字とするが、西周代の一部の字形（〓）が偶然にほぼ同形になっただけであり、別源の文字である。

字形は、東周〜秦代に上部に「一」を増し加えた形（〓など）が見られ、許慎も古文として挙げているが、楷書には残っていない。

「正」は「正月」などの意味でも使用されたため、原義については「彳（〓）」を加えた繁文の「征」で表されるようになった。殷代にもごく少数例であるがすでに「〓」の形が見える。「征」について、許慎は純粋な形声文字とするが誤りである。また加藤も、「征」も「足」と関連すると誤解している。

そのほか殷代には、止を二つにした形（〓など）や、駐屯を意味する次の初文（〓）を加えて長期戦を表した形（〓）などがある。また東周代には、意符として辵（〓）を用いた異体（〓など）も作られている。

「征」は、現代中国では、発音が同じで部首も共通することから「徵［徵］」の簡体字としても使われている。

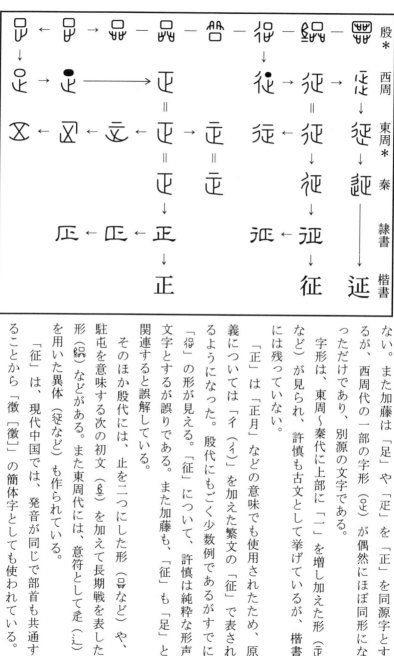

145 【歩】［歩］〔步〕 楷八画（七劃） 止部 成会意

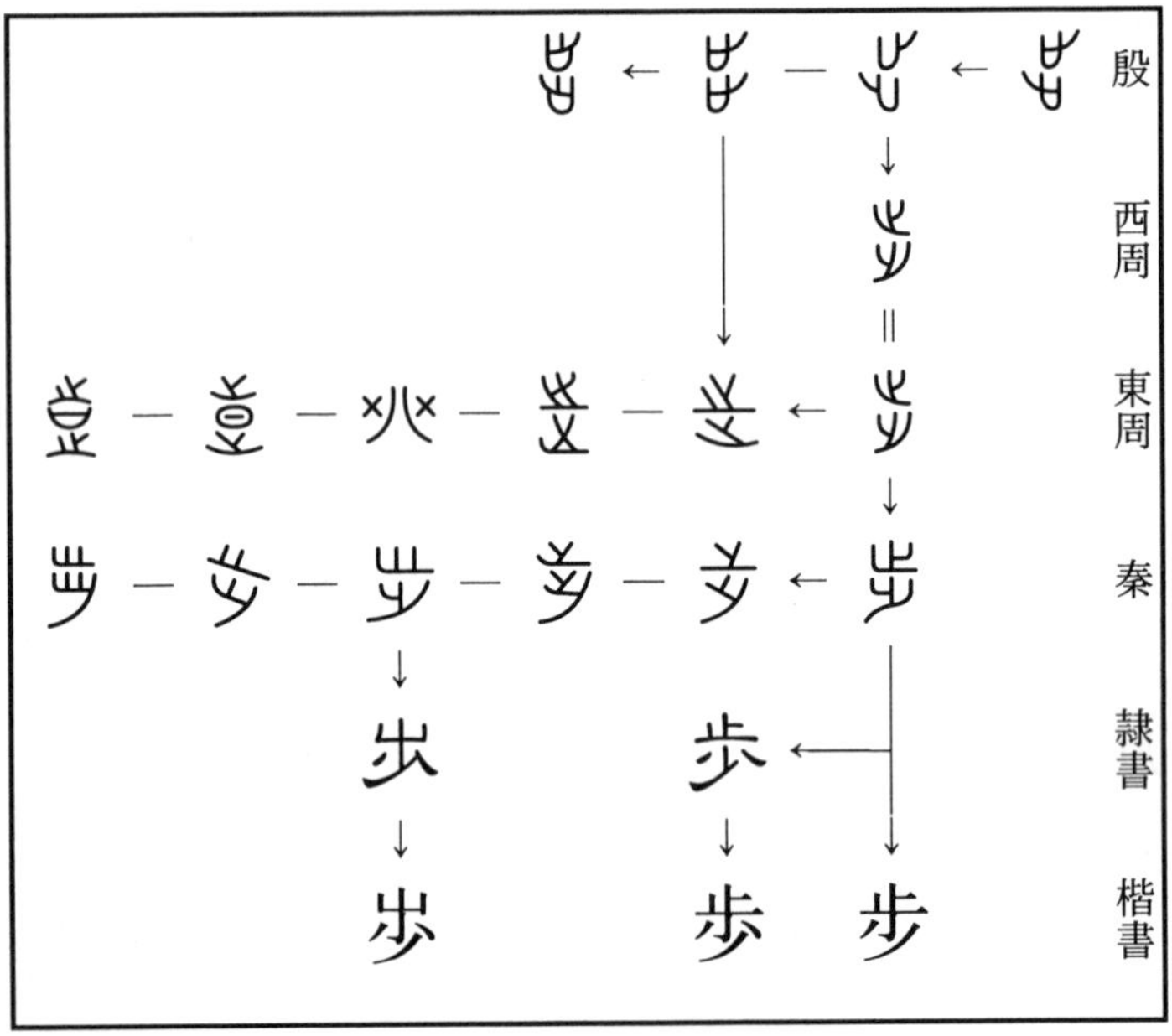

古並紐魚部[bua, bag, ba]→
→中並紐暮韻[bu, bo, buo]→漢ホ呉ブ慣フ

初文（[illegible]）は、足の形である止（[illegible]）とその左右反転形を上下に並べ、歩行の様子を表している。

東周代には止の形を変えた異体（[illegible]など）が多い。また中央に「日」を加えた異体（[illegible]など）もあり、これは「疐《ち》」の略体とする説もあるが、固有名詞の用法が多く、いずれかを確定するのは難しい。また、秦代にも「止」の形を変えた異体が多く、「[illegible]」などがある。

楷書の正字は「歩」であり、「步」は俗字を採用した新字体であるが、すでに隷書から見える形である。また、隷書には上部の「止」を「山」のような形に変えた異体（[illegible]）があり、これも楷書に「[illegible]」として残っている。

▽夂部

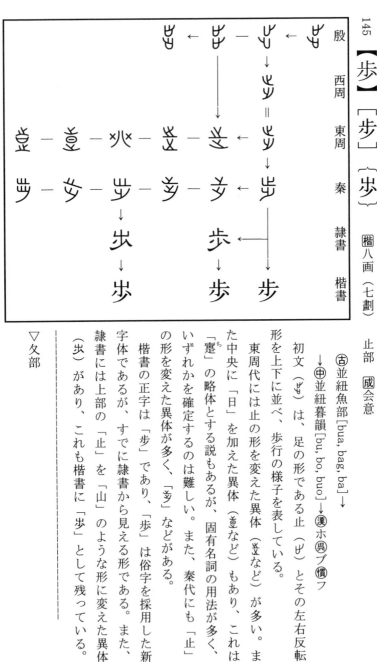

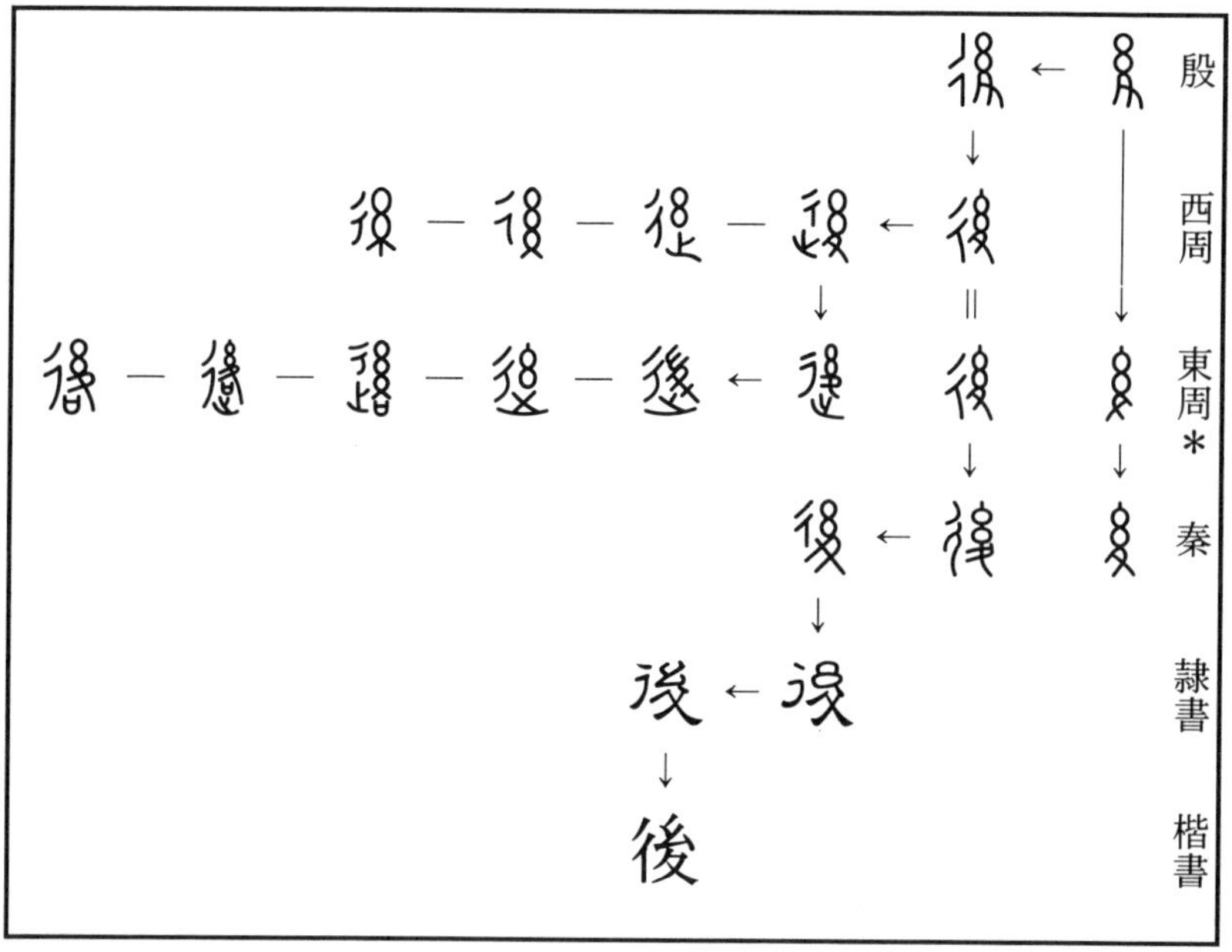

146 【後】 楷九画　彳部　成会意

古匣紐侯部[ɣɔ, ɦug, ɢo]→

→中匣紐厚(侯)韻[ɣəu, ɦəu, ɦəu]→漢コウ呉グ慣ゴ

初文（　）は「後」のうち旁の部分であり、上部が糸束の形の幺（　）、下部は足の形を下に向けた夂（　）である。さらに進行を象徴する「彳（　）」を加えた形（　）が「後」にあたる。

許慎が「遅なり」とすることから、従来の研究には「おくれる」を原義とする説が多かった。藤堂は幺を「わずか」とし、「わずかしか進めず、あとにおくれるさま」とする。赤塚は夂を「退く」、幺を「つらなる」とし、「ついて行くことが遅れる」とする。鎌田は「道を行くときに糸が足にからまって歩みが遅れる」とする。谷衍奎は「足を縛られて進むことが遅れる」とし、阿辻・李学勤も同様の解釈である。

字形としては幺が糸束や紐の象形なので、谷衍奎説が最も整合的である。しかし、初出の殷代には「おくれる」

や「うしろ」の字義はなく、時間的な先後の意味のみで使われており、「おくれる」が原義であるとは限らない。現状では字源の証明が難しい文字である。

そのほか、加藤は幺を声符と見なすが、字音の違いが大きく（幺の上古音は影紐宵部で[iau]などと復元）、声符と見なすことは難しい。また白川は道路における呪的儀礼で敵を防いで後退させることとするが、殷代にその用法はない。

字形は、西周～東周代には、「彳」について同じく進行を象徴する「辵」に変えた異体（〓など）や、幺・夊を融合して「糸」に誤った異体（〓など）もあるが、後代には継承されていない。

▽癶部

147 【登】 楷十二画 癶部 成形声

古端紐蒸部[təŋ, təŋ, tuŋ]→中端紐登韻[təŋ, təŋ, təŋ]→漢トウ呉トウ慣ト

「登」と釈される文字には二つの系統がある。ひとつは癶（〓）を意符、蒸（〓）の略体（〓）を声符とする字形であり、「のぼる」の意味である。両手の形の廾（〓）を省略した異体（〓など）があり、これが楷書の「登」の原形である。なお、蒸は登と同じく上古音が蒸部（[tiəŋ]などと復元）と推定されている。

もうひとつは、豆（たかつき）（〓）やそれに食物を盛った形の皀《きゅう》（〓）を両手で神に捧げる形であり、「のぼせる」の意味である。これは本来は別字であるが、字形が類似し、しかも後代には「登」に「のぼせる」の字義が継承されているため、この字形も「登」と釈される（肉（にくづき）と又を用いた「𤼷《とう》」として釈されるこ

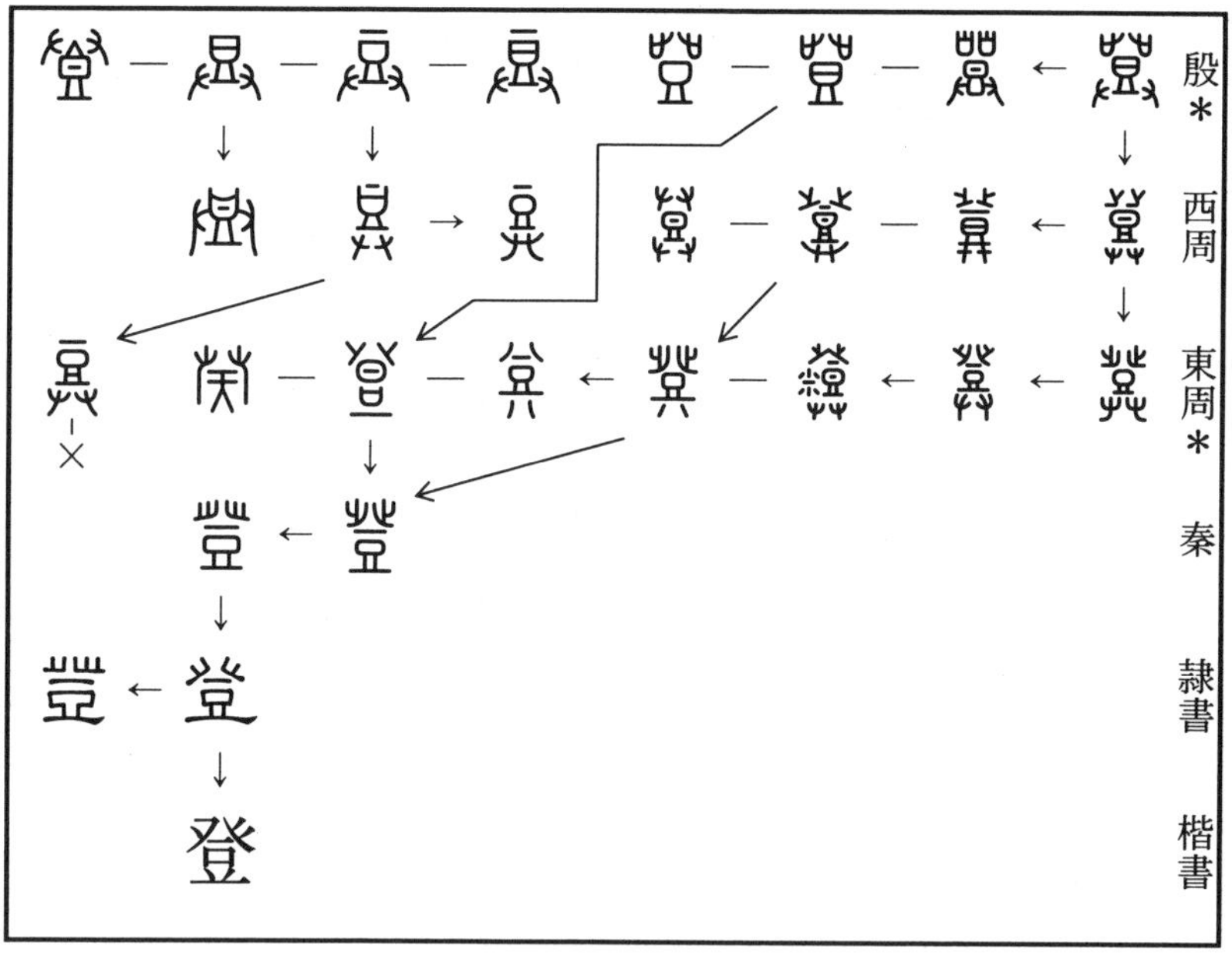

ともある）。

後者の系統については、東周代の「〓」まで使われたが、それ以降には残っていない。前者の系統についても、初文の廾を含む字形は、西周代には金文に多く見え、また東周代の「〓」などまで使われたが、秦代以降には残っていない（許慎も籀文として「〓」に近い形を挙げている）。前者の系統のうち、廾を省いた略体が東周代に復活しており、篆書の「〓」などを経て、楷書の「登」になった。

字源と原義について、許慎は車に上ることとするが、豆の意義を述べていない。加藤は豆声の形声文字とするが、豆は上古音で定紐侯部（[dɔ]などと復元）と推定されており、登とは字音の違いが大きい。藤堂は会意文字とし、蒸の初文の部分（〓）を「上にあげる意」とする（赤塚・鎌田・谷衍奎も同様）。しかし、「蒸した穀物を神に捧げる様子」であり、「のぼせる」の意味はあっても「のぼる」の意味はない。

李学勤のみが、蒸声の形声文字であることを述べてい

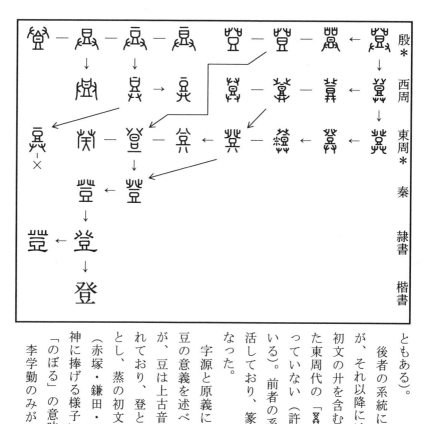

る。なお、李学勤は登・蒸を同源字とするが、「𢍺」の系統は甲骨文字で祭祀名として使われており、「蒸」の字義と近いものの、「登」は足に関わることを表す「癶」が部首であり、字義が異なる。

▽足部

148【足】楷七画　足部　成象形

古精紐屋部・精紐侯部[tsiuok, tsiuk+tsiug, ʔsog]→中精紐燭韻・精紐遇韻[tsiuok, tsiok+tsiu, tsiok+tsio]→漢ショク・シュ呉ソク・ス

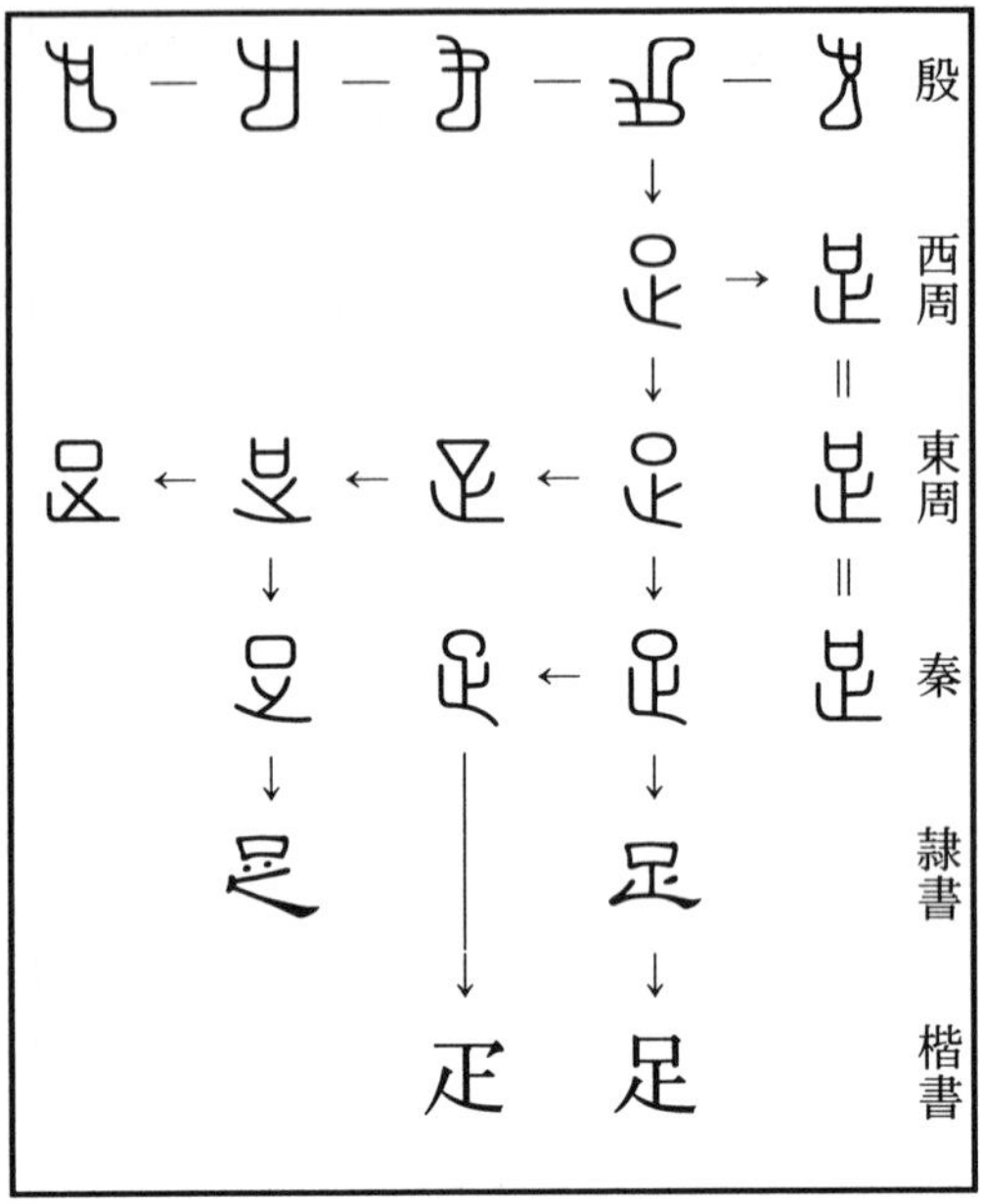

149【疋】楷五画　疋部　成象形

古生紐魚部・心紐魚部・滂紐質部・疑紐魚部
[ʃia+ŋea, siag+ŋag+phiet, sŋra+ŋra]→中生紐魚(語)韻・疑紐馬韻・幫紐質韻
[ʃio+ŋa, sio+ŋa+phiet, ʃiʌ+ŋɣa]→漢ソ・ガ・ヒツ呉ショ・ゲ・ヒチ慣ヒキ

「足」は、殷代の字形（𤴓など）は足首を表す止（㞢）だけではなく、足全体を象形文字にしたものである。同源の文字に「疋」があり、字音は上古音の段階ですでに分化していたとする説が多いが、字形が明確に分化した

のは楷書になってからである。因みに「疋」に「ヒツ（ヒキ）」の音があるのは匹の俗字として使用されたためであり、本来の字音ではない。

なお、加藤は「正」と同源の文字とするが、これは西周代の「」が偶然に「正（）」とほぼ同一の形になったものであり、字源は異なる。白川・鎌田・谷衍奎・李学勤・阿辻も甲骨文字の「正（）」を「足」の字形と誤解している。

字形は西周代に大きく変化し、上部が楕円形、下部が止の形になった。さらに、隷書から楷書で止の部分が変形して「足」の形になった。

150【路】 楷十三画　足部　成形声

古来紐魚部[la, glag, gˑrag]→中来紐暮韻[lu, lo, luo]→漢ロ呉ル

「路」は、足を意符、各を声符とする形声文字である。許慎・鎌田・谷衍奎は「各」に「至る」の意味があるとしており、矛盾はないが、「至る道」の意味には限定されていないので、亦声であることも確実ではない。そのほか、藤堂は「各」のうち「口」の部分を石の形と誤解したうえで字源を解釈している。

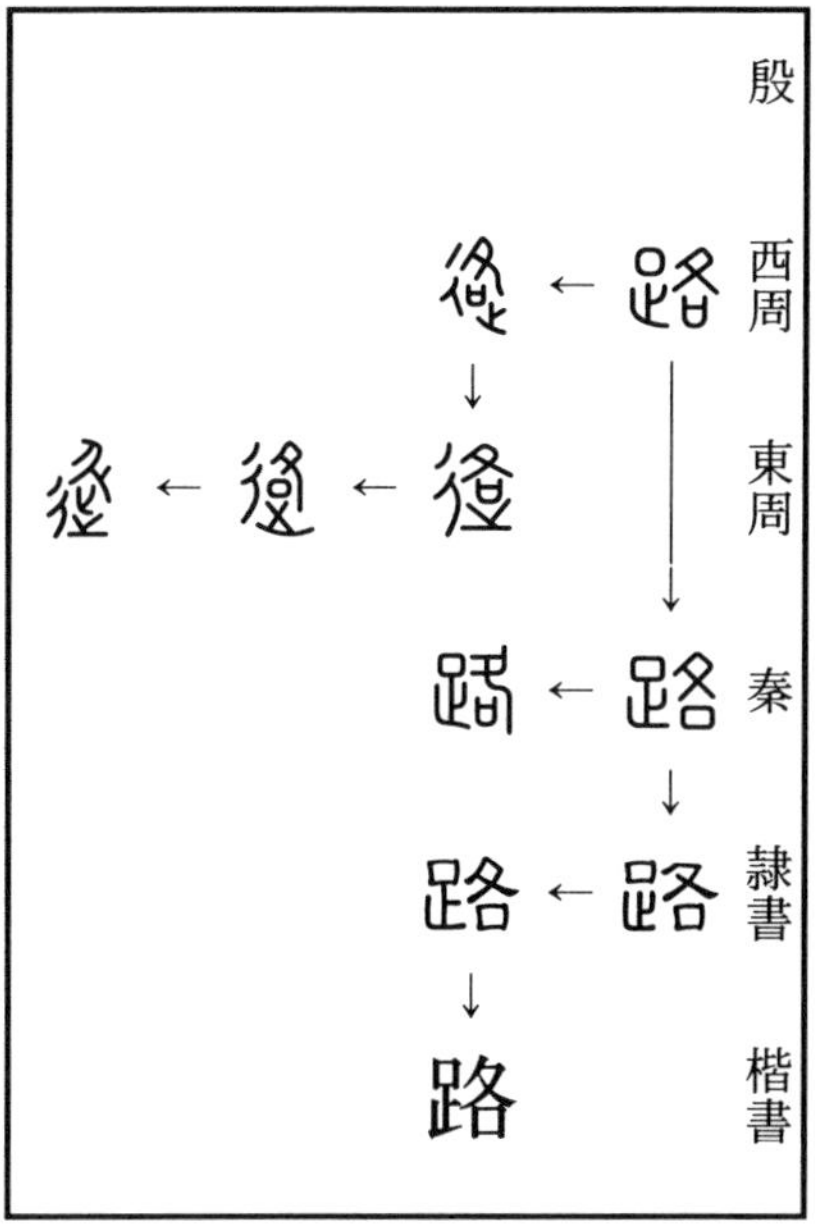

首部

「首（）」は、人の頭部を文字にしたものである。〔関連部首〕「頁」は、座った人の頭部を強調した形である。顔や頭に関係する文字の部首として使われることが多い。

《首》⑨首（頭）《頁》⑩夏⑱顔・題

---

151 **【首】**〔百・𩠐〕 楷九画　首部　成象形

古書紐幽部・透紐幽部・以紐幽部[ɕiu, thiog, hlu]→中書紐有（宥）韻[ɕiəu, ʃiəu, ɕiu]→漢シュウ（シウ）呉シュ

殷代の首（）は、人体の頭部の形であり、上部に頭髪があり、小円が目である。西周代以降には、頭部以外の部分を目（）や鼻の象形の自（）にしたものが多く、最終的に頭髪の形と「自」から成る形になった。楷書の「首」のうち、上部が頭髪であり、下部が「自」である。

異体として殷代には、頭部を正面から見た形（など）もあるが、後代には残っていない。また頭髪を省いた形（）があり、これは首の異体の「百」として楷書に残っている。

152 **【頭】** 楷十六画　頁部　成形声

古定紐侯部[dɔ, dug, do]→中定紐侯韻[dəu, dəu, dəu]→漢トウ呉ズ（ヅ）慣ト

また、「頭」は、篆書（）以降は、頁を意符、豆を声符とする形声文字であるが、初出の東周代には、加藤

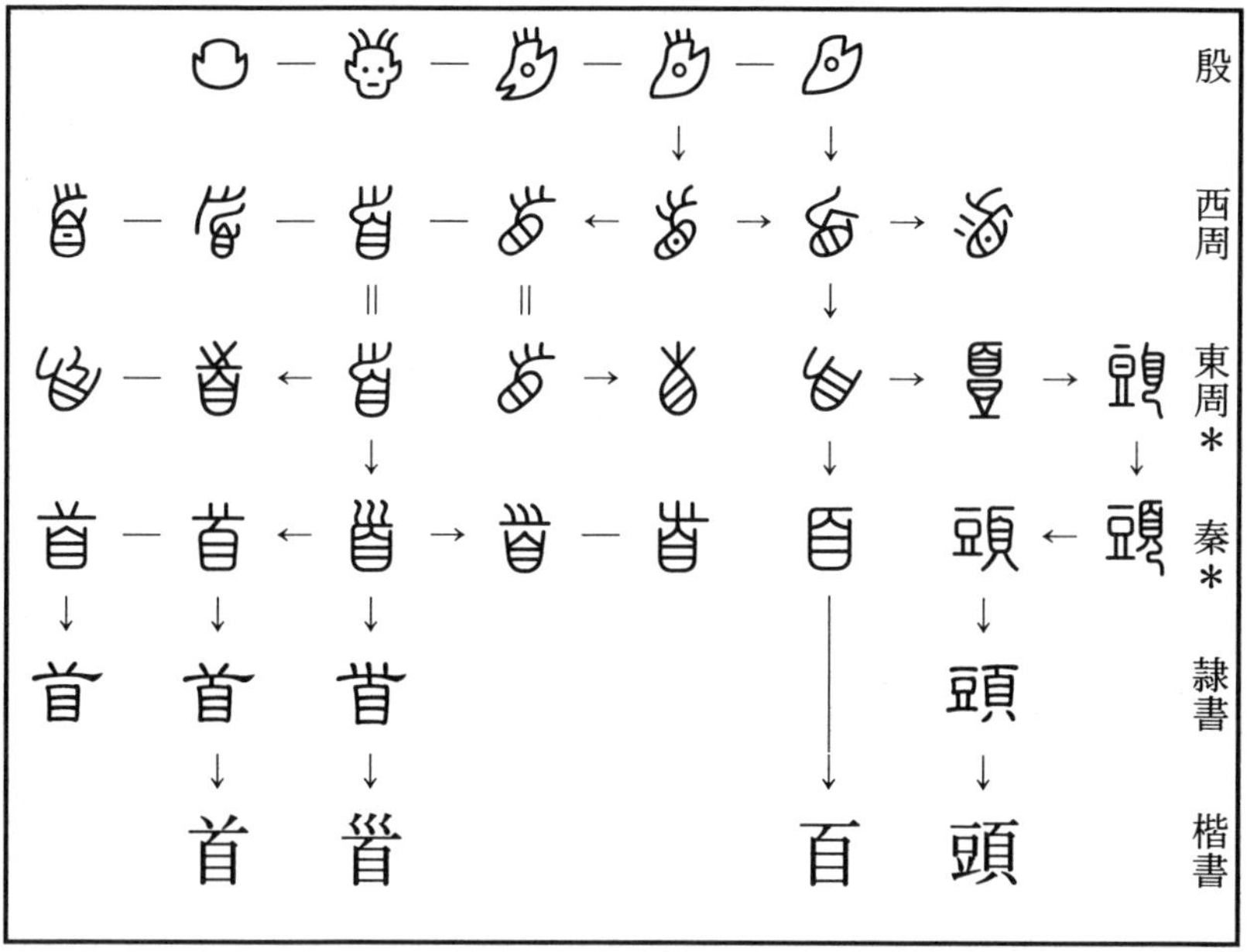

が述べるように「百」を意符とする字形（）が見える。
殷代には、「途首（）」という語句があり、「道中」の意味であった。早くから転注によって「あたま」を意味する語に使われ、そこから借りて「途道」の意味に用いたと思われる（道は定紐幽部で[dɯ]などと復元され、頭に字音が近い）。

「頭」のうち、声符の「豆」について亦声とする説があり、藤堂・赤塚は、「樹」や「柱」に通じて「まっすぐに立つ」の意味とするが、「豆」自体にその意味はなく、あるいは語源に共通点はあるかもしれないが、字源として亦声にはあたらない。また、白川は「豆（たかつき）」が頭部の形状の形容としても使われているとし、鎌田・谷衍奎も同様の解釈である。こちらは論理的な矛盾はないが、他に確実な用例は存在しない。

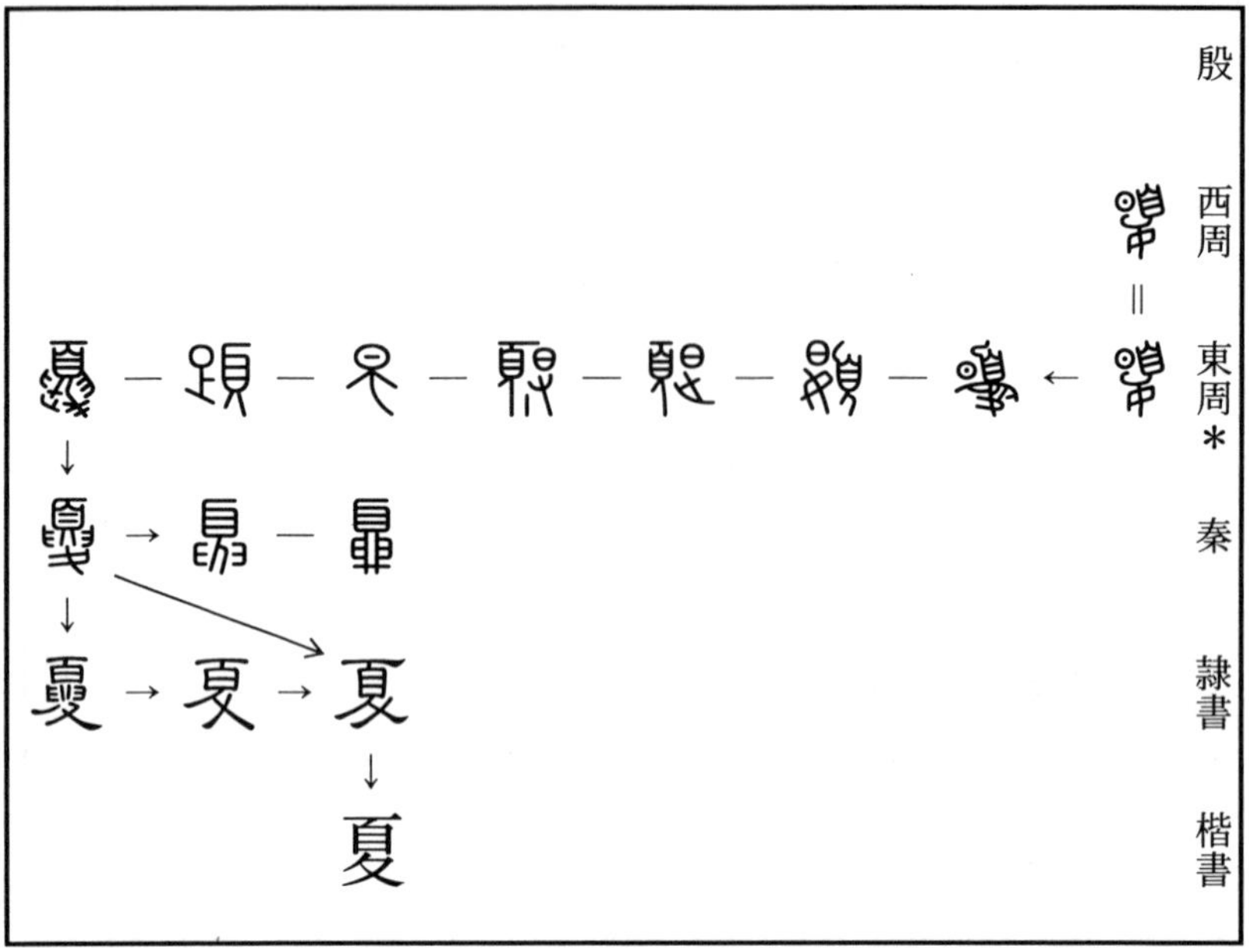

▽頁部

153 【夏】 楷十画　文部　成会意

古匣紐魚部・群紐魚部[yea, ɦag, gra]→
→中匣紐馬(禡)韻[ya, ɦa, ɦya]→漢カ呉ゲ

篆書の形（〓）は人の頭部を強調した形の「頁」に両手の形の「臼《きょく》」と足の形の「夊《すい》」を加えた形であり、隷書で臼や頁の下部が略されて「夏」の形になった。そのため多くの研究者が篆書の形を元に舞踊の様子と考えていた。しかし、初出の西周代には日を部首とする形（〓）であり、舞踊の様子とは考えられない。

李学勤は日中に活動する人の様子を表した会意文字としており、この考え方に矛盾はない。ただし、旁の部分は神名である夔《き》（殷代には「〓」や「〓」の形）やその同源字の夒《どう》に構造が近く、日を意符、夒を声符とする形声文字であるかもしれない（もっとも夒の上古音は群紐脂部で[giuei]などと復元されており、字音の関連は確実ではない）。そのほか谷衍奎は夒からの分化字とするが、日を加えた字形は見落としている。

字形は東周代に様々な異体が作られ、「日」以外の部分を簡略化したもの（）や「日」を除いて両手を足を強調した形（）などがあり、前述のように後者が継承された。楷書の「夏」は人の頭部と足から成る形なので、構造としては会意文字にあたる。

---

154 **【顔】［顏］** 楷十八画　頁部　成形声（亦声）

古疑紐元部[ŋean, ŋan, ŋran]→中疑紐删韻[ŋan, ŋan, ŋγan]→漢ガン呉ゲン

初出の西周代には、面（）を意符、彦［彥］の略体を声符とする形であり、東周代に意符が顔面を強調した人である「頁」に変えられ、彦も略体ではなくなった。また、彦は美男子の意味であり、意味も表す亦声の部分とする説が有力である。なお、産［產］などは「产」の部分が声符として機能しており、顔［顏］の初文についても产を声符とするものかもしれない。

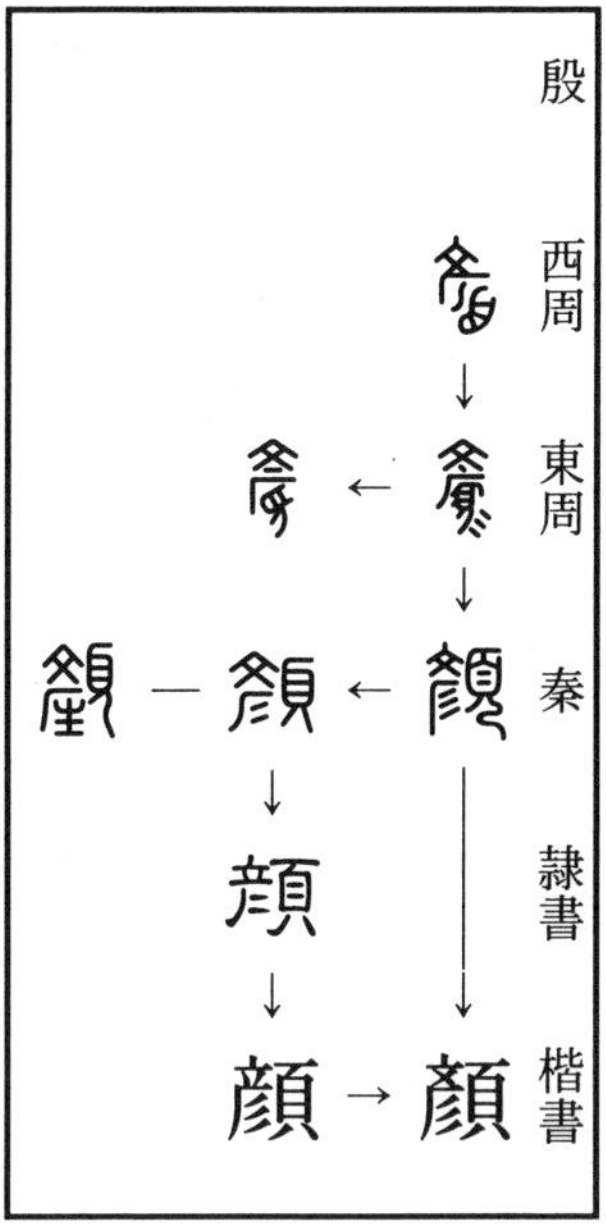

そのほか、秦代に声符を産［產］に変えた異体（）も作られたが、後代には残っていない。また新字体は「彦」を使った略字であるが、すでに隷書から見える形である。

原義について、許慎は「眉目の間」、すなわち額とするが、先秦文献では「顔色」などの熟語で用いられており、額の方が引伸義であるかもしれない。出土文字について

も、初出の西周代は人名だが、東周代の用例は「かお」の意味である。

155【題】楷十八画　頁部　成形声

古定紐支部[die, deg, de]→中定紐斉(霽)韻[diei, dei, dei]→漢テイ呉ダイ

殷　西周　東周　秦　隷書　楷書

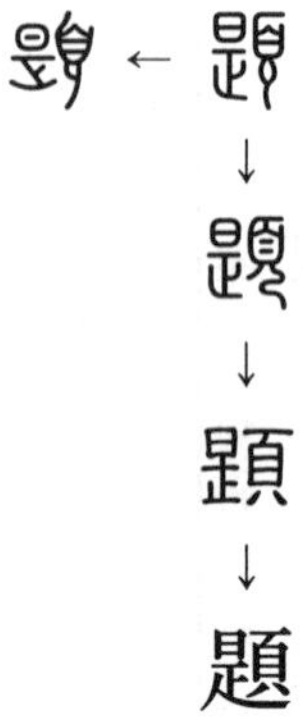

「題」は、頁が意符、是が声符の形声文字である。是は上古音では題と同じ支部（[ʑie]などと推定）であった。原義は「ひたい」であり、後に「かかげるもの」の意味として転用された。なお、赤塚は「額につけるしるし」が原義で「ひたい」を引伸義とするが、初出の東周代の用例はいずれも類似形の「夏」の意味に用いられており、確認は困難である。

「是」の部分について、藤堂は「まっすぐのびる」も意味する亦声とし、鎌田や谷衍奎も突き出る意味があるとする。しかし、「是」自体にはそれらの意味はなく、語源としての共通点があった可能性はあるが、直接の亦声ではない。

心部

「心（）」は、心臓の形に象る。後に、「こころ」の意味に転用され、感情や思考などに関係する部首として主に用いられた。

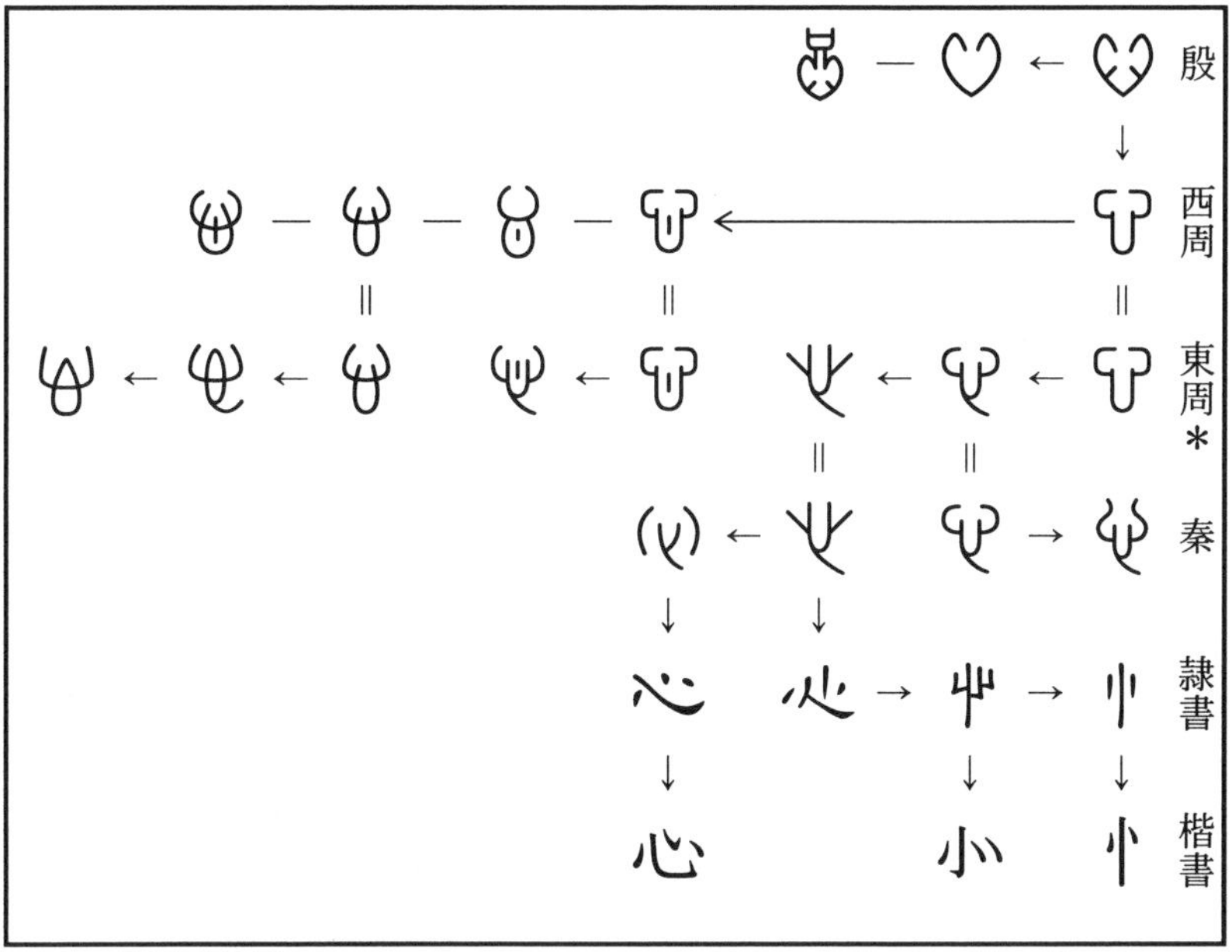

《心》④心⑨急・思⑩息⑪悪⑫悲⑬意・感・想

156【心】 楷四画　心部　成象形

古心紐侵部[siəm, siəm, slɯm]→中心紐侵韻
[siem, siəm, siim]→漢シン（シム）呉シン（シム）

心（）は心臓の象形であり、心房と心室が分かれた状態を表現している。殷代には供物として犠牲の心臓を捧げる儀礼も見られ、心臓の構造を理解していたと考えられる。また殷代には、王の心臓疾患の有無を占ったものも見られる。

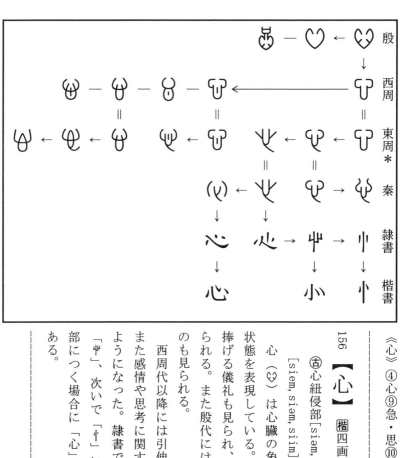

西周代以降には引伸義で「こころ」の意味が付され、また感情や思考に関する文字の意符としても用いられるようになった。隷書では、偏として書かれる場合には、「」、次いで「忄」に簡略化された。また、楷書では下部につく場合に「心」ではなく「⺗」の形になることもある。

157 【急】［急］ 楷九画　心部　成形声

古見紐緝部[kiəp, kiəp, krɯb]→中見紐緝韻[kiep, kiəp, kyiɪm]→漢キュウ(キフ)呉キュウ(キフ)

心を意符、及［及］を声符とする形声文字であり、気が急《せ》くことを表している。

「及」の部分を亦声とする説もあり、藤堂はせかせかと追いつくような気持ちを意味するとし、白川は追いつこうとして急ぎはやる心情とする（赤塚・谷衍奎も同様）。

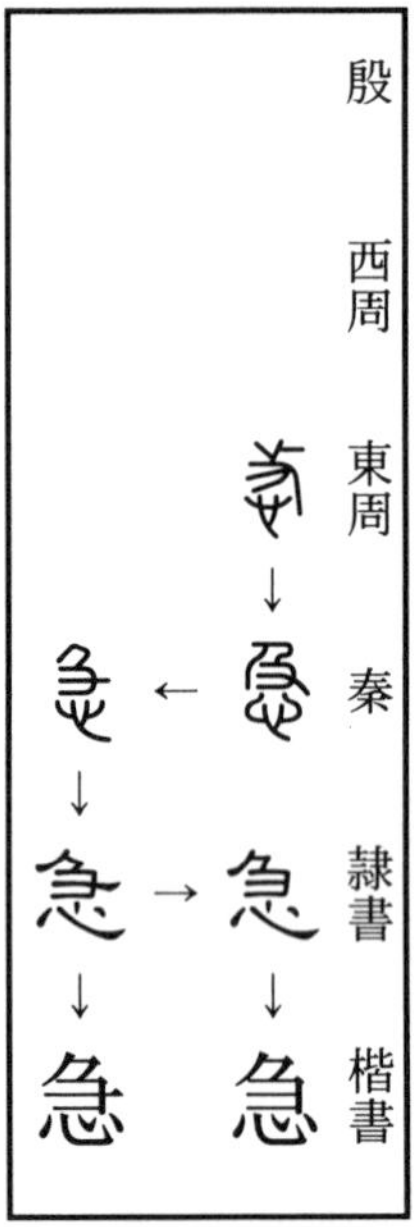

また鎌田は追われる時の気ぜわしい心とする。いずれも矛盾はないが、明確な論拠はなく、亦声であることは確実ではない。

字形について、及［及］は「人（亻）」と手の形の「又」から成るが、急は楷書では人の形が「ク」になり、手の形が「ヨ」になっている。

---

158 【思】｛恖｝ 楷九画　心部　成会意

古心紐之部・泥紐之部[siə, siəg, snɯ]→中心紐之(志)韻[siə, siei, si]→漢シ呉シ

初文（）は「恖」の形にあたり、上部の「囟《しん》」は人の頭部で、特に脳を表す象形である。「思（恖）」は、それに「心」を加えて「おもう」を表した会意文字である。

なお、許慎・白川・赤塚・李学勤は囟を声符とする形声文字とし、加藤・谷衍奎は会意で囟が亦声とするが、

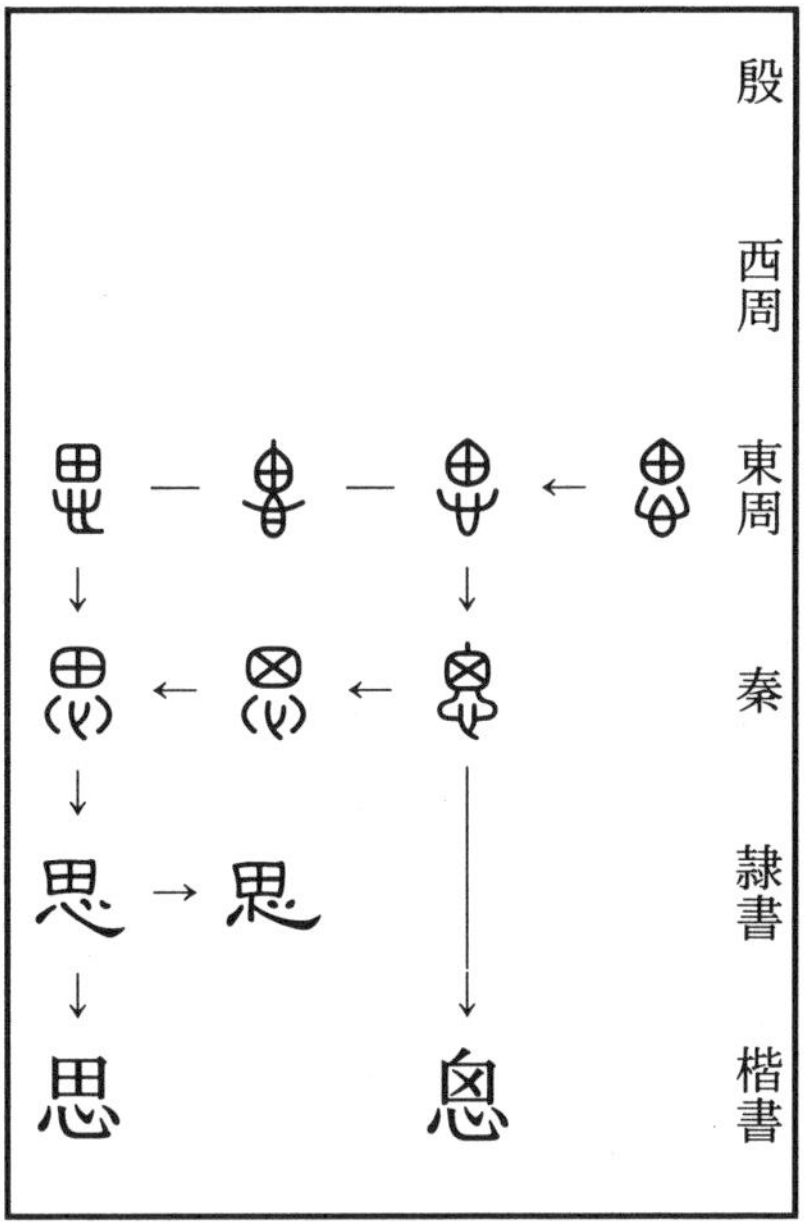

囟は上古音で心紐真部（[sien]などと復元）と推定されており、韻母の違いが大きく、亦声の形声文字などではなく会意文字とするのが妥当であろう。

字形は東周代に囟を田に誤った異体（⿱田乚）があり、これが楷書の「思」になった。また初文の「恖」も楷書に残っている。

ちなみに、思（恖）とよく似た文字に怱《そう》（悤）があるが、囟《そう》を声符とする別字である。

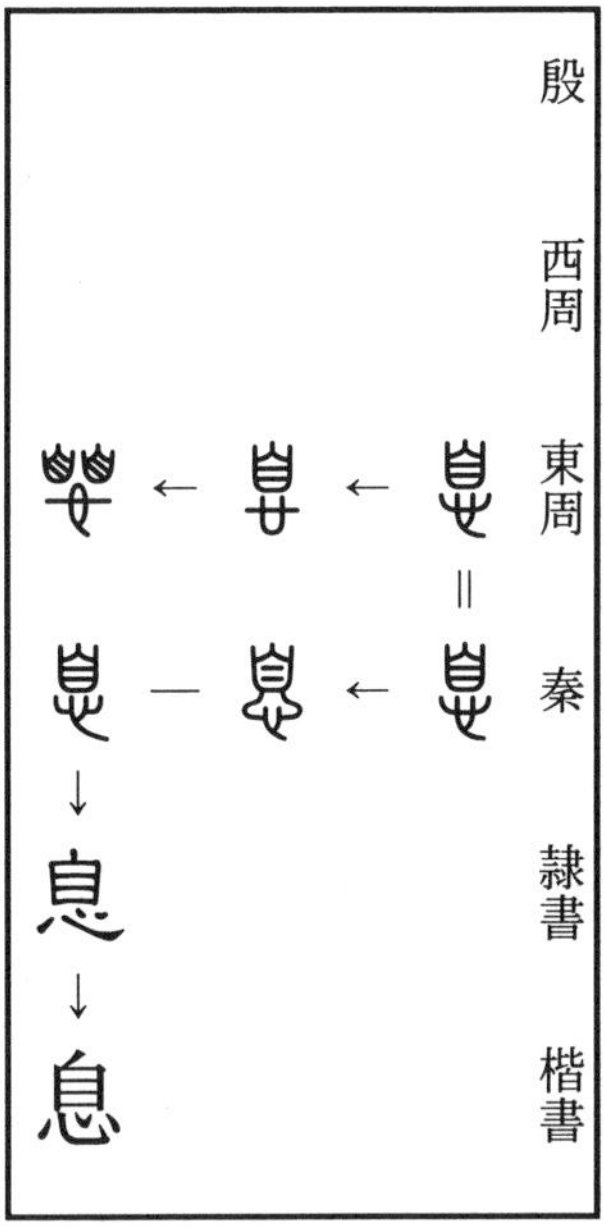

159 【息】 楷十画　心部　成会意

古心紐職部[siak, siak, slɯg]→

→中心紐職韻[siak, siak, sik]→漢ショク呉ソク

「息」は、呼吸が原義であり、上部が鼻の形の「自」、下部が「心」であるが、字形構造の意味には諸説がある。藤堂は心臓の動きにつれて息をすることとし、白川は心の状態が息に表れるとする。また赤塚・鎌田は心臓から鼻へ抜ける息を表すとする（阿辻も同様）。いずれも矛盾

のない解釈であり、正否を確かめることは難しい。

そのほか、許慎は会意とするものの、具体的な意義を述べていない。加藤は自を意符、心を声符とする形声文字とするが、心は上古音が陽声で侵部（[siəm]などと復元）と推定されており、韻母が遠い。また李学勤は赤塚らと同様の説で、かつ自を亦声とするが、自は脂部（[dziei]などと復元）であり、これも字音が遠い。谷衍奎は吐息の表現が誤って「心」の部分になったとするが、初出の東周代（など）から「心」の形を用いている。

そのほか、東周代の「」は借りて「盡《きょく》（あるいは疾）」の意味に用いられており、息とは別字とする説もある。また、甲骨文字の「」などを「息」の初文とする説もあるが、固有名詞であり、字形・字義に継承関係が確認できない。

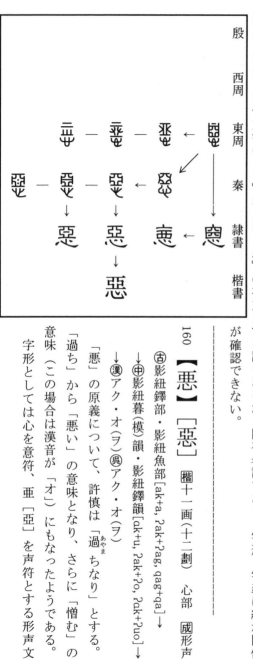

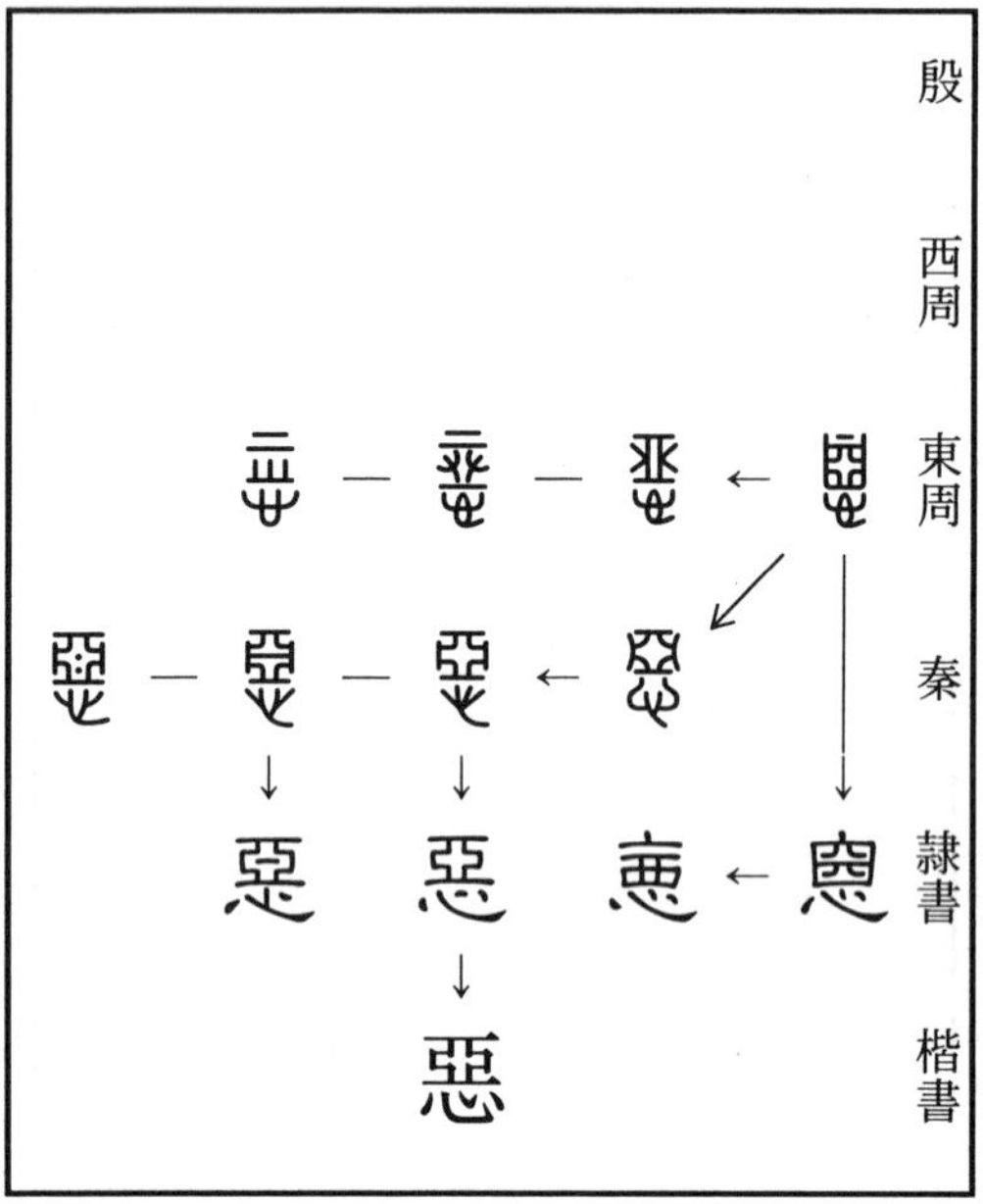

160 **【悪】［惡］** 楷十二画（十二劃）　心部　成形声

古影紐鐸部・影紐魚部[ak+a, ʔak+ʔag, qag+qa]→
→中影紐暮（模）韻・影紐鐸韻[ak+u, ʔak+ʔo, ʔak+ʔuo]→
→漢アク・オ（ヲ）呉アク・オ（ヲ）

「悪」の原義について、許慎は「過《あやま》ちなり」とする。「過ち」から「悪い」の意味となり、さらに「憎む」の意味（この場合は漢音が「オ」）にもなったようである。

字形としては心を意符、亜［亞］を声符とする形声文字である。王墓の象形である亜について、意味も表す亦声とする説もあり、藤堂は亜字形に掘り下げられた形から、押し下げられてくぼんだ気持ちを表すとし、白川は王墓の死葬凶礼から悪の意味になったとする（李学勤も同様）。また赤塚は「亜」自体に「みにくい」の用法があるとし、鎌田は墓室に臨んだときの心から、「いまわしい」や「わるい」の意味を表すとする。いずれも明確な論拠はなく、憶測という程度である。しかも、亜（亞）は殷代には王墓の象形であるが、初出の東周代には、現状の考古資料では亜字形墓は見られなくなっており、王墓の意味から考えるのは適当ではないだろう。

---

161 **【悲】** 楷十二画　心部　成形声（亦声）

古幫紐微部[piəi, piuər, prɯ]→中幫紐脂韻[pi, piui, pyii]→漢ヒ呉ヒ

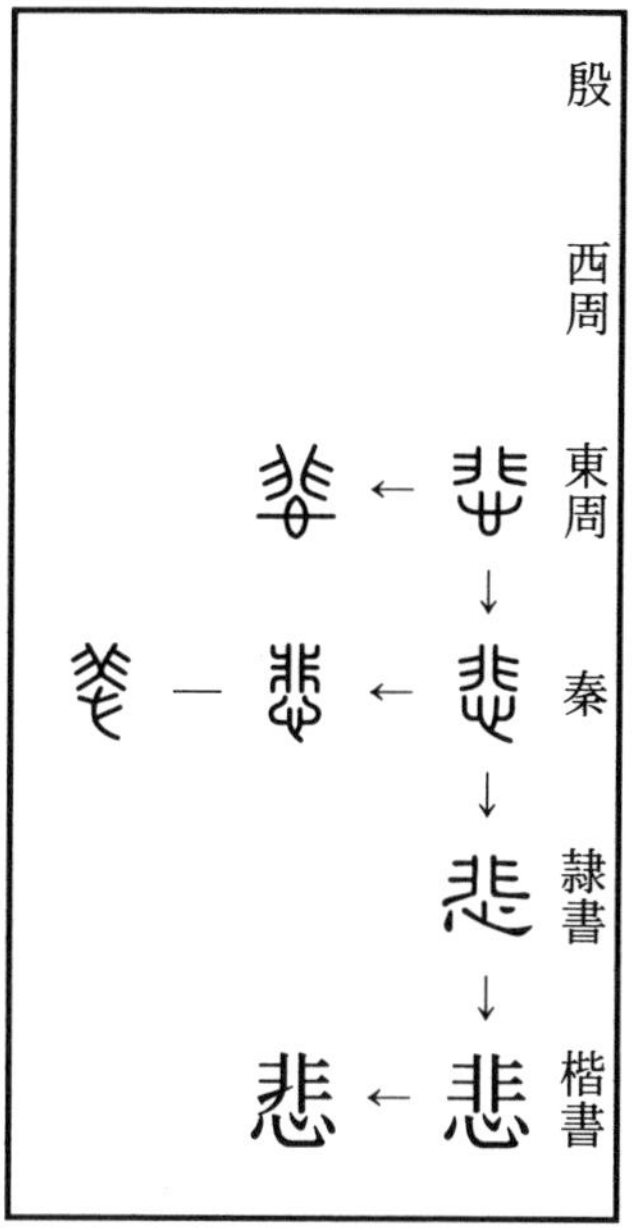

「悲」は、心を意符、非を声符とする形声文字である。「非」を亦声とする説もあり、白川は非が不安定な心情を表すとし、赤塚は「思いにそむくのをかなしむ」とする（谷衍奎も同様）。非は否定助字として使われるので、この解釈は妥当と思われる。

そのほか、藤堂・鎌田は、非に「左右に分かれる」の意があり、「心が裂ける」を表すとするが、非の字源は人が背を向けている姿であるものの、後代には羽の形と考えられており、結果としてこの説は無理がある。李学勤

は非を飛と同源として「徘徊」の意味と解釈するが、やはり飛（鳥の全体像に象る）と非は字源が異なっている。

162 【意】 楷十三画　心部　成会意

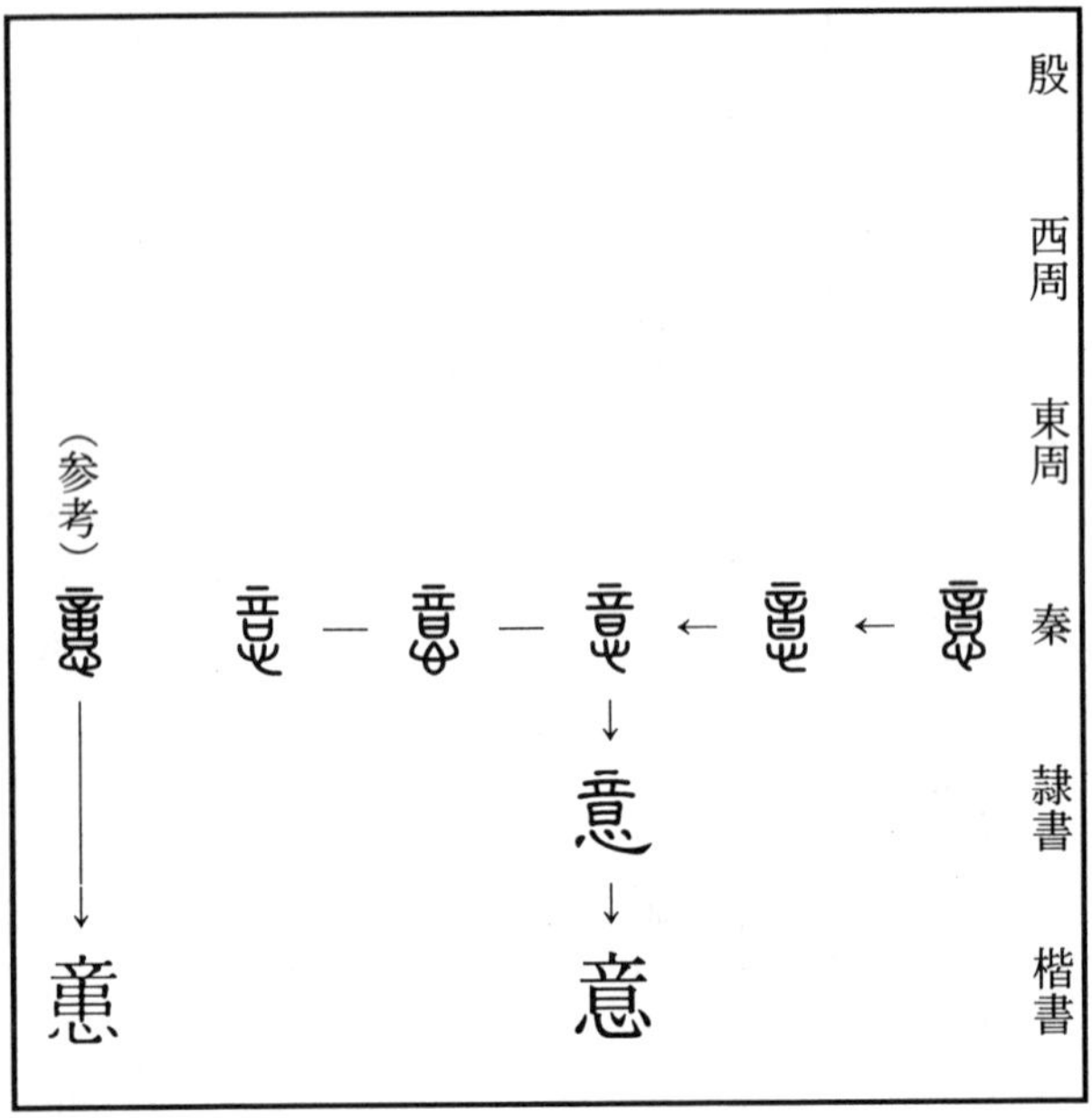

㊀影紐之部・影紐職部[iə, ʔiəg, qɯg]→
→㊥影紐志韻[iə, ʔiei, ʔi]→㊦イ㊤イ

「意」の成り立ちには二説があり、ひとつは言（）と同源の音（）と心（）の会意文字とするもので、許慎は「言を察して意を知る」とする。また白川・鎌田・阿辻・谷衍奎・李学勤も会意説を採る。そのほか、藤堂も会意説だが音の字源を「口の中にものを含む」と誤解する。

もうひとつは、心を意符、啻《よく》（）の省声と見て、形声文字とする説である。形声説は加藤・赤塚が採る。

実際のところ、楷書で「意」にあたる形には二系統がある。篆書のうち、「」は、音と心から成る会意文字であり、これが「意味」や「意思」などの「意」になっている。

一方、篆書の「𢡈」は、心を意符、䓯を声符とする形声文字であり、はかることを意味する。楷書では「𢡈」であるが、声符として使われると「意」と同化しており、「憶」や「億」に使われている。

さらに、䓯は憶の初文とする説が有力であり、「意」とは字義も近い。しかも、䓯は上古音が影紐職部（[iək]など復元）と推定されており、意とは陰声・入声の押韻関係になる。このように、字義・字音がいずれも近い文字なので、䓯（および𢡈）と意は同源語である可能性もある。

---

163 **【感】〔感〕** 楷十三画　心部　成形声

古見紐侵部[kəm, kəm, kɯm]→中見紐感韻[kɒm, kəm, kʌm]→漢カン(カム)呉カン(カム)

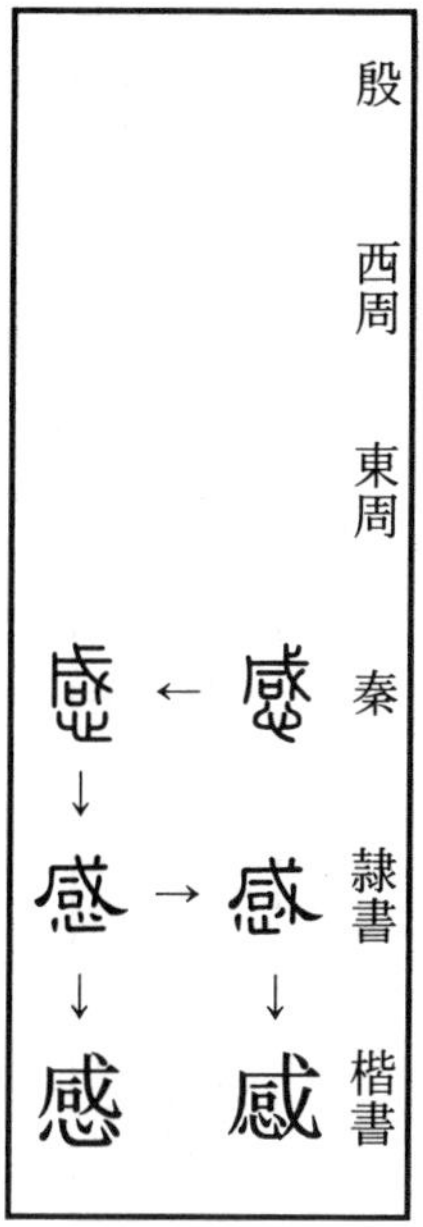

「感」は、心を意符、咸《かん》を声符とし、心が動くことを表す。

「咸」を亦声とする説もあり、藤堂は強い打撃や刺激を与える意を含むとする。白川は祝禱の呪能を守り、神の感応をうる意味があるとする。また赤塚はうごく意があるとし、鎌田・谷衍奎は喊に通じて声を出し切る意味とする。しかし、咸にはそれらの意味はなく、語源に関連があった可能性はあるが、直接的に意味を表す亦声とは見なせない。

字形は隷書で「心」を左下に寄せた形（感）が作られ、楷書にも「感」として残っている。

---

164 【想】 楷十三画 心部 成形声（亦声）

古心紐陽部[siaŋ, siaŋ, saŋ]→中心紐養韻[siaŋ, siaŋ, siaŋ]→漢ショウ（シャウ）呉ソウ（サウ）慣ソ

「想」は、心を意符、相を声符とする形声文字である。

「相」は見ることが原義であり、亦声とする説もある。加藤は、心にものの姿を見ることとする（鎌田も同様）。藤堂はある対象に向かって心で考えることとし、赤塚は心の中を想い見ることとする。また、谷衍奎は相に「助ける」の意があることから、助けたいと想うこととする。李学勤が述べるように、「想」は「情形を想い浮かべる」の用例があり、加藤説が妥当であろう。

殷	西周	東周	秦	隷書	楷書
		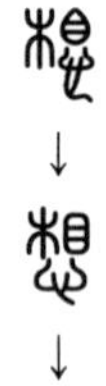		想	想

肉部

「肉（⺝）」は切った祭肉の象形である。当初は主に祭祀に関係する文字に使われたが、後に人体の一部を表す文字などの部首としても使われた。

《肉》⑥多・肉・有（侑）⑧育（后）⑪祭

165 【多】 楷六画 夕部 成会意

古端紐歌部・以紐歌部[tai, tar, ʔl'al]→中端紐歌韻[ta, ta, ta]→漢タ 呉タ

許慎は月の象形の「夕」を並べた形とし、加藤・赤塚・阿辻はこれに従う。しかし、殷代の字形では「　」が最も多く、これは「夕（　）」ではなく「肉（　）」を並べたものであるから、白川が述べるように「牲薦の肉が多いこと」の表現から「おおい」の字義を表したことになる。そのほか、谷衍奎・李学勤は祭肉説を採り、藤堂・鎌田は両説を併記する。

ただし、夕と肉は殷代から近い字形が用いられており、殷～西周代には肉を夕に誤った形（　など）も見られる。さらに、「肉」は西周～東周代には月（　）に近い形（　）になったが、「多」については原型が残ったため、結果として楷書では「夕」を用いた字形になっている。

166 **【肉】**〔宍〕 楷六画　肉部　成象形

古泥紐覚部・日紐覚部[ɳiuk, niok, niug]→
→中日紐屋韻[ɻiuk, n(r) iuk, ɳiuk]→漢ジク・ジュウ(ジウ)呉ニク・ニュウ(ニウ)

肉（　）は、切った祭肉を表している。当初は字形が夕（　）に近く、さらに西周代には月（　）に近い形になったため、会意文字などには若干の混同が見られる。さらに隷書以降でも偏として用いられる場合に月に非常

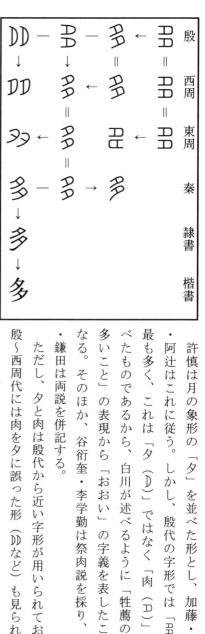

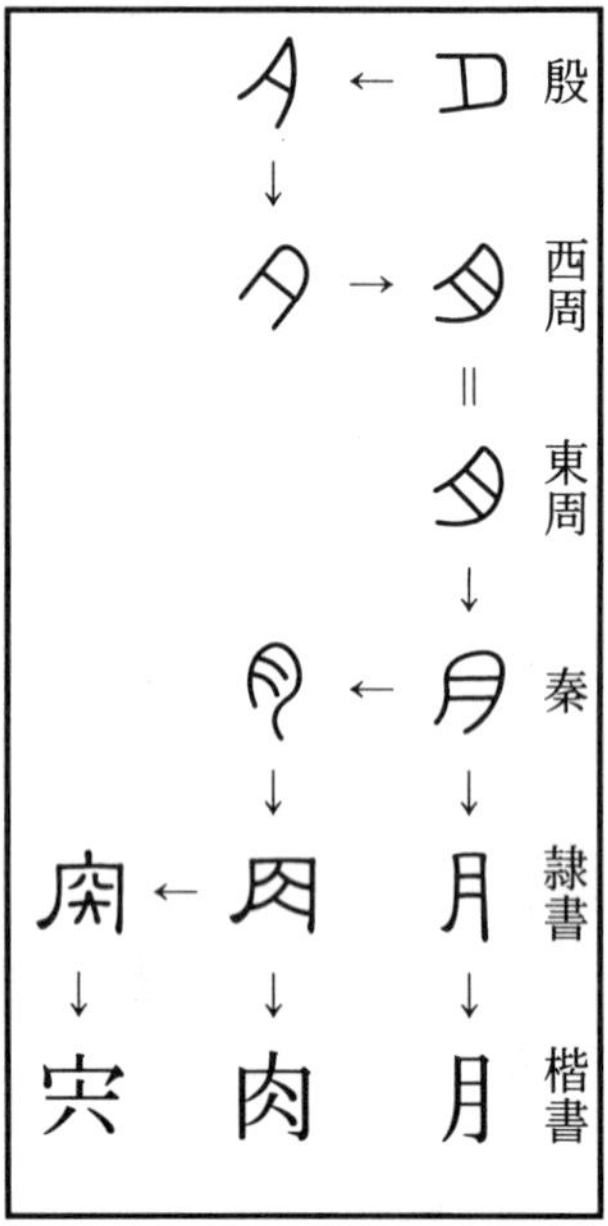

に近い形になっている。

楷書の「肉」については、隷書で出現した繁体（冈）に由来する。また「宍」も異体であり、隷書で「冈」の内部の表現方法を変えて「宍」となり、さらに楷書で変形したものである。

---

167 【有】［有］ 楷六画　月部　成会意（亦声）

古匣紐之部[ɣiuə, ɦiuəg, ɢʷɯ]→中雲紐有韻[ɣieu, ɦieu, ɦiu]→漢ユウ（イウ）呉ウ

168 【侑】［侑］ 楷八画　人部　成形声（亦声）

古匣紐之部[ɣiuə, ɦiuəg, ɢʷɯ]→中雲紐有韻[ɣieu, ɦieu, ɦiu]→漢ユウ（イウ）呉ウ

殷代には、「右」の初文の「又（ㄨ）」を借りて「有」や「侑」の意味を表していたが、西周代に新しく字形が作られた。

「有」は、許慎は「月に従い又声」とするが誤りであり、諸家が指摘するように、本来は初文の「又（楷書の「ナ」の部分）」と「肉（楷書では「にくづき」の形）」から成る文字である。楷書では月［月］の形を用いた「有」が正字とされており、許慎の解釈、あるいは篆書の字形（[illegible]）の影響であろうが、新字とされる「有」の方が伝統的な形を継承している。

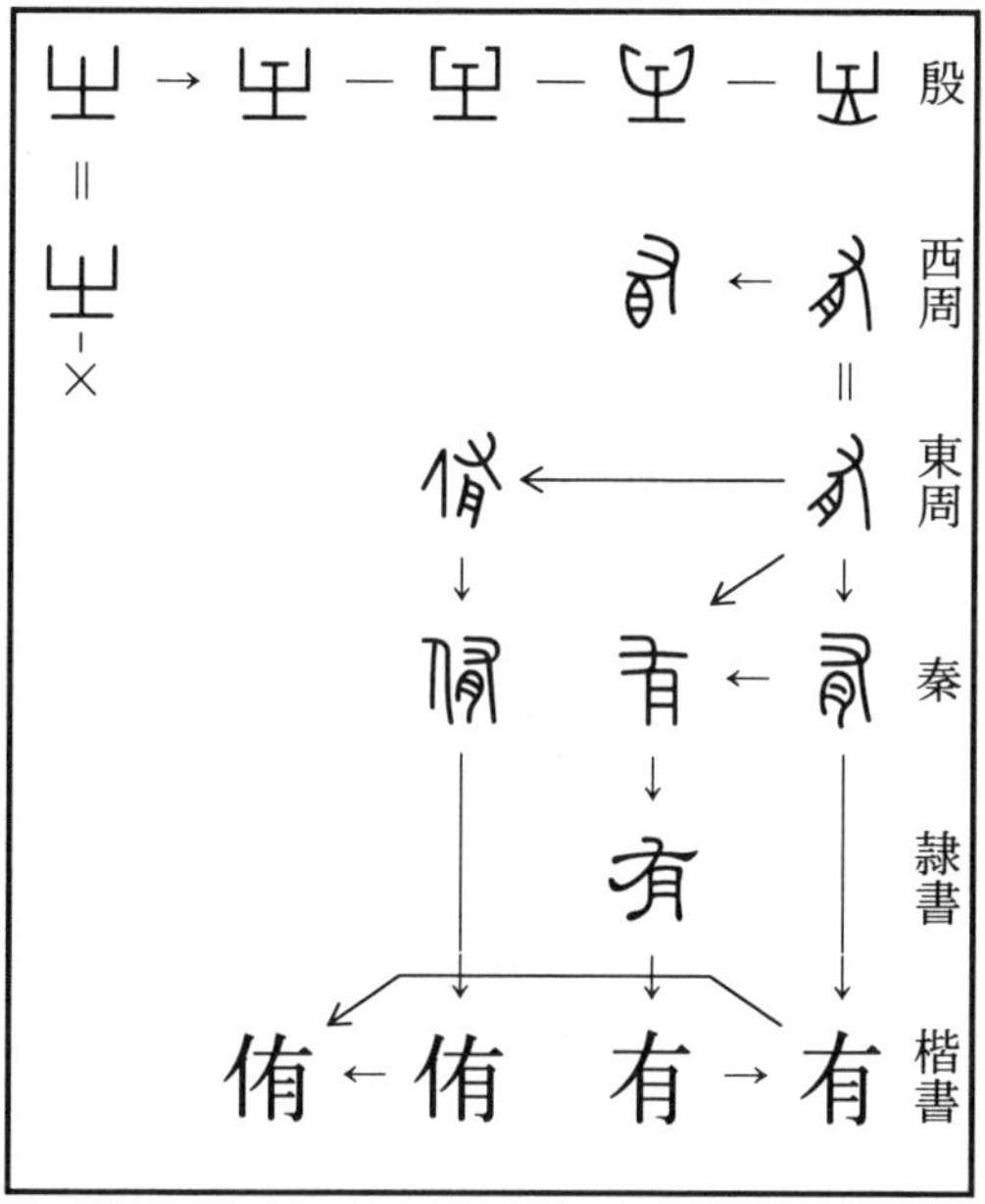

なお、李学勤は又を声符とする形声文字とするが、西周～東周代の形は手の下に肉がある状態を表しているので、純粋な形声文字ではなく、何琳儀『戦国古文字典』などが述べるように会意文字（ナは発音も表す亦声の部分）であり、手で肉を捧げる様子と考えるべきである。また、藤堂は又を「手でわくを構えたさま」と誤解した上で字源を解釈している。

「有」は、字源としては祭肉をすすめる儀礼の様子を表しているが、作られた当初からほとんどが仮借して「ある」の意味での用例であった。「すすめる」の字義については、東周代以降に、さらに「人（イ）」を増し加えた「侑」で表されるようになった。

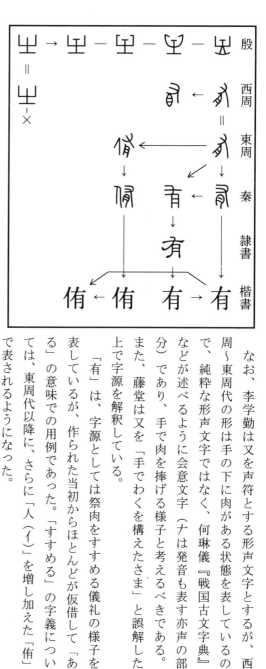

なお殷～西周代には、有や侑の意味について、借りて「㞢」などの形が用いられることもあったが、これは亡失字であり、字源は明らかではない。

---

169 **【育】**［育］〔毓〕 楷八画（七劃） 肉部 成会意？

古余紐覚部・以紐覚部[ɣiuk, ḍiok, lug]→中以紐屋韻[yiuk, yiuk, yiuk]→漢イク呉イク

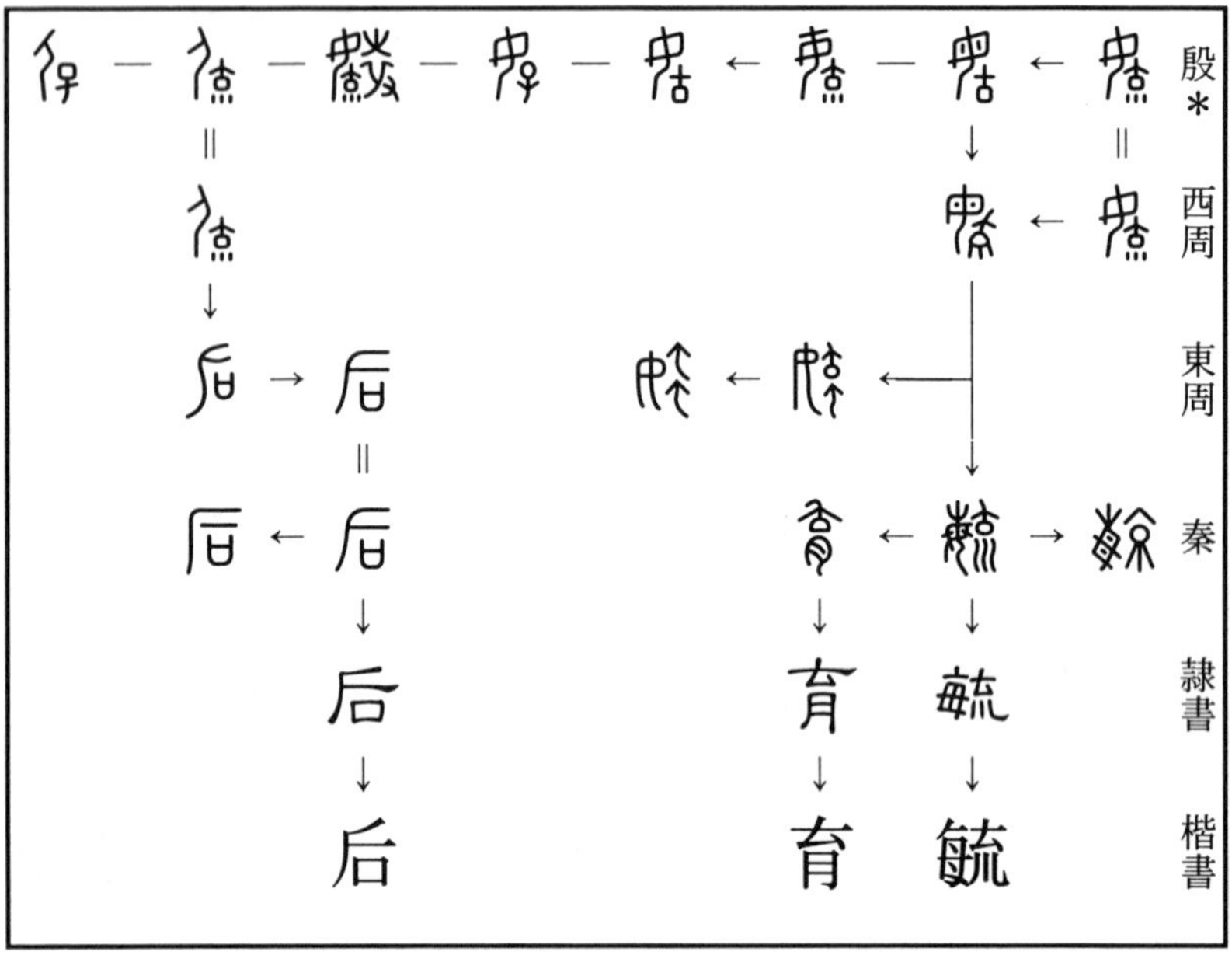

170【后】楷六画　口部　成会意

古匣紐侯部・群紐侯部[ɣɔ, ɦug, go]→中匣紐厚(候)韻[ɣəu, ɦəu, ɦəu]→漢コウ呉ゴ慣ゴウ

殷代の「〓」や「〓」などは、諸家が述べるように、女（〓）または母（〓）が子（〓）を産む様子を表している。子供は頭から生まれてくることが多いので、「子（〓）」の上下逆向きの𠫓（〓）を用いている。小点は羊水の表現であろう。字形としては育の異体（初文）の「毓」にあたる。秦代に母が字形の近い毎［毎］に変えられた。

秦代に𠫓と肉（にくづき）から成る「〓」が作られ、これが楷書の育［育］に継承された。許慎は肉を声符とする形声文字と見なし、加藤・赤塚・谷衍奎・李学勤はこれに従う。肉は上古音が覚部（[ɲiuk]などと推定）であり、矛盾はない。また、藤堂は子の肥立ちがよいことを表すとし、この会意説も矛盾はない。いずれが正しいかは明らかではなく、あるいは会意亦声かもしれない。

そのほか、白川は出産の儀礼が字源で肉を祭肉とする

が、初出が秦代であるから原始信仰が起源とは考えがたい。また、鎌田・阿辻は「育」の構造について明確に述べていない

また、殷代には「人（）」に従う「」などの形があり、東周代には人の部分が左右反転してさらに変形し、また厶も「口」に変わった。これが継承されて楷書の「后」になっている。

字義としては、殷代にはいずれの字形も王統のうち遅くに即位した王を指しており、「あと（后）」の意味で使われたと考えられる。字形を見ると、当時は子供が後ろ側に生まれるような姿勢で出産していたようなので、ここからの引伸義（または転注）であろう。

また、后は周代に「きさき」の意味で使われるようになったが、原義の出産によるものか、殷代に王后を表したのが「司」であるため、結果としてその左右反転形になった「后」で代用したのかは明らかではない。

「后」について、許慎は司の左右反転形が字源とし、また君主を原義とするが、いずれも誤りであり、字義については後代に王后からさらに引伸したものである。また加藤も司・后を同源字とし、鎌田・阿辻も君主を原義として「人が口で命令を発する」とし、赤塚は尻の穴を字源とするが、いずれも字形史に合わない。また李学勤は「構形不明」とする。白川・谷衍奎のみ、字形の変遷を正確にとらえている。ただし、白川は用法について「継体直系の君」とするが、実際は殷代には「系譜上で近い王」の意味であり、また厳密に直系・傍系を区別した用法ではなかった。

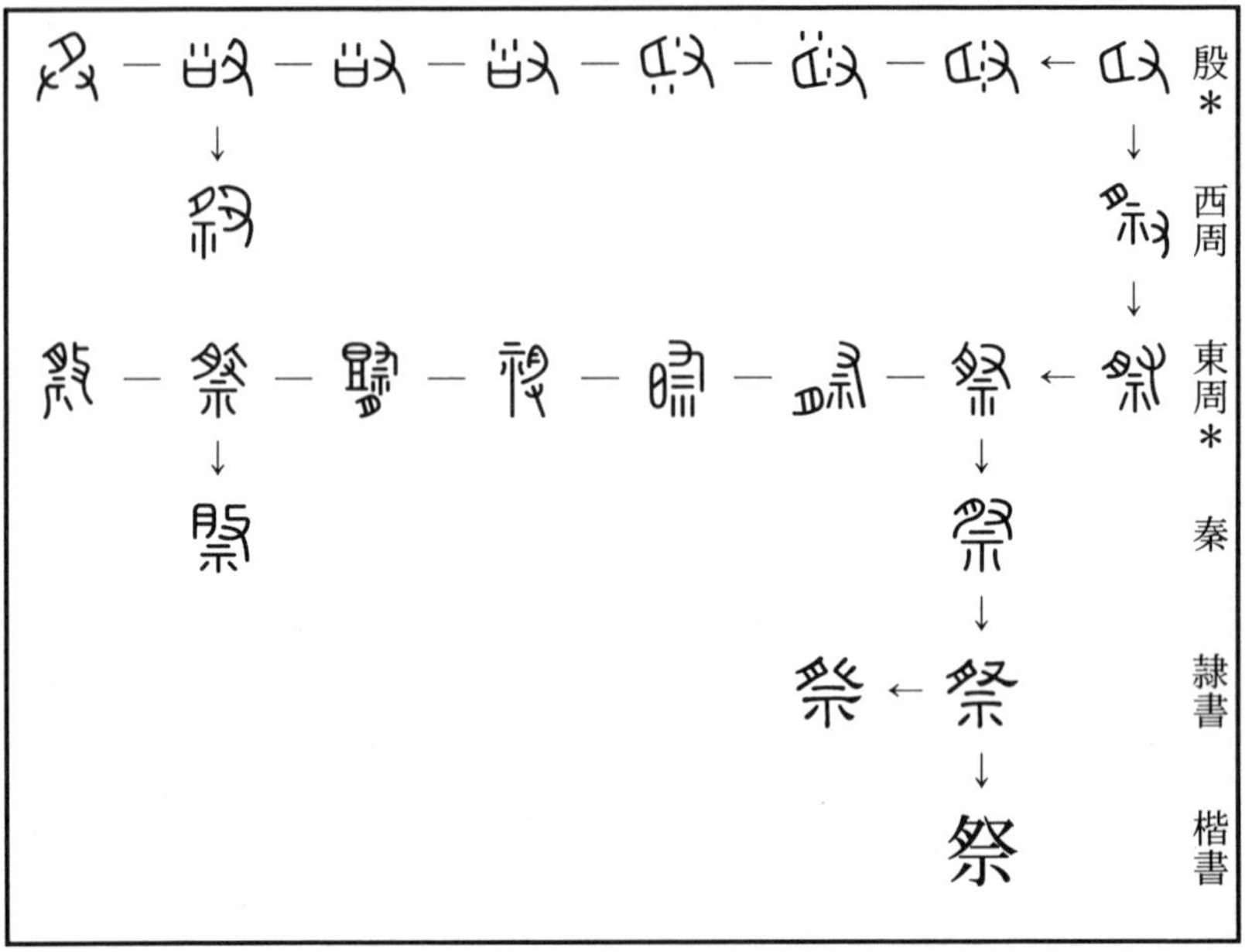

171 **【祭】** 楷十一画　示部　成会意

（古）精紐月部・精紐歌部[tsiat, tsiad, ʔsled+ʔsred]→

→（中）精紐祭韻・荘紐怪韻[tsiɛi, tsiɛi, tsiei+tʃɣɛi]→

→（漢）セイ（呉）サイ

殷代の「〓」は、祭肉（〓）を手（〓）で捧げ持つ形であり、諸家が述べるように儀礼の様子を表している。滴り落ちる血液を表す小点を加えた異体字（〓など）が多い。手の形の又（〓）を手を握った形の丑（〓）に変えた異体（〓など）もある。

当初は祭祀の汎称ではなく、特定の祭祀（先王を対象とする）の名として使用された。西周代には供物を置く机の象形である「示」が加えられて「〓」の形になった。これが後代に残っており、楷書のうち肉は「月（にくづき）」の部分にあたり、これに手の形の「又」と「示」を合わせて「祭」の形となる。

なお、成り立ちが近い文字に「有」があり、これも手で肉を持つ形であるが、初出が西周代であり、「祭」については西周代以降に「示」が付されているため容易に区別できる。

骨部

「骨」は初文が冎《か》（[illegible]）であり、もとは占卜に使う家畜の肩胛骨を表していた。そこから一般に「ほね」の意味に使われ、また人体に関係する文字の部首としても使われるようになった。冎に意符として肉（にくづき）を加えたのが「骨」である。

《骨》⑦体

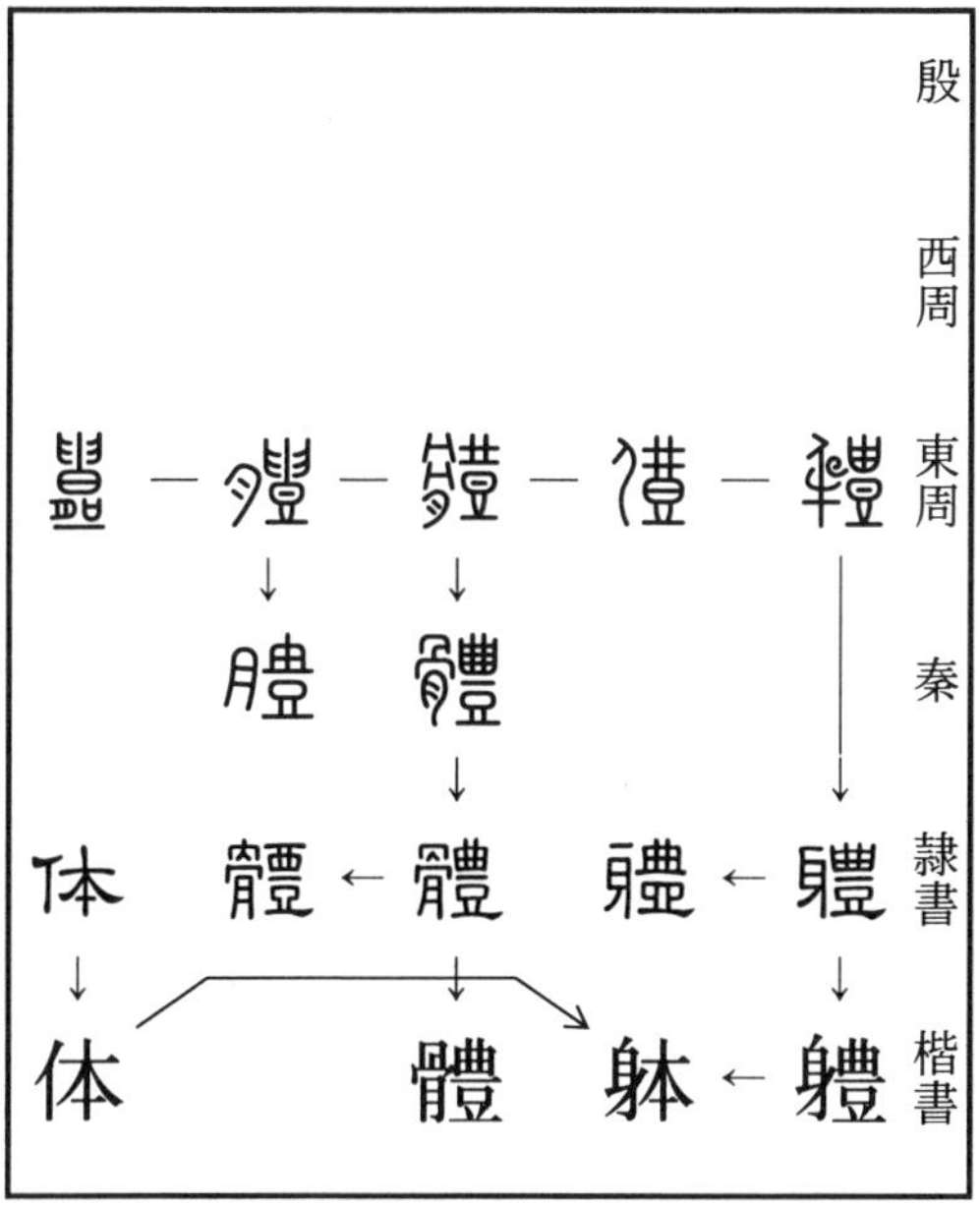

172 **【体】**［體］｛體・躰｝

楷七画（二十三劃）　人部（骨部）　成形声

古透紐脂部・寵紐脂部[thiei, ther, rhi]→

→中透紐薺韻[thei, thei, thei]→漢テイ呉タイ

体［體］は、骨を意符、礼［禮］の初文の豊《れい》を声符とする形声文字である。東周代に初出であるが、異体には意符に「骨」を用いたもの（體）のほか、「人」を用いたもの（僼）や「肉」を用いたもの（[illegible]）などがある。また意符に「身」を用いたもの（軆）は「體」として楷書

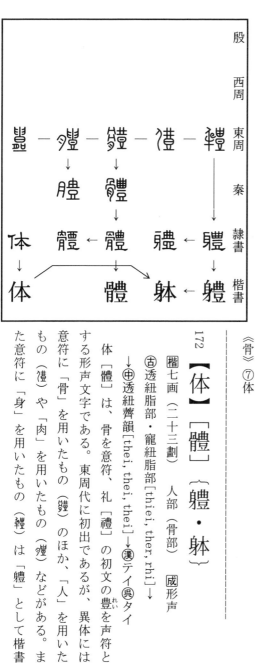

に残っている。

「体」については、もと本を声符とする形声文字であり（漢音はホン）、「笨」と同じく粗末なことを表していた。のちに、「體」の略体として使われるようになったが、その経緯は明らかではない（あるいは「ひとのもと」という会意の解釈かもしれない）。また楷書では、「體」と折衷した「躰」も作られている。

そのほか、字義の近い文字として、「軀［軀］」や「躬」などがあり、いずれも身を意符とする形声文字である。

なお、藤堂は「體」のうち「豊」に「きちんと並べる」の意味があるとして会意で解釈するが、豊にその用法はなく、諸家が述べるように形声とするのが妥当である。

自然に関係する部首の文字

日部

「日［日］」（⊖）は、太陽の象形である。引伸義で日中や日数の意味でも使われ、部首としてもそれらの用法が見られる。

《日》④日⑥早⑧昔⑨春・昭（卲・照）・昼・昜（陽・暘）

⑩時⑫暑・晶（星）・晴⑬暗（闇）⑱燿（曜・耀）

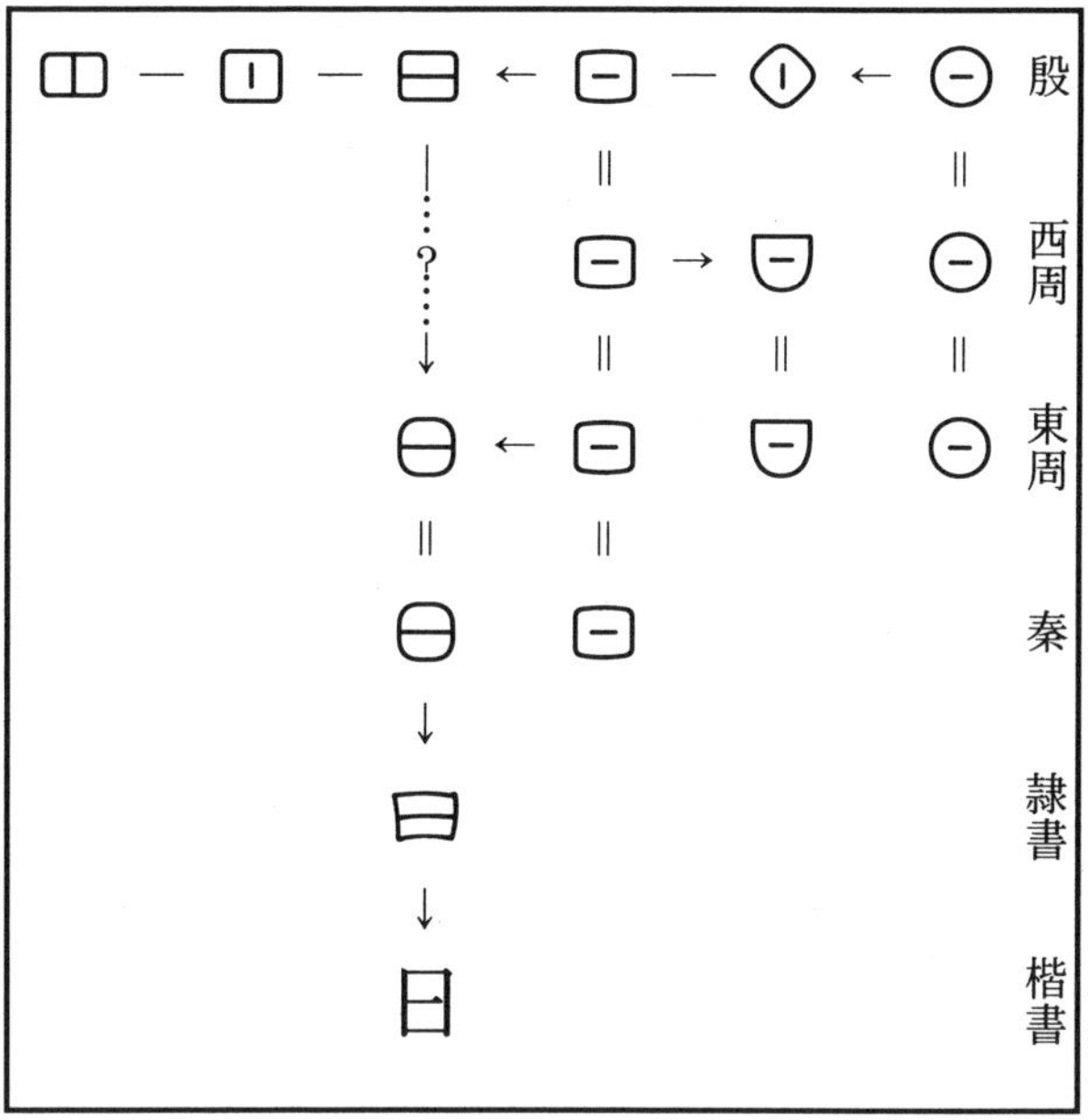

173【日】［日］ 楷四画 日部 成象形

古泥紐質部・日紐質部[ŋ̥iet, niet, niig]→中日紐質韻[ɹ̥iet, n(r)iet, ŋ̥iit]→漢ジツ呉ニチ

太陽の象形であり、「⊖」が原型であろう。ただし甲骨文字では、彫刻するためには直線的な字体が適しており、外縁部を四角形にした「⊟」の字形が最も多く使われている。

「日」には原義の太陽のほか、引伸義で日中や日数の意味もあり、殷代には既にこれらの意味でも使われている。

内部の点（楷書では三画目）について、許慎は内部が満ちていることの表現とするが、小点を充填の意味で用いたものは確実な例がなく、正否は明らかでない。

174【早】 楷六画　日部　成形声

古精紐幽部[tsu, tsog, ʔsu]→中精紐晧韻[tsau, tsau, tsau]→漢ソウ（サウ）呉ソウ（サウ）慣サッ

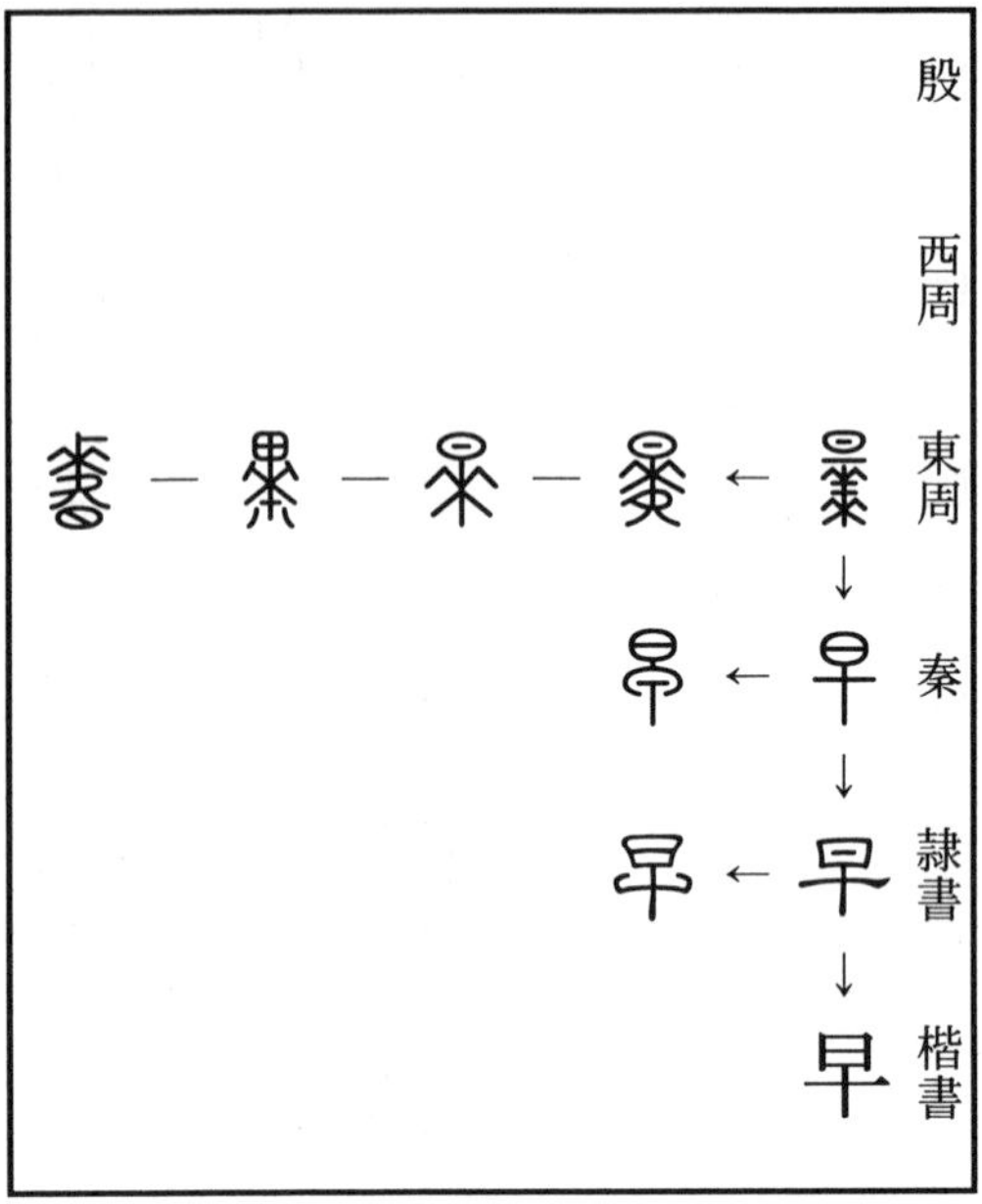

「早」については、許慎は篆書の形（早）から、日と甲（甲）から成る文字とし、加藤・鎌田もこれに従うが、派生して出現した装飾性の強い字形である。また藤堂は「早」の形から「木の実」とし（谷衍奎も同様）、白川もこの形から「さじの形」とする（阿辻はこれ従う）が、より古い字形と矛盾する。そのほか、赤塚は誤って「草」の字形から字源を解釈している。

李学勤が指摘するように、近年の発掘・研究で戦国時代の楚系文字に「日」と植物の形から成る字形（𣉻など）が最も古いものとして発見されており、植物の形は声符としての棗《そう》とされる（上古音で早と同音と推定）。ただし、

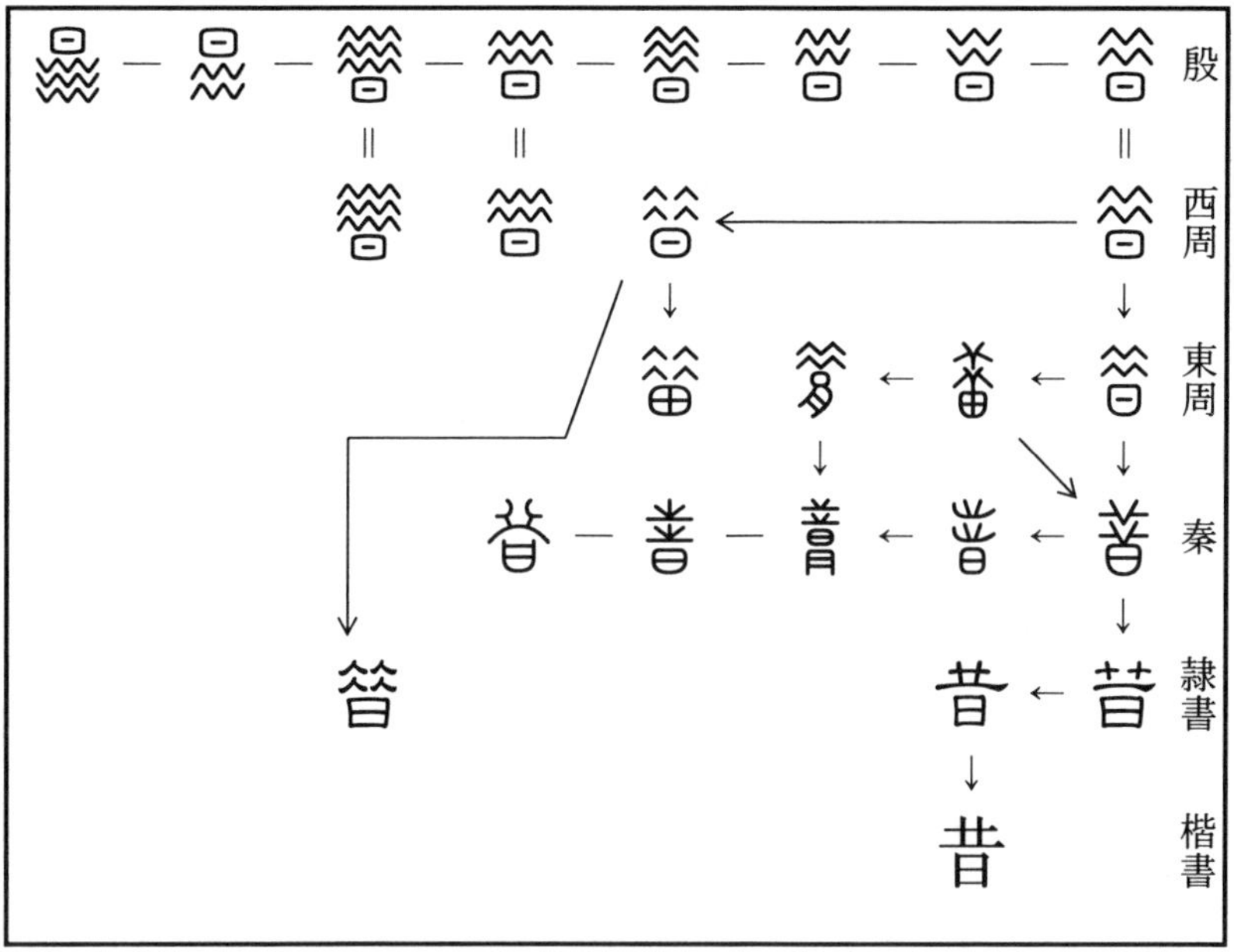

異体の差異が大きく、麦の象形の来［來］（〓）を用いたもの（〓）などもある。

東周代の形が簡略化されたものが「〓」であり、単独では秦代が初出であるが、部首としては東周代の秦系文字である石鼓文の「草」の声符にすでに見える。

---

175 **【昔】** 楷八画　日部　成形声

古心紐鐸部[siak, siak, siag]→

→中心紐昔韻[siɛk, siɛk, siek]→漢セキ呉シャク

殷代の「〓」などは、日数を意味する日（〓）と洪水を表す災（〓）の異体（〓）から成る。上下の位置を変えた異体（〓など）もある。

「〓」について、許慎は切った肉を並べた形とし、白川・鎌田・阿辻はこれに従う。おそらく「昔」が干し肉を表す「腊」に使われていることからの連想であろうが、殷代にその用法はない。また藤堂は「〓」を記号として「かさねたしるし」として「時日を重ねたこと」と解釈

するが、やはり重ねる記号としての用法もない。谷衍奎・李学勤は「𡿧」が洪水の様子であることは理解するが、会意として「古代に洪水が氾濫した時代」とする。しかし、加藤が指摘するように、甲骨文字では数日〜十数日前の意味で使われており、「古代」が字源ではない。

「𡿧」と「昔」の字義に関連がないのであるから、声符として加えられたと見るべきであろう。ただし、「災」の上古音は精紐之部（[tsə]などと復元）と推定されており、東周代には既に字音が「昔」と離れていたようである。なお、加藤は「𡿧」が声符であることを理解するが、「族《そく》」（養蚕のまぶし）の形と誤解している。そのほか赤塚は「𡿧」を声符として「シ」の音とするが、根拠が記されていない。

字形は西周〜東周代に「𡿧」を変形した異体（・など）が作られ、さらに秦代〜隷書でも形が変わり、最終的に「昔」になった。

---

176 **【春】** 楷九画　日部　成会意（亦声）

古昌紐文部・透紐文部[thiuen, thiuen, thiun]→中昌紐諄韻[tɕhiuen, tʃhiuen, tɕhiun]→漢シュン呉シュン

殷代の「」などについては、木（）と屯（）で構成されている。屯について、白川・李学勤は純粋な声符とする。この解釈には矛盾はないが、秋（）が具象的であるから、春も同様と見て、藤堂・谷衍奎が木や草の芽が出る様とするのが妥当である（屯は亦声にあたる）。より厳密には、草が生える様子は生（）であり、また字形中に「木」が含まれていることから、「屯」は木の芽が出る様子と考えるべきである。

また、「」などは日（）を加えており、「日が長くなり木の芽が出る時期」を表している。そのほか木の

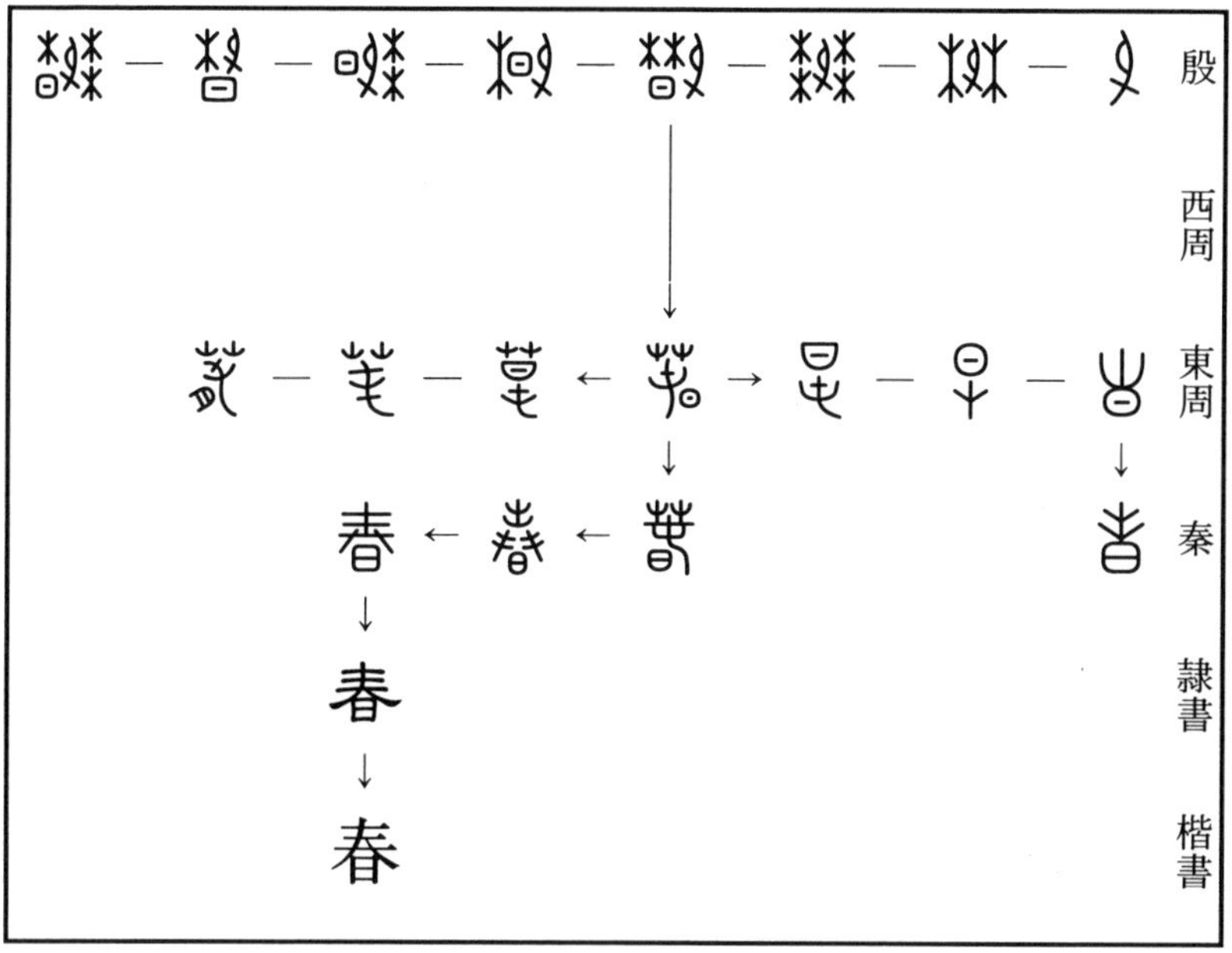

本数を変えた異体（〓など）や「屯」のみを用いた形（〓）もある。

西周代には用例がないが、東周代にも多くの異体が見られ、木（林）を「艸《そう》」に変えた異体（〓など）のほか、日・屯のみで構成された異体（〓）や、日を月（〓）に変えた異体（〓）などがある。

篆書には艸・屯・日から成る字形（〓）が採用されており、赤塚・阿辻はこれを元に字源を日と芚から成るとするが、殷代の字形に合わない。また鎌田は屯が「むらがる」の意味で春に草がむらがり生ずるさまとするが、やはり篆書などからの解釈である。そのほか加藤は者（〓）を春の初文と誤っている。

秦代には艸・屯を融合させた形（〓）があり、楷書では「𡗗」の形になっているが、儀礼用の植物を持つ形の「奉」や「奏」とは成り立ちが異なっている。

177 【昭】 楷九画 日部 成形声（亦声）

古端紐宵部・章紐宵部[tiau, tiɔg, tiew]→中章紐宵韻[tɕiɛu, tʃiɛu, tɕieu]→漢ショウ（セウ）呉ショウ（セウ）

178 【卲】 楷七画 卩部 成形声（亦声）

古禅紐宵部[ʑiau, dhiɔg, –]→中禅紐笑韻[ʑiɛu, ʒiɛu, –]→漢ショウ（セウ）呉ジョウ（ゼウ）

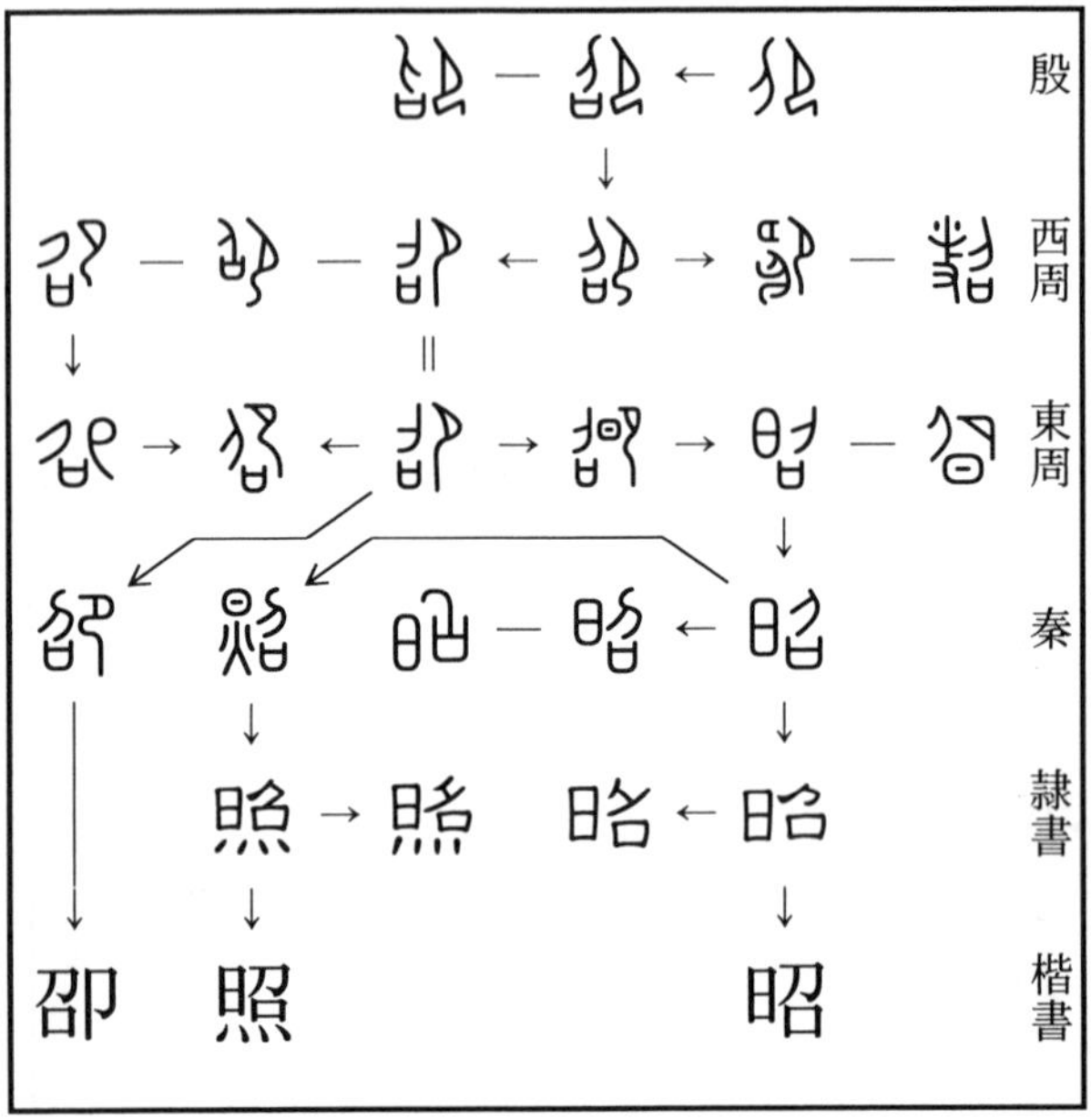

179 【照】 楷十三画 火部 成形声（亦声）

古端紐宵部・章紐宵部[tiau, tiɔg, tiew]→中章紐笑韻[tɕiɛu, tʃiɛu, tɕieu]→漢ショウ（セウ）呉ショウ（セウ）

殷代の「　」は座った人である卩《せつ》（　）と刀（　）から成る。甲骨文字では祭祀名として用いられており、字源は刀を用いた儀礼の様子であろう。「刀」は発音も表す亦声の部分である。異体字には刀を声符としての召（　）に変えた形（　など）があり、これが後代に継承された。

周代には、「照らす」や「明らか」の意味で用いられるようになっており、火・攴を用いて照らすことを表した「　」や、「日」を加えて明らかなことを表した「　」などの異体が作られた。後者からさらに「卩」を省いた形（〓）が後代に継承されて「昭」になった。なお、召・卩に従う系統も「卲」として残っている（字義は「高い」として使われる）。

結果として日を意符、召を声符とする形になったため、許慎ほか多くの研究者が「昭」を原型とするが、白川が指摘するように殷代の「〓」などから派生した字形である（楷書は卲の省声の形声文字にあたる）。また亦声説として、藤堂は召に「ぐるりと回して招く」の意味があり、「光をぐるりと回してすみまでてらす」こととし、鎌田は「日を招く」の意味から「明るい」の字義になったとするが、字源とは異なっている。

また、「照らす」の意味については、篆書で昭に火を加えた「〓」が作られており、楷書では「照」の形になっている。

---

180 【昼】［晝］ 楷九画（十一劃） 日部 成形声？

古端紐幽部・端紐侯部[tio, tiog, tu]→中知紐宥韻[tiau, tiau, tiu]→漢チュウ(チウ)呉チュウ(チウ)

殷代の初文の「〓」は、日（〓）の周囲に単線を加え、日中に太陽が輝いている様子である。それによって「ひる」の字義を表した。なお、太陽に暈《かさ》がかかった形とする説もあるが、甲骨文字には雨が降っている前提の記述があるので誤りである

繁文について、許慎は篆書の字形（〓）から、画［畫］の略体と日から成るとし、画は夜との境界を示したものとする。また加藤・赤塚・鎌田・阿辻も画から字源を解釈する。しかし、歴代の字形で上部が画［畫］（〓など）の形であることはなく、殷代から「聿《いつ》（〓）」の形であった。

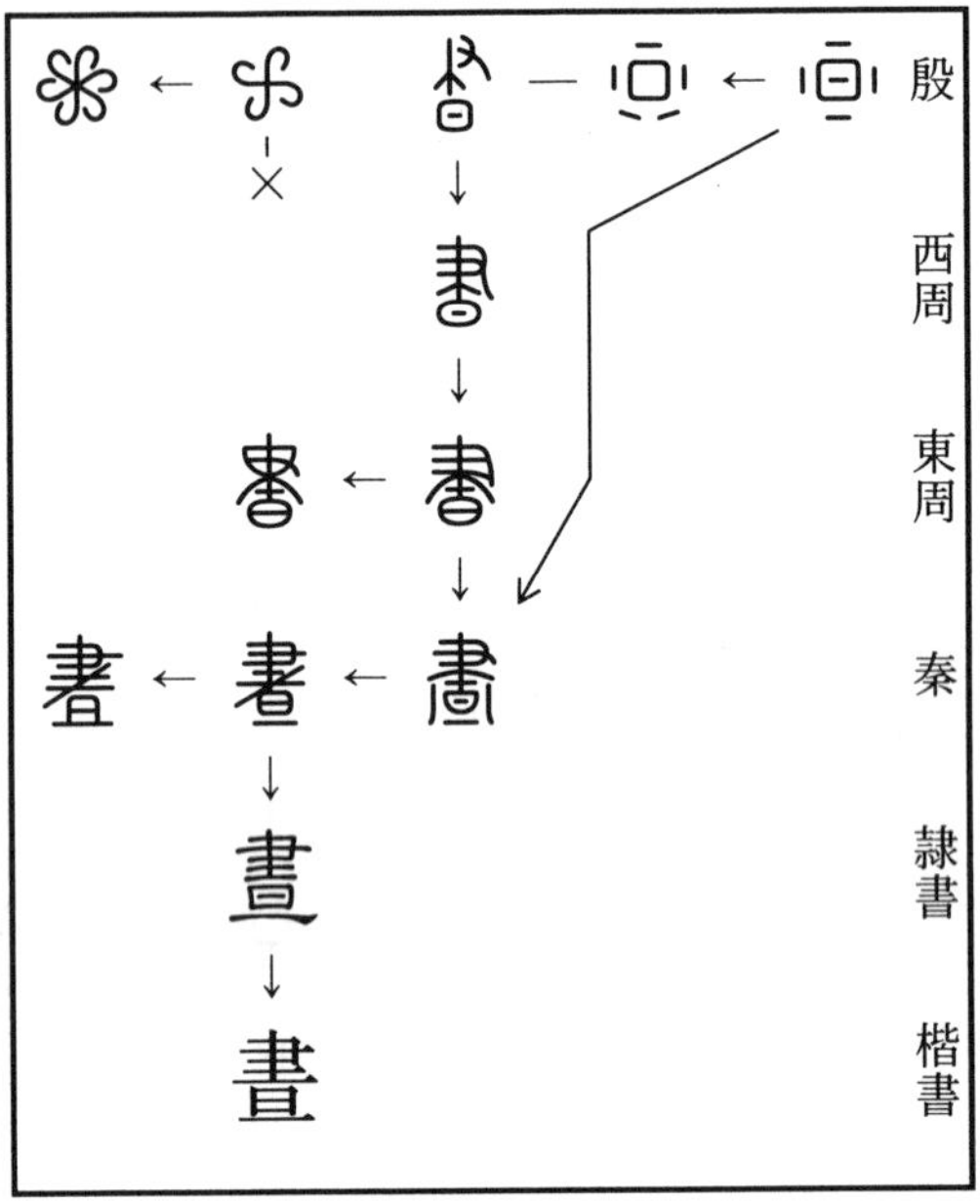

藤堂・谷衍奎は上部が聿であることに気づいているが、やはり「時間を区切る」の意味で解釈する。しかし、筆で時間を区切ることの具体的な方法を説明していない。白川も聿であることを知るが、「呪符をもって祓う形」と解釈しており、これも全くの無根拠である。

「聿」は筆を手に持った形であり、日とも昼とも関連がないため、李学勤が形声文字の声符とするのが最も妥当であろう。ただし、聿は上古音が余紐物部（[ʎiuət] などと復元）と推定されており、昼とは違いが大きいため、形声文字であることも確実とは言えない。

字形は、東周代までは聿と日から成る形（〓など）であったが、篆書（〓）では「日」の周囲に指事記号が加えられている。あるいは殷代の「〓」が何らかの形で発見され、それが反映されたものかもしれない。さらに秦代～隷書で指事記号がひとつにされたため、楷書（旧字）の晝の下部は「旦」のような形になっている。

そのほか、殷代には「〓」などの形があり、陰光を表す冏《けい》（〓）とは曲線が逆向きであるため、陽光を表すものと見なして昼の異体字としたが、短文や欠損した甲骨片にしか見えないため、字義は確実ではない。

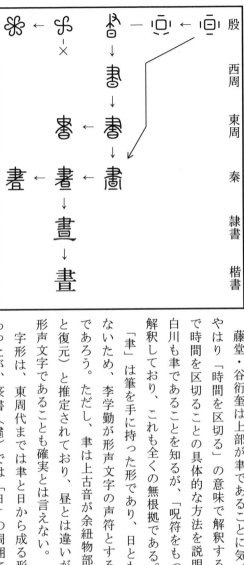

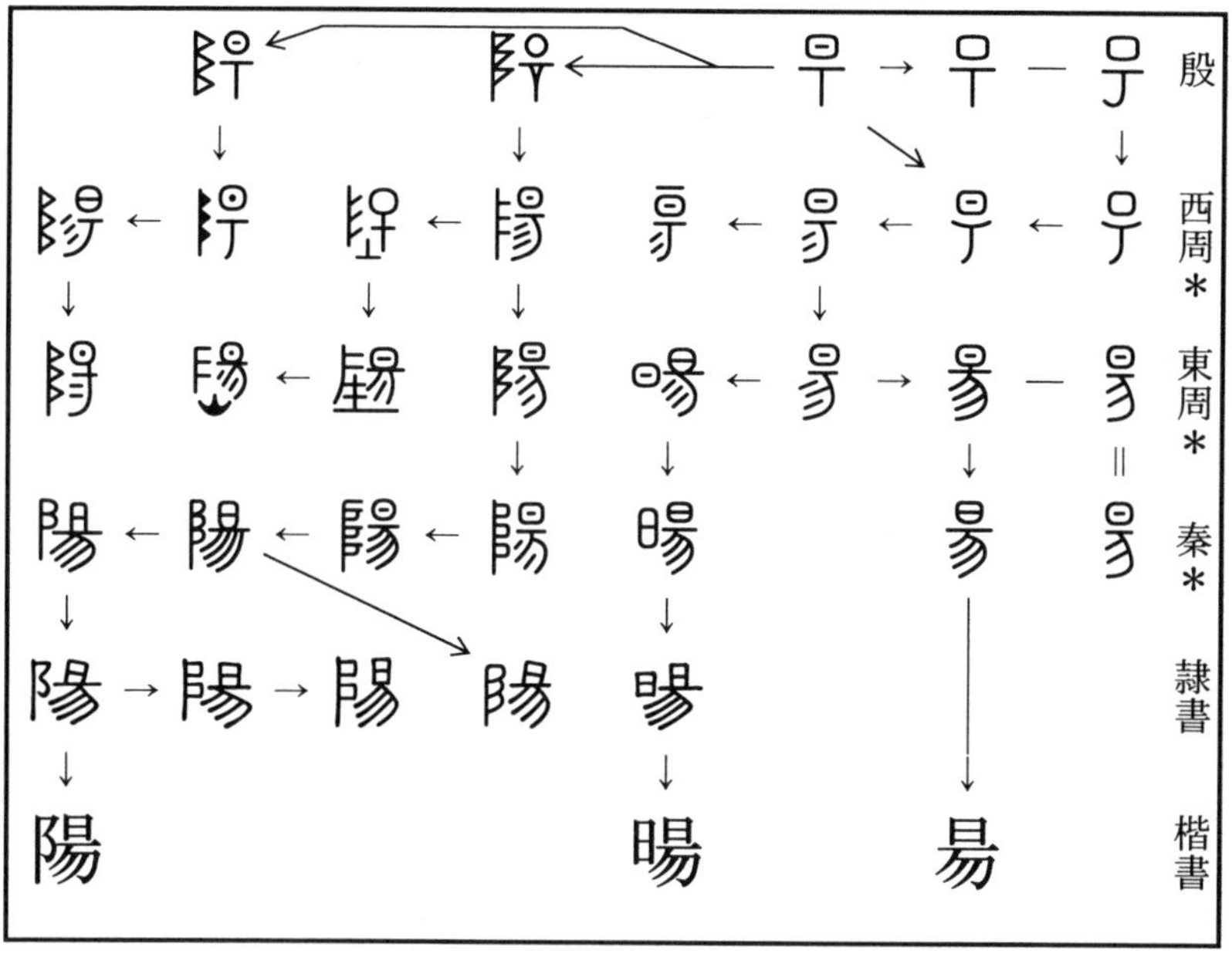

181 **【昜】** 楷九画　日部　成会意
古余紐陽部[ʎiaŋ, ɖiaŋ, -]→中以紐陽韻[yiaŋ, yiaŋ, -]→漢ヨウ(ヤウ)呉ヨウ(ヤウ)

182 **【暘】** 楷十三画　日部　成会意（亦声）
古余紐陽部・以紐陽部[ʎiaŋ, ɖiaŋ, laŋ]→中以紐陽韻[yiaŋ, yiaŋ, yiaŋ]→漢ヨウ(ヤウ)呉ヨウ(ヤウ)

183 **【陽】** 楷十二画　阜部　成会意（亦声）
古余紐陽部・以紐陽部[ʎiaŋ, ɖiaŋ, laŋ]→中以紐陽韻[yiaŋ, yiaŋ, yiaŋ]→漢ヨウ(ヤウ)呉ヨウ(ヤウ)

殷代の「⿱日丅」は、日（⊖）と上昇を象徴する示（丅）を合わせて、太陽が昇る様子を表している。「⿱日丅」などは略体である。西周代には、「示」の部分に陽光を表す「彡《さん》」を加えた「⿱日⿰丅彡」の形があり、これが楷書の「昜」に継承された。

許慎は篆書の「昜」から日・一・勿から成る文字と解釈し、阿辻はこれに従うが、変化した後起の形である。

また、加藤は西周金文の形（〓）を元に下部を声符の丂《こう》とするが、これも原型ではない。白川は「〓」の上部を玉とし、原義を玉光とするが、玉（〓）とは全く違う形である。また李学勤は「構形本意不明」とする。東周代には繁文として、日をさらに増し加えた形（〓）も作られており、これは楷書の「暘」にあたる。また、「陽」にあたる文字には二系統があり、殷代の「〓」は上昇を象徴する階段の形（〓）を増し加えたもので、これも昜の繁文にあたる。「〓」については、丘の象形（〓）を加えており、「丘の陽のあたる部分」を表している。しかし、周代に階段の形と丘の象形が「阜（阝）」に同化したため、字形として両者の区別がなくなり、また両者の字義も同形で表されるようになった。従来の研究は後者のみ理解されていたが、殷代には「〓」と「〓」が使い分けられていた。そのほか、西周～東周代には「土」を増し加えた異体（〓など）もあるが、楷書には残っていない。

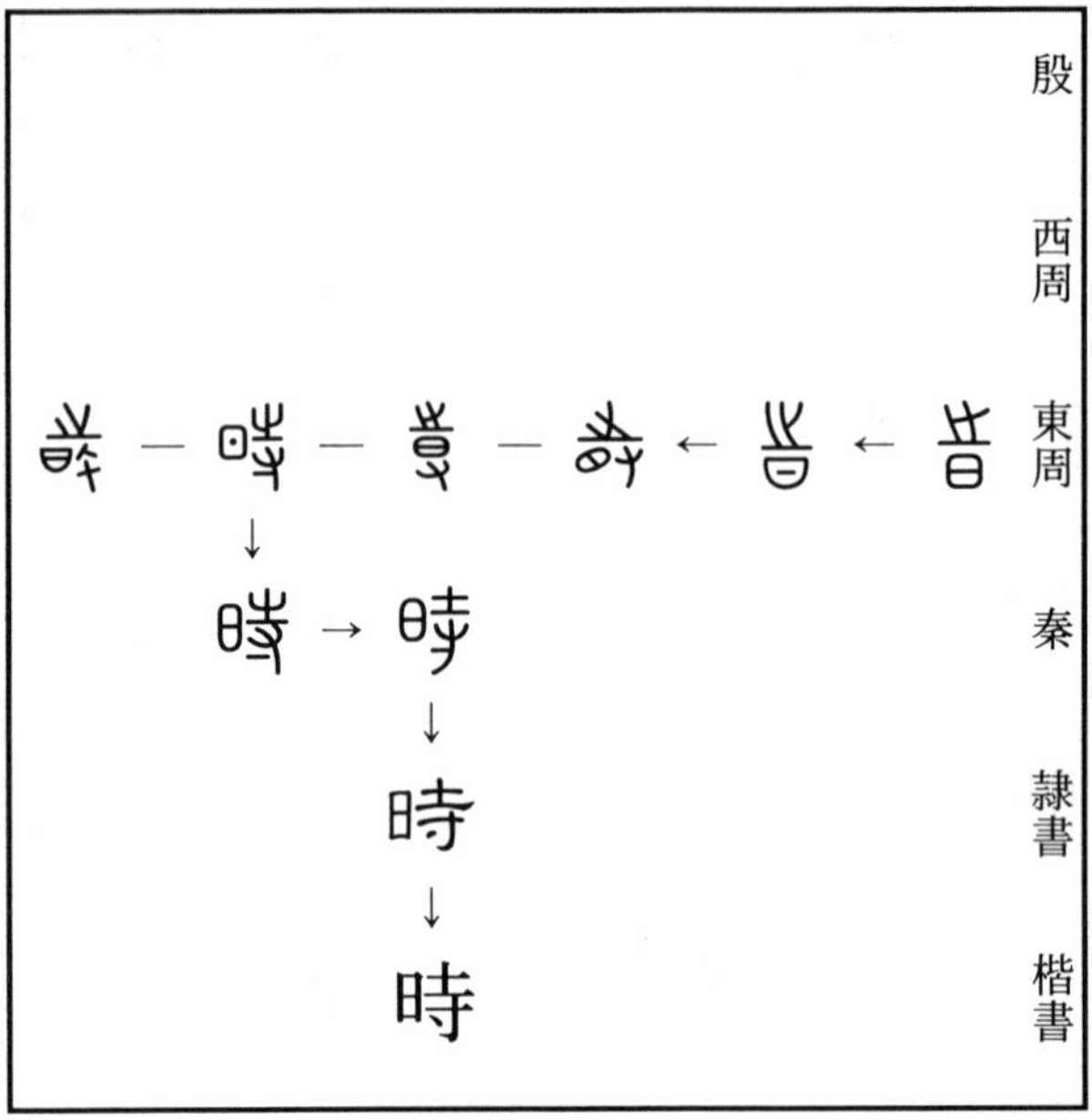

184 【時】 楷十画　日部　成形声

古禅紐之部・定紐之部[ʑiə, dhiəg, diɯ]→

→中禅紐之韻[ʑiə, ʒiei, dʑi]→漢シ呉ジ初文（旹など）は日（日）を意符、之（㞢）を声符とする形声文字である。また声符を之からそれを声符とする寺（寺）に変えた形（時など）があり、これが秦代以降に継承された。なお、『説文解字』は初文の形も古文として挙げている。

声符の「寺」について、加藤は「徙」に通じて「太陽の移り変わり」を表すとし、赤塚もこれに従う。しかし、寺は持の初文で原義が「もつ」であり、語源の類似はあったかもしれないが、字形の構造として亦声とは言えない。亦声とするにしても、谷衍奎が述べるように「之」が「ゆく」の意味であるから太陽の運行を表したと考える方が整合的である。そのほか、藤堂は「寺」の部分を手と足の形の会意文字と誤解したうえで字源を解釈している。

なお、甲骨文字に類似形（㞢日）があり、これを初文とする研究者もいるが、これは熟語の「之日」である。甲骨文字では之が連体詞で用いられており、「この日」の意味である。

字義について、「四時」などに言う「季節」の意味を原義とする説が多いが、初出の東周代（楚簡）では「とき」の意味でも用いられており、いずれが原義かは明らかでない。

---

185 【暑】［暑］ 楷十二画（十三劃） 日部 成形声

古書紐魚部・透紐魚部・暁紐魚部[ɕi̯a, thiag, hi̯a]→中書紐語韻[ɕi̯o, ʃi̯o, ɕi̯ʌ]→漢ショ呉ショ

「暑［暑］」は、日を意符、者［者］を声符とする形声文字である。

「者」の部分を意味も表す亦声とする説もあり、藤堂・鎌田は「柴を燃やす形」とし、赤塚は「燃える意」が

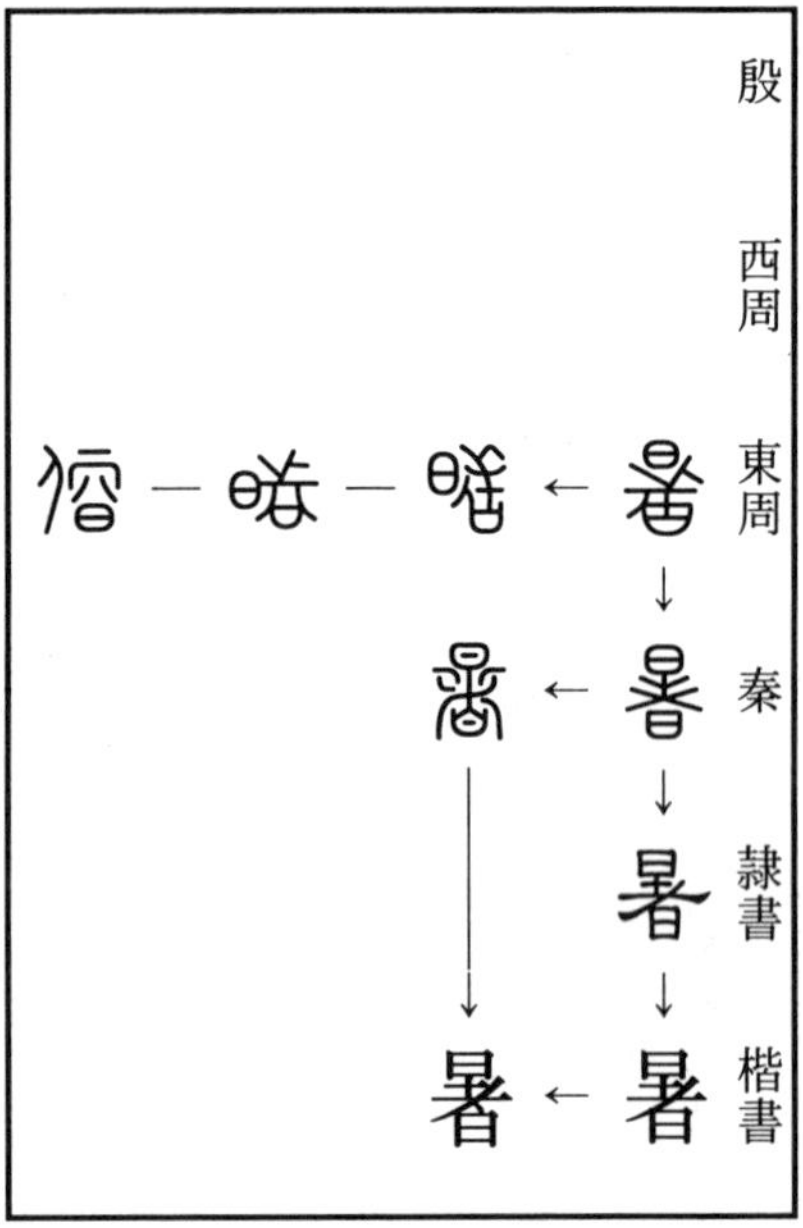

あるとし、谷衍奎は「熱の意」を表すとする。者は「煮」にも使われているので、熱に関係する語として共通点はあったのだろうが、「者」自体に熱する意味は無い。

異体字について、東周代の「〓」は声符に尻《きょ》を用いたものであるが、別字を借りたものとする説もある。また東周代の「睹（〓など）」の形は暑の配列を変えた異体であるが、その後は使われなくなった。ただし、秦代に「曙」の異体として同構造の「睹」が作られている。

186【晶】楷十二画　日部　成会意

古精紐耕部[tsieŋ, tsieŋ, ʔsleŋ]→中精紐清韻[tsiɛŋ, tsiɛŋ, tsieŋ]→漢セイ呉ショウ(シャウ)

187【星】{曐}　楷九画　日部　成形声

古心紐耕部[sieŋ, seŋ, sleŋ]→中心紐青韻[sieŋ, seŋ, seŋ]→漢セイ呉ショウ(シャウ)

初文は「晶（〓）」であり、日（〓）を並べることで、小さな星が多数ある状態を表現している。異体字には菱形を用いたもの（〓など）や小さな四角形を並べたもの（〓など）もある。また甲骨文字の段階で、すでに声符として生（〓）を増し加えた形声の字形（〓など）もある。形声の字形と晶を足し合わせたのが西周代の「〓」であり、この形は楷書の「曐」の形にあたる（「曐」は晶を意符とする形声の構造）。

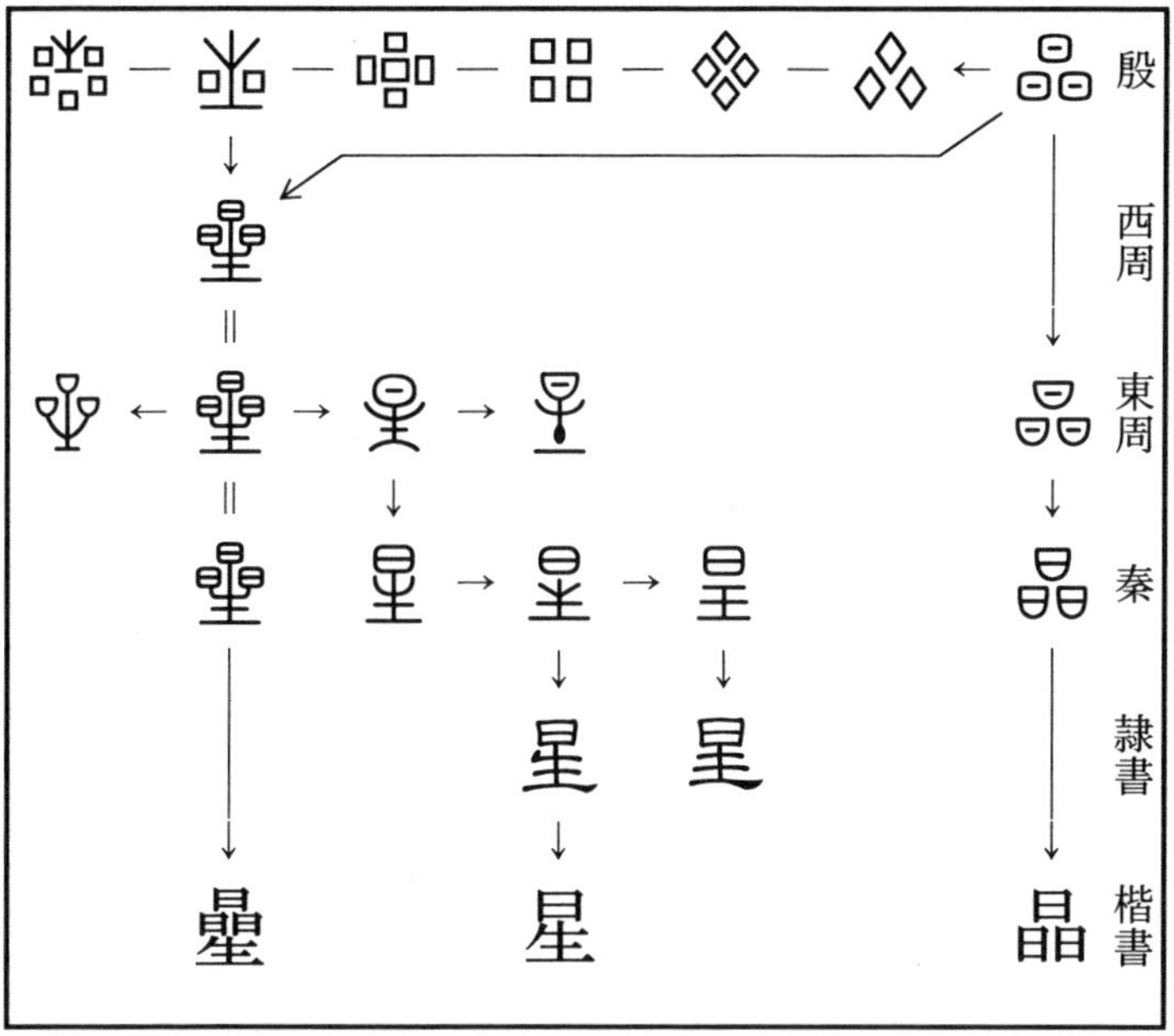

「晶」については、ほぼ字形を変えずに楷書に継承された。一方、「星」については東周代に異体が多く、そのうち「〓」は近い形を許慎が古文として挙げている。また「日」をひとつにした「〓」が楷書の「星」の元になっている。

そのほか、「曐」とよく似た文字に「曑《しん》」があり、東周代にはその略体として「晶」が使われる例がある。

188【晴】［晴］｛姓・暒｝ 楷十二画

日部　成形声（亦声）

古従紐耕部[dziɛŋ, dziɛŋ, dzieŋ, dzieŋ, zleŋ]→中従紐清韻[dziɛŋ, dziɛŋ, dzieŋ]→漢セイ呉ジョウ（ジャウ）

篆書に初出の姓（〓）は、夕（〓）を意符、生（〓）を声符とし、夕は月の象形であるから、「月が見えている晴れた夜」を表している。

楷書では、日を意符、星を声符とする「暒」が作られた。この場合、日は日中の晴天、星は夜間の晴天を表すので、星は意味も表す亦声の部分である。さらにその異

殷	西周	東周	秦	隷書	楷書
				↓	夝 → 暒 → 晴

体として、声符を青［靑］に変えた「晴［晴］」も作られた。この場合も「青」が「青い空」を表し、亦声の部分にあたる。

なお、声符の星・青は、いずれも「生」を声符とする形声文字であり、字音分類の変化はない。

そのほか、「はれ」を表す文字として、「晴」よりも先に「𣅀」や「𣆋」などの形が見られる。加藤は晴・啓を同源の語とするが、字形に共通点がなく、また啓は上古音が溪紐脂部（[khiei]などと復元）と推定されており、字音の継承関係も疑わしい。

---

189 【暗】 楷十三画 日部 成形声

古影紐侵部［əm, ʔəm, qɯm］→中影紐勘韻［ɐm, ʔɐm, ʔʌm］→漢アン（アム）呉オン（オム）

190 【闇】 楷十七画 門部 成形声

古影紐侵部［əm, ʔəm, -］→中影紐勘韻［ɐm, ʔɐm, -］→漢アン（アム）呉オン（オム）

「暗」は、日を意符、音を声符とし、日光が無いことを表している。「闇」は意符に門を使っており、門を閉ざすことを表し、そこから暗くなる意味で使われた。両者は厳密には別字であるが、字音・字義が同じであるため同項とした。

殷	西周	東周	秦	隷書	楷書
			 ——→		暗
			 →	闇 →	闇

なお、藤堂は音に「くちごもるさま」の意味があり、そこから「中に閉じこもって日光の差さないこと」の意味となったとするが、牽強付会にほかならない。

191【燿】［燿］ 楷十八画　火部　成形声

古余紐宵部[ʎiau, dịɔg, -]→中以紐笑韻[yiɛu, yiɛu, -]→漢ヨウ（エウ）呉ヨウ（エウ）

192【曜】［曜］ 楷十八画　日部　成形声

古余紐宵部・以紐薬部[ʎiau, dịɔg, lewɢ]→中以紐笑韻[yiɛu, yiɛu, yieu]→漢ヨウ（エウ）呉ヨウ（エウ）

193【耀】［耀］ 楷二十画　羽部　成形声

古余紐宵部・以紐薬部[ʎiau, dịɔg, lewɢ]→中以紐笑韻[yiɛu, yiɛu, yieu]→漢ヨウ（エウ）呉ヨウ（エウ）

曜・燿・耀は、いずれも翟《てき》を声符とし、「かがやき」や「ひかり」を表している。最初に出現したのは燿［燿］であり、篆書に見える。上古音の段階で陰声だったのか、それとも翟と同じく入声だったのかは異論がある。

なお、藤堂は「翟」について、「きじが尾羽をたてる」を原義とし、目立つことを意味する亦声の部分とする。

しかし、翟は初出の殷代から鳥の頭部の羽を表した形（）であり、「雉の尾羽」は引伸義である。

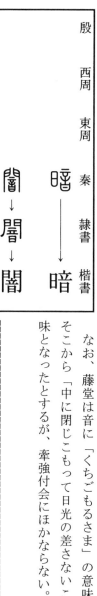

隷書で曜［曜］、楷書で耀［耀］が出現し、それぞれ意符を日・光に変えたものであるが、字義に明確な変化

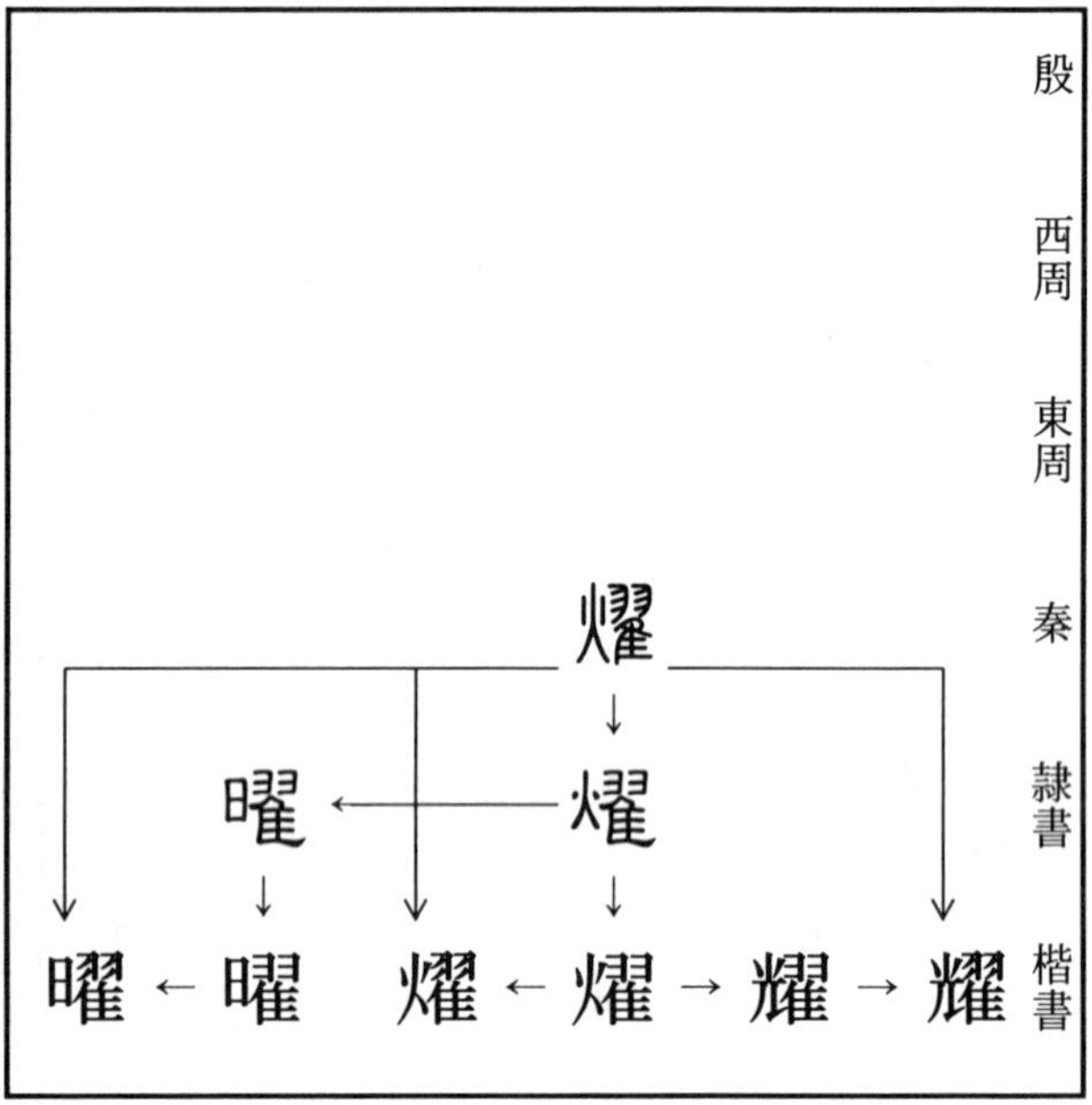

はない。つまり、当初は同字の異体であったのだが、楷書では別字と見なされることが多い。なお、新字体の燿や曜の字形については、羽［羽］の形を変えたものであり、楷書では俗字とされるが、むしろ隷書では主にこの形が使われていた。

曜について、太陽・月と水星・金星・火星・木星・土星をまとめて「七曜」と呼ぶことがあり、さらに日本では、転じて「曜日」の意味で用いられている。

月部

「月［月］（）」は月の象形である。「つき」の意味のほか、夜間を象徴して使われることもある。〔関連部首〕「夕」も月の象形であり、月から分化した字形である。

《月》④月（夕）⑧明⑫期・朝（潮）《夕》⑤外⑧夜

194 **【月】**［月］ 楷四画　月部　成象形

古疑紐月部[ŋiuat, ŋiuat, ŋod]→中疑紐月韻[ŋiuɐt, ŋiuʌt, ŋuɐt]→漢ゲツ呉ガチ（グヮチ）慣ガツ

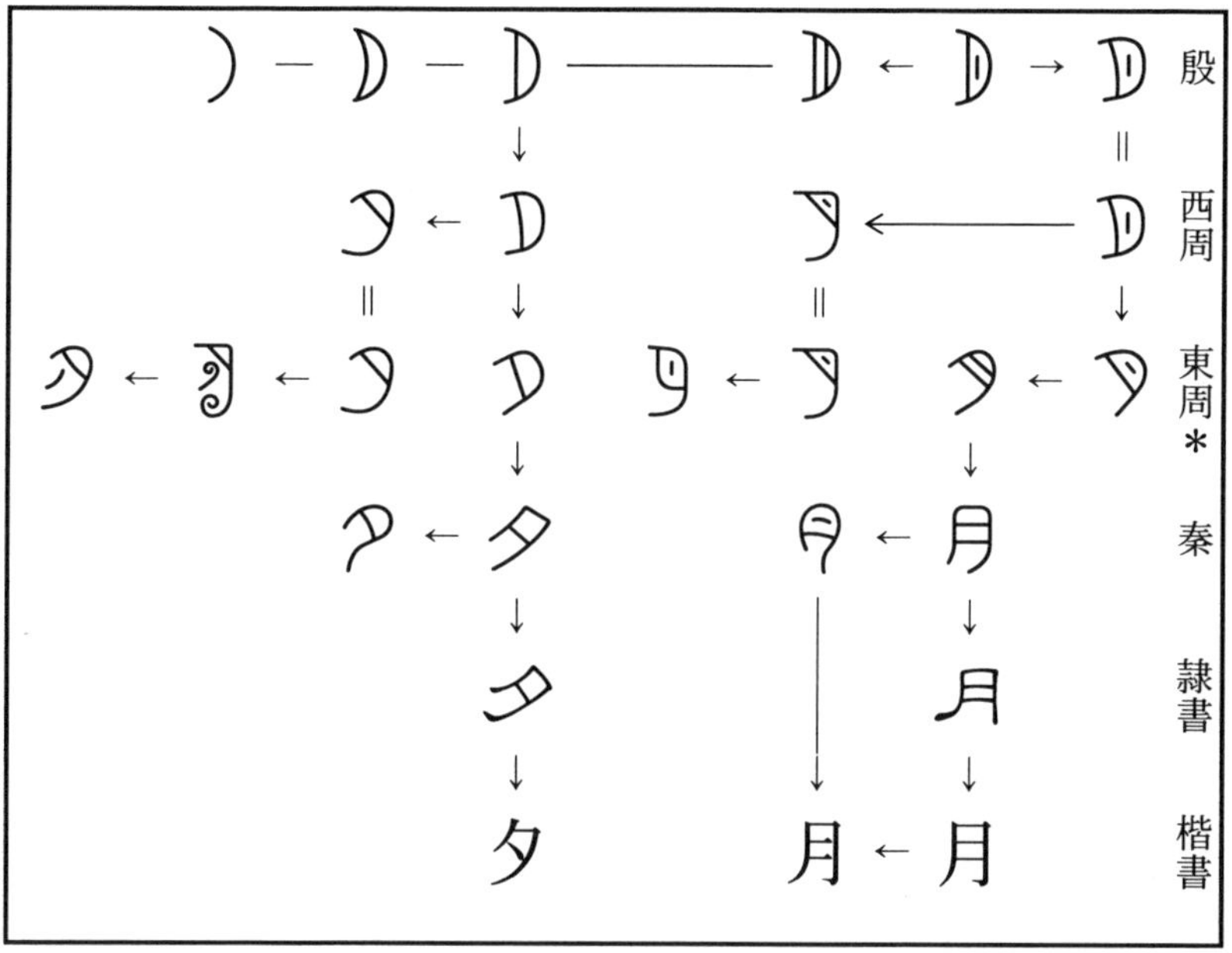

195 【夕】 楷三画 夕部 成象形

㊀邪紐鐸部・余紐鐸部・以紐鐸部[ziak, ɖiak, liag]→
→㊥邪紐昔韻[ziɛk, ziɛk, ziek]→漢セキ呉ジャク

「☽」は欠けた月の象形であり、中央にある点については、月の模様とも、中空ではないことを表す記号とも言われるが明らかではない。

殷代には多くの異体があり、「☽」の系統と小点のない「☽」の系統がある。前者が楷書の「月」の元になっており、後者が「夕」になったが、殷代には明確な区別はなく、いずれも「つき」の意味で用いられていた。

また、殷代に既に「夕」の字義もあり、月が夜間を象徴することから「よる」の意味にも用いられたと考えられている。ただし月・夕は上古音が大きく異なるので、別源語への転注であろう。

厳密に言えば、殷代の甲骨文字には作成年代によって比率が異なり、初期には「☽」の系統が「つき」、「☽」の系統が「よる」で使われることが多いが、末期には逆

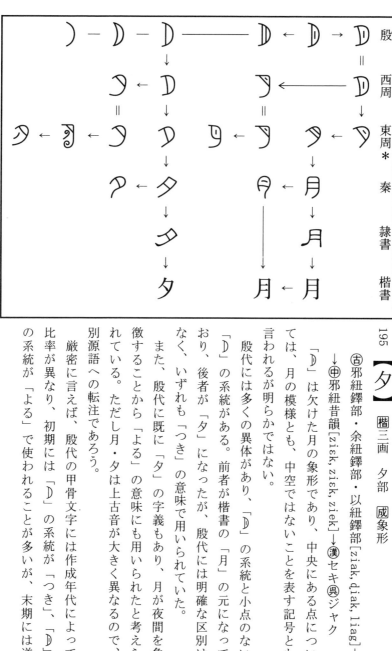

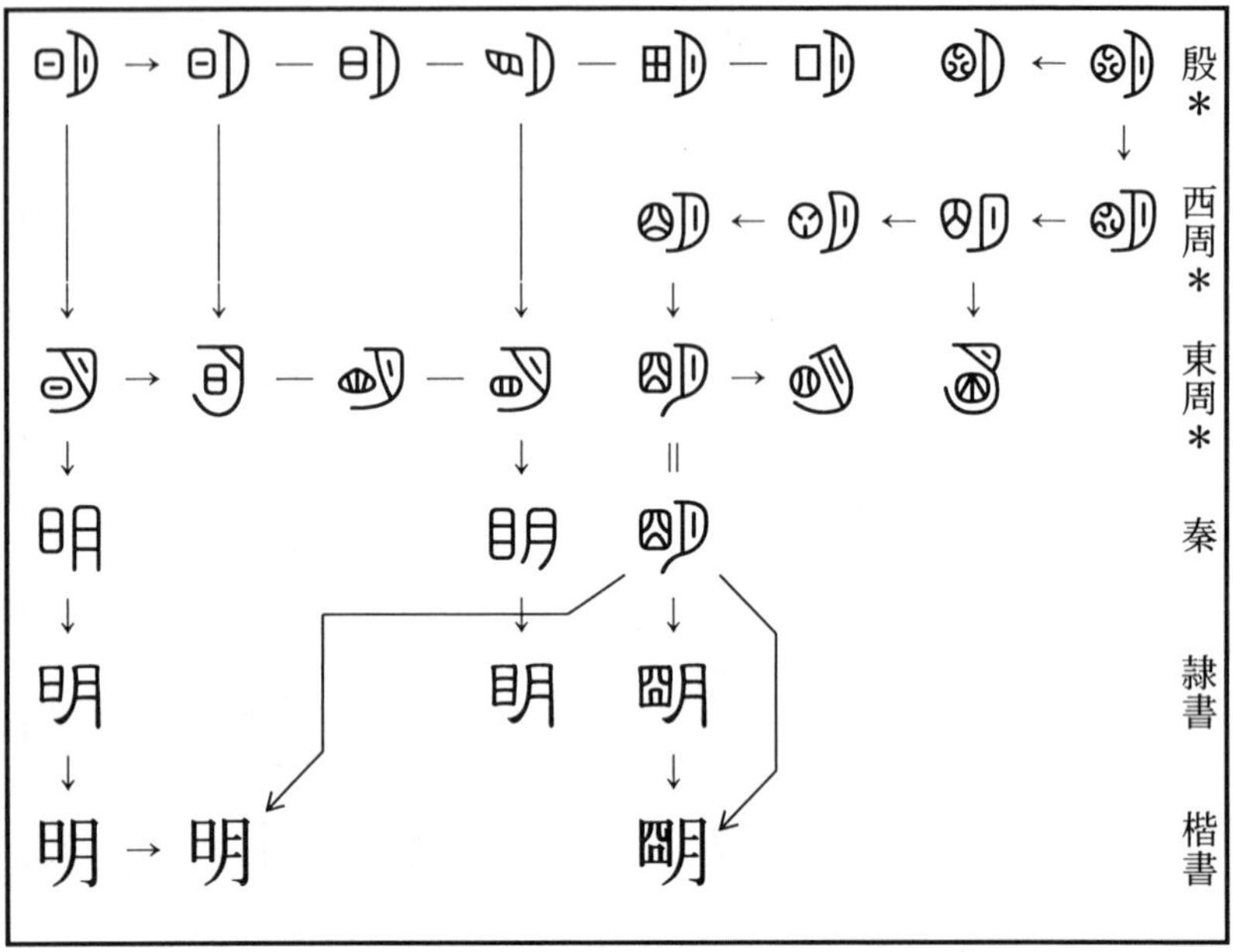

転している。

西周代～秦代にも多くの異体が見られるが、基本的な形は変わっておらず、楷書にも画数の差異が維持されている。

---

196 【明】［明］｛朙｝ 楷八画　日部　成会意

古明紐陽部[miaŋ, miaŋ, mraŋ]→

→中明紐庚韻[mieŋ, miaŋ, myiaŋ]→

→漢メイ呉ミョウ(ミヤウ)唐ミン

甲骨文字で「明」にあたる文字には二つの系統がある。「」などは陰光を表す囧《けい》［囧］（）と月の形（・）から成り、「星月夜」を表している。囧を窓の象形とする説もあり、その場合には「窓から月明かりが差し込む様子」となる。これが転じて「あかるい」の意味になった。なお、白川は「朙」を神明が本義とするが、殷代にはその用法は見られない。

また、「」などは日（）が出た直後にまだ月も見え

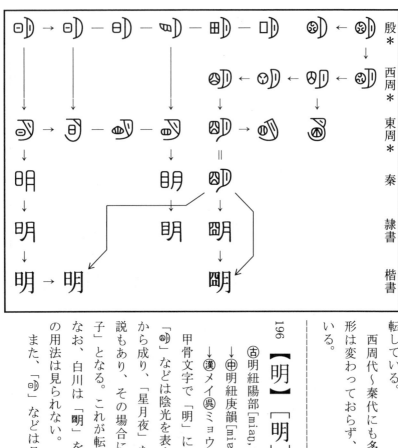

ている様子を表しており、原義は「明け方」である（「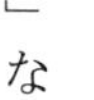」などはこの系統の異体字）。殷代には「朙」と「明」に区別があったが、後に混同してどちらの意味も「明」または「朙」で表されるようになった。いずれの系統も楷書に残っているが、現在では「明」が主に用いられる。

「朙」の系統について、加藤は囧を声符と見なし、赤塚は明るいことを表す炯の略体（省声かつ亦声）とする。「炯」は殷代に未出現であるため、それと関連付けることはできないものの、「盟」は殷代には声符として囧を用いた形（）があり、後に明を用いた形になったので、「朙」についても囧が亦声の可能性がある。ただし、囧は上古音では見紐耕部（[kiueŋ]などと復元）と推定されており、やや字音の違いが大きい。

「明」の系統については、殷代に異体が多く、日を「目」に変えた異体（）の系統は、隷書の「明」まで使われた。また、楷書の正字は「月」を用いた「明」とされるが、むしろ新字体とされる「明」の方が秦代～隷書に見える形である。

197【期】［期］〔朞〕　楷十二画　月部　成形声

古群紐之部・見紐之部[giə, giəg, gɯ+kɯ]→中群紐之韻・見紐之韻[giə, giei, gi+kiə]→漢キ呉ゴ

東周代のうち春秋時代には、「日」を意符、「其」を声符とする構造の字形（など）が用いられていた。戦国時代に意符として月を用いた構造（など）が出現し、秦代以降には後者に統一された。そのほか、戦国時代には日を意符、几《き》を声符とする形（など）も見える。

原義について、赤塚・阿辻は「月の一巡り」すなわち月間とするが、加藤・白川・李学勤が指摘するように、

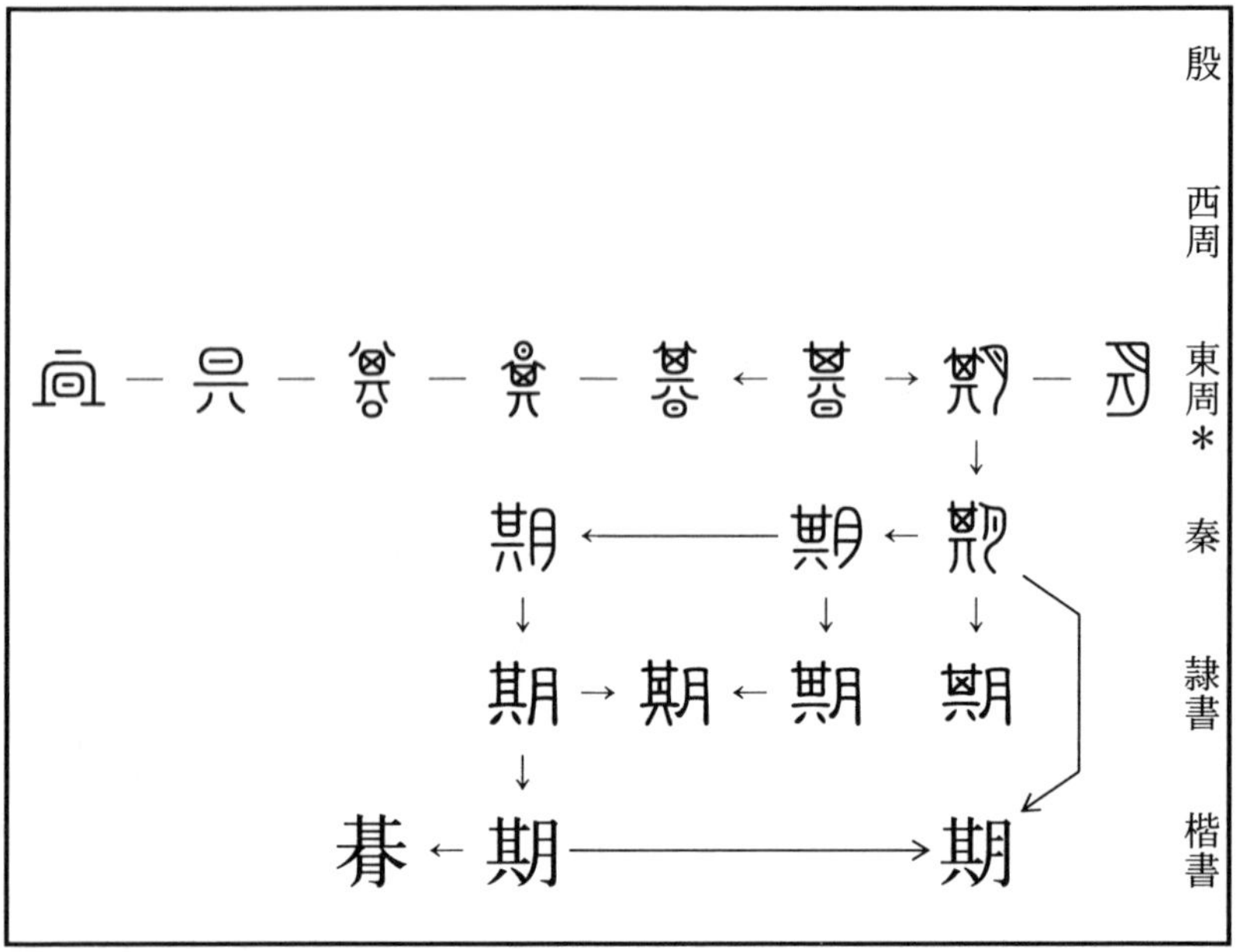

初出の字形は日に従っているので、「太陽の一巡り」すなわち年間と見る方が妥当であろう。

そのほか、亦声説として、藤堂は其が箕の象形であることから「四角くきちんとした」の意味があり、月の満ち欠けがきちんと戻るを原義とする（鎌田も同様）。しかし、其や箕そのものには、そうした意味はなく、牽強付会と言わざるをえない。

---

198 **【朝】**［朝］ 楷十二画　月部　成会意

古端紐宵部・定紐宵部・端紐幽部・定紐幽部・来紐宵部[tiau+diau, tiog+diog, ʔr'aw+r'aw]→
→中知紐宵韻・澄紐宵韻
[ṭiɛu+ḍiɛu, ṭiɛu+ḍiɛu, ṭieu+ḍieu]→
→漢チョウ（テウ）呉チョウ（テウ）・ジョウ（デウ）

199 **【潮】**［潮］｛淖｝ 楷十五画　水部

成形声（亦声）　古定紐宵部・来紐宵部
[diɛu, diɔg, r'aw]→中澄紐宵韻[ḍiɛu, ḍiɛu, ḍieu]→

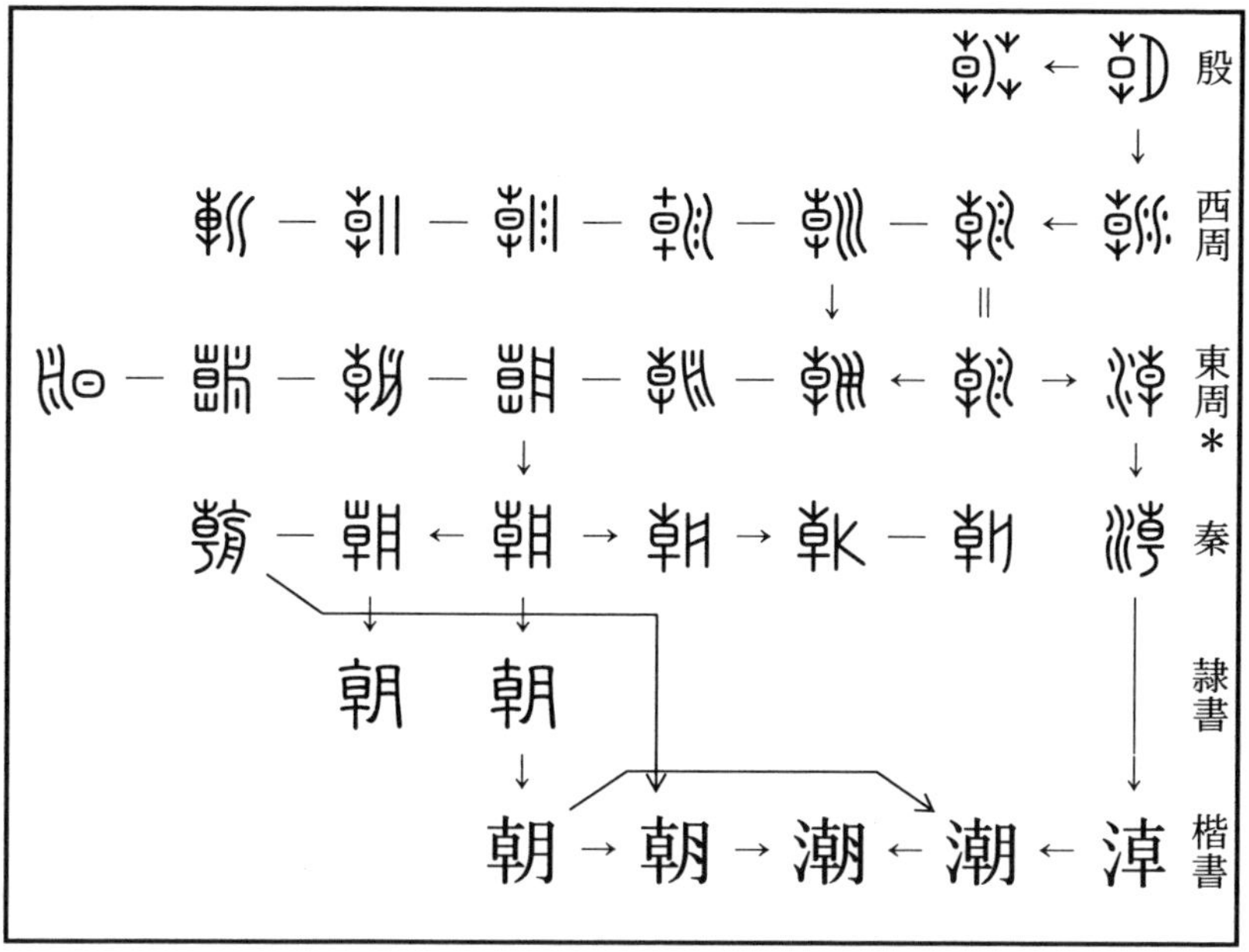

↓(漢)チョウ(テウ)(呉)ジョウ(デウ)

殷代の字形は草（ ）の間から日（ ）が昇り、空にはまだ月（ ）が見えている明け方の様子を表している。なお、赤塚・鎌田は初文として「暮」を挙げており、その初文の莫（ ）は字形は近いが、意味は逆の日暮れである。

西周代には、月を川の形に変えた「[illegible]」などの形になっており、この場合、字形としては「淖」に該当する。「淖」については「潮」の初文とする説が有力視されており、したがって、厳密には仮借した「あさ」の用法となるが、後に「淖」から「朝」が再出現しているので、同一の表として構成した。

なお、西周王朝は内陸部にあったので、「潮の満ち引き」の知識が共有されていたとは思われない。おそらく、河川の水量の増減を表したものが字源であり、「満ち引き」は後代に転用されたものであろう。なお、藤堂は「朝」の原義を「潮がみちてくるとき」とするが、干満は主に月の位置に影響されるので、時間は一定しない。朝の時間帯の干満の意味で「潮」が使われたと考えるべきである（夕方の干満は「汐」である）。

さらに、東周代には川の形を「舟」に変えた異体（𣴘など）が出現した。舟は上古音で朝・潮にやや近く、章紐幽部（[tiu]などと復元）またはそれに近い発音と推定されており、声符への置換と思われる。この形が秦代に継承されており、秦代の篆書（𦩍）では、意符に日の出を表す「𠦝」を用いている（この形は後代に継承されていない）。

隷書では、舟を「月」に変えた形（朝）が作られ、結果的に初出の殷代の字形が再現された。また正字は、篆書などを意識して月を「ふなづき」にした「朝」の形になっている。

一方、「淖」については、東周代に「川」を「水（氵）」（氵）に変えた形（淖）が作られた。また楷書では「朝」を用いた潮［潮］の字形も作られており、この場合には水（氵）を意符、朝［朝］を声符とする形声文字である。

▽夕部

200【外】〔外〕 楷五画　夕部　成会意（亦声）

古疑紐月部・疑紐歌部[ŋuat, ŋuad, ŋʷad]→中疑紐泰韻[ŋuai, ŋuai, ŋuai]→漢ガイ（グヮイ）呉ゲ唐ウイ

外（外）は、月（月）と卜（卜）から成る。原義について、許慎は会意文字として夜間の占卜とし、阿辻・谷衍奎はこれに従う。また加藤は卜を意符、月を声符とする形声文字とし、占いに用いる亀の甲羅の外側と解釈する。また赤塚・鎌田はこれに従い、李学勤も形声文字とする。

この文字は初出の西周代から抽象的な内外の意味で用いられているため、原義について明らかにすることは難

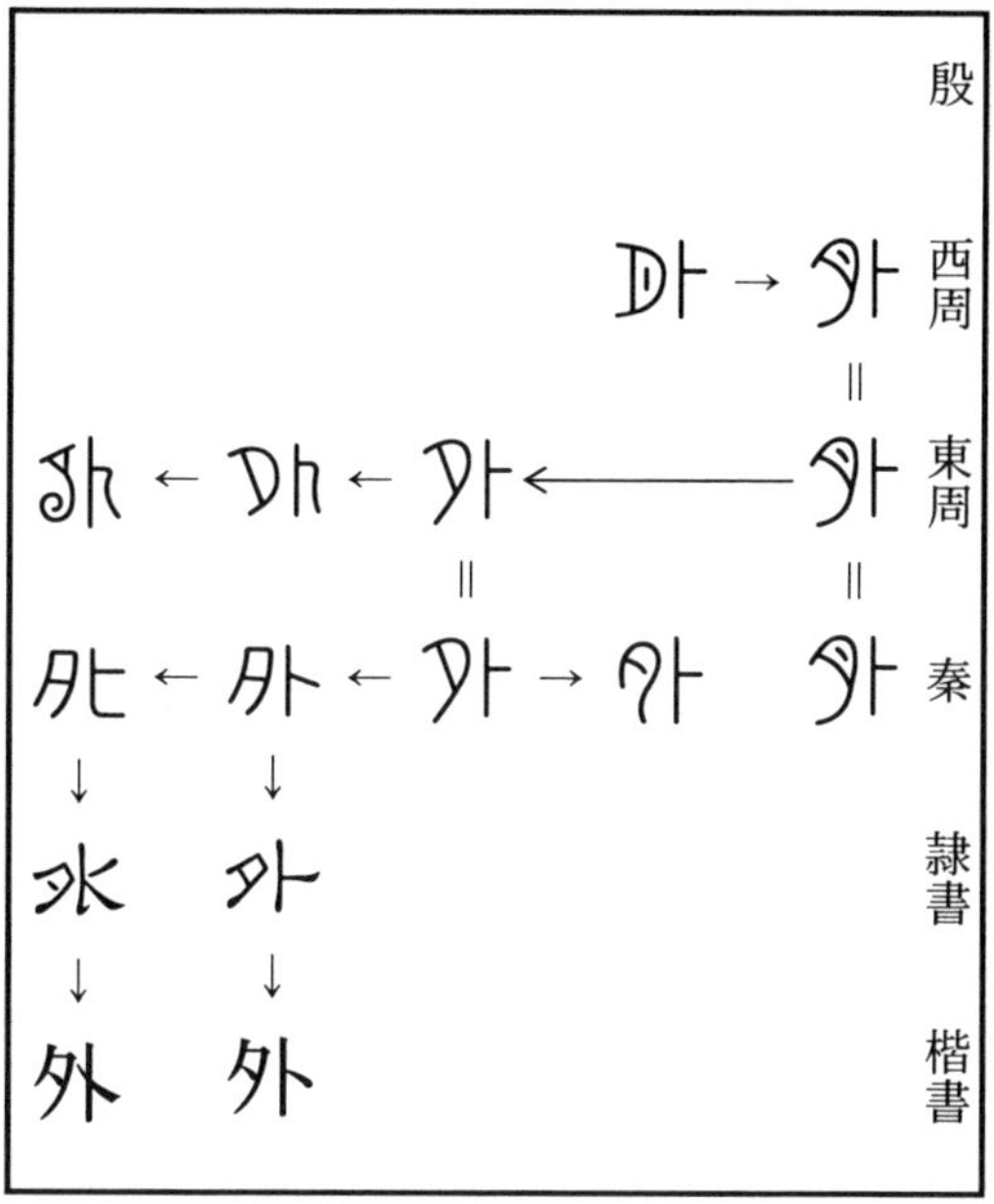

しいが、東周代には間［閒］（〓）の異体（〓）では「月」に代えて「外（〓）」を使用しており、戴家祥主編『金文大字典』が述べるように「月が出ている屋外」の意味で、トは占いではなく壁などを表していると考えるのが整合的である。なお、月は外と上古音が近いと推定されており（月は疑紐月部で[ŋiuat]などと復元）、亦声の部分と考えられる。

　そのほか、藤堂はトを意符、月を声符（亦声）とし、月のかけ方で占うこととするが、月の満ち欠けは定期的であるから、それを占いに用いたとは考えられない。白川は殷代に「月」に祭祀名の用法があることから、月（夕）の部分を肉を削り取る祭祀とし、原義を亀の外側の甲羅とするが、殷代の祭祀名としての「月」は夜間の祭祀の意味であり、「肉を削り取る」の意味はない。

　字形は東周代でトを変形させた「〓」などが作られており、許慎は古文として近い形を挙げている。また東周代には月を同源字の夕（〓）に変えた形（〓）も作られており、これが後代に継承された。楷書では「外」が正字とされるが、字形史から言えば、「ト」を用いた「外」の方が伝統的な形である。

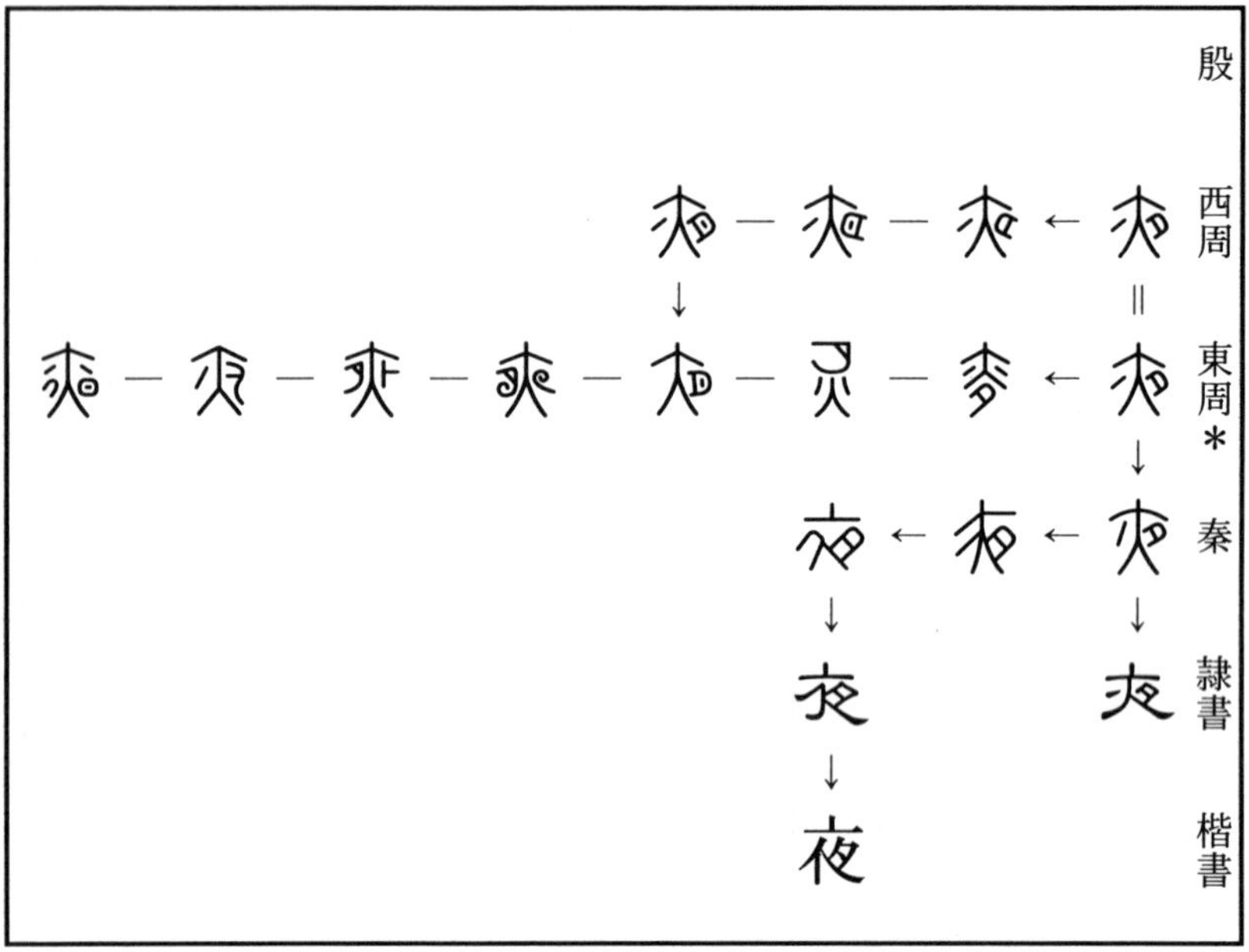

201 【夜】［夜］ 楷八画 夕部 成形声

古余紐魚部・以紐鐸部[ʎia, ḍiag, lag]→

→中以紐禡韻[yia, yia, yia]→漢ヤ呉ヤ

夜（・）は、夜間を象徴する月の象形の夕（）または月（）を意符、亦《えき》（）の略体を声符とする形声文字である。

許慎・赤塚・谷衍奎・李学勤は純粋な形声文字とするが、「夕」だけでも夜間を表示する意義があり、加藤は夕に声符の亦を増し加えた繁文と見なす。上古音では夕は鐸部（[ziak]などと復元）と推定されており、「夜」とは押韻する関係になるため、可能性のある推定である（夜は声符として「腋」などでは入声になっており、本来は入声だったとする説もある）。

そのほか、「亦」が人の腋を示した指事文字であることから、藤堂は「昼を中心にはさんで、その両わきにある時間」とするが、古くは日没が日付の変更点だったので、「昼の両わき」という解釈はできない。また白川は「金文の字形は、亦に従うものではない」とし、大と夕から成る形を原型としており、阿辻はこれに従う。しかし実際は、大に従う「[glyph]」などは東周代にのみ見え、しかも少数である。時代的に見ても数量的に見ても、大に従うものは略体と見るべきであろう。鎌田は「月が、わきの下よりも低く落ちた、よる」とするが、月は時間や月齢によっての高さが変わるので、それによって夜間を表示する理由がない。人の腋の下の部分に「夕」があるのは文字のスペースを節約するための配置であろう。

字形は東周代に異体が多く、前述の亦を大に略したもののほか、亦・夕を上下に並べたもの（[glyph]）や、大と外を用いたもの（[glyph]）などが見られる。ただし、いずれも後代に残っておらず、原初の形が篆書（[glyph]）に継承された。また「月」を用いた字形も残っていない。その後、秦代～隷書で亦の略体が変形し、楷書（旧字）の「[glyph]」のうち「夕」以外の部分になっている。新字体は夕と亦の略体の一部を交差させた形になっている。

云部

「云（[glyph]）」は雲の象形であり、その初文である。

《云》④云(雲)

---

202 【云】 楷四画　二部　成象形

古匣紐文部[ɣiuən, ɦiuən, ɢʷɯn]→中雲紐文韻[ɣiuən, ɦiuən, ɦiun]→漢ウン呉ウン

203 【雲】 楷十二画　雨部　成形声（亦声）

古匣紐文部[ɣiuən, ɦiuən, ɢʷɯn]→中雲紐文韻[ɣiuən, ɦiuən, ɦiun]→漢ウン呉ウン

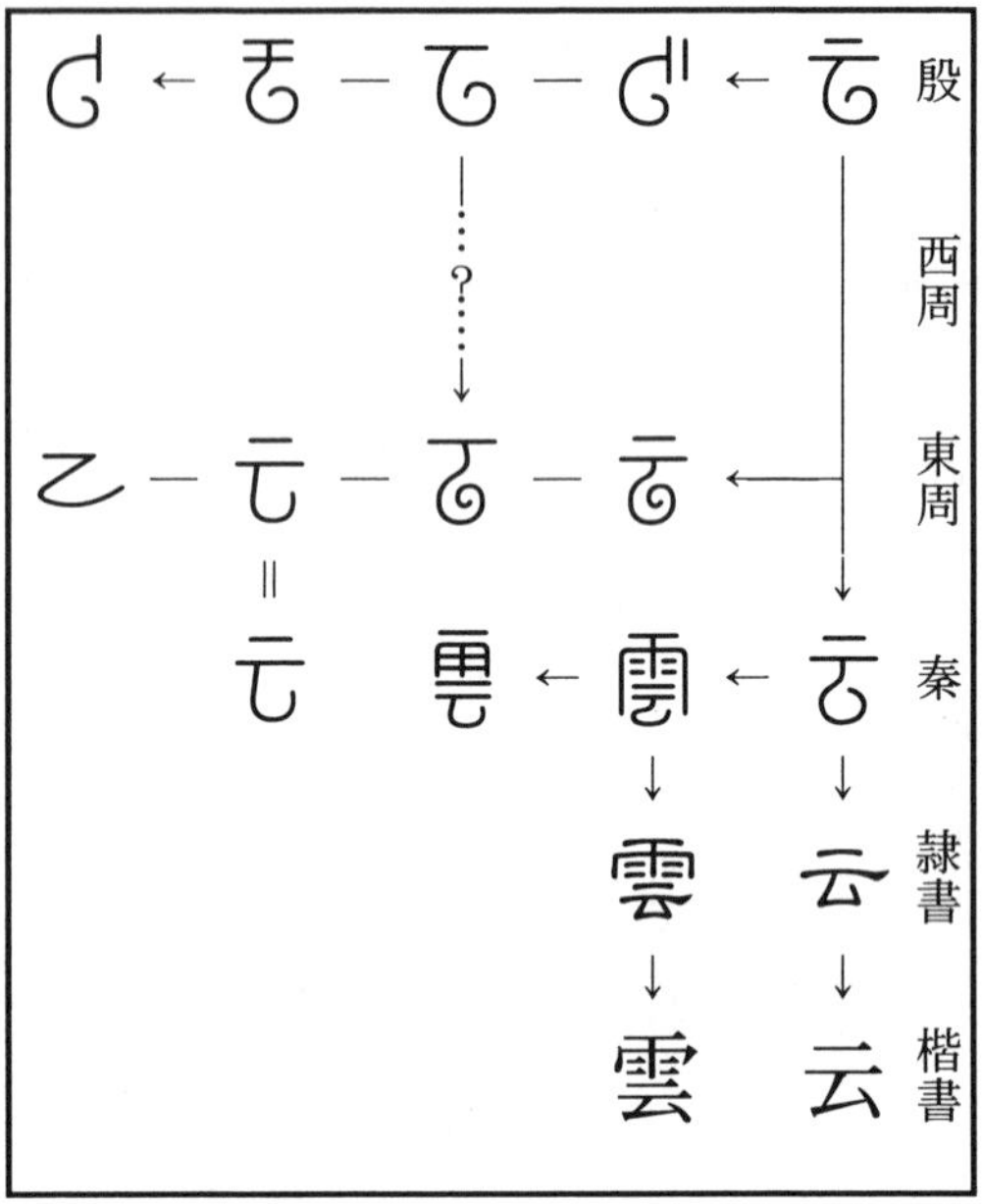

云（）は横線が天空を表し、曲線が雲が巻いている様子を表している。

字源について、藤堂は「雲」の項では横線を指事記号とし、湯気が「一」印でつかえた様子とするが、天空を横線で表示するのは雨（・）と同じであり、指事記号とする根拠はない。また「云」の項では「息がとぐろを巻いて口ごもること」とするが、史料上にはその用法もない。白川は雲中で竜が尾を捲いている形とするが、曲線だけで竜「龍」（）と関連づけるのは牽強付会と言わざるを得ない。

字形は殷代～東周代には横線が一本のものと二本のものがあるが、秦代に二本に統一された。また、「云」は、後代には「いう」の意味で使われるようになったため、篆書で降雨に関係する意符として「雨」が加えられて繁文の「雲」の字体が作られた。

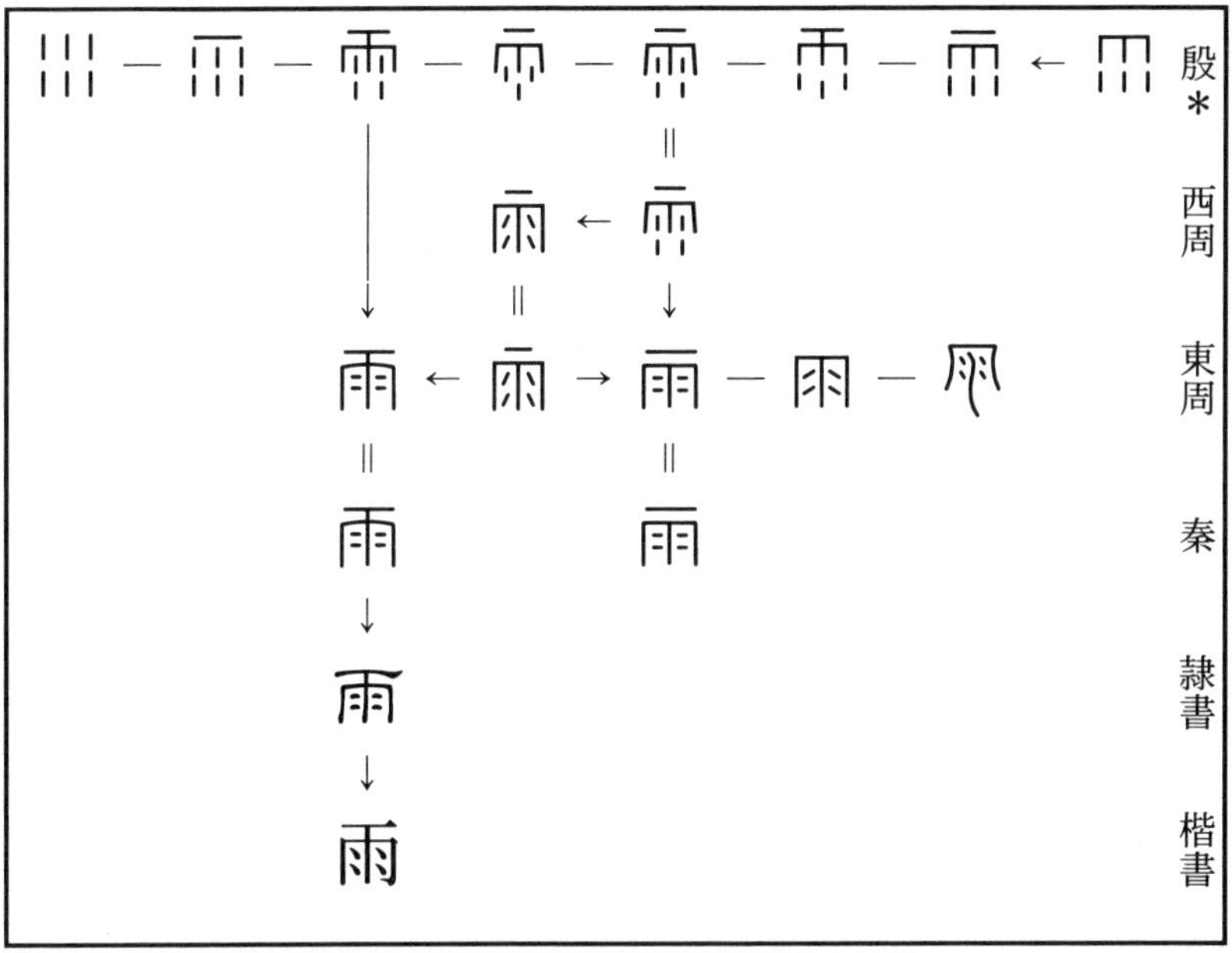

雨部

「雨（〓）」は、降雨の様子を表した象形文字である。

《雨》⑧雨

204【雨】楷八画　雨部　成象形

古匣紐魚部[ɣiua, ɦiuag, gʷa]→

→中雲紐麌(遇)韻[ɣiu, ɦiu, ɦio]→漢ウ呉ウ

殷代の字形の「〓」のうち、「〓」の部分が天空から降ってくる様子を表しており、小点が雨粒である。許慎・加藤・白川・鎌田は「〓」の部分を雨雲の象形と見るが、雲の初文である云《うん》（〓）とは異なっているので、藤堂・赤塚などが述べるように天空の表現とみるべきであろう。

また「〓」や「〓」のように、上部を二重線にした異体があり、これは高い位置を示す表現方法で、元（〓）や天（〓）にも使用されている。

なお、西周代については「雨」は単独では見えず、部首としてのみ使用されている。

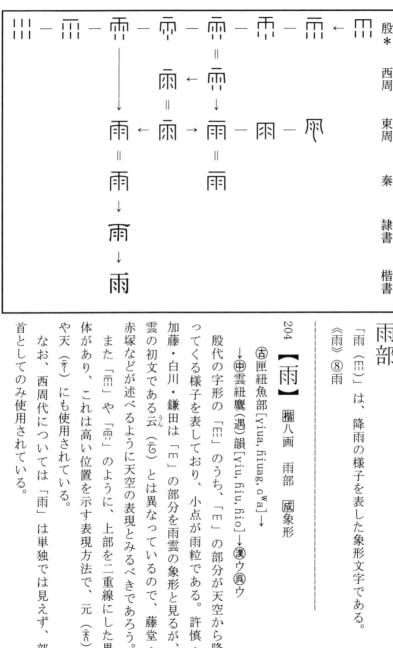

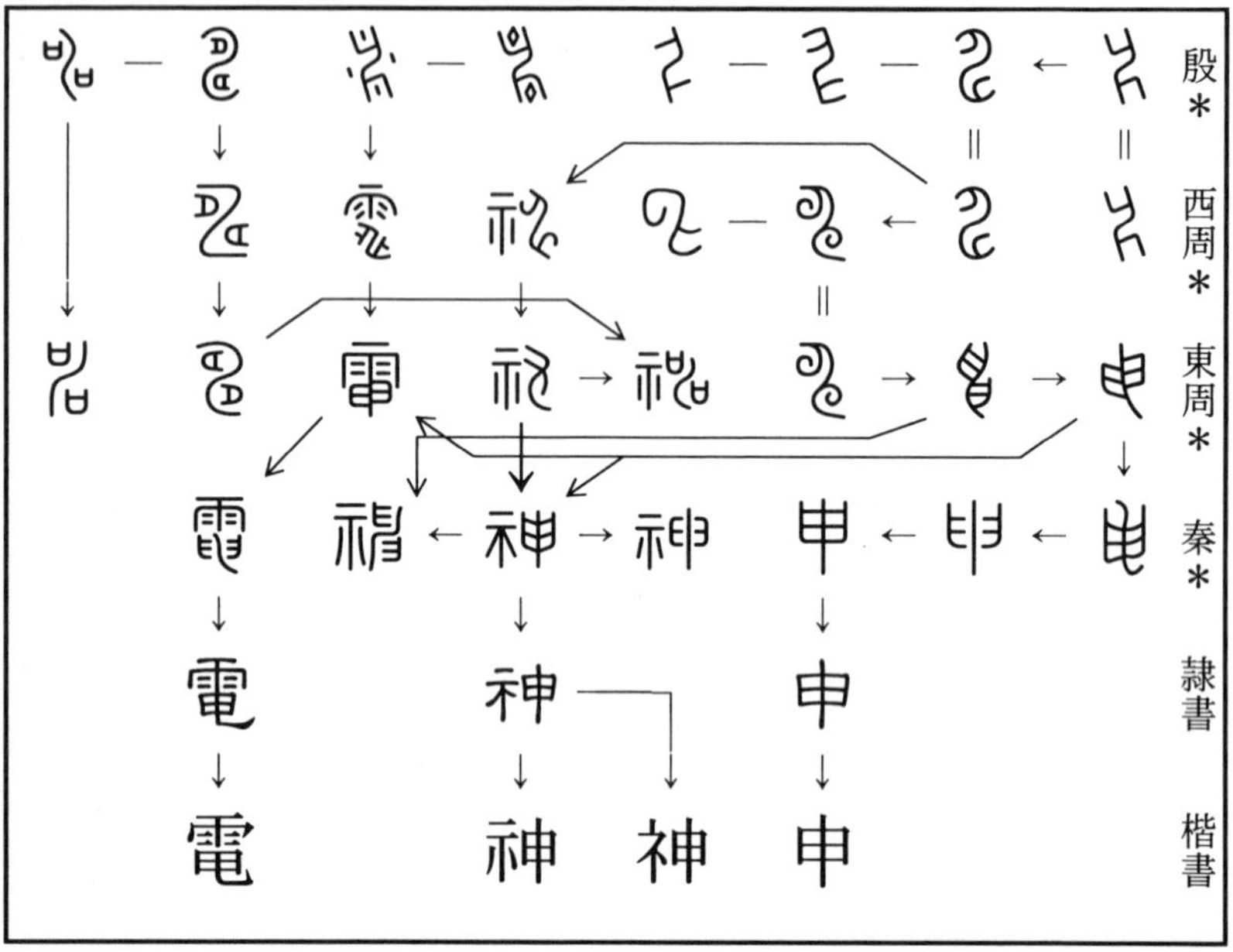

申部

「申（）」は電光の象形である。字形は後代に変化し、さらに現在では「田」の部首と見なされている。

《申》⑤申（電・神）

205【申】楷五画　田部　成象形

古書紐真部・透紐真部・以紐真部[ɕien, thien, hlin]→中書紐真韻[ɕien, ʃien, ɕiin]→漢シン呉シン

206【電】楷十三画　雨部　成会意（亦声）

古定紐真部・以紐真部[dien, den, lʼin]→中定紐霰韻[dien, den, den]→漢テン呉デン

207【神】［神］楷九画（十劃）　示部

成形声（亦声）

古船紐真部・定紐真部・以紐真部[ɖien, dien, ɦlin]→中船紐真韻[dʑien, dʑien, ʑiin]→漢シン呉ジン

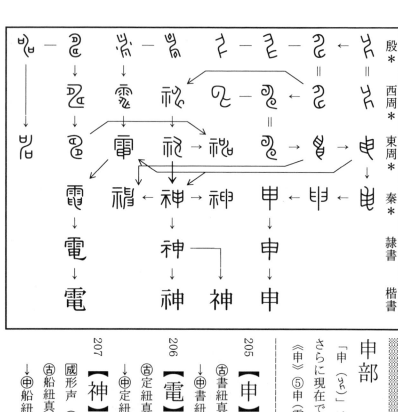

申（）は電光の象形であるが、原義では用いられておらず、十二支や仮借した「もうす」の意味などで使われた。字形は東周代に臼《きょく》に従う字形（など）に誤り、さらに秦代以降に「田」に近い形になった。なお、「」などは字形としては寿［壽］の初文であるが、西周～東周代には申の代替字としても使われた。

原義については、殷代には輝きを表す指事記号の菱形や小点を加えた形（など）で表示された。この系統の字形は、周代に指事記号を省いて降雨に関する意符の「雨」を加えた形（）が使われ、さらに隷書以降に申の部分が変形した。

また、神［神］についても同源字とする説が有力であり、原義が天神であることから、電光への自然信仰から作られたと考えられる。西周代に意符として示（ネ）を加えて作られたものであり、字形については「申」の変化の影響を受けている。

水部

「水（）」は、川の流れを表している。「みず」の意味としても転用され、液体に関する文字の部首としても広く使われるようになった。〔関連部首〕「巛」は水の異体が起源であり、さらに分化した文字として川がある。

《水》④水（川・災）⑦汽（汔）・決⑧沱（池）・注（註）・波・油⑨海・活・洋⑩消・流⑪深⑫湖・港・湯⑬漢《巛》

⑥州（洲）

208 【水】 楷四画　水部　成象形

古書紐脂部・透紐微部・暁紐脂部[ɕiuei, thiuər, qhʷliil]→中書紐旨韻[ɕui, ʃiui, ɕiui]→漢スイ呉スイ

209 【川】〔巛〕 楷三画　巛部　成象形

古渓紐文部・昌紐文部[thiuən, khiuən, khion]→中昌紐仙韻[tɕhiuɛn, tʃhiuɛn, tɕhiuen]→漢セン呉セン

210 【災】〔巛・烖・灾〕 楷七画　火部　成会意（亦声）？

古精紐之部[tsə, tsəg, ʔslɯ]→中精紐咍韻[tsɒi, tsəi, tsʌi]→漢サイ呉サイ

殷代の字形のうち、「巛」や「巛」は川に水が流れている様子を表した象形文字である。原義は河川であり、古くは河川名が水を部首とする一文字で表現されていた。例えば、本来は「河」は黄河、「江」は長江を指す固有名詞である。「水」は、後に「みず」の意味に転用され、またその意味でも部首としても使われた。

字形は東周代に中央の曲線を直線にした形（氺）が作られ、さらに隷書で単線の方向が変化し、楷書で「水」の形になった。また隷書以降には、偏に関しては「氵（さんずい）」の形に簡略化されることが多い。これは隷書の「氺」の簡略化ではなく、水滴の表現に由来するかもしれない。

「巛」は水の異体であり、後に分化して「巛」になり、さらにその異体が「川」である。後者の字形は東周代に出現した「川」に起源がある。

また、甲骨文字では「巛」を災害の汎称である「災」の意味に用いることがある。殷代には都を黄河の近くに置いており、洪水が災害の代表と考えられていたのであろう。

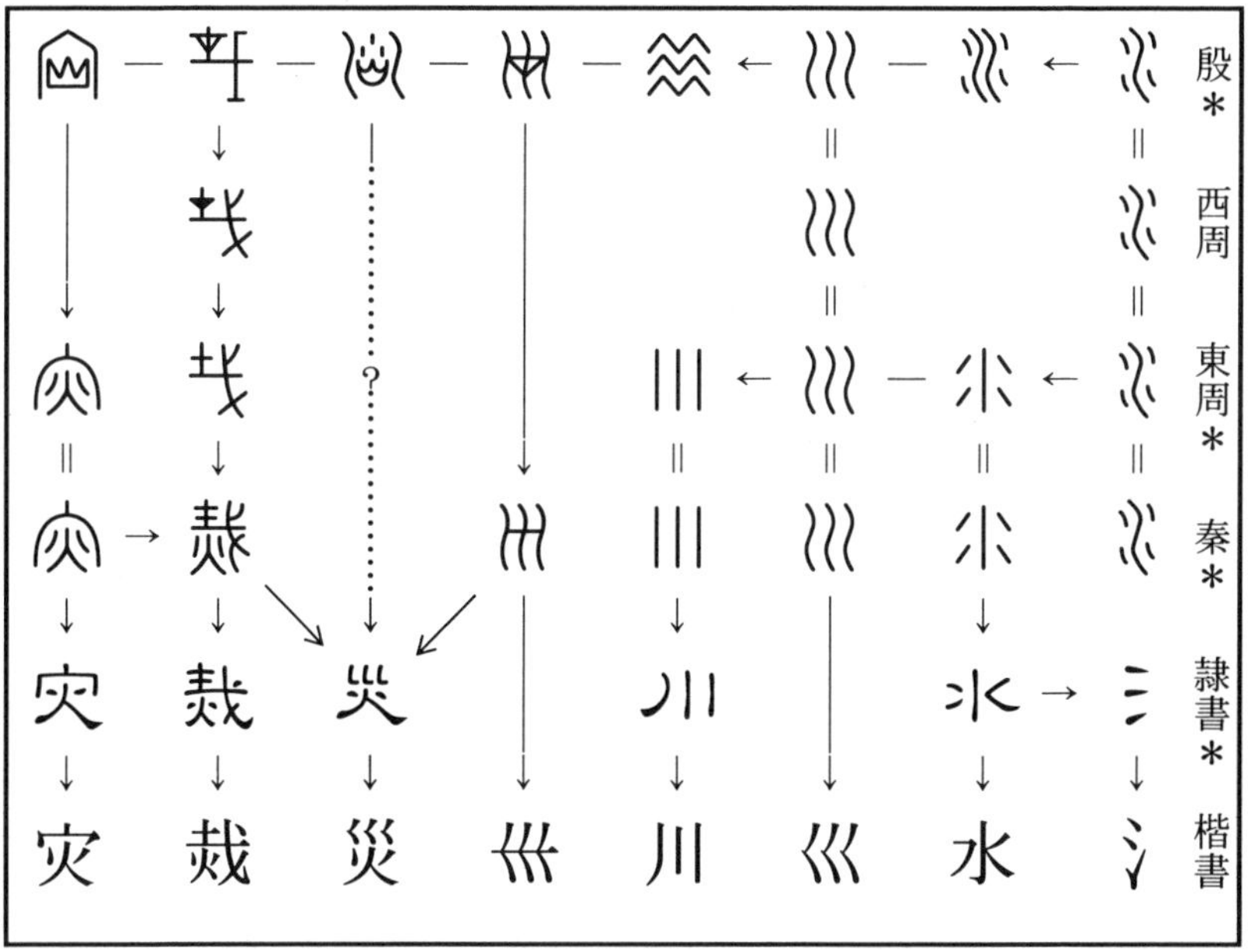

甲骨文字の「災」には異体が非常に多く、「巛」の向きを変えたもの（〓）のほか、在の初文の才（〓）を重ねた字形（〓）がある。この形は楷書では「𡿧」で表現される。

加藤は才を河川を塞ぐものとして「川が塞がって起こる水の災害」とし、同様に藤堂は「水の流れをせきとめたすがた」、白川は「水がふさがれて溢流する形」、鎌田は「川のはんらんをせきとめるための良材」とする。しかし、後述する異体の「烖」は初文が「𢦏〔𢦏〕（〓）」の形であり、やはり才（〓）が声符として使われている（戈が意符）。したがって赤塚・阿辻・谷衍奎・李学勤が述べるように、𡿧（〓）についても才を声符と考えるのが妥当である。なお在（才）は上古音が従紐之部（[dzə]など と復元）と推定されており、災にごく近い字音である。そのほか許慎は字形構造を具体的に述べていない。

「災」について、許慎は籀文として𡿧と火から成る「〓」の形を挙げているが、現存の出土資料には確認できないため、殷代の「〓」を継承したものか、あるいは𡿧と火

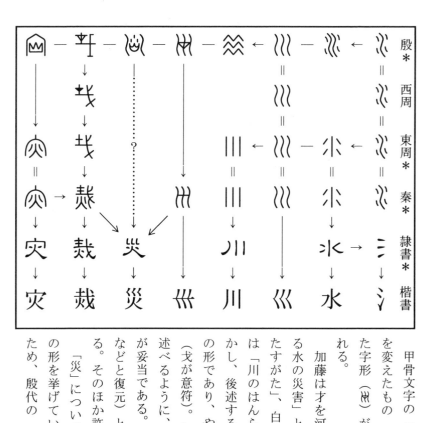

を組み合わせて新たに作られたものかは不明である。前者であれば火（火災）と水（水害）の意味を合わせた会意文字のうち、「水」を𡿧に置換したものがさらに巛に簡略化されたことになり、後者であれば、𡿧に火を増し加えた繁文の可能性が高いことになる。

「烖」について、許慎はこれを見出し字とし、火を意符、𢦏を声符とする純粋な形声文字として火災を原義とする。また、加藤・白川・李学勤・阿辻はこれに従う。しかし、赤塚が述べるように、甲骨文字では𢦏〔𢦏〕の形（）が「災」の意味で用いられており、烖の初文で戈を意符、才を声符として「戦災」を表した文字である。したがって「𢦏」は亦声の声符にあたる。

鎌田は「戈も才も、災害を防ぐための器具」とするが、これは前述の「𡿧」の誤解に基づく。また藤堂・谷衍奎は字形の構造について言及していない。

そのほか、異体字のうち最左行の「」などは家屋を表す「宀」と「火」から成り、こちらは「火災」の意味で作られた形である。現代中国の簡体字では災の意味としては「灾」が使われている

211【汽】 楷七画　水部　成形声（亦声）
古渓紐微部・渓紐物部［-, khiəd, khɯd］→中渓紐未韻［-, khiəi, khii］→漢キ・キツ呉ケ・コチ

212【汔】 楷六画　水部　成形声（亦声）
古暁紐物部・疑紐微部［hiət, hiət, hŋɯd］→中暁紐迄韻［hiət, hiət, hit］→漢キツ呉コチ
「汔」は、水を意符、气を声符とする形声文字であり、蒸気や水が涸れることを意味する。前者の意味として

は、气は気体であることを表す亦声の部分にあたる。厳密には蒸気は微細な液体であるが、古代には気体と区別されていなかったと思われる。

楷書では、「水が涸れること」の意味（漢音はキツ）に限定して、气を同源字の乞に変えた異体の「汔」も作られている。本来は同一字の異体であるが、現在では別個の文字と見なされることが多い。

---

213 【決】〔決〕 楷七画　水部　成形声（亦声）

古見紐月部[kiuat, kuat, kʷed]→中見紐屑韻[kiuet, kuet, kuet]→漢ケツ呉ケチ

「決」は、水（氵）を意符、夬を声符とする形声文字である。夬は道具を持った手の形であり、えぐり取る意味があるので、諸家が述べるように亦声の部分であり、決壊が原義であろう。決断・決心などは引伸義である。

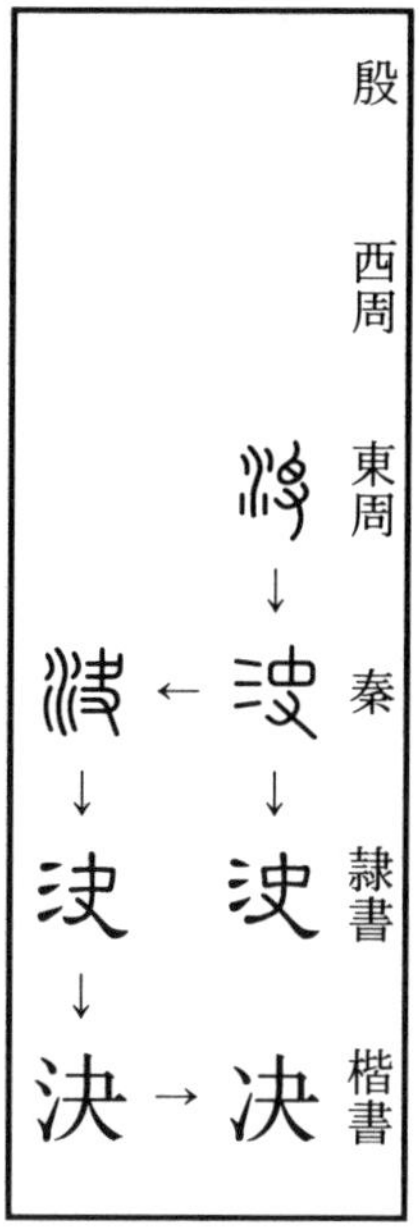

楷書では異体として意符を「冫」に変えた「决」も作られている。

---

214 【沱】 楷八画　水部　成形声

古定紐歌(哿)部・以紐歌部[dai, dar, l'al]→中定紐歌韻[da, da, da]→漢タ呉ダ

215 【池】 楷六画 水部 成形声

古定紐歌部・以紐歌部[diai, diar, l'al]→中澄紐支韻・定紐歌韻[ḍie, ḍie, ḍie+da]→漢チ呉ジ(ヂ)

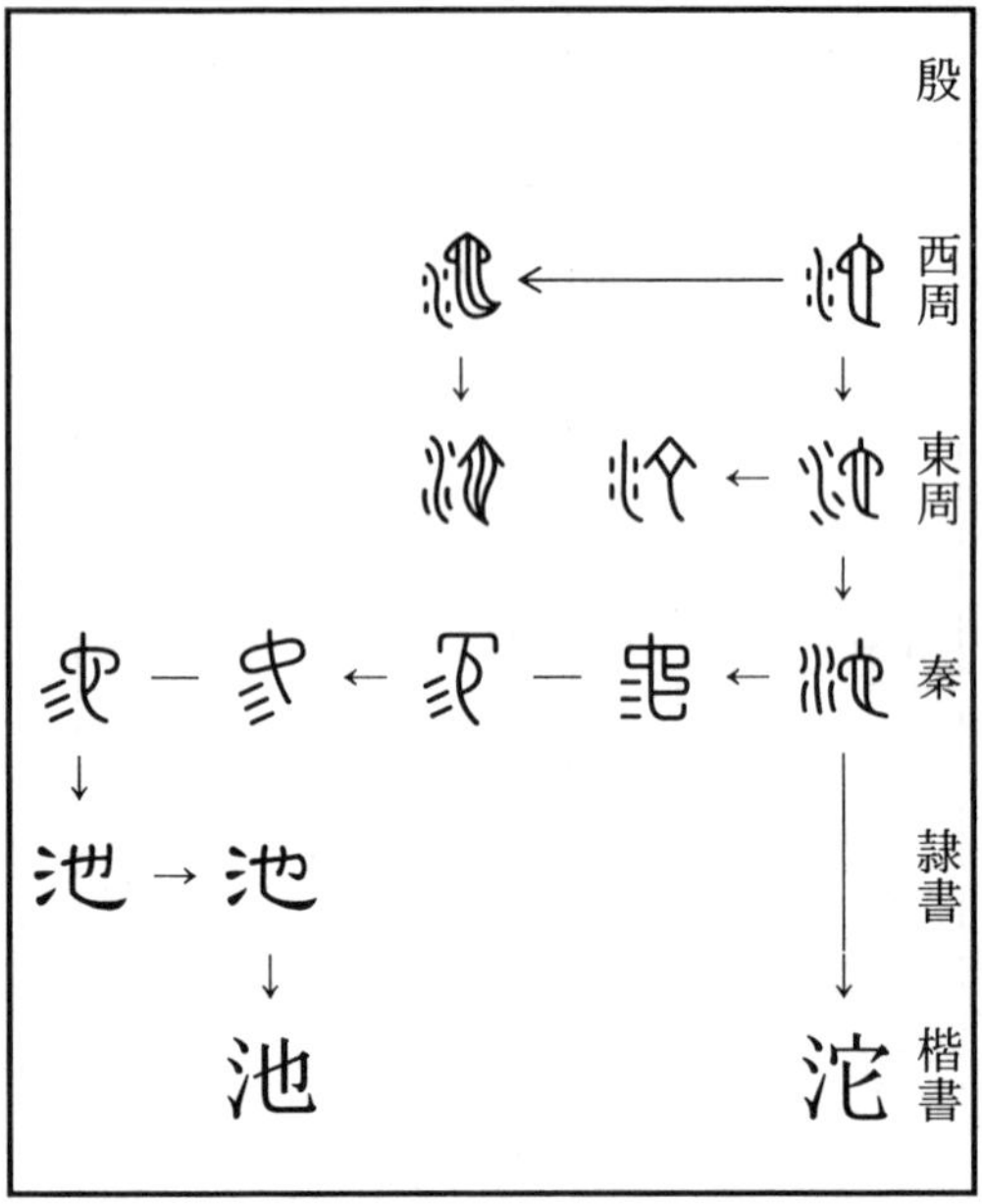

「〓」などは字形が「沱」にあたり、水(氵)を意符、它を声符とする形声文字で、池を表している。秦代に声符を同源字の「也」に変えた「池」が作られた。

「也(它)」が蛇の象形であることから、その部分を亦声とする説もあり、藤堂は「横に長く伸びたみぞやため池」、赤塚は「川が曲がりくねって水のとどこおる所」、鎌田は「まがりくねった形の水たまり」とするが、初出の西周金文では儀礼などを行う池の意味で使用されており、いずれも牽強付会である。

なお、「沱」と「池」は同源字であるが、楷書では、「沱」が河川名としてのみ使用されており、別字と見なされることが多い。

216 【注】[注] 楷八画 水部 成形声

古端紐侯部・章紐侯部[tiuo, tiug, tio]→中章紐遇韻[tɕiu, tʃiu, tɕio]→漢シュ・チュウ呉シュ・チュ慣チュウ

217 【註】［註］ 楷十二画　言部　成形声（亦声）

古端紐侯部[tiuo, tiug, to]→中知紐遇韻[tiu, tiu, tio]→漢チュウ呉チュ

「注［注］」は、水を意符、主を声符とする形声文字である。原義の「そそぐ」の意味については漢音が「シュ」であり（チュウは慣用音）、引伸義の「注釈」の場合の漢音が「チュウ」である。

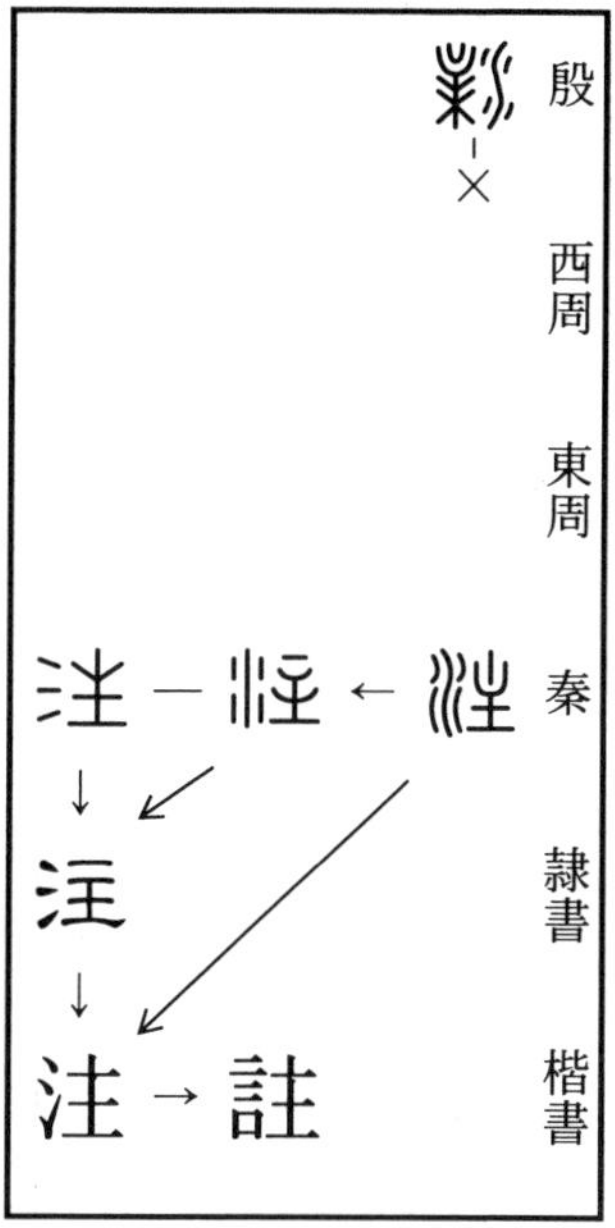

「主」の部分を亦声とする説もあり、藤堂・鎌田はとどめるの意味があるとし、谷衍奎は集中の意があるとするが、主の字源は灯火であり、いずれも誤りである。白川は燭台の鐙に油を注ぐ意とし、こちらは矛盾はないが、史料上に確証も得られない。

関連する文字として、引伸義の「注釈」の意味で、言を意符に変えた「註［註］」も作られている。注釈の意味なので、構造としては言が意符で注の省声（亦声）と見るべきであろう。

なお、殷代の「〓」も水（〓）と主（〓）の異体から成り、字形の隷定としては「注」にあたる。ただし、地名（河川名）として使われており、後代の「注」との継承関係はない。

218 【波】 楷八画　水部　成形声

古幫紐歌部[puai, puar, pal]→中幫紐戈韻[pua, pua, pua]→漢ハ呉ハ

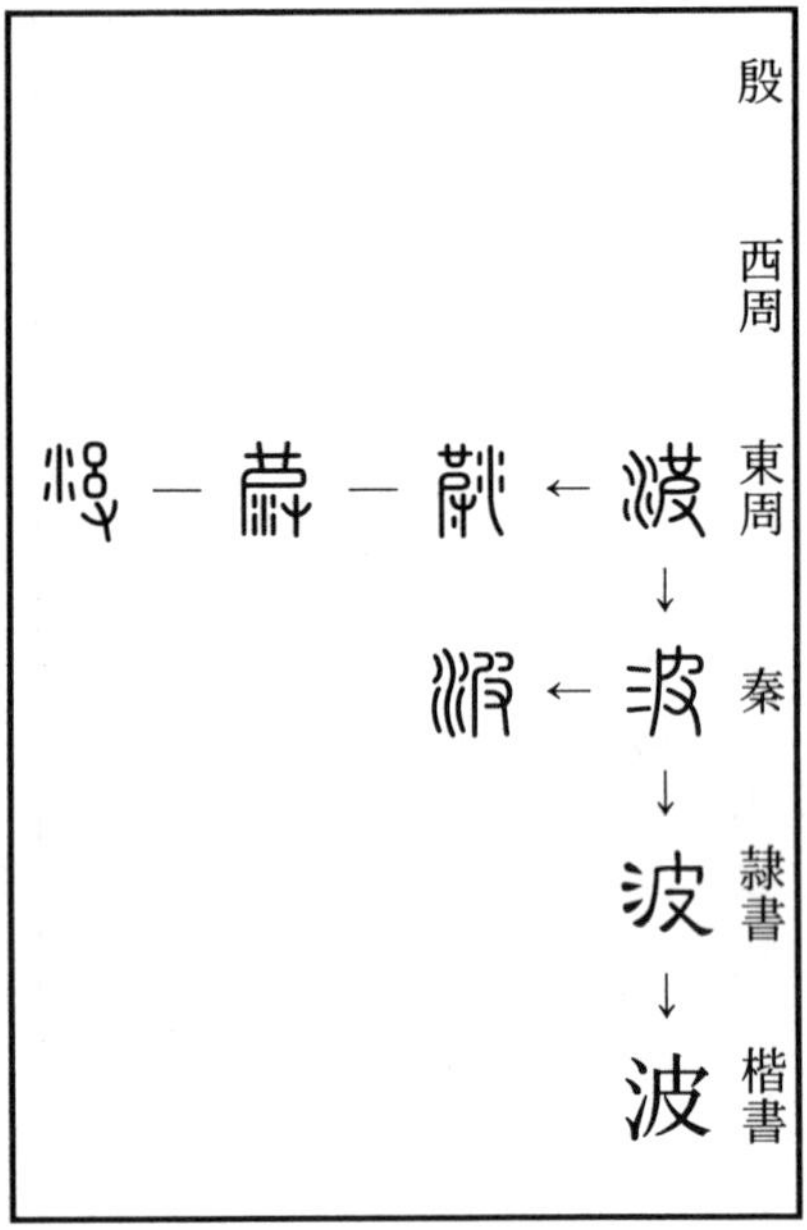

「波」は、水を意符、皮を声符とする形声文字であり、水が波打つことを表している。

「皮」の部分を亦声とする説もあり、藤堂は皮の字源を「皮衣をななめに引きよせてかぶるさま」とし、波を「水面がななめにかぶさるなみ」とする。白川は獣皮のように「うねうねと続く意」とし、鎌田は「毛皮のようになみうつ水」とする（谷衍奎も同様）。古く北宋代の王安石も字源を「水の皮」としたと言われ、右文説の代表であるが、いずれも根拠に乏しい。

219【油】 楷八画　水部　成形声

古余紐幽部・以紐幽部・以紐覚部[ʎiu, ɖiog, lɯw+lɯwɢ]→中以紐尤(宥)韻[yiau, yiau, yiu]→漢ユウ(イウ)呉ユ

「油」は、水を意符、由を声符とする形声文字である。もと武陵（現在の湖南省）の河川名であったが、借りて「あぶら」の意味に転用された。

なお、藤堂・鎌田は「あぶら」が原義であるとするが、これは由の字源を「壺」と誤解したうえでの解釈であり、壺は別字である。

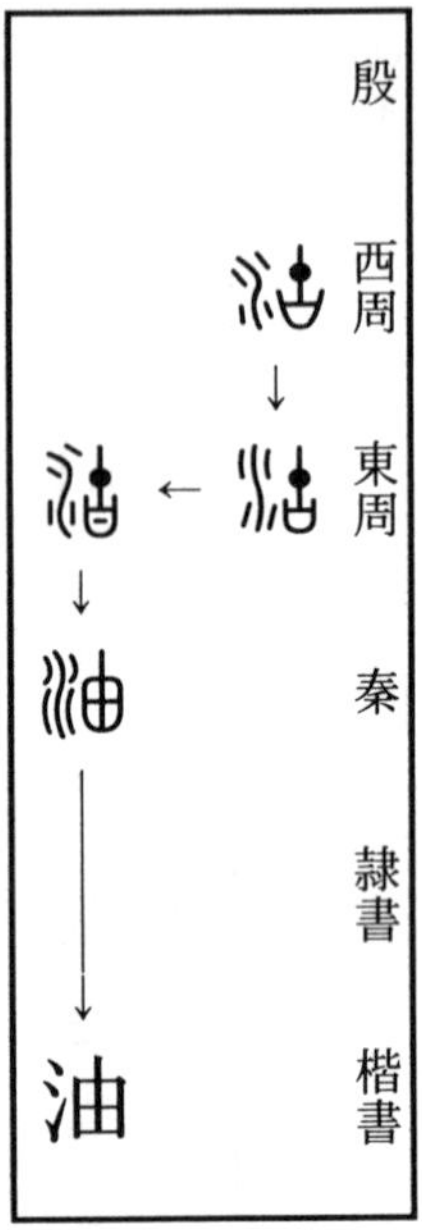

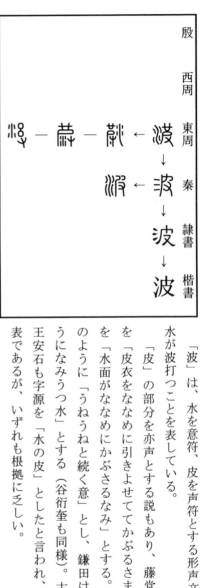

220 【海】［海］〔⿱每水〕 楷九画（十劃） 水部 成形声

古明紐之部・暁紐之部[hə, məg, hmlɯ]→中暁紐海韻[hɐi, hɐi, hʌi]→漢カイ呉カイ

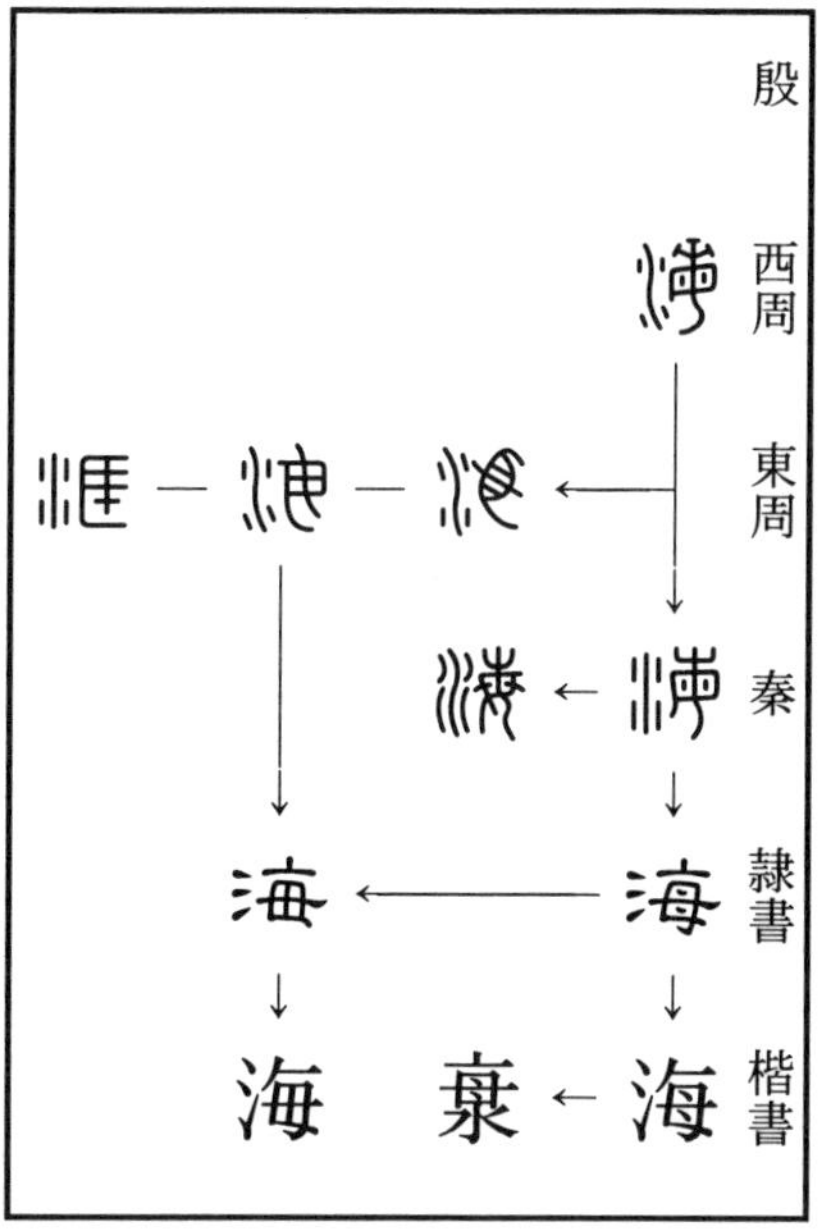

水を意符、毎［毎］を声符とする形声文字である。楷書の「海［海］」は水を氵にしたものであり、異体の「⿱每水」は毎と水を上下に並べたものである。また楷書では「海」が正字とされるが、「毋」を用いた新字体の「海」も古くから見える形である。

声符の毎［毎］について、多くの研究者は「晦」でも使われていることから「くらい」の意味がある亦声の部分とし、「くろぐろと深い水」のように解釈する。しかし、同源語の可能性はあるが、「晦」が作られたのは「海」の出現よりも遅い東周代であり、字源として「晦」の省声として「海」が作られたとは考えられない。

221 【活】〔⿰氵𠯑〕 楷九画 水部 成形声

古見紐月部・匣紐月部・群紐月部[kuat+γuat, ɦuat, kod+god]→

→㊥見紐末韻・匣紐末韻[kuat+ɣuat, ɦuat, kuat+ɦuat]→㊼カツ(クヮツ)㊹ガチ(グヮチ)

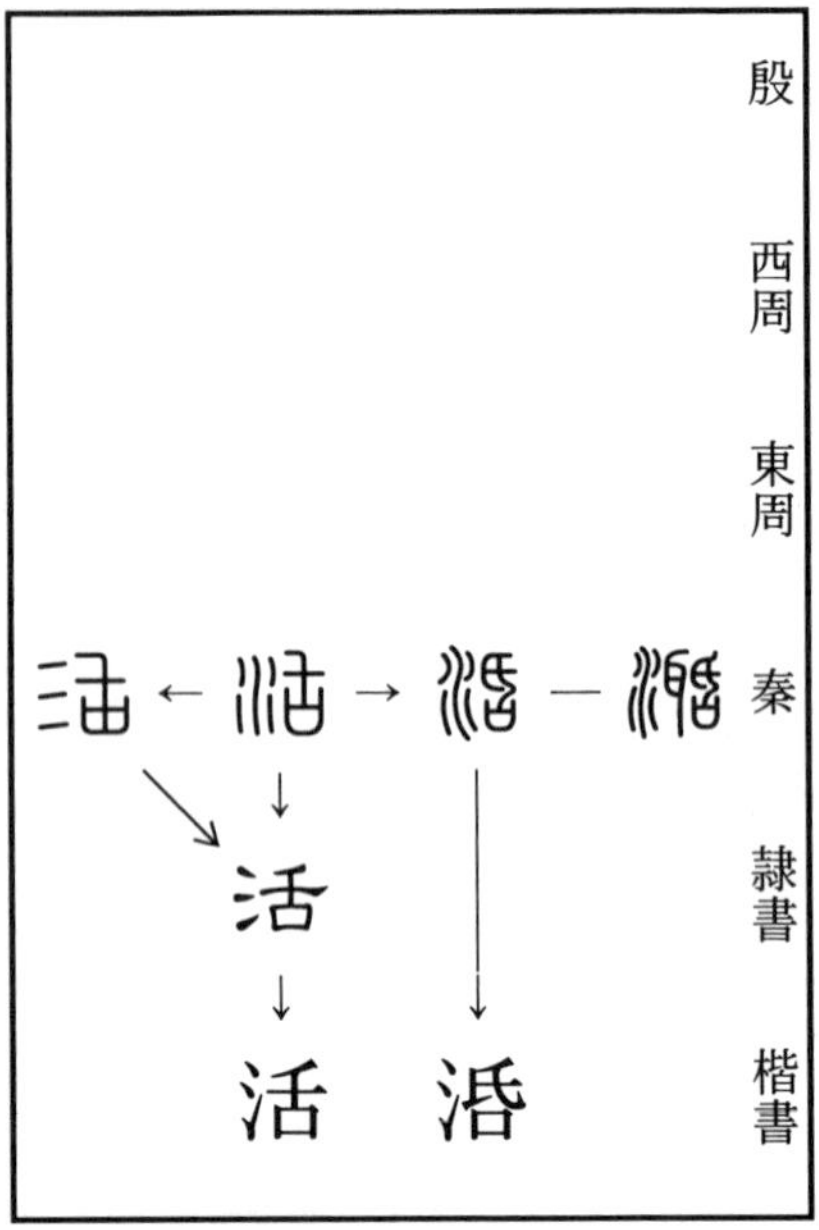

初出は秦代であり、水(氵)を意符、𠯑《かつ》を声符とする形声文字である。原義は水が勢いよく流れる音であり、転じて「いきる」や「いかす」の意味に用いられた。

秦代には𠯑の部分について舌を用いたもの(〓)があり、これが隷書で「舌」に変わって「活」の形が作られた。なお、字形の出現順から言えば、𠯑よりも舌の方が古く、「話」でも西周代から𠯑が声符として使われている。

そのほか、秦代には声符を聒《かつ》の古体の䎽に変えた異体(〓)も見られる。また漢簡では旁の部分を崩した「𣴘」の形も使われている(八分隷書には見えない)。

---

222 **【洋】** 楷九画　水部　成形声

古邪紐陽部・余紐陽部・群紐陽部・以紐陽部[ziaŋ+ʎiaŋ, giaŋ, liaŋ+laŋ]→㊥邪紐陽韻・以紐陽韻[ziaŋ+yiaŋ, yiaŋ, ziɐŋ+yiɐŋ]→㊼ショウ(シャウ)・ヨウ(ヤウ)㊹ゾウ(ザウ)・ヨウ(ヤウ)

「洋」は、水(氵)を意符、羊を声符とする形声文字である。もと斉地の河川名であり、この場合は漢音が「ショウ」である。

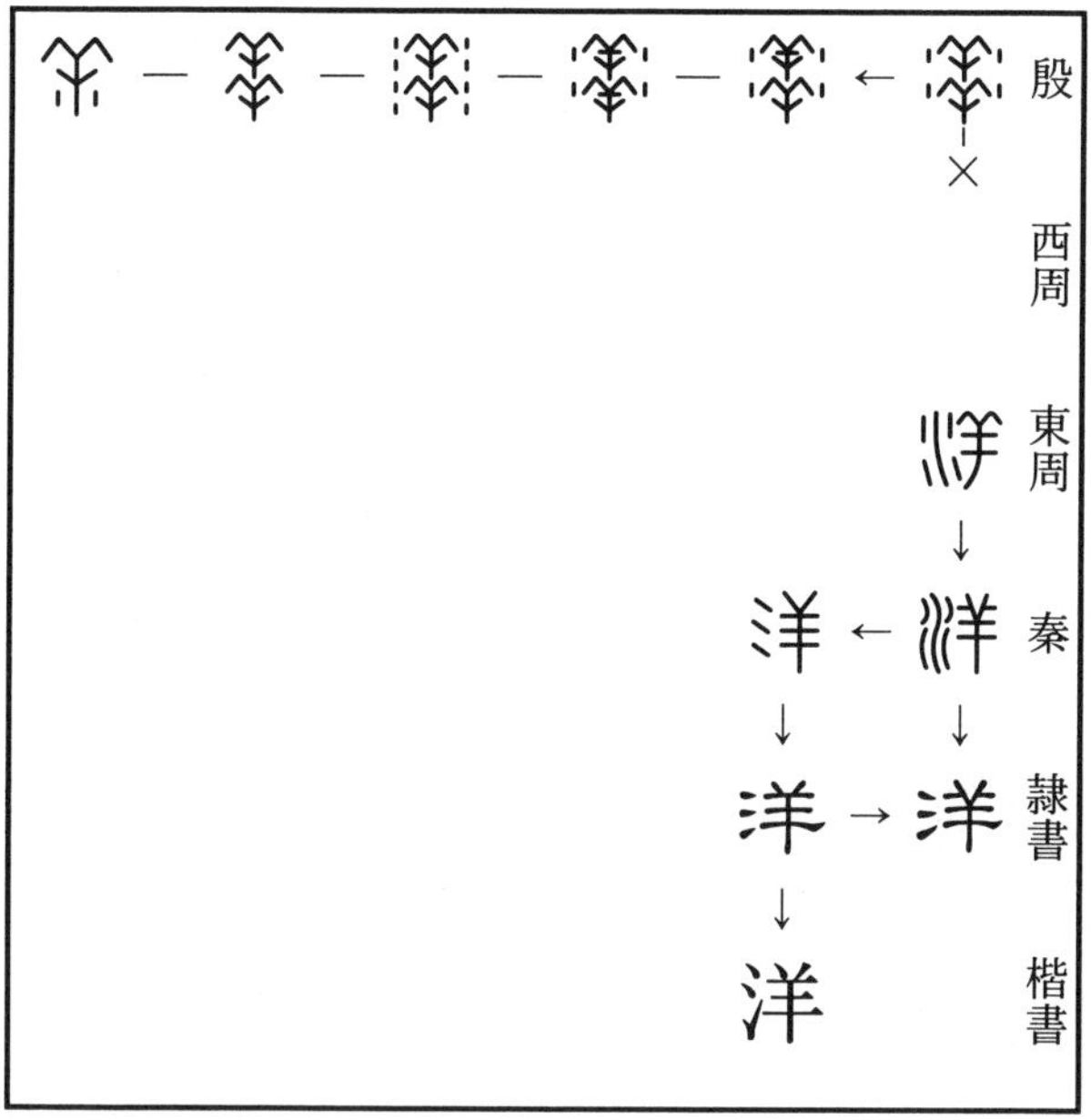

海洋の意味に使われるようになった経緯について、仮借とする説が多いが、白川は水の満ちあふれるさまを表す「洋洋《しょうしょう》」からの転換とする。いずれも矛盾はないが、現状では東周代の資料が断片的なものしかないため、正否は明らかにできない。

なお、殷代の「〓」などはふたつの羊（〓）と小点から成り、祭祀犠牲の複数の羊から血液が出ている様子を表している。水滴と羊で「洋」または「漾」と隷定されるが、東周代以降の「洋」とは継承関係がない。

223 【消】［消］ 楷十画 水部 成形声

古心紐宵部[siau, siɔg, sew]→中心紐宵韻[siɛu, siɛu, sieu]→漢ショウ(セウ)呉ショウ(セウ)

「消［消］」は、水（氵）を意符、肖を声符とする形声文字であり、水が尽きることを表している。そこから「きえる」や「けす」などの意味に用いられた。

加藤・藤堂・白川・赤塚・鎌田・谷衍奎は、肖に少の意味がある亦声の部分と見なすが、「肖」自体は「似る」

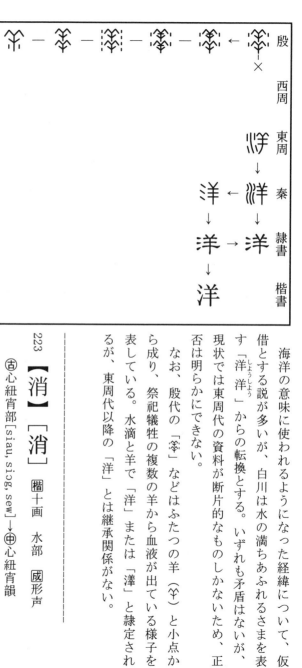

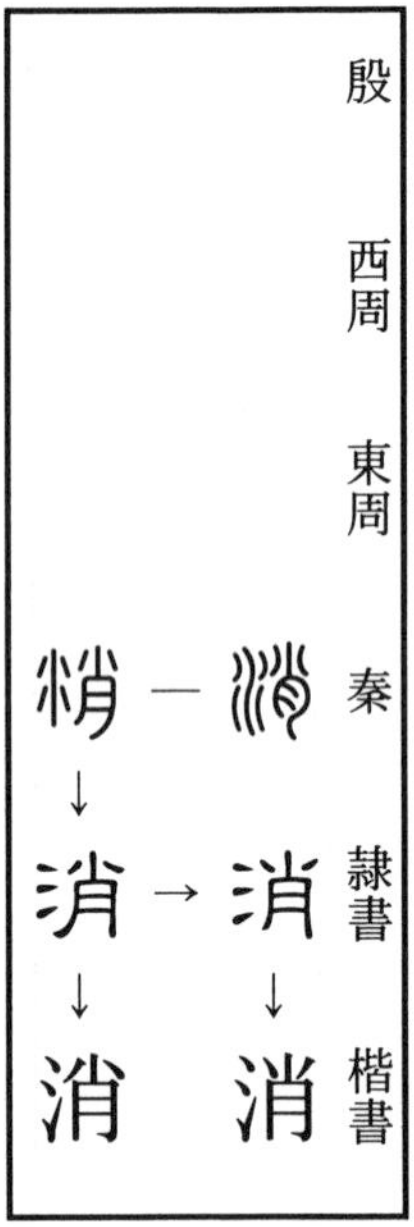

の意味であり、小は声符として使われている。同系の語の可能性はあるが、直接的に意味を表す部分とすることはできない。

224 **【流】［流］｛㳅｝** 楷十画（九劃） 水部

成会意 古来紐幽部[liu, liog, ru]→中来紐尤韻[lieu, lieu, liu]→漢リュウ(リウ)呉ル

「流［流］」は、水（氵）と㐬《とつ》から成る字形である。許慎は「水行」を原義と見なすが、㐬は毓（育の古い形）の一部であり、子供が生まれる形であることから、多くの研究者は羊水などが流れ出ることを原義としている。そのほか、白川は死産の様子とし、阿辻は子供の無事を願って水に流す風習が字源とするが、東周代の資料にはそれらの用法は確認できない。

また加藤・赤塚は㐬を発音も表す亦声の部分とするが、篆書以降では㐬が「流」の音で声符（省声）として使われることがあるものの、東周代以前には確認できない。

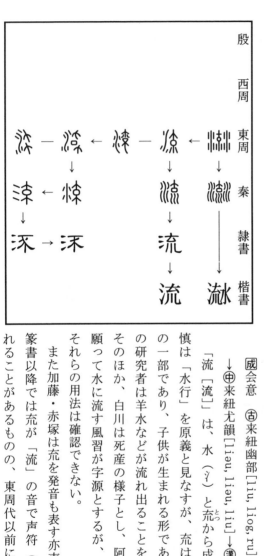

異体のうち、「」が最も古い形のようであり、許慎はこの系統の字形（）を見出しに挙げている。ただし、東周代の段階から水をひとつにした形が主流であり、楷書でも「流［流］」が主に用いられている。

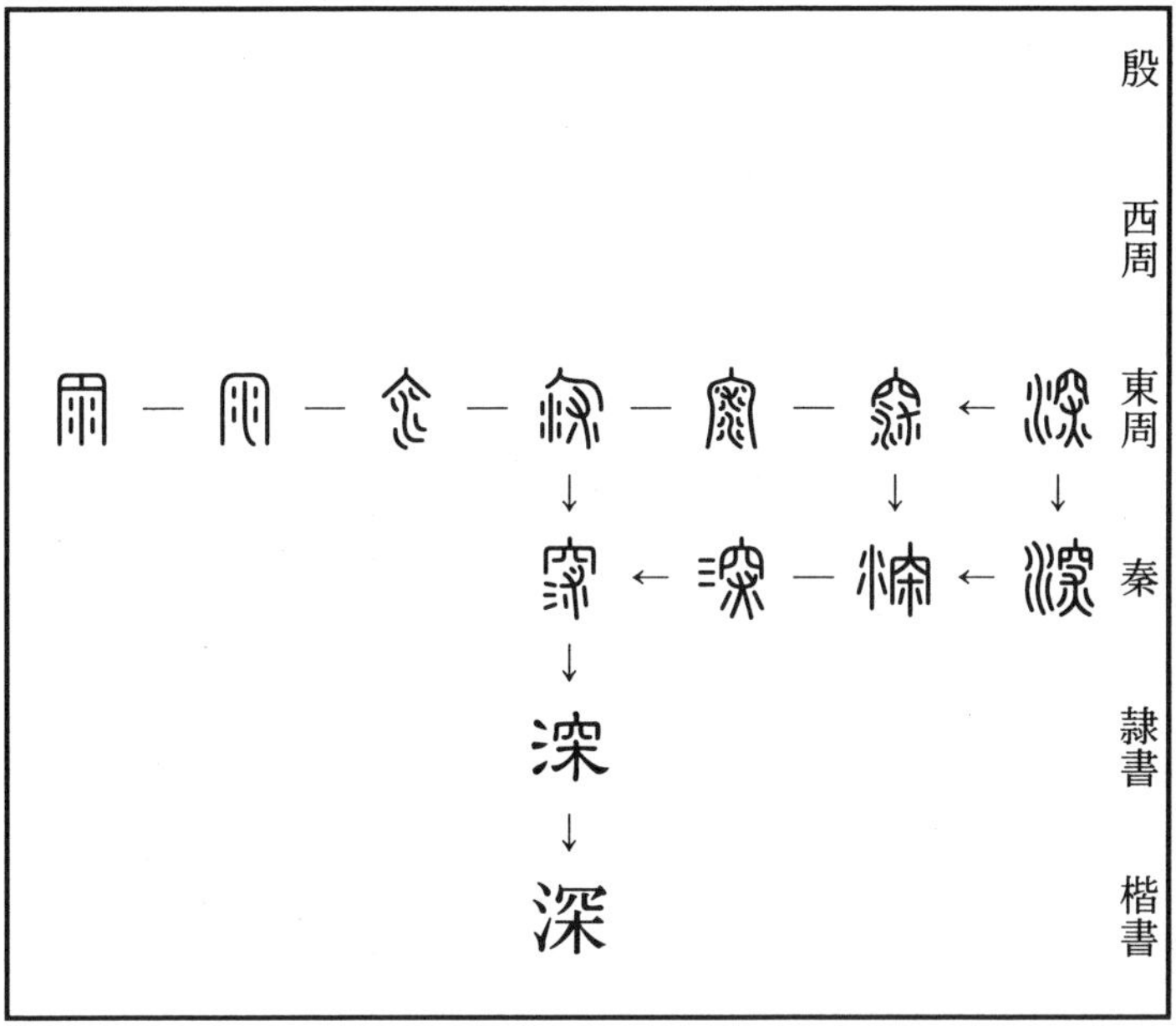

225 **【深】** 楷十一画　水部　成形声（亦声）

古書紐侵部・透紐侵部・以紐侵部[ɕiəm, thiəm, hlum]→中書紐侵韻[ɕiem, ʃiəm, ɕiim]→漢シン（シム）呉シン（シム）

「深」は、水（氵）を意符、㴱《しん》（罙）を声符とする形声文字である。許慎は桂陽の河川名を原義とするが、初出の東周代の楚系文字では、既に「ふかい」の意味で使われている。

㴱は字源としては穴の中に火をかざして探る様子（探の初文）であるから、藤堂・白川・赤塚・谷衍奎が述べるように亦声と見るのが妥当であろう。ただし、藤堂・谷衍奎は「深い穴を探る」ことから深いの義になったとし、白川は水の深さを探ることとし、赤塚は㴱に「奥底」の意があるとするが、いずれが正しいかは明らかでない。

226 **【湖】** 楷十二画　水部　成形声

古匣紐魚部・群紐魚部[ɣa, ɦag, ga]→中匣紐模韻[ɣu, ɦo, ɦuo]→漢コ呉ゴ

殷	西周	東周	秦	隷書	楷書
			湖	→ 湖	→ 湖

「湖」は、水（氵）を意符、胡を声符とする形声文字である。

胡を亦声とする説もあり、藤堂は字音から「上からカバーする基本義」とし、大地をカバーする大きな水とするが、水は低い土地にたまるのであるから、「上から」の意味にはならない。また、白川は大きくふくらむものの意があるとし、赤塚・鎌田は巨に通じて大きい意味するが、胡は直接的にはいずれの意味もない。

---

227 **【港】**［港］楷十二画　水部　成形声（亦声）

古見紐東部[keɔŋ, kuŋ, krɔŋ]→中見紐講韻[kɔŋ, koŋ, kɣʌŋ]→漢コウ(カウ)呉コウ(カウ)

「港［港］」は、水（氵）を意符、巷を声符とする形声文字である。現状の資料では秦漢代以前に見えない（『説文解字』の篆書は大徐本の新附にのみ見える）。

加藤・李学勤は純粋な形声文字とし、原義を分流とする説を採る。また、巷は里中の道を表すことから、藤堂・白川・赤塚・鎌田・阿辻・谷衍奎は巷を亦声とし、「水上の道」のような解釈をしている。後者の方が整合的であろうが、前者についても明確な矛盾はない。

殷	西周	東周	秦	隷書	楷書
					港

なお、「巷」はもと邑を意符、共を声符とする形声文字

であり、後に邑が簡略化された。「港〔港〕」の字形も簡略化されたものを用いており、さらに新字体は「巳」を「己」に変えている。

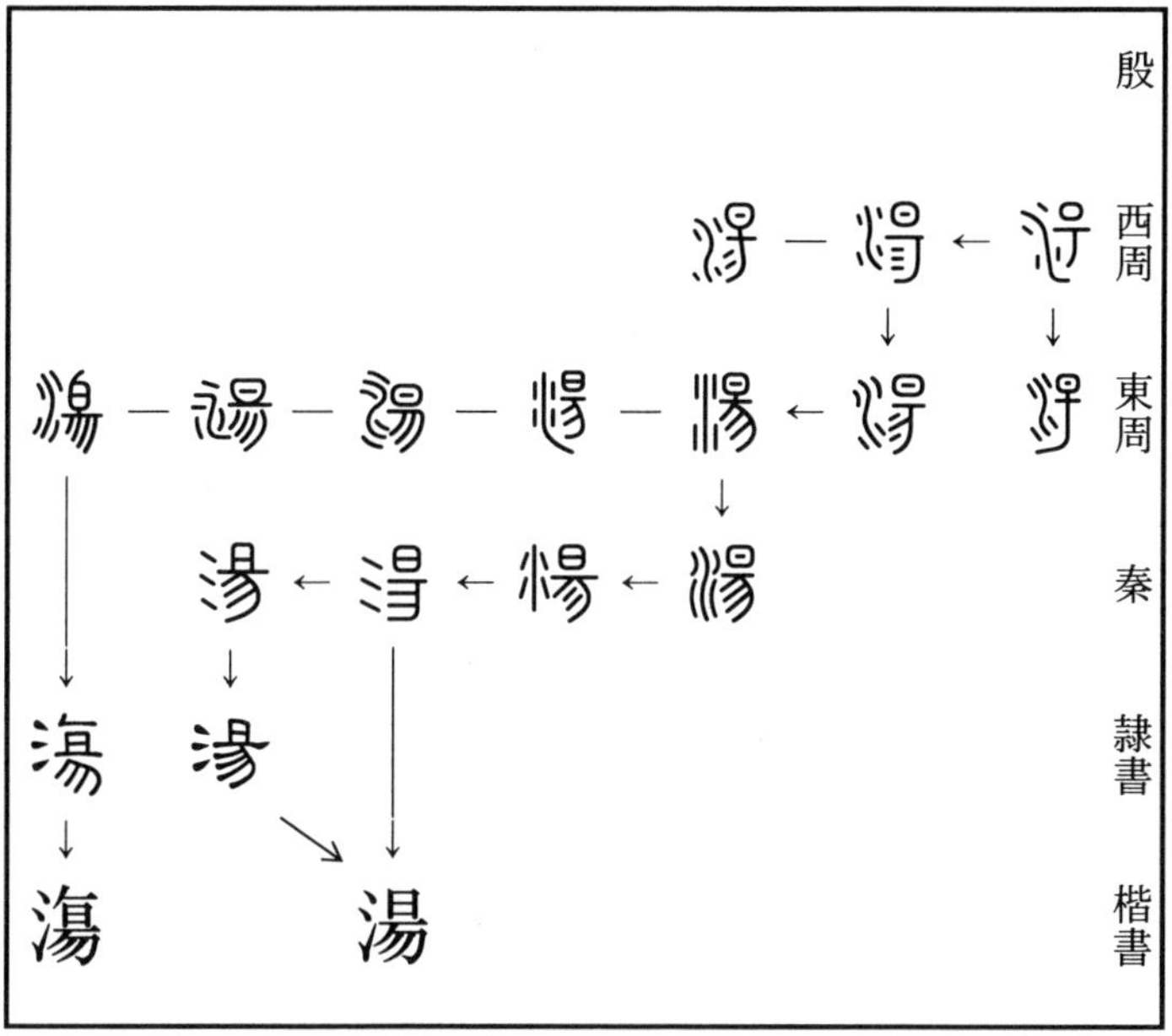

228 【湯】〔湯〕 楷十二画 水部 成形声

古透紐陽部・書紐陽部・胎紐陽部・以紐陽部

[thaŋ+ɕiaŋ, thaŋ+thiaŋ, lhaŋ+hlaŋ]→

→中透紐唐(宕)韻・書紐陽韻

[thaŋ+ɕiaŋ, thaŋ+ʃiaŋ, thaŋ+ɕiaŋ]→

→漢トウ(タウ)・ショウ(シャウ)

呉トウ(タウ)・ショウ(シャウ)唐タン

「湯」は、水を意符、昜を声符とする形声文字である。

昜を亦声とする説もあり、藤堂は昜の「太陽が上がるの意」から、湯が勢いよく蒸気をあげて沸き立つこととし、鎌田も近い説であるが、「湯」は沸騰を前提としていない。また、加藤は昜が「太陽の温熱」の義を取っているとし、谷衍奎・李学勤も同様である。こちらは矛盾はないが、「昜」に直接的に温熱の意味はなく、亦声である

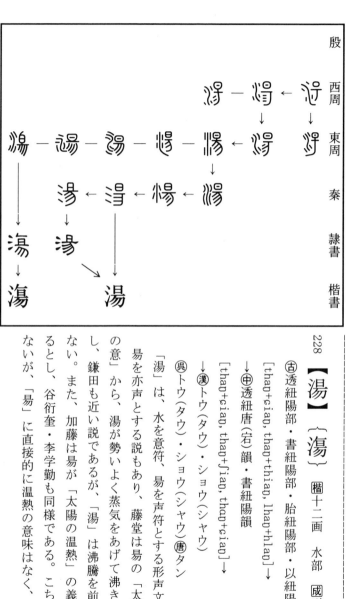

ことも確実ではない。
なお、湯は水が盛んに流れる様子の意味でも使われており、この場合には漢音が「ショウ」である。また、この場合については声符を昜に変えた異体の「湯」が使われることもある。

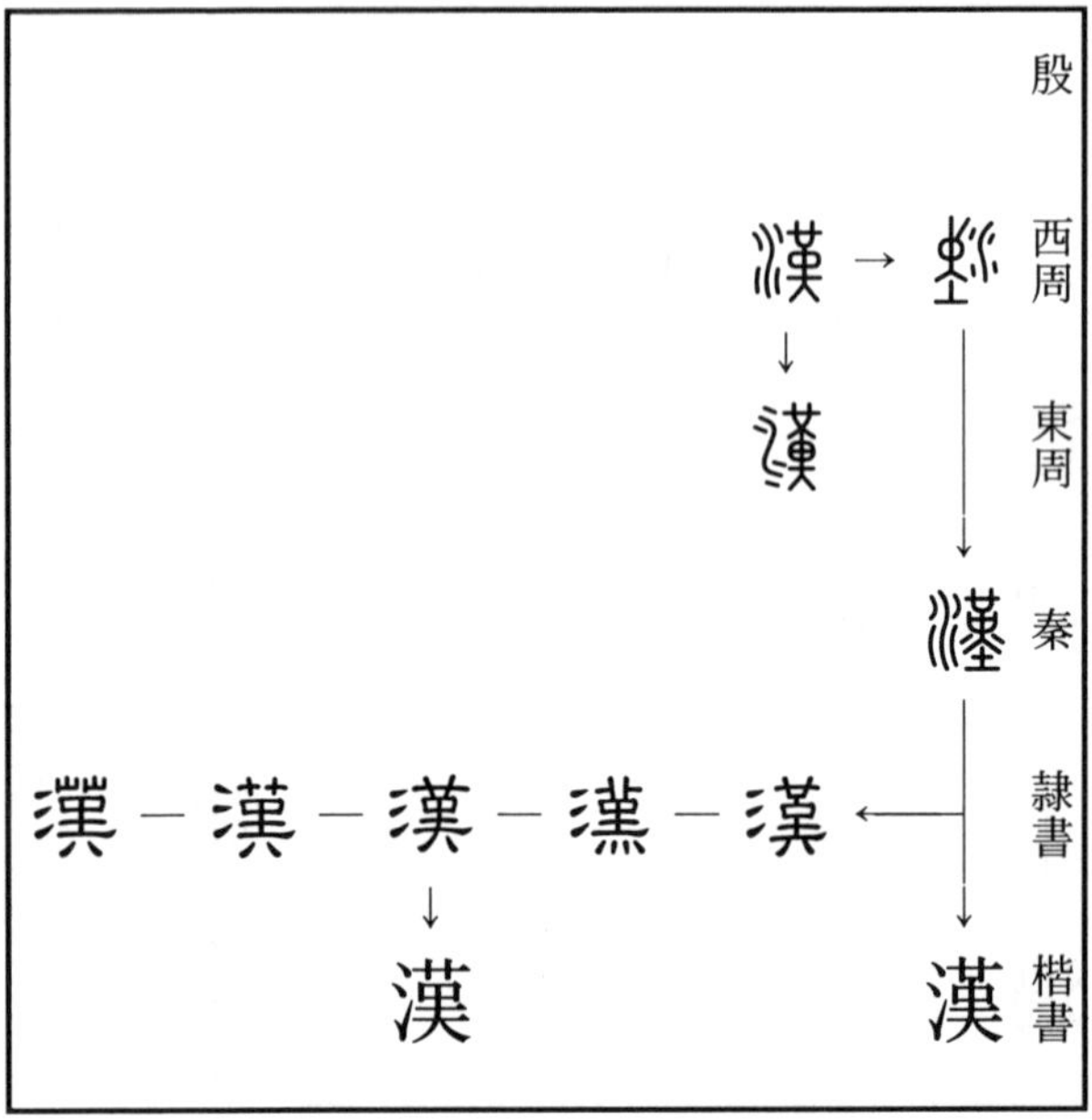

229 **【漢】［漢］** 楷十三画（十四劃） 水部

成形声 古暁紐元部・泥紐元部[han, han, hnan]→
→中暁紐翰韻[han, han, han]→漢カン 呉カン

「漢［漢］」は、水を意符、𦰩を声符とする形声文字であり、河川名（長江の支流）を表している。周代には漢水の意味について𦰩を借りて用いる例もある。

後に漢水流域を治めた漢王劉邦が皇帝になり、国号として用いたことから、中国全体の呼称となった。

なお、後に「銀河」の意味でも使われたため、藤堂は暵の初文である𦰩の意味から「水のない銀河」を原義とするが、初出の西周代から河川名として使用されている。

字形は隷書で𦰩の上部を「艹」のような形に変えた異体（漢など）が作られ、新字体にも採用されている。

▽巛部

230【州】楷六画　巛部　成指事

古端紐幽部・章紐幽部[ȶiu, tiog, tiu]→中章紐尤韻[tɕiəu, tʃiəu, tɕiu]→漢シュウ(シウ)呉ス

231【洲】楷九画　水部　成形声（亦声）

古端紐幽部・章紐幽部[ȶiu, tiog, tiu]→中章紐尤韻[tɕiəu, tʃiəu, tɕiu]→漢シュウ(シウ)呉ス

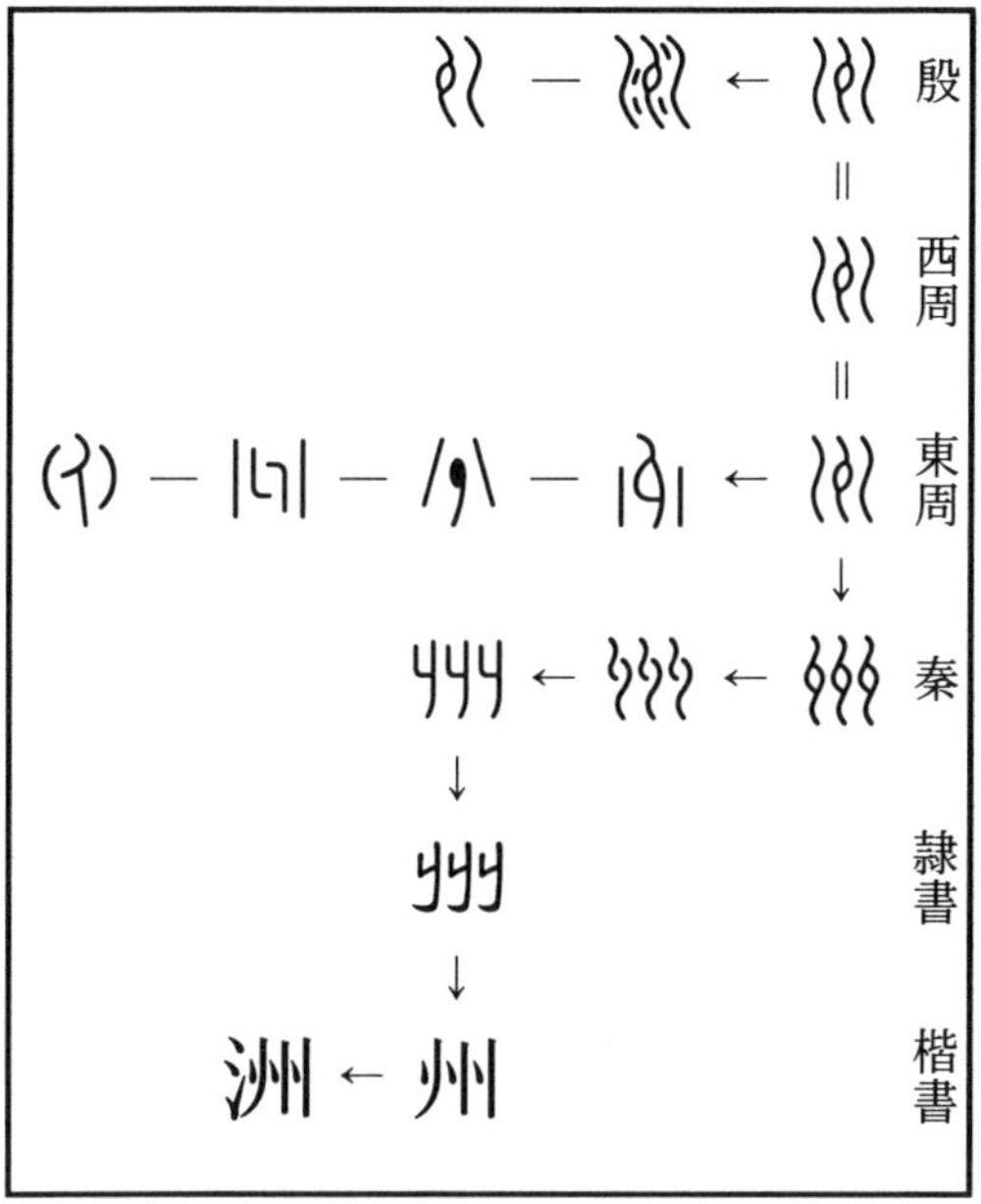

州（巛）は、河川の象形の巛（巛）に中州を表す指事記号をつけた文字である。殷～東周代には指事記号がひとつであったが、秦代には篆書の「巛」などみっつに変えられた。楷書の「州」は秦代に変形したものにもとづく。なお許慎は古文として指事記号がひとつのものを挙げている。

伝説上の王である禹は、中国全土を治水して「九州」を設けたという神話がある。地域区分の語として「州」が用いられた理由として、許慎は洪水の際に人々が川の間の高台に避難したためとするが、白川が述べるように、「水流で区分された地域」と見るべきであろう。

異体として、東周代には巛の両側を直線にした形（卝など）が多い。また楷書では意符として水（氵）を増し加えた「洲」も作られており、本来は同字であるが、現在では別字と見なされることが多い。

冫部

「仌（仌）」は、氷の象形である。氷のほかにも、寒いことや冷たいことを表す文字の部首にも使われる。部首として偏になると「冫」の形になることが多い。

《冫》②冫（氷）⑤冬（終）⑫寒

232【冫】〔仌〕 楷二画 冫部 成象形

古幫紐蒸部[piəŋ, piəŋ, -]→中幫紐蒸韻[piəŋ, piəŋ, -]→漢ヒョウ呉ヒョウ

233【氷】[冰]〔冰〕 楷五画（六劃） 水部 成会意（亦声）

古幫紐蒸部・疑紐蒸部[piəŋ, piəŋ, prɯŋ+ŋrɯŋ]→

→中幫紐蒸韻・疑紐蒸韻[piəŋ, piəŋ, piŋ+ŋiŋ]→漢ヒョウ呉ヒョウ

氷を表す文字は西周代に初出である。「仌」や「仌」は氷の象形であり、楷書の「仌」にあたる。どのような氷かは諸説あり、藤堂は「氷を透かしたときに見える筋目」とし、赤塚・阿辻はこれに従う。鎌田は氷の結晶とし、谷衍奎は氷花の形とする。いずれも矛盾はなく、どれが正しいかは明らかではない。そのほか許慎・加藤・

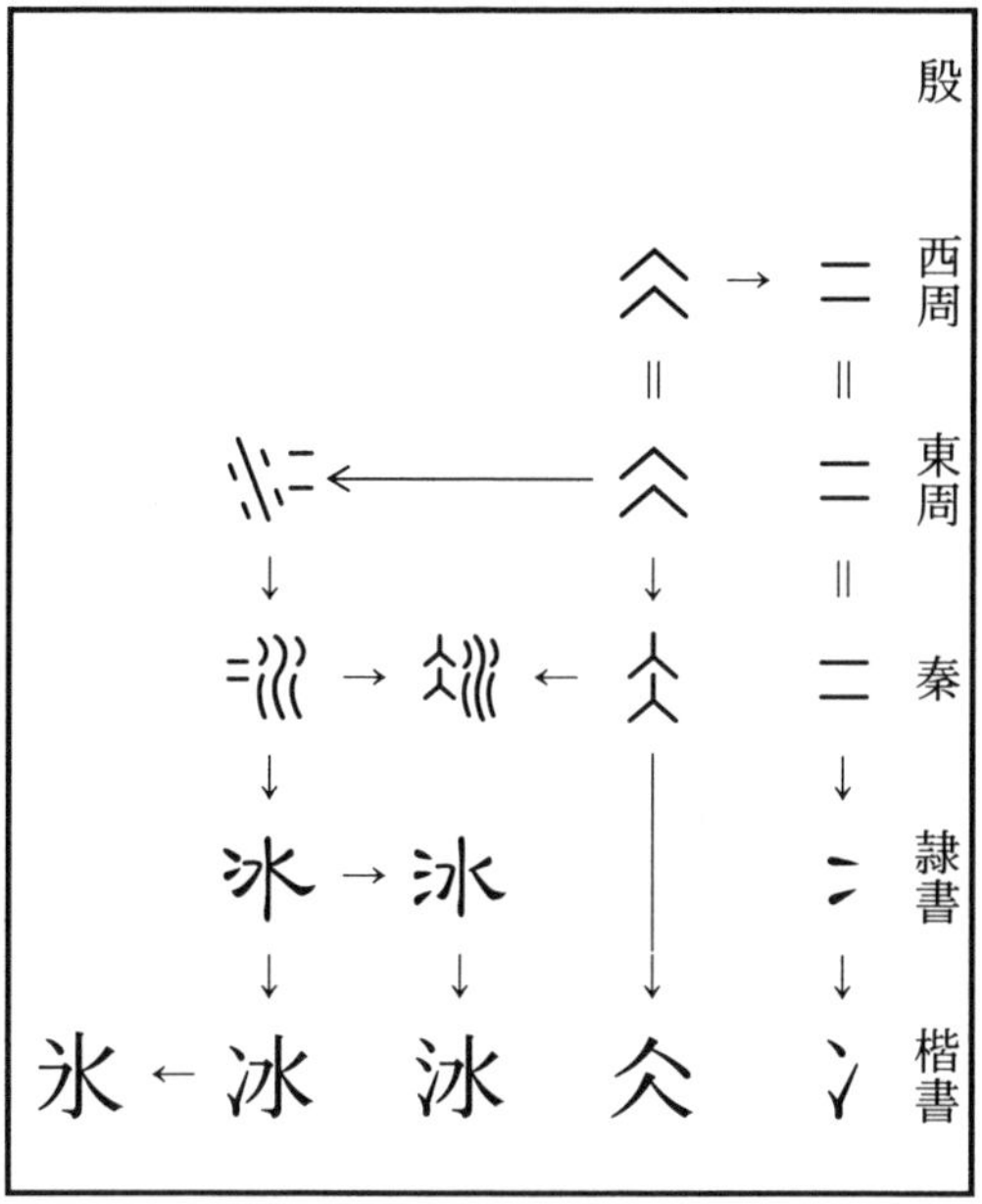

白川・李学勤は詳細を述べていない。
　字形について、部首として使われる場合には、西周代にすでに略体の「二」が見えており、これは楷書の「冫」にあたる。また、氷の意味として、東周代に水を加えた会意文字（〓）が作られた（冫は発音も表す亦声の部分）。これが楷書では「冰」となっており、その略体が「氷」である。また、異体の「⿰氵水」は隷書で意符を水（氵）に変えたものであり、本来の成り立ちを失っている。
　そのほか、固まることを表す「凝」を「冰」から分化した文字と見なす説もある。上古音を近いものとして復元する説もあるが、同源字であることは確実ではない。

234 **【冬】**［冬］ 楷五画　冫部（夂部）　成形声（亦声）
古端紐冬部・昌紐冬部[tuŋ, toŋ, tuŋ]→中端紐冬韻[tuoŋ, toŋ, tuoŋ]→漢トウ呉トウ

235 **【終】**［終］ 楷十一画　糸部　成形声（亦声）
古端紐冬部・昌紐冬部[tiuŋ, tioŋ, tiuŋ]→中章紐東韻[tɕiuŋ, tʃiuŋ, tɕiuŋ]→漢シュウ呉シュ
殷代の「〓」などの形は、楷書のうち「夂（ふゆがしら）」の部分にあたり、字義は「おわる」や「おわりま

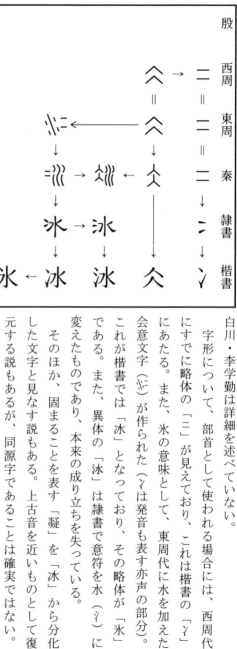

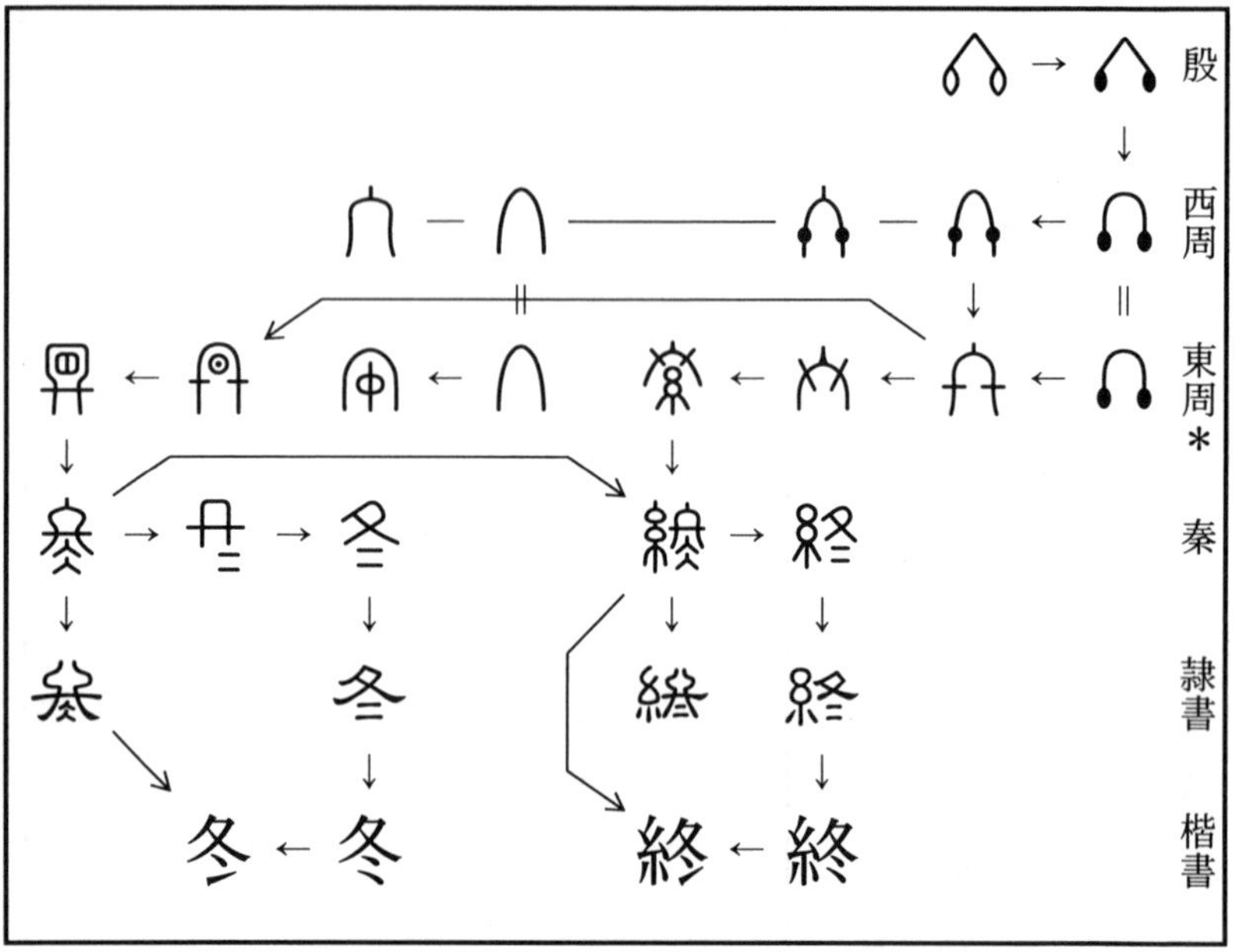

で」として用いられている。

字源については、糸束を掛け持つ形の系の初文（〓）や糸束を断ち切る形の絶の初文（〓）などと比較すると「切った糸束の形」と推定され、白川が述べるように「糸の終端」を表した文字であろう（ほか鎌田・阿辻・谷衍奎がこれに従う）。

そのほか、許慎は字源を述べておらず、加藤・赤塚・李学勤は、誤って「夂」を初文ではなく声符としている。また藤堂は「食物をぶらさげて貯蔵したさま」とするが、根拠のない憶測である。

周代には引伸義で一年の終わりにあたる冬季の意味でこの文字が使われるようになった。ちなみに殷代には季節区分は春と秋だけであり、甲骨文字には夏と冬は見られない。さらに、「ふゆ」の意味については、東周代に意符として「日」が追加された形（〓）になり、篆書（〓）で意符が氷の象形である冫（〓）に置換された。秦代〜隷書で初文の部分と冫の部分がともに変化して「冬」の形になった。楷書の正字については、字源を意識した「冬」

の形となっている。そのほか、東周代の異体には、声符として「中」を加えた形（〓）も見られる。

原義の「おわる」については、東周代に意符として「糸」を加えた繁文（〓）となり、さらに篆書（〓）で初文の部分が「夂」から「冬」に変えられた。楷書では「冬」と同様に、「終」についても篆書を意識した「終」が正字とされている。

なお、現在の音読みでは冬は終と異なっているが、上古音は近く、柊《しゅう》や螽《しゅう》の声符にも用いられている。

236【寒】［寒］ 楷十二画　宀部　成会意

古匣紐元部・群紐元部[ɣan, ɦan, gan]→中匣紐寒韻[ɣan, ɦan, ɦan]→漢カン呉ガン

初出の西周代の字形（〓）は、宀と人の形、および二つの艸と氷の象形の冫を合わせた形である。字源について、許慎は字形の構造のみを述べる。加藤は冫以外を声符とし、この部分は褰・蹇・騫などにも使用されているが、許慎はすべて寒の省声とする。また藤堂は塞と共通形とするが、「塞」はもと四つの「工」を使った形であり、別字である。赤塚・鎌田などが述べるように、凍えた人が屋内において草の布団で寒を避ける様子とするのが妥当であろう。そのほか、白川も正解に近いが、西周代の「〓」のうち冫の部分を敷物の形と誤っている（冫は略体で「二」になる）。

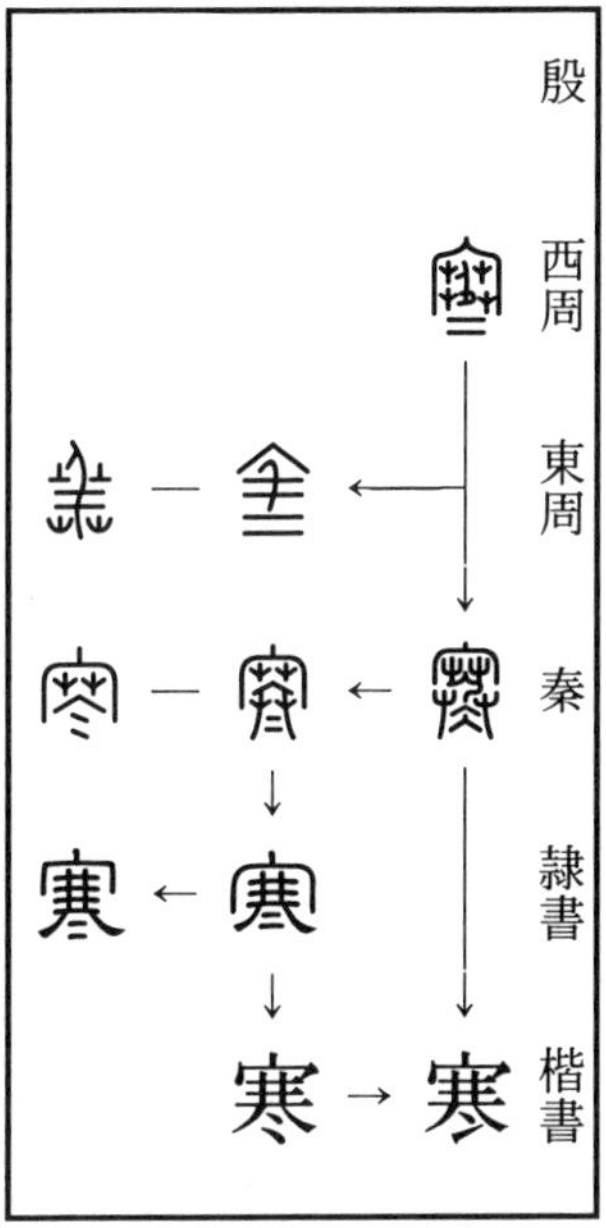

字形は、東周代に宀を省いた異体（〓）などがあるが、

楷書には残っていない。また、隷書で人の形と二つの艸が融合して「寒」の形になった。楷書では、字源を反映した「寒」が正字とされるが、新字とされる「寒」の方が隷書から使われていた形である。

火部

「火（ㄩ）」は、火が燃えている形である。火や光に関係する文字に部首として使われる。〔関連部首〕「赤」は、もと大・火から成る形である。

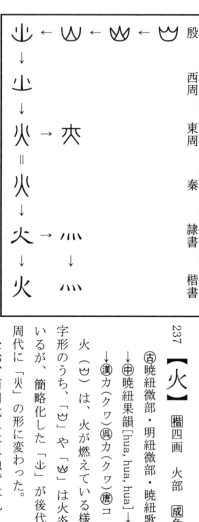

《火》④火⑤主（丶・炷）⑥光⑨炭《赤》⑦赤

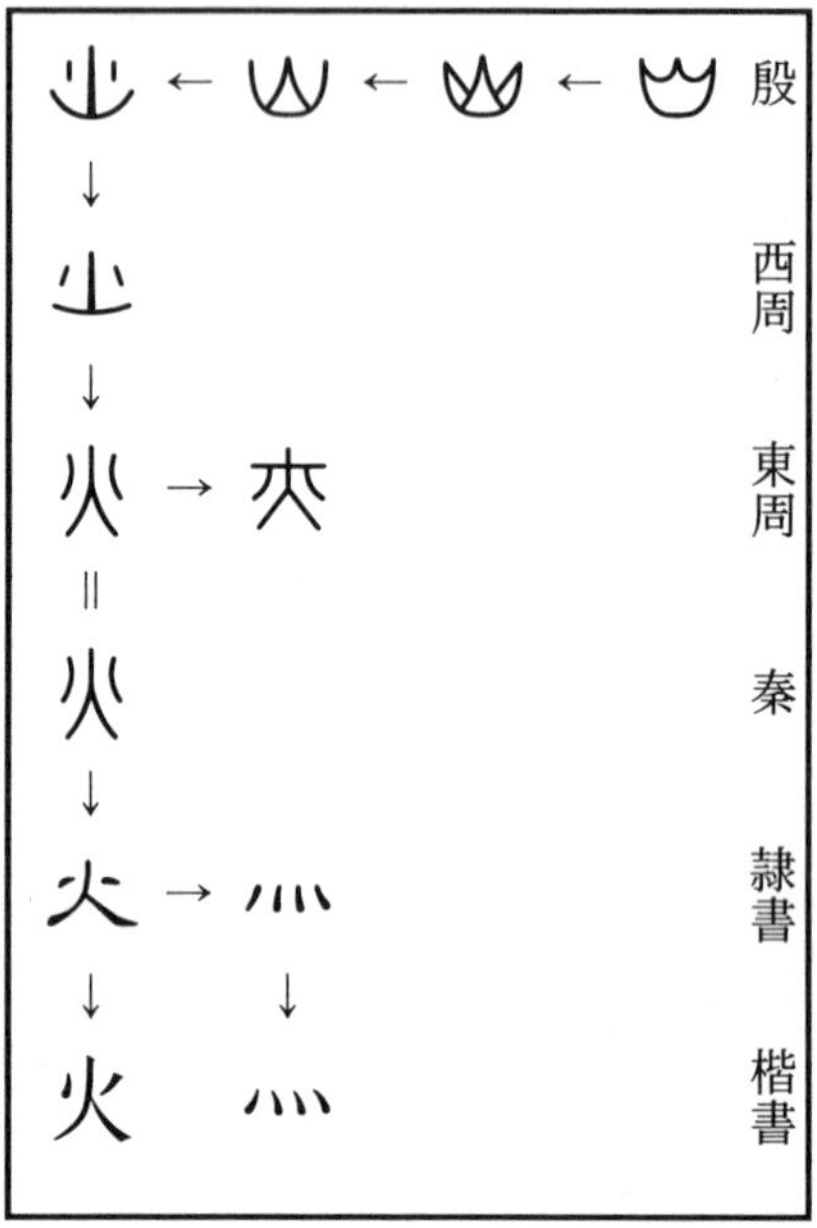

237 **【火】** 楷四画　火部　成象形

古暁紐微部・明紐微部・暁紐歌部[huəi, muər, $qh^{w}ol$]→

→中暁紐果韻[hua, hua, hua]→

→漢カ（クヮ）呉カ（クヮ）唐コ

火（ㄩ）は、火が燃えている様を表している。殷代の字形のうち、「ㄩ」や「ㄩ」は火炎の形を詳しく表現しているが、簡略化した「山」が後代に継承され、さらに東周代に「火」の形に変わった。

なお、西周代には単独では見えず、部首としてのみ使用されている。また隷書・楷書では下部につくと「灬」の形になることが多く、これは火の四画をすべて点にしたものである。

上古音については異説が多く、その原因としては、「火」は部首としては使われるが声符として使われることがほとんどないことが挙げられる。そのため、中古音に基づいて復元したり、また同じく火を意味する「燬《き》」などから字音を復元するなど、方法が異なるため、必然的に異説が出現している。

238【主】 楷五画　丶部　成会意

古端紐侯部・章紐侯部[tiuɔ, tiug, tio]→中章紐麌韻[tɕiu, tʃiu, tɕio]→漢シュ呉ス

239【丶】 楷一画　丶部　成象形

古端紐侯部[tiuo, tiug, -]→中知紐麌韻[ʈiui, ʈiu, -]→漢チュ呉チュ

240【炷】 楷九画　火部　成形声（亦声）

古端紐侯部・章紐侯部[tiuɔ, tiug, tio]→中章紐麌(遇)韻[tɕiu, tʃiu, tɕio]→漢シュ呉ス

許慎は篆書（〓）を元に下部を鐙（燭台）を字源とし、多くの研究者がこれに従う。しかし、殷代の初文（〓）は下部が木（〓）、上部が火（〓）であるから、厳密には木材で作った燃料が字源であり、松明のようなものと考えられる。なお、殷代には略体の「〓」や「〓」の字体が多く用いられ、このうち後者が後代に継承された。その後、東周代以降に燭台のような形になった。

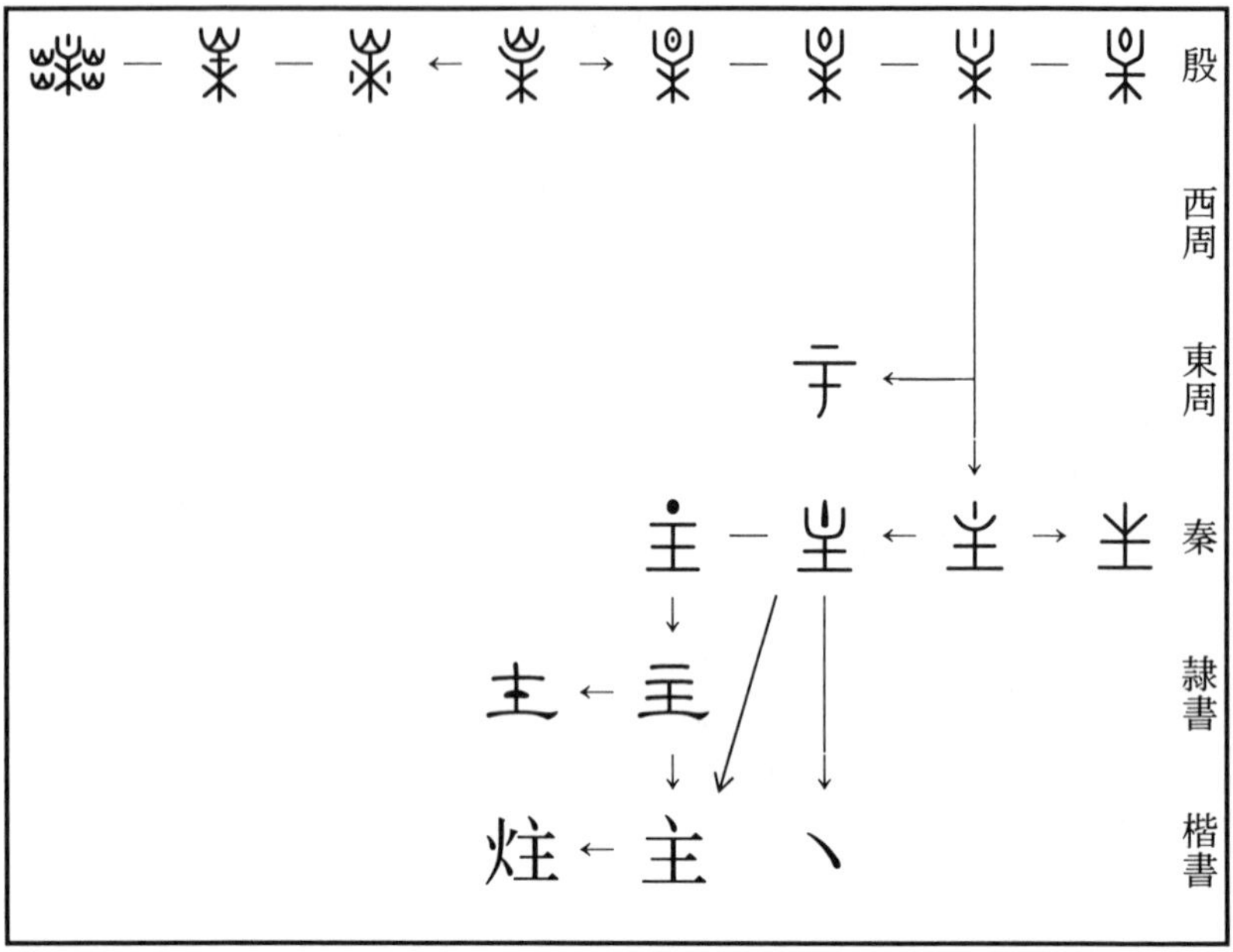

そのほか、李学勤のみは神主（位牌）を字源とするが、これは示（丅）を主の字源と誤解したものである。

また、許慎は丶《ちゅ》を亦声とするが、字形としては「」は「」の略体であるから、丶が先にあったわけではなく、むしろ丶の方が主の略体として独立したものであろう（藤堂などが指摘している）。

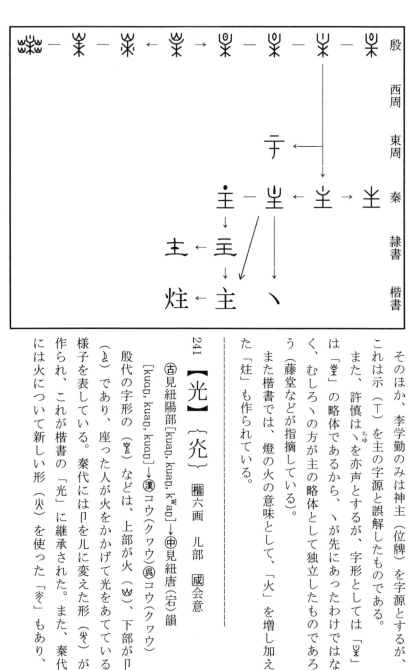

また楷書では、燈の火の意味として、「火」を増し加えた「炷」も作られている。

---

241 **【光】**〔灮〕 楷六画　儿部　成会意

古見紐陽部[kuaŋ, kuaŋ, kʷaŋ]→中見紐唐(宕)韻[kuaŋ, kuaŋ, kuaŋ]→漢コウ(クヮウ)呉コウ(クヮウ)

殷代の字形の（）などは、上部が火（）、下部が卩（）であり、座った人が火をかかげて光をあてている様子を表している。秦代には卩を儿に変えた形（）が作られ、これが楷書の「光」に継承された。また、秦代には火について新しい形（）を使った「」もあり、

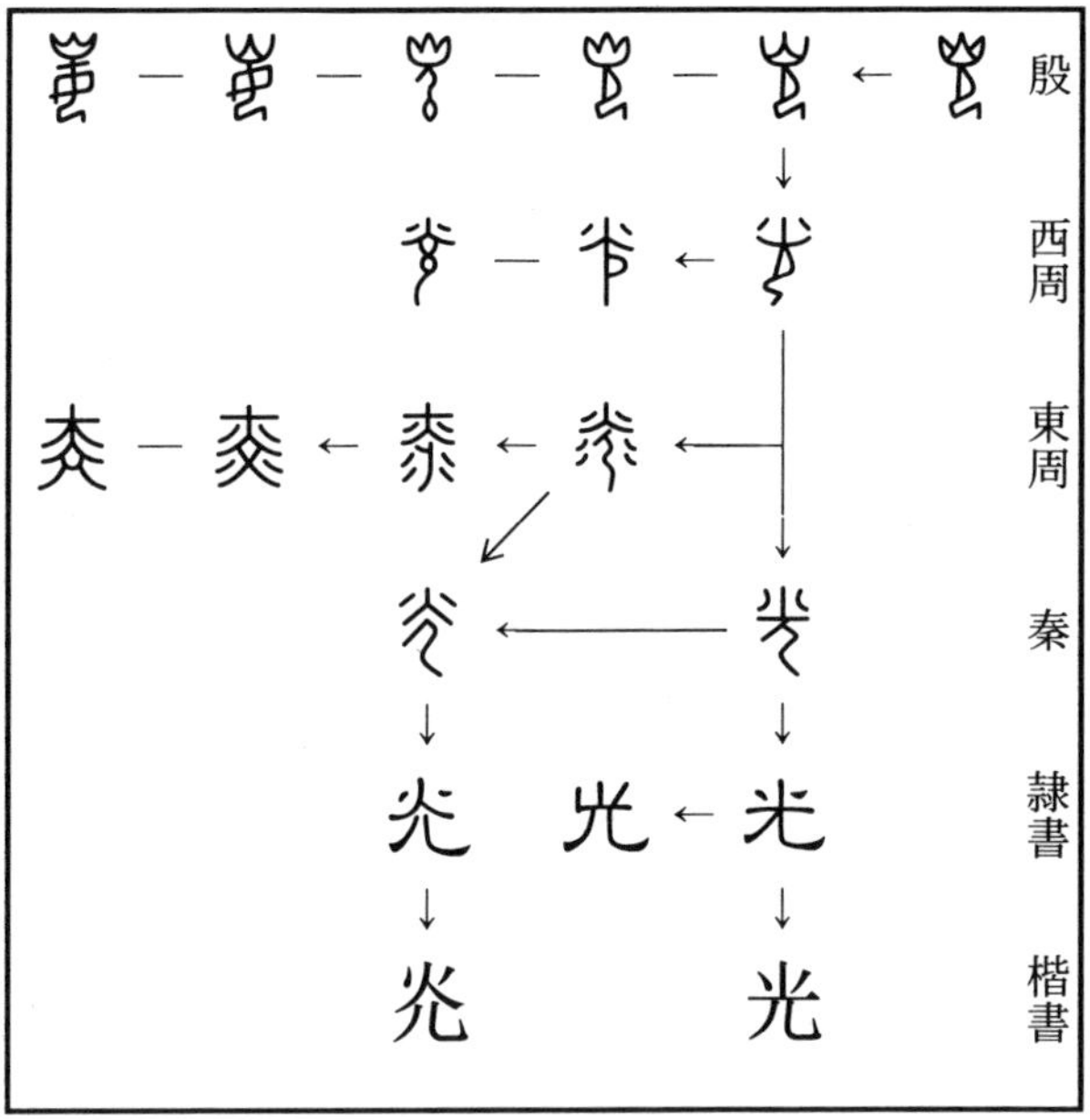

楷書の異体の「灮」になっている。

字源については異説もあり、加藤は下部が尣《おう》（尫）で声符とし、赤塚はこれに従うが、尣は足が不自由な状態を表した文字で別字であり、しかも初出は西周代であるため、字源と見なすことには無理がある。

そのほかの異体について、殷代には卩を土盛りに乗った人である壬《てい》に変えたもの（）がある。また「・」は、甲骨文字では用法が異なる（祭祀名）が、殷金文では光と同意であるため、表に含めた。東周代には人の部分を変形させたもの（など）が多くあり、楚系文字の「㷋」は許慎が古文として近い形を挙げている。

242【炭】［炭］ 楷九画　火部　成形声

古透紐元部・哭紐元部[than, than, t-ghan]→中透紐翰韻[than, than, than]→漢タン呉タン

東周代の字形（）は、火を意符とし、産［產］と同じく产を声符としている。秦代の篆書で文を山に置換しており、結果として上部は「屵《がつ》」の形になっている。ただし、字音の違いが大きいので、許慎が述べるように岸

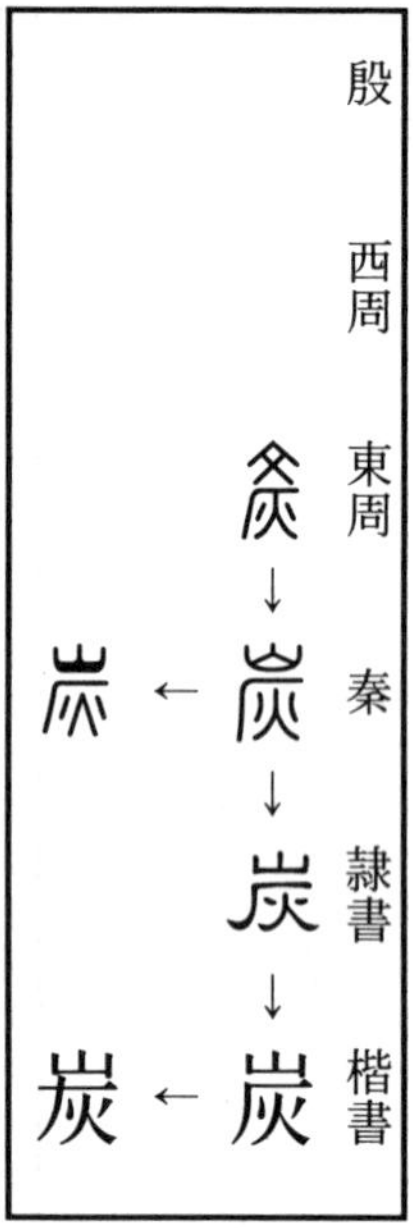

の省声として使われていると見るべきであろう（加藤・赤塚・阿辻・谷衍奎もこれを採る）

「屵」を亦声とする説もあり、藤堂・鎌田は屵（がけ）から掘り出した石炭を原義とするが、古代には石炭の利用が確認できない。また白川・李学勤は崖の下の窪みで炭焼きをしたことを字源とするが、炭焼き窯が天然にあったとは思われない。また、いずれの説も初形の「」に合わない。

楷書のうち、正字は下部を灰［灰］に変えているが、灰は別の成り立ちであり、明らかな誤字である。

▽赤部

243 【赤】 楷七画　赤部　成会意

古章紐鐸部・透紐鐸部・溪紐鐸部[tiak, thiak, khiag]→中昌紐昔韻[tɕhiɛk, , tʃhiɛk, tɕhiek]→漢セキ呉シャク

赤（）は、大（）と火（）に従う会意文字である。会意文字には、文字の内部で修飾・被修飾の関係が見られることがあり、雀（小さい隹《とり》）や信（人の言）などの例がある。したがって、「赤」についても、諸家が述べるように、「大きな火」が赤々と燃える様から「あかい」の意を表していると考えるのが妥当であろう。

そのほか、「大」が人の正面形であることから、鎌田・谷衍奎は火の光を浴びた人の様子とし、この解釈も矛盾はない。また、白川は「火によって人の穢れを祓う古儀」とするが、甲骨文字には赤を儀礼の意味に用いた例

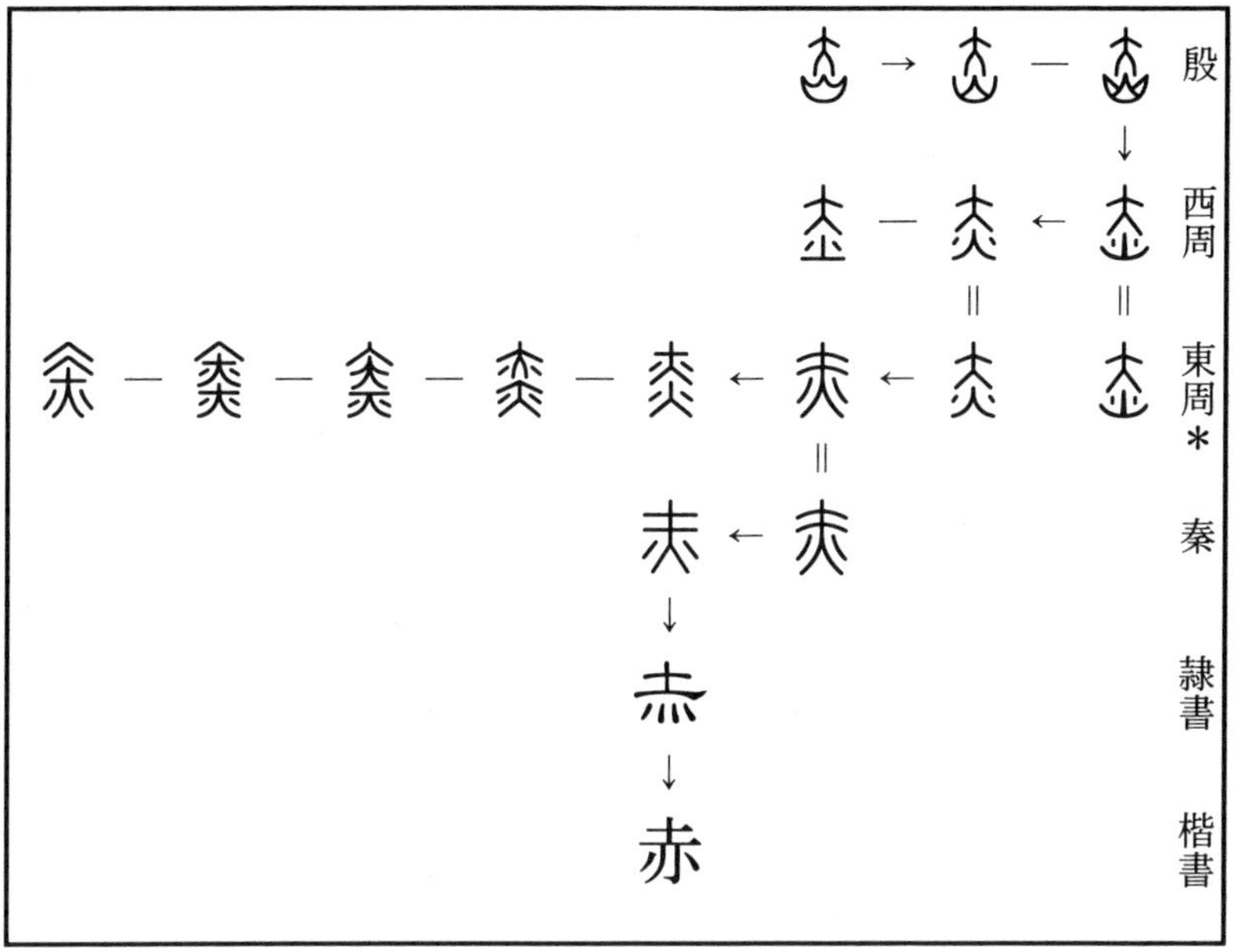

はなく、これは牽強付会であろう。また許慎はそれぞれの部分の意義を述べていない。

東周代の異体には、火を「炎」に変えたもの（〓）や大を変形させたもの（〓）などがあるが、後代には継承されていない。また許慎は「炎」の下部に「土」を付した字形を古文として挙げるが、現存の出土資料には見えない。

隷書では、上部を土に、下部を灬に変えた異体（〓）が使われており、さらに楷書で灬が変形した。

山部

「山（⼭）」は、山の象形である。山岳に関係する文字の部首として使われる。

《山》③山⑧岩（巌）・岸⑩島

244【山】楷三画　山部　成象形

古心紐元部・生紐元部[ʃean, san, sren]→中生紐山韻[ʃæn, ʂʌn, ʃγɛn]→漢サン呉セン

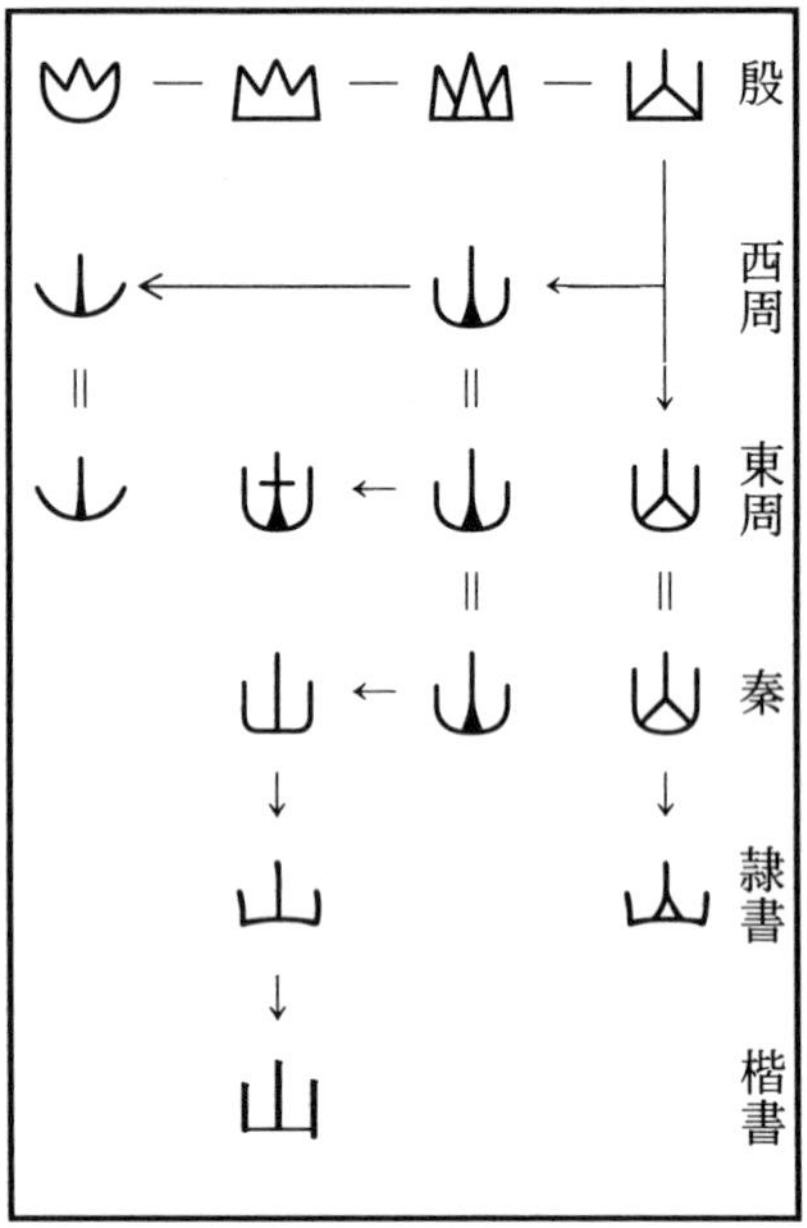

連なった山の象形である。甲骨文字では火（[illegible]）に近い字形もあり、会意文字では一部に混同が見られる。

山の形を縦線に簡略化したもの（[illegible]）が後代に継承され、さらに西周代の異体である下部も簡略化した形（[illegible]）が楷書に残った。なお、前者の系統も隷書（[illegible]）まで使われていた。

245【岩】〔嵒・嵓〕楷八画　石部　成会意

古疑紐談部・疑紐侵部[ŋeəm, ŋam, ŋram]→中疑紐銜韻[ŋam, ŋam, ŋγam]→漢ガン（ガム）呉ゲン（ゲム）

246【巌】［巖］〔巗〕楷二十画（二十三劃）　山部　成形声

古疑紐談部・疑紐侵部[ŋeəm, ŋam, ŋram]→中疑紐銜韻[ŋam, ŋam, ŋγam]→漢ガン（ガム）呉ゲン（ゲム）

「いわ」の意味には多くの字体があり、最も古いものが「嵒（[illegible]）」である。許慎は形声文字と見なし、山に従い品声とするが、「品」は滂紐侵部（[phiəm]などと復元）と推定され、字音の違いが大きい。諸家が述べる

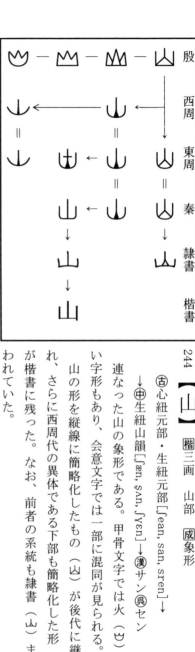

ように、品は岩の形を表し、山（凵）の上に岩がある様子とするのが妥当であろう。

字形は同じ構造のものが楷書に残っており、また配列を変えた「嵓」も作られたが、現在ではほとんど使われない。

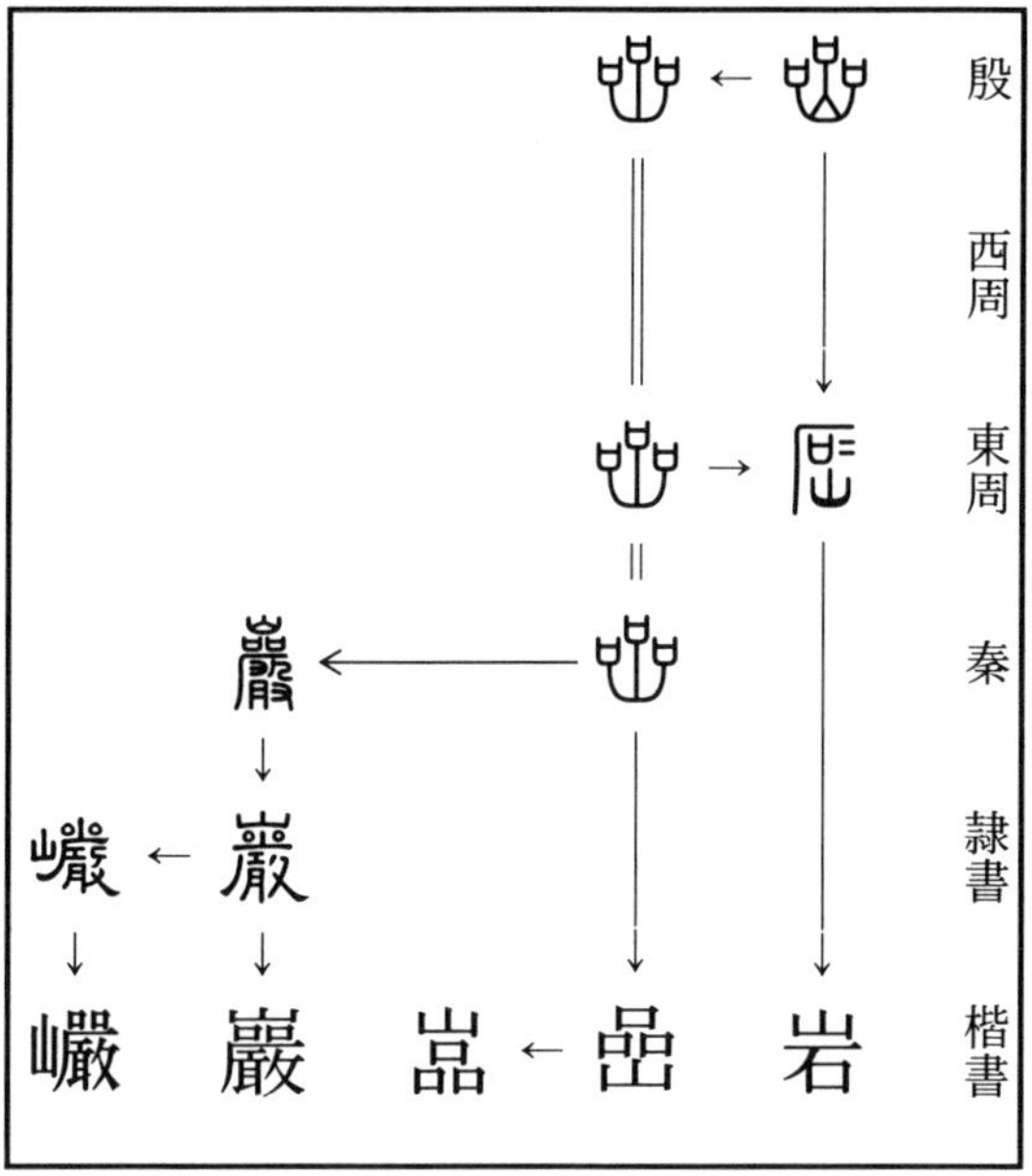

「岩」は東周代に原型が見え、上部を「品」から「石」の異体（厈）に変え、「山上にある石」として作られた形である。ただし、秦代～隷書には見えないので、偶然に楷書で同形が作られただけかもしれない。

巌［巖］については、篆書が初出であり、構造としては嵒の「品」を声符の「厳［嚴］」に変えた形声文字である。また隷書では配列を変えた異体が作られており、楷書の「巗」にあたる。岩と巌は、本来は同一字であるが、現在の漢和字典では別字とされることが多い。

なお、加藤は嵒・巖・厳などを すべて厂と同字とするが、厂は「石」の初文が周代に「がけ」の意味に転用されたものであり、字源としては別である。また厂の上古音は暁紐元部（[han]などと復元）と推定されており、字音も異なっている。

247【岸】(楷)八画　山部　(成)形声

(古)疑紐元部[ŋan, ŋan, ŋgan]→(中)疑紐翰韻[ŋan, ŋan, ŋan]→(漢)ガン(呉)ガン

「岸」は、川岸の崖を表す文字である。許慎は崖を意味する屵を意符、干を声符とする形声文字と見なす。また藤堂・白川は山を意符、厈を声符と見なす。いずれも矛盾はないが、干と厈は字音に相違がない（厈は干が声符）ので、いずれが正しいかは確実には分からない。

殷　西周　東周　秦　隷書　楷書

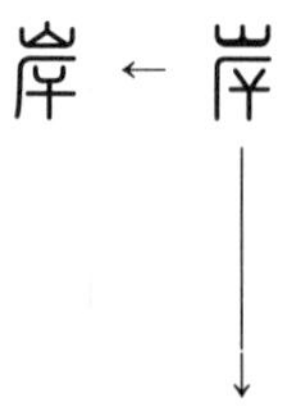

岸

干を声符とする説には亦声とするものもあり、赤塚は「つきでる意」とし、鎌田は「けずりとるの意味」とし、谷衍奎は「守ることの意味」とするが、いずれも根拠に乏しい。そのほか李学勤は屵に声符の干を加えた同源字とするが、これも確実ではない。また加藤はこの文字に言及していない。

248【島】｛島・嶋・嶌｝(楷)十画　山部　(成)会意（亦声）

(古)端紐幽部[tu, tog, tuw]→(中)端紐晧韻[tau, tau, tau]→(漢)トウ(タウ)(呉)トウ(タウ)

「島」について、許慎は山を意符、鳥を声符とする形声文字とし、加藤・李学勤はこれに従う。鳥の上古音は島と同じく端紐幽部（[tiu]などと復元）と推定されており、発音の表示であることは明らかである。

そのうえで、鳥を意味も表す亦声の部分とする説があり、藤堂・鎌田は渡り鳥が休む海中の山とする。白川・谷衍奎も同様であるが、会意文字の亦声とする。「鳥」が「山」の上にある字形からして、視覚的な字義表示と

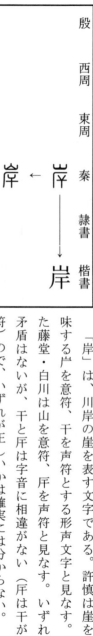

考えられるので、会意亦声とするのが妥当であろう。

そのほか赤塚は「濤」に通じて波の意味があるとするが、これは牽強付会と言わざるをえない。また阿辻は諸説を併記している。

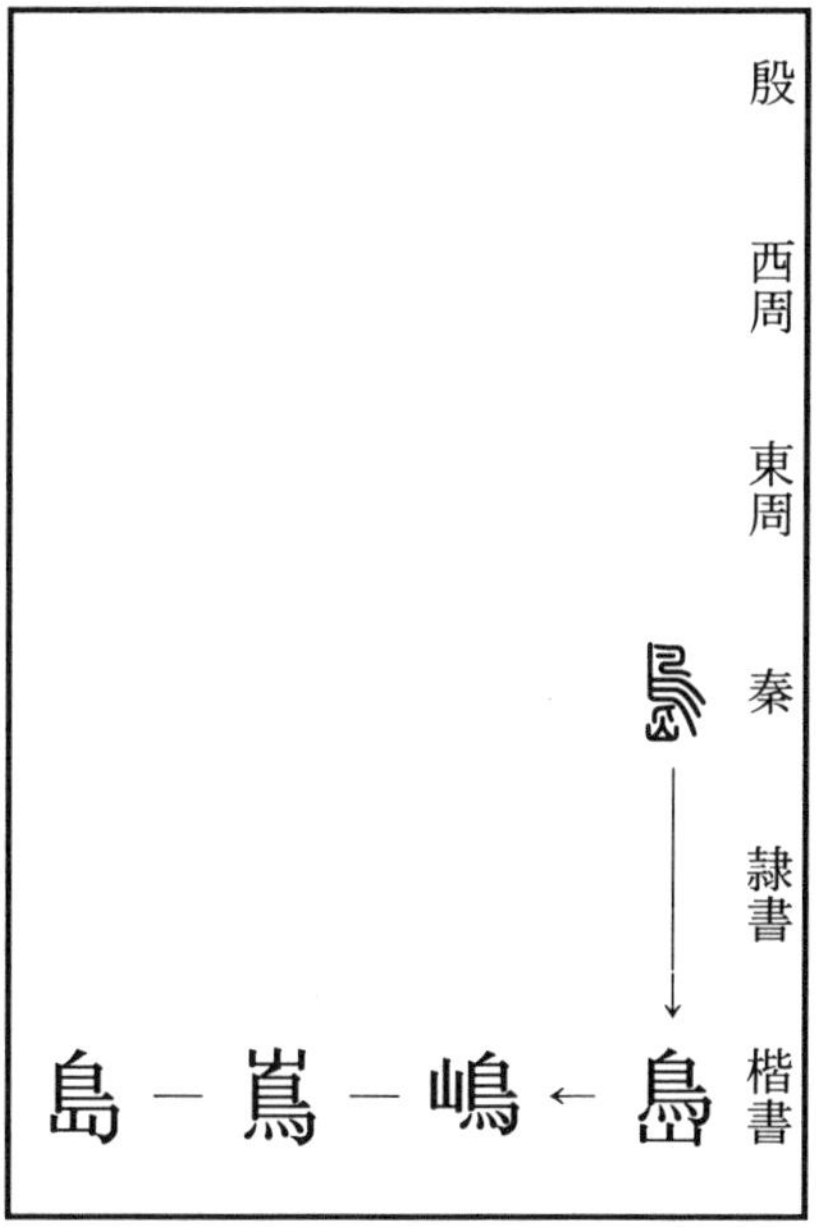

楷書では、篆書を受けた「㠀」のほか、配列を変えた「嶋」や「嶌」が作られている。また、「島」は「㠀」のうち「灬」の部分を省略したものである。

土部

「土（Ω）」は土盛りの象形である。「つち」のほか、畝や土地などの意味でも部首として使われる。〔関連部首〕「里」は田と土を合わせた会意文字であり、庶人が住む「さと」を表している。

《土》③土（社）⑧坫（店）⑫場《里》⑦里⑪野

---

249 **【土】**〔圡・𡈽〕 楷三画　土部　成象形

古透紐魚部・胎紐魚部・以紐魚部[tha, thag, lha+l'a]→

→中透紐姥韻・定紐姥韻[thu, tho, thuo+duo]→漢ト呉ツ慣ド

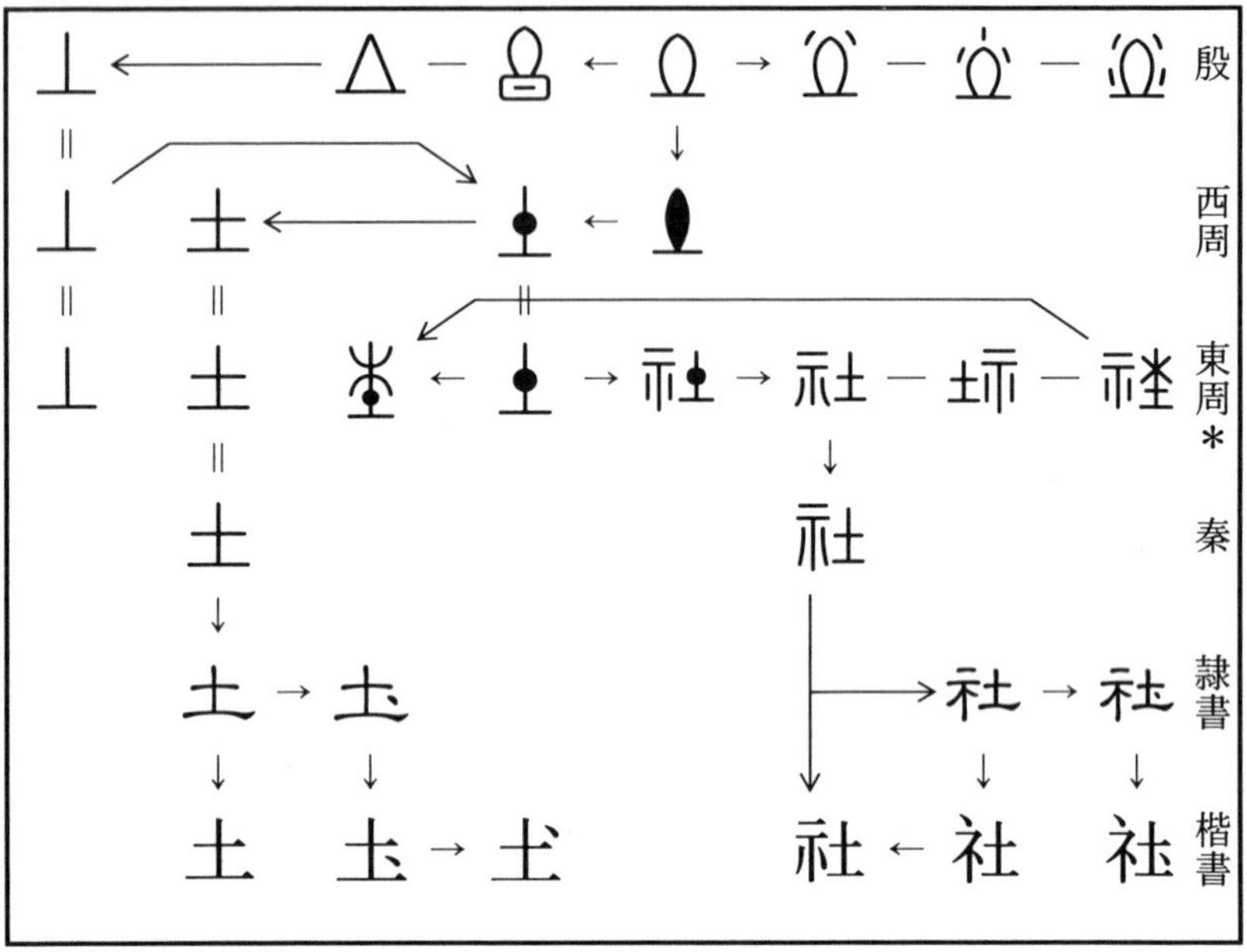

250【社】［社］〔社〕 楷七画（八劃） 示部

成形声（亦声）

古禅紐魚部・以紐魚部[ʑia, dhiag, ɦla]→

→中禅紐馬韻[ʑia, ʒia, dʒia]→漢シャ呉ジャ

「土」について、許慎は篆書の形（土）を元に地上と地中を表すとするが、古い字形とは異なっている。この文字は、諸家が述べるように古くは土盛りの象形（Ω など）であり、下部の横線が地面を表している。殷代には土砂の粒を表す小点を加えた異体（Ω など）や略体（⊥ など）もある。また西周代には既に篆書とほぼ同じ形（土）が作られている。

殷代には「土地神」の意味でも用いられており、西周代にはさらに転じて「土地神を祀る施設」の意味でも使われた。この意味については、東周代に意符として祭祀に関連することを表す「示」を加えた繁文（社など）が作られており、楷書の「社［社］」にあたる。

「社」の異体として、東周代には「土」の上部に「木」

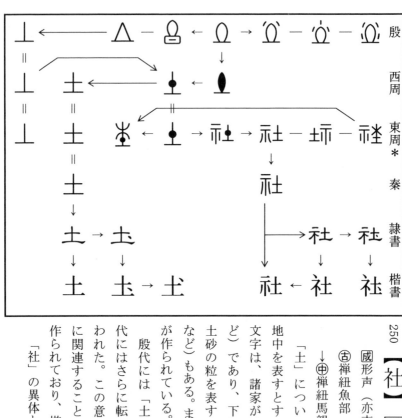

を加えた形（・）があるが後代には残っていない。また隷書〜楷書には、おそらく「士《し》」との区別のため、一点を加えた異体が土・社ともに見られる。

251 【坫】 楷八画 土部 成形声

古端紐談部・端紐侵部[tiam, tam, tim]→中端紐添韻・知紐侵韻[tiem, tem+tiam, tem+tiim]→漢テン（テム）・チン（チム）呉テン（テム）・チン（チム）

252 【店】 楷八画 广部 成形声

古端紐談部・端紐侵部[tiam, tam, tim]→中端紐添韻[tiem, tem, tem]→漢テン（テム）呉テン（テム）

殷	西周	東周	秦	隷書	楷書
			 →		坫
					← 店

秦代に初出の坫（）は、土を意符、占を声符とする形声文字である。もと儀礼の際に杯を置く台を表しており、礼器の陳列から転じて品物を並べる店舗の意味に用いられたようである。

「店」は、楷書で作られた文字で、意符を広い家屋を表す广に変えている。「坫」と同源の文字とされるが、現在では別字として扱われることが多い。

そのほか、住居を表す「廛《てん》」を「みせ」の意味で使うこともある。「店」の形に「广」が使われたのは「廛」の影響かもしれない。

253 【場】〔塲〕 楷十二画 土部 成形声

古定紐陽部・以紐陽部[diaŋ, diaŋ, l'aŋ]→中澄紐陽韻[ɖiaŋ, ɖiaŋ, ɖiaŋ]→漢チョウ（チャウ）呉ジョウ（ジャウ）

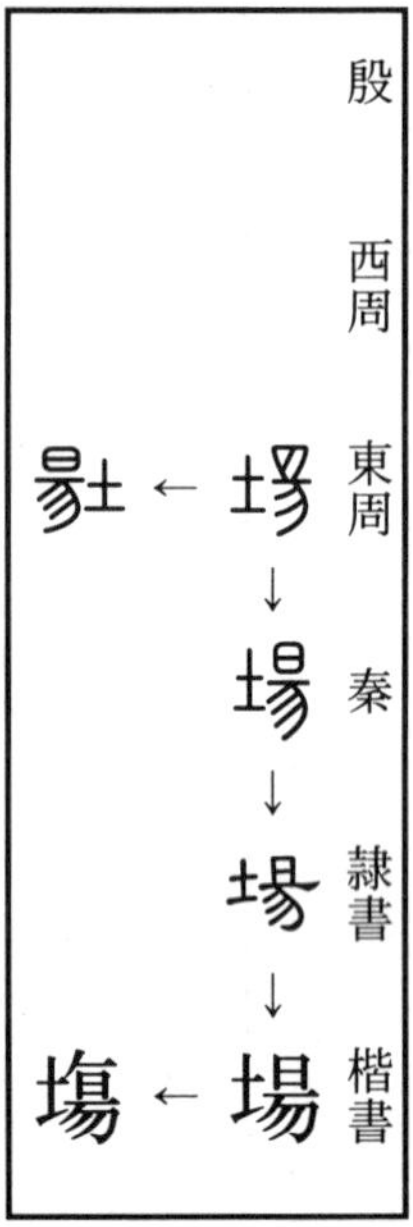

「場」は、土を意符、昜を声符とする形声文字である。許慎は祭祀の場が原義とし、多くの研究者がこれに従う。また、「昜」が上昇する太陽の形であることから、藤堂は太陽のあたる場所とし、鎌田は太陽を祭る場所とする。いずれも矛盾はないが、初出の東周代には人名の用例しかなく、正否を確かめることは難しい。そのほか白川は昜の字源を玉の光と誤解しており、「場」もそれに基づいて解釈している。

東周代には偏旁を入れ換えた異体（）がある。また楷書では声符を昜から昜に変えた「塲」も作られている。

▽里部

254 【里】 楷七画 里部 成会意

古来紐之部[liə, liəg, rɯ]→中来紐止韻[liə, liei, li]→漢リ呉リ

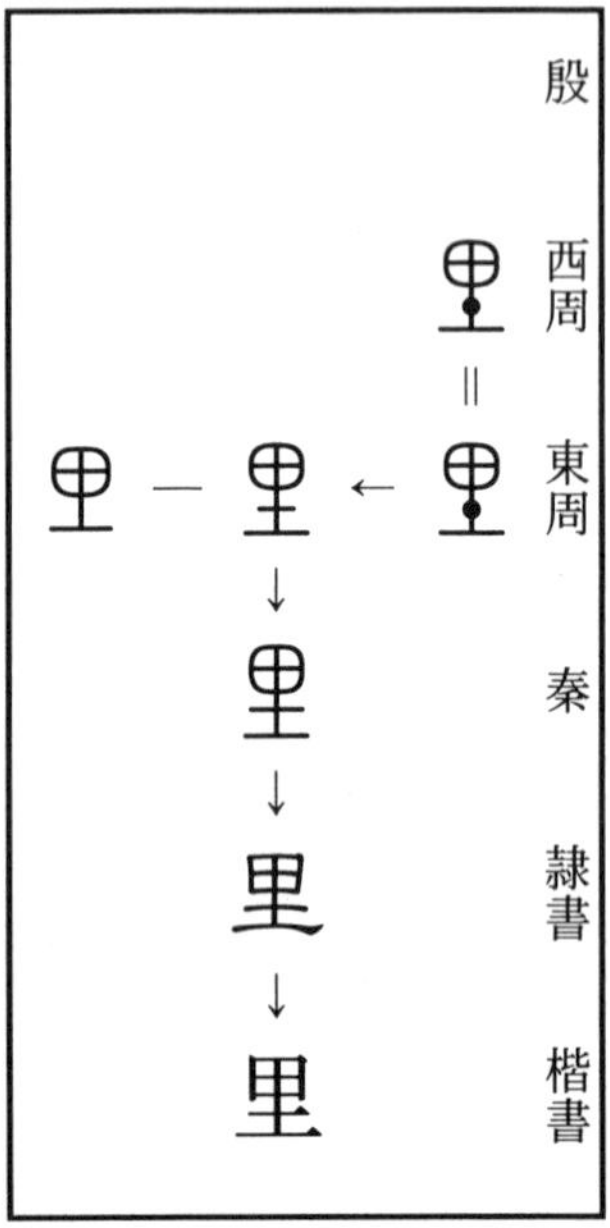

里（）は西周代に初出である。田（）と土（）から成り、人が住む「さと」を表している。転じて行政

区画や距離の単位などとしても用いられた。

　白川は土を「社」の意味として、「田社のあるところ」とし、「氏族的な構成」とするが、血縁原理のみを構成要素とする「氏族制社会」は、古代中国に関しては存在が疑問視されている。

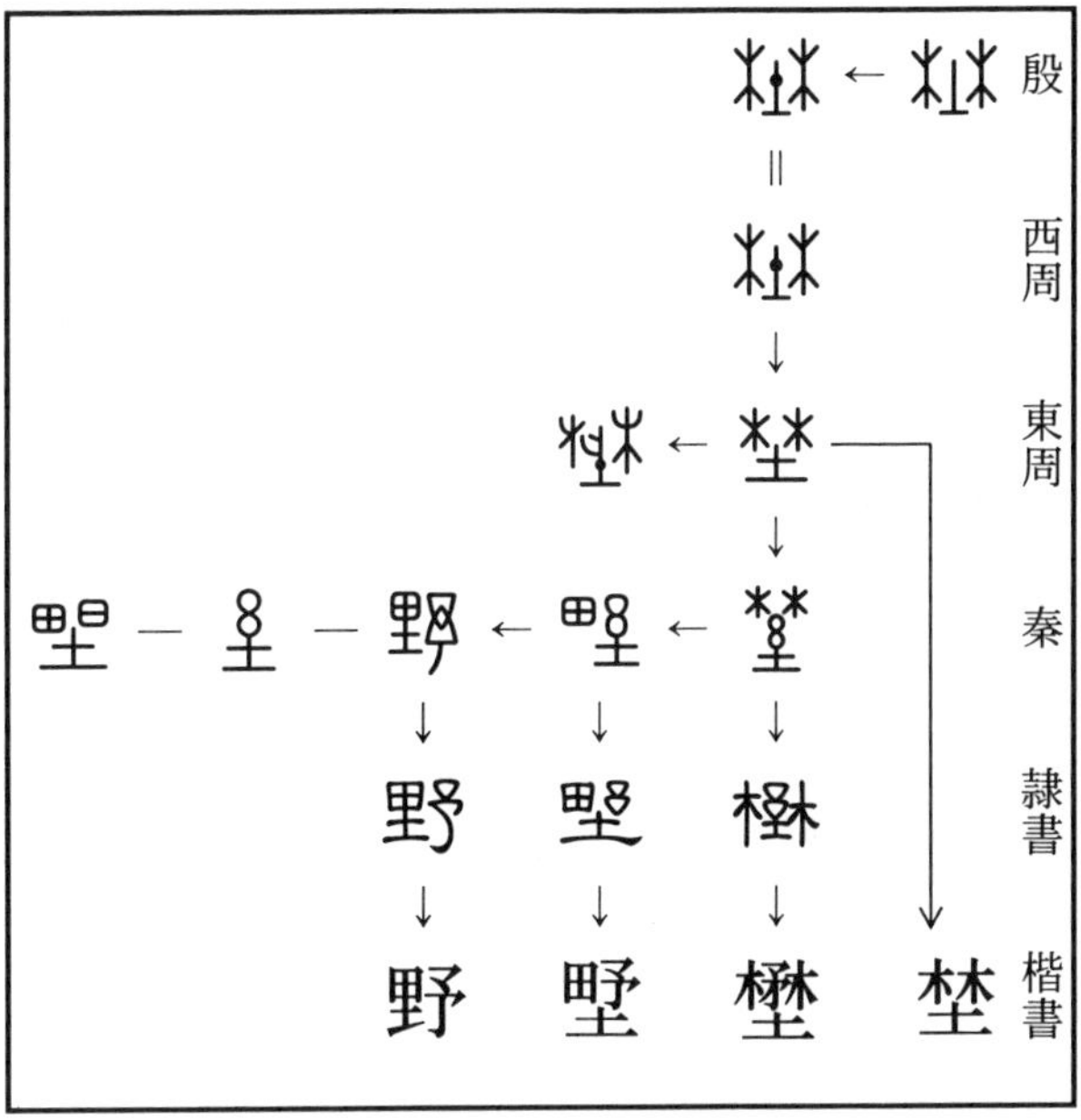

255
【野】〔埜・壄・墅〕 楷十一画

里部　成形声　古余紐魚部・禅紐魚部・以紐魚部
[ʎia, ɖiag+dhiag, la+ɦla]→中以紐馬韻・禅紐語韻
[yia, yia+ʒio, yia+dʑiʌ]→漢ヤ・ショ呉ヤ・ジョ

　初文（埜）は林（林）と土の略体（⊥）から成り、原野を表している。初文は「埜」の形であるが、秦代に声符として「予」を加えた形（壄）が作られた。さらに「林」を「田」に変えて、「里」を意符、「予」を声符とする形声文字（野）になり、これが楷書に継承された。そのほか秦代には土を意符、予を声符とする形（〓）などもある。楷書には、初文の「埜」のほか、声符として予を用いた「壄」や「墅」も残っている。

　なお、許慎は秦代の「壄」に近い形を「古文」として挙げるが、現状の東周代の出土資料からは発見されていない。また、加藤は「埜」について「土」を声符とする形声文字とするが、「土」は「野」や「壄」にも残っているので、純粋な声符とは考えにくい。ただし、土の上古音は野と同じく魚部（[tha]など復元）と推定されており、亦声の可能性は考慮すべきであろう。藤堂は、予をのびることを表す記号とし、鎌田はこれに従うが、これは殷代に見える雍の初文（吕）を予の初文と誤ったことに基づく。

厂部

「厂（⺁）」は、本来は石製の楽器である磬《けい》（石磬）の象形であった。周代に「がけ」の意味として転用され、字音についても石から分化した。〔関連部首〕「石」は石磬の形である厂（⺁）に口（ㅂ）を加えた繁文である。こちらは原義の「いし」として使用が続けられた。

《厂》②厂（石）⑦声（磬）⑩原（源）《石》⑨研

---

256 【厂】 楷二画　厂部　成象形

古暁紐元部・疑紐元部[xan, han, hŋan]→中暁紐旱（翰）韻[xɑn, han, hɑn]→漢カン呉カン

257 【石】 楷五画　石部　成会意（亦声）

古禅紐鐸部・定紐鐸部[ʑiak, dhiak, diag]→中禅紐昔韻[ʑiɛk, ʒiɛk, dʑiek]→漢セキ呉ジャク慣シャク・コク

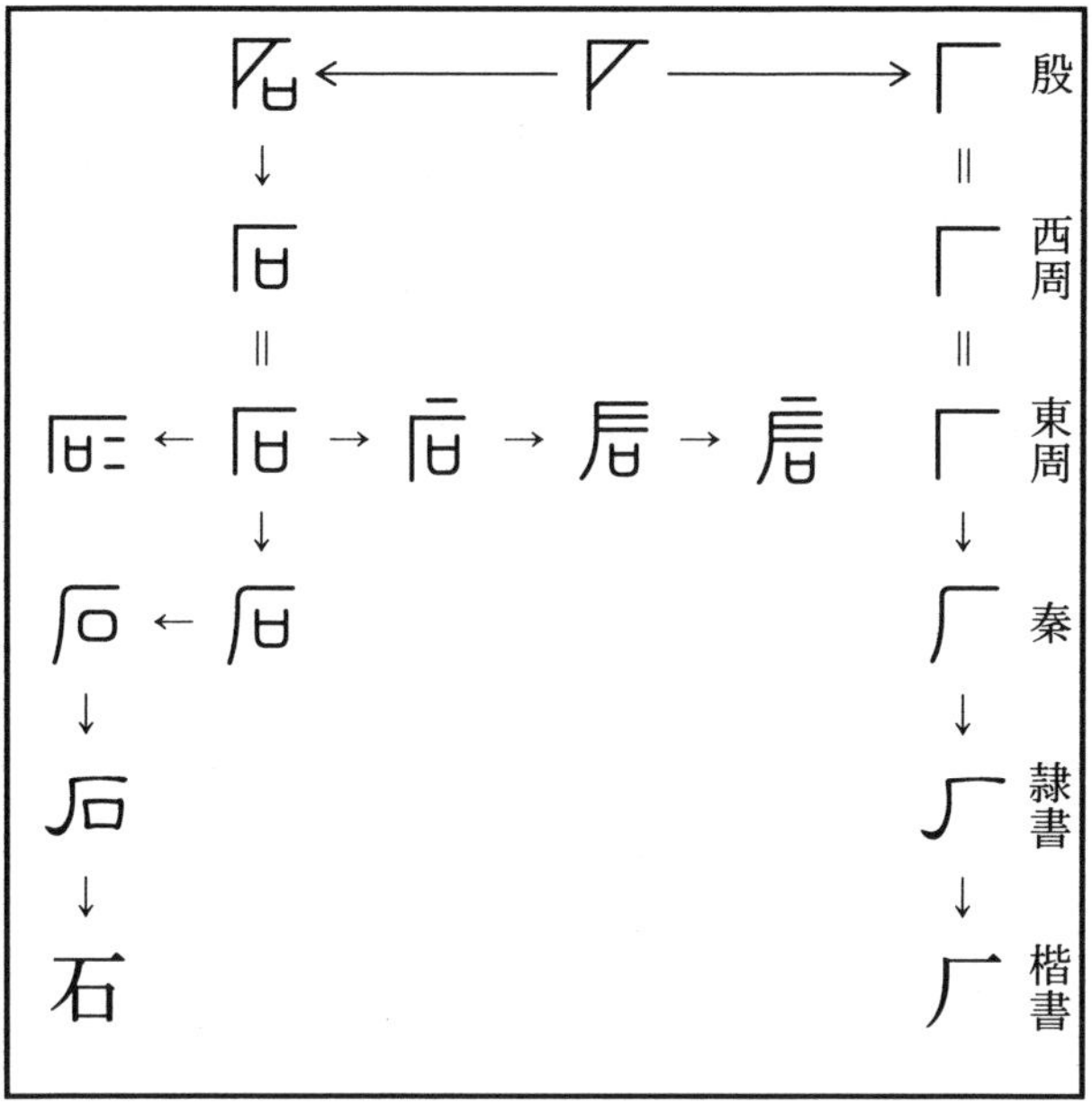

許慎は「厂」を崖を意味する厈の初文と見なし、また「石」のうち口を石の象形と見て「崖下にある石」の様と考える。また、ほとんどの研究者がこれに従っている。

しかし、殷代の用法には厂（□）に崖の意味はない。「□」の字源は石製の楽器である石磬であり、例えば声［聲］（□・□）などに石磬を吊した形として見える。さらに声の異体には「□」があり、「厂」が「□」の略体であることが分かる。そのほか反（□・□）などにも「□」と「厂」の通用が見られる。

石（□）は厂（□）に意符として口（□）を加えたものであり、口には具体的な器物という意味のほか、祭祀を象徴する意符としての用法があり、石磬が祭儀で用いられたことから、それを表現したものであろう。

一方、周代になると「厂」を「がけ」の意味で用いるようになる。殷代には、都を黄河の近くに置いており、甲骨文字にも「がけ」を指す文字が見られないが、周は西方の山岳地域を本拠としていたので、「がけ」を意味する文字を必要とし、そのため字形の連想によって「厂」を転用したと思われる。

そのほかの字源説では、加藤は「石」の初文の「□」を矩尺の形で「セキ」の発音とするが、殷代には「□」

を矩尺の意味で用いた例はない。また加藤は厂を广と同一字の異体とするが、甲骨文字や金文では字形の類似から互用されることもあるものの、一定の識別がされており、同字とは言えない。なお、上古音でも、广は疑紐談部（[ŋiam]などと復元）と推定されており、厂とは違いが大きい。

字形は、厂についてはほとんど変化がないが、石は西周代（）には略体の「厂」が用いられるようになった。また東周代には上部に線を加えた異体（）などが見られるが、後代に継承されていない。また楷書では「厂」の形がやや変形している。

なお、庶や席に使われている「庍」は石の異体であり、いずれも声符としての用法である（単体では用いられないため表には含めていない）。

258【声】［聲］ 楷七画（十七劃）　耳部（士部）　成会意

古書紐耕部・透紐耕部・暁紐耕部[ɕieŋ, thieŋ, qhieŋ]→中書紐清韻[ɕiɛŋ, ʃiɛŋ, ɕieŋ]→漢セイ呉ショウ（シヤウ）

259【磬】〔殸〕 楷十六画　石部　成形声（亦声）

古渓紐耕部[khieŋ, kheŋ, kheŋ]→中渓紐径（迥）韻[khieŋ, kheŋ, kheŋ]→漢ケイ呉キョウ（キヤウ）

「声［聲］」は、楽器の石磬を用いた祭祀を表した会意文字であるが、殷代には多様な異体が見られる。「声」の部分（）については、下部が石磬の象形で「石」の初文（）、上部はそれを吊した形である。それに撥《ばち》を持った手の形の殳《しゅ》（）を加えた形（）や、音色を聞く耳（）を加えた形（）などがあり、さらに祭祀を象徴する𠙵（）などを加えた形（）もある。

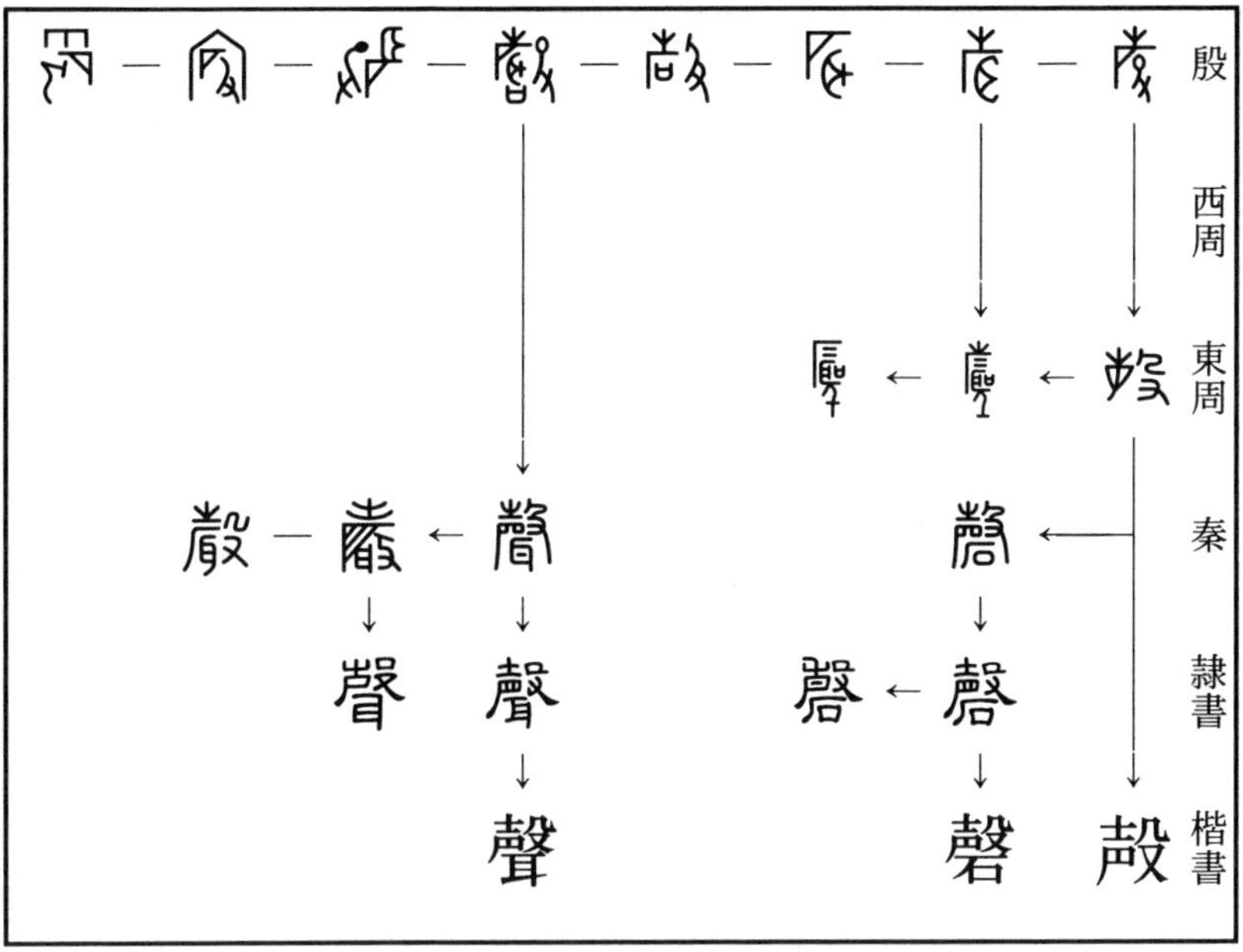

そのほか、「声」ではなく石磬の象形（〓）のみを用いた形（〓）、屋内の祭祀であることを表して宀（〓）を用いた形（〓）や、雨乞いの儀礼を表して雨（〓）の略体を加えた形（〓）などの異体もある。

「声［聲］」にあたる文字は周代の出土資料からは発見されておらず、篆書では声・殳・耳から成る形（〓）になっている。なお、許慎は耳を意符、殸を声符とする形声文字とし、多くの研究者がこれに従うが、殷代にすでに類似形の「〓」があり、藤堂・谷衍奎・李学勤が会意説を採るのが妥当であろう。なお、新字体は「声」の部分だけを残した略体である。

一方、「〓」の形は「殸」にあたるが、東周代には楽器の意味で使われており、字義は「磬」にあたる。「磬」の形は篆書で出現したものであり、意符として「石」を追加した形（〓）である。「磬」は構造としては石を意符、殸を声符（亦声）とする形声文字である。そのほか、東周代の異体の「〓」などは「耳」を使っており、殷代の「〓」に近い表現方法である。

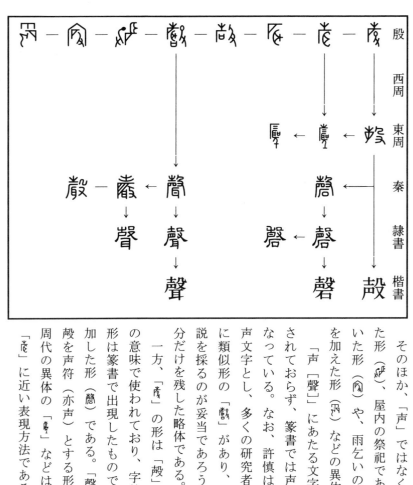

260 【原】〔原〕 楷十画　厂部　成会意

古疑紐元部[ŋiuan, ŋiuan, ŋʷan]→中疑紐元韻[ŋiuɐn, ŋiuɐn, ŋuɐn]→漢ゲン(グエン)呉ガン(グヮン)

261 【源】 楷十三画　水部　成形声(亦声)

古疑紐元部[ŋiuan, ŋiuan, ŋʷan]→中疑紐元韻[ŋiuɐn, ŋiuɐn, ŋuɐn]→漢ゲン(グエン)呉ガン(グヮン)

「原」は、もとは「厂」と「泉」から成る文字であり、西周代に初出である。厂の字源は石の象形であるが、周代には「がけ」の意味に転用されており、崖から湧いている泉、すなわち水源が原義である。

引伸義で「もと」、仮借で「平原」の意味に使用されたため、原義については意符として水（氵）を加えた「源」が隷書で作られた。

字形について、「泉」は篆書までは「冖」と「示」から成る形であったが、隷書で上部が白、下部が水として再構成された。一方、「原」においては、下部を「示」ではなく「小」として再構成している。ただし、楷書では字源を重視して厂と泉から成る字形（原）も作られている。

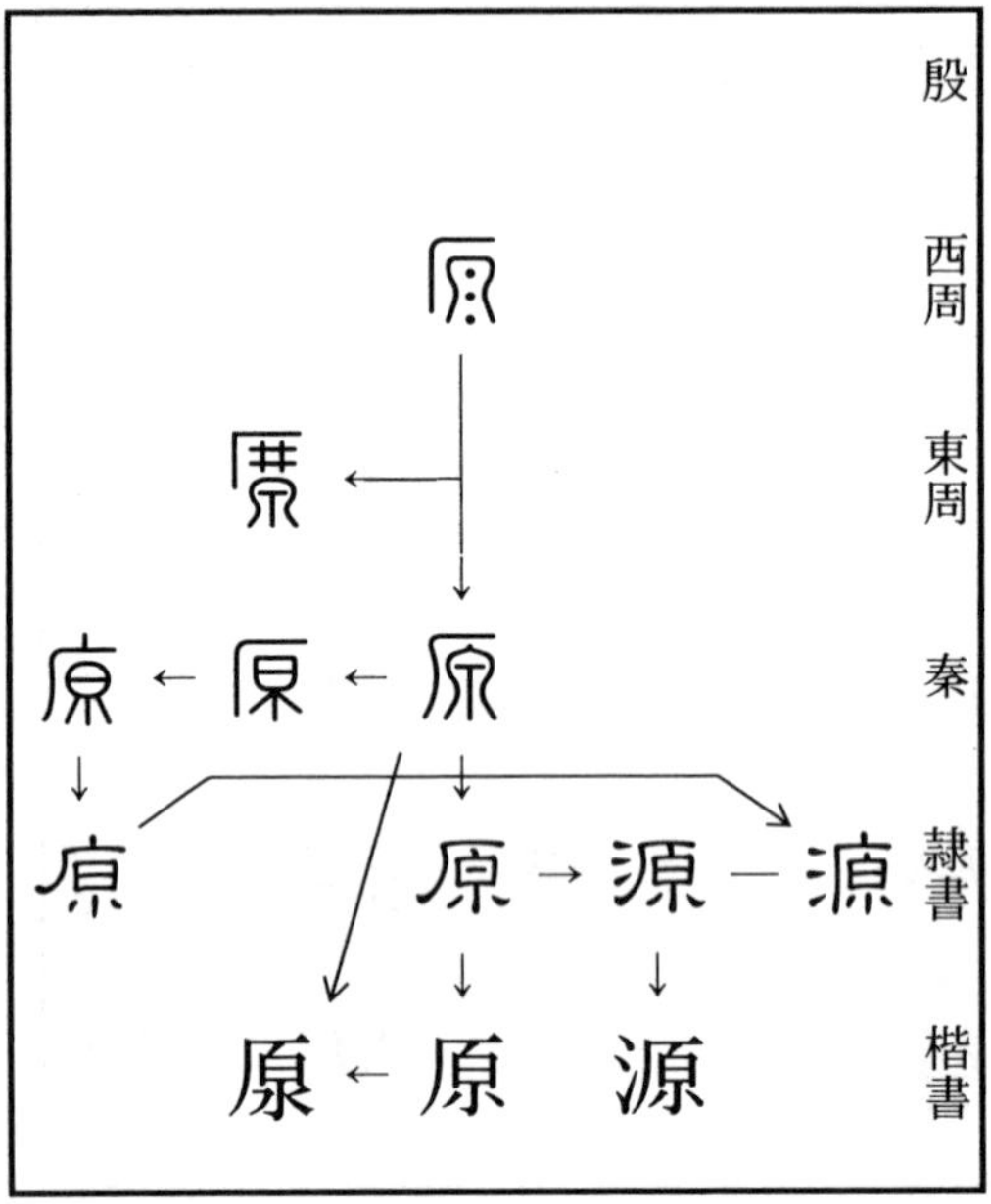

異体字には、東周代に意符として井桁の象形の井（丼）

を追加したもの（厡）が見えるが、後代には残っていない。また秦代～隷書には、厂を广にかえた異体があるが、广は家屋の象形であり、字源とは異なる俗字である。なお、『説文解字』は見出し字として「泉」を三つにした字形（「厵」にあたる形）を挙げるが、出土文字には見えない（異体として「原（厡）」を挙げる）。

▽石部

262 **【研】［硏］** 楷九画（十一劃） 石部 成形声

古疑紐元部・群紐元韻[ŋian, ŋan, ŋen+ŋgen]→中疑紐霰（先）韻[ŋien, ŋen, ŋen]→漢ゲン呉ゲン慣ケン

「研［硏］」は、石を意符、幵《けん》を声符とする形声文字である。原義は砥石であり、そこから磨くの意味となった。

加藤・藤堂は、幵に「平ら」の意味があることから、石を平らにすることが原義と見なすが、研磨の対象は砥石ではなく刃物などである。また鎌田は幵に磨く意味があるとするが、それは確認できない。

そのほか「碒《げん》」を同字とする説もあるが、原義は「かんがえる」とされ、同字・同源字であることは疑わしい。

玉部

「玉（王）」は玉飾りを紐で繋げたものの象形である。楷書では偏になると「王」に近い形（王）になっている。

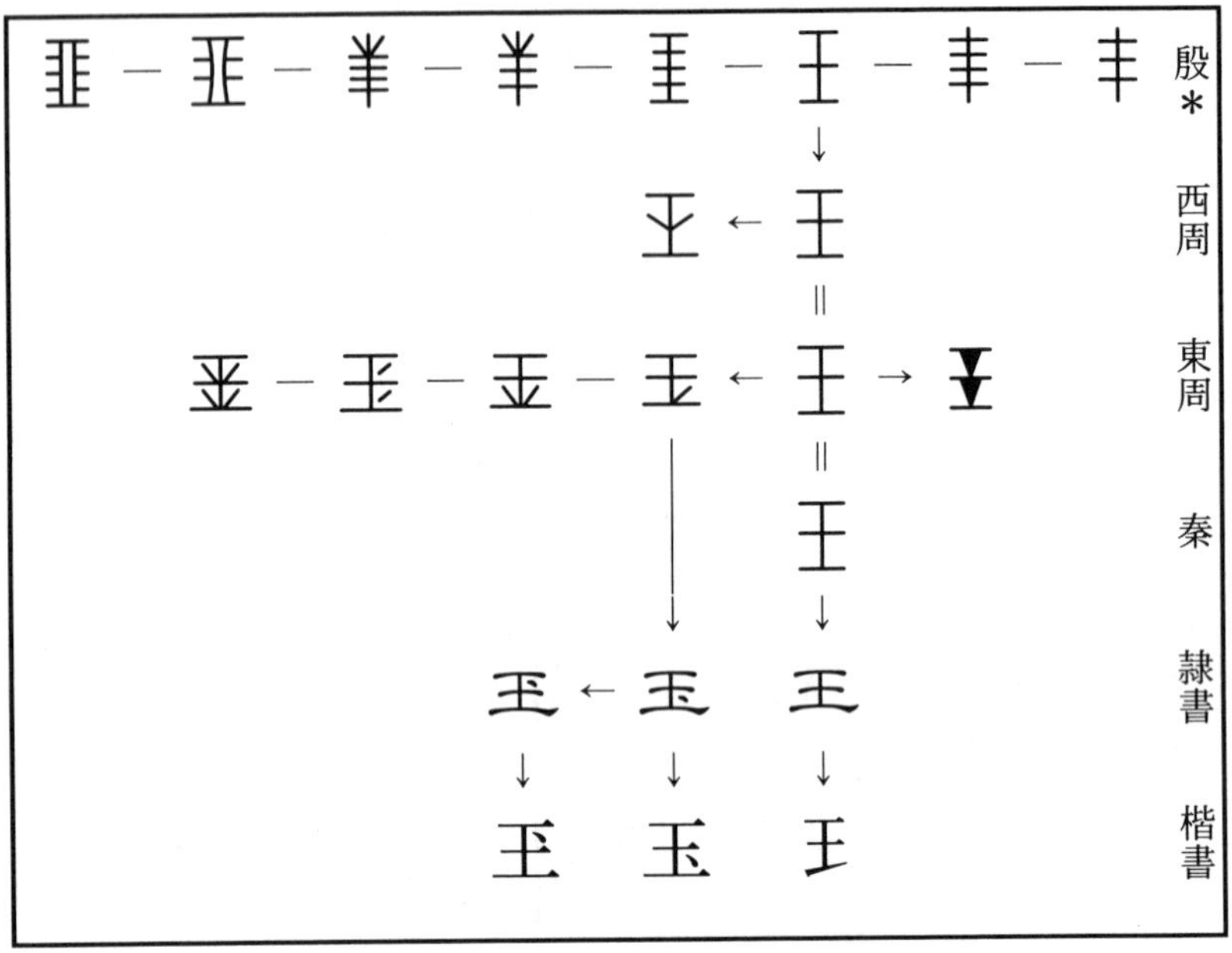

《玉》⑤玉（王）⑪球（璆）・理

263 【玉】 楷五画　玉部　成象形
古疑紐屋部[ŋiuɔk, ŋiuk, ŋog]→中疑紐燭韻[ŋiuok, ŋiok, ŋiok]→漢ギョク呉ゴク

264 【王】 楷五画　玉部　成象形
古中略→漢キュウ（キウ）呉ク

「玉」は貴石を指しており、新石器時代から貴重品として交易されていた。殷代の字形のうち、「丰」や「丵」などは玉飾りを紐で繋げたものの象形で、短線が玉を表していることに異論はない。また「玨」などについては、南方に起源を持つ玉琮《ぎょくそう》の象形であるかもしれない。

殷代には多くの異体が見られるが、「王」が後代に継承された。また、王（周～秦代には「王」の形）と字形が非常に近く、それとの区別のためであろうが、東周代には単線を加えた「玉」などの異体が作られた。なお、「王」は殷代には「太」などの形で鉞の刃の象形であり、成り立ちは全く異なる。

秦代の篆書は「王」の形が選択されており、また隷書にも継承されているが、隷書には東周代の「玊」の影響を受けた「玊」も併用されており、これが楷書に残っている。ただし、偏としては隷書の「玊」の形を継承した形（王）が「たまへん」として使われており、「王」に近い形が残っている。

隷書には、点の位置を変えた「玊」も見られ、これが楷書の「王」になっているが、字義としては「傷のある玉」の意味に転用されており、字音も玉と異なっている。

---

265 **【球】** [楷]十一画　玉部　[成]形声

(古)群紐幽部[giu, giog, gu]→(中)群紐尤韻[giau, giau, giu]→(漢)キュウ(キウ)(呉)グ

266 **【璆】** [楷]十五画　玉部　[成]形声

(古)群紐幽部[giu, giog, -]→(中)群紐尤韻[giau, giau, -]→(漢)キュウ(キウ)(呉)グ

「球」は、玉（王）を意符、求を声符とする形声文字であり、丸い玉器を指している。

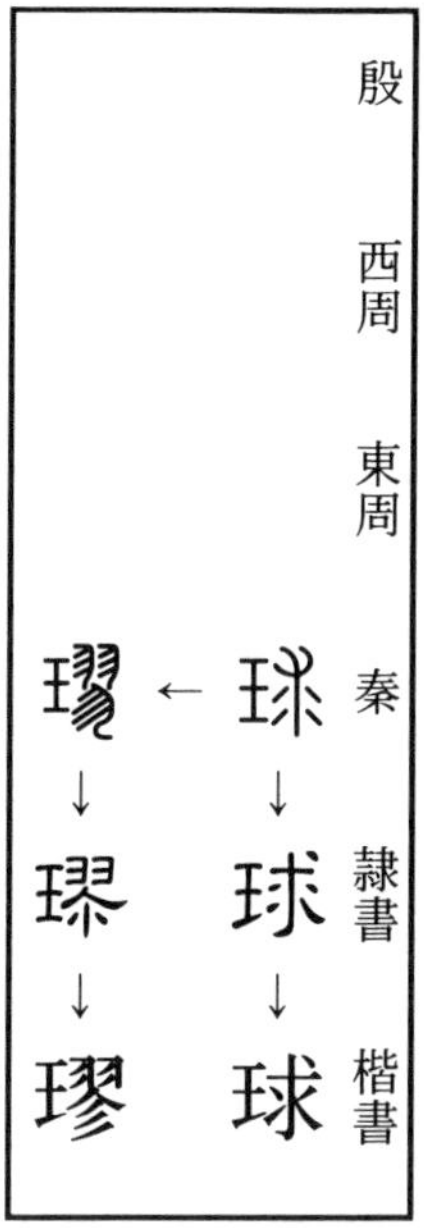

字源について、藤堂は求に引き締めるの意味があるとし、そこから丸い形状を表したとする（鎌田も同様）が、これは求の字源の誤解に基づく。

また、「璆」は、声符を翏《りゅう》に置換したものであり、もと「球」と同字であったが、後に「玉器が触れ合って鳴

る音」の意味にも使われたため、楷書では別字と見なされることが多い。

---

267 **【理】** 楷十一画　玉部　成形声

古来紐之部[lia, liag, rɯ]→中来紐止韻[lia, liei, li]→漢リ呉リ

「理」は、王を意符、里を声符とする形声文字である。原義は玉器を筋目に沿って加工することであり、転じて整理や道理の意味に用いられた。東周代の文献資料には多数見えるが、出土資料については戦国時代後期の秦地の一例（篆書と同形）以外は確認できない。

殷	西周	東周	秦	隷書	楷書
			理	→ 理	→ 理

金部

「金（金）」は、今の初文の亼を声符とする形声文字である。初文は二点の部分、すなわち呂（○○）であるが、呂が金属の意味で部首として使われることはなく、「金」が部首として用いられる。

《金》⑥呂（金）⑬鉄⑭銀

---

268 **【呂】**〔呂〕 楷七画　口部　成象形

古来紐魚部・群紐魚部[lia, gliag, gˑra]→中来紐語韻[lio, lio, liʌ]→漢リョ呉ロ

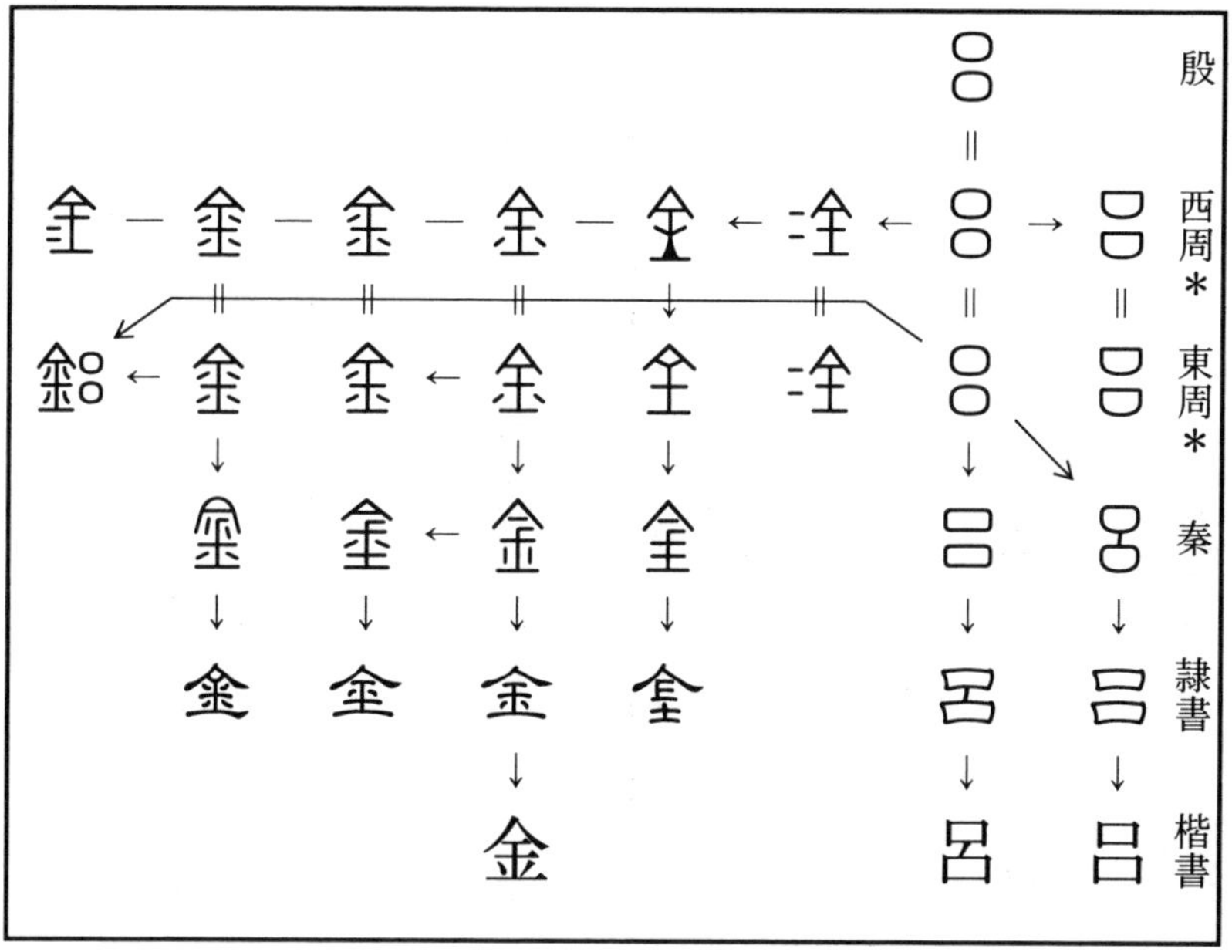

269 **【金】** 楷八画　金部　成形声

古見紐侵部[kiəm, kiəm, krɯm]→中見紐侵韻[kiəm, kiəm, kɣiim]→漢キン（キム）呉コン（コム）

「呂」について、許慎は篆書（〓）を元に脊骨（背骨）が原義でその象形と解釈し、多くの研究者がこれに従う。しかし、殷代には初文の「〓」が「銅の地金」の意味で用いられており、白川・李学勤が銅塊の象形とするのが正解である。甲骨文字では青銅器の材料としてのほか、賜与物の意味でも使われている。

したがって、背骨の意味に用いられたのは、字義的な連続性はなく、繁文として「金」が作られた後、字形からの連想で転用されたものであろう。

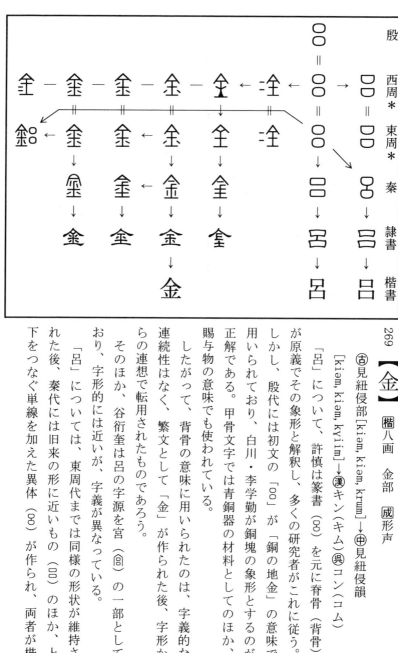

そのほか、谷衍奎は呂の字源を宮（〓）の一部としており、字形的には近いが、字義が異なっている。

「呂」については、東周代までは同様の形状が維持された後、秦代には旧来の形に近いもの（〓）のほか、上下をつなぐ単線を加えた異体（〓）が作られ、両者が楷書に継承された。

繁文の「金」については、西周代に出現しており、初文の呂を簡略化して表現した小点に今の初文（亼）と土（土）を加えている。許慎は小点が金属、土は土中にある形、今が声符と解釈し、これが有力視されている。そのほか、白川は全体を銅塊などを鋳込んだ形とするが、今・土の意義を具体的に示しておらず、かつ今・金は上古音で同音と推定されているので、形声文字の声符と考えるのが妥当である。また、谷衍奎も会意と解釈し、「今」を矢の形、「土」を鉞の刃の形とするが、矢（↨）と今（亼）、土（⊥）と鉞の刃である王（王）は字形が異なっている。

西周代の異体には点の数や配列を変えたものが多くある。また東周代の「鋁」は、「金」と「呂」の両方を用いた字形であり、やはり金属の呼称として使われている。秦代〜隷書にも異体が多く見られるが、最終的には「金」の形が残った。

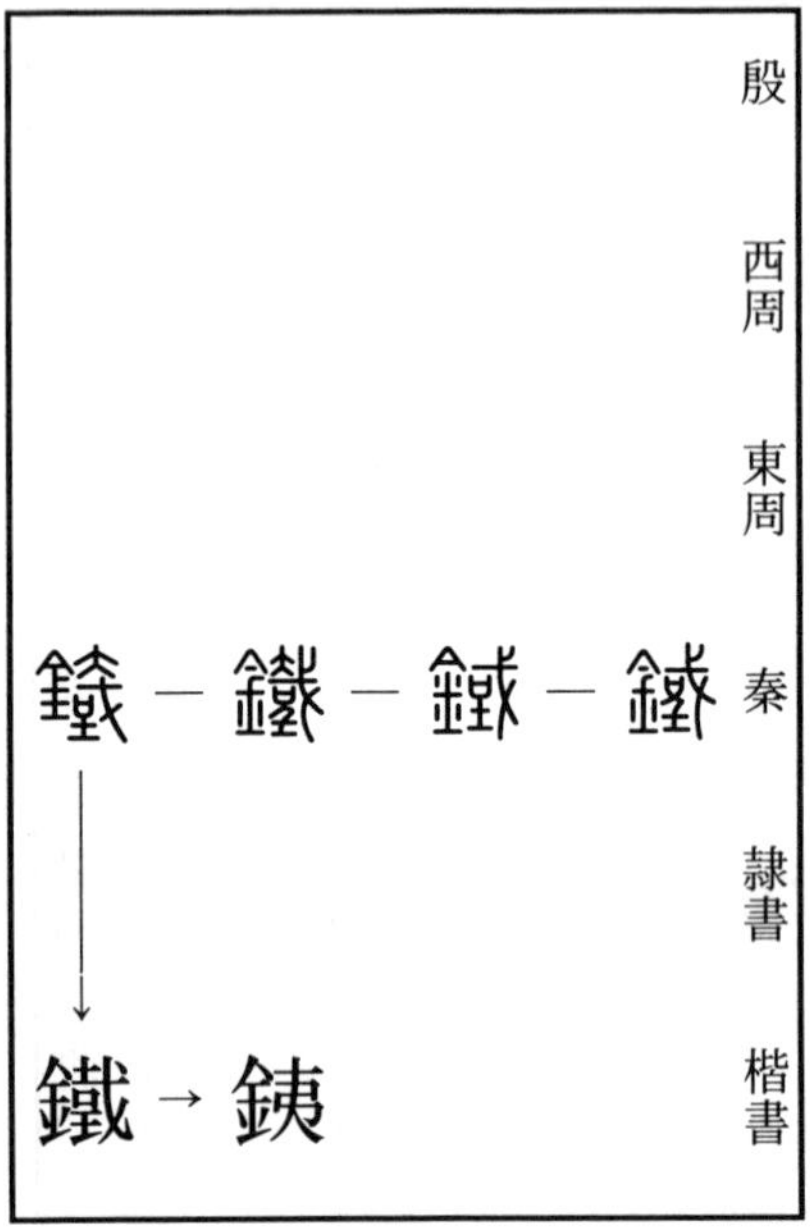

270【鉄】［鐵］｛銕｝ 楷十三画（二十一劃）
金部 成形声
古透紐質部・胎紐脂部[thiet, thet, lhig]→
→中透紐屑韻[thiet, thet, thet]→漢テツ呉テチ
鉄［鐵］は、金を意符、戴《ちつ》（戴）を声符とする形声文字である。なお、藤堂は旁の部分を戈と呈から成るとす

るが、「戴」は大を意符、或《てつ》を声符とする形声文字である。

文献資料には東周代から見えるものの、出土資料には未確認であり、当初は或を仮借して使用していたようである。また、秦代には或を声符とする形（鐡など）も見える。

字形について、戴（戴）の部分を亦声とする説もあり、白川は黒の意とし、鎌田は大きなほことするが、許慎は原義を「大なり」としており、いずれの用例も確認できない。また、許慎は古文として「銕」の形を挙げるが、出土資料には確認できない。ただし楷書では、鉄［鐵］の異体としてそれを模倣した字形が作られている。新字の「鉄」については、もとは縫うことを意味する「鉄《ちつ》」の異体であった。

---

271 **【銀】** 楷十四画　金部　成形声

古疑紐文部[ŋien, ŋien, ŋrun]→中疑紐真韻[ŋien, ŋien, ŋyiin]→漢ギン呉ゴン

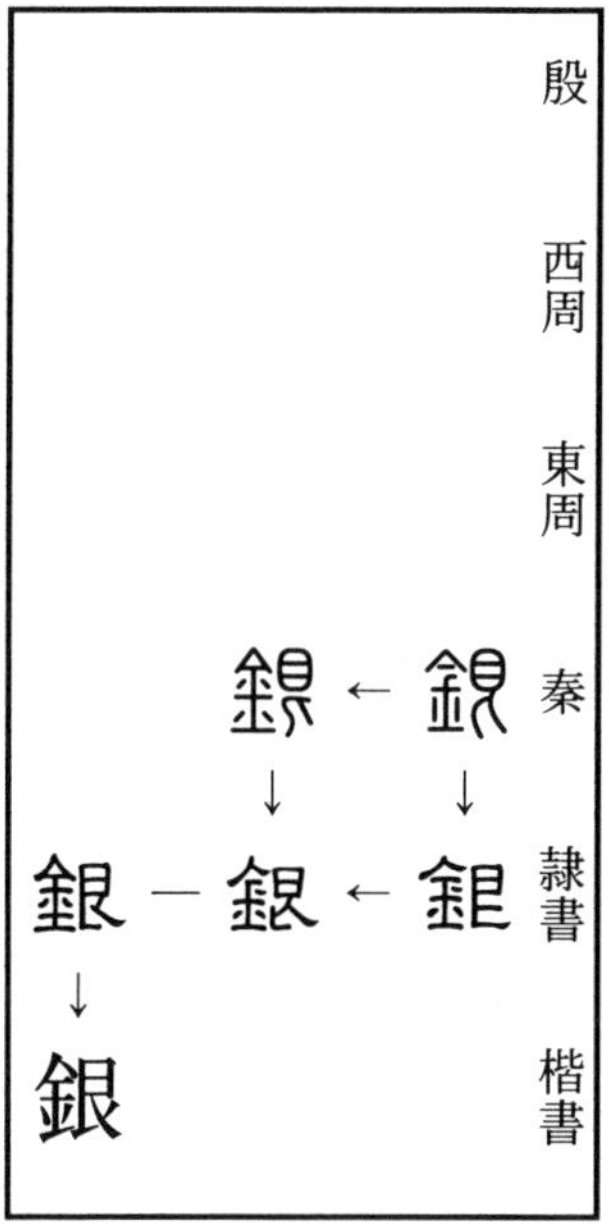

「銀」は、金を意符、艮を声符とする形声文字である。艮を亦声とする説もあり、藤堂は艮に限取りの意味があり、限取りなどに使う金属とし、鎌田は艮に踏みとどまる意があり、黄金にならず、白金に踏みとどまる意味とするが、いずれも根拠のない憶測である。

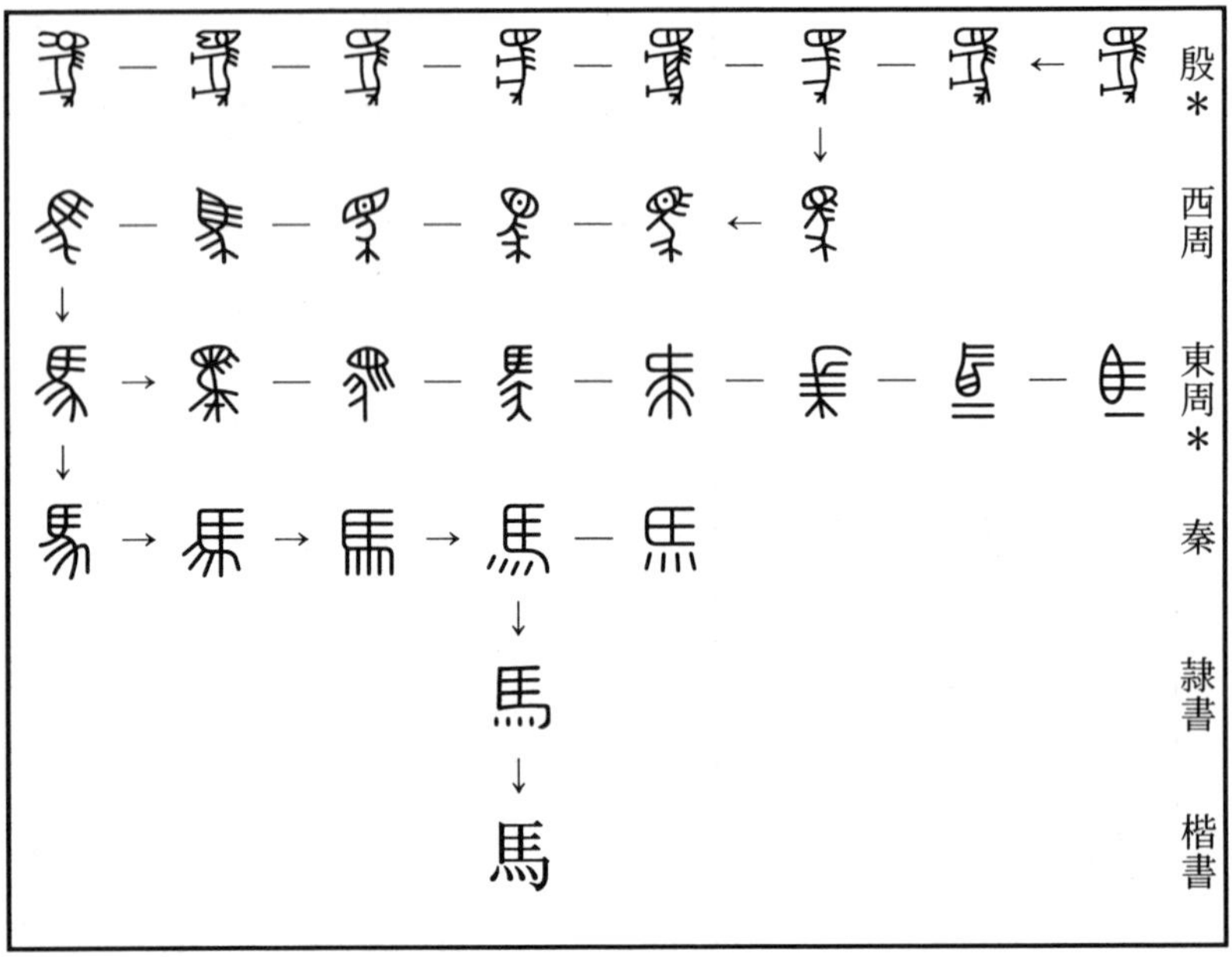

動植物に関係する部首の文字

馬部

「馬（〓）」は、馬の象形である。馬に関係する文字の部首として使われる。

《馬》⑩馬⑭駅

272 **【馬】** （楷）十画　馬部　（成）象形

（古）明紐魚部[mea, mag, mra]→

→（中）明紐馬韻[ma, ma, mya]→（漢）バ（呉）メ（唐）マ

馬（〓）は、動物の馬を表現した象形文字である。下部には尾に毛が生えた状態が表されている。また右上にある三本の短線は馬のたてがみであり、楷書にも残っている。

東周代には大幅に簡略化された「〓」や「〓」などの形もあるが、後代には残っていない。篆書（〓）には、

西周代の「」を継承した古い形が使われている。

なお、許慎は篆書の形（）の下部にある線を尾と四足とするが、右の三本は毛の生えた尾が強調されたものであり、左の二本が前脚と後脚にあたる。さらに秦代～隷書で脚と尾の一部が四点に変えられた（左のふたつが足）が、あるいは許慎の解釈と同じく「四足」の表現と考えたのかもしれない。

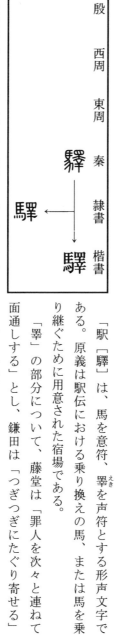

---

273 **【駅】［驛］** 楷十四画（二十三劃）　馬部　成形声

古余紐鐸部・以紐鐸部[ʎiak, ɖiak, lag]→中以紐昔韻[yiɛk, yiɛk, yiek]→漢エキ呉ヤク

「駅［驛］」は、馬を意符、睪《えき》を声符とする形声文字である。原義は駅伝における乗り換えの馬、または馬を乗り継ぐために用意された宿場である。

「睪」の部分について、藤堂は「罪人を次々と連ねて面通しする」とし、鎌田は「つぎつぎにたぐり寄せる」の意味があるとし、いずれも亦声と見なすが、睪にその用法は確認できない。

牛部

「牛（）」は、牛の象形である。牛や牧畜に関連する文字の部首として使われる。

《牛》④牛⑤半⑧物

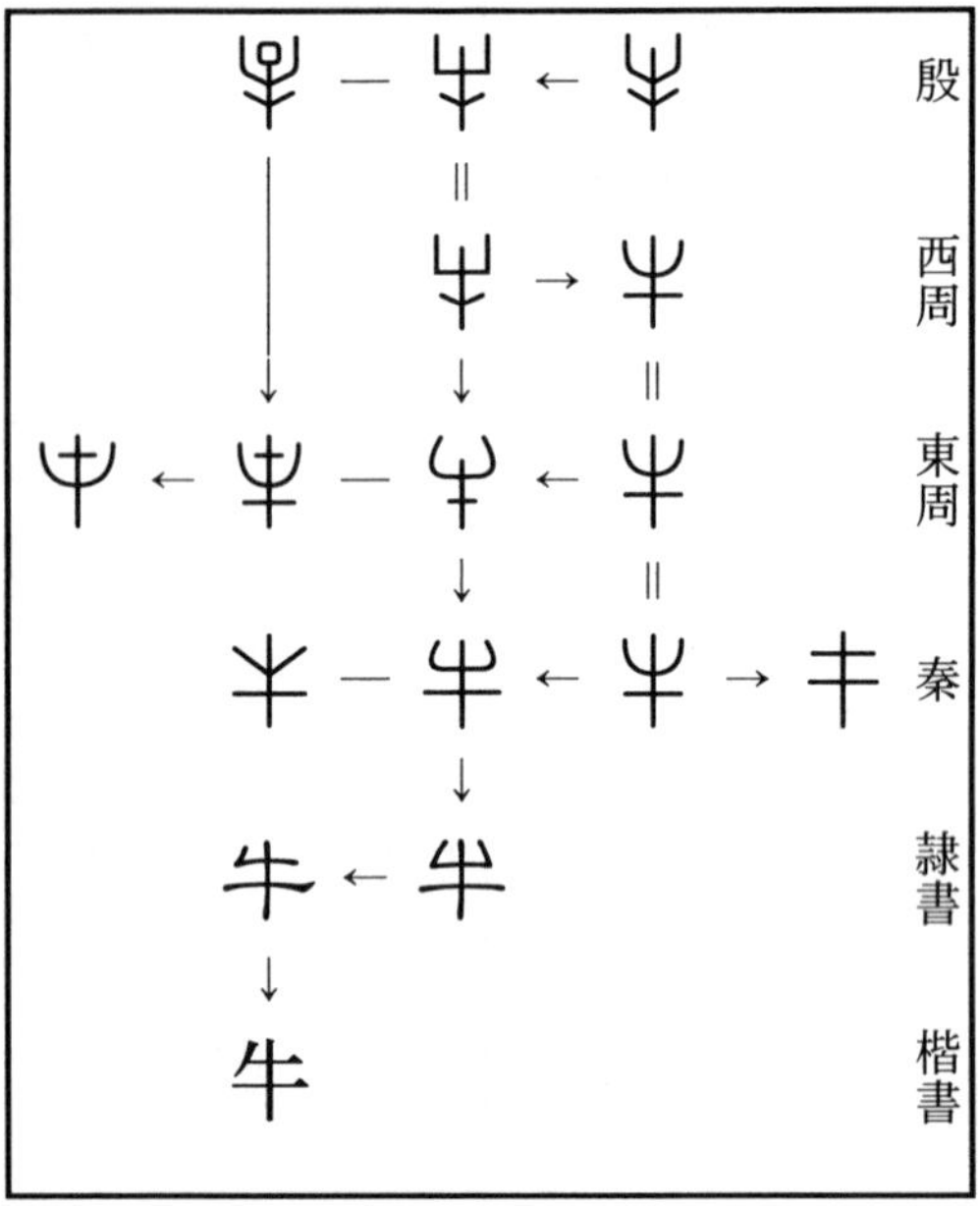

274 【牛】 楷四画　牛部　成象形

古疑紐之部・疑紐幽部[ŋiuə, ŋiog, ŋʷɯ]→

→中疑紐尤韻[ŋiəu, ŋiəu, ŋiu]→

→漢ギュウ（ギウ）呉グ慣ゴ

「⺧」の左右に突き出た線が牛の角であることは明らかであるが、牛の全身像か頭部の象形かは異論があり、前者は許慎・加藤・白川、後者は藤堂・赤塚・阿辻・谷衍奎・李学勤である（鎌田はいずれかを述べない）。

全身像として見た場合、脚の本数が足りなくなるので、頭部の象形とするのが妥当である。左右の上に突き出た角の部分のほか、下部にある短い斜線が目か耳の表現であろう。

字形は各時代に少しずつの違いがあり、最終的に隷書～楷書で角を片方だけ残した字形になった。

275 【半】［⺷］ 楷五画　十部　成指事

古幫紐元部[puan, puan, pan]→中幫紐換韻[puan, puan, puan]→漢ハン呉ハン

初文（⺷）は八（八）と牛（⺧）から成り、大きなものを半分にする意味である。秦代には牛の略体（丰）を

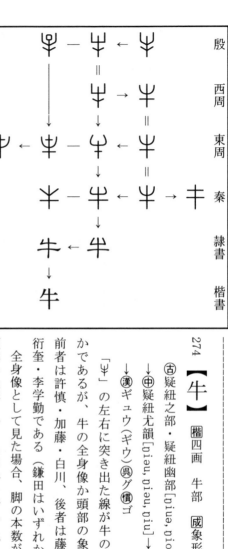

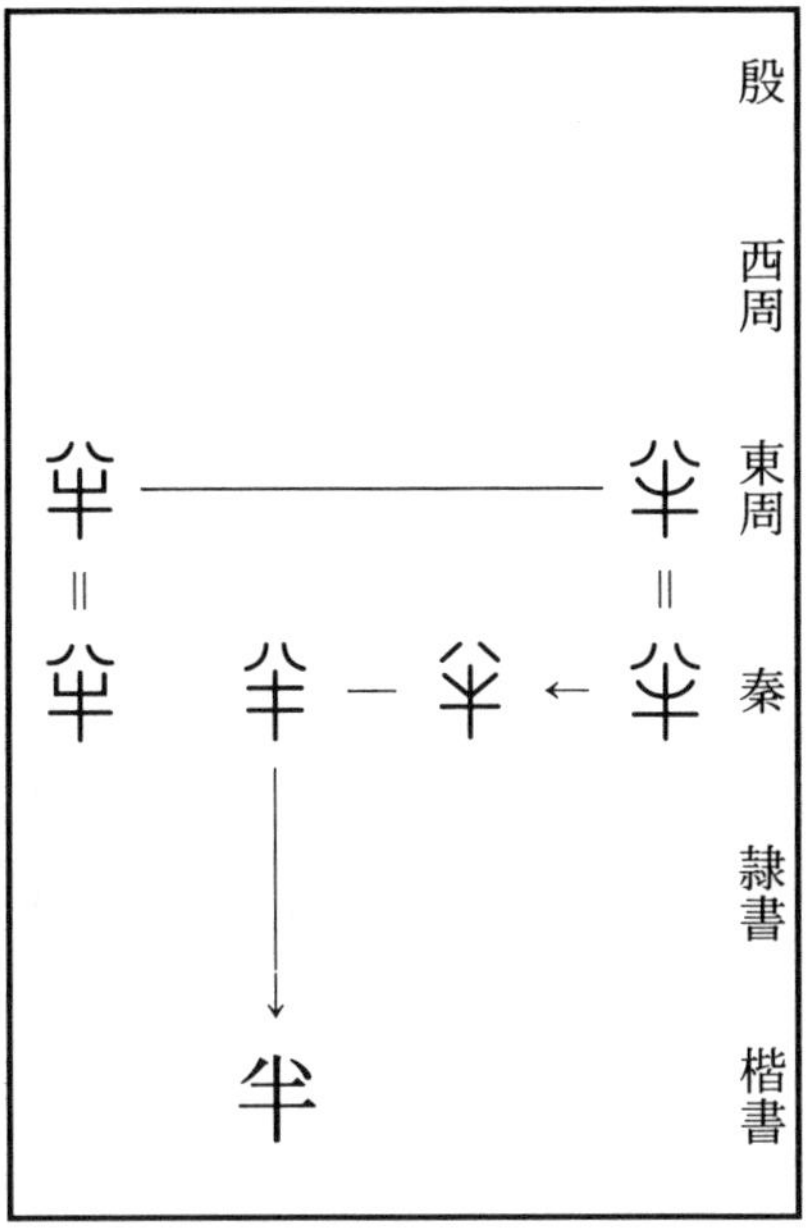

使用したもの（半）があり、これが楷書に継承された。

なお、加藤・赤塚・藤堂は「八」を亦声とするが、八については上古音に質部（[pet]などと復元）とする説と月部（[puat]などと復元）とする説があり、字音の関連は明らかではない。

276【物】 楷八画　牛部　成形声

古明紐物部[miuət,miuət,mud]→中微紐物韻[miuət,miuət,miut]→漢ブツ呉モチ

「物」は、牛を部首、勿《ぶつ》を声符とする形声文字である。元は牛の種類（雑色の牛とする説が有力）を表す文字だったようだが、万物全般の汎称となった。

「勿」を亦声とする説もあり、藤堂ははっきりと見分けられないこととし、赤塚は切る意味と音を表すとして切って供える犠牲とし、鎌田は払い清める意味があるとし、谷衍奎は勿に雑色の意味があるとするが、いずれも

確実な根拠はない。

なお、殷代の「〓」などを物の初文とする説もあるが、祭祀名である汈（〓）（亡失字）と牛の合文であり、物とは別字である。なお、〓も「勿（〓）」とは別字であるが、後代には勿の方が「〓」に近い形に変化しており、字形が変化する際に参照された可能性もある。

羊部

「羊（〓）」は、羊の象形である。

《羊》⑥羊

---

277 **【羊】** [楷]六画　羊部　[成]象形

(古)余紐陽部・群紐陽部・以紐陽部[ʎiaŋ, giaŋ, laŋ]→(中)以紐陽韻[yiaŋ, yiaŋ, yiaŋ]→(漢)ヨウ（ヤウ）(呉)ヨウ（ヤウ）

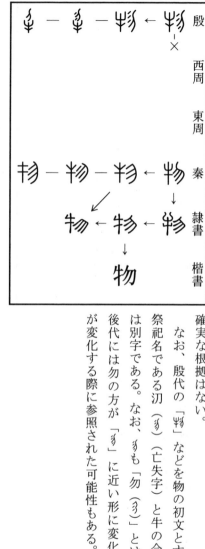

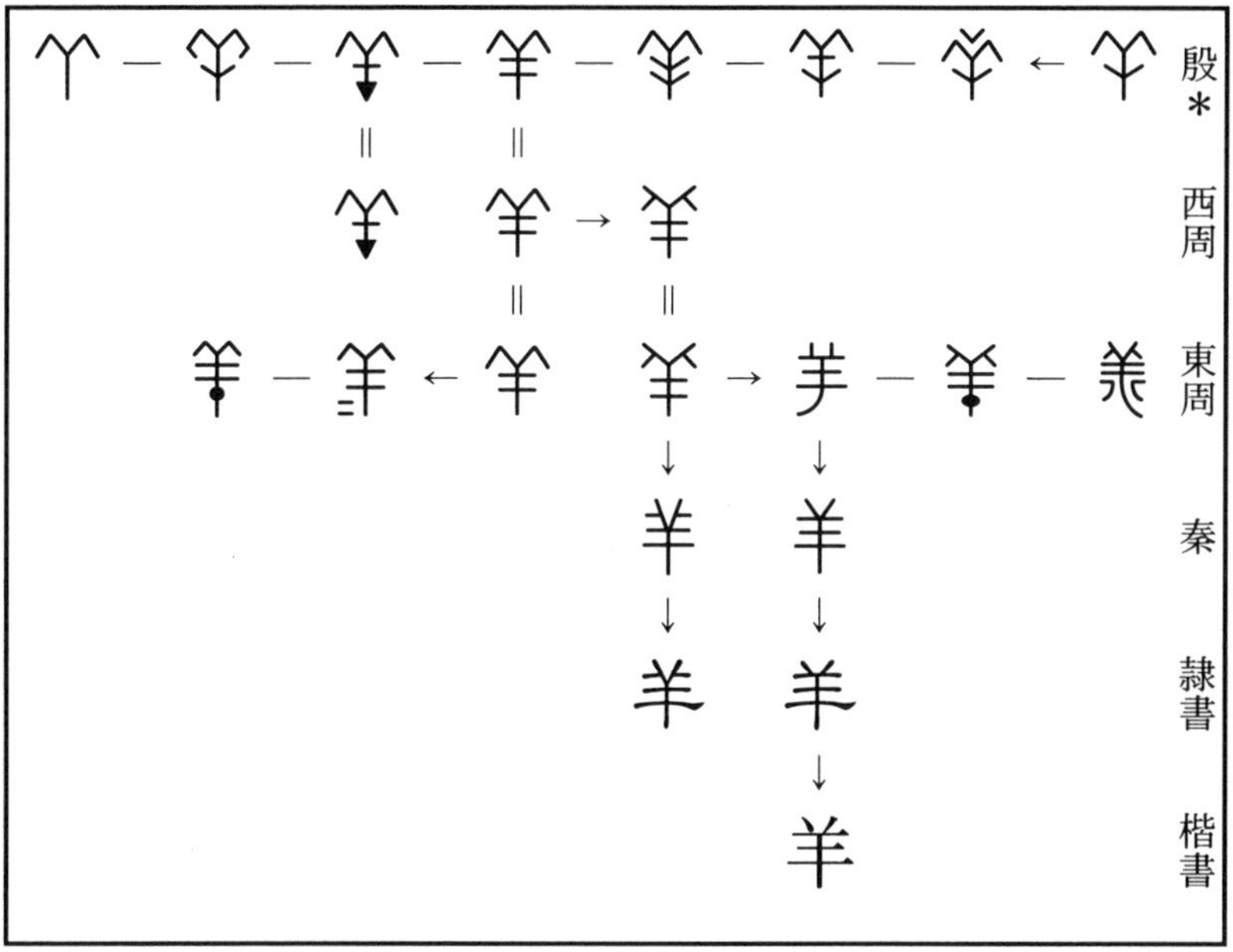

羊（〓）は上部に羊の角が表現されている。牛（〓）と同じく全身像か頭部の象形かは異論があり、前者は許慎・加藤・白川、後者は赤塚・阿辻・谷衍奎である（藤堂・鎌田・李学勤はいずれかを述べない）。羊も牛と同じく、全身像とすると脚の本数が足りなくなるので、頭部の象形とするのが妥当である。

殷代の異体のうち、角を強調した「〓」の形は岳の初文（〓）にも用いられている。また角と頭部を区分する線を加えた形（〓）があり、その簡略化した形（〓）が後代に継承された。楷書のうち一〜三画目が角の部分にあたる。

東周代にも異体が多く、繁体の「〓」「〓」などがある。そのほか、羊の角を強調したとされる「羋《び》」や、羊の角だけを表したとされる「𦫳《かい》」も同源字かもしれないが、出土資料に用例がなく、直接の分化字かどうかは明らかでない。

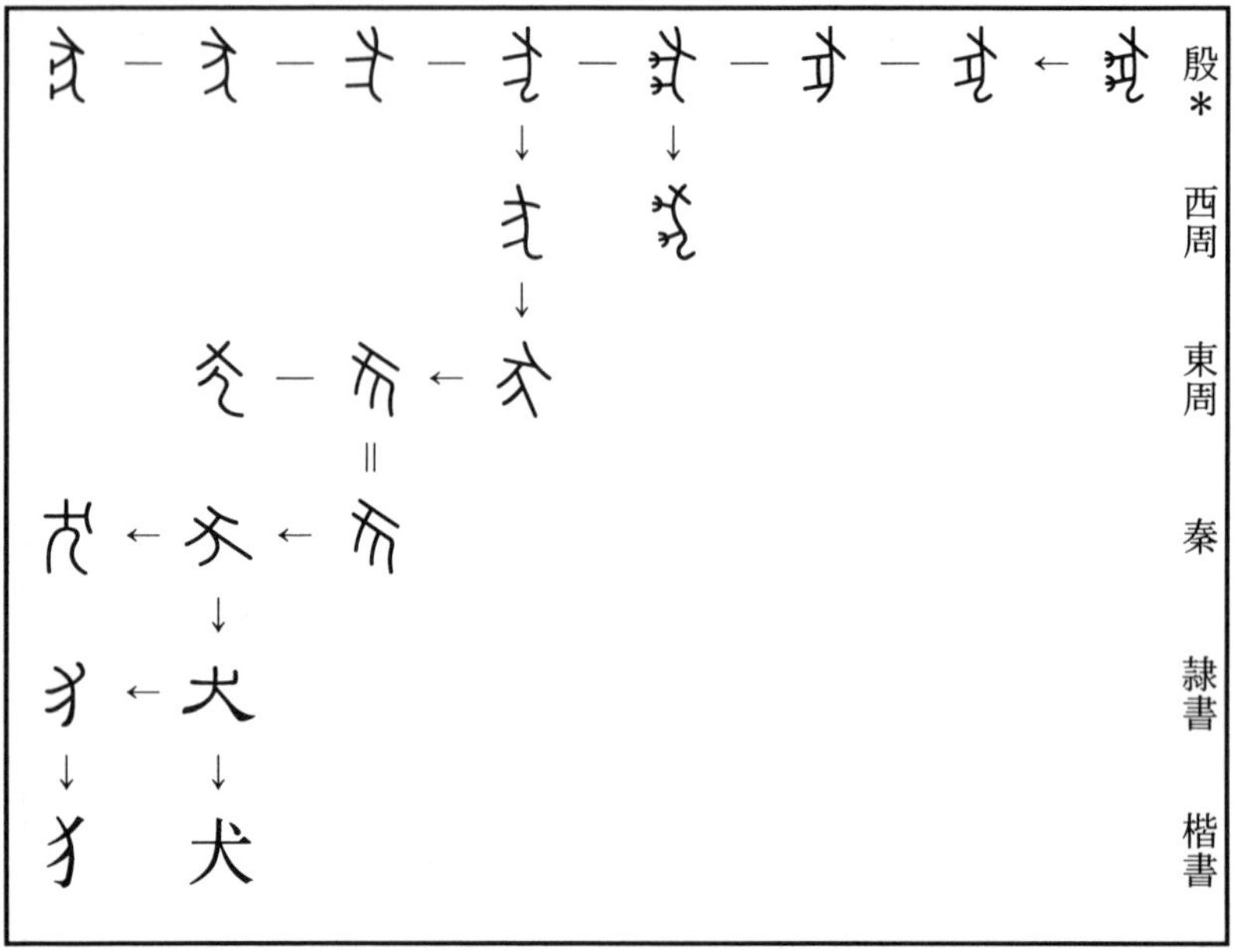

犬部

「犬（〓）」は、動物の犬の象形である。

《犬》④犬

278【犬】楷四画　犬部　成象形

古渓紐元部・渓紐文部[khiuan, khuan, khuan, khʷen]→中渓紐銑韻[khiuen, khuen, khuen]→漢ケン呉ケン

動物の犬の象形であり、殷代の「〓」などが分かりやすい。許慎は「狗の懸蹄有る者なり」としており（懸蹄は猟犬の爪の状態とする説が有力）、また加藤は犬の字音を「懸蹄」の懸から得たとするが、殷代には猟犬だけではなく番犬や食用犬も「犬」と称されているので、字源・語源としては誤りである。字音については、犬の鳴き声に由来するとする藤堂説が妥当であろう。

殷代には多くの異体があるが、「〓」が後代に継承された。その後、東周～秦代に形が大きく崩れており、隷書や楷書は、一見しただけでは原型がほとんど分からない状態である。ちなみに楷書の「犬」の右上にある点を「犬の耳」とする俗説があるが、字形表をたどると分かるように、犬の上顎の部分であり、犬の耳は隷書で消えてしまっている。

また「犬」が偏になったときの「犭（けものへん）」は、隷書の形（犬）を縦長にしたものであるため、楷書のように点と横線が離れておらず、結果的に「犬」とは形だけではなく画数まで変わっている。

虎部

「虎（）」は、動物の虎の象形である。

《虎》⑤号

---

279 **【号】［號］** 楷五画（十三劃）　虎部（口部）

成会意（亦声）　古匣紐宵部・以紐宵部

［yau, ɦɔg, ɦraw］→中匣紐号（豪）韻［ɦau, ɦau, ɦau］→

→漢コウ（カウ）呉ゴウ（ガウ）

号［號］は、「虎」と「号」から成り、「虎のように大声で叫ぶこと」が原義である。「号」は号泣が原義であり、字義と字音の両方を表す亦声の部分である。

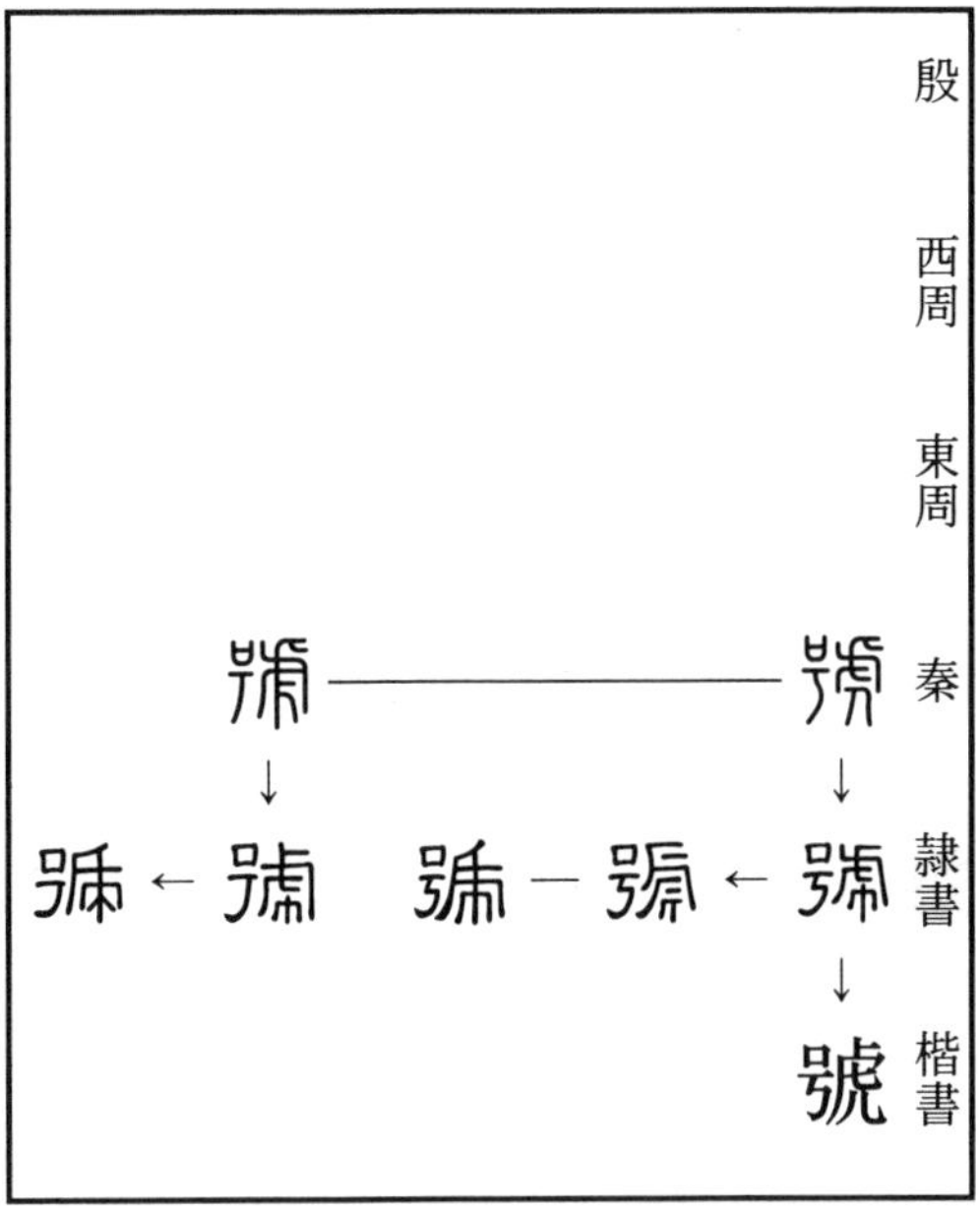

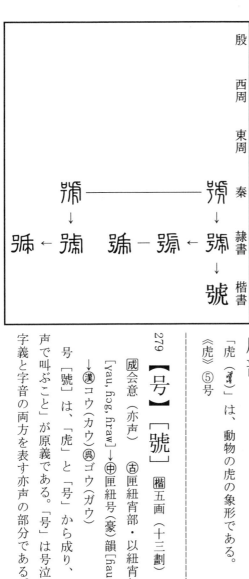

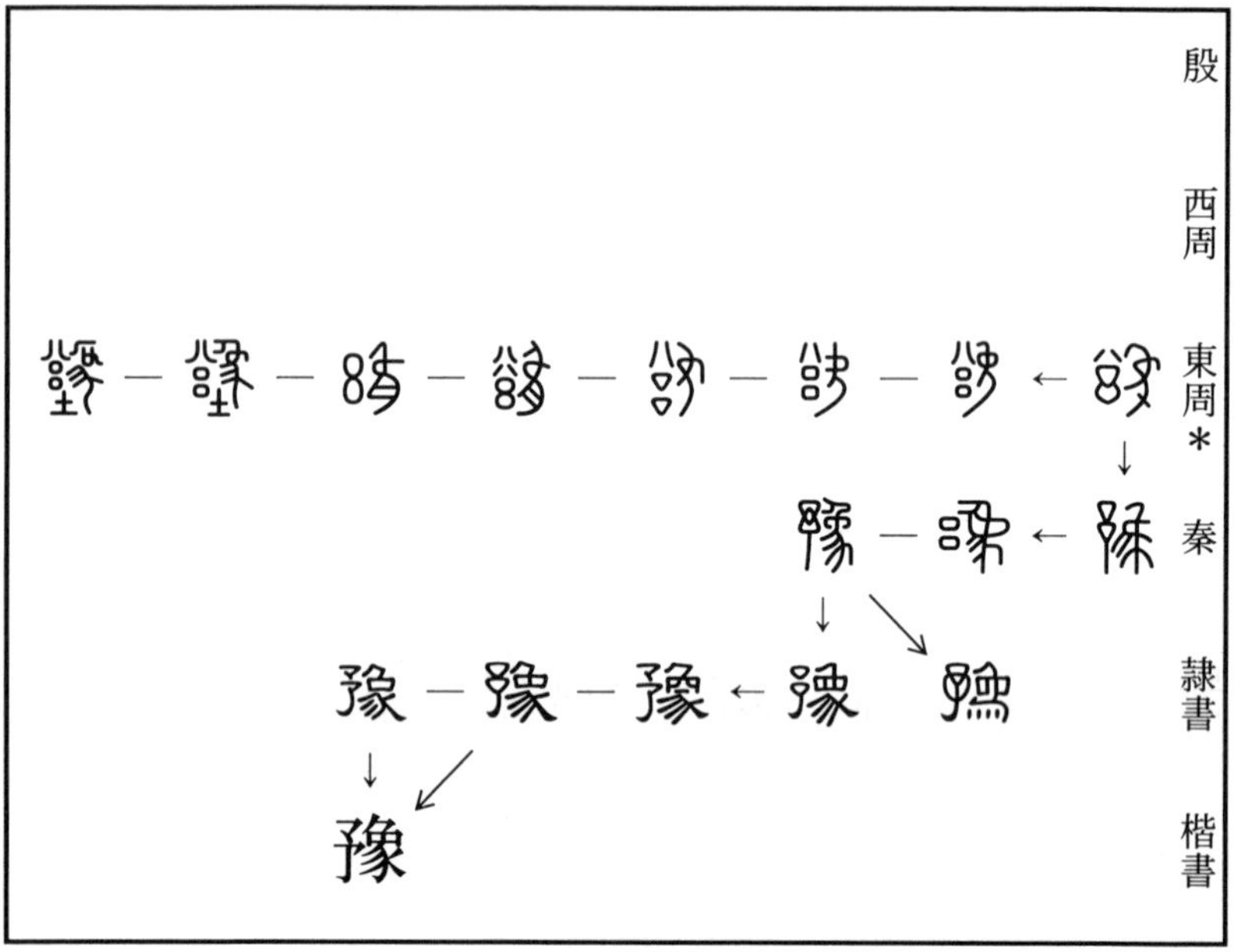

なお、「号」と「號」は別字であるが、新字体では同一の字形になっており、混用されている。

字形は秦代～隷書には「号」の下部を変形したもの（〓など）があるが、楷書には残っていない。また、隷書には「虎」の異体の「乕」を使ったもの（〓など）もある。

象部

「象（〓）」は、動物の象の象形である。

《象》④予

280【予】［豫］ 楷四画（十六劃）　豕部（〓部）

成形声　古余紐魚部・以紐魚部[ʎia, ɖiag, la]→中以紐御韻[yio, yio, yiʌ]→漢ヨ呉ヨ

「予［豫］」は、象を意符、予を声符とする形声文字である。本来は大きな象を指していたが、後に「あらかじめ」の意味に転用された。その理由について、白川は象によって予占したためとするが、象を用いた占卜は確認

できない。また、藤堂・鎌田は、予を伸びやかになる意を表す亦声の部分とし、おっとりした象ののんびりとした様子を原義とし、ゆとりを持ってあらかじめ備えることとするが、これも該当する用法は確認できない。赤塚らが述べるように、仮借の用法とするのが妥当であろう。

字形は初出の東周代に異体が最も多く、象の異体（）を使ったもの（など）や、下部に土（）を加えたもの（など）などがある。また、隷書にも予・象それぞれの部分に異なった形が見られる。

なお、「予」は別字であり、字源は明らかになっていないが、一人称として使われた。しかし、新字体では豫が予に略されたため、混用される状態になった。

鳥部

「鳥（）」は、鳥の象形である。鳥に関係する文字の部首として使われる。〔関連部首〕「隹」も鳥の象形であり、やや略体化したものである。「風」は、もと鳳凰の象形であり、後に字形が大きく変化した。

《鳥》⑪鳥⑭鳴《隹》⑫集《風》⑭鳳(風)

281【鳥】　楷十一画　鳥部　成象形

古端紐幽部[tiu, tog, tɯw]→中端紐篠韻[tieu, teu, teu]→漢チョウ(テウ)呉チョウ(テウ)

「・」などは止まった鳥の象形であり、嘴《くちばし》や足などが表現されている。殷代には多様な異体が見られ、止まり木のような形を加えた会意の字形（）も字義に共通点があり同字と見なした。

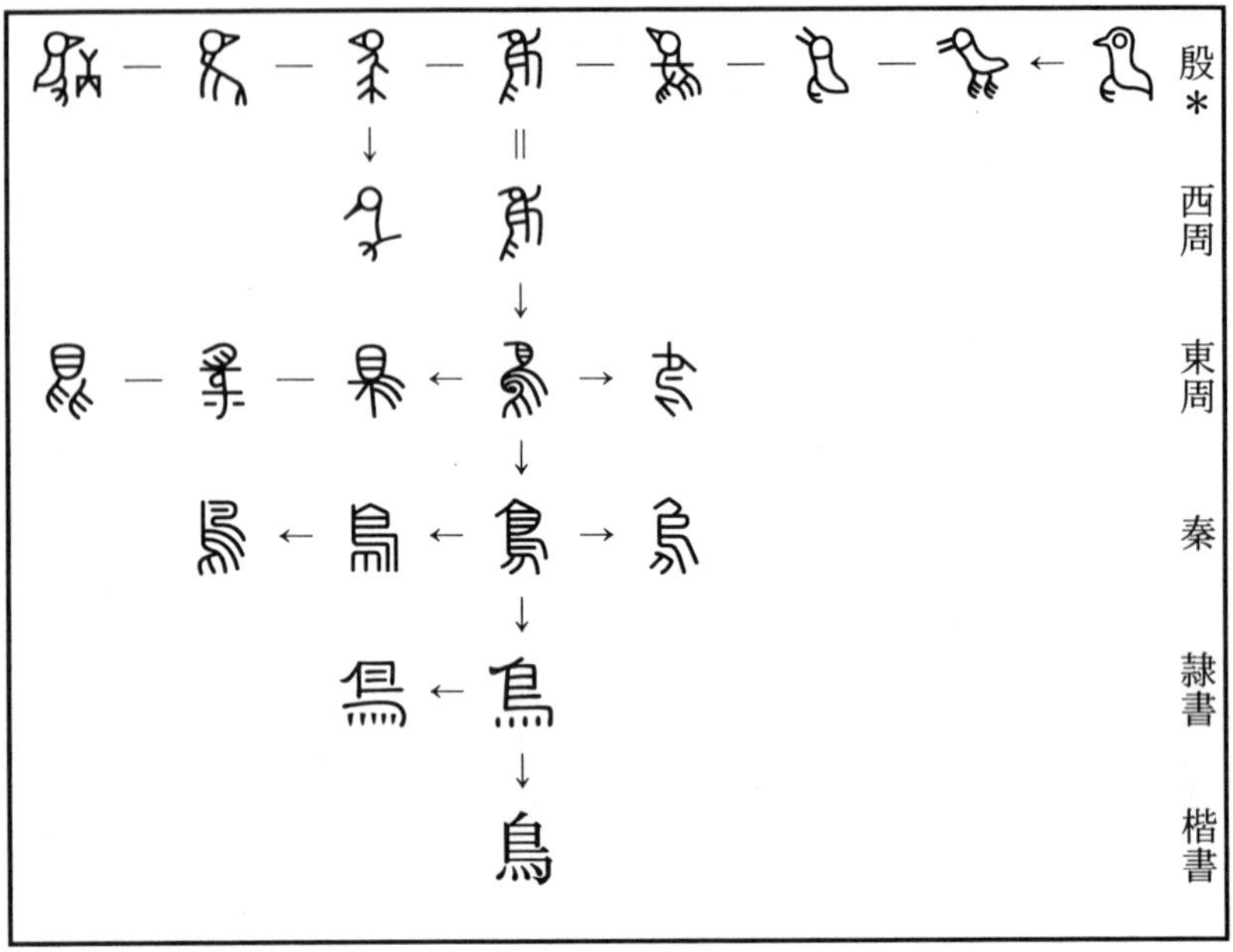

「鳥」は、同じく鳥の象形である隹（）よりも詳細に表現されている。「鳥」と「隹」について、許慎は長尾・短尾の別とし、藤堂はこれに従う。また赤塚・谷衍奎は大きな鳥と小さな鳥とする。しかし、実際には多くの研究者が述べるように繁体と略体の関係であり、明確な使い分けは見られない。後代にも「鶏［鷄］」と「雞」のような通用が見られる。

字形は、後代には嘴を一本の線で表現した「」の系統が継承された。楷書のうち、一画目が鳥の嘴、「日」のような形が頭部にあたる。

---

282 **【鳴】** 楷十四画　鳥部　成会意

古明紐耕部[mieŋ, mieŋ, mreŋ]→中明紐庚韻[mieŋ, miʌŋ, myiæŋ]→漢メイ呉ミョウ（ミヤウ）

鳴は、鳥が口（ㅂ）で鳴くことを表している。殷代の段階では頭部にトサカを付けた雄鶏の象形を用いた字形（など）が多く、この場合には「雄鶏が鳴くこと」を

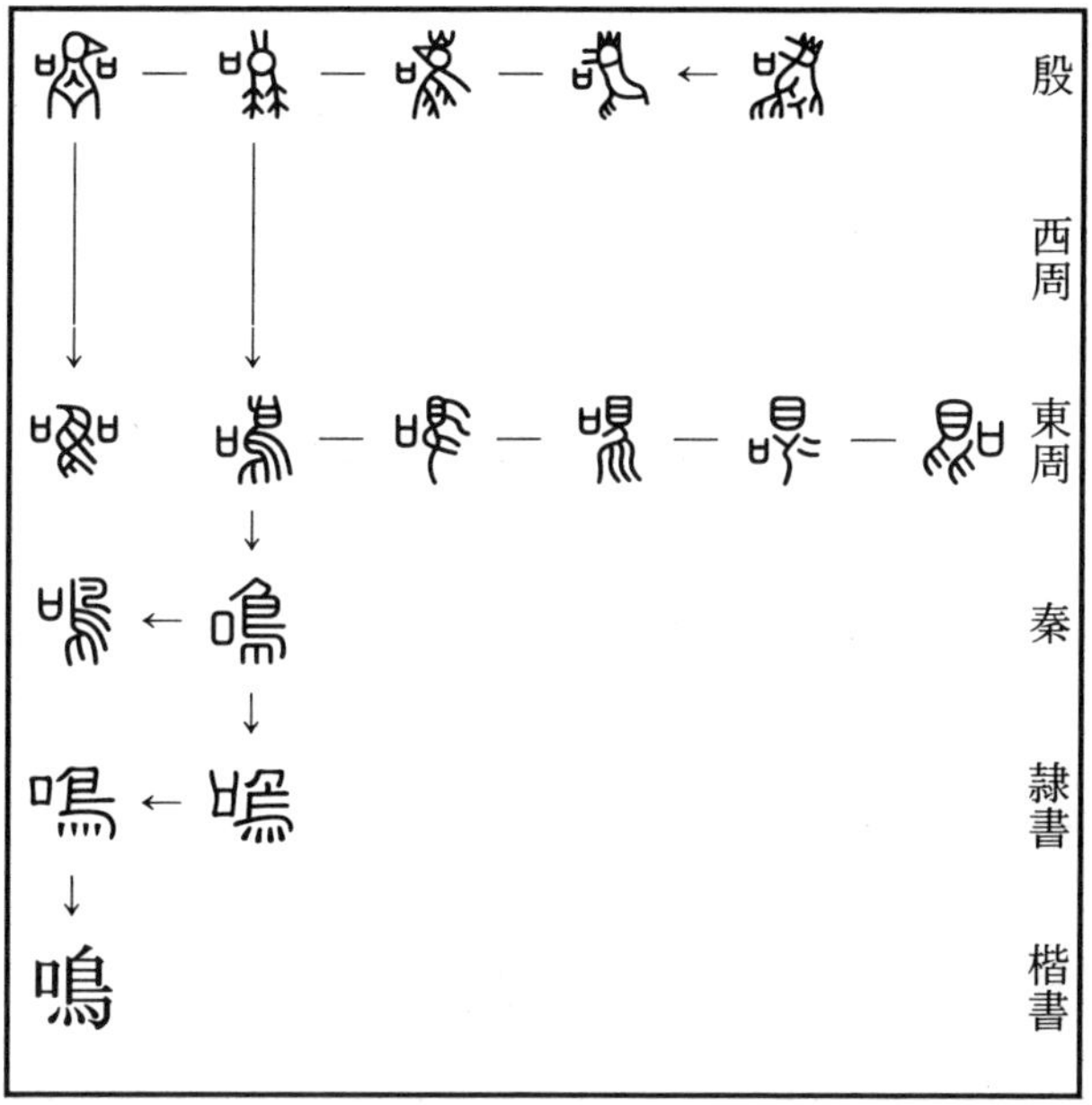

表している。この字形は西周代に見えず、東周代には「鳥」を用いた形が継承されている。東周代には略体（ など）が多いが、秦代には鳥（ ）を用いた煩雑な形（ ）が篆書とされている。

白川は「口」について「くち」ではなく祭器の「口」と見なし、「鳥の鳴き声によって占う鳥占《とりうら》のしかたを示す字」とするが、各時代にそうした用法は見られない。白川は、「唯」や「進」など、多くの文字を鳥占と関連付けるが、そもそも古代中国に鳥占が普及していたことを示す証拠もない。

▽隹部

283 【集】〔雧〕 楷十二画　隹部　成会意

古従紐緝部[dziəp, dziep, zub]→中従紐緝韻[dziep, dziəp, dziip]→漢シュウ(シフ)呉ジュウ(ジフ)慣シッ

殷代には「集」に二系統がある。「 」などは、鳥の象形の隹（ ）と結び目の形の冉《ぜん》（ ）を用いており、鳥を集めて紐で結んで捕らえた様子を表している。複数の鳥を集めた様子の異体（ ）もある。一方、「 」な

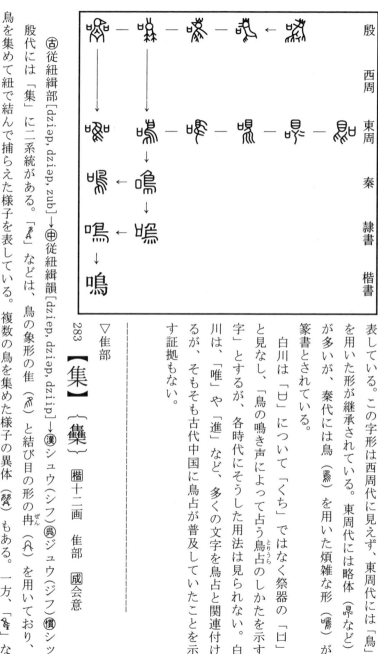

どは、鳥（　）と木（　）を用いており、鳥が木に集まる様子を表している。前者が他動詞的、後者が自動詞的な表現である。

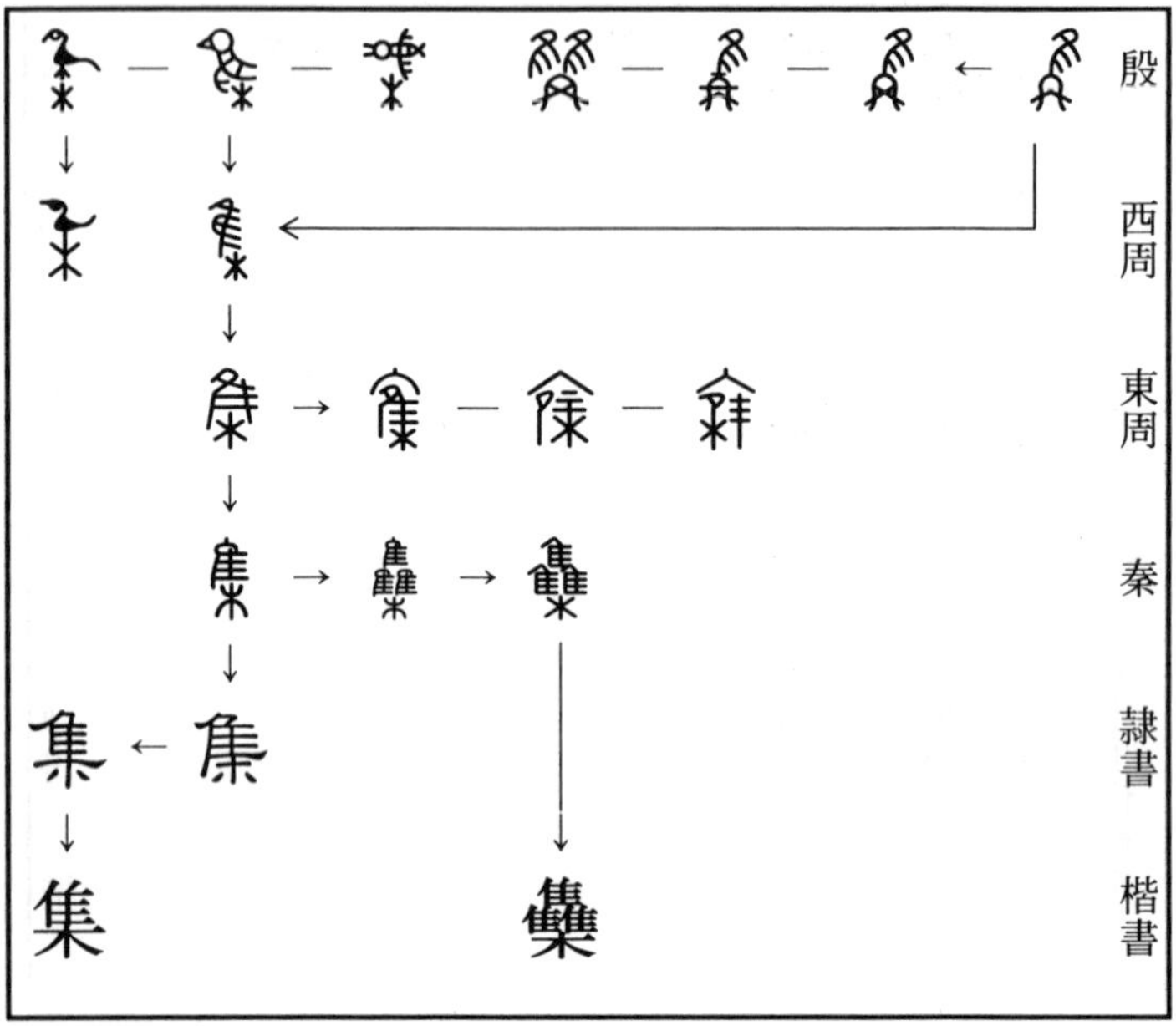

西周代には両者を折衷した字形になっており、「　」は隹と木を用いている。この形が後代に継承され、楷書の「集」になった。

そのほか、東周代には屋根の形の入（へ）を加えた異体（　など）が多い。また、秦代には隹を三つにした異体（　など）があり、楷書にも「雧」として残っている。許慎は「雧」を原型とし、「集」を略体としており、藤堂・赤塚なども「雧」を原字とする。しかし、東周代以前の字形史に合わない。

▽風部

284 **【鳳】** 楷十四画　鳥部　成形声

古並紐侵部[biuəm, bliuəm, bum]→

→中奉紐送韻[biuŋ, biuŋ, biuŋ]→漢ホウ呉ブウ

285 **【風】** 楷九画　風部　成形声

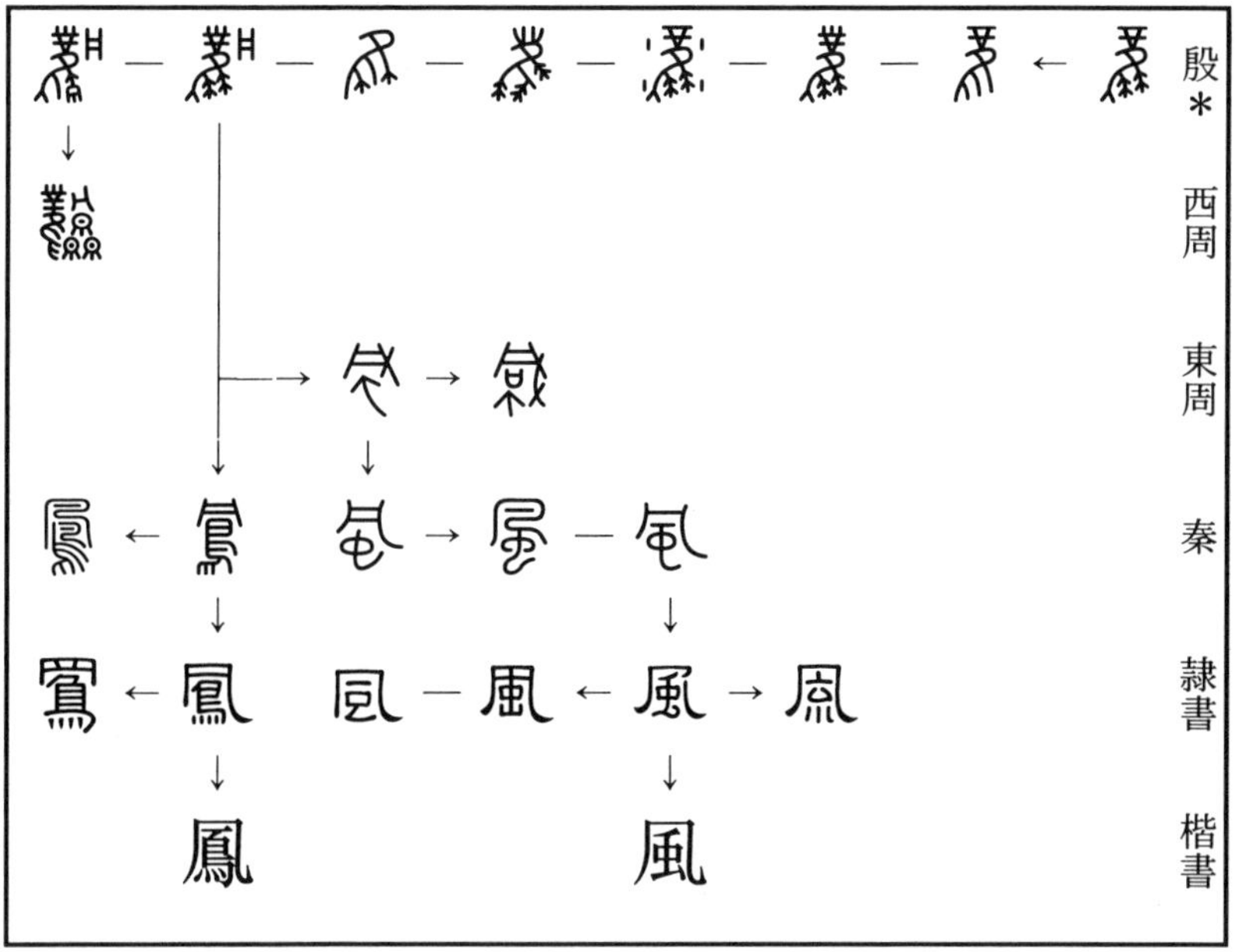

㊀古幫紐侵部[piuəm,pluəm,plum]→
→㊥非紐送(東)韻[piuŋ,piuŋ,piuŋ]→㊇漢フウ㊇呉フ

殷代の字形（〓など）は鳳凰の象形であり、鳥の象形の隹（〓）の形を変えたものに高貴な存在であることを象徴する冠の形（〓）が加えられている。当時は鳳凰が風を司ると信じられていたようであり、字義としては主に「かぜ」の意味で使われている。

殷代には、すでに声符として「凡［凡］（〓）」を加えた形声の形（〓など）が見える。ただし、凡は上古音が談部または侵部と推定されている（[biam]などと復元）が、どの段階で字音が分かれたのは明らかではない。

字形は、のちに鳳凰の象形が「鳥」となり、鳥と凡を合わせた「鳳」となった。

字源について、藤堂は凡を帆の象形でその初文として「かぜ」の意味と関連付けるが、殷代には凡は中空の容器の一般形として用いられており、帆としての用法は見られない。

東周代には、鳳凰の象形を「虫」に変えた「風」の字体（ ）が出現する。この意義について、許慎は「風が動き蟲生まれる」とするが、「虫」は蛇の象形であり、白川が「龍神」、鎌田が「風雲にのるたつの意味」とするのが妥当であり、信仰上で風を司るものの変化があったと思われる。そのほか、李学勤は西周代の鳳の異体（ ）の形を誤ったものが「風」になったとしており、現状では周代の資料が少ないので、この可能性も否定できない。

虫部

「虫（ ）」は、もと蛇の象形である。爬虫類のほか、昆虫や貝類などを表す文字の部首としても使われている。

《虫》⑥虫（蝕）⑪強

---

286 【虫】［蟲］｛蟲｝ 楷六画（十八劃） 虫部 成会意

古定紐冬部・以紐冬部[diuŋ, dioŋ, l'uŋ]→中澄紐東（送）韻[ḍiuŋ, ḍiuŋ, ḍiuŋ]→漢チュウ呉ジュウ（ヂュウ）

287 【蝕】 楷十二画 虫部 成会意

古中略→漢コン呉コン

「虫（ ・ ）」はもと蛇の意味でその象形であり、漢音は「キ」である（ほか它・巳などにも分化している）。それを三つ並べた「蟲（ ・ ）」は、蛇に似て相対的に小さな存在であることを表しており、原義はミミズやウジなどであろう。因みに融（ ）は甲骨文字では蟲（ ）と土（ ）に従い、地中から虫が湧く様子を表して

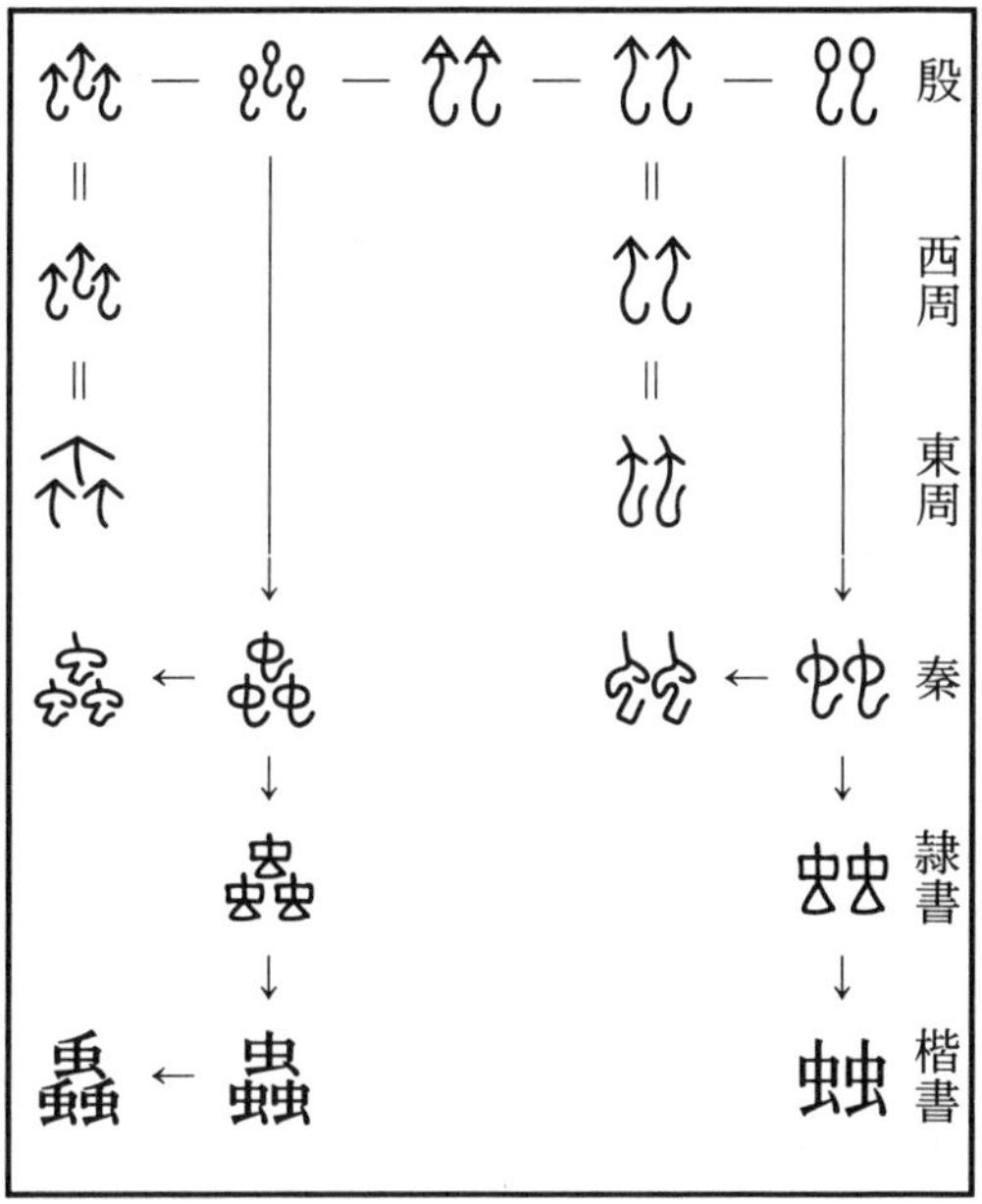

いたが、後に土を鬲に変えて器物から虫が湧く様子に変わり、さらに「蟲」が「虫」に簡略化された。

「虫」を二つ並べた「䖵」も字源は共通している。部首としては蟲よりも䖵が多く使われ、蚕［蠶］や蜂の初文の䗬などに見える。ただし、字音については異なっているが、分化の経緯は明らかではない。

字源や原義について、許慎は「蟲」を「足有るもの」とするが、蛇の象形を用いているので、原義としては誤りである（昆虫などにも用いたのは引伸義にあたる）。加藤は虫・蟲を同一字とする説を採るが、「虫」は蛇の象形である。そのほか谷衍奎は「蟲」を動物の通称とし、李学勤は「䖵」を昆虫の総称とするが、いずれも原義ではなく引伸義である。

なお、殷代の「・」、および西周代・隷書について、現存の出土資料では部首のみで使用されている。

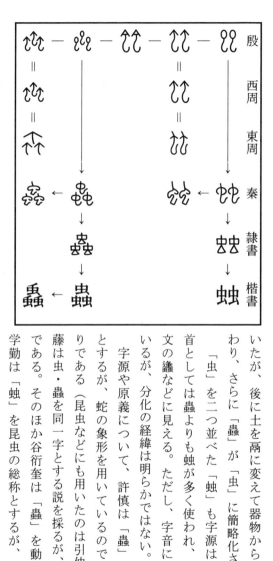

---

288 【強】｛强｝ [楷]十二画　虫部　[成]形声

(古)群紐陽部［giaŋ, giaŋ, gaŋ］→(中)群紐陽（養）韻［giaŋ, giaŋ, giaŋ］→(漢)キョウ（キャウ）(呉)ゴウ（ガウ）

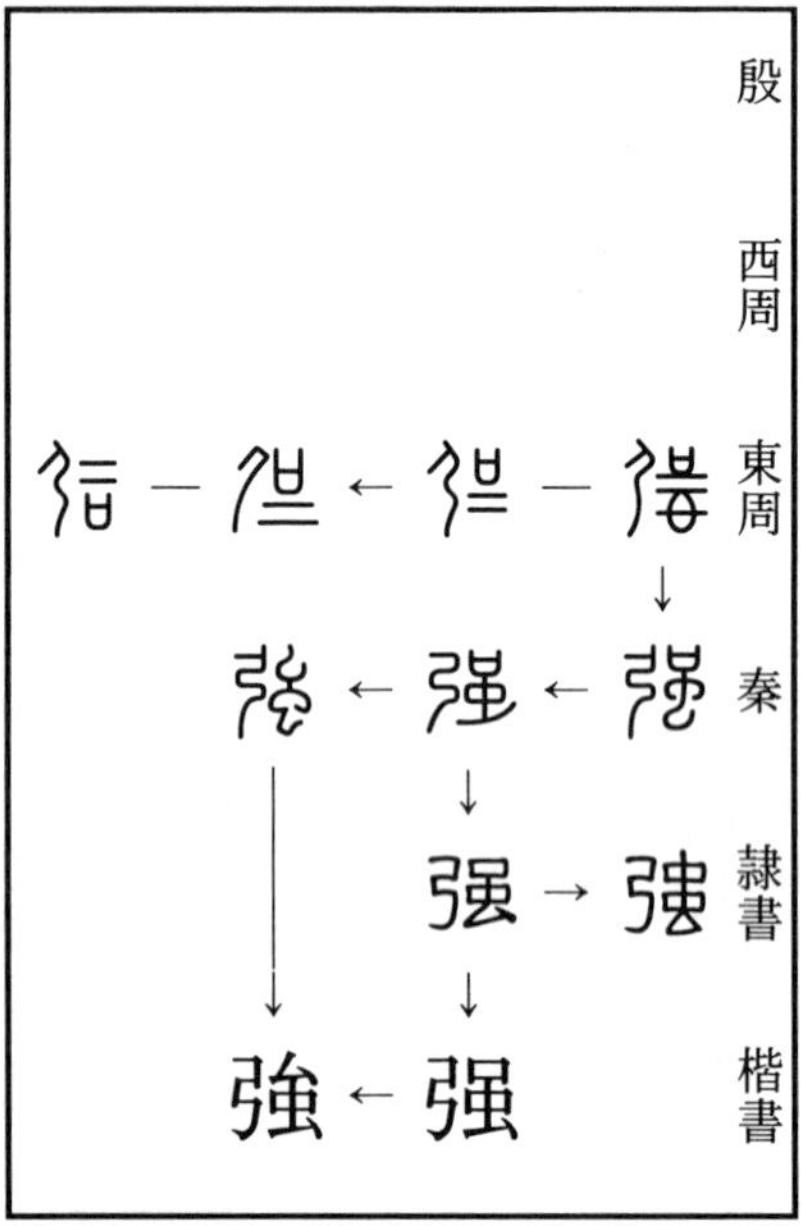

強は、初出の形（）は「强」にあたり、「虫」と「弘」から成る。虫を意符、弘《こう》を声符とする形声文字である。原義は昆虫の名であったが、「彊」との字音・字形の類似から、借りて「つよい」の意味で用いられるようになった（彊は部首が弓であり本来は別字）。

許慎が籀文として、蚰を意符、強い弓を表す彊を声符とする字形を挙げるため、加藤・赤塚・鎌田は「弘」を彊の略体としての声符と見なす。しかし阿辻が述べるように、「弘」は弘の異体なので、字形としては許慎が「虫に従い弘声」とするのが正しい（ほか谷衍奎・李学勤が許慎説を採る）。ただし、弘の上古音は匣紐蒸部（[ɣuəŋ]などと復元）であり、若干の相違がある。そのほか、藤堂は「口」の部分を「丸印」とするが、東周代は明らかに「口（日）」の形である。また白川は弘を「蚕からとった弓弦」とし、それが強いことを意味する会意文字と解釈するが、弓弦の意味で用いられた例は見られない。

字形は、東周代には「虫」を「二」に略したもの（など）がある。また、秦代には「弘」を「弘」にした形（）が作られ、これが楷書に継承された。ただし、「弘」に従う形（强）も楷書に残っており、現代中国ではこちらが主に用いられる。

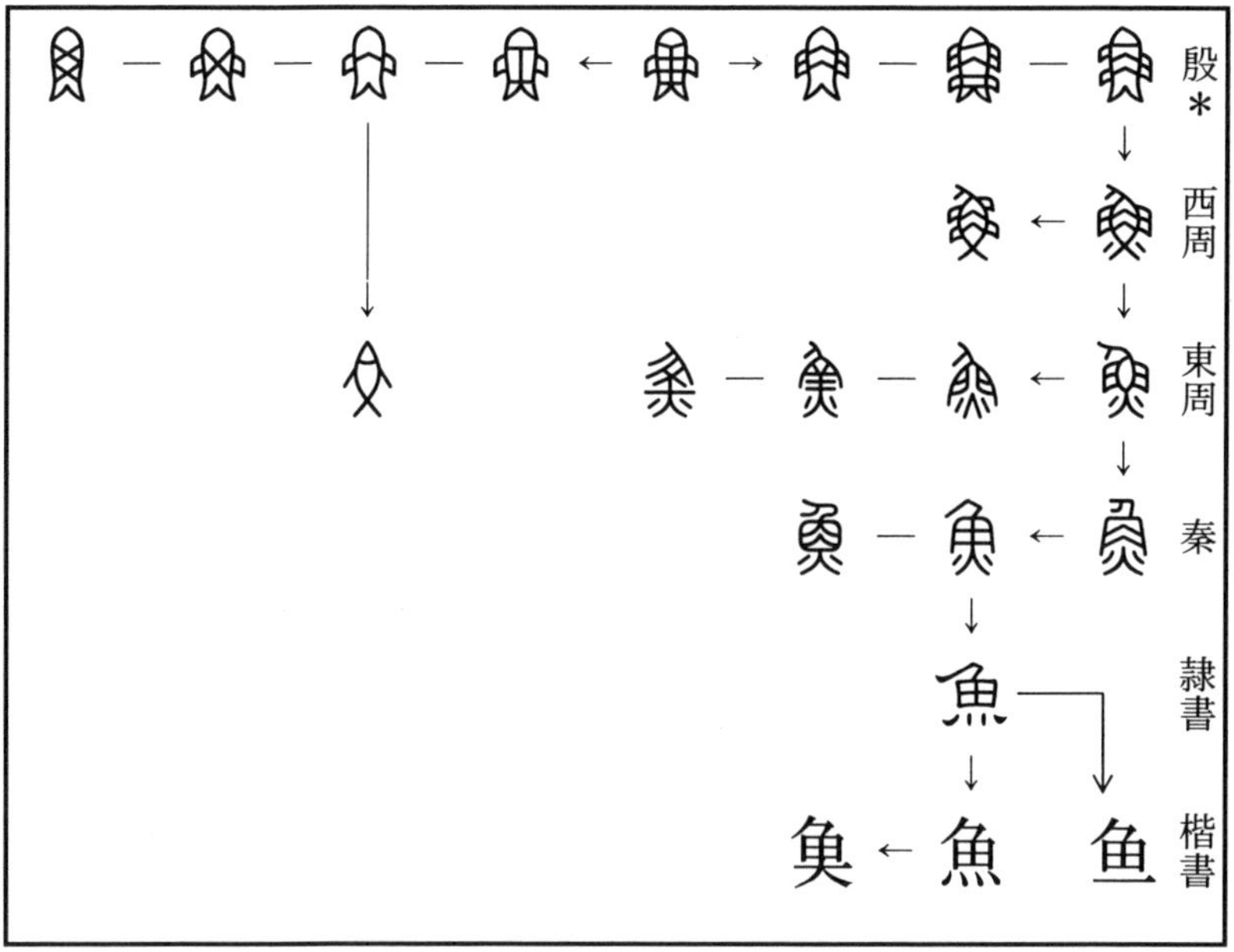

魚部

「魚（〓）」は、魚の象形である。

《魚》⑪魚

289 **【魚】**〔𩵋・鱼〕　楷十一画　魚部

成象形　古疑紐魚部[ŋia, ŋiag, ŋa]→中疑紐魚韻[ŋio, ŋio, ŋiʌ]→漢ギョ呉ゴ

殷代には「〓」が最も標準的な字形であり、下部に尾びれ、左右に背びれと胸びれ、胴の部分には鱗が表現されている。特定の魚種を表したものではなく、魚類の一般形である。ほかにも殷代には異体が多く、背びれと胸びれなどを詳細に表現したもの（〓など）や鱗を簡略化したもの（〓など）がある。

西周代以降に字形が変化し、最終的に楷書では魚の頭が「ク」のような形になっている。また楷書のうち、「田」の部分は鱗であり、下部の四点は尾びれが変化したものである（背びれと胸びれは秦代に省略された）。そのほか

楷書の異体に「奐」や「鱼」があり、「鱼」はすでに漢代の竹簡に見えるが、八分隷書には見えないため表には加えていない。また「鱼」は現代中国の簡体字としても使われている。

萬部

「萬（）」は、蠍の象形である。

《萬》③万（蠆・邁・万）

290 【万】［萬］ 〔楷〕三画（十三劃） 艸部（内部・一部） 〔成〕象形
(古)明紐元部[miuan, miuan, mɪan]→(中)微紐願韻[miuɐn, miuʌn, miɐn]→(漢)バン(呉)マン

291 【蠆】［蠆］ 〔楷〕十八画（十九劃） 虫部 〔成〕形声（亦声）
(古)透紐月部・透紐歌部・撫紐月部[theat, thad, mhrad]→(中)徹紐夬韻[tæi, thai, thɣai]→(漢)タイ(呉)タイ

292 【邁】［邁］｛邁｝ 〔楷〕十六画（十七劃） 辵部 〔成〕形声（亦声）
(古)明紐月部・明紐歌部[moat, muad, mrad]→(中)明紐夬韻[mæi, muai, mɣai]→(漢)バイ(呉)マイ

293 【万】 〔楷〕三画 一部 〔成〕象形
(古)明紐覚部・明紐職部[mək, -, mɯg]→(中)明紐徳韻[mək, -, mək]→(漢)ボク(呉)モク

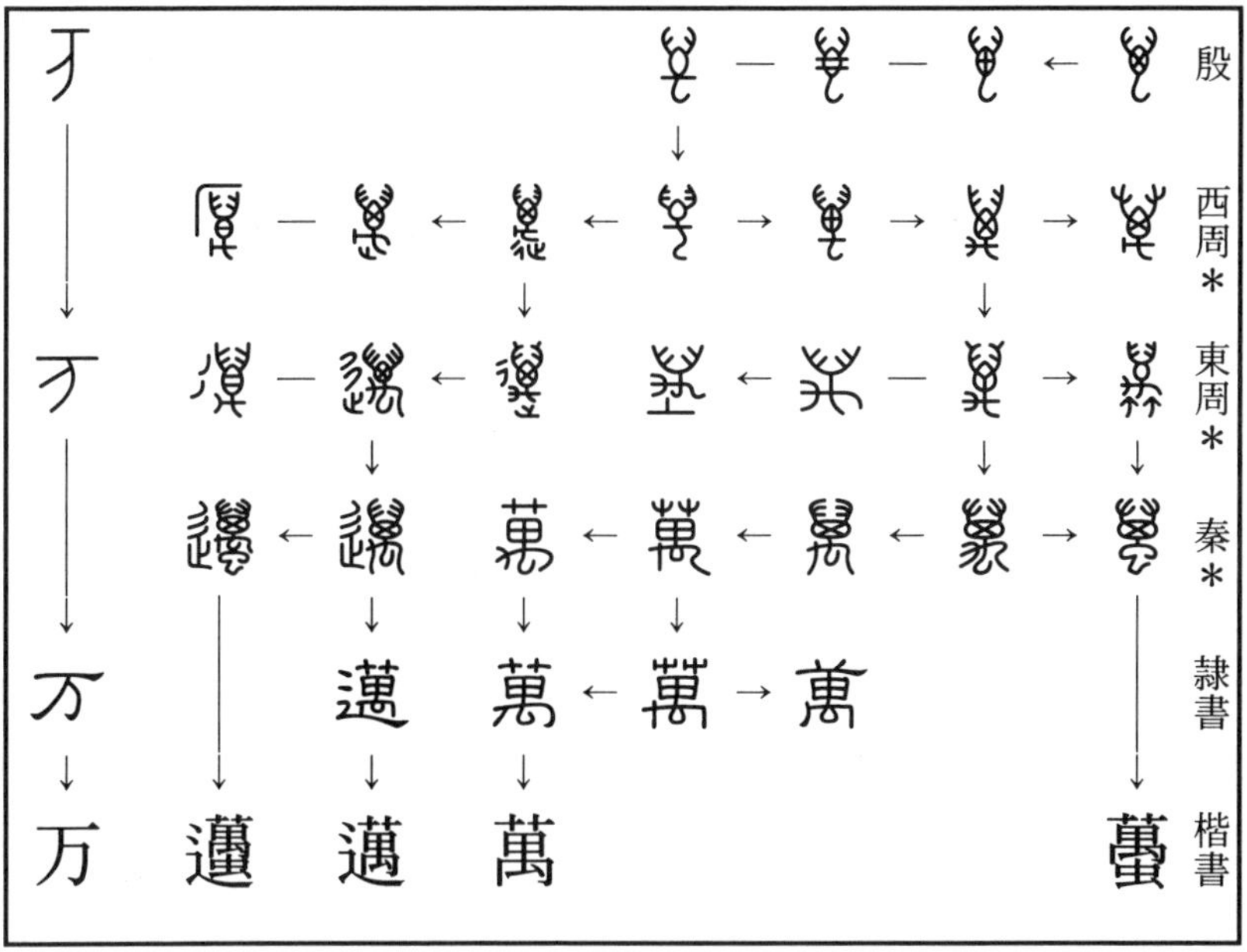

萬［萬］（　）は、節足動物の象形であり、サソリを意味する蠆の初文と考えられている。ただし殷代から原義での用例はなく、借りて数字として使用されている。楷書の「萬［萬］」のうち、艸《そう》（艹）のような部分はサソリの腕が変化したものである。

西周代には、意符として辵を増し加えた繁文の「邁［邁］」が出現する。特に「万年」の語に多く見えており、遙か先の未来を表現する際に、本来は空間的な進行を表す辵（辶）を転用したと思われる。後に邁は「萬」の意味では使われなくなり、引伸義で「遠くへゆく」などの意味に使われた。

また、原義については、秦代に「萬」の下部を「虫」に変えた「　」が作られた。楷書では萬と虫から成る蠆［蠆］になっている。

そのほか、異体として西周代には厂を加えた形（　）があり、厂は上古音が元部（[xan]などと復元）と推定されているので、声符としての追加と思われる。なお、「　」は字形としては「厲」であるが、厲《れい》とは継承関係がない

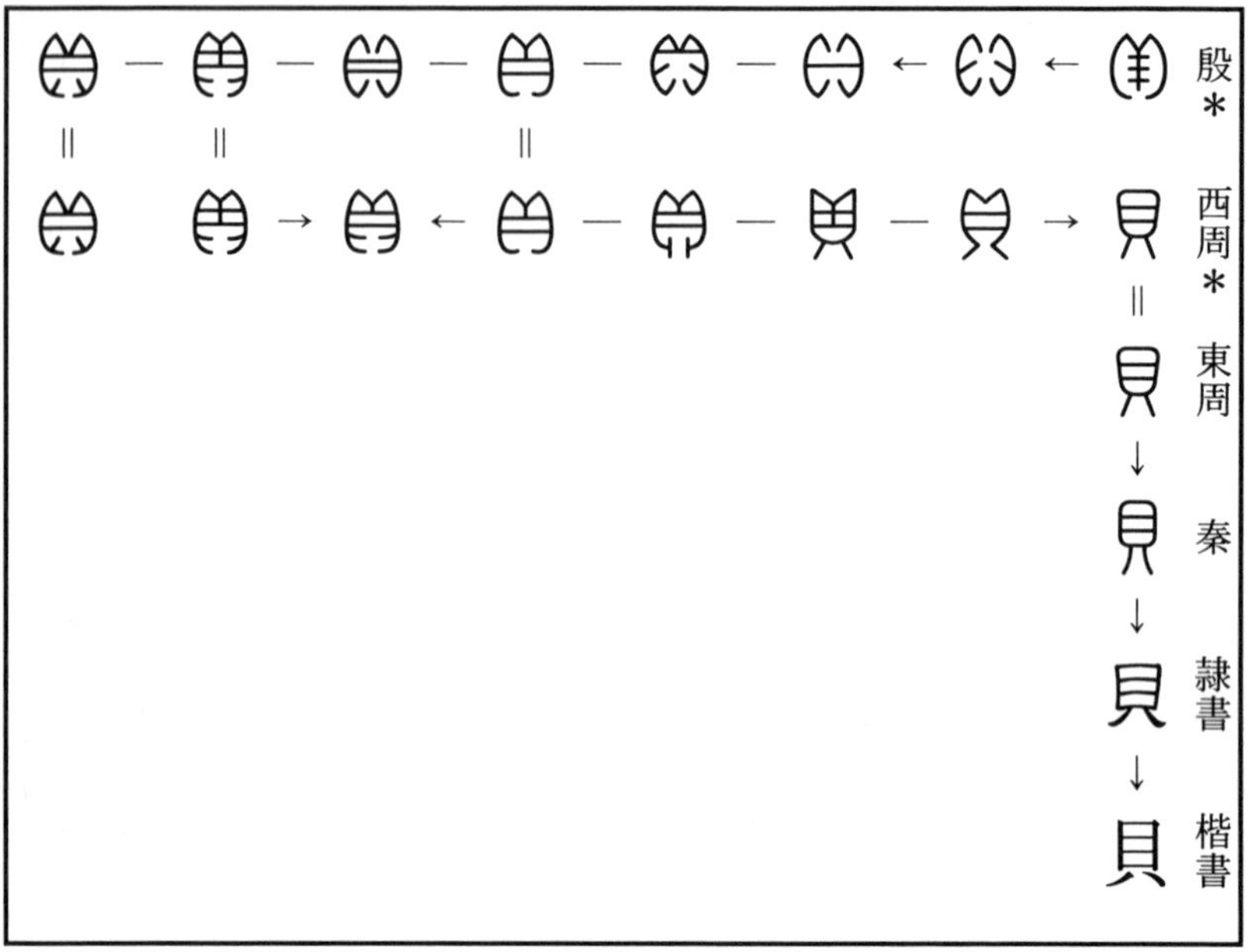

別字である（西周代には厲の意味は「剌」で表示されていた）。また東周代には、意符として土を追加した形（〓）がある。あるいは虫が地中から出てくる様子かもしれない。秦代には邁の異体として蠆を使った「〓」があり、楷書にも残っている。

なお、新字体として使われている「万」は、漢音が「ボク」であり、本来は別字であるが、東周代以降には萬［萬］の略字としての使用例が見られる。万は甲骨文字では「〓」の形であり、人（〓）や亡［亡］（〓）などに字形が近く、頭部を強調した人、または頭部を切断された人の姿であろう。また、万は甲骨文字では賓の初文（〓）にも使われており、この場合には後代に丏《べん》の形になっている。

貝部

「貝（〓）」は、子安貝の象形である。殷代や西周代には、子安貝の貝殻が貴重品とされていたため、財産や賜与などに関係する文字の部首として使われた。

《貝》⑦貝⑨負⑫買(売)

294【貝】 楷七画　貝部　成象形

古幫紐月部・幫紐歌部[pat, puad, pad]→中幫紐泰韻[pɑi, puai, pɑi]→漢ハイ呉ハイ慣バイ

許慎が述べるように海産の貝であり、具体的には子安貝（タカラガイ）の貝殻の象形である。

「〓」が子安貝の形をよく表しているが、殷代には「〓」が最も多く使われており、そのほか殷〜西周代には非常に多くの異体が見られる。そのうち「〓」が後代に継承されており、結果として、もとの子安貝の形が失われている。

なお、谷衍奎は開いた蛤の象形とするが、当時の価値観では蛤ではなく子安貝が貴重とされており、字源としては考えがたい。ただし、後代の字形は子安貝ではない貝の形が参照されたかもしれない。また、阿辻は子安貝を「インド洋に産する」とするが、子安貝は東シナ海や南シナ海にも分布しており、殷王朝や西周王朝ではそれを大量に入手していた。

295【負】［負］ 楷九画　貝部　成会意

古並紐之部[biuə, biuəg, bɯ]→中奉紐有韻[biəu, biəu, biu]→漢フ呉ブ

篆書の形（〓）は人（〓）と貝（〓）から成る。許慎・鎌田・阿辻は、人が財貨に恃《たの》む（あてにする）が原義

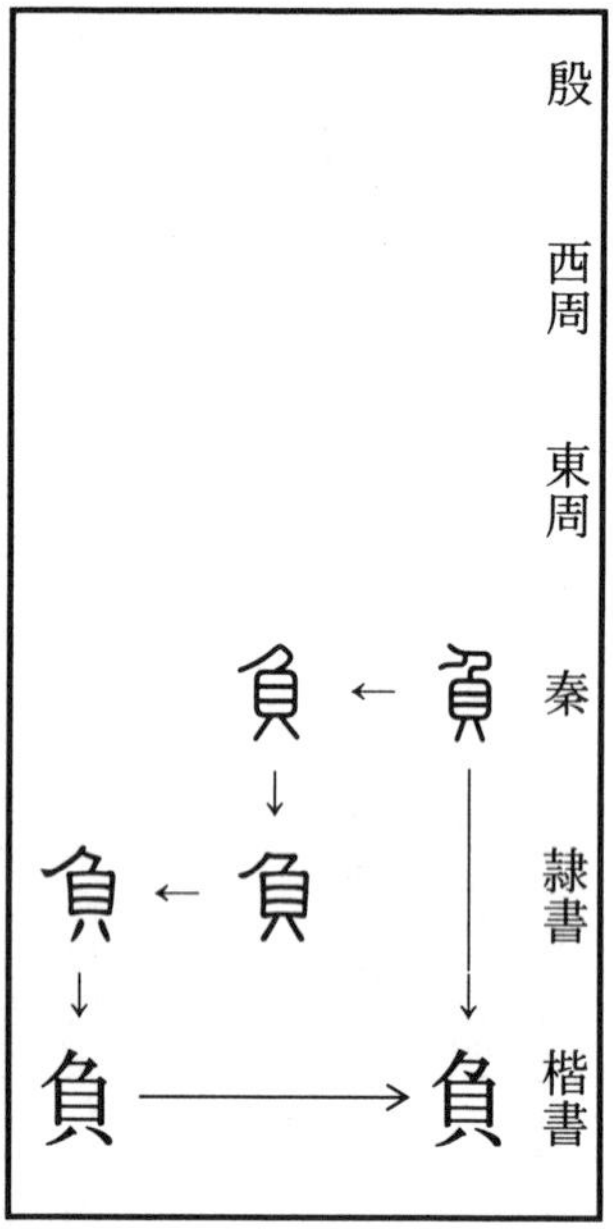

とし、藤堂・白川・谷衍奎・李学勤は、人が財貨を背負う様子とする。いずれも論理的な矛盾はなく、正否を確かめることは難しい。そのほか、加藤・赤塚は貝が声符で人が背負う意味とするが、貝と負は上古音の違いが大きく、声符と見なすことは難しい。

296【買】 楷十二画　貝部　成会意

古明紐支部[me, meg, mre]→中明紐蟹韻[mai, mai, myɛ]→漢バイ呉マイ

297【売】［賣］ 楷七画（十五劃）　貝部（士部）　成形声（亦声）

古明紐支部[me, meg, mre]→中明紐卦韻[mai, mai, myɛ]→漢バイ呉マイ

買（）は、網の初文の网（）と子安貝の象形の貝（）から成り、網で貝を捕る形である。財貨を得ることから、後代に転じて購買の意味になった。また字形は隷書で网が横向きの目の形（罒）に簡略化された形（買）になった。

网について、加藤は声符とし、赤塚・阿辻は亦声とするが、网は陽部（[miuaŋ]などと復元）と推定されており、韻母の違いが大きい。

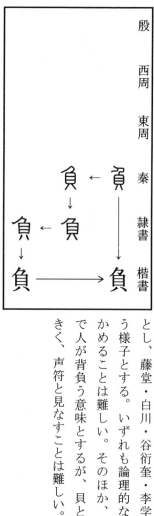

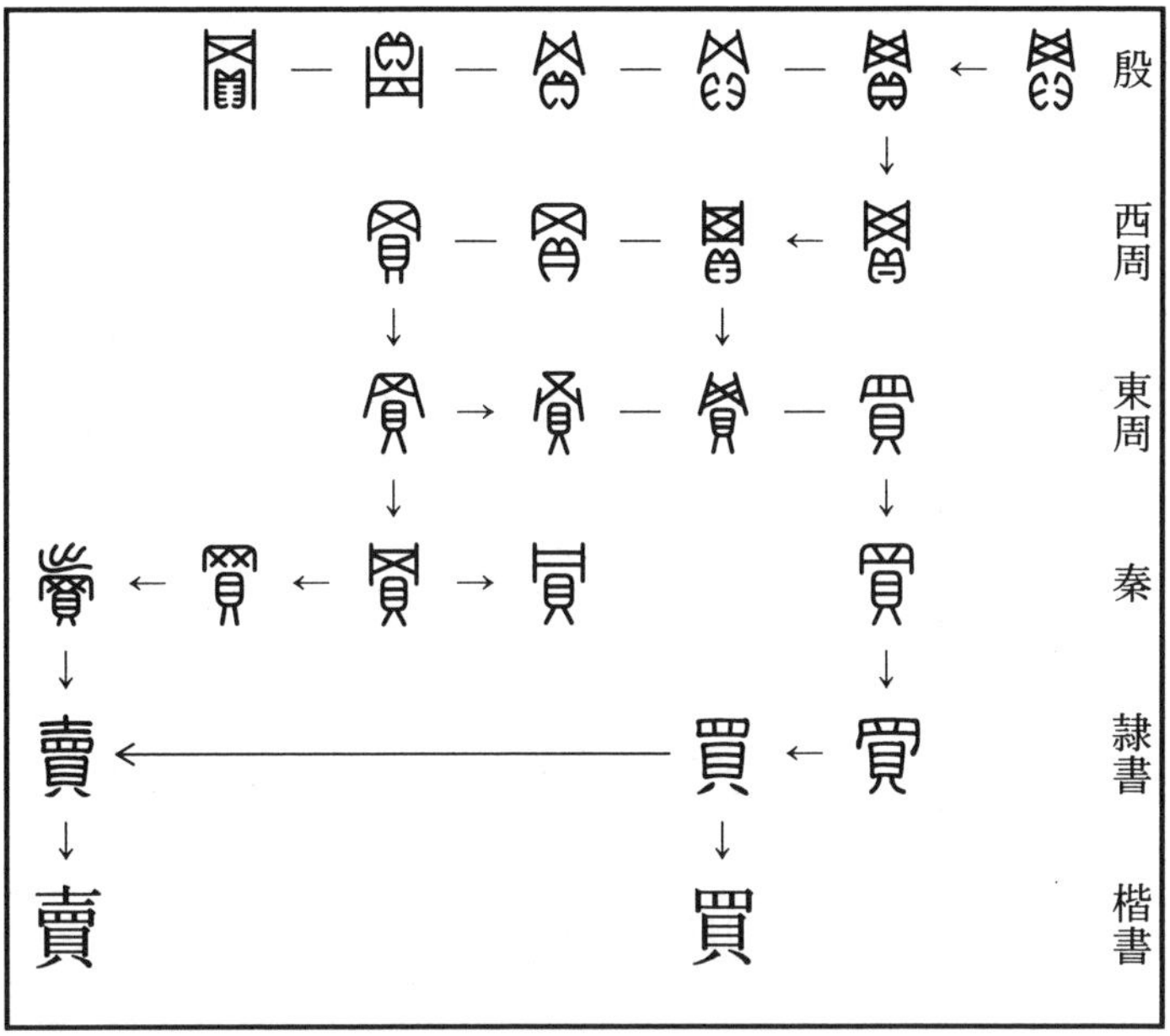

また「売〔賣〕」は、上古音で買と同音と推定されており、同源字かつ同源語と考えられる。すなわち、もと買には売・買の両義があったが、「かう」の意味に専用され、篆書で意符として出（出）を増し加えた形（賣）が「買」とは反対に「売り出すこと」を表したものである。字形はのちに、隷書で「出」が「士」に簡略化された形（賣）が作られた。

なお、賣と類似の字形に𧶠《いく》があり、売り歩く意味で字義も近いため、会意文字や形声文字では入れ替わりやすいが、別字である（𧶠の上部は睦《ぼく》の異体とされる）。

角部

「角（角）」は、動物の角の象形である。

《角》⑦角

【角】{角}　[楷]七画　角部　[成]象形

(古)見紐屋部・来紐屋部[keɔk, kuk, krog+grog]→(中)見紐覚韻・来紐屋韻[kɔk, kɔk, kyʌk+luk]→(漢)カク・ロク(呉)カク・ロク

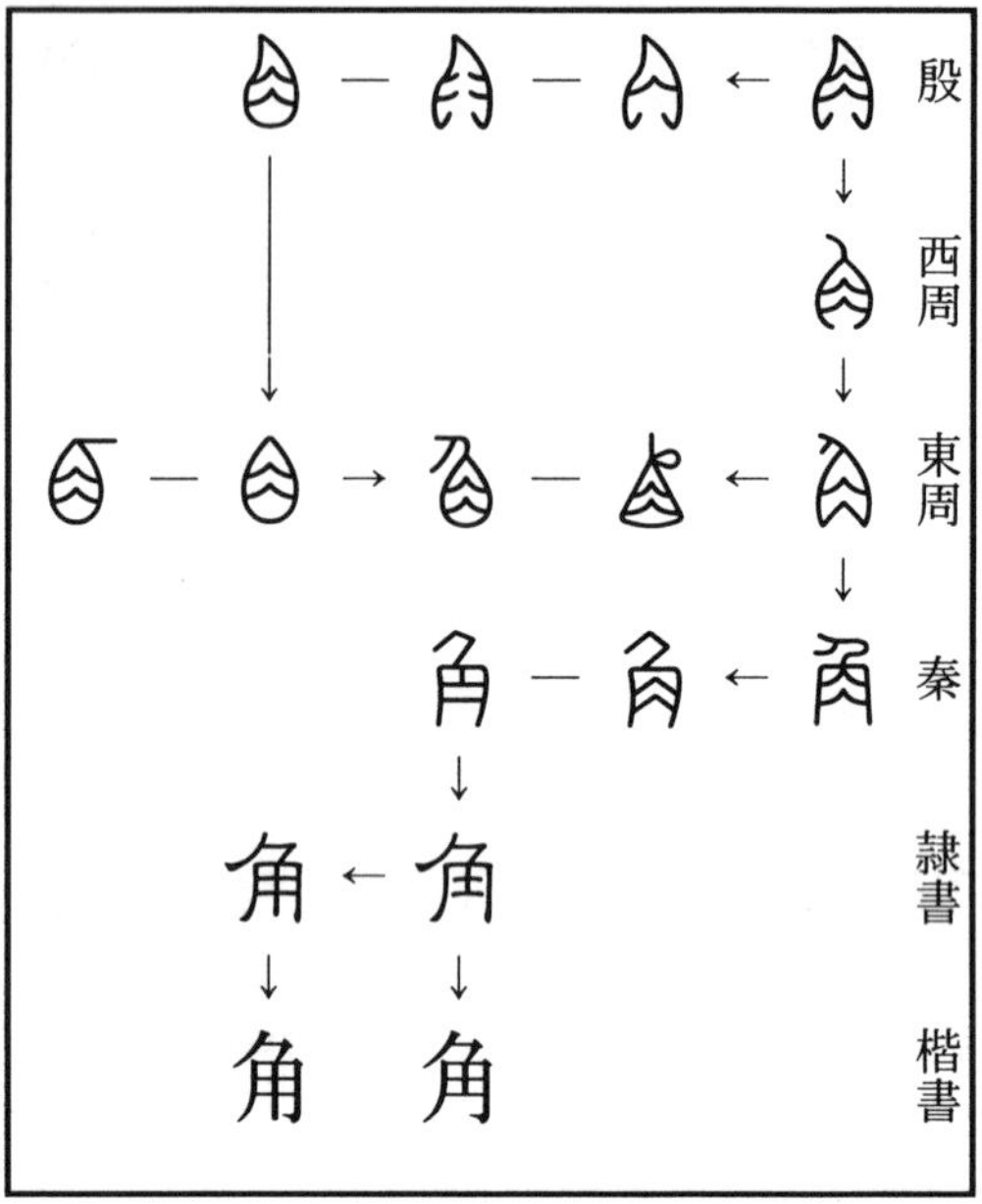

角（　）は、動物の角の象形であるが、解（　）や水牛の象形の兕の異体（　）などで使われており、牛や水牛の角と考えられる。

字形は西周～東周代に上部に突き出した形（　など）が出現し、これが後代に継承された。角の先端を強調したことから、字義は「かど」にも用いられる。

楷書については、日本では「角」の形が主に使われるが、現代中国では隷書で派生した「角」が主に用いられている。

なお、これらとは別に殷代には器物の一種を表す「　」という文字もあり、これも「角」と隷定されることがある。この意味では篆書で「觥」や「觵」が作られた。

毛部

「毛（）」は、動物の尾に毛が生えている様子を表している。

《毛》④毛

299【毛】 楷四画　毛部　成象形

古明紐宵部[mau, mɔg, maw]→中明紐豪韻[mau, mau, mau]→漢ボウ呉モウ

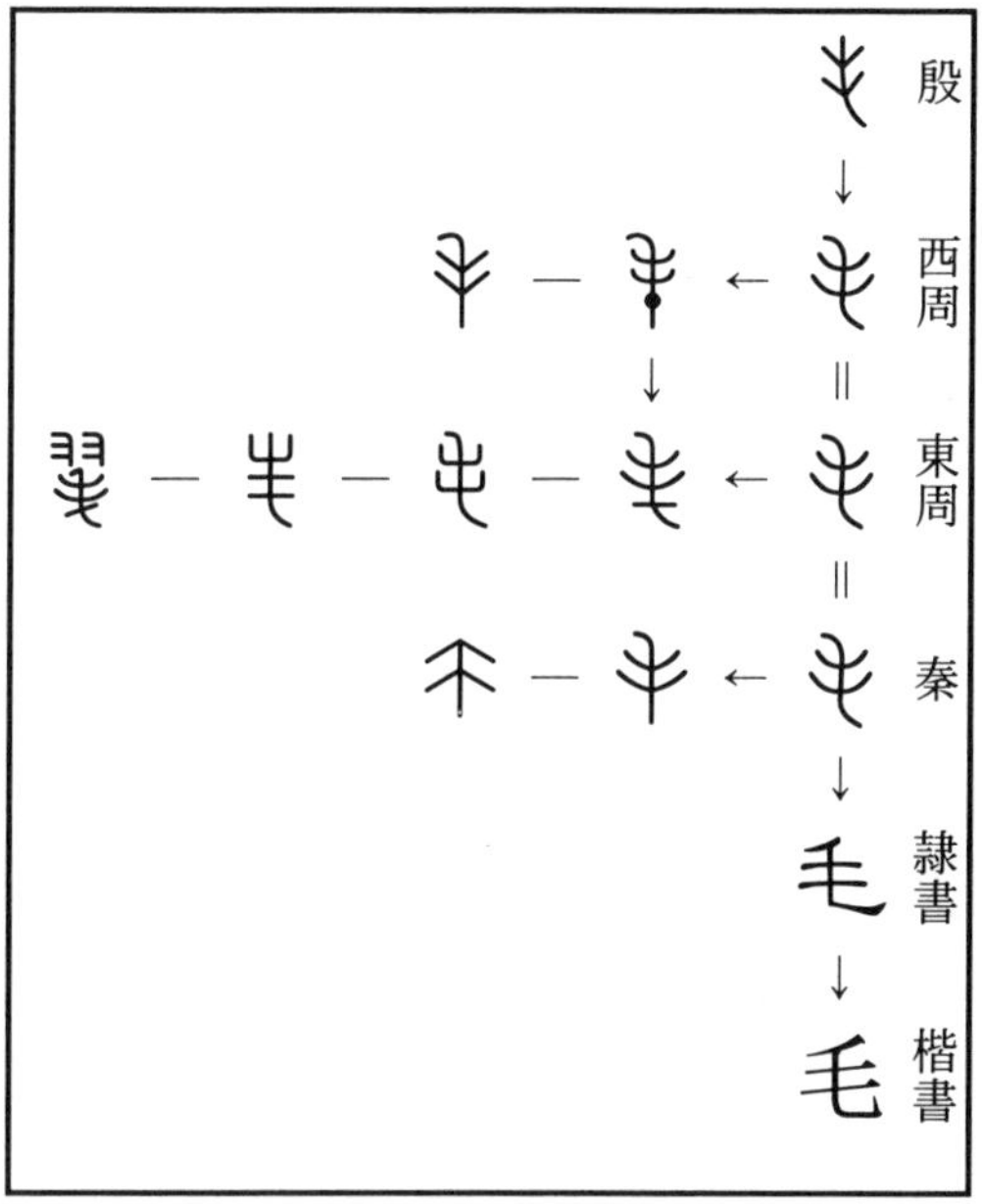

毛（）は、殷代には単独では使われていないが、馬の異体（）などに見える。

また「尾」も殷代に見えており、人（）が動物の尾の装飾を付けた形（）をしている（比喩的な表現なのか何らかの儀礼装飾なのかは不明）。のちに人の形が「尸」になった。

各時代に若干の相違がある異体が見られる。違いが大きな異体として、東周代には羽（）を加えた字形（）があり、鳥の羽と獣の毛を並べた会意文字であろう。

羽部

「羽［羽］（𦏲）」は、鳥の羽（二本の羽根）の象形である。

《羽》⑥羽⑪習・雪

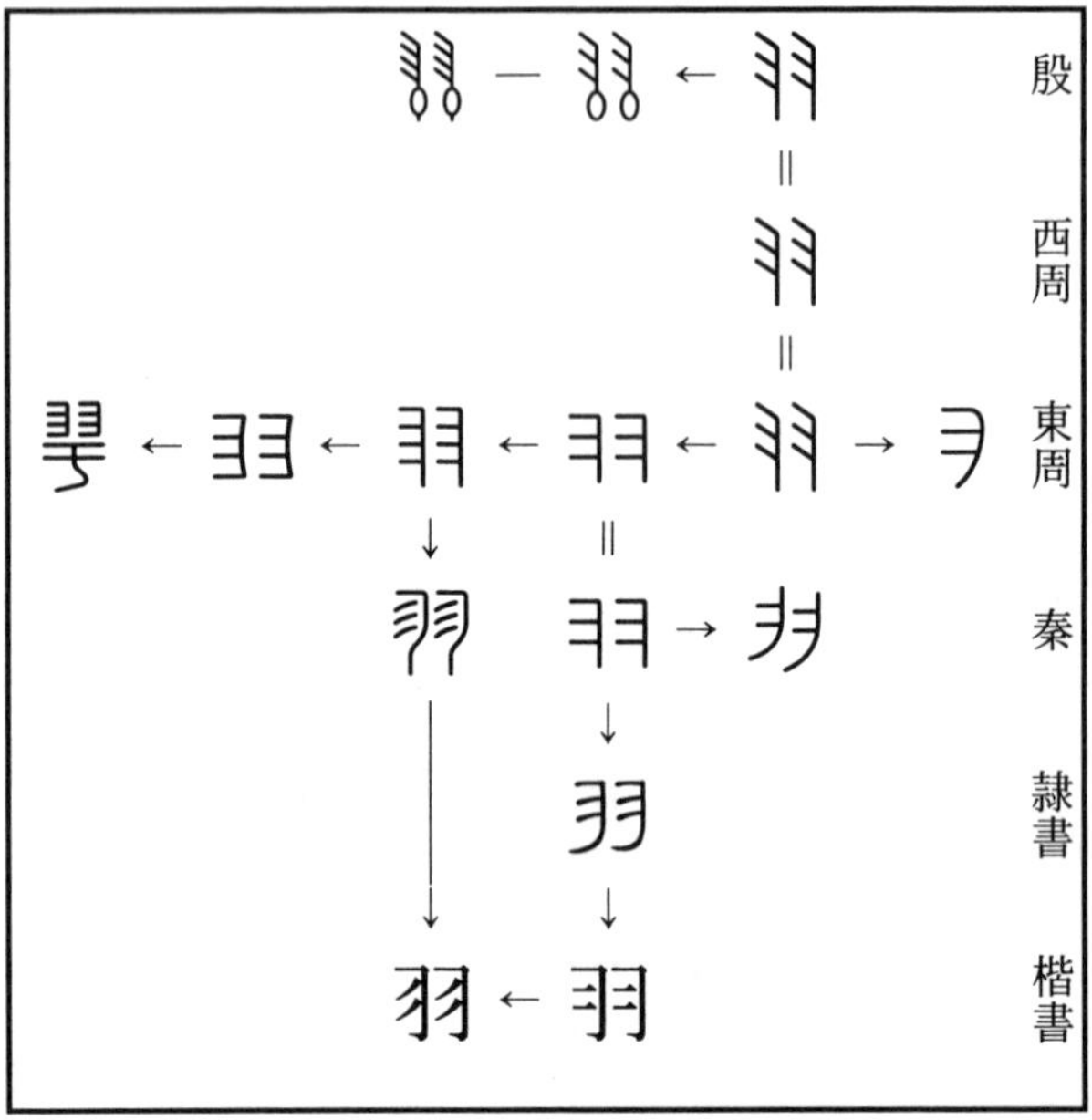

300 **【羽】**［羽］ 楷六画　羽部　成象形

古匣紐魚部[ɣiua, ɦiuag, gʷa]→
→中雲紐麌(遇)韻[ɣiu, ɦiu, ɦio]→漢ウ呉ウ

羽［羽］（𦏲）は、藤堂・赤塚・白川・鎌田・阿辻・谷衍奎は鳥の両翼の形とするが、甲骨文字では鳥の翼は「𦐁」で表示（借りて翌の意味で使用）されている。したがって、加藤・李学勤が鳥の羽毛とするのが妥当である。なお、殷代には雪（䨮）にも雪の形容として羽毛の形の「羽」が使われている。ただし、後代には鳥の翼と解釈され、「飛」や「鳥」の異体などに使用された。

原義について、許慎は鳥の長い羽毛とし、九《しゅ》が短い羽毛とするが、字形として長短の意味はない。

字形は、東周代に声符として「于」を加えた形（𦐂）

があるが、後代には残っていない。

301【習】［習］〔習〕 楷十一画　羽部　成会意

古邪紐緝部・余紐緝部・以紐緝部[ziep, ḍiep, liub]→

→中邪紐緝韻[ziep, ziep, ziip]→漢シュウ(シフ)呉ジュウ(ジフ)

殷代の字形（ ）は、羽［羽］（ ）と日（ ）を組み合わせた形である。許慎は鳥が飛ぶ練習をする様子と解釈し、赤塚・藤堂はこれに従う。また、日に従うことから、阿辻は太陽に向かって飛ぶ練習とし、谷衍奎・李学勤は晴天時に飛ぶ練習とする。

しかし、「羽」は羽毛の象形であり、翼の象形（ ）ではない。また太陽に向かう様子とすると、「日」が下部にあることが説明できない。初出の甲骨文字では、複数回の占卜結果について、いずれを採用するかを示す文字として使われており、「ならう」は仮借か引伸義かもしれない。

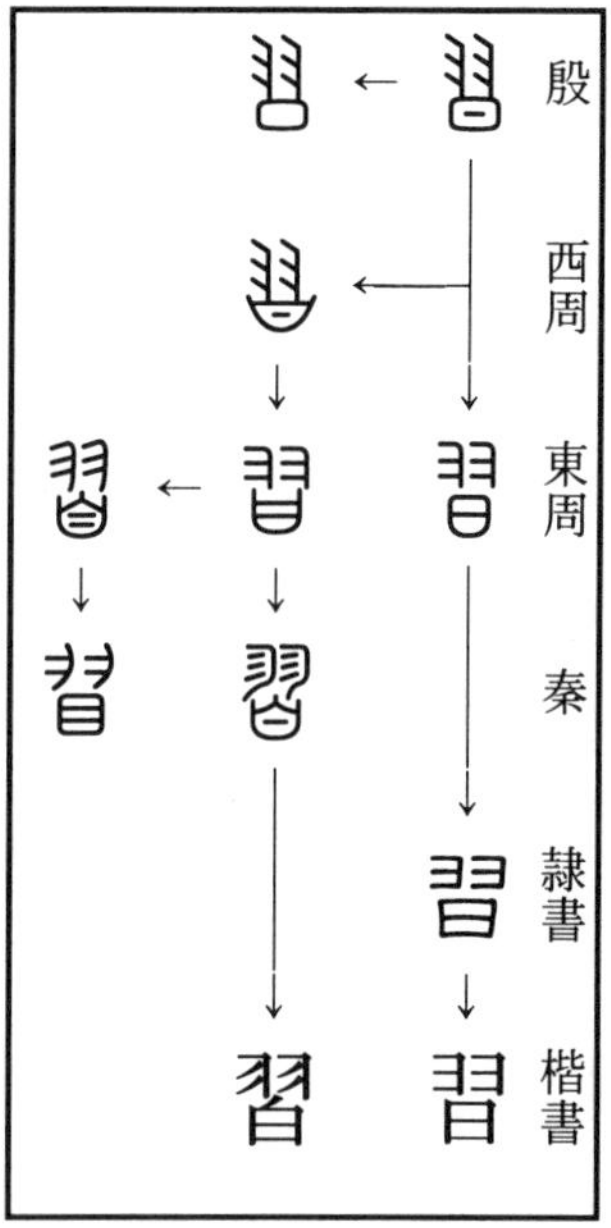

そのほか、加藤は甲骨文字の字形に気づかず、篆書から解釈し、また白川・鎌田は「曰」に従う金文の字形（ ）を起源と誤っている。

字形は、前述のように「日」を「曰」に変えたものがあり、また篆書（ ）では「白」に変えている。各時代で字源について異説があったようであり、東周代には

「自」に従うもの（〓）があり、秦代には「目」に従うもの（〓）がある。楷書では、篆書を継承した「習［習］」が主に使われている。

---

302 【雪】［雪］｛霻［霻］｝ 楷十一画　雨部　成形声

古心紐月部・暁紐月部[siuat, siuat, sqhʷed]→中心紐薛韻[siuɛt, siuɛt, siuet]→漢セツ呉セチ

殷代の字形の「〓」などは、雨（〓）と羽［羽］（〓）から成る。「雨」は空から降ってくることを表しており、「羽」は雪を形容したもので、「空から降ってくる羽毛状のもの」の意味である。異体には「雨」を水滴の部分のみに略した形（〓など）もある。

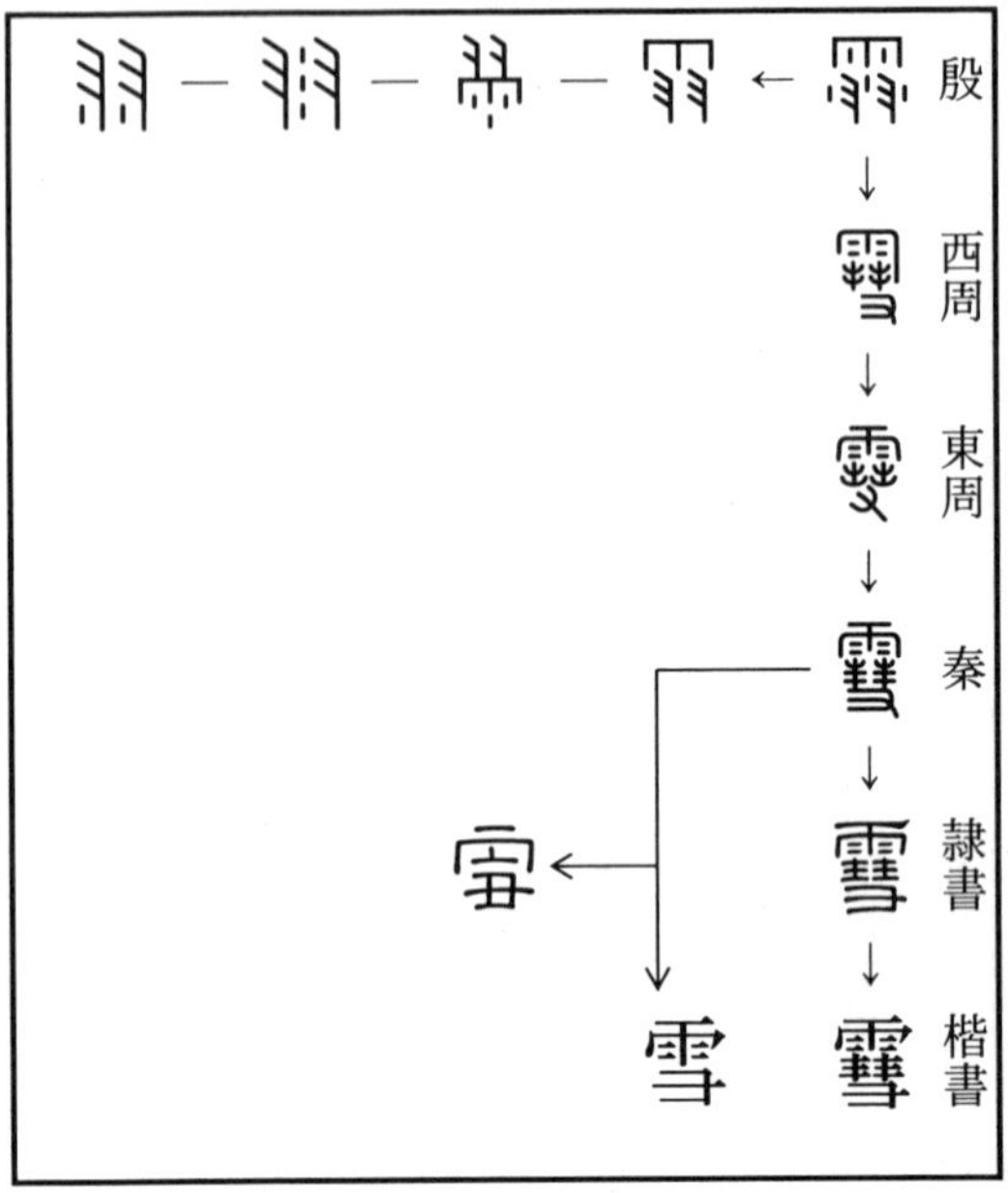

西周代には、羽を声符の「彗」に変えた形声の形（〓）があり、これが篆書などに継承されている。楷書には「霻［霻］」の形も残っているが、略体の「雪」が正字とされる。新字体の「雪」はさらにその略字である。

加藤・谷衍奎は彗を羽が訛変したものとするが、彗は上古音が入声で邪紐月部（[ziuat]などと復元）と推定されているので、声符と考えて矛盾はない。また藤堂は、のちに彗に置換されたことから、殷代の字形の羽（〓）

を「ほうきの象形」として字源を解釈するが、それに該当するのは箒の初文の帚（）である。

黑部

「黒［黑］（）」は、菓（）の略体を起源とする。

《黑》⑨点⑪黒

303【点】［點］ 楷九画（十七劃） 火部（黑部） 成形声

古端紐談部・端紐侵部[tiam, tam, tim]→中端紐忝韻[tiem, tem, tem]→漢テン（テム）呉テン（テム）

「点［點］」は、黒［黑］を意符、占を声符とする形声文字であり、「黒い点」を表している。新字体は「黑」の下部の「灬」だけを残した略字である。

声符の占について、意味も含む亦声とする説もあり、加藤は「小さい」、藤堂・鎌田は「特定の箇所を占める」、赤塚は「粘着」の意味とするが、いずれも他字からの類推であり、根拠は薄弱である。

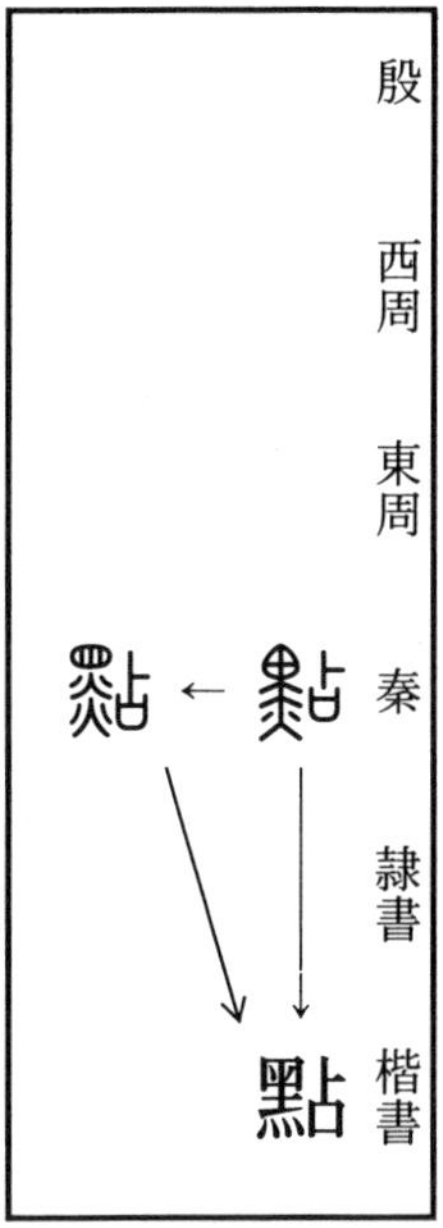

304【黒】［黑］ 楷十一画（十二劃） 黑部 成形声（亦声）

(古)明紐職部・暁紐職部[hək, mək, hmlɯg]→(中)暁紐徳韻[hək, hək, hək]→(漢)コク(呉)コク

許慎は篆書の形（〓）から、下部を「炎」と見なして「火の燻ずる所の色なり」とし、徐鍇『説文解字繋伝』は上部を煙突の象形とする。そして、加藤・藤堂・赤塚・鎌田・阿辻・李学勤はこれに従う。また、白川も近い解釈であり、下部が「火」、上部が燻蒸するものを入れた袋の形とする。

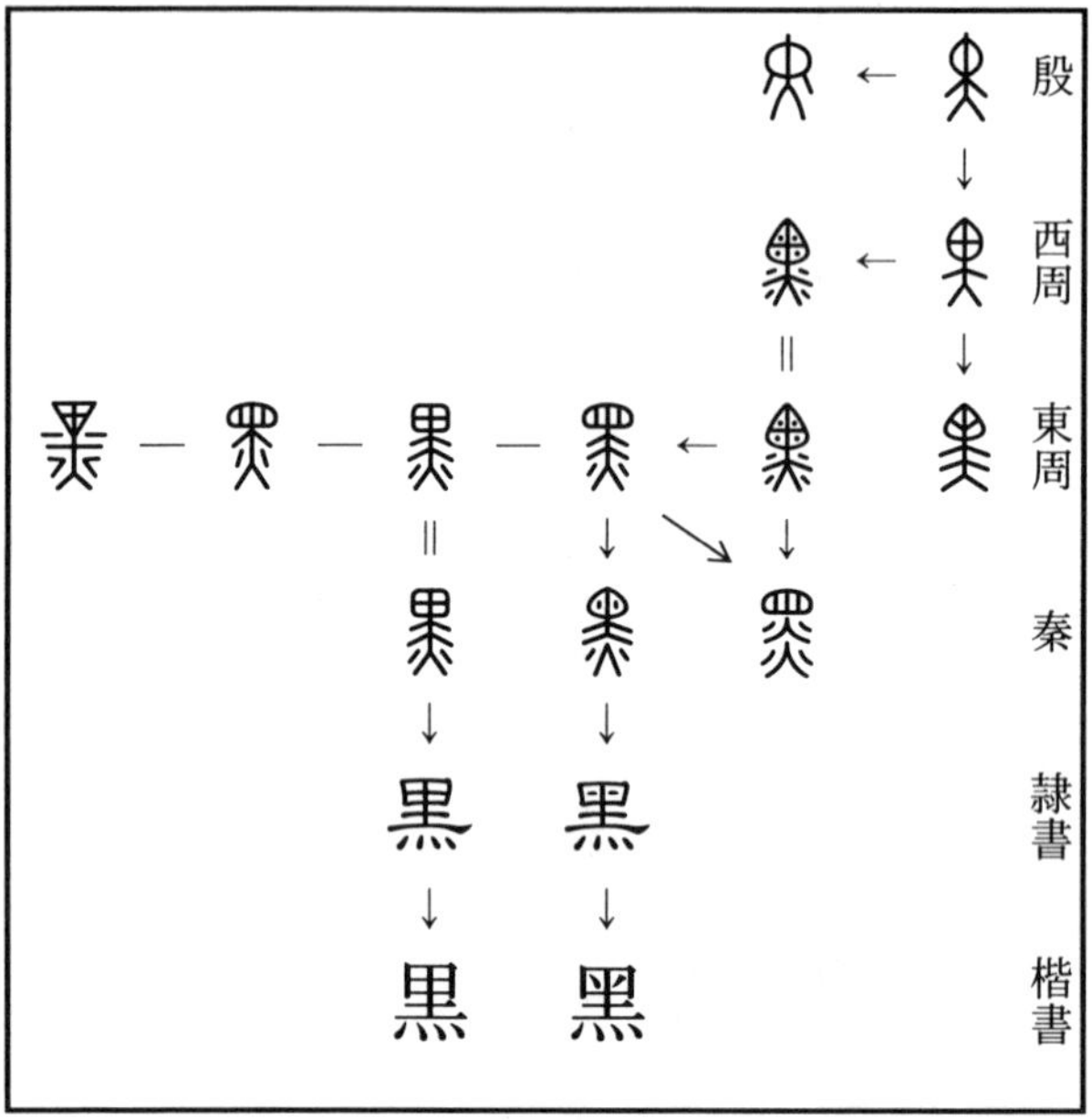

しかし、殷代の形（〓）には「炎」も「火」も含まれておらず、篆書などは後代の解釈に基づいた字形改編と考えられる。

殷代の字形から字源を解釈したのは谷衍奎だけであり、人の正面形の大（〓）に近いことから頭部に飾りをつけた人の姿とする。しかし、殷代の字形から言えば、動物の皮の象形であろう𦰩《かん》（〓）が最も近く、その略体と考えられる。動物の皮を「黒色」の意味に用いた理由については、動物の皮革や毛皮の色か、あるいは皮革を意味する発音を用いた仮借（黒・革は上古音で同部）かは不明である。

字形は前述のように、字源解釈の変化によって下部を「炎」や「火」に変えた形が作られ、また上部も複雑化している。旧字体の「黑」は上部の点を残した形である

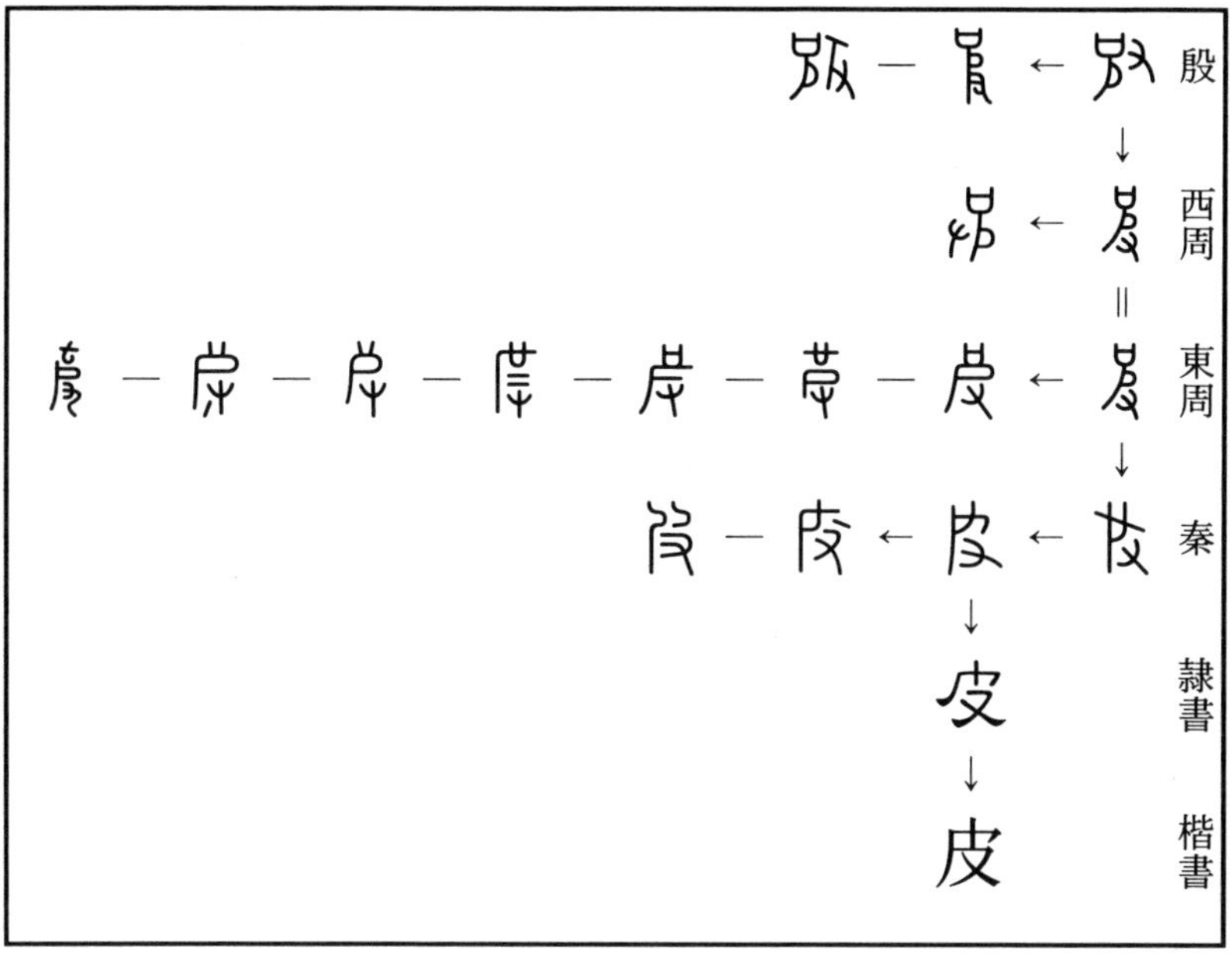

が、略体の「黒」も東周代に作られた字形を元にしており、長い歴史がある形である。

皮部

「皮（　）」は、動物の皮革の側面形である克（　）に、それを剝ぐ手の形の又（　）を加えた会意文字である。楷書では、克ではなく皮が部首とされる。ちなみに皮革の正面形は革（　）や𦰩《かん》（　）である。

《皮》⑤皮

---

305 **【皮】** 楷五画　皮部　成会意

古並紐歌部[biai,biar,bral]→

→中並紐支韻[bie,bie,byie]→漢ヒ呉ビ

殷代の字形のうち、「　」は動物の皮の象形である克（　）と手の形の又（　）から成り、動物の皮を剝ぐ様子を表している。楷書の「皮」のうち、「又」を除く部分が「克」が変わったものである。

殷代の異体には、手に道具を持った形の「攴《ぼく》」を用いた字形（[illegible]）などもある。東周代には異体が多く、「克」の部分を変形した「[illegible]」や「[illegible]」などがある。また秦代に篆書とされたのは最も変化が大きい「[illegible]」であるが、この形は後代に残っていない。

屮部

「屮《てつ》（[illegible]）」は、草の象形である。〔関連部首〕「生」は、草が地面から生えてくる様子を表している。「艸」は、草の象形である屮を並べた形である。楷書の部首としては屮よりも艸（艹）が使われることが多い。

《屮》③屮（艸・草）《生》⑤生《艸》⑧苦⑩茶（茶）⑫答・落⑯薬

---

306 【屮】 楷三画　屮部　成象形

古透紐月部・清紐幽部[thiat+tshəu, thiat, -]→中徹紐薛韻・清紐皓韻[ʈhiɛt+tshau, ʈhiɛt, -]→漢テツ・ソウ（サウ）呉テチ・ソウ（サウ）

307 【艸】｛艹｝ 楷六画　艸部　成会意

古清紐幽部[tshəu, tshog, shu]→中清紐皓韻[tshau, tshau, tshau]→漢ソウ（サウ）呉ソウ（サウ）

308 【草】［草］ 楷九画（十劃）　艸部　成形声

古清紐幽部[tshu, tshog, shu]→中清紐皓韻[tshau, tshau, tshau]→漢ソウ（サウ）呉ソウ（サウ）

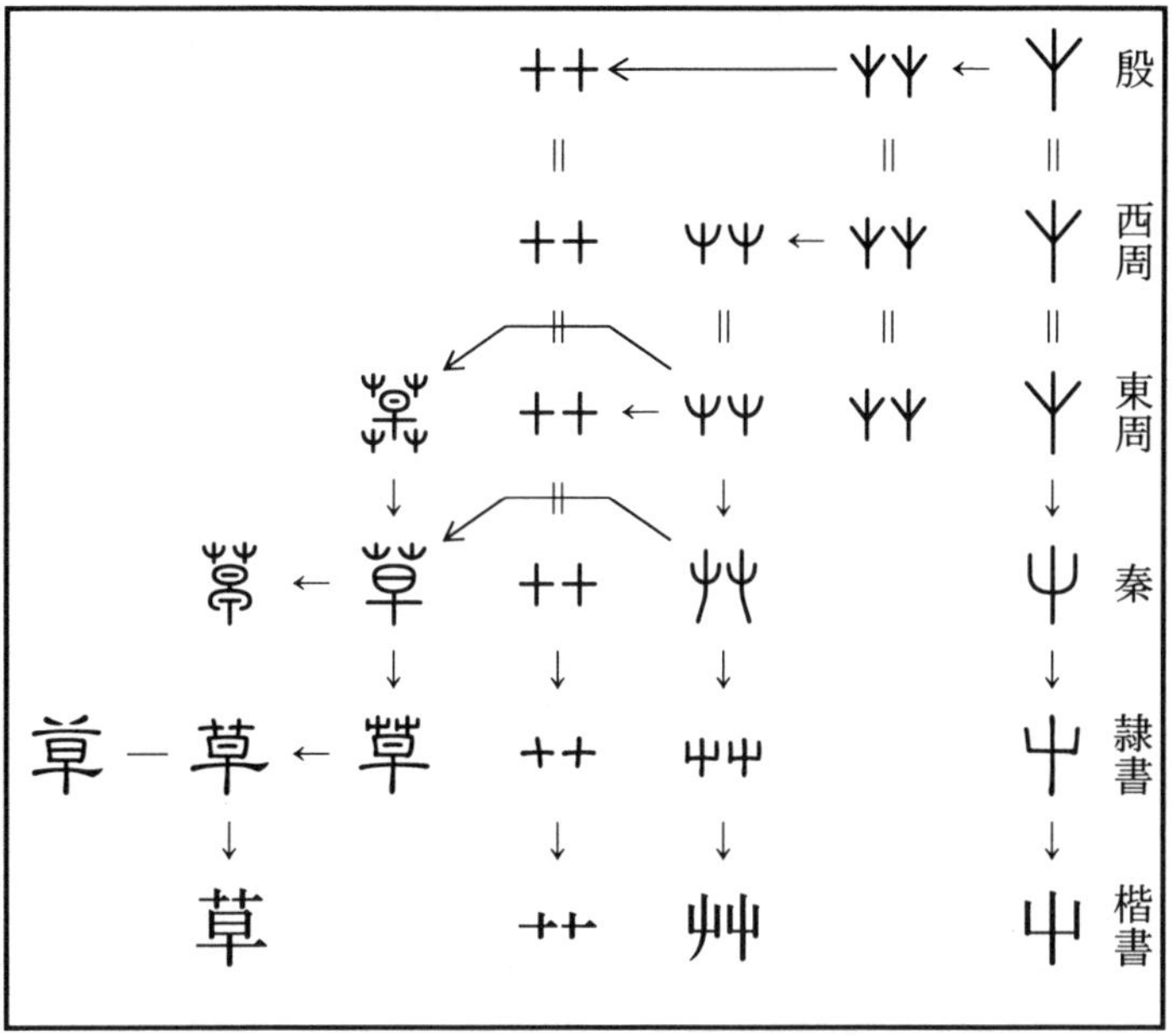

屮《てつ》（丫）は草の象形であり、上部に草の葉が表現されている。「屮」が主に入声で読まれるのは、「草の芽」の意味として転用された発音であり、本来の「くさ」の意味としては後述の艸と同音である。

艸（ΨΨ）は屮を並べた形であり、草が多く生えている様子を表している。ただし、字義としては「くさ」の意味であり、「くさむら」の意味としては屮を四つ用いた「茻《ぼう》」がこれにあたる。

字形史について、「艸」は多くの時代で部首としてのみ見える。また部首としての艸は、「艹」などの形で簡略化されて表示され、楷書では四画の「艹」の形になっており、新字体ではさらに三画に略される。

「草［草］」については、艸（艹）に声符として「早」を増し加えた形声文字であり、東周代の形（[illegible]）では「茻」を意符としたが、秦代に意符が艸に変えられた。また秦代には「早」を借りて「草」に用いる例もある。

なお、許慎は草の原義を櫟実（どんぐり）とし、藤堂もこれに従うが、意符として木ではなく艸あるいは茻を用いているので、どんぐりの意味は引伸義であろう。

また谷衍奎・阿辻は艸とどんぐりを表す皁《そう》から成る文字と

するが、これも古い字形に合わない。

▽生部

309【生】楷五画　生部　成指事

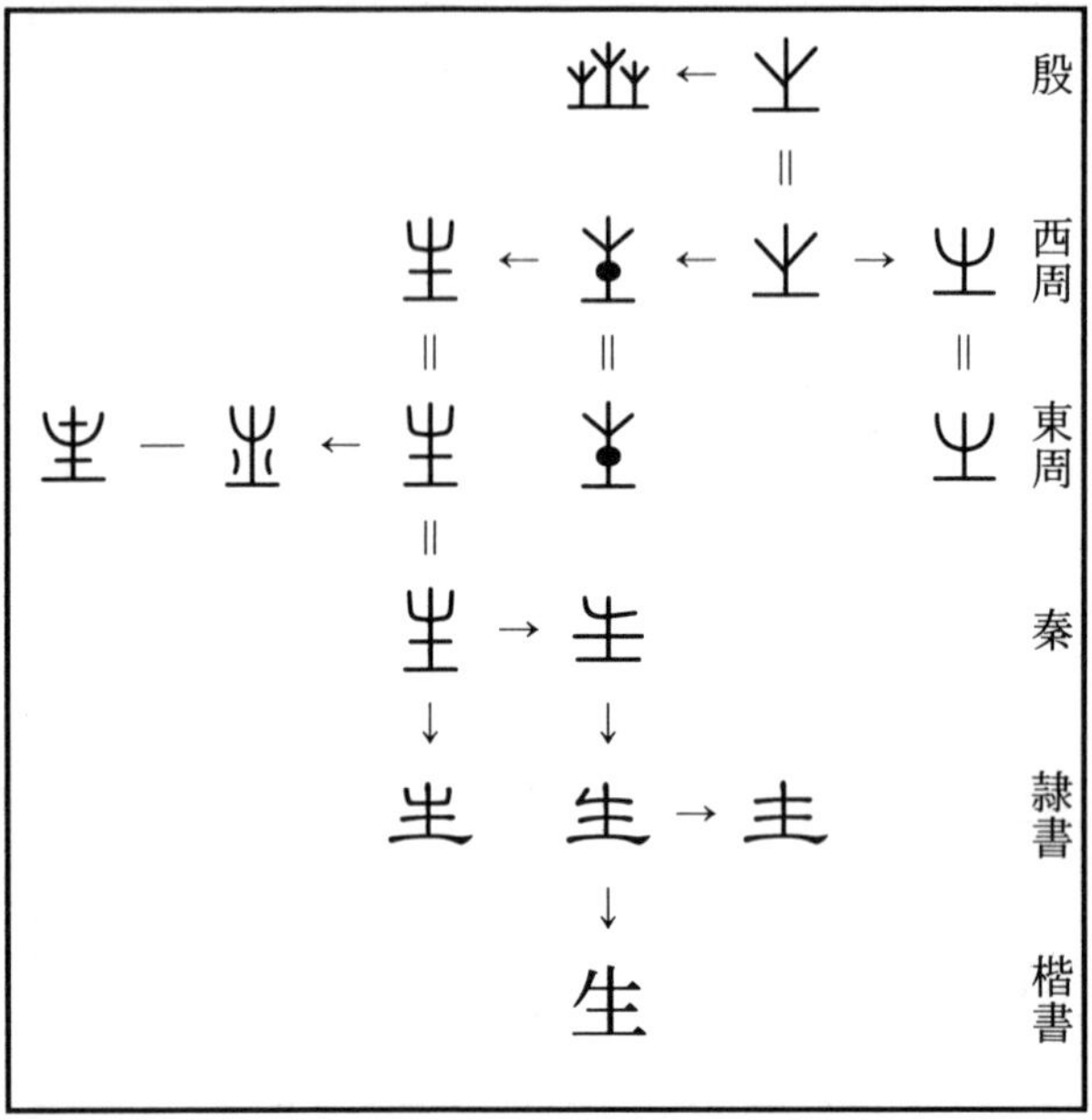

古心紐耕部・生紐耕部[ʃeŋ, sieŋ, sreŋ]→
→中生紐庚(映)韻[ʃeŋ, siʌŋ, ʃɣiæŋ]→
→漢セイ呉ショウ(シャウ)

草の象形の屮《てつ》（）に地面を表す指事記号の横線を加え、草が生えてくる様子を表した文字である。全体をひとまとまりの象形とする分類や、地面と草の形から成る会意とする分類もあるが、本書の分類方法では指事文字となる。

字形は西周代に草の茎の部分に丸印がつけられており、楷書のうち二番目の横線にあたる。また、西周金文には「土」の異体に「」の形があり、藤堂が述べるように「若芽の形＋土」の会意文字とする意識があった可能性も否定できない。

字義としては、「はえる」から転じて「うまれる」や「いきる」などの意味にも用いられた。また、「甥」や「姓」は「うまれる」の字義からさらに派生した引伸義を表示した文字である。なお、殷代には「甥」の用法はあるが、婚姻制度としての姓は見られず、周代以降に普及した社会組織である。

▽艸部

310 **【苦】**［苦］ 楷八画（九劃） 艸部 成形声

古渓紐魚部[kha, khag, kha]→中渓紐姥(暮)韻[khu, kho, khuo]→漢コ呉ク

「苦［苦］」は、艸（艹）を意符、古を声符とする形声文字であり、苦い植物を表している。そこから引伸義で「にがい」や「くるしい」の意味でも使われた。ちなみに呉音は「ク」であるが、漢音は古と同じく「コ」である。

なお、鎌田は「古」の部分を固の意味も表す亦声とし、固い草を原義とするが、その用例は確認できない。

---

311 **【荼】**［荼］ 楷十画（十一劃） 艸部 成形声

古定紐魚部・以紐魚部[da, dag, rla+ɦla]→

→中澄紐麻韻・定紐模韻・船紐麻韻[du, ɖa+do, ɖɣa+duo+ʑia]→漢タ・ト呉ダ・ド

312【茶】［荼］ （楷）九画（十劃） 艸部 （成）形声

（古）定紐魚部・以紐魚部[dea, dag, rla]→（中）澄紐麻韻[ɖa, ɖa, ɖɣa]→（漢）タ（呉）ダ（唐）サ（慣）チャ

茶［荼］（）は、艸《そう》（）を意符、余（）の異体を声符とする。後代には苦い植物の意味で用いられたが、甲骨文字には地名としての用例しかなく、それが原義であることは確実ではない。

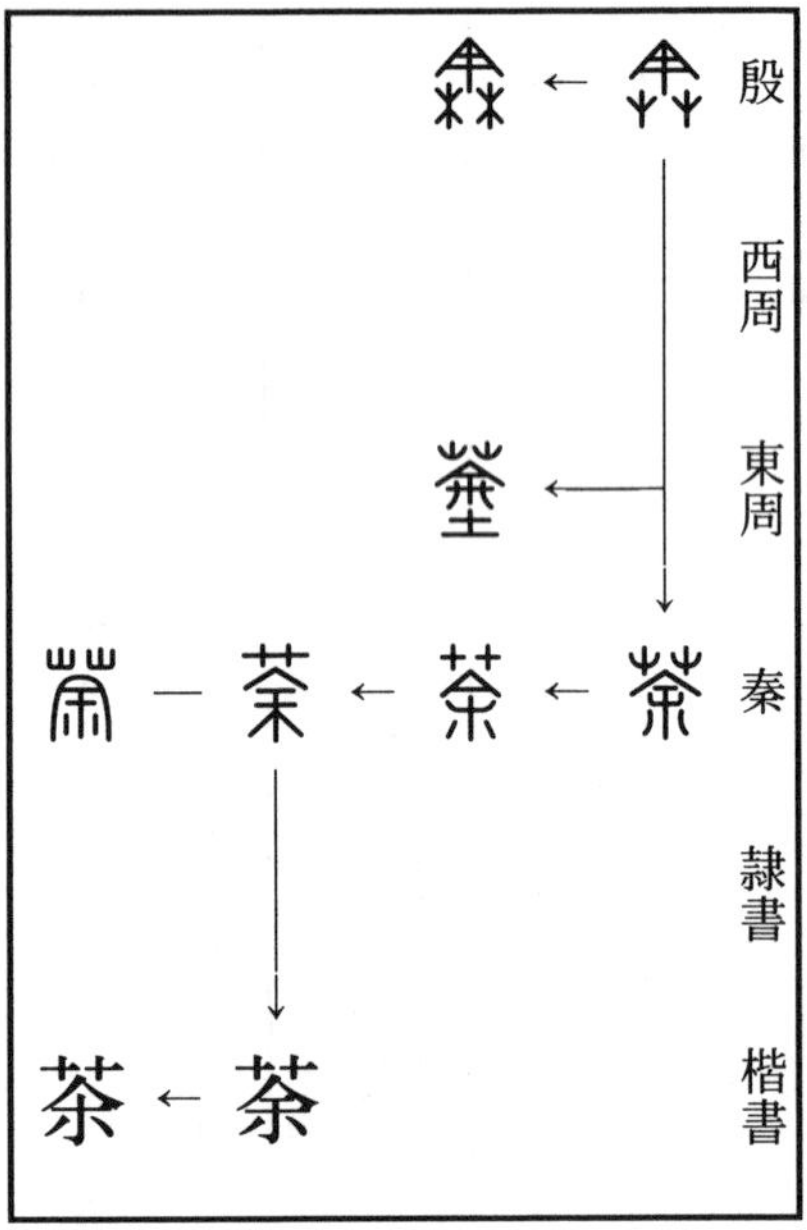

殷代の異体字には意符を林（）にしたもの（）があり、東周代には下部に土を加えた異体（）があるが、いずれも楷書には残っていない。

茶［茶］は、荼から分化した同源字であるが、現在では専ら茶（tea）の意味で用いられる。ちなみに「サ」は唐音（「チャ」は慣用音とされる）で、英語の「tea」も南方方言の「荼」の発音が語源である。なお、中国では、かなり古くから飲茶の風習があったようだが、隷書以前の出土資料からは、「茶」の字形が確認できない。

313【答】｛荅［荅］・盒｝ （楷）十二画 竹部 （成）形声（亦声）

（古）端紐緝部・見紐緝部[tɐp, tɐp, t-kub]→（中）端紐合韻[tɐp, tɐp, tʌp]→（漢）トウ（タフ）（呉）トウ（タフ）

東周代に初出の荅（）は、艸を意符、合を声符とする形声文字である。もとは植物の呼称であり、小豆が原

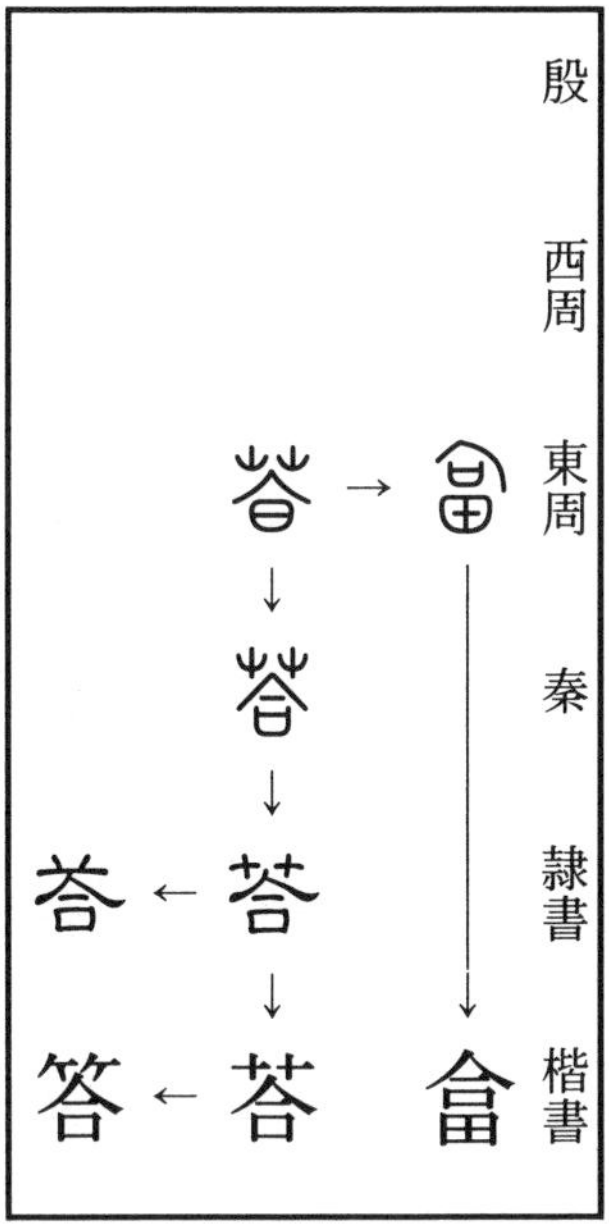

義とされるが、借りて「こたえる」の意味で使用された。「合」を「こたえる」の意味に用いることもあり、この場合は引伸義と考えられるので、「荅」においては「合」は意味も表す亦声となる。

なお、加藤は「答」を「荅」とは別個の文字とし、「合」に声符として「竹」を増し加えたものとし、赤塚はこれに従う。また藤堂は会意とし、竹の器にぴたりとふたをかぶせることとし、鎌田も竹札が合うこととして会意と見なす。しかし、白川らが述べるように、荅・答は同源字であり、むしろ「答」が意符を竹に変えた後起の俗字である。

東周代の異体には、意符に「田」を用いたもの（畗）があり、楷書で「畣《とう》」として表記されることもある。なお、「畐《ひつ》」を畣の異体とする説もあるが、字形・字音に違いが大きく、これは別字であろう。

---

314 【落】［落］ 楷十二画（十三画） 艸部

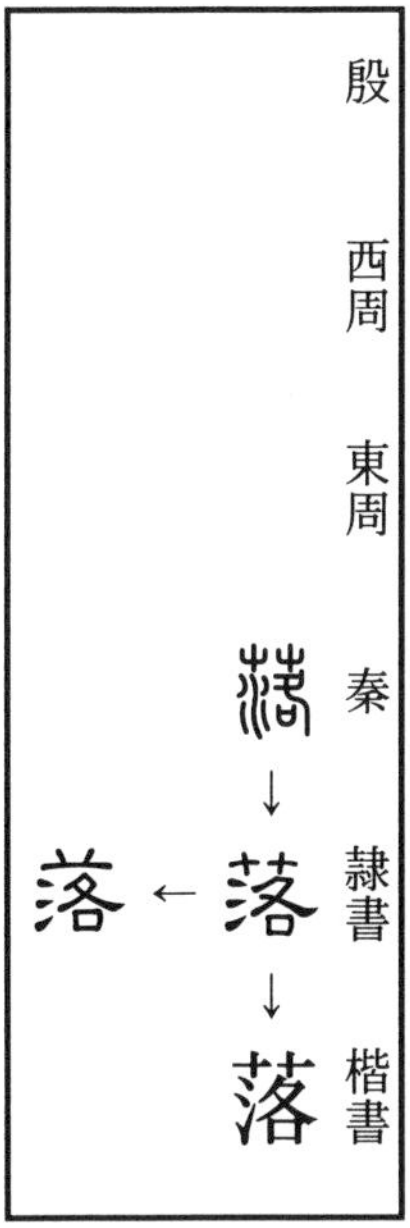

成形声 古来紐鐸部・群紐鐸部[lak, glak, gʻrag]→中来紐鐸韻[lak, lak, lak]→漢ラク呉ラク

「落［落］」は、艸（艹）を意符、洛を声符とする形声文字であり、植物の葉が落ちることを表している。

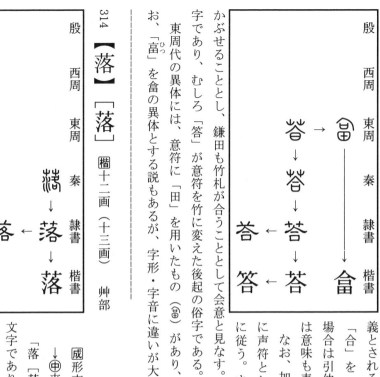

「洛」について、赤塚・鎌田は、各に通じて降りてくる意があるとするが、洛自体にはその意味はなく、同系の語である可能性はあるが、直接の亦声とは言えない。

315 **【薬】［藥］** 楷十六画（十九劃）　艸部　成形声

古余紐薬部・群紐薬部・以紐薬部[ʎiauk, gliɔk, lawɢ]→中以紐薬韻[yiak, yiak, yiɐk]→漢ヤク呉ヤク

「薬［藥］」は、「艸」を意符、「楽」を声符とする形声文字である。初出の東周代には艸ではなく屮を使ったもの（など）もある。

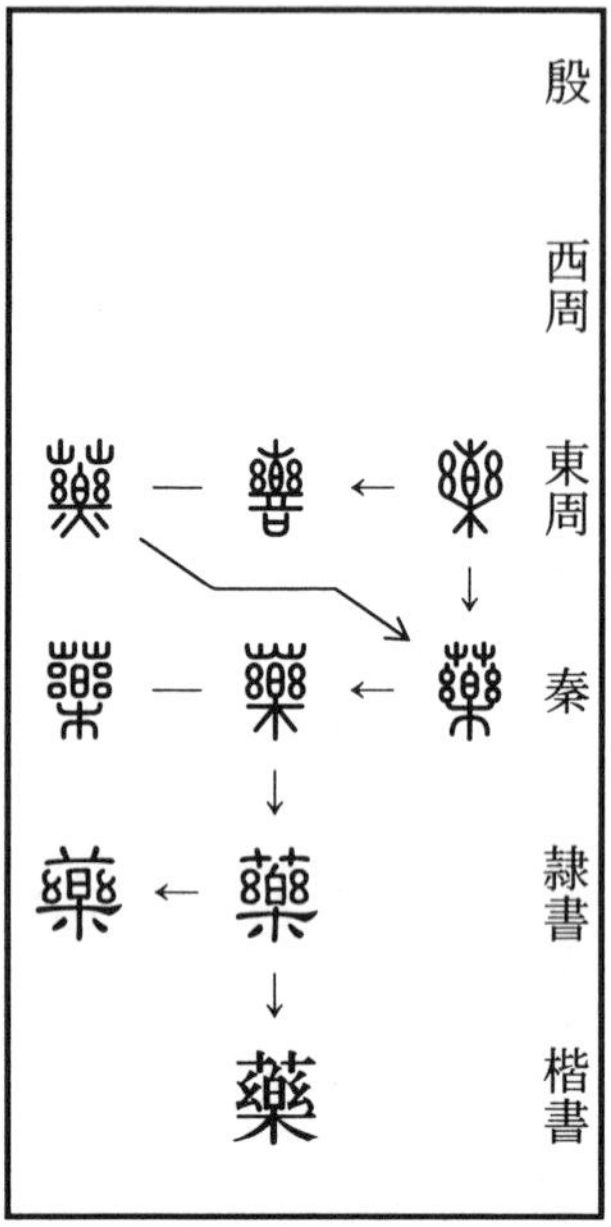

なお、加藤・赤塚・鎌田は、「療」の初文（）が楽の初文（）を用いていることから、薬が療に通じて「おさめる」の意味があるとする。しかし、直接的に楽にその字義はなく、楽・薬・療はもと一系の語である可能性はあるものの、直接的な亦声とは見なせない。そのほか、藤堂は轢などに通じて楽に「つぶす」の意味があり、「すりつぶしたくすり」を原義とするが、これは牽強付会というほかない。

木部

「木（）」は、立ち木の象形である。部首としては、具体的に木に関係する行為を表す文字のほか、樹木の一般像や材木の意味にも使われている。

《木》④木⑤本⑧板(版)・林⑨乗・柱⑩校・根⑫植・森⑬楽・業⑭様⑮横⑯橋

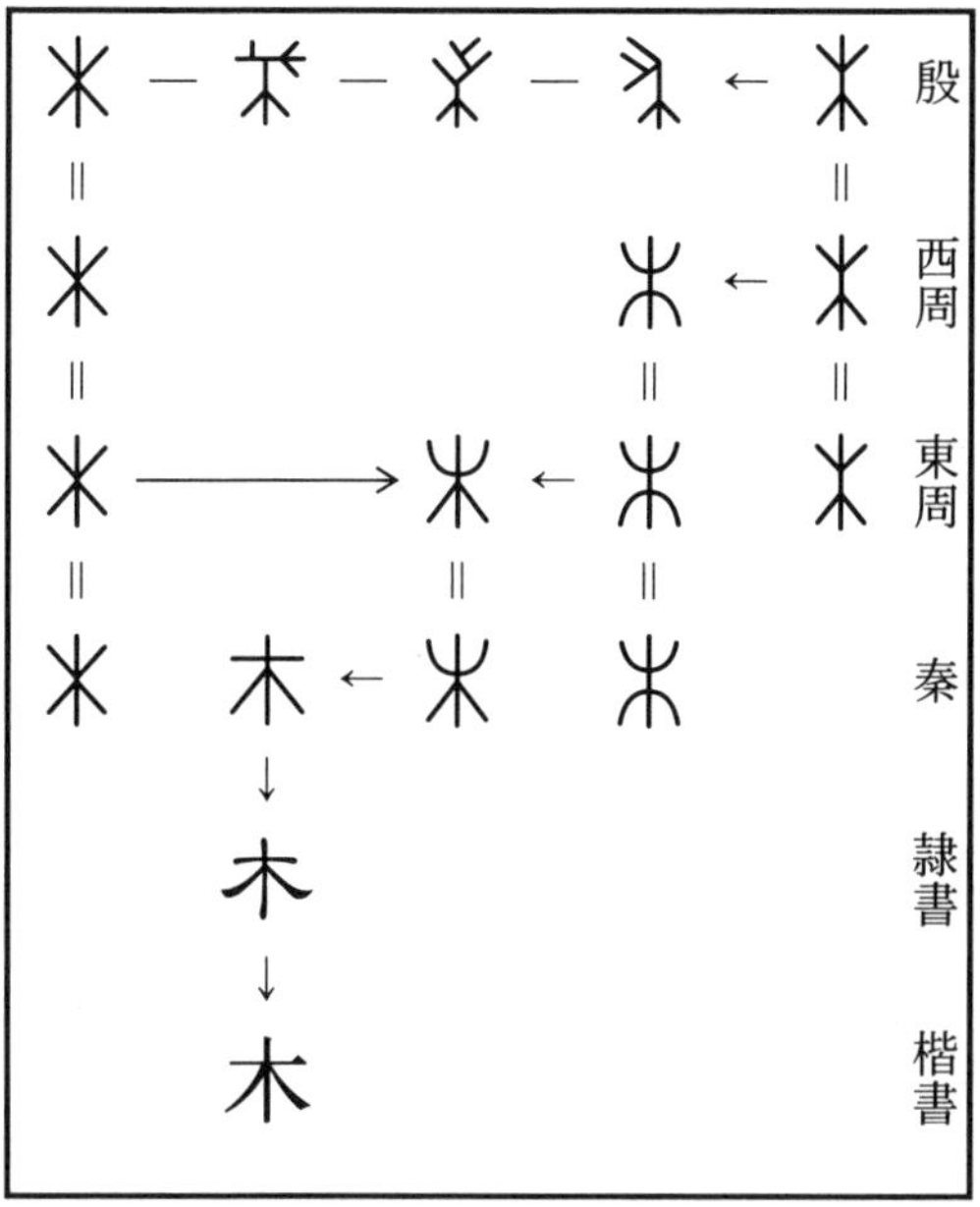

316 【木】 楷四画　木部　成象形

古明紐屋部[mɔk, muk, mog]→中明屋紐韻[muk, muk, muk]→漢ボク呉モク

木（）は立ち木の象形であり、上部が枝、下部が根を表している。殷代には枝を強調した「」などの異体があるが、用例は僅少であり、また後代には継承されていない。秦代に枝を横一線で表示した形（木）が作られ、これが楷書に継承された。

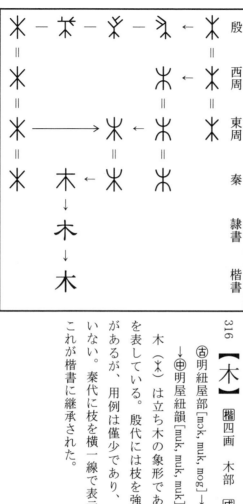

殷　西周　東周　秦　隷書　楷書

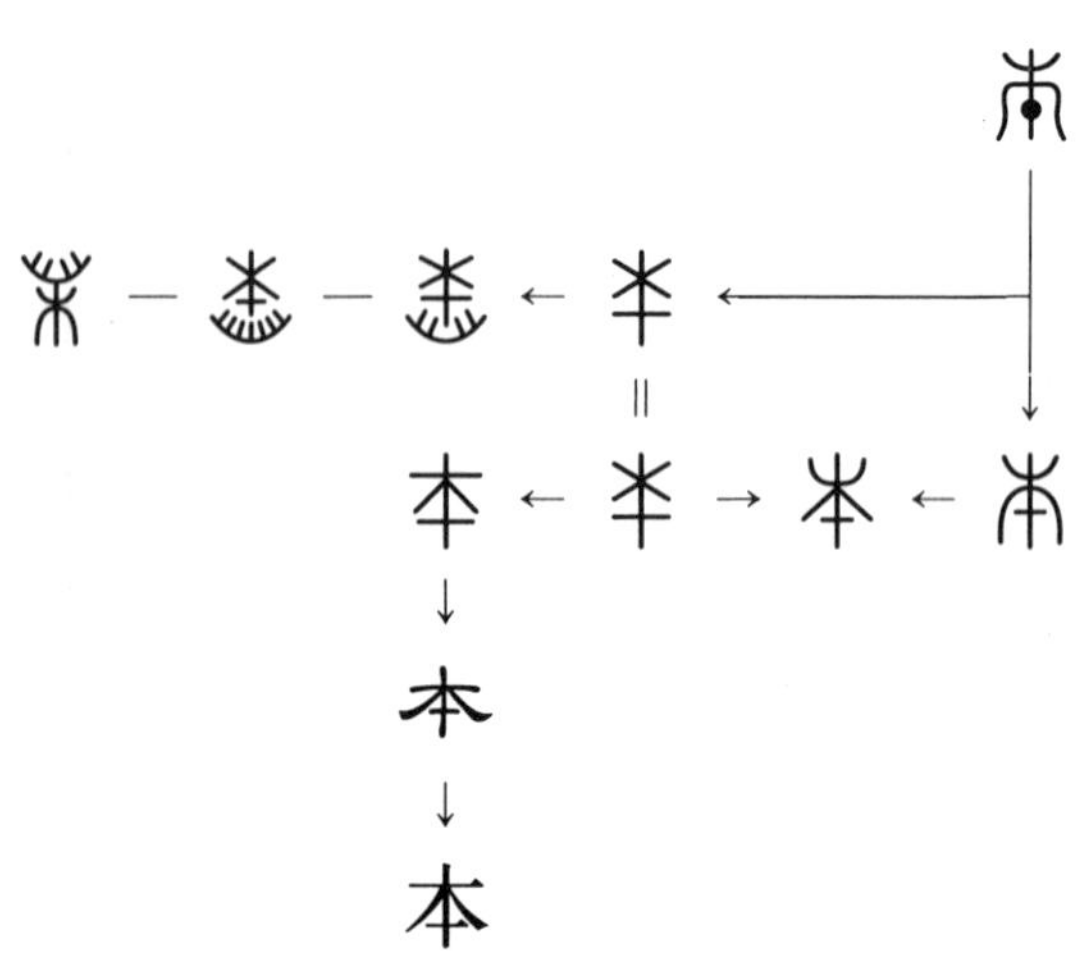

317 **【本】** 楷五画　木部　成指事

古幫紐文部[puən, puən, pwn]→中幫紐混韻[puən, puən, puən]→漢ホン呉ホン

木（ ）の根本に記号を加えて「もと」の意味を表した指事文字。許慎は篆書の形（ ）を元に「木・丅（下）に従う」とするが古い字形に合致しない。

東周代の「 」などは「臼」を加えたものであるが、楷書には残っていない。古くは地面を掘って臼にしていたと言われ、木を根本から掘り起こした様子を「臼」によって表現したのであろう。また上部に「臼」を加えた「 」の字形もある。

なお、漢代以降には類似形の「夲《とう》」が代替字とされることがあり、現在でも使われることがある。

318 **【板】** 楷八画　木部　成形声

古幫紐元部[pean, pan, pran]→中幫紐潸韻[pan, pan, pyan]→漢ハン呉ハン慣バン

319 【版】 楷八画 片部 成形声

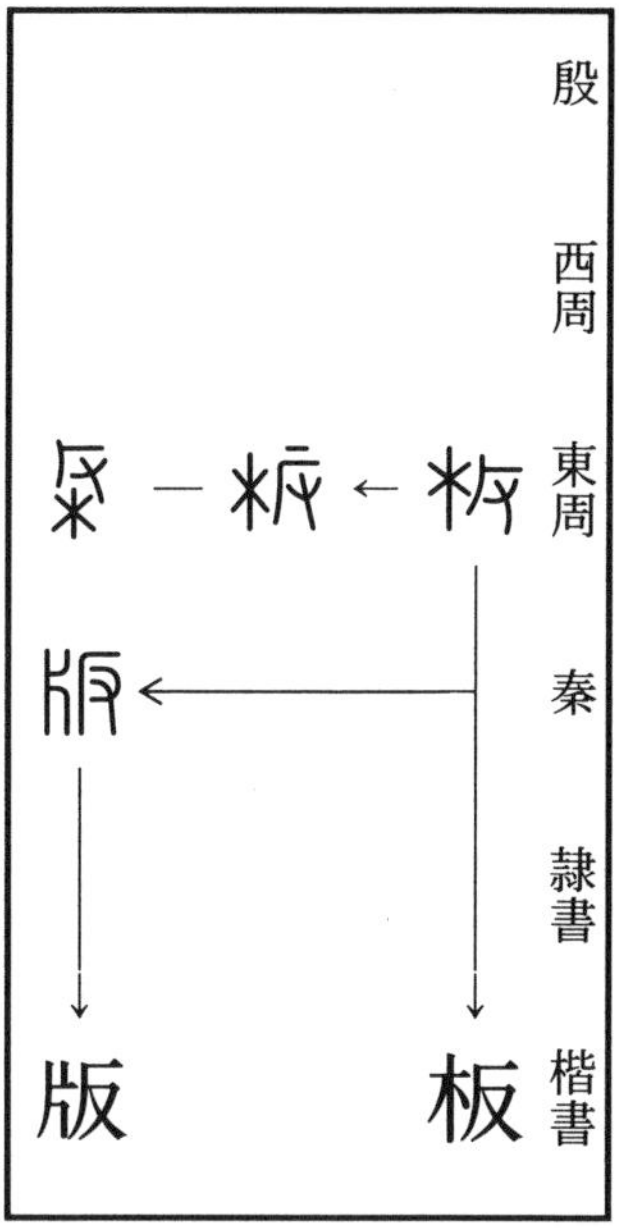

(古)幫紐元部［pean, pan, pran］→(中)幫紐潸韻［pan, pan, pyan］→(漢)ハン(呉)ハン(慣)バン

「板」は、木を意符、反を声符とする形声文字であり、東周代に初出である。

「版」は、意符を木片を表す片に置換したものであり、篆書に初出である。同源字とされるが、現在では板は「いた」の意味で主に使われ、版は版画や出版などの意味で主に使われる。

320 【林】 楷八画 木部 成会意

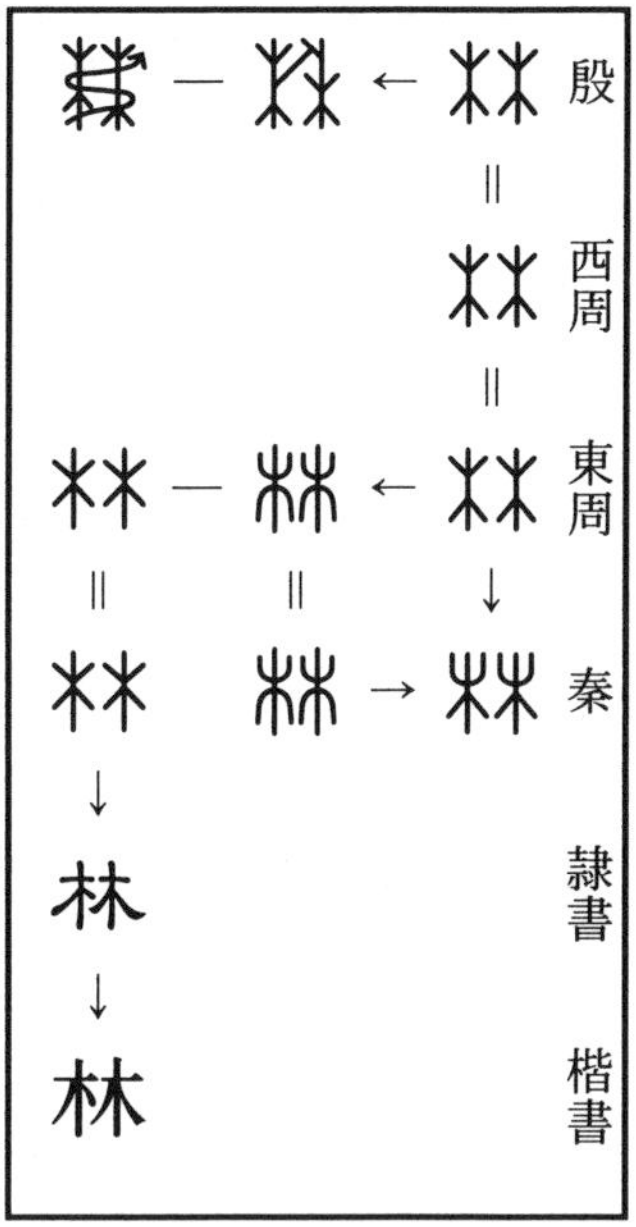

(古)来紐侵部［liəm, liəm, g· rɯm］→(中)来紐侵韻［liəm, liəm, liim］→(漢)リン（リム）(呉)リン（リム）

木（ ）をふたつ並べ、木が多くある様子を表している。殷代には木の枝がからまった様子を表した異体（ ）などもあるが後代には残っていない。

古くから他の文字の一部としても使われ、野の異体の埜（ ）や焚（ ）などに見えるが、楷書では独立した部首とは見なされていない。

321【乗】〔乘〕〈椉〉 楷九画（十劃）

丿部 成会意 古船紐蒸部・定紐蒸部・以紐蒸部

[ḍiəŋ, diəŋ, ɦɪuŋ]→中船紐蒸(証)韻

[dʑiəŋ, dʑiəŋ, ziŋ]→漢ショウ呉ジョウ

殷代の「〓」などは、人の正面形である大（〓）と木（〓）から成り、人が木に乗ることを表している。殷代の異体には、木の形を屰《げき》（〓）のような形にしたもの（〓など）もある。

なお、許慎は篆書（〓）を元にして、入と桀から成る文字と見なすが、字源に合わない。また、鎌田は「木にはりつけになってのせられた人」とし、白川は楷書の正字（乘）から禾と人と人に従うとするが、いずれも明らかな誤りである。

西周代には人の足を強調した形（〓など）になっており、楷書（旧字）の「乘」のうち「北」の部分にあたる。

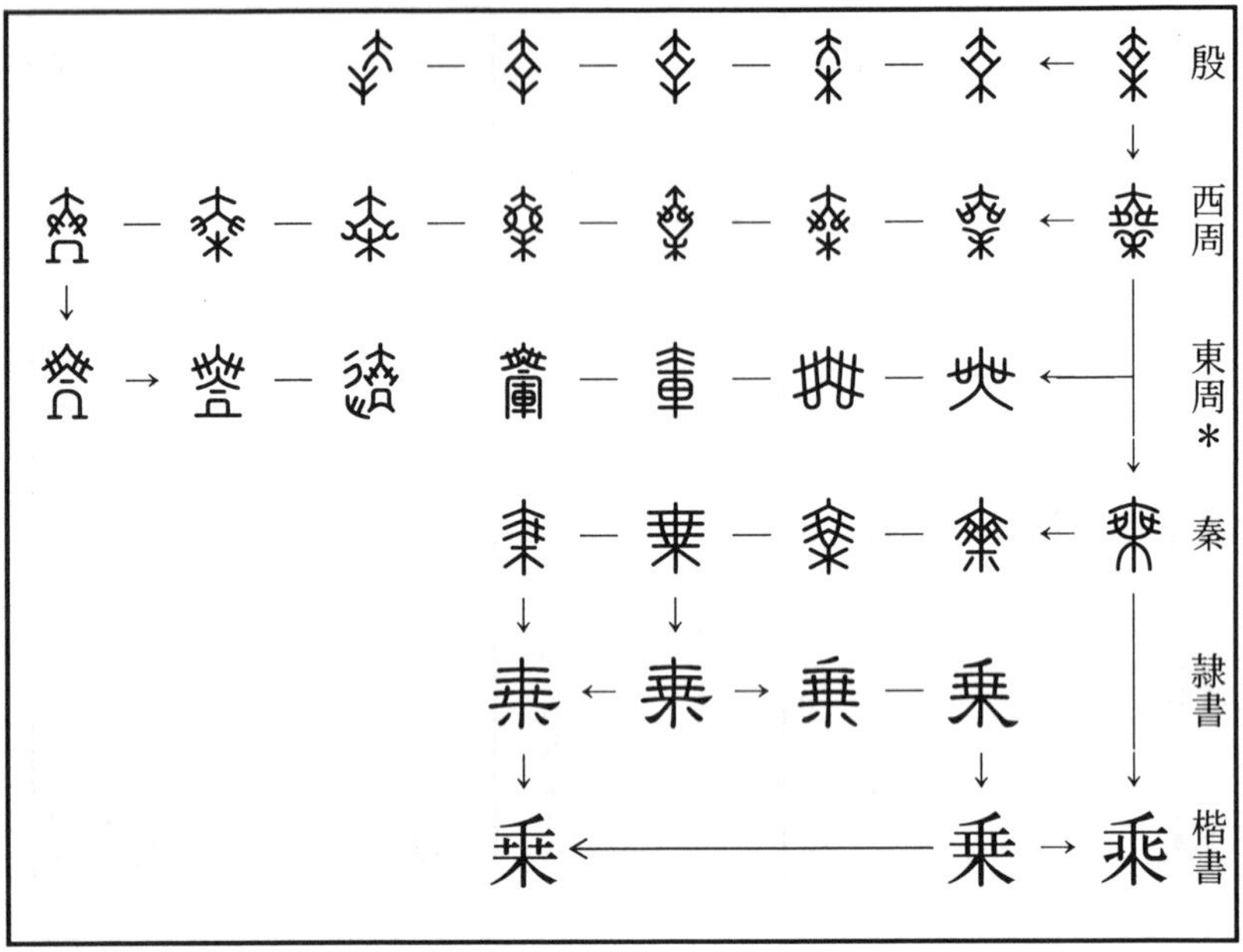

また、秦代には、人の形を崩した「乘」などの異体があり、新字の「乗」などになっている。

そのほか、「木」を机の形の「几」に変えた異体（[illegible]）は、人が机に乗った様子を表しており、西周～東周代に使われた。東周代には下部に車（車）を用いた異体（[illegible]など）もあり、この場合には人が車に乗る様子を表している。

---

322 【柱】［柱］ 楷九画　木部　成形声

㊍定紐侯部・端紐侯部[diuɔ, diug, do+to]→㊥澄紐麌韻・知紐麌韻[ḍiu, ḍiu, ḍio+ṭio]→㊇チュ㊈ジュ㊉チュウ

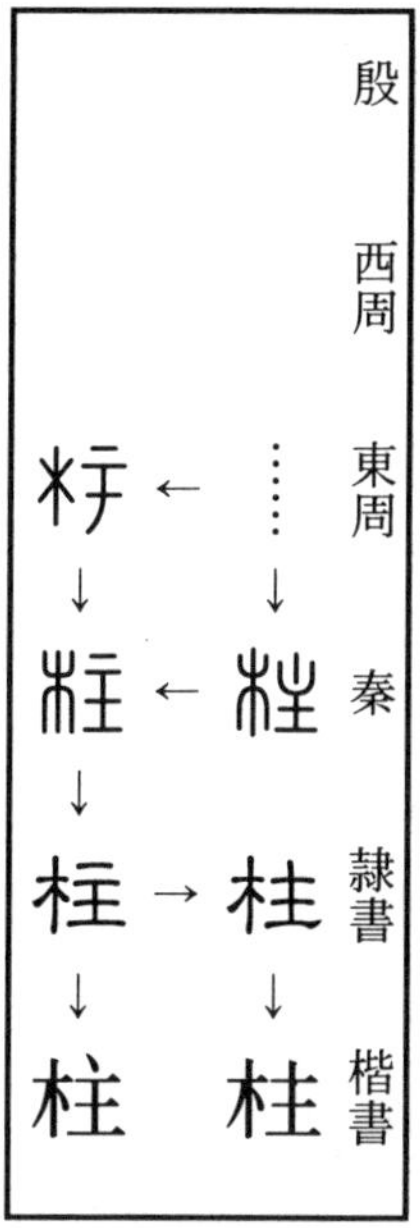

「柱［柱］」は、木を意符、主を声符とする形声文字である。

灯火の象形の「主」を意味も表す亦声とする説もあり、藤堂は「主」にじっとする意味があるとし、赤塚・鎌田はこれに従うが、これは「主」の字源の曲解に基づく。

そのほか、白川は燭台の直立が柱の直立を表すとし、谷衍奎や段玉裁『説文解字注』は家のあるじから転じて柱の意味になったとする。これらには論理的な矛盾はないが、確証のある言説でもない。

---

323 【校】 楷十画　木部　成形声（亦声）

(古)見紐宵部・匣紐宵部・群紐宵部[keau+γeau, kɔg+ɦɔg, krew+grew]→㊥見紐効韻・匣紐効韻[kau+γau, kau+ɦau, kγau+ɦγau]→(漢)コウ(カウ)(呉)キョウ(ケウ)・ギョウ(ゲウ)

「校」は、木を意符、交を声符とする形声文字である。人を拘束する枷を原義とする説が有力であり、「交」は木を組むことを表す亦声の部分にあたる。

殷　西周　東周　秦　隷書　楷書

学校の意味に用いるのは仮借と思われるが、藤堂は学校を原義とし、「交」を「教える—ならう」という交差を意味する亦声の部分と見なす。また白川は校獮（獣を追い込む木組み）を原義とする。ただし、初出の西周代には、転じた閲兵の意味として見えるのみであり、原義について明らかにすることは難しい。

字形は西周代には「木」と「交（異体）」が縦に並ぶ構造であったが、東周代以降に横に並ぶ構造になった。

なお、楷書では計ることを意味する「挍」を仮借して用いる例もある。

324【根】[楷]十画　木部　[成]形声

(古)見紐文部[kən, kən, kɯn]→㊥見紐痕韻[kən, kən, kən]→(漢)コン(呉)コン

殷　西周　東周　秦　隷書　楷書

「根」は、木を意符、艮《こん》を声符とする形声文字である。「艮」について亦声とする説もあり、藤堂は「とまってとれない」の意、白川は「呪眼に会うて進みがたい」の意とし、鎌田は「とどまる」の意とするが、いずれの

用法も確認できない。また、許慎は古文として止と木の下部に従う字形を挙げるが、これは「根」ではなく「耑」の初形である。

---

325 **【植】**〔樴〕 ㊮十二画 木部 ㊊形声

㊥禅紐職部・定紐職部・定紐之部[ʑiək, dhiək+diəg, diɯg+dɯg]→
→㊥禅紐職韻・澄紐志韻[ʑiək, ʒiək+diei, dʑik+ḍi]→㊦ショク・チ㊧ジキ・ジ

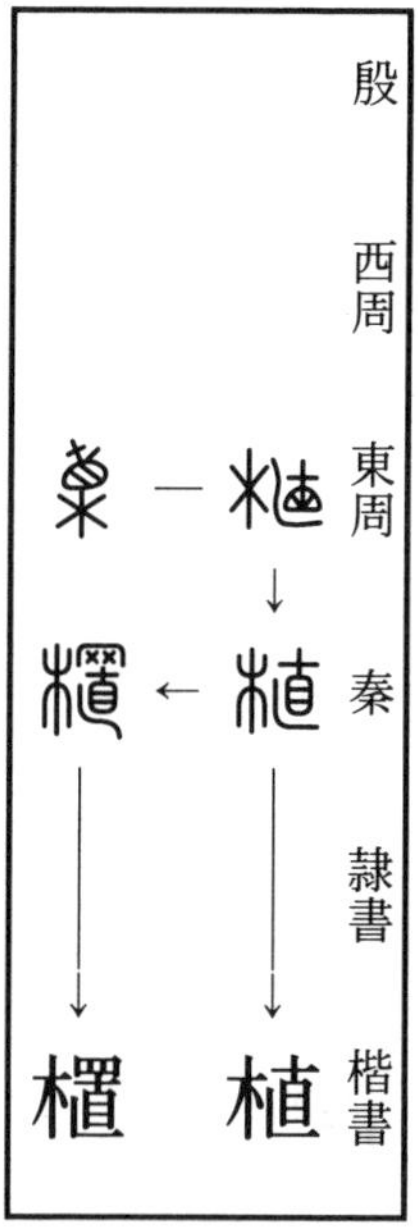

「植」は、木を意符、直を声符とする形声文字であり、東周代に初出である。

「直」を亦声とする説もあり、加藤・藤堂・赤塚・鎌田。谷衍奎はまっすぐ立てる意があるとする。整合性のある考え方であるが、異体の「樴」では網を置くことを表す「置」が使用されており、直接的な意味表示であることは確実ではない。なお、戦国楚簡では借りて直または置の意味でも使われている。

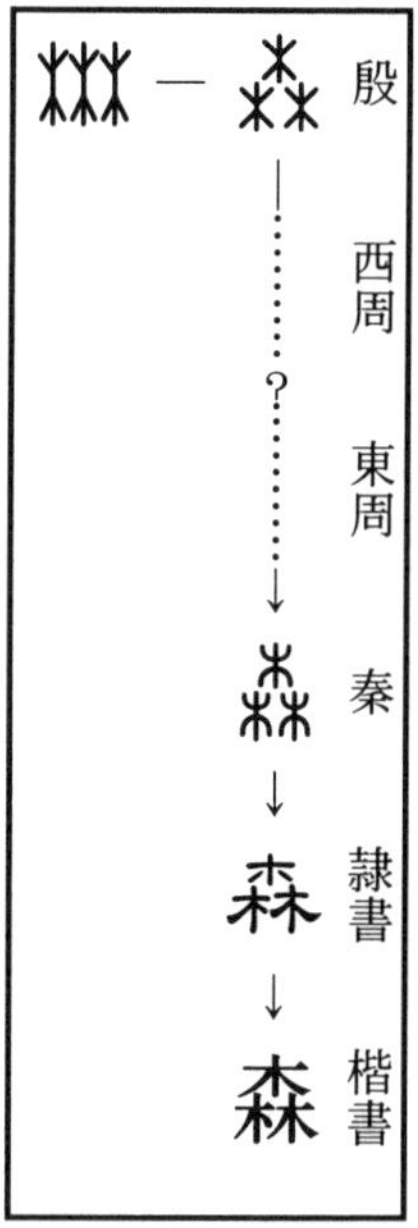

---

326 **【森】** ㊮十二画 木部 ㊊会意

㊥心紐侵部・生紐侵部[ʃiəm, siəm, srum]→㊥生紐侵韻
[ʃiem, ʂiem, ʃiim]→㊦シン（シム）㊧シン（シム）

木（〓）を三つ並べた形であり、林（〓）よりも木が多い様子を表している。字形は甲骨文字にすでに見えるが、西周～東周代の出土資料に見えないので、あるいは一旦亡失した後に再度類似形が作られたものかもしれない。

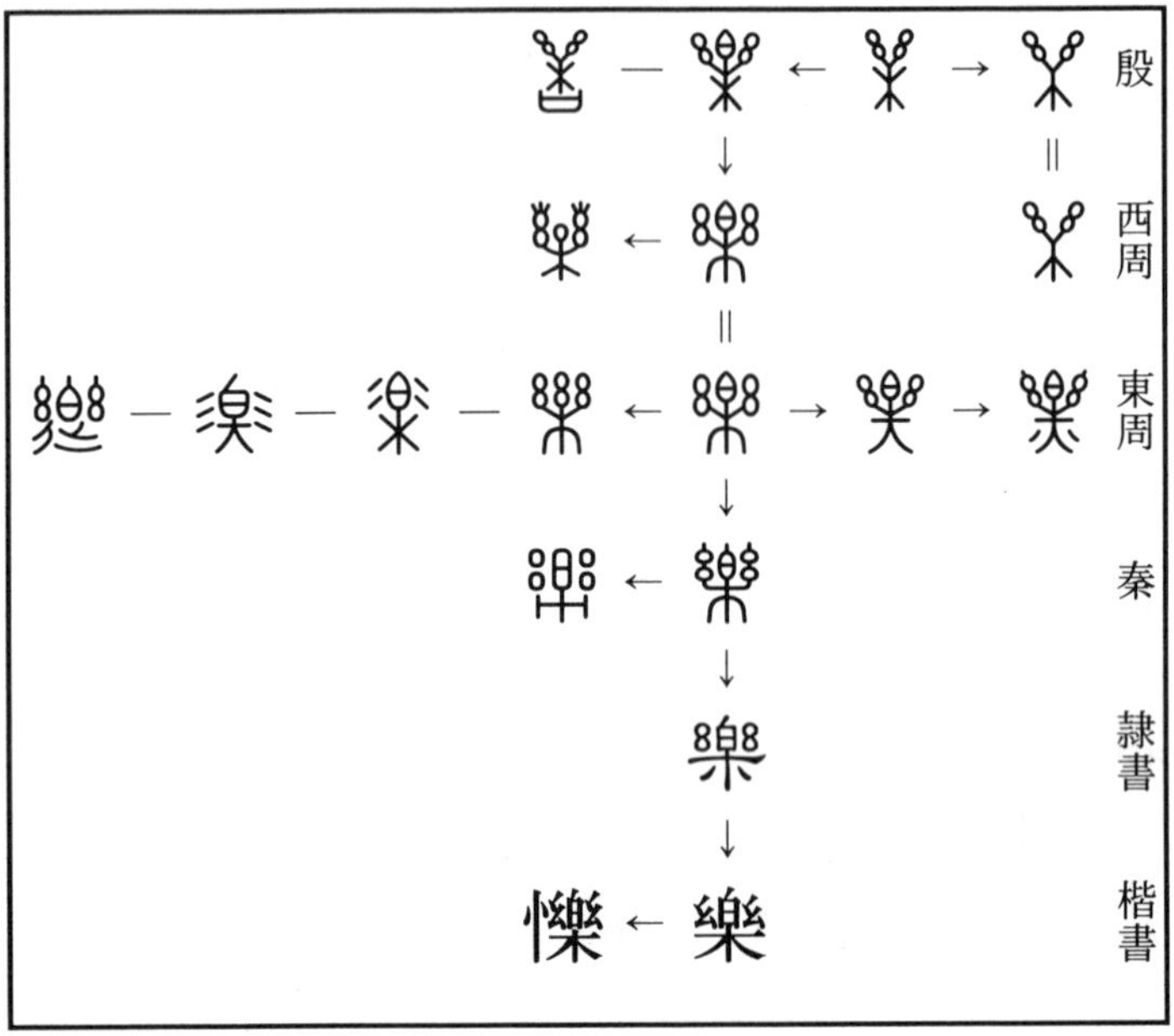

327 【楽】［樂］〔⿰忄樂〕 楷十三画（十五劃）

木部　成会意

古疑紐薬部・来紐薬部[ŋeauk+lauk, ŋlɔk, ŋrawɢ+rawɢ]→

→中疑紐覚韻・来紐鐸韻・疑紐効韻

[ŋɔk+lak+ŋau, ŋɔk+lak, ŋγʌk+lak+ŋγau]→

→漢ガク・ラク・ゴウ（ガウ）呉ガク・ラク・ギョウ（ゲウ）

楽［樂］は、殷代の字形（〓）は、糸束の形である幺（〓）が二つと木（〓）から成る形であり、すでに白（〓）が付された字形（〓）もある。ただし、幺・木・白の三者は関係が薄く、この形がなぜ音楽の意味になるのかは諸説あって明らかではない。

許慎は鼓《こ》鼙《へい》（ふりだいこ）の象形とし、加藤・藤堂は「⿰忄樂」が原義で音楽の意味に用いたのは仮借とする。白川は柄のある鈴の象形とし、赤塚・阿辻・谷衍奎は材木に糸を張った様で弦楽器の形とする（鎌田は諸説併記）。いずれも明確な矛盾はないが、初出の殷代の用例には地名しかないため、字義や用法から原義を明らかにすることもできない。

字形は、殷代に下部に曰（曰）を加えた異体（）があるが、後代には残っていない。西周代の「」については「薬（藥）」の初形とする説もあるが、人名の用法であり、正否は明らかではない（薬の初出は確実には東周代）。東周代には幺を小点に変えた字形（など）や木を乏に変えた字形（）、木を人の正面形の大（）に変えた字形（など）もある。東周代には既に字源が分からなくなっており、そのため様々な解釈がされたのであろう。結果としては、殷代の異体のうち幺・木・白から成る「」の構造が最終的に楷書まで残った。

後代には音楽の意味（漢音はガク）から転じて「たのしい」の意味（漢音はラク）にも転用された。また、楷書で作られた「㦡」は、「たのしい」の意味に限定して作られた繁文であり、意符として心（忄）を加えている。

328 【業】 楷十三画　木部　成会意

古疑紐葉部[ŋiap, ŋiap, ŋab]→中疑紐業韻[ŋiɐp, ŋiʌp, ŋiɐp]→漢ギョウ(ゲフ)呉ゴウ(ゴフ)

許慎は、ぎざぎざの飾り板が付いた楽器を掛ける台が原義とし、多くの研究者がこれに従う。しかし、西周代の字形（）は「木」が含まれておらず、「業」を並べた形になっている。そのため、白川は版築を打ち固める器具を原義とし、李学勤はふたりの人が板をかかげている様子とする。なお、許慎も古文として「」に近い字形を挙げている。

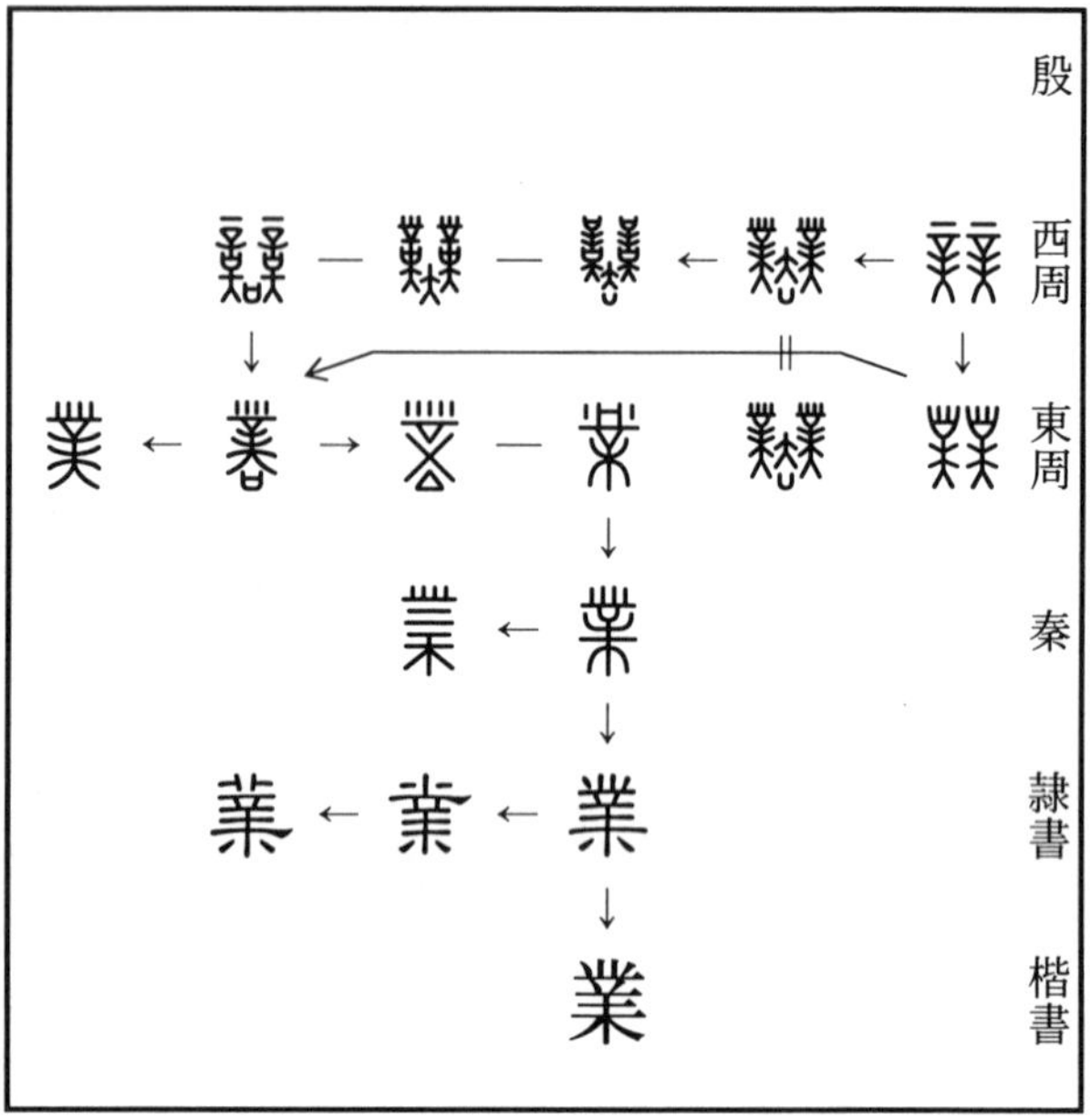

しかし、現状の資料では原義を特定できる記述がなく、いずれが正しいのか、あるいはさらに別の字源があるのかは不明である。

西周代には、声符として去（〓）を加えた字形（〓など）がある。ただし、去の上古音は溪紐魚部（[khia]などと復元）と推定されており、字音の違いが大きい。あるいは字義に関係して会意の字形かもしれないが、前述のように字源が判明していないため明らかにできない。

東周代には略体として「〓」などがあり、さらに下部を「木」に変えたのが「〓」である。少なくともこの段階以降では木製品という認識が形成されていたようである。この系統が後代に継承され、楷書の「業」になった。

---

329 **【様】**［樣］　楷十四画（十五劃）　木部　成形声

古余紐陽部・群紐陽部・以紐陽部[ʎiaŋ, giaŋ, laŋ]→中以紐漾韻[yiaŋ, yiaŋ, yiɐŋ]→漢ヨウ（ヤウ）呉ヨウ（ヤウ）

「様〔樣〕」は、木を意符、羕《よう》を声符とする形声文字であり、諸家に異論はない。本来は栃の実を表したようだが、借りて様子の意味に使われるようになった。

330 **【横】**〔橫〕 楷十五画（十六劃） 木部 成形声

古匣紐陽部・見紐陽部・群紐陽部[ɣoaŋ+ɣeaŋ, huaŋ, gʷraŋ+kʷraŋ]→中匣紐庚韻・匣紐映韻・見紐唐韻[ɣuaŋ+ɣuɐŋ, ɦuʌŋ, ɦwɣæŋ+kwɑŋ]→漢コウ(クヮウ)呉オウ(ワウ)・コウ(クヮウ)

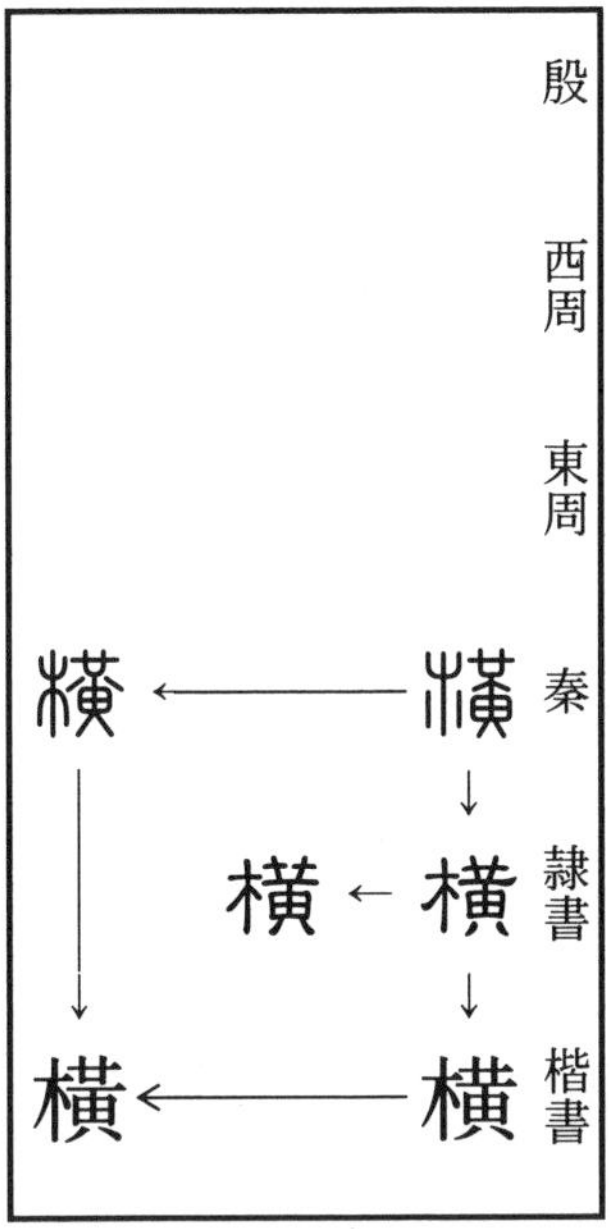

「横〔橫〕」は、木を意符、黄〔黃〕を声符とする形声文字である。原義は門に横向きにかける閂であり、そこから「よこ」の意味になったとする説が有力である。

なお、鎌田は「黄」が腰の横に付ける佩玉の形であることから「よこ」の意味になったとするが、それでは意符の「木」が説明できない。また藤堂は「黄」が火矢の形であることから中心線からはみ出て広がるよこ木の意味を表すとするが、これは黄の字源の誤解に基づく。

331 **【橋】**｛槗｝ 楷十六画 木部 成形声（亦声）

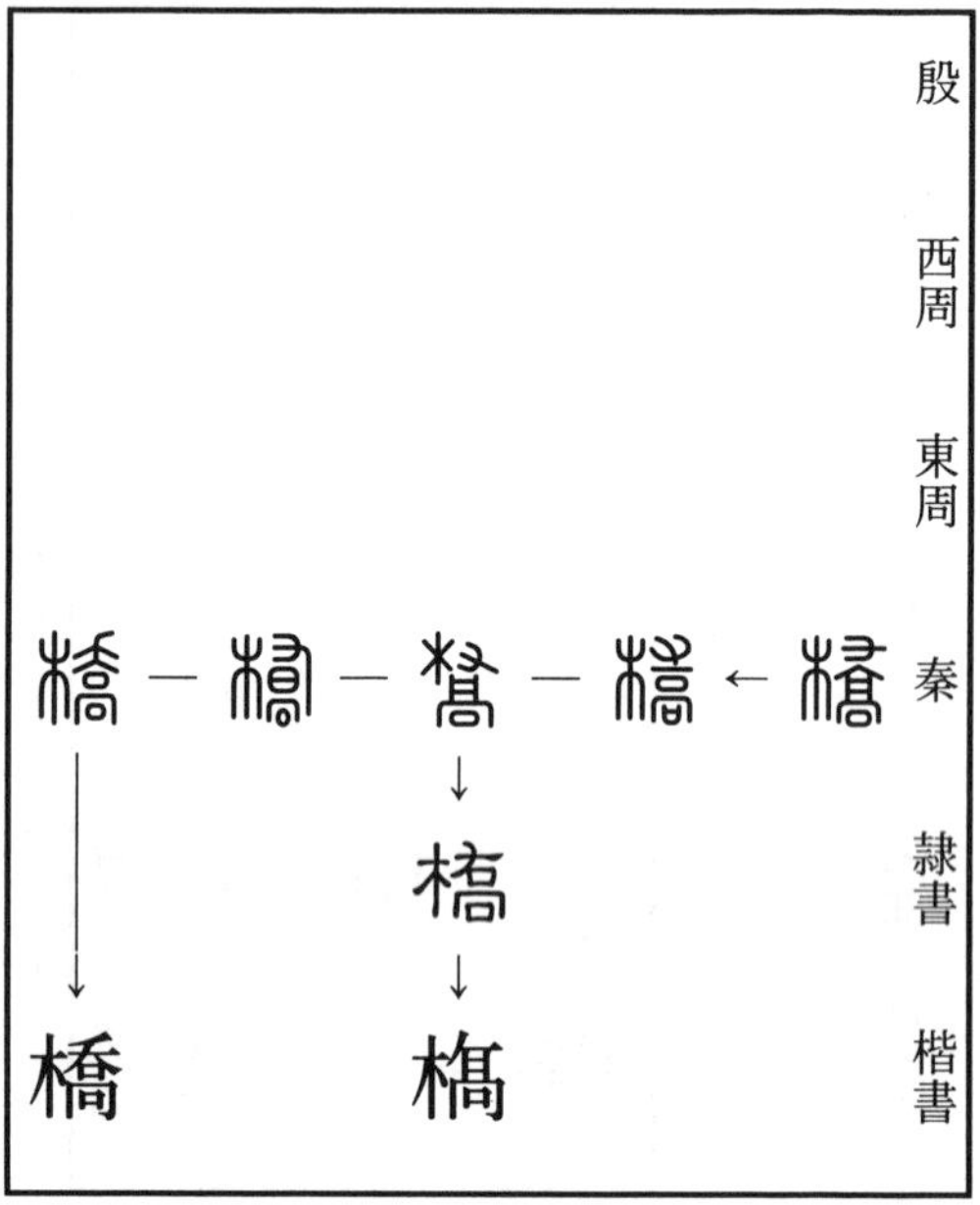

㊁群紐宵部[giau, giɔg, grew]→㊥群紐宵韻[giɛu, giɛu, gɣieu]→㊅キョウ(ケウ)㊇ギョウ(ゲウ)

「橋」は、木を意符、喬を声符とする形声文字である。喬に「たかい」の意味があることから、白川・赤塚・鎌田・谷衍奎は「高くかけられた橋」の意味を表すとし、矛盾のない解釈である。

そのほか、藤堂は喬のうち「夭」の部分の「しなう」の意から、「曲線をなして高くかかったはし」とするが、「喬」自体にはその意味はない。また加藤は『礼記』の注などから井戸の跳ね釣瓶を原義とし、「はし」の意味は漢以後の引伸義とする。しかし、既に秦代の簡牘に「はし」の用法があり、むしろ跳ね釣瓶が引伸義であろう。

世部

「世（𠀍）」は、木の葉の象形である。

《世》⑤世(桀・葉)

332 【世】〔丗〕 楷五画　一部　成象形

㊄書紐月部・透紐歌部・以紐葉部[ɕiat, thiad, ɦleb]→㊥書紐祭韻[ɕiɛi, ʃiɛi, ɕiei]→㊦セイ㊧セ

333 【枼】 楷九画　木部　成形声（亦声）

㊄余紐葉部・定紐葉部[ʎiap, diap, -]→㊥余紐葉韻[yiɛp, yiap, -]→㊦ヨウ（エフ）㊧ヨウ（エフ）

334 【葉】［葉］ 楷十二画（十三劃）　艸部　成形声（亦声）

㊄余紐葉部・以紐葉部・書紐葉部・透紐葉部[ʎiap+ɕiap, ɖiap+thiap, leb+ɦleb]→

→㊥以紐葉韻・書紐葉韻[yiɛp+ɕiɛp, yiɛp+ʃiɛp, yiep+ɕiep]→

→㊦ヨウ（エフ）・ショウ（セフ）㊧ヨウ（エフ）・ショウ（セフ）

世（）は木の枝に葉がある様子を表している。ただし、初出の殷代には単独では見えず、文字の一部として使われている。

殷代の「」や西周代の「」については、おそらく「竹の葉」を表した会意文字である。この文字は西周金文では借りて世の意味で使われているが、その後亡失し、中国では使われなくなった。日本では、国字として同形・同意の「笹」が作られたが、偶然の一致であり、継承関係はない。

「世」の系統については、「十」を三つ並べた形に見えることから、「三十年」という解釈で世代などの意味で使われるようになった（隷書や楷書では、「三つの十」という誤解に基づく「丗」や「卅」の形も作られている）。そのため、原義については意符として「木」を加えた「枼」が作られた。西周代には世の略体としての「止」

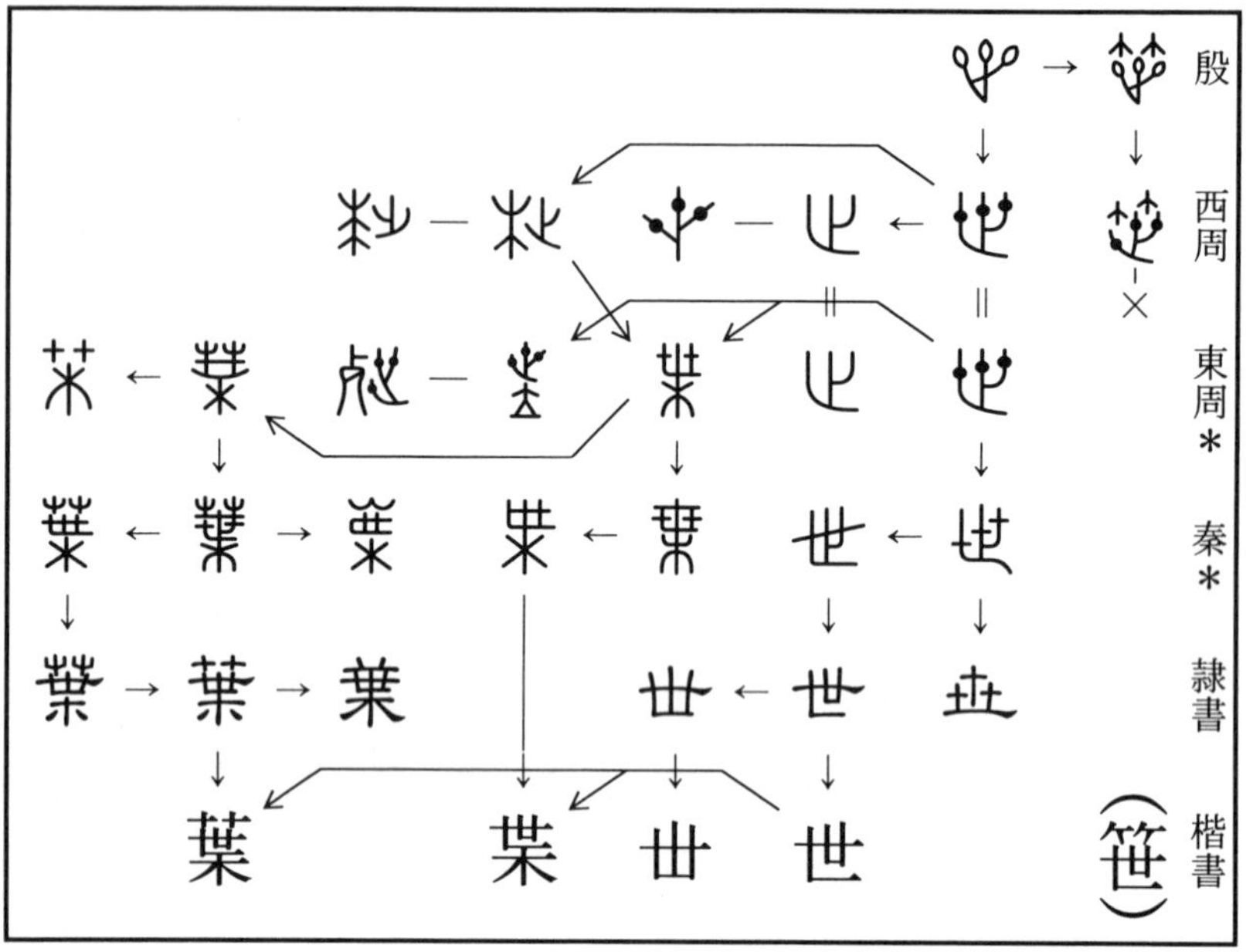

を用いた字形（枻など）であったが、東周代には「世」を用いた字形（枼など）になっている。

そのほか、東周代には「立」を使った字形（〓）や人の残骨である「歹」を用いた字形（殜）もあり、この場合には、前者は「世」の字義のうち「後継ぎ」の意味を表し、後者は「終生」の意味を表したものと思われる。

「世」の字源について、許慎は「三つの十」と誤解し、加藤・藤堂・赤塚・鎌田・阿辻・谷衍奎はこれに従う。李学勤のみ、枝上の葉の形であることを理解している。また白川は、金文の形（世）をもとに木の枝に芽が出ている形とし、これも正解に近い。

さらに、東周代には意符として艸（艹）を増し加えた形（葉）があり、これが後代に継承されて「葉［葉］」となった。

字音については、世も本来は枼や葉と同じく入声だったと推定する説が有力であるが、中古音までに陰声に転換している。

𠌶部

「𠌶《か》（）」は、花が咲いた様子を表した象形文字である。

《𠌶》⑬𠌶（華・花・垂）

335【𠌶】楷十三画　人部　成形声

古中略→漢カ（クヮ）呉ケ

336【華】［華］｛蕐｝楷十画（十二劃）　艸部　成形声（亦声）

古匣紐魚部・暁紐魚部・暁紐歌部・群紐魚部・群紐歌部[ɣoa+hoa, ɦuag+huar, g^{w}ra+g^{w}ral+qh^{w}ra]→中匣紐麻韻・暁紐麻（禡）韻[ɣua+hua, ɦua+hua, ɦyua+hyua]→漢カ（クヮ）呉ゲ・ケ

337【花】［花］楷七画（八劃）　艸部　成形声

古×→中暁紐麻韻[hua, hua, hyua]→漢カ（クヮ）呉ケ

338【垂】楷八画　土部　成会意

古禅紐歌部・定紐歌部[ʑiuai, dhiuar, diol]→中禅紐支韻[ʑiue, ʒiue, dʑiue]→漢スイ呉ズイ

殷代の字形のうち、「」や「」などは花が咲いている様子であり、三叉の単線が花弁を表している。「」や「」などは土盛りの形の「土（）」を加えて土から生えた植物が花を咲かせた様子を表している。その後、

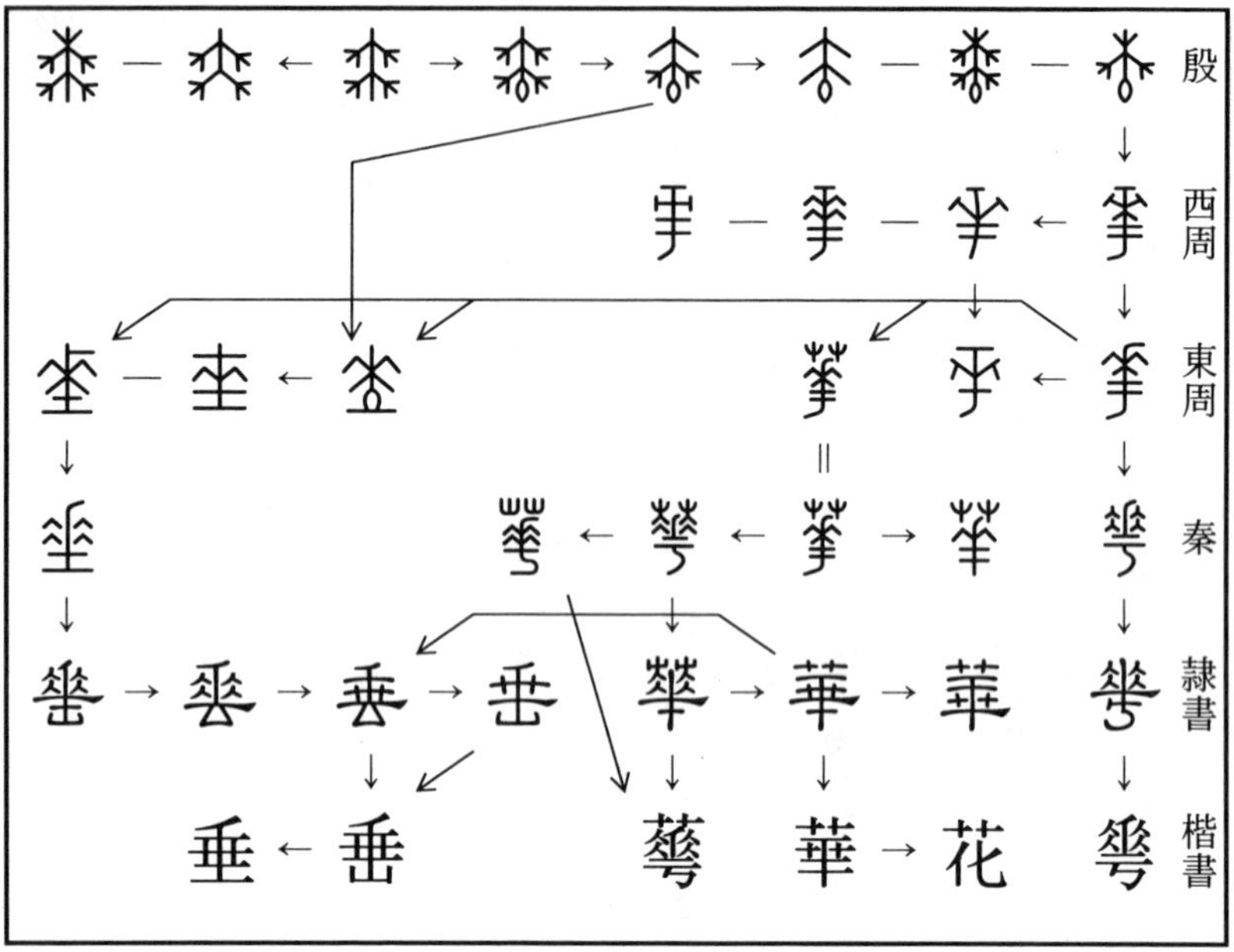

西周代以降に「土」が「亏《う》」に変わっており、楷書の「𠌶」の形に該当する。

許慎は亏を声符とする形声文字と見なし、加藤も同様である。亏は于の異体であり、上古音では于は華に近い発音（匣紐魚部で[ɣiua]などと復元）と推定されているので、土から亏への変化は意符を声符に変えたものと思われる（𠌶の構造は形声になる）。

東周代には、「艸（艹）」を加えた繁文（[illegible]）が作られており、隷書で𠌶の形が変わって楷書の「華［華］」になった。

なお、赤塚は華（蘤）のうち「𠌶」の部分を「はなやかなの意と音とを示す」とするが誤りであり、諸家が述べるように初文である。また藤堂は「艸・垂・于」から成る会意兼形声文字とするが、後述するように、垂は𠌶からの分化字であり、𠌶の一部ではない。

「花」については、華の下部（初文の「𠌶」の部分）を声符の「化［化］」に変えた形声文字であり、南北朝時代に作られた。藤堂は「化」の部分が「つぼみが開き、咲いて散る」という変化の意味も表す亦声とするが、「化」自体に「つぼみが開く」や「花が散る」の意味はないので、直接の亦声とは認められない。また藤堂や『漢字字音演変大字典』などは「化」と類似の発音として上古音を復元している（それぞれ[huar][hŋʷra]）が、上古音の時代には「花」の字形がないのであるから、その復元には意味がない（『漢字古今音表』などは上古音を空欄にしている）。

また「垂」について、許慎は「土に従い𠂹声」とし、多くの研究者がそれに従う。しかし、初出の東周代の形（〓）は𠌶・華の初形である「〓」などに字形が近く、谷衍奎が述べるように𠌶・華と同源の分化字と見るべきであり、花弁が垂れ下がっているところから「たれる」の字義に転用されたものであろう。「垂」は、東周代から秦代までは「𠌶」に近い形であったが、隷書で「華」の影響を受けたのか、「𠌶」と「華」を折衷したような字形（𡍮など）になった。

なお、戦国時代の楚の簡牘や金文に「𨸏」と「垂」から成る字形が見えるため、「陲（ほとり・あやうい）」を垂の初文とする説（鎌田・谷衍奎など）もあるが、戦国楚の文字は「陵」の異体にあたり、陲・垂とは字義上で異なっている。

禾部

「禾（〓）」は、穀物の象形である。部首としては収穫を象徴して用いられることもある。

《禾》⑥年⑧委⑨科・秋・秒

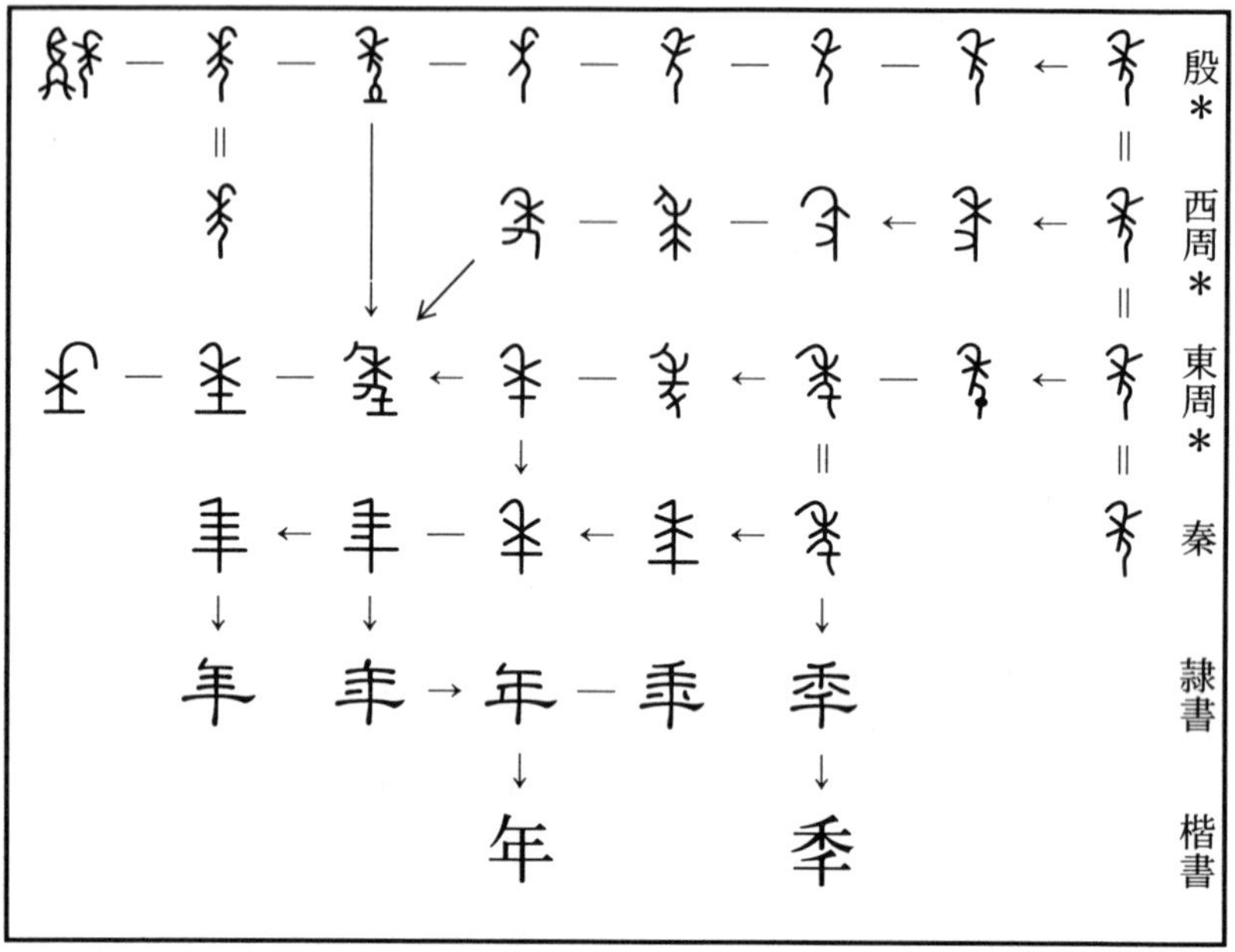

339 【年】〔秊〕 楷六画 干部 成形声

古泥紐真部[nien, nen, niŋ]→

→中泥紐先韻[nien, nen, nen]→漢デン呉ネン

年の初文（）は、穀物の象形である禾（）と人（）から成り、収穫した穀物を掲げている人の姿である。上古音では人・年は近い発音であり、初文のうち人は発音も表す亦声の部分と考えられている。

加藤・藤堂は人を声符とする純粋な形声文字とし、赤塚・鎌田はこれに従う。しかし、殷代には人の下部に土盛りの象形（）を加えて穀物をより高く掲げた形（）などがあり、具象的な表現がされているので、谷衍奎・李学勤・阿辻が述べるように亦声の会意文字とするのが妥当である（なお人と土を重ねた形は「壬《てい》」にあたる）。

そのほか、許慎は篆書より前の字形を見ることができず、後述する千を声符とする形を字源とする。また白川は禾を「禾形の被りもの」とし、農耕儀礼を示すとするが、年を祭儀の意味で用いた例は見られない。

異体について、殷代には戦果を意味する文字であろう「　」（亡失字）を加えた形（　）も見られ、抽象的に収穫を表現したものと思われる。また西周代には求（　）に近い異体（　）も見られる。東周代には、壬の部分を略体化した異体（　）などもある。

また東周代には、人を字形・字音が近い千に変えた異体が出現し（　など）、これが後代に継承された。この場合には千が字義と関連しないので形声文字にあたる。古くは千・人も同音か近い発音だったと推定される（「人」を参照）。なお楷書には「秊」も残っているが、秦代～隷書で禾・千を融合させた字形である「年」が作られ、現在ではこれが主に用いられる。

字義について、原義は穀物の収穫であるが、穀物の収穫が一年に一回であることから周代には年数を表す文字としても用いられた。ちなみに、殷代には一年の意味では「歳（　）」や「祀（　）」が用いられており、「年」は使われていない。

340【委】 楷八画　女部　成形声

古影紐歌部・影紐微部[iwai, ʔiuar, qrol]→中影紐紙(支)韻[iue, ʔiue, ʔyiue]→漢イ(ヰ)呉イ(ヰ)

「委」は、篆書に初出の形（　）であり、穀物の象形の禾と女を用いた文字である。許慎は「したがう」が原義であるとし、多くの研究者も「女」を主体に字源を解釈する。例えば藤堂は、なよやかな穂先となよやかな女性の姿から素直に従うことを表すとする。また白川は、禾形の作りものを被って舞う女が字源として、女の姿勢から従う・委ねるの意味になったとする。

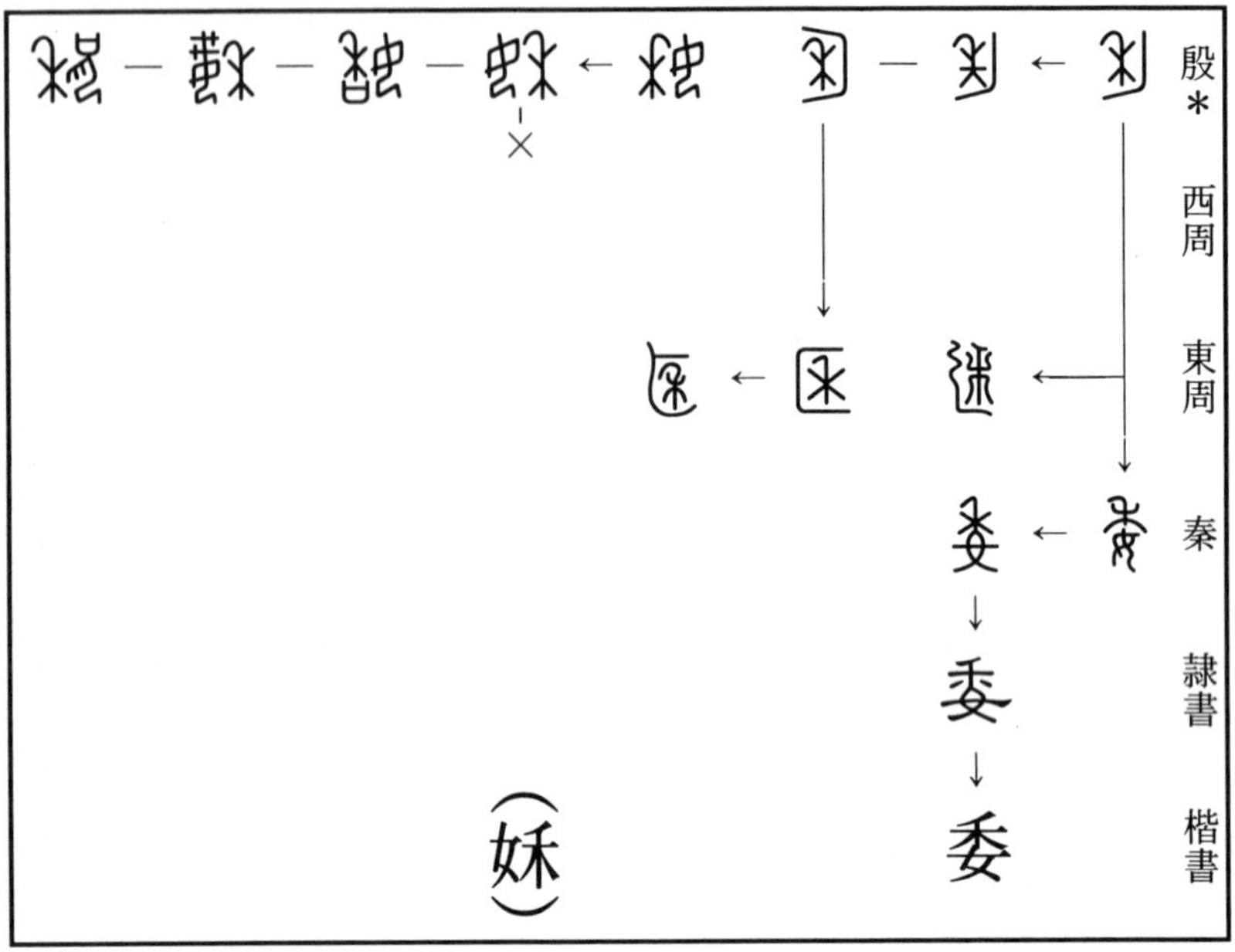

しかし、殷代には禾と区分けを表す匸《けい》（乚）から成る「〓」の字形があり、異体には匸の類似形である匚《ほう》（匚）に従う「〓」などもある。これらは殷代には固有名詞のみに見えるが、東周代には「〓・〓」などが積み蓄える意味で使われており、そして委にもその字義がある。そのため、「〓」などを初文、「委」を繁文と見なす説（何琳儀『戦国古文字典』など）があり、表はこの説に従って構成している。ただし、この系統の用例が少ないため、継承関係は確実ではない。

そのほか類似形として殷代に「〓」などがあり、谷衍奎はこれを委の初文とするが、これは穀物を用いた祭祀儀礼の様子を表した文字であり、委とは継承関係がない。この文字には女を妻（〓）や祝の異体（〓）に変えた字形も見られる。また、楷書には女と禾を横に並べた「妖」もあるが、女性の字《あざな》として禾を声符として作られた形声文字（漢音は「カ（クワ）」）であり、やはり委とは関係がない。

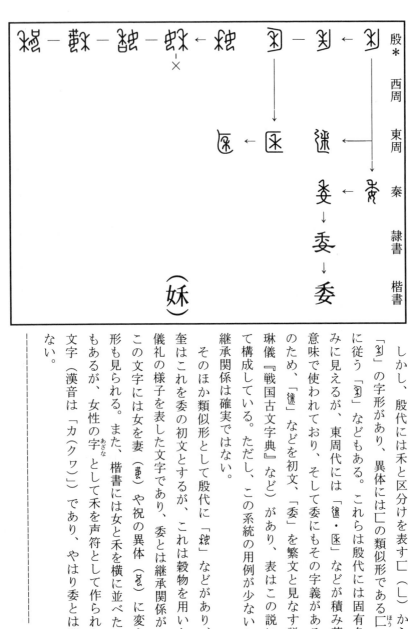

341 **【科】** 楷九画　斗部　成会意（亦声）

古渓紐歌部[khuai, khuar, khol]→中渓紐戈韻[khua, khua, khua]→漢カ（クヮ）呉カ（クヮ）

穀物を表す「禾」とそれを量る容器の「斗」から成り、はかることが原義とされる。ただし漢代の簡牘では分類の字義で用いられており、こちらを原義とする説もある。

上古音で禾は科と同部（匣紐歌部で[ɣuai]などと復元）と推定されており、亦声の部分とする説が有力である。なお、加藤は斗の方を亦声とするが、斗は上古音で端紐侯部（[tɔ]などと復元）と推定されており、相違が非常に大きい。

隷書では、斗を同じく量器である升に置換した異体（）も作られており、中世まで使われていた。

---

342 **【秋】**｛烁・穐［穐］｝ 楷九画　禾部　成会意

古清紐幽部[tshiu, tshiog, shuw]→中清紐尤韻[tshiəu, tshiəu, tshiu]→漢シュウ（シウ）呉シュ

殷代の字形（）は秋に穀物につく害虫の象形であり、転じて秋期の意味で用いられた。字形の上部に触角がある頭部、左に足があり、右に羽がある。なお、昆虫の足は三対であるが、甲骨文字では二本または一本に簡略化されている。異体には、羽を略したもの（など）もある。当時は火によって害虫を退治していたようであり、下部に火（）の略体を加えた異体（など）もある。

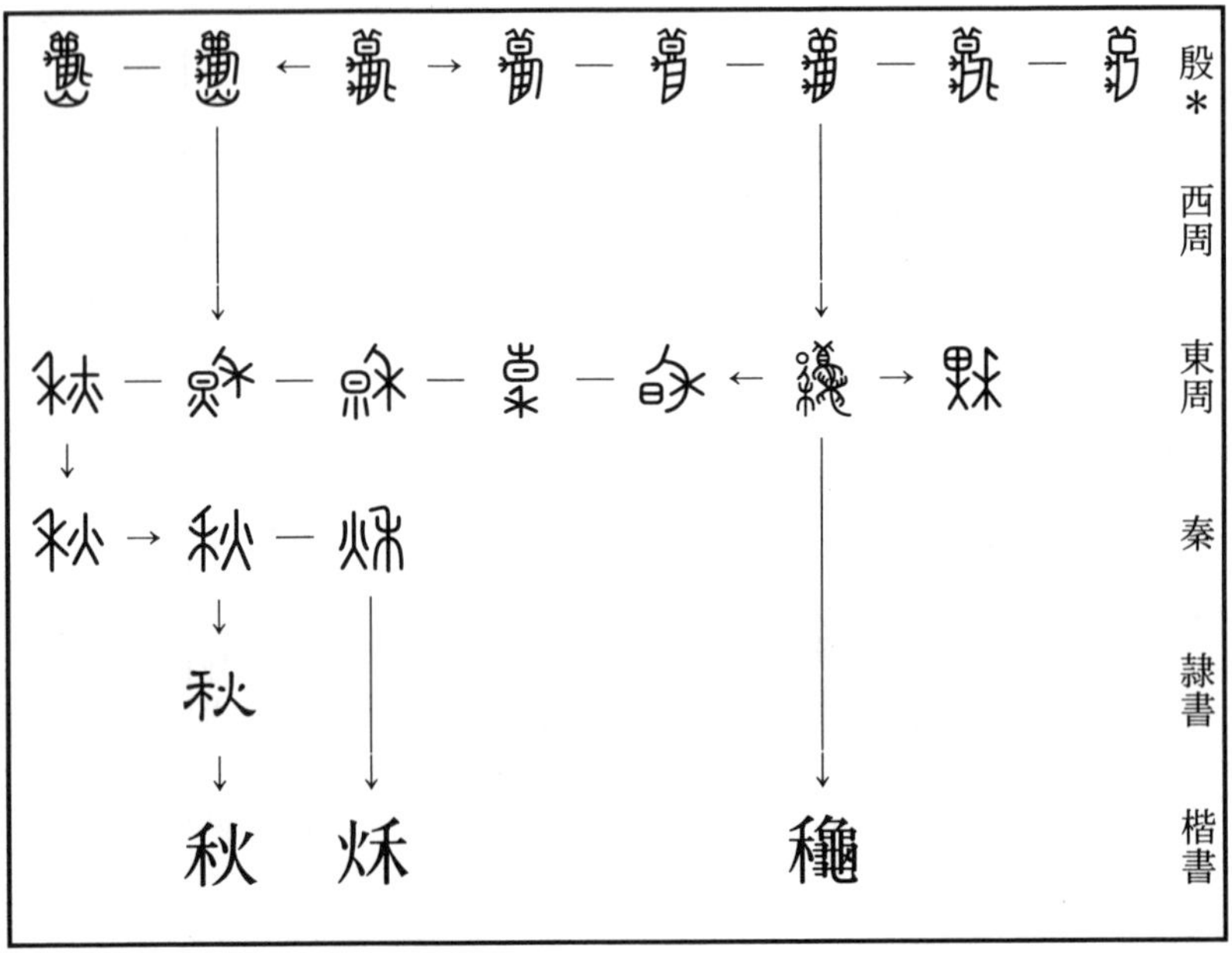

東周代には、初文の形が「亀［龜］」に誤り、また意符として日（〓）の略体を用いた字形（〓）が作られた。そのほか、初文を除いて「禾」や「日」を用いた字形（〓・〓など）も作られた。また許慎も古文として禾・龜・火から成る字形を挙げているが、これは出土文字資料からは発見されていない。

秦代には禾・火から成る字形（〓など）が用いられており、初文の形が完全に失われた。ただし「穐［龝］」も楷書に残っている。そのほか篆書（〓）は禾・火の位置を逆にしており、これも楷書に「烁」として残っている。

なお、許慎は𪚼《しゅう》の省声とし、赤塚・鎌田・阿辻はこれに従う。しかし、結果的に似た形になっただけであり、𪚼は亀［龜］を灼く意味の別字である。また加藤・藤堂は誤って初文として殷代の稈《かん》の字形（〓）を挙げている。初文の字形に気づいたのは白川であり、ほか谷衍奎・李学勤も殷代の字形を挙げている。

343 【秒】 楷九画　禾部　成会意（亦声）？

古明紐宵部[miau, miɔg, mew]→中明紐小韻[miɛu, miɛu, mieu]→漢ビョウ（ベウ）呉ミョウ（メウ）

穀物の象形の「禾」、および「少」から成り、原義は穀物の芒《のぎ》である。許慎・加藤・阿辻・李学勤は禾を意符、少を声符とする形声文字と見なす。藤堂・白川は、少が小さい・細かいを表す会意文字と見なす。赤塚・谷衍奎も同じく会意とし、少を亦声とする。形声とも会意亦声とも考えられるが、用例が少なく、いずれが正しいかは確実ではない。そのほか、鎌田は「少」が「眇《びょう》」の省声で、目に小さく映るの意とするが、やはり用例の少なさから正否を確認することは難しい。

來部

「来［來］（[illegible]）」は、麦の象形である。

《來》⑦来（麦）

344 【来】［來］ 楷七画（八劃）　人部（木部）　成象形

古来紐之部・明紐之部[lə, mləg, rɯ]→中来紐咍（代）韻[ləi, lai, ləi]→漢ライ呉ライ

345 【麦】［麥］ 楷七画（十一劃）　麥部　成会意

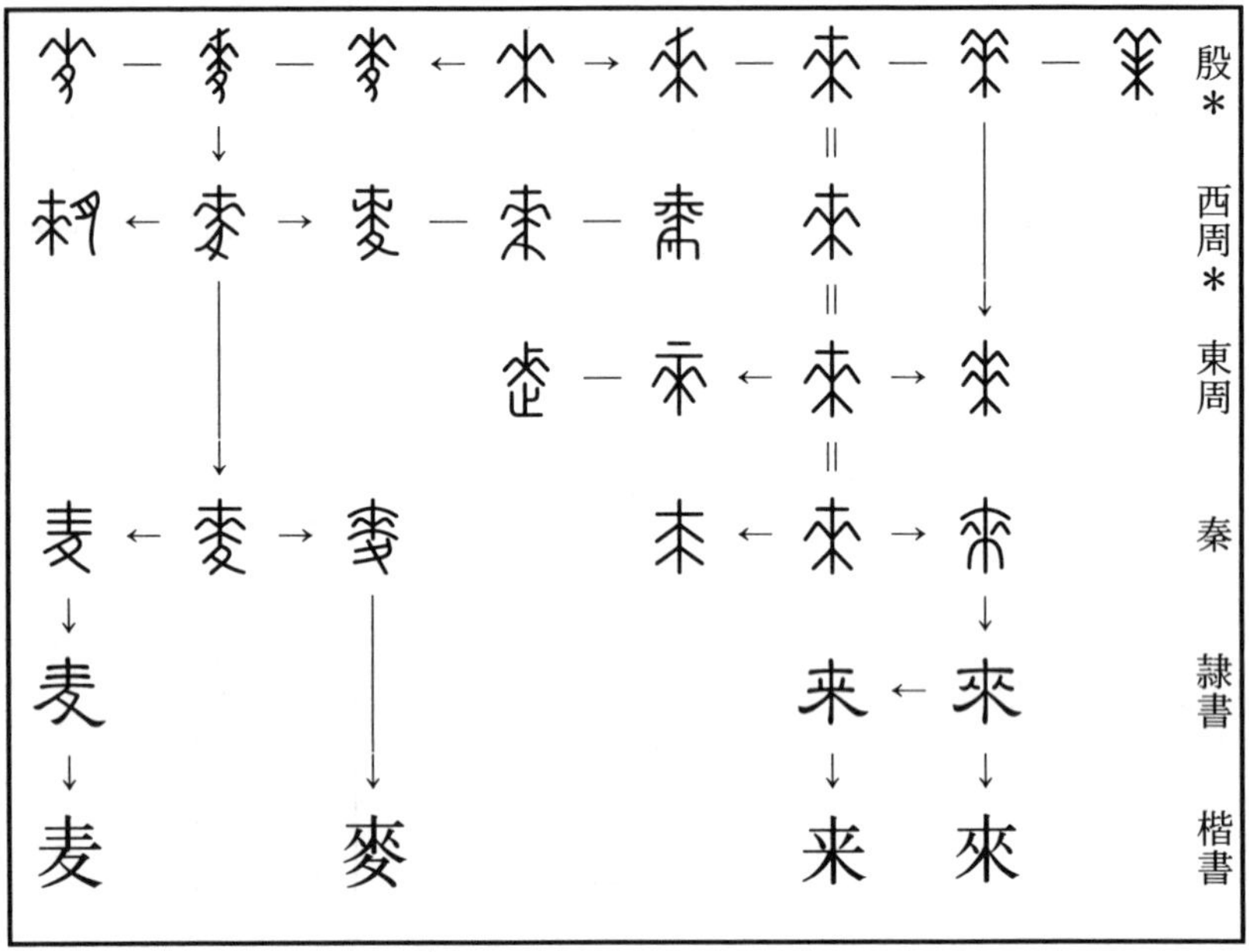

㊀明紐職部[məək, miuək, mrɯg]→
→㊥明紐麦韻[mæk, muɛk, mɣɛk]→㊉バク㊇ミヤク

来[來]（ ）は麦の象形である。横に出た曲がった線について、許慎は芒とし、加藤・鎌田・阿辻・李学勤はこれに従う。しかし、穧の初文（ ）の異体（ ）では、「 」の縦線を曲げることで実った穂を表しているので、「 」のうち上部の縦線が穂、曲がった線は麦の葉を表していると考えられる（そもそも麦の芒は曲がっていない）。

「来」が「きたる」や「もたらす」の意味で用いられたことについて、許慎は麦の実りが天のもたらしたものと解釈する。また仮借とする研究者も多い。いずれも明白な矛盾はないが、来は上古音の声母に異説があり、転注か仮借かを判断することは難しい。

来の字形は、上部に穂を強調する指事記号を加えた形が多く、そのうち「 」が後代に継承された。そのほか殷代の異体には「 」などがあり、まだ穂の出ていない麦の象形であろう。

なお、「来」は殷代から「きたる」などの意味で主に用いられたため、原義については足の形を下向きにした夂《ち》（）を加えた繁文（など）で表されるようになった。

夊の意義については、許慎は具体的に述べていない。加藤は声符で「各」の音とするが、各の上古音は見紐鐸部（[kak]などと復元）と推定されており、麦とは字音の違いが大きい。藤堂は遠く中央アジアから歩いてもたらされたことの表現とするが、当時の人々が原産地を理解していたとは思われない。そのほか、白川・阿辻は麦踏みの様子とし、赤塚・谷衍奎・李学勤は許慎の「来」の解釈から「天から授けられた」の意味とする。また鎌田は麦の根が深いことの表現とする。これらについては、いずれも矛盾はなく、字源を確定することは難しい。

麦［麥］の字形は、西周代には足の形を変化させたもの（）などがあるが後代には残っていない。新字の「麦」は簡牘文字で使われた略体を起源とし、秦代から使われていた歴史のある字形である。ちなみに新字の「来」は隷書で作られた篆書系の略字が起源であり、「麦」とは大きく形が違っている（来の簡牘文字は「」）。

米部

「米（）」は、穀物の実の象形である。

《米》⑥気（餼）・米

---

346 **【気】**［氣］ 楷六画（十劃） 气部 成形声

古溪紐物部・溪紐微部[khiət, khiəd, khɯd]→中溪紐未韻[khiəi, khiəi, khii]→漢キ呉ケ

347

【餼】｛⿱既米［⿱旣米］｝ 楷十九画　食部　成形声（亦声）

古暁紐物部・暁紐微部[xiət, hiər, qhɯd]→中暁紐未韻[xiəi, hiəi, hii]→漢キ呉ケ

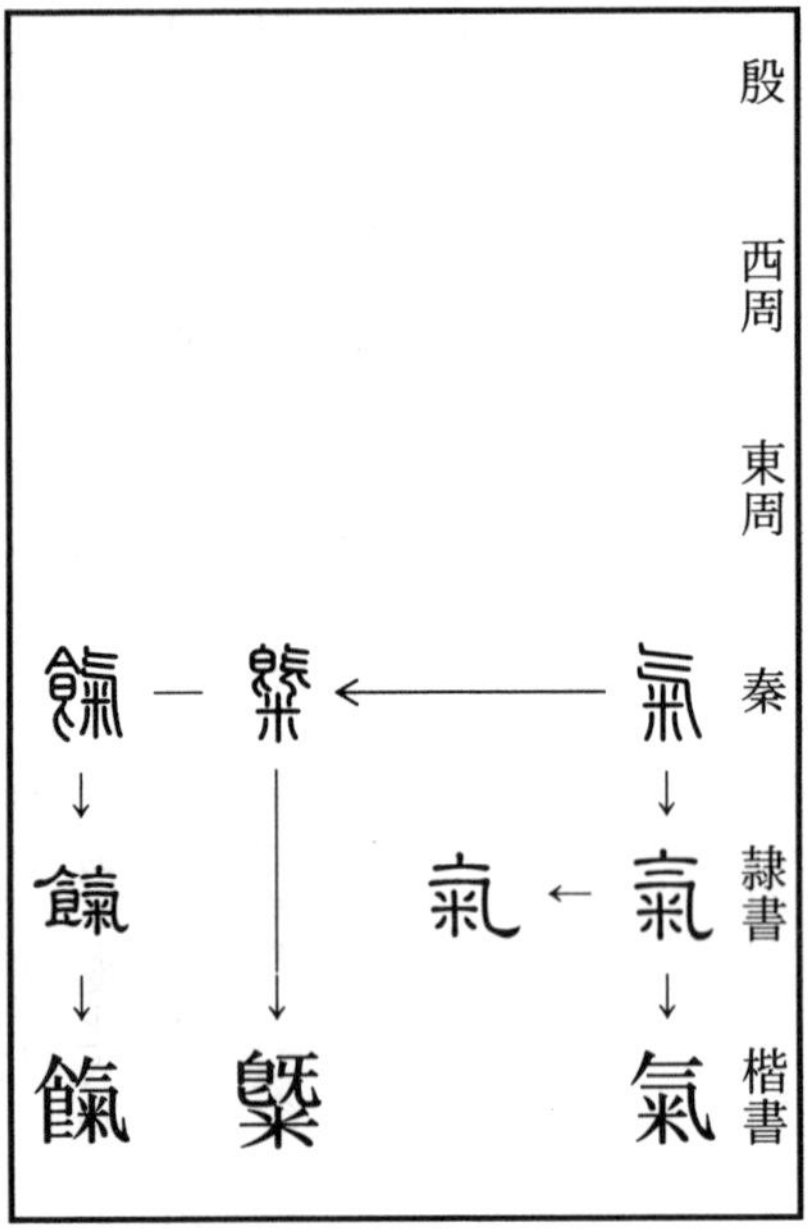

気［氣］は、米を意符、気を声符とする形声文字であり、贈り物や給与としての穀物が原義である。現状の資料では初出が篆書であり、また篆書には異体として声符を「既［旣］」に変えた「⿱既米［⿱旣米］（𥻨）」や、意符として食を増し加えた「餼（𩚫）」の形が見える。いずれも楷書に継承された。

気［氣］は、後に空気を意味する「气」の意味で用いられるようになったが、これは原義ではなく仮借の用法である。鎌田は部首の「米」を「小さいものの意味」とするが、これは仮借した用法を原義と誤ったものである。

なお、「气」の字源については、その字義から雲気や蒸気の象形とする説が有力視されているが、殷〜東周代には同源字の「乞」や「迄」の意味で用いられており、これも別字の仮借であった可能性がある。乞・気は、殷代には「三」の形であり、物体を積み重ねたさまとも、気体が蒸発する様子とも考えられる。ただし東周以降には曲線を用いた形になっており、仮借の用法が定着した結果、気体の状態を表現した形に変化したものと思われる。そのほか、空気を意味する气の異体として、「火」を意符、「气」を声符とする「気（篆書では「⿸气火」の形）」

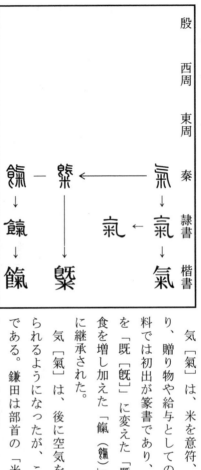

なども作られている。

348【米】 楷六画　米部　成象形

古明紐脂部[miei, mer, mi]→中明紐薺韻[mei, mei, miei]→漢ベイ呉マイ

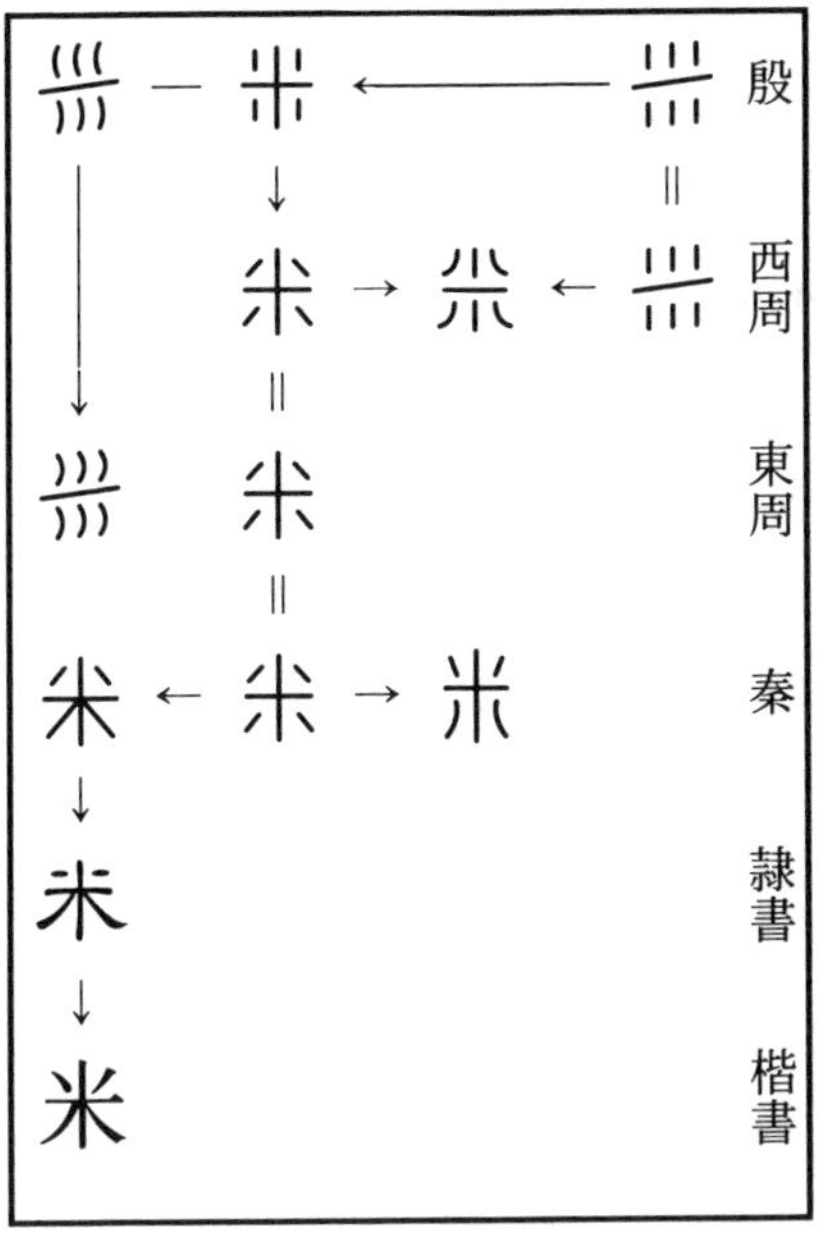

「米」は、日本では稲の実に限定して使われるが、中国では穀物全般の実に使用される。

初文は横線と六つの小点から成る形（〓）である。加藤は横線を籾殻、六つの小点を籾殻から出た実とするが、ひとつの籾殻から六つの実が出るのは不自然である。また藤堂は金文の「〓」を字源とするが、これは殷代に見える小点のうちふたつがつながった形（〓）が変化したものであり、やはり誤りである。諸家が述べるように、横線が穂、小点が実とする解釈が妥当である。

東周代までは六つの実を表現した形が見えるが、秦代以降には「〓」の系統のみが残った。

なお、殷代には借りて「やすんじる」の用法があり、この意味では「敉」が繁文にあたる（「撫」も同義）。

竹部

「竹（𥫗）」は、植物の竹の象形であり、垂れ下がった枝や葉が表現されている。中国では古くから竹が利用されており、竹材の意味で部首に使われることもある。

《竹》⑥竹⑪笛⑫等⑭算・箸（著・着）⑮箱

349【竹】 楷六画　竹部　成象形

古端紐覚部[tiuk, tiok, tug]→中知紐屋韻[tiuk, tiuk, tiuk]→漢チク呉チク慣シツ

竹（𥫗）の字源について、赤塚・阿辻は二本の竹が並び生えている様子とするが、「𥫗」の字形は上部がつながっており、藤堂が竹の二本の枝とするのが正しい。そのほか加藤は「縮」に字音が通じて「小さい篠竹（くまざさ）の象形」とするが、特定の種ではなく竹の汎称として使われている。

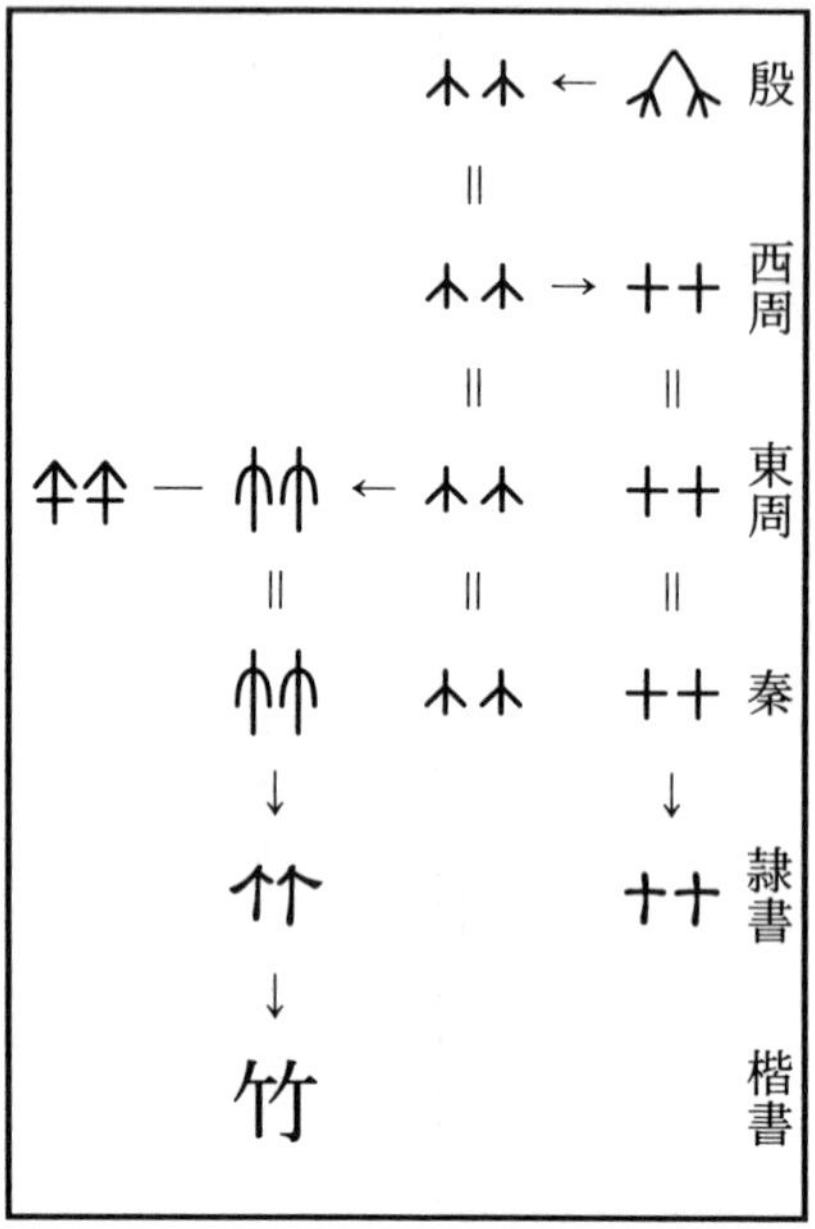

「⺮」の形は殷～西周代には部首としてのみ使われているが、これが後代に継承された。また西周代以降に見える略体の「艹」は艸の略体（⺾に該当）とほぼ同形である。さらに字形は楷書で斜めの線が丿と一に変えられ、「竹」の形になった。

350 【笛】 楷十一画　竹部　成形声

古定紐覚部・以紐覚部[diuk, dok, l'ɯɢ]→中定紐錫韻[diek, dek, dek]→漢テキ呉ジャク

「笛」は、竹を意符、由を声符とする形声文字であり、「竹笛」が原義である。

「由」を亦声とする説もあり、藤堂は「息をぬき出す」の意味とし、赤塚・谷衍奎も同様である。しかし、「由」自体にその意味はなく、直接の亦声とは認められない。また鎌田は「底の深い穴」の意味とするが、これは由の字源を「底の深い壺」と誤解したことを元にしている。

なお、「ふえ」の意味としては、ほかに笙・籥・管などもあるが、もとは楽器としての形状などが異なっていた。

351 【等】 楷十二画　竹部　成形声（亦声）

古端紐蒸部・端紐之部[taŋ, taŋ+tag, tɯŋ+tɯ]→中端紐等韻・端紐海韻[taŋ, taŋ+tai, taŋ+tʌi]→漢トウ・タイ呉トウ・タイ

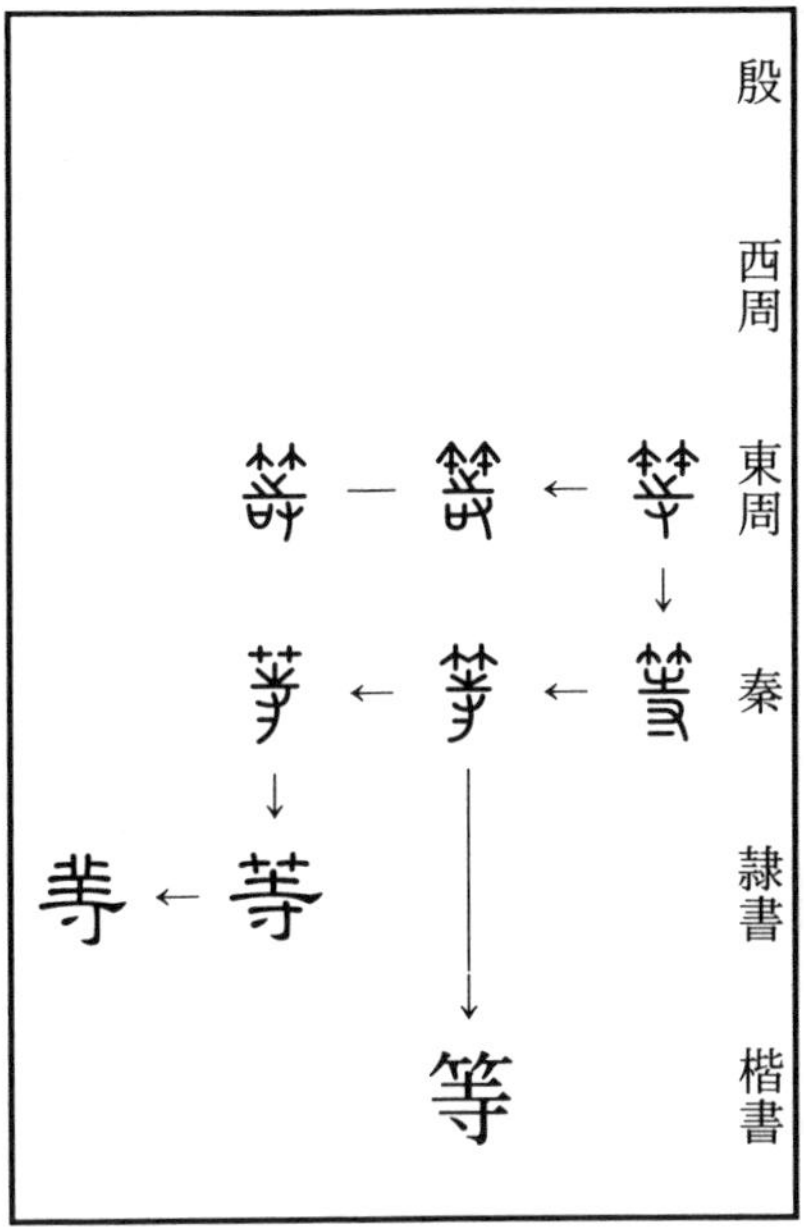

「等」は、竹を意符、寺を声符とする形声文字であり、竹簡の長さを等しくそろえることが原義である。

寺は「持」の初文であるが、官庁の意味に使用されたため、鎌田は寺が亦声で役人が竹簡を整理することが原義とし、谷衍奎は会意文字として寺に竹簡を扱う官吏の意味があるとする。解釈として矛盾はないが、東周代の異体には持の初形（⿱止又）を用いた字形（⿱竹持など）もあり、純粋な形声文字とする方が妥当であろう。

---

352 **【算】**｛筭・笇｝ 楷十四画　竹部　成会意

古心紐元部[suan, suan, son]→中心紐換(緩)韻[suan, suan, suan]→漢サン呉サン

「算」は、もと上部が「竹」、下部が「具」であり、「竹」は算木を表現したもの、「具」は「そろえる」の意味とされる。「算木をそろえる」ことで「かぞえる」を表した文字である。

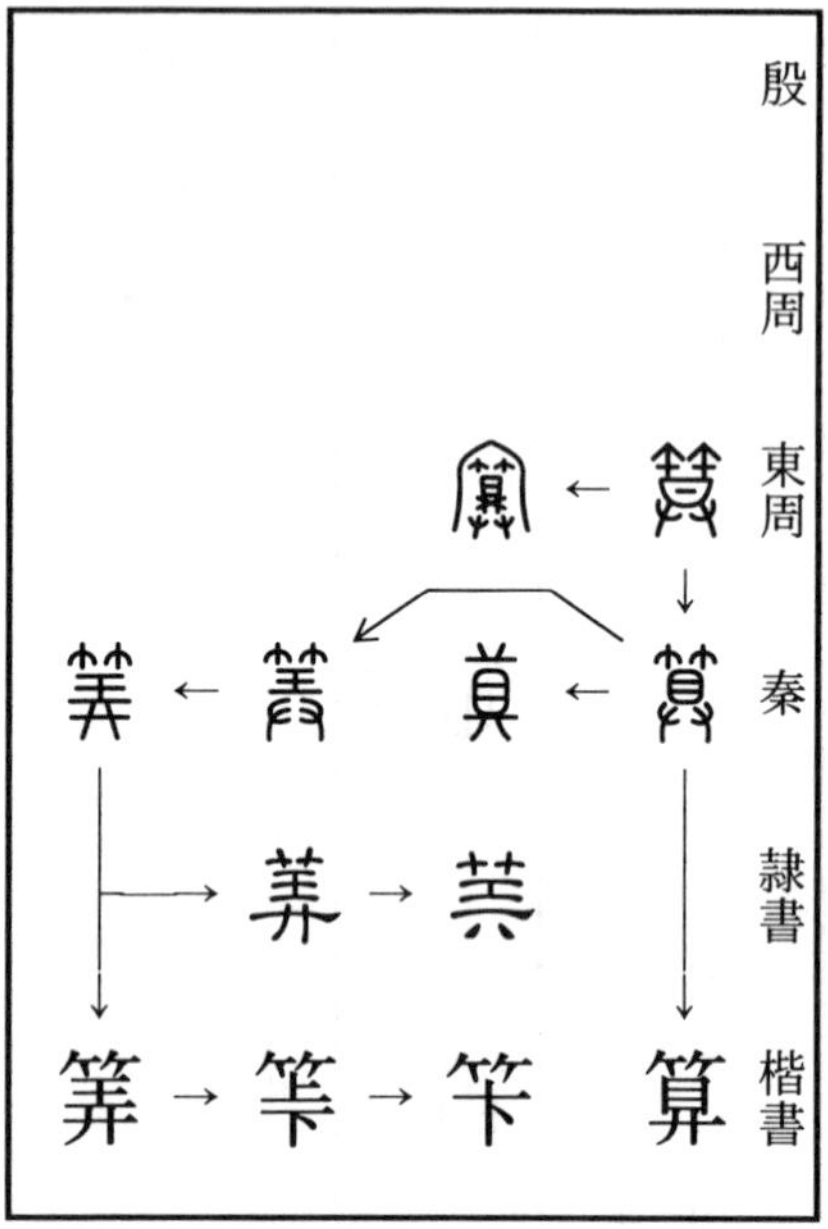

また、秦代に初出の「筭」は、具を弄に置換した異体であり、やはり算木を扱うことを表している。楷書では、弄を異体の「卡」に変えた「⿱竹卡」が作られ、さらにその略体として卞を用いた「笇」となった。そのほか隷書には竹を艸に変えた異体（⿱艹弄など）が見られる。

ちなみに、「具」はもと両手で鼎をささげる様子である。「具」は楷書で両手の形が「六」の形になったが、「算」については両手の形の「廾《きょう》」が残っている（鼎の形はいずれも「目」に簡略化されている）。

なお、藤堂・白川・谷衍奎は「算（筭）」と字義・字音が同じ「祘《さん》」を同源字とし、「示」の意味ではなく十本の算木を並べた様子とする。しかし、祘については用例がきわめて少なく、字源説の正否を明らかにすることは難しい。そのほか加藤は、「具」と「弄」をともに声符と見なし、本来は違う音であったが、いずれも対転などにより同一の「サン」の音になったとするが、無理のある解釈である

---

353 【箸】 楷十五画　竹部　成形声

古定紐鐸部・端紐鐸部・定紐魚部・端紐魚部[dia+tia+tiak, diag+diak, da+ta]→

→中澄紐御韻・知紐御韻・澄紐薬韻・知紐薬韻[ɖio+ʈio+ʈiak, dio+diak, ɖiʌ+ʈiʌ]→

→漢チョ・チャク呉ジョ（ヂョ）・ジャク（ヂャク）

354 【著】｛著｝ 楷十一画（十三劃）　艸部　成形声

古定紐魚部・端紐魚部・定紐鐸部・端紐鐸部[tia+diak, tiag+diak, da+tag+dag]→

→中知紐御韻・澄紐薬韻・知紐薬韻[ʈio+ɖiak, ʈio+ɖiak, ɖiʌ+ɖiak+ʈiak]→

→漢チョ・チャク呉チョ・ジャク（ヂャク）

355 【着】［着］ 楷十二画（十一劃）　羊部（目部）　成形声

古定紐鐸部[diak, diak, –]→中澄紐薬韻[ɖiak, ɖiak, –]→漢チャク呉ジャク（ヂャク）

東周代に初出の「箸」は、竹を意符、者［者］を声符とする形声文字であり、竹製のはし（飯攲）が原義であ

る。後に借りて「きる」「つく」の意味にも使用された。なお、谷衍奎は火箸を原義とするが、これは「者」を柴を燃やす形とする誤解に基づく。
「著［著］」は隷書に初出であり、意符を竹から艸（艹）に変えたものであるが、主に「つく」の意味で使われ、さらに借りて「あらわす」の意味に用いられた。「着」は、「著」を略体化し、さらに「日」を「目」に変えたものであり、「きる」「つく」の意味に使われた。

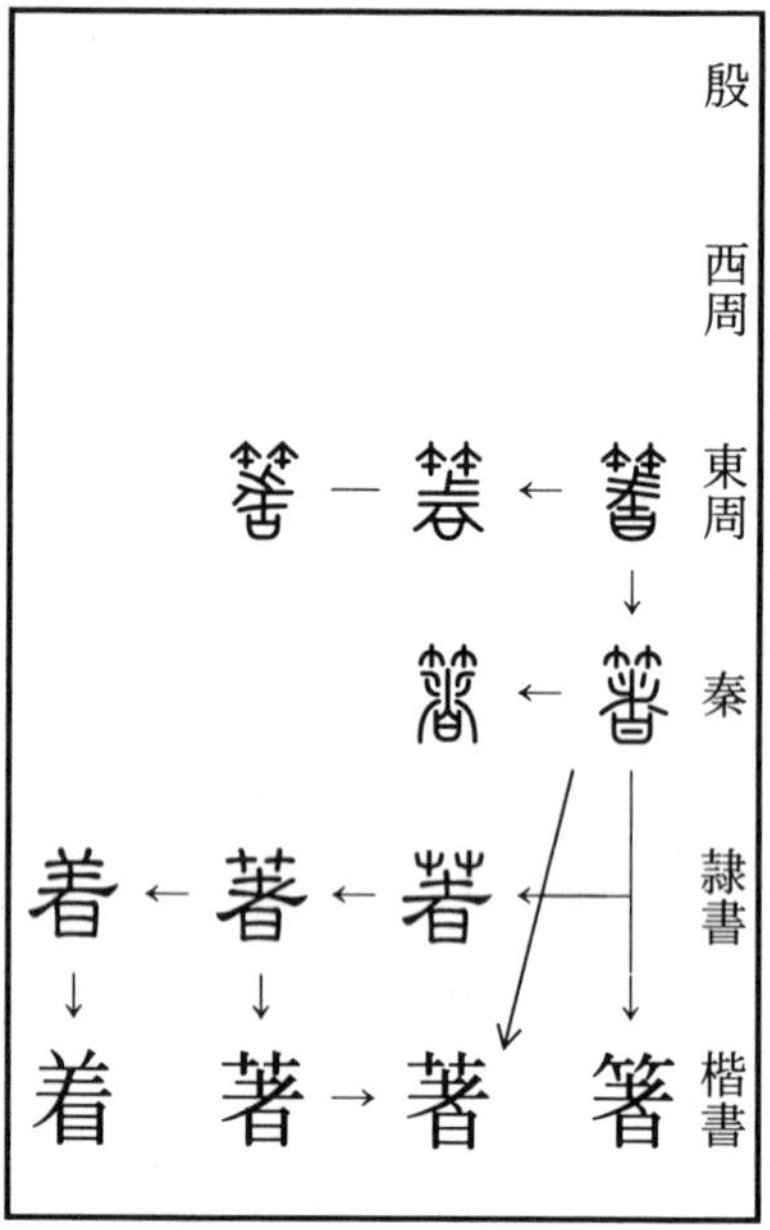

356【箱】 楷十五画 竹部 成形声

(古)心紐陽部[siaŋ, siaŋ, saŋ]→(中)心紐陽韻[siaŋ, siaŋ, sieŋ]→(漢)ショウ(シャウ)(呉)ソウ(サウ)

「箱」は、竹を意符、相を声符とする形声文字であり、原義は竹で作った馬車の荷箱（乗車部分）とされる。「相」について、意味も表す亦声とする説もあり、藤堂は左右のペアの箱とするが、馬車の乗車部分は左右に分かれていない。また、赤塚・鎌田は「しまう」の意があるとするが、「相」自体にその意味はなく、また馬車はものをしまうためのものではない。

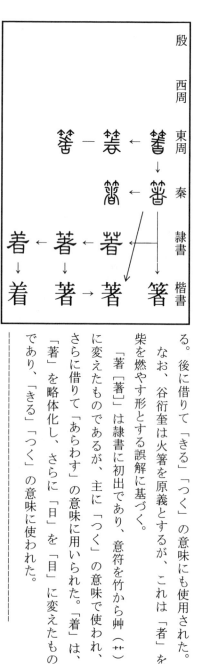

人工の道具に関係する部首の文字

弓部

「弓（）」は、弓の象形である。弓や射撃に関係する文字に部首として使われる。

《弓》③弓④引(弘)⑨発⑩弱

357 **【弓】** 楷三画　弓部　成象形

古見紐蒸部[kiuaŋ, kiuaŋ, k^wuŋ]→

→中見紐東韻[kiuŋ, kiuŋ, kiuŋ]→漢キュウ呉クウ

殷代には「」の形が多く使われており、左側の曲がった線が弓の本体であり、右側が弦にあたる。また部首としては、弦の部分を省略して左右反転した形（）も用いられており、これが後代に継承された。東周代に曲がり方を強調した異体（）があり、これが楷書の「弓」の元になっている。なお、殷代以外についても、一部の字形は部首としてのみ見える。

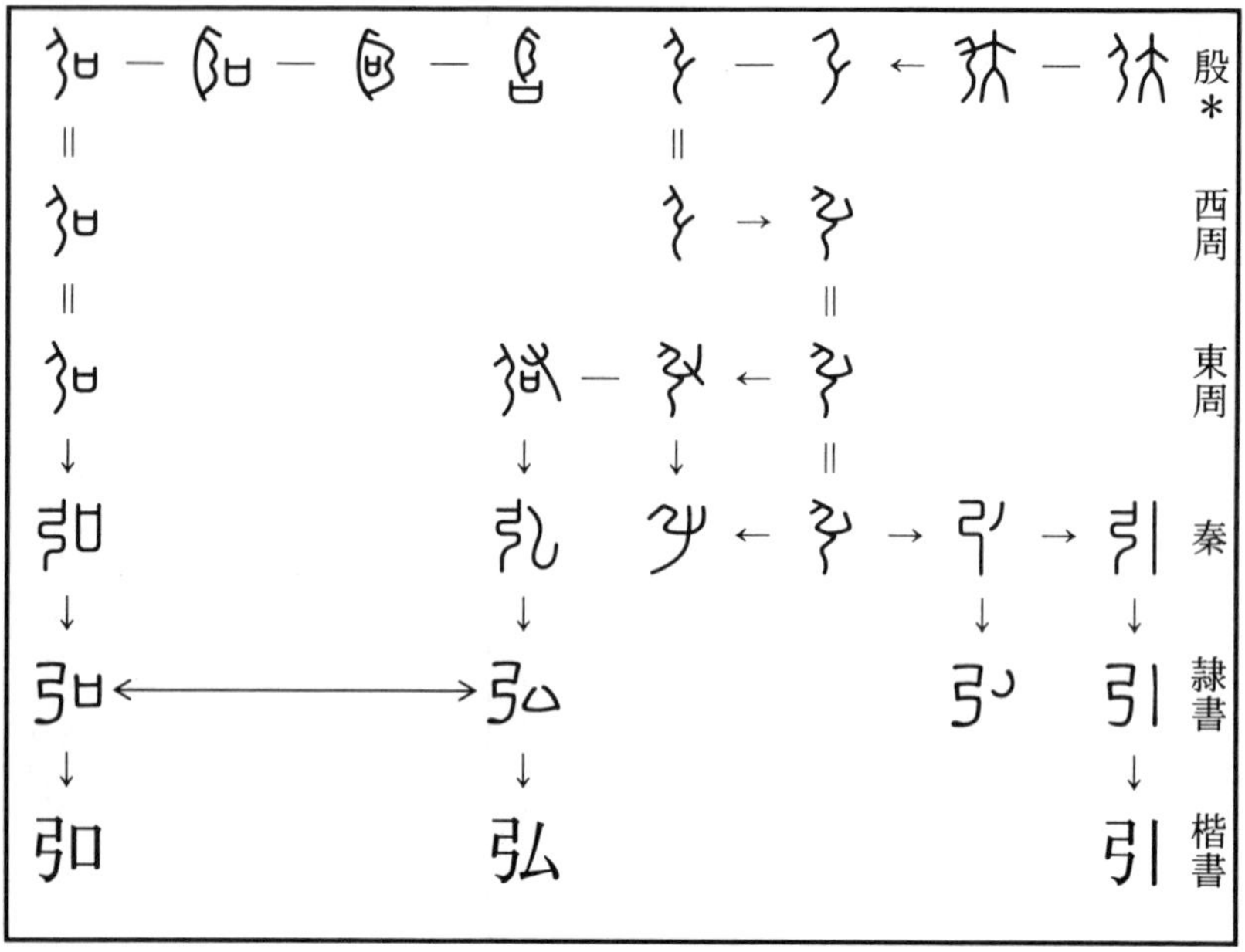

358 【引】 楷四画　弓部　成会意

古余紐真部・以紐真部[ɦien, ḍien, lin]→

→中以紐軫（震）韻[yien, yien, yiin]→漢イン呉イン

359 【弘】{弓口} 楷五画　弓部　成会意（亦声）

古匣紐蒸部[ɣuəŋ, ɦuəŋ, gʷɯŋ]→

→中匣紐登韻[ɣuəŋ, ɦuəŋ, ɦuəŋ]→漢コウ呉グ

殷代の「〓」などは人の正面形である大（〓）と弓の略体（〓）に従い、人が弓を引いている姿を表している。

また「〓」などは、腕の部分を残して人体を省略したものであり、この形が後代に継承された。秦代には腕の部分を弓から分離させた字形が作られ、そのうち篆書の「引」が楷書に継承された。

なお、九種の字源字典のうち、正解に至ったのは谷衍奎のみであった。許慎は字形の構造のみを述べている。

また、徐鍇『説文解字繫伝』が篆書の字形（引）を元に「丨《こん》」を声符とする形声文字とすることから、加藤・赤塚はこれに従うが、篆書以前の字形に合わない。また「丨」の上古音は見紐文部（[kuən]などに復元）と推定され、引とは字音も異なっている。そのほか藤堂・鎌田・阿辻・李学勤は「丨」を張り伸ばした様子の表示とするが、腕の形が篆書で変化したものであり、字源としては指事記号ではない。白川は于の異体の「〓」と同源字とするが、殷代には「〓」の形であり、引とは別字である。

「弘」は分化字であり、弓を引くことから転じて大きいことや広いことの意味の語彙に転用された。字音としては「引」よりも「弓」に近くなっており、弓は亦声であろう。この意味では、腕の形に近く発音を表す「厷（肱の初文）」に置換した「弦」にあたる形（〓）が東周代に作られ、さらに秦代に厷が略体のムに変えられた。なお、白川は「弘」を「引」の原型として「ム」を弓に紐をつけた形とし、谷衍奎は「ム」の部分を弦が出す音を表す指事記号とするが、「ム」は前述のように「厷」の略体である。

「弘」については、引と本来は別字であり、弓（〓）やその略体と器物を表す𠙵（〓）から成る会意文字であった。殷代には引と用法が異なっていたが、例えば「強（强）」の声符としては東周～秦代に「弘」が使われ、楷書で「弘」が使われるなど、弘の異体として用いられるようになった（隷書ではしばしば口・ムが通用する）。

---

360 【発】［發］ 楷九画（十二劃） 癶部 成形声

古幫紐月部[piuat, piuat, pad]→中非紐月韻[piuɐt, piuat, piɐt]→漢ハツ呉ホチ慣ホツ

初出の殷代の字形については、「〓」などは指事文字的な表現であり、弓（〓）の弦の部分を破線にして矢が発射された後の弦の振動を表現している。また、「〓」はそれに矢を射る手の形を加えたものである。さらに「〓」

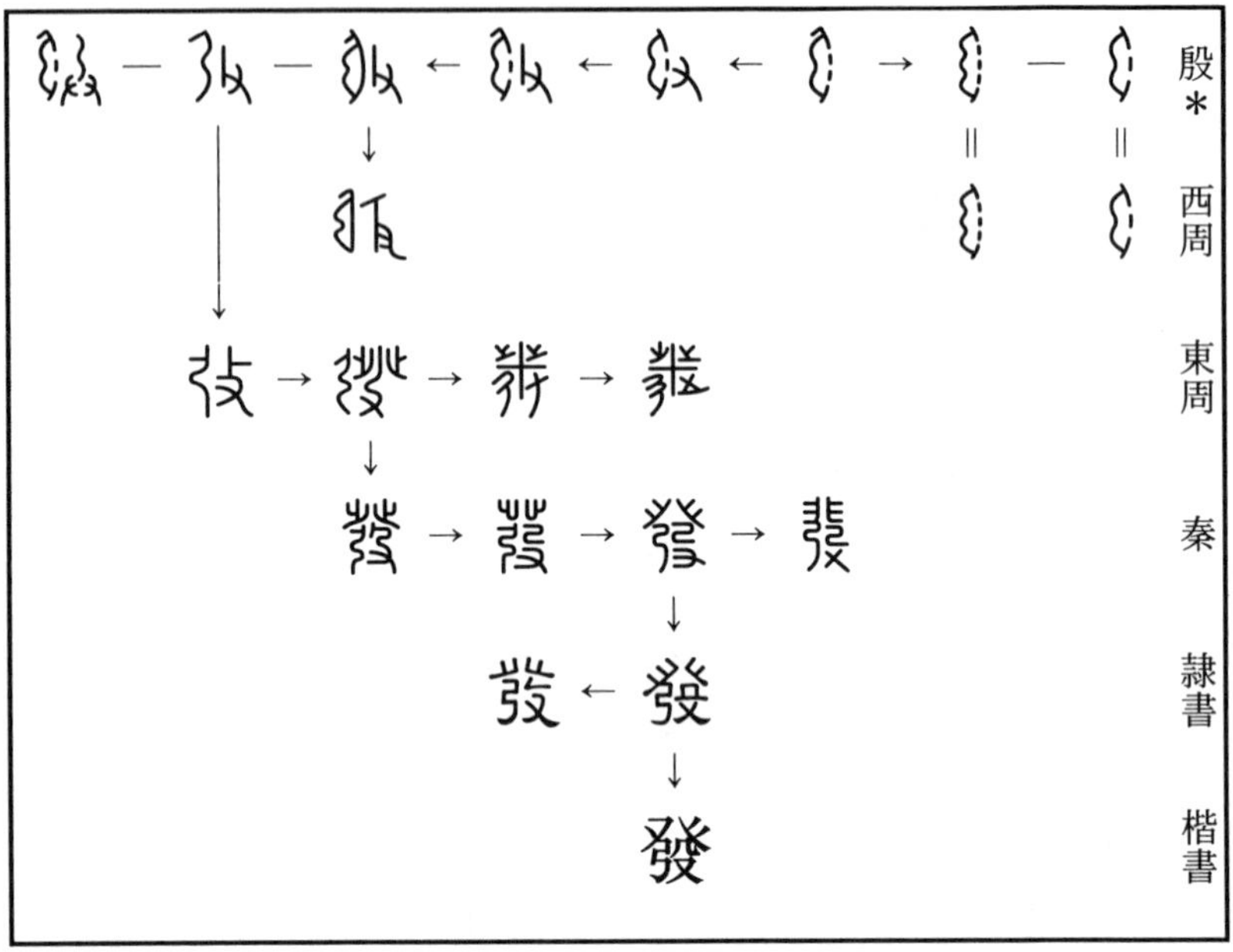

は手の形の「又」を道具を持った形の「攴」に変えた「弢」の形であり、その略体の「弢」が後代に継承された。

東周代には、「攴」に「癶」を加えることで、声符の「癹」を形成しており、結果として弓を意符、癹を声符とする形声文字になった（厳密には東周代に形成されたのは「癹」の形であり、秦代に「癹」になった）。そのほか異体として、東周代には攴を変形したもの（癹など）が見られる。なお、「癹」は足で草を踏む意味の文字であり、「発」と字義的な関連はなく、純粋な声符である。

字源について、許慎・加藤・赤塚・阿辻・谷衍奎は本源的に形声とするが、これは後代の字形による解釈である。また、藤堂は「癹」が「左右にひらく動作」の意味を表す亦声の部分で弓を放つ動作を表すとし、鎌田はこれに従うが、その用法は確認できない。白川は癶・弓・殳の三者から成り、開戦の告知を表すとするが、前述のように段階的に形成されたものであり、三者が同時に出揃った文字ではない。李学勤のみ、字形の歴史的変遷を正確に把握している。

361 【弱】［弱］ 楷十画　弓部　成会意

古泥紐薬部・日紐薬部[ȵiauk, niɔk, niewɢ]→中日紐薬韻[ɻiak, n(r)iak, ȵiɐk]→漢ジャク呉ニャク

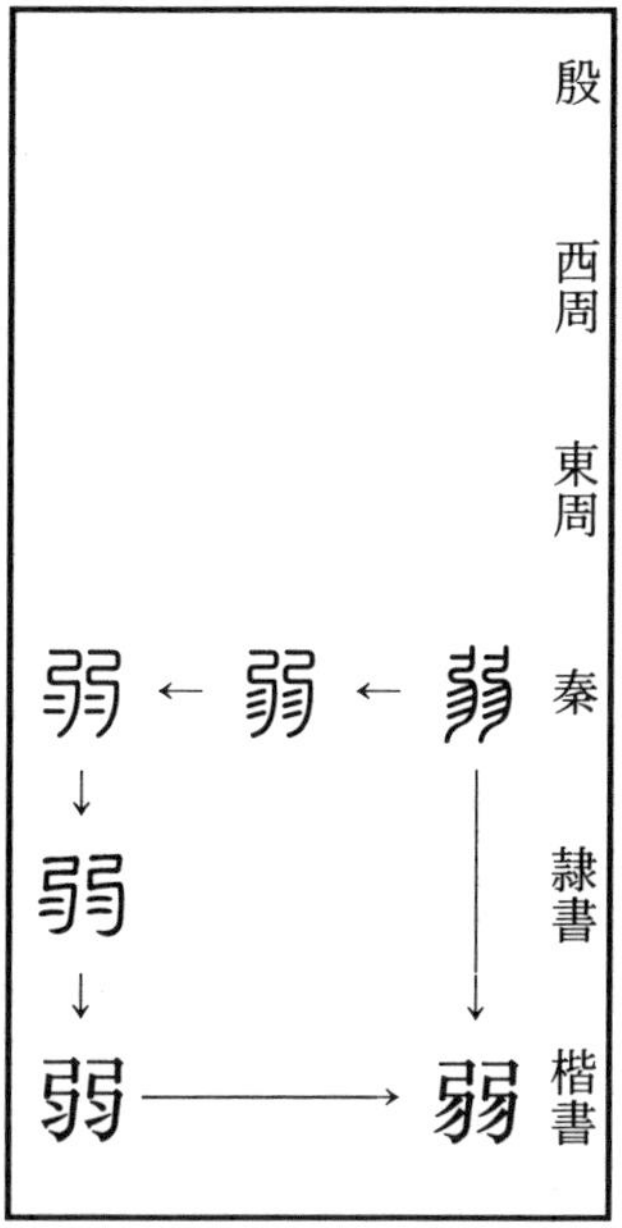

二つの「弓彡」を用いた会意文字である。

篆書の「弱」について、許慎は上部を曲がった木とし、谷衍奎は紐飾りとするが、明らかに弓（弓）と彡《さん》（彡）に従う形である。また加藤は、彡を声符とする形声文字とし、「サン→ゼウ→ジャク」という字音変化を想定するが、無理な解釈と言わざるを得ない。そのほか、李学勤は「構形の義不明」とする。

弓の形から字源を解釈した説として、赤塚は弓を曲げて美しく整えることとし、藤堂・白川・阿辻はかざりを付けた弓とし、いずれも「よわい」は引伸義とする。また、鎌田は「たわむゆみ」の形から「よわい」を表した文字とする。いずれも矛盾はないが、ほかに「弓彡」を用いた文字がないので、正否は不明である。

新字体は「彡」を「冫」に変えた略字であるが、秦代にすでに見えており、長い歴史のある字形である。逆に、楷書の正字は篆書を模倣した「弱」とされるが、現存の八分隷書には見えない字形である。

矢部

「矢（）」は、矢の象形である。

《矢》⑤矢(寅)⑫短 《至》⑤台

362【矢】 楷五画 矢部 成象形

古書紐脂部・透紐脂部・以紐脂部[ɕiei, thier, hli]→中書紐旨韻[ɕi, ʃii, ɕii]→漢シ呉シ

363【寅】 楷十一画 宀部 成会意

古余紐真部・以紐真部・以紐脂部[ʎien, ɖien, lin+lil]→中以紐真韻・以紐脂韻[yien, yien, jiin+jii]→漢イン呉イン

矢（）は矢の象形であり、上部に鏃《やじり》、下部に矢羽根がある。殷代には矢の上下を分ける記号を付けた「」などの異体があり、その略体の「」が後代に継承された。楷書のうち、第一・二画は鏃の部分であり、下部の払いが矢羽根にあたる。なお、加藤・藤堂は、殷代の字形として誤って鏑矢《かぶらや》の象形の畀《ひ》（）を挙げている。

殷代には、「」が十二支の三番目としても用いられており、この場合には「寅」が釈字にあたる。「寅」の字形には、殷代に「」などの異体があり、加えられた四角形については、矢を束ねた様子、あるいは矢を入れる箙《えびら》［箙］の形などと言われるが、それを明らかにできる文字や文章は存在しない。

殷金文には矢をもつ両手の形の臼《きょく》を追加した異体（）があり、これが後代に継承された。なお加藤は、た

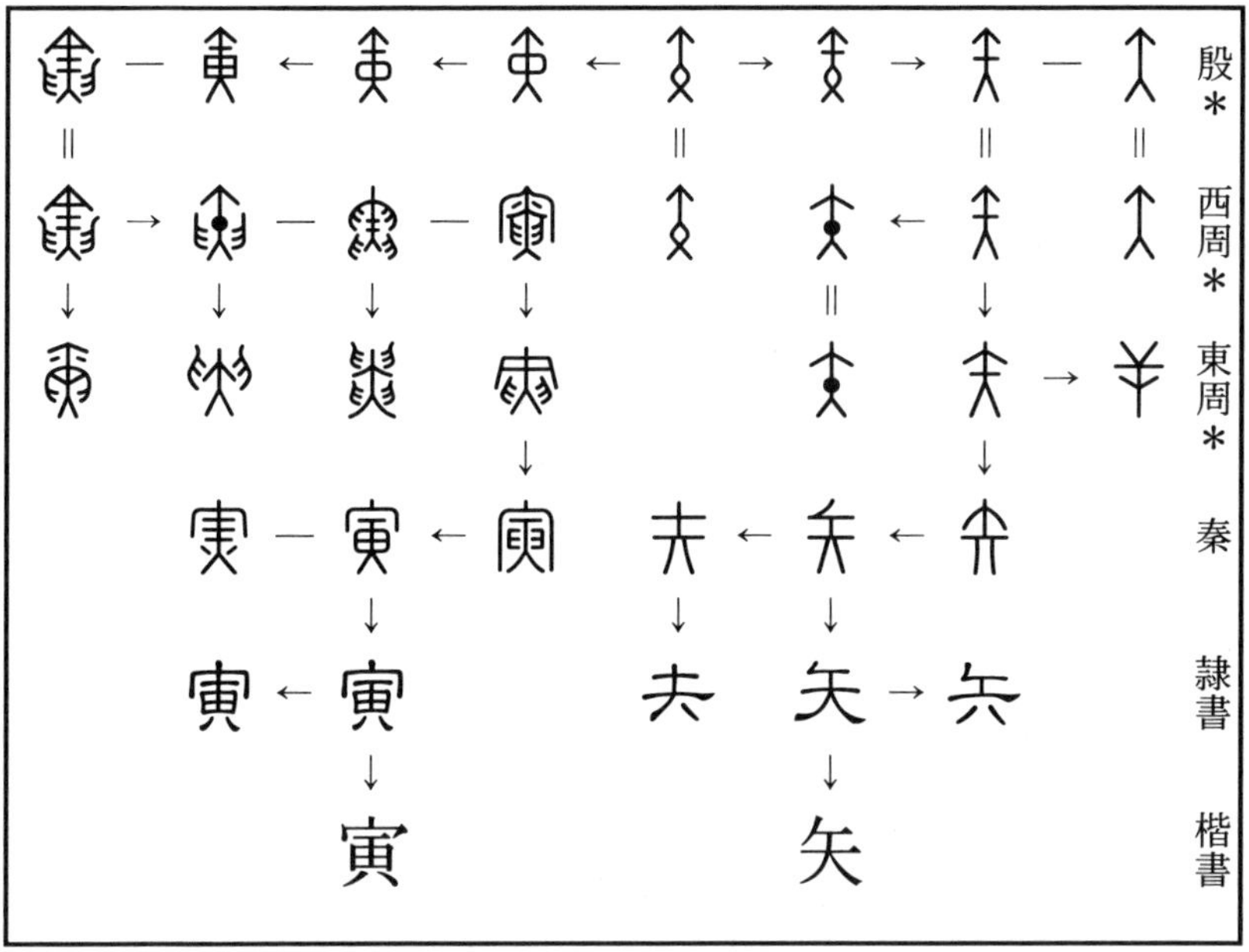

だ持つだけではなく、矢の曲がりを伸ばす様子とし、藤堂・白川・赤塚・鎌田はこれに従う。また阿辻は弓に矢をつがえてひきしぼる意とする。いずれも「引」などと字音が近いことからの類推であるが、十二支以外では形声文字の声符としての用法しか見られないので、正否は明らかではない。

異体として西周〜東周代には両手の形を増した「〓」などの形があり、許慎も近い字形を古文として挙げているが、後代には継承されていない。また鏃の部分を強調した形（〓など）があり、こちらが後代に継承され、また各部分が秦代に再構成された。楷書のうち、「宀」は鏃の一部であり、「田」のような形のうち、中央の縦画を除く部分が臼が変化したものである。

字音については、矢・寅を別源とする研究者が多いが、加藤は「眣《しゅん》」と「瞚《しゅん》」が通じることから「シ」の音が転じて「イン」になったとする。しかし、「眣」が作られたのは篆書より後であり、少なくとも篆書の段階では既に「矢」と「寅」の字音は分化しているので、字音による通用とは見なせない。

364【短】〔⿰扌豆〕 [楷]十二画　矢部　[成]形声？

(古)端紐元部[tuan, tuan, ton]→(中)端紐緩韻[tuan, tuan, tuan]→(漢)タン(呉)タン

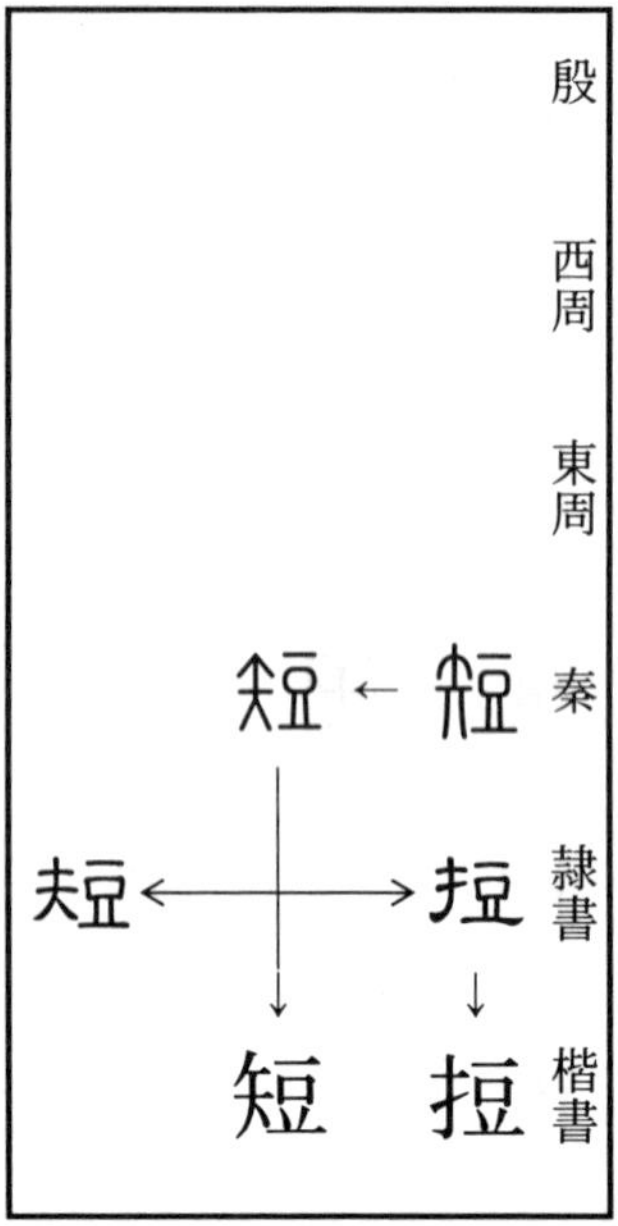

「短」については、字源説が多様である。許慎は矢を意符、豆を声符とする形声文字とし、矢で長短を測ることが原義とする（加藤と李学勤も同様）。また赤塚・鎌田も形声文字とするが、原義を「短い矢」と解釈する。白川は許慎の説を採り、かつ「豆」が発音のほか短いの意味を表示する亦声の部分とする。谷衍奎もこれに近く、豆は発音とともに矢より短い様子を表しているとする。

字音について言えば、「豆」は上古音が定紐侯部（[dɔ]などと復元）と推定されており、韻母の違いが大きい。そのため藤堂は会意説を採り、「矢や豆のように比較的寸法が短いもの」を原義とする。

いずれも明確な矛盾はないが、篆書以前の用例がないため、「みじかい」が原義であることすら確実ではなく、正否を明らかにすることは難しい。そのほか、鎌田は矢が「大工がしらの形」を表し、豆が「頭が大きく背が低い年少者の見た目を表す」とし、大工がしらのもとで働く年少者を原義とするが、これは強引すぎる解釈である。

字形は隷書で矢を手（扌）に変えた異体（⿰扌豆）があり、楷書にも残っている。

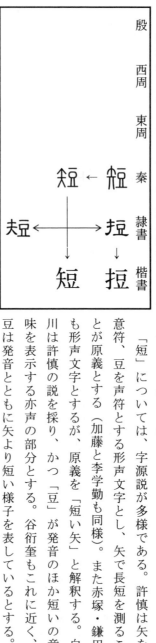

365【台】［臺］ 楷五画（十四劃） 口部（至部） 成会意

古定紐之部[de, dəg, dɯ]→中透紐咍韻[dɑi, dəi, dʌi]→漢タイ呉ダイ

篆書（臺）では上部が「屮」になっているため、そこから字源を解釈する説が多いが、初出の東周代には足の象形の「止」やそれを用いた「之」の形である。

見晴らし台が原義であり、おそらく止や之は登ることを表しており、中央部は高楼建築の象形である「高」に近い形である。至については、「いたる」の意味で使われたとする説もあるが、屋または室の略体で中央部とともに建築物であることを表現したものと考えるのが整合的であろう。

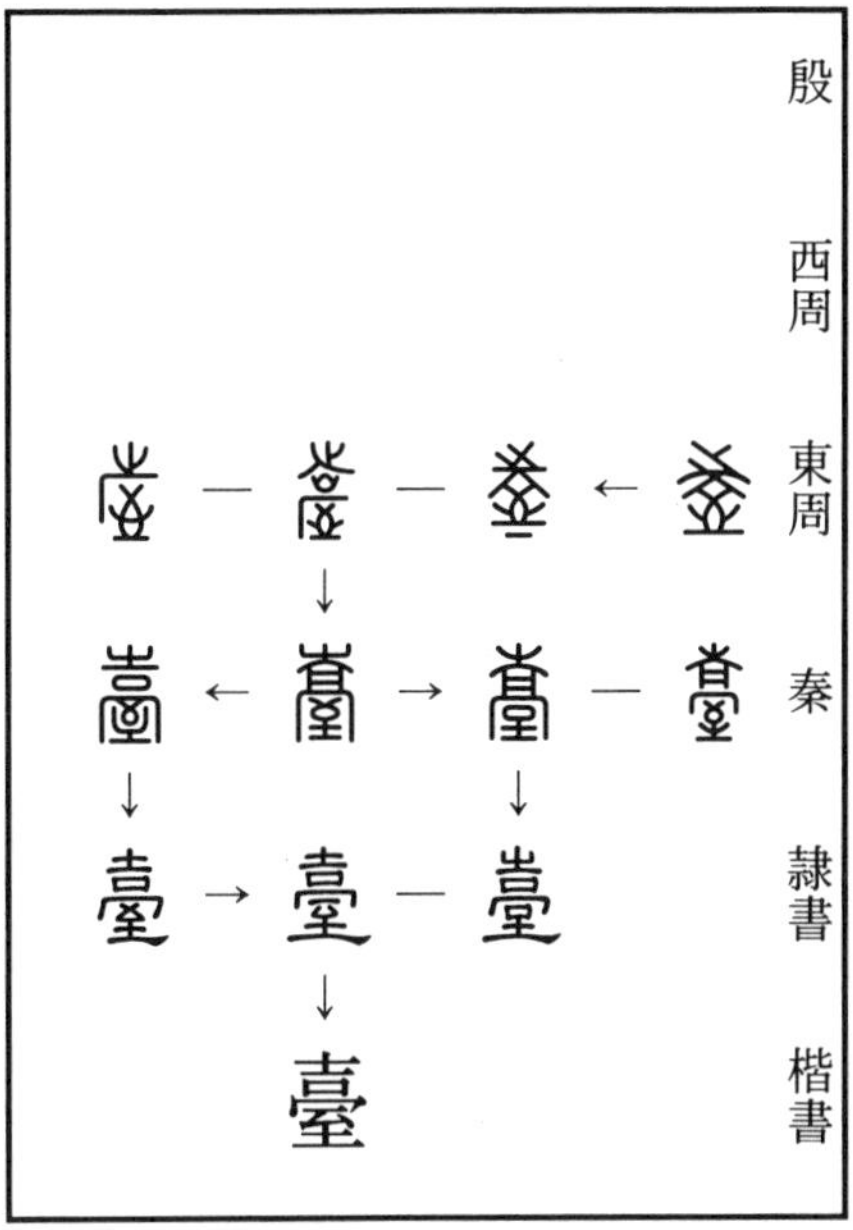

なお、「至」は初出の殷代（至）には、矢（矢）を下に向けたものに地面を表す横線を加えており、矢が地面に到達することから「いたる」の意味を表した文字である。

また、新字の「台」は口を意符、以の略体のムを声符とする形声文字であり、本来は別字である。「イ」の音で始や治の声符としても使われているが、台にはタイの音

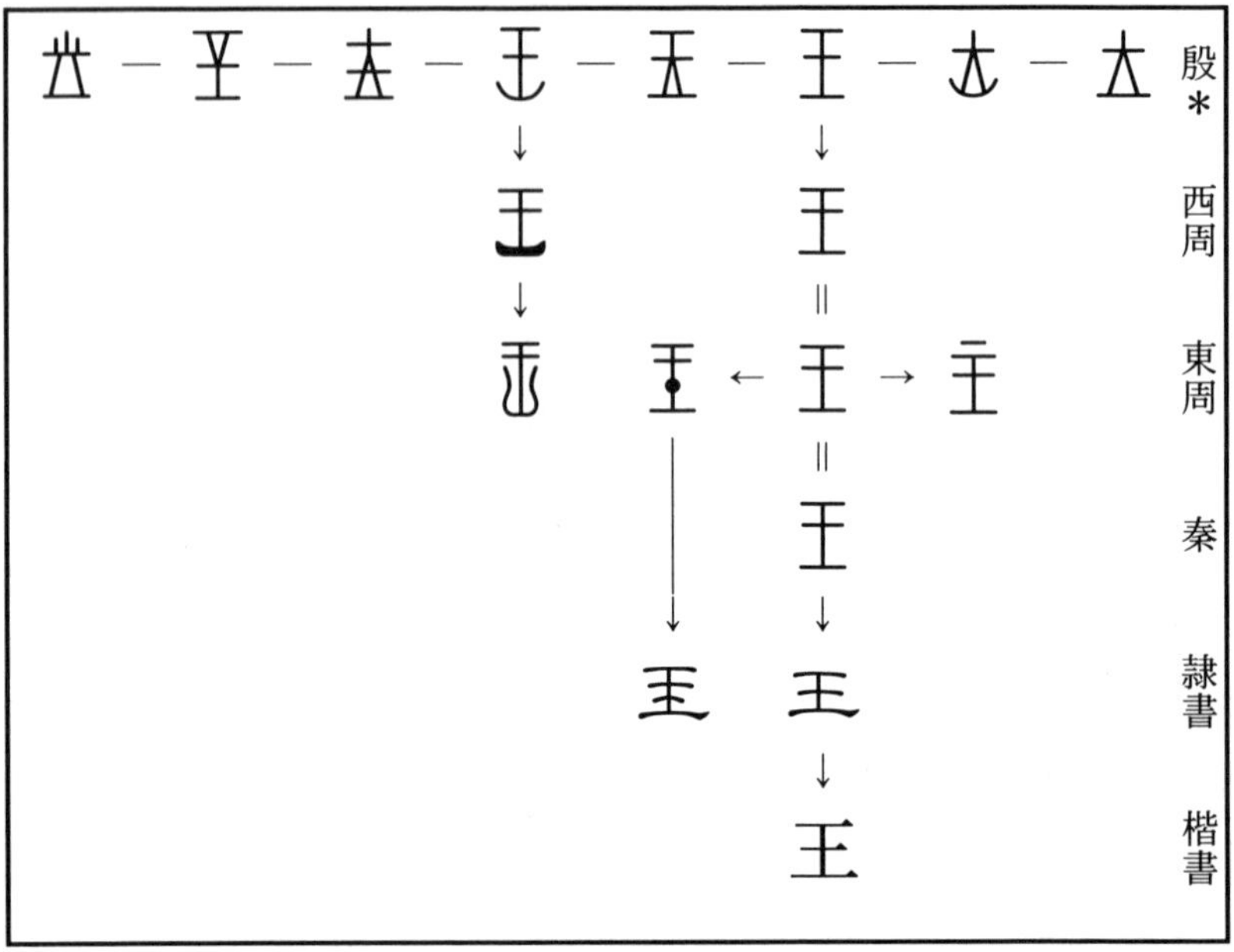

もあり、怠・胎などの声符にもなっている。後者の字音を借りて臺の略体として用いられた。なお「台風」は、また別の文字である「颱」に「台」を当てて使ったものである。

王部

「王（太）」は、鉞《まさかり》の象形である戉（[illegible]）の刃の部分を表している。

《王》④王

366【王】楷四画　玉部　成象形

古匣紐陽部[ɣiuaŋ, ɦiuaŋ, ɢʷaŋ]→中雲紐陽（漾）韻[ɣiuaŋ, ɦiuaŋ, ɦuaŋ]→漢オウ（ワウ）呉オウ（ワウ）

「王」の字源について、許慎は、「天地人を表す三線を貫いている形」とする説を採るが、字形も天地人の概念も、後代のものに基づいている。また、藤堂は「手足を広げた人が天と地の間にたつさま」とするが、これも明白な誤りであり、それに近い文字は立（殷代には「〓」の形）である。

この文字は、諸家が述べるように刃物の象形である。加藤・赤塚・阿辻は斧の形とするが、最古の字形（〓）は斧の象形である斤（〓）よりも、鉞の象形である戉（〓）に近く、白川が鉞の刃で下が刃先としたのが正しい（鎌田・谷衍奎・李学勤も鉞説を採る）。

「王」を意味する文字に鉞の刃の形を転用した理由については、鉞が罪人の処刑に使われたことから、王が持つ権力を象徴したという説がある。また鉞は古くから武器として用いられたので、王の軍事力の象徴とする説もある。

殷代には多くの異体が見られるが、そのうち「〓」と丸い刃先を表現した「〓」が後代に継承された。両系統は東周代まで併用されたが、秦代に前者の系統が選択され、楷書の「王」の元になっている（許慎は古文として後者の系統を挙げている）。

また隷書には一画を加えた「〓」の形が見られるが、東周代の異体である「〓」の影響があったと思われる。

斤部

「斤（〓）」は、斧の象形で、その初文である。

《斤》⑧所⑬新（亲・薪）

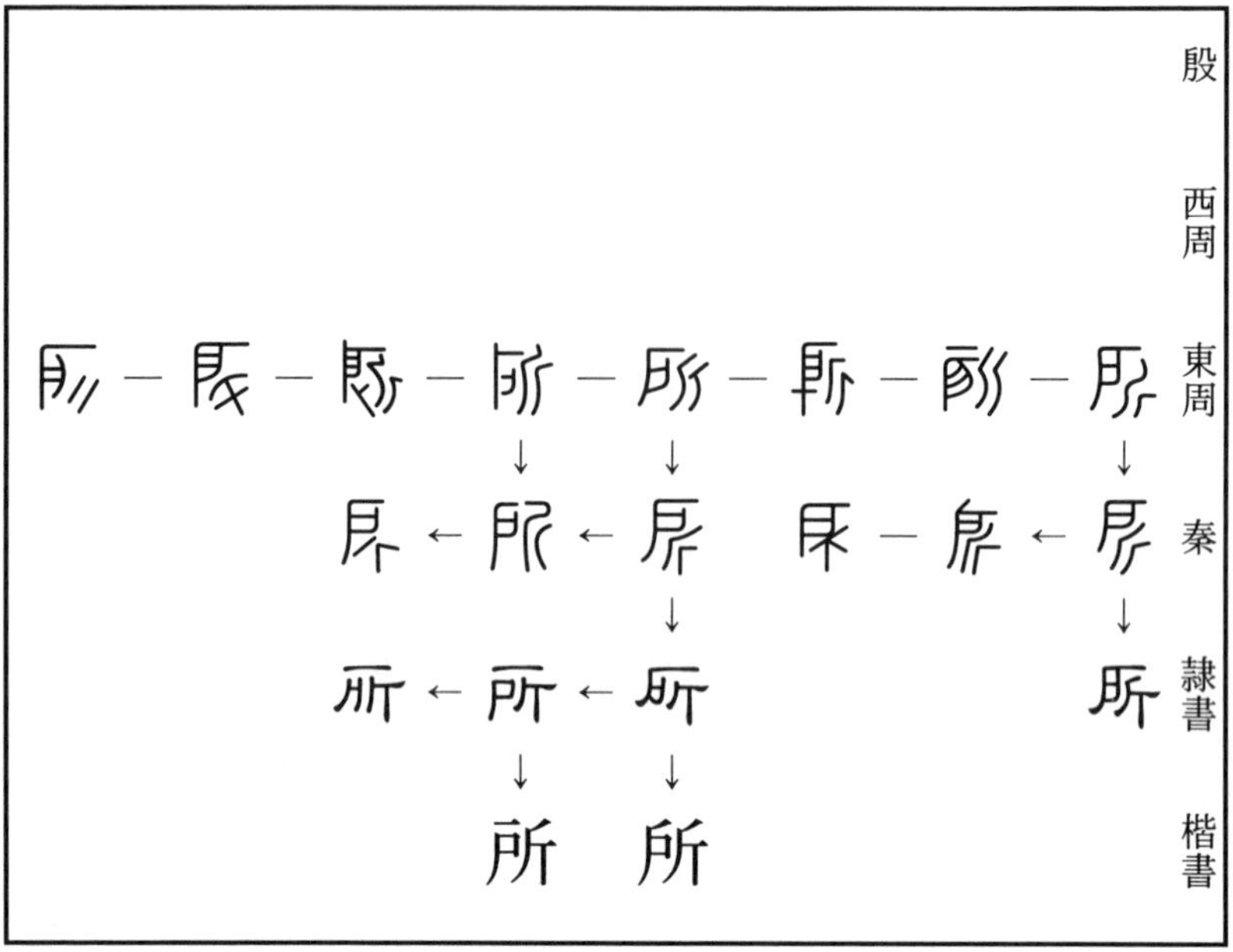

367 【所】［所］ (楷)八画　斤部（戶部）　(成)形声

(古)生紐魚部・心紐魚部・影紐魚部[ʃia, siag, sqhra]→(中)生紐語韻[ʃio, ʂio, ʃiʌ]→(漢)ソ(呉)ショ

『康熙字典』の分類では戸［戶］の部首とされるが、本来は斧の象形である斤が部首であり、戸が声符で、斧で木を切る音を表していた。後に仮借して「ところ」の意味に用いられた。字形は斤・戸ともに異体が多いが、構造は変わらずに楷書まで継承されている。

なお会意説もあり、白川は戸（神棚）を斧で啓くことと解釈し、鎌田は金文では地位の高い人を表す斧を置いた入り口を指すとするが、いずれの文化風習も確認できない。

---

368 【新】｛新｝ (楷)十三画　斤部　(成)形声

(古)心紐真部[sien, sien, siŋ]→(中)心紐真韻[sien, sien, siin]→(漢)シン(呉)シン

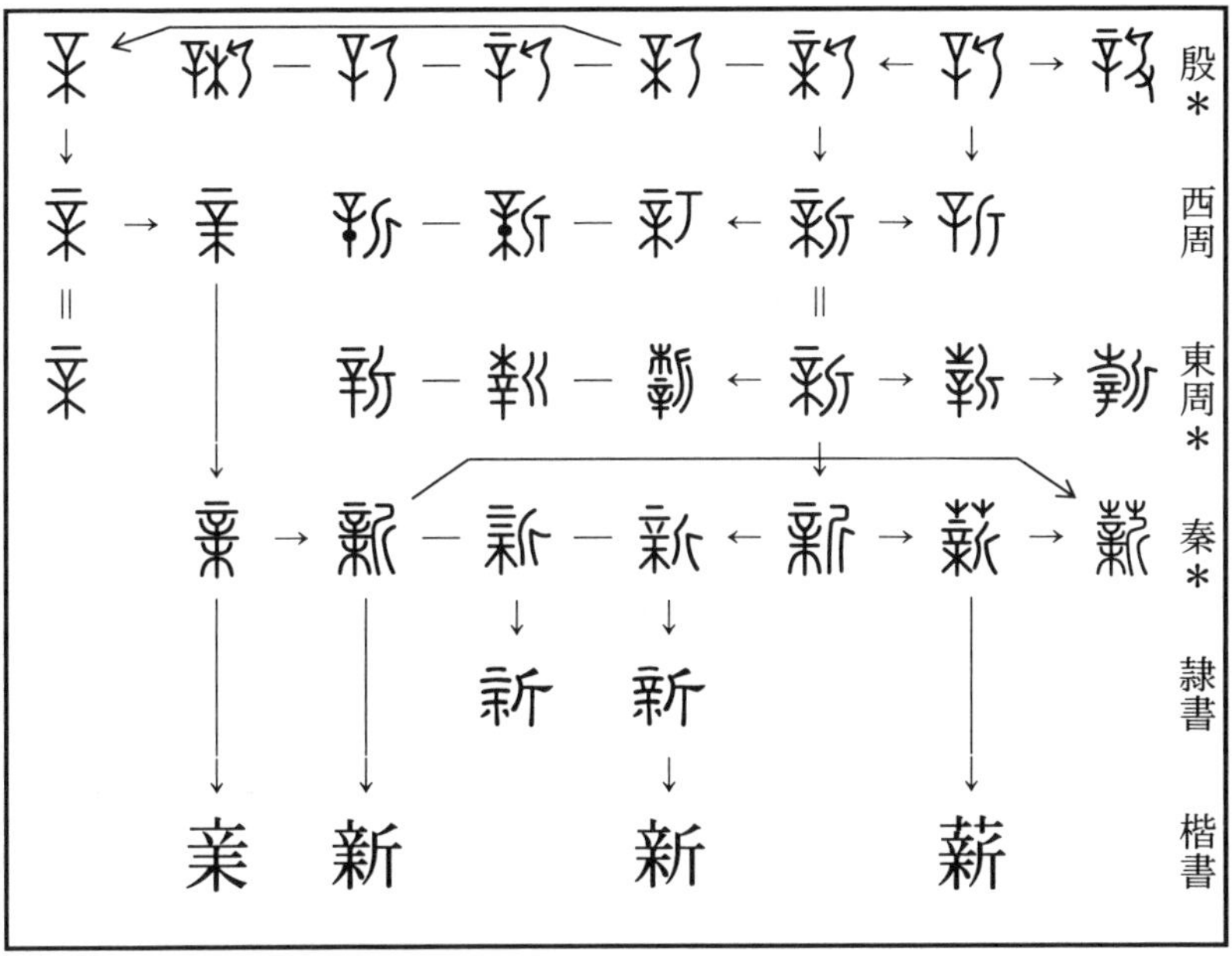

369【亲】 楷十画　木部　成形声（亦声）

古中略→漢シン呉シン

370【薪】［薪］ 楷十六画（十七劃）　艸部

成形声（亦声）　古心紐真部[sien, sien, siŋ]→中心紐真韻[sien, sien, siin]→漢シン呉シン

初文の形（ ）は、斧の象形の斤（ ）を意符、辛（ ）を声符とする形声文字である。原義は斧で切った木、つまり薪であり、殷代にはさらに意符として木（ ）を追加した異体（ など）があり、「辛（ ）」の下部と「木（ ）」の上部が同形であるため、重ねた形で表現している。この場合は、加藤および谷衍奎・李学勤が述べるように斤・木が意符、辛が声符である。

許慎は斤に従い亲声とし、藤堂・赤塚・阿辻もこれに従うが、厳密には前述のように木は増し加えられた部分である。亲は新の略体として左辺が用いられ、のちに木の名などに転用されたもので、後起の分化字である。

また、白川は辛が刃物の象形であることから木を選ぶ

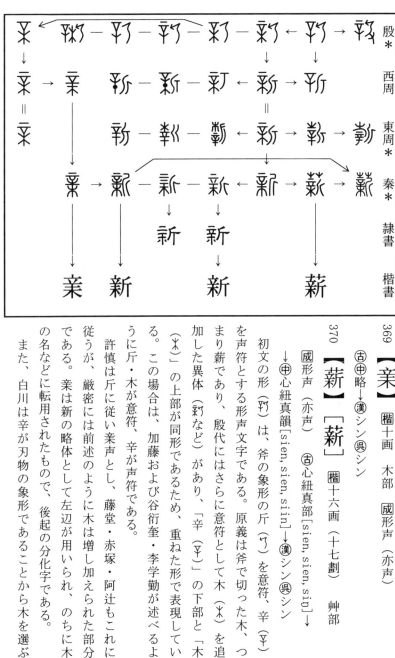

ときに針をうつなどする選木の儀礼があったとするが、殷代や西周代にはそうした儀礼は確認できない。鎌田も辛を刃物として木を切る意味があるとするが、辛は小さな刃物であり木を切るためには使われない。

異体として、木の有無以外にも、殷代には斧を持つ手の形を加えたもの（　）、斧を略体にしたもの（　）、木と辛を分離したもの（　）などがある。また、秦代の篆書には辛と木を分けた繁体（　）があり、楷書でも「新」が作られている。

「新」については、引伸義で「あたらしい」の意味で使われることがほとんどであり、原義については、秦代に意符として艸（艹）を増し加えた「薪（　など）」が作られた。

刀部

「刀（　）」は、刀の象形である。

《刀》②刀④切・分⑥列⑨前（剪・翦）

371 **【刀】** 楷二画　刀部　成象形

古端紐宵部[tau, tɔg, taw]→中端紐豪韻[tau, tau, tau]→漢トウ(タウ)呉トウ(タウ)慣ト

「刀」は、各時代で材質や大小は様々であり、武器としても工具としても使われた。なお、「　」の下部を刃先

とする研究者もいるが、「分（𠔀）」では切り分けたものを表す八（八）が上部についており、上部が刃先と考えられる。

異体として、殷代には上下を逆にしたもの（𠚣）がある。また東周代の「𠚣」は貨幣（刀銭）に鋳込まれたものであり、かつては「化」の異体と見られていたが、近年では「刀」の繁体とする説が有力である。

「刀」は楷書では旁になると「刂」の形になるが、明確に「刀」から分離したのは隷書の段階であり、縦長に書いた「亅」から、さらに二画を離した形である。

---

372 【切】 楷四画　刀部　成形声

古清紐質部・清紐脂部・灘紐質部[tshet, tshet+tsher, snhid]→

→中清紐屑韻・清紐霽韻[tshet+tshei, tshet+tshei, tshet+tshei]→漢セツ・セイ呉セチ・サイ

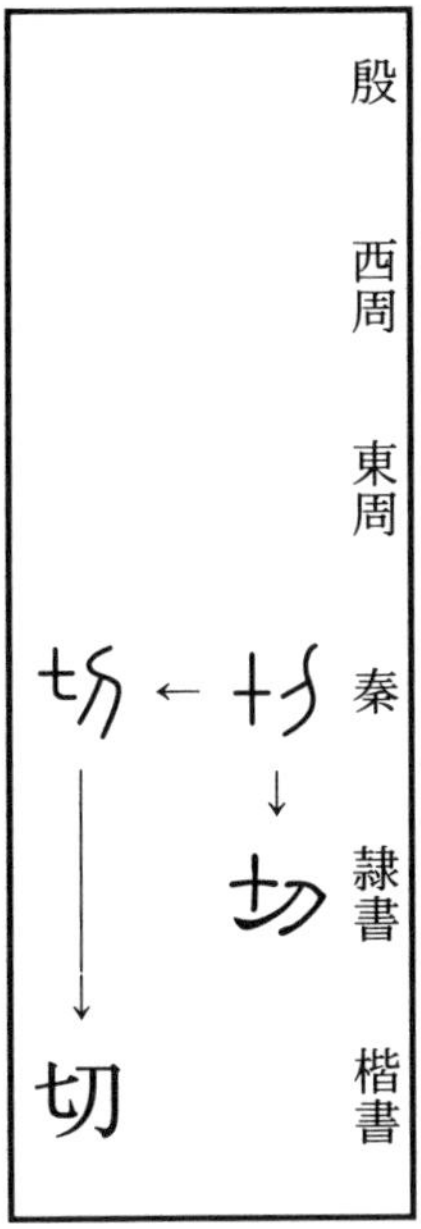

「切」は、刀を意符、七を声符とする形声文字である。声符の七についても切る意味があるとする説が多いが、七・切が同源であるかを確認できる資料がないため、本書では別項とした。

秦代には二つの字形があり、そのうち「𠢢」は「七」の古い形（十）を使っている。この系統は隷書の「𠢢」に見えるだけではなく、初期の楷書にも見られる。一方、篆書（切）は七を新しい形に変えており、これが現在の「切」の原型になっている。

373【分】[楷]四画　刀部　[成]指事

(古)幫紐文部・並紐文部[piuən+biuən, piuən+biuən, pɯn+bɯn]→

→㊥非紐文韻・奉紐問韻[piuən+biuən, piuən+biuən, piun+biun]→(漢)フン(呉)フン・ブン(慣)ブ

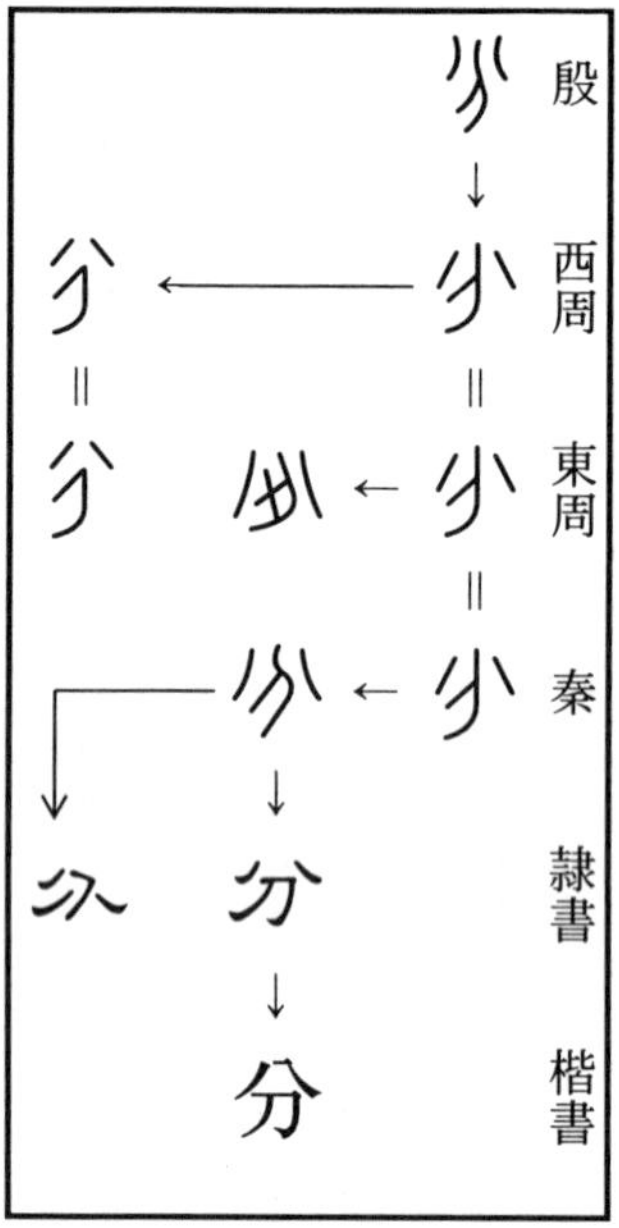

分（）は、刀（）の刃の部分に切断された物を示す指事記号の八（）を加え、切り分けることを表した指事である。

初形がほぼそのまま楷書に継承され、「分」になっている。そのほか東周代には刀を刃に変えた異体（）も見られる。

加藤・赤塚・李学勤は「八」を亦声とし、陽声・入声の対転とするが、八は上古音では質部（[pet]などと推定）とする説が有力であり、対転の関係にはない。

374【列】{劽}　[楷]六画　刀部　[成]形声

(古)来紐月部[liat, liat, red]→㊥来紐薛韻[liɛt, liɛt, liet]→(漢)レツ(呉)レチ

西周～秦代の字形は、刀を意符、歺《れつ》を声符とする形声文字であり、刀を使って分解することが原義である。隷書で歺を歹に変えた字形（列など）が作られた。なお、楷書には「劽」も残っている。

歺を亦声とする説もあり、白川は毛髪のある頭とし、頭部を切ることを原義とする（鎌田はこれに従う）。また、谷衍奎・李学勤は残骨とし、歹と同意とする。あるいは、甲骨文字に祭祀名として見える「」が歺の原型かもしれず、また列は歺に刀を加えた繁文かもしれないが、先秦時代には列・歺ともに用例が少なく、字源を明らかにすることは難しい（初出の西周代には固有名詞としてのみ見える）。なお、東周代については現状の出土資料には見えないが、戦国時代成立の文献資料には「列」が多く使われており、今後、発見されるかもしれない。

そのほか、加藤は歺と歹が別字であることを知りながら、列を歹声とする。また、藤堂・赤塚・阿辻も歹を使った形が字源と誤解している。許慎は、歺を列の省声とするが、循環関係になってしまうので、歺は会意文字であろう。

「列」は、後に「つらねる」の字義として使われたが、その経緯について、多くの研究者は具体的な経緯を述べていない。藤堂は「骨を切って並べる」こととし、白川は「人身犠牲の陳列」とし、鎌田は仮借の用法とするが、いずれが正しいかを明らかにできる記述はなく、正否を確かめることは難しい。

375【前】［前］｛歬｝ 楷九画 刀部 成形声

古従紐元部[dzian, dzan, zen]→中従紐先韻[dzien, dzen, dzen]→漢セン呉セン・ゼン

376【剪】 楷十一画 刀部 成形声（亦声）

古精紐元部[tsian, tsian, ʔslen]→中精紐獮韻[tsiɛn, tsiɛn, tsien]→漢セン呉セン

377【翦】 楷十五画 羽部 成形声（亦声）

古精紐元部[tsian, tsian, ʔslen]→中精紐獮韻[tsiɛn, tsiɛn, tsien]→漢セン呉セン

「前（歬）」は、もと刀（刂）を意符、歬《せん》を声符とする形声文字であり、切りそろえることを表していた。「歬」は甲骨文字では盥《たらい》で足を洗う形（歬など）であり、「湔」の初文にあたる。

東周代には、「まえ」の意味として辵（辶）を意符、歬を声符とする形声文字（⿺辶歬）があったが、これが使われなくなり、それに代えて仮借の用法で「前」が使われるようになった。そのほか西周代には歬を借りて「まえ」の意味に用いる例もある。

秦代には、「止」と「舟」を簡略化した「歬」などの異体があり、これが楷書の「前［前］」になった。上部が「止」、

左下が「舟」が変わったものである。また楷書には「𠝣」も残っている。
一方、原義については、意符として刀を増し加えた「剪」が楷書で作られた。また、篆書には切りそろえる意味で羽［羽］を意符、歬を声符とする「翦」もあり、のちに声符を前に代えた「翦」の形になった。羽は切りそろえる対象とされる。「翦」と「剪」は成り立ちとしては異なるが、楷書では同字の異体と見なされることも多い。

辛部

「辛（¥）」は、刃物の象形である。武器に使われるものではなく、文字上では主に刑罰として加えられる肉刑の象徴として使われている。そのほか、冠の形（∀）や鑿の形（∇）などが後代に辛に同化することも多い。

《辛》⑪章（彰・璋）⑫童

---

378 【章】 [楷]十一画　立部　[成]象形
(古)章紐陽部・端紐陽部・見紐陽部［tiaŋ, tiaŋ, kiaŋ］→(中)章紐陽韻［tɕiaŋ, tʃiaŋ, tɕiaŋ］→(漢)ショウ（シャウ）(呉)ショウ（シャウ）

379 【彰】 [楷]十四画　彡部　[成]形声（亦声）
(古)章紐陽部・端紐陽部・見紐陽部［tiaŋ, tiaŋ, kiaŋ］→(中)章紐陽韻［tɕiaŋ, tʃiaŋ, tɕiaŋ］→

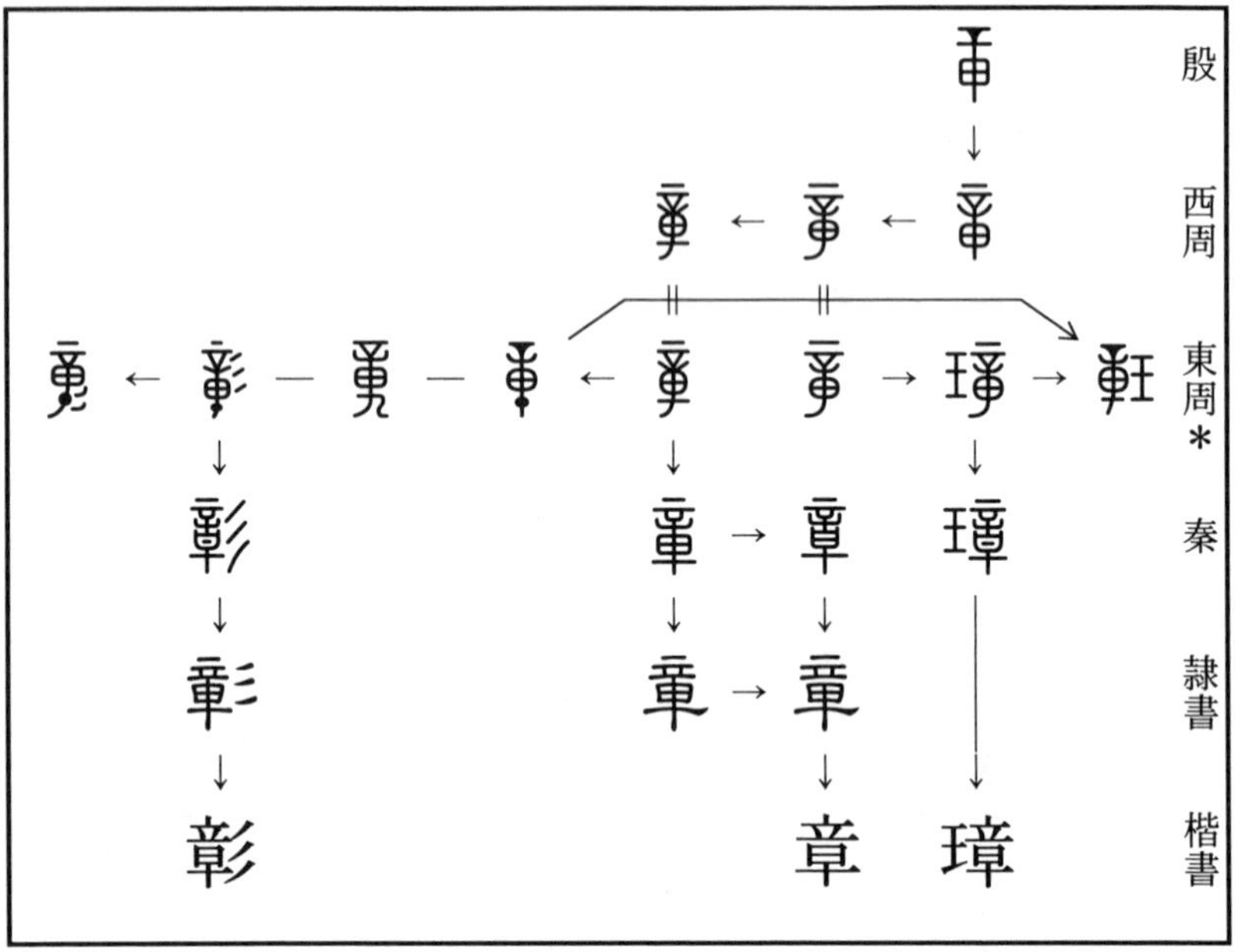

↓漢ショウ（シャウ）呉ショウ（シャウ）

380 **【璋】** 楷十五画　玉部　成形声（亦声）

古章紐陽部・端紐陽部・見紐陽部[tiaŋ, tiaŋ, kiaŋ]→

↓中章紐陽韻[tɕiaŋ, tʃiaŋ, tɕiaŋ]→

↓漢ショウ（シャウ）呉ショウ（シャウ）

「章」について、許慎は音楽の楽章を起源と見なし、また篆書の形（章）から「音・十に従う」とし、「十、数の終なり」とするが、殷～西周代の字形では「音（音）」には従っていない。

西周～東周代には刃物の形の「辛」が使われていることから、多くの研究者は入れ墨用の針を字源と見なし、「しるし」「もよう」が原義とする（「文章」や「楽章」は仮借の用法とする）。また、西周代には玉器の一種である「璋」の意味で使われることから、谷衍奎は鑿で玉器を加工する様子とし、李学勤は後述する「彰」のほか「璋」の初文とする。

いずれの解釈も明確な矛盾はなく、正否を明らかにすることは難しいが、少なくとも古くは「璋」の意味で使われたことから、本書は「璋」を同源字として分類した。

その後、篆書では音・十から成る字形（）が採用されたが、秦代には古くからの形も残っており、隷書で両者を折衷した「章（）」の形が作られた。

また、「もよう」の意味については、東周代に意符として「彡」を加えた繁文（など）が作られ、「彰」となった。玉器の意味についても、東周代に意符として「玉（）」を加えた繁文（など）が作られ、楷書の「璋」となっている。

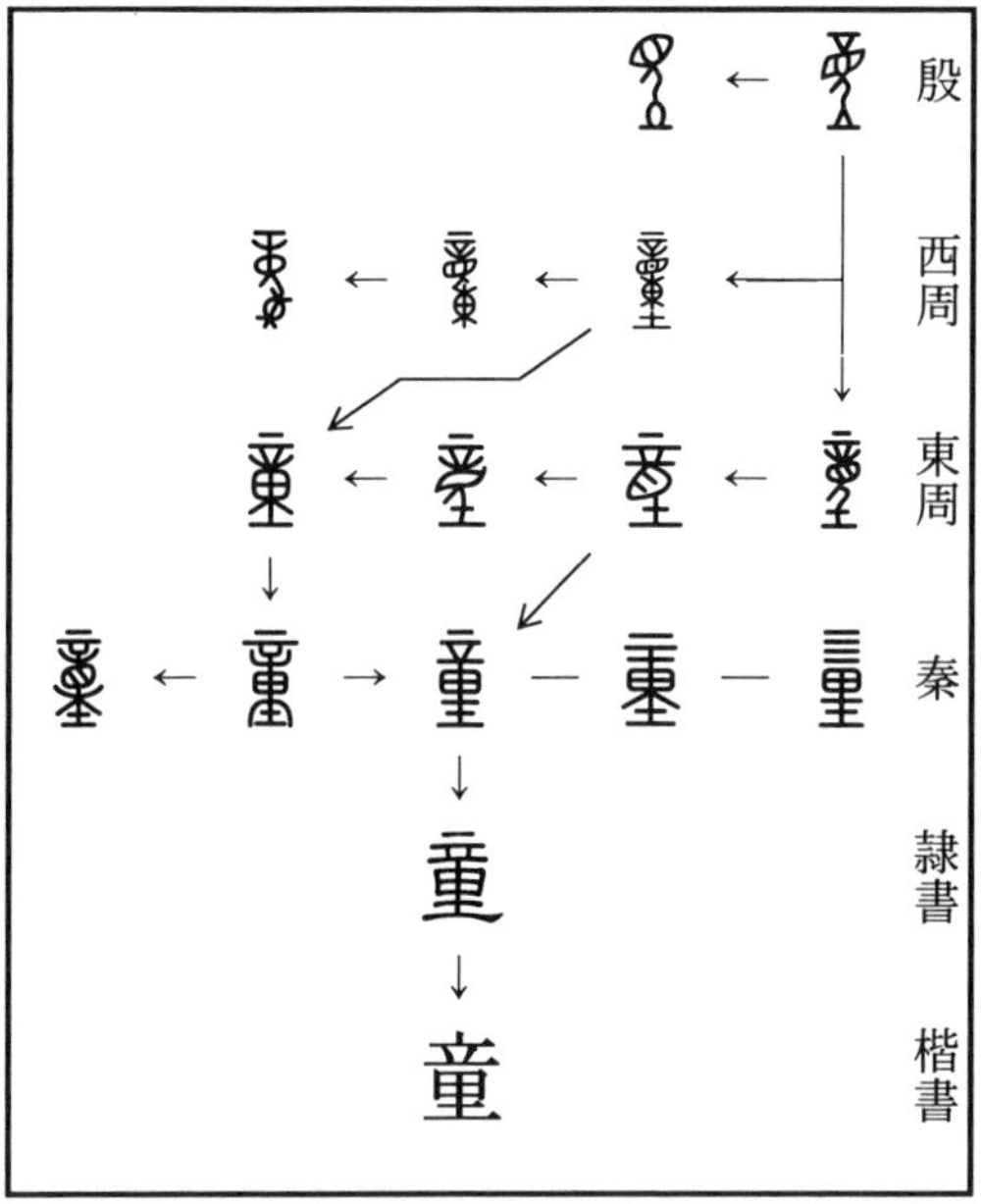

381 **【童】** 楷十二画　立部　成会意（亦声）

古定紐東部[dɑŋ, duŋ, doŋ]→中定紐東韻[duŋ, duŋ, duŋ]→漢トウ呉ズウ（ヅウ）慣ドウ

「童」は、周代には奴隷の意味で使われ、また刃物の形の「辛」や袋の形の「東」を用いた字形（など）になっていることから、多くの研究者は奴隷の姿を字源と見なす。

しかし、初出の殷代には、冠をかぶった人が土盛りに乗って遠くを見る形（）であり、奴隷の様子を表した文字ではない（殷代に奴隷を表したのは民（）や宰（

・（　）である）。

一方、周代になると奴隷の意味で「童」が使われるようになり、そのため入れ墨や肉刑を象徴する「辛」や荷物を表す袋の形の「東」が使われるようになったのであろう。

なお、西周代～秦代には「東」の下部に「土」を加え、「重」の形にしたもの（　など）があり、借りて動（労働の意）に用いられた例もある。「東」や「重」は上古音で童と同じく東部であり（東は端紐東部、重は定紐東部）、発音も表す亦声の部分である。

字形はさらに東周～秦代に目の形が省かれ、また隷書までに辛が「立」に、東・土が「里」に簡略化された（ただし「立」や「里」は別の成り立ちである）。

工部

「工（　）」は、工具の鑿の象形である。工業や職人を象徴するものとしても使われる。

《工》③工⑥式・全

---

382 **【工】**｛　｝ 楷三画　工部　成象形

古見紐東部[kɔŋ, kuŋ, koŋ]→中見紐東韻[kuŋ, kuŋ, kuŋ]→漢コウ呉ク

工（　）について、許慎は巫と同意とするが、殷代には巫は工の略体（　）を組み合わせた形（　）であり、別字である。また加藤は「斧の象形」とするが、それに該当する文字は斤（　）であって全く関係がない。藤堂

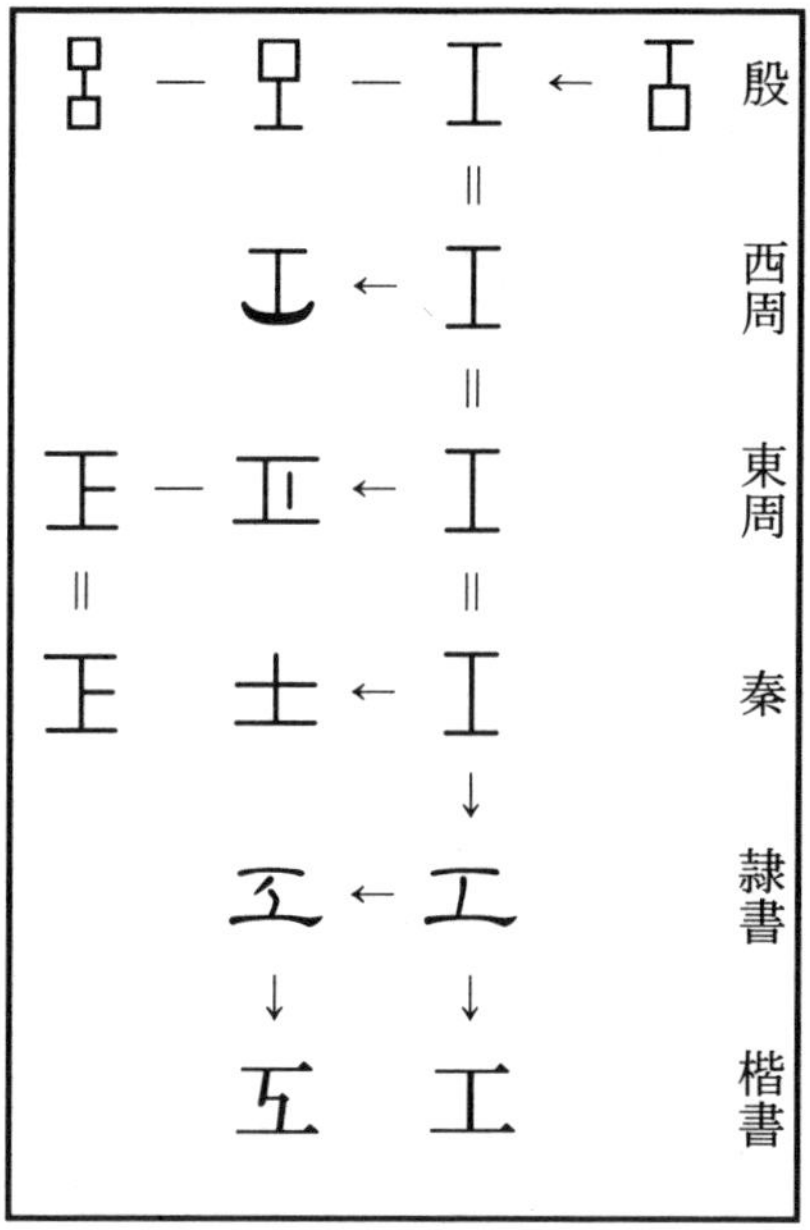

は略体（[字形]）を元に「上下の面に穴を通すこと」とするが、「[字形]」の字形が説明できない。

そのほか、白川は鍛冶の台の形、谷衍奎は石杵の形、阿辻・李学勤は「さしがね」とする説を採る。殷代の字形の組み合わせを見ると、攻（[字形]）は手に持った槌（[字形]）で工（[字形]）を打つ様子であり、赤塚が述べるように鑿の象形とするのが妥当である（鎌田は鑿・さしがね両説を併記する）。そのほか左（[字形]）も左手に持つものとして工の略体（[字形]）を使っている。

殷代には転じて職人の意味で用いられており、王の配下の職人集団は「多工」や「百工」と呼ばれている。鑿の象形を工人（職人）を象徴するものとして使用したのである。

字形は、「[字形]」においては下部が鑿の刃先を表現しているが、殷代の異体には上下を逆にしたもの（[字形]）もある。後代には略体（[字形]）が継承され、楷書の「工」になった。そのほか東周～秦代には横に線を加えた異体（[字形]など）があり、その意義は不明であるが、あるいは字源を誤解したものかもしれない。また隷書で作られた異体（[字形]）は、楷書では「[字形]」のように表現され、現在でも社名や校名などのロゴに使われることがある。

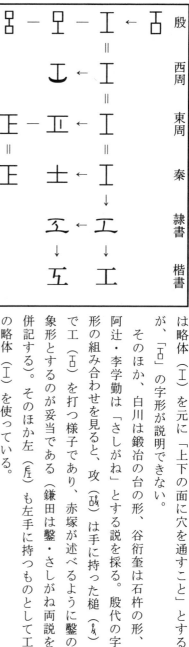

383 **【式】** 楷六画　工部（弋部）　成形声

古書紐職部・透紐職部・以紐職部[ɕiək, thiək, hlɯg]→中書紐職部[ɕiək, ʃiək, ɕik]→漢ショク呉シキ

「式」は、工を意符、弋を声符とする形声文字である。許慎は原義を「法なり」としており、赤塚などは「工作の際のきまり」と解釈している。なお、初出の東周代は楚系文字で戈に従う字形（𢦏）であるが、楚系文字では弋・戈が字形の類似から互用され、「代」などでも同様の例が見られる。

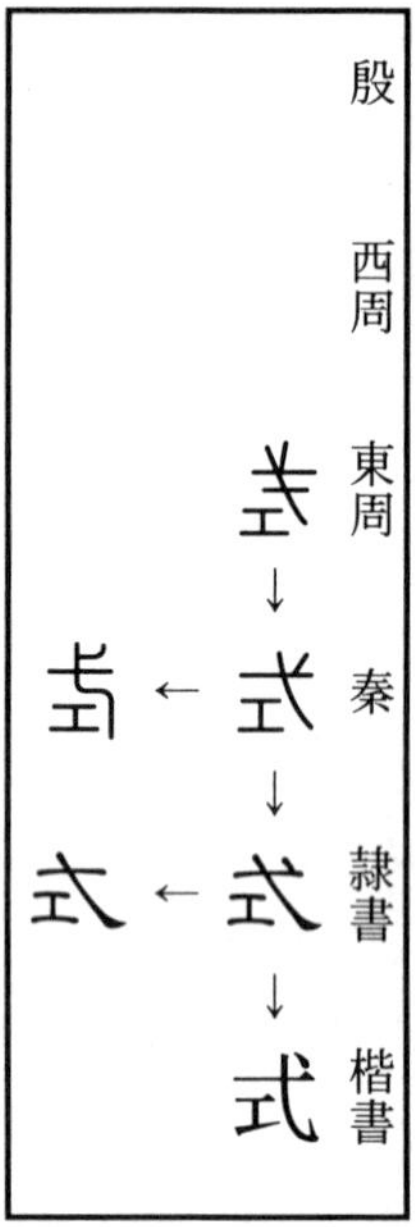

なお、弋が杙の初文であることから、藤堂は弋に「道具でもって工作する」の意味がある亦声の部分とする。しかし、弋を「道具」の汎称で使う例はなく、意味表示の役割があることは疑問である。そのほか、白川は工を呪具と誤解し、鎌田は弋を二本の木を交差させた形と誤解したうえで字源解釈をしている。

字形は、工・弋を用いた形が楷書まで継承された。なお、『康熙字典』は部首を弋に誤っている。

---

384 **【全】**［仝］〔仝〕 楷六画　入部（玉部）　成会意

古従紐元部[dziuan, dziuan, zlon]→中従紐仙韻[dziuɛn, dziuɛn, dziuen]→漢セン呉ゼン

「全［全］」については異体に「仝」があり、これを起源とする説が有力である。ただし見解に相違があり、許慎は入と工から成る会意文字で全うする意味とし、「全」は入と玉から成る会意文字で「純玉を全と曰う」と

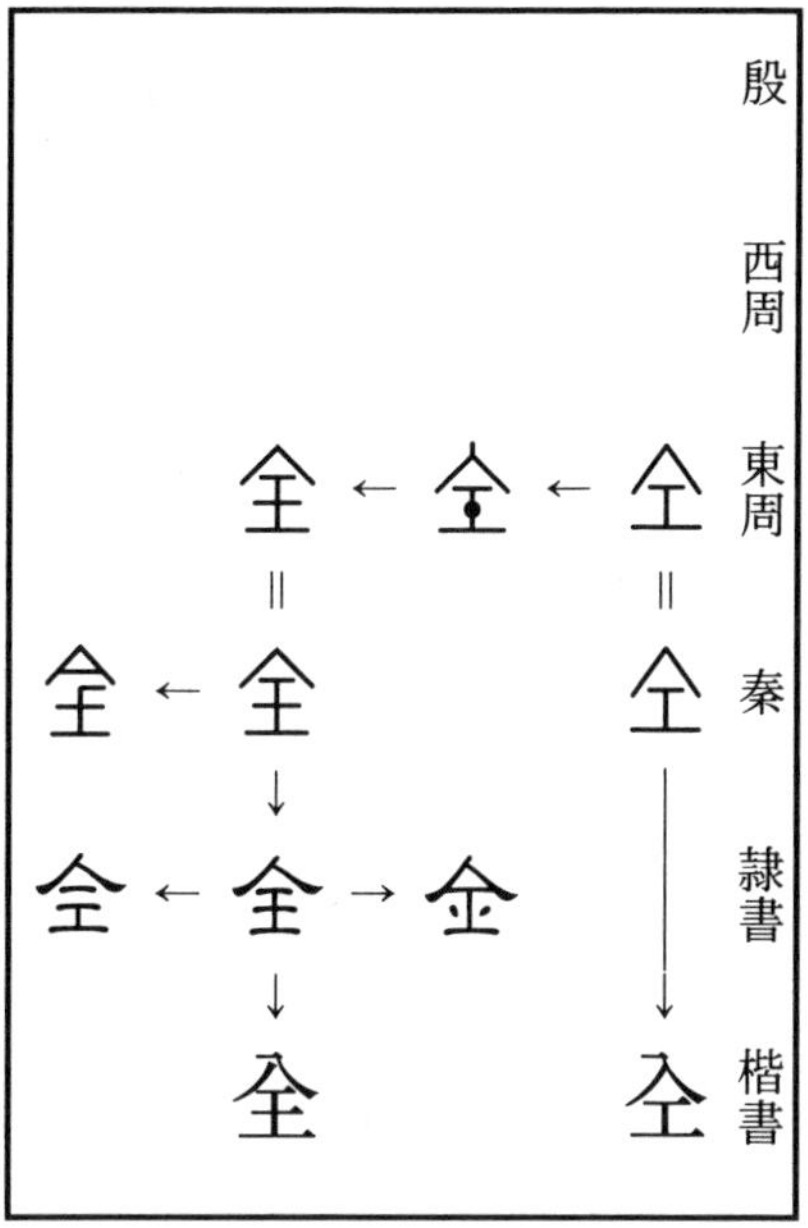

する。また鎌田は建物に工具を保管することを原義とする。赤塚は「よくできている」を原義とし、「全」は「玉」と「仝」の省声から成るとする。また阿辻は入が「ねんいり」、工が「仕事」を表すとする（「全」の解釈は赤塚と同じ）。

入は屋根の形であり、工は工具の鑿の形であるから、「仝」を起源とするならば、建築物の完成を原義と考えるのが妥当であろう。

そのほか、白川は玉に従う「全」を原型とし、佩玉の形とする（谷衍奎も佩玉説を採る）。しかし、「黄［黃］（）」も佩玉の形としており、両者の関係を述べていない。そのほか、加藤は玉を意符、入を声符とするが、入は上古音が緝部（[ɲiəp]などと復元）と推定されており、違いが大きい。また藤堂は上部が「亼」で囲う意味があるとするが、これも誤りである。李学勤は「構形不明」とする。

㫃部

「㫃《えん》（）」は、軍旗の象形である。楷書の部首では「方𠂉」の形になっており、また『康熙字典』などでは「方」の部首に分類されている。

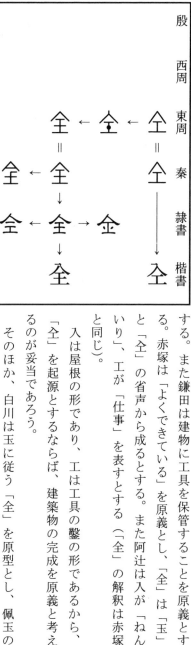

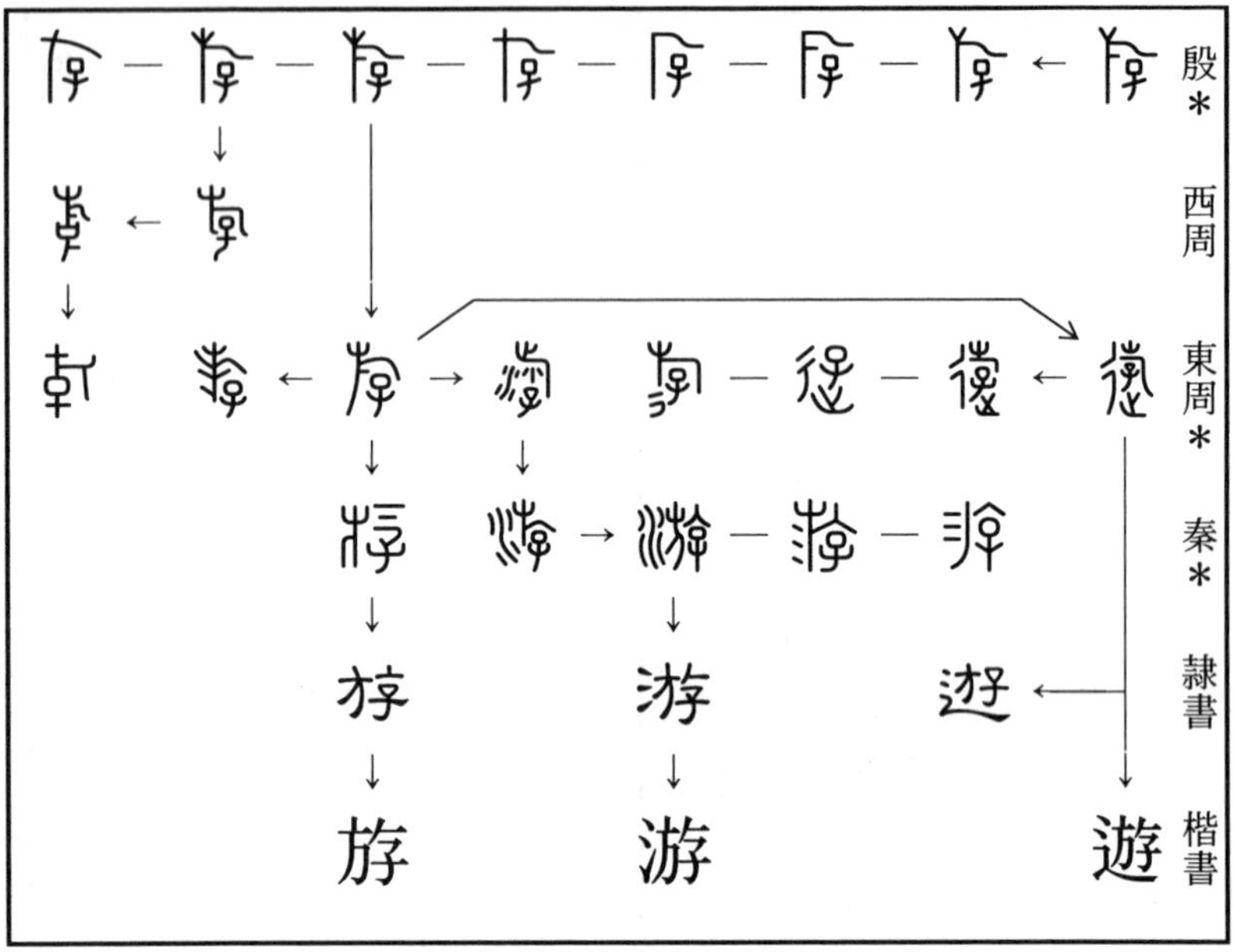

《㫃》⑨斿（游・遊）⑩旅⑪族

385【斿】楷九画　方部　成会意

古余紐幽部[ʎiau, dɪog, –]→中以紐尤韻[yiau, yiau, –]→漢ユウ（イウ）呉ユ

386【游】楷十二画　水部　成形声（亦声）

古余紐幽部・来紐幽部・以紐幽部[ʎiau+liau, dɪog, lu]→中以紐尤韻・来紐尤韻[yiau+liau, yiau, yiu]→漢ユウ（イウ）・リュウ（リウ）呉ユ・ル

387【遊】〔遊〕楷十二画（十三劃）辵部

成形声（亦声）　古余紐幽部[ʎiau, dɪog, lu]→中以紐尤韻[yiau, yiau, yiu]→漢ユウ（イウ）呉ユ

初文は斿（ ）であり、旗を表す㫃（ ）と子（ ）から成る。許慎は斿を独立した文字と見なさず、游を㫃を意符、汓《しゅう》を声符とする形声文字とするが、字形史に合わない。また、藤堂・赤塚・阿辻は許慎と同様であり、

鎌田は「斿」のうち「子」を「流」の省声とするが、そもそも初出の殷代の段階で「汓」も「流」も存在しないので矛盾する。加藤は「子」の「シ」の音が「シウ→イウ」になったとするが、上古音の違いが大きすぎる。したがって会意文字と見るべきであるが、白川は「氏族旗」を表したとし（「子」の意義を述べていない）、谷衍奎は「旗飾りの末端」を「旗の子女」として表示したとし、李学勤は子供を「督導」する意味としており、一定しない。字義から単純に考えれば、吹き流しが揺れる様と子供が遊ぶ様を合わせて、自由に動くことを表した会意文字と思われる。

東周代には水（氵）を付した游（）が作られており、元は泳ぐこと（游泳）の意味だったようだが、借りて「あそぶ」の意味でも用いられるようになった。同様に、東周代には辵（辶）を加えた遊［遊］（）も作られており、もとは気ままに出かける、旅に出るなどの意味であったが、これも借りて「あそぶ」の意味で用いられた。いずれも形声文字であったが、結果として「斿」が意味も表す亦声の部分になっている。略体として、東周代に「」や秦代の「」などがあるが、楷書には残っていない。

388【旅】［旅］　楷十画　方部　成会意

古来紐魚部[lia, liag, g·ra]→中来紐語韻[lio, lio, liʌ]→漢リョ呉ロ

旅（）は、軍旗の象形の㫃（）と二つの人（）から成り、軍旗の下に人が集う様を表している。殷代には遠征する軍隊を指す用例が多く、後に、軍隊の移動から転じて「たび」の意味でも使われるようになった。

殷～西周代には人をひとつにした異体（）などがある。また、西周～東周代には車（）を使った異体（

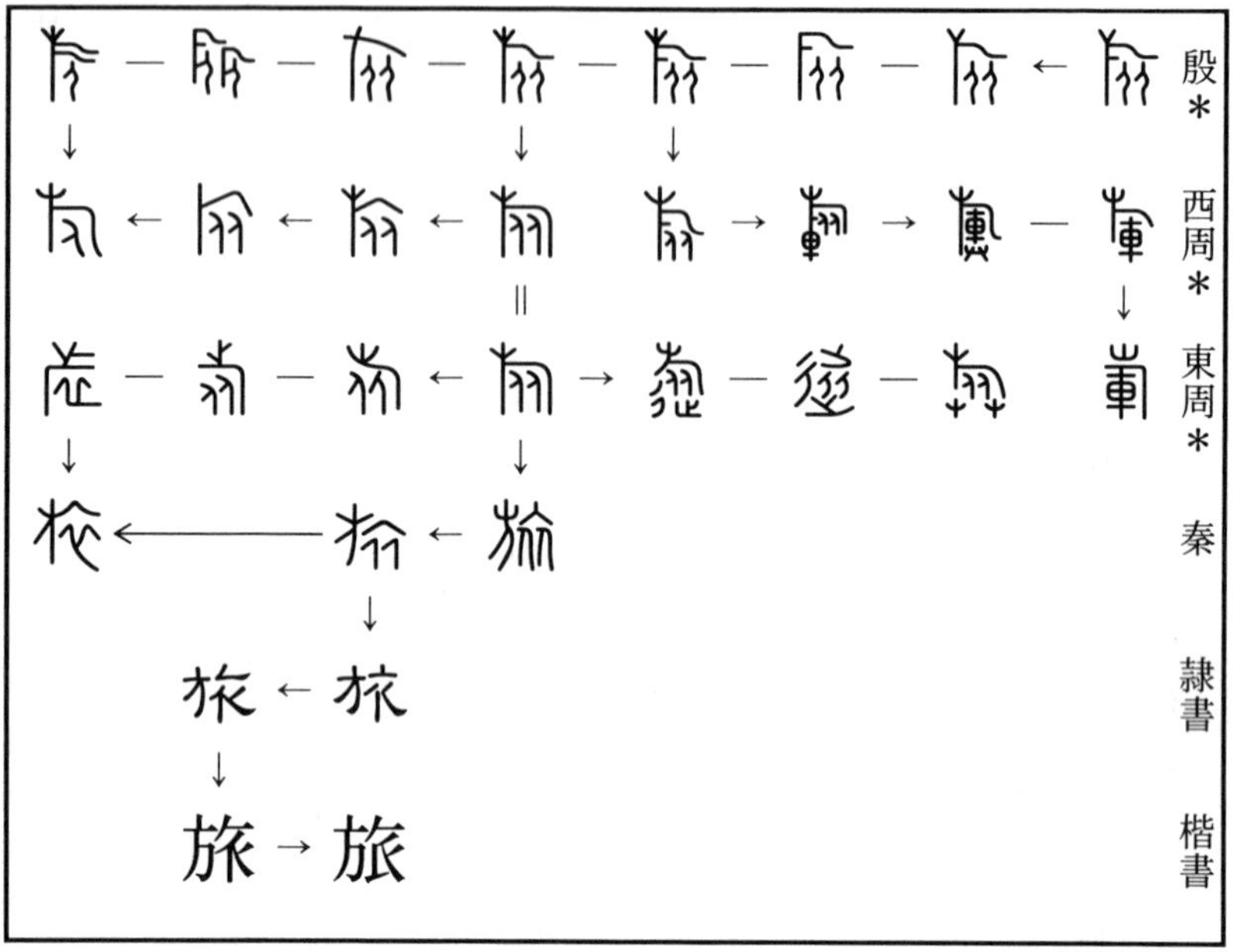

など）があり、この場合には「軍旗と戦車」の会意文字になる。また東周代には進行を表す「辵」を増し加えた異体（〓など）があり、秦代には文字の一部を衣（〓）のような形に誤った字形（〓）もある。

ただし、これらは楷書に残っておらず、古くからの形が残り、隷書で人の形が変わって「旅」になった。また、「旅」の形が正字とされることが多いが、字形史上ではむしろ新しい形である。

389 **【族】** 楷十一画　方部　成会意

(古)従紐屋部[dzɔk, dzuk, zog]→(中)従紐屋韻[dzuk, dzuk, dzuk]→(漢)ソク(呉)ゾク

軍記の象形である㫃（〓）と矢（〓）から成る。後代には氏族や宗族の意味で使われたため、そこから字源を解釈する説が多く、藤堂は旗の下に矢を集めた様子とし、「あつまる」が原義でそこから親族の意味になったとする（赤塚・鎌田・谷衍奎も同様）。白川は「氏族旗の下で

誓約すること」を原義とし、阿辻はこれに従う。

しかし、殷代には軍隊の意味で使われている。したがって、李学勤が述べるように、軍旗と兵器の矢によって軍隊を表示したと考えるのが妥当である。なお、殷代には「王族」という語があるが、後代に言う王族ではなく、「王の軍隊」が正確な解釈である。

そのほか、許慎は「鏃」の初文とするが、殷代にその用法は見られない。加藤は㫃を声符とし、「エン↓セン↓ソク」という変化を想定するが、無理のある解釈である。

字形は殷代に異体が多く、矢を二本にしたもの（）や矢の略体を使ったもの（）などがあり、後者が後代に継承された。また東周代には旗の形を変えた異体が多いが、いずれも後代に残っておらず、西周代の字形に近いものが篆書（）とされた。

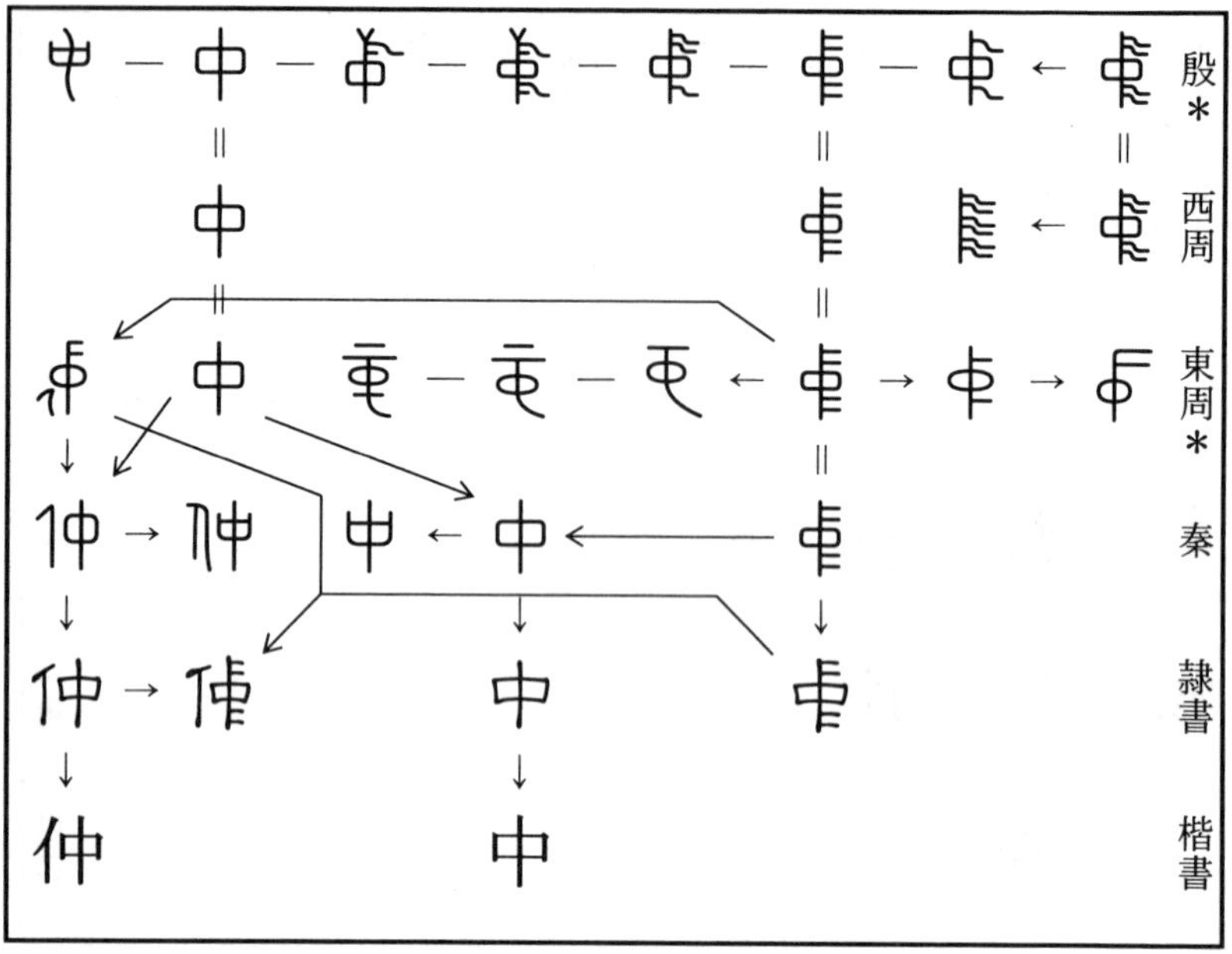

中部

「中（ ）」は、旗の一種の象形である。

《中》④中（仲）

390【中】 楷四画　丨部　成象形

古端紐冬部[tiuŋ, tioŋ, tuŋ]→中知紐送（東）韻

[ʈiuŋ, ʈiuŋ, ʈiuŋ]→漢チュウ（チウ）呉チュウ（チウ）

391【仲】 楷六画　人部　成形声（亦声）

古定紐冬部[diuŋ, dioŋ, duŋ]→中澄紐送韻

[ɖiuŋ, ɖiuŋ, ɖiuŋ]→漢チュウ（チウ）呉ジュウ（ヂウ）

「 」などは、吹き流しがある旗の象形（ ）と類似しており、旗の一種と考えられる。甲骨文字には「 」を立てる際に風が吹かないかどうかを占ったものもある。具体的な用途については諸説あるが、殷代には、後に言う「中軍」にあたる用法があり、おそらく軍隊の中央に立てた旗であろう。

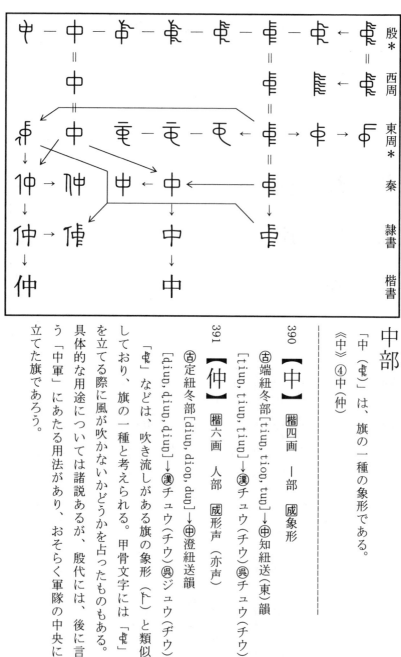

「〓」については、許慎が四角形を上下に貫いている形とするため、多くの研究者が「〓」とは別字と見なす。しかし、甲骨文字には通用が見られるので、「〓」は「〓」の略体とするのが妥当である（ただし許慎も中の籀文として「〓」に近い形を挙げている）。より厳密に言えば、甲骨文字には「中心・中央・中軍」などと「血縁上の中位」の字義があり、前者では双方の字体が使われ、後者では「〓」のみが使われている。

「〓」の系統については、西周代には兄弟の序列である伯仲叔季の仲として用いられ、後に人の間柄を意味して使用された。この意味では、東周代に意符として「人」を用いた字形が使われたが、東周代には吹き流しのある系統を用いた字形（〓）であり、秦代に「〓」を用いた字形（〓）が採用された（ただし隷書にも「〓」が見える）。

「〓」の系統については、隷書までは吹き流しがある形が残っているが、秦代に略体の「〓」を採用しており、これが楷書に継承された。そのほか東周代には吹き流しの形を長い横線に変えた字形（〓など）が見られるが、秦代以降には継承されていない。

なお、篆書（〓・〓）は四角形ではなく「〓」を用いた字形であるが、これは史（〓）などに使われる形であり、字源とは異なっている。ただし、誤用か意図的に書き分けたものかは不明である。

㚔部

「㚔《じょう》（〓）」は、手枷の象形である。

《㚔》⑧㚔（執・報・幸）

392【㚔】（楷）八画　大部　（成）象形

（古）泥紐葉部[niap, niɛp, -]→（中）日紐葉韻[ɳiap, ɳiap, -]→（漢）ジョウ（ゼフ）（呉）ジョウ（ゼフ）

393【執】（楷）十一画　土部　（成）会意

（古）端紐緝部[tiəp, tiəp, tiib]→（中）章紐緝韻[ʃiep, tʃiep, tɕiip]→（漢）シュウ（シフ）（呉）シュウ（シフ）（慣）シツ

394【報】（楷）十二画　土部　（成）会意

（古）幫紐幽部・幫紐覚部[pu, pog, pug]→（中）幫紐号韻[pau, pau, pɑu]→（漢）ホウ（呉）ホウ

395【幸】（楷）八画　干部　（成）会意

（古）匣紐耕部・群紐耕部[ɣeŋ, ɦeŋ, greŋ]→（中）匣紐耿韻[ɣæŋ, ɦɛŋ, ɦɣɛŋ]→（漢）コウ（カウ）（呉）コウ（カウ）

殷代の「」は、「執」にあたり、座った人と手枷の形の㚔（）から成り、執らわれた捕虜を表している。殷代には捕虜の表現を変えた異体が多く、「」は手の形の又（）を加えたもので、後に「報」となった。また「」は手枷の形だけを残した略体であり、これは「㚔」になっている。

そのほか、足の形の止（）によって足枷を表現したもの（）や、捕らえられた両手の形を表したもの（）などがある。

まず「㚔」の系統については、字形を変えながらも構造を維持したまま楷書になっている。ただし、後に「手

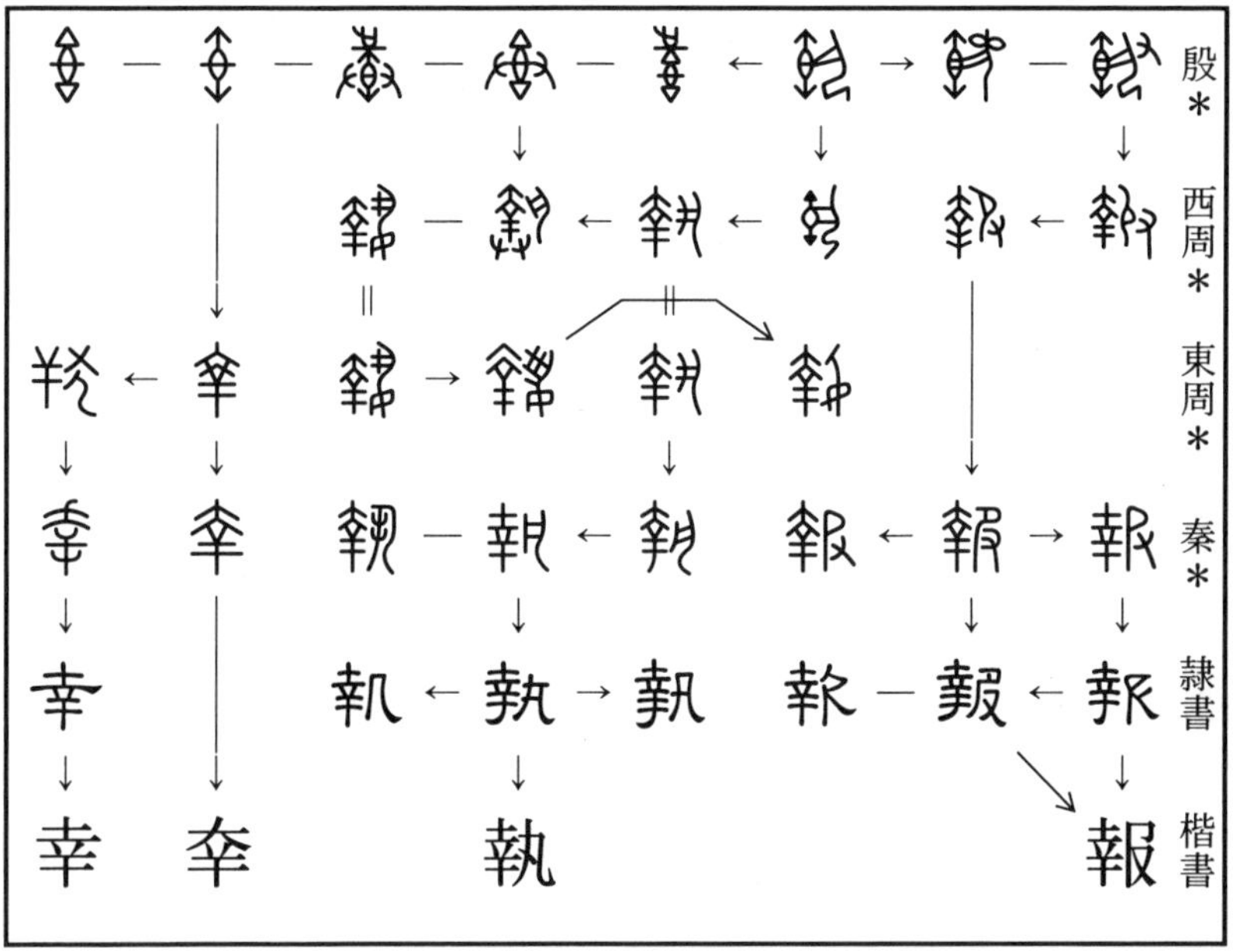

枷から解放される」という意味にとり、「さいわい」の字義で派生字が出現した。初出の東周代には「〓」の形であり、「㚔」の下部にある「羊」と「犬」から成っている。「羊」は、「手枷が外れた状態」の表現であろう。「犬」の意味については意義が不明であり、あるいは座って手を前に出した人の形の「丮《けき》」が誤ったものかもしれない。これが篆書（〓）では上部にある「夭」の形になっており、犬が夭に変わったのは「笑」と同様の経緯である。さらに隷書で「夭」と「羊」が融合して「幸」の形になった。

「執」については、西周～東周代に女（〓）を使った異体（〓など）もあるが、後代には残っていない。また西周代以降には手枷と人の形を離し、人の形を「丮」にしたもの（〓など）が多い。さらに、秦代～隷書で㚔を幸に、丮を丸に変えており、楷書の「執」になった。

「報」は、字義が「罪に服させる」の意味として分化し、さらに「むくいる」の意味になった。字形は座った人である「卩《せつ》」と手の形の「又」を合わせたものは服の初文の「㞋」にあたり、「執」と同じく卒から変わった幸と合わせて楷書の「報」となった。
なお「達」などに使われる「羍《たつ》（幸）」は別字であり、東周代に「入」と「羊」を用いて作られた文字である。

鼎部

「鼎《てい》（ ）」は、器物の一種である鼎《かなえ》の象形である。
《鼎》⑧具⑩員（円）・真

---

396 **【具】**［具］ 楷八画　八部　成会意

古群紐侯部[giuɔ, giug, go]→中群紐遇韻[giu, giu, gio]→漢ク呉グ

許慎は「具」を用いた文字とし、鎌田はそれに従うが、諸家が指摘するように、本来は祭器である鼎（ ）を両手（ ）でそなえる様であり、「そなえる」や「うつわ」の意味を表した。

字形は西周代に「鼎」の部分を「貝」のような形にした略体（ ）が作られ、さらに東周～秦代に「目」のような形に変えられた（新字体は完全に目と同化した形を

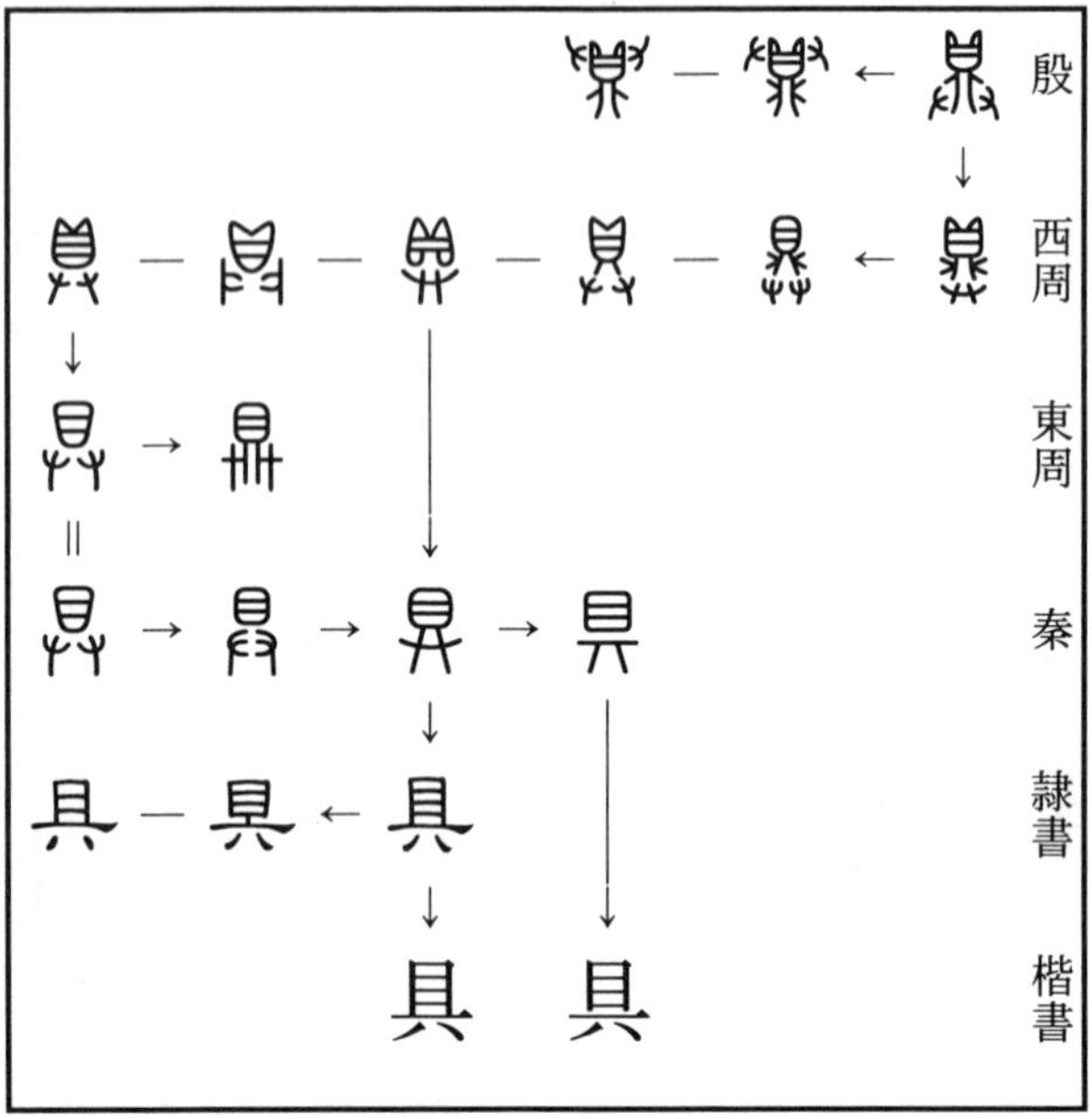

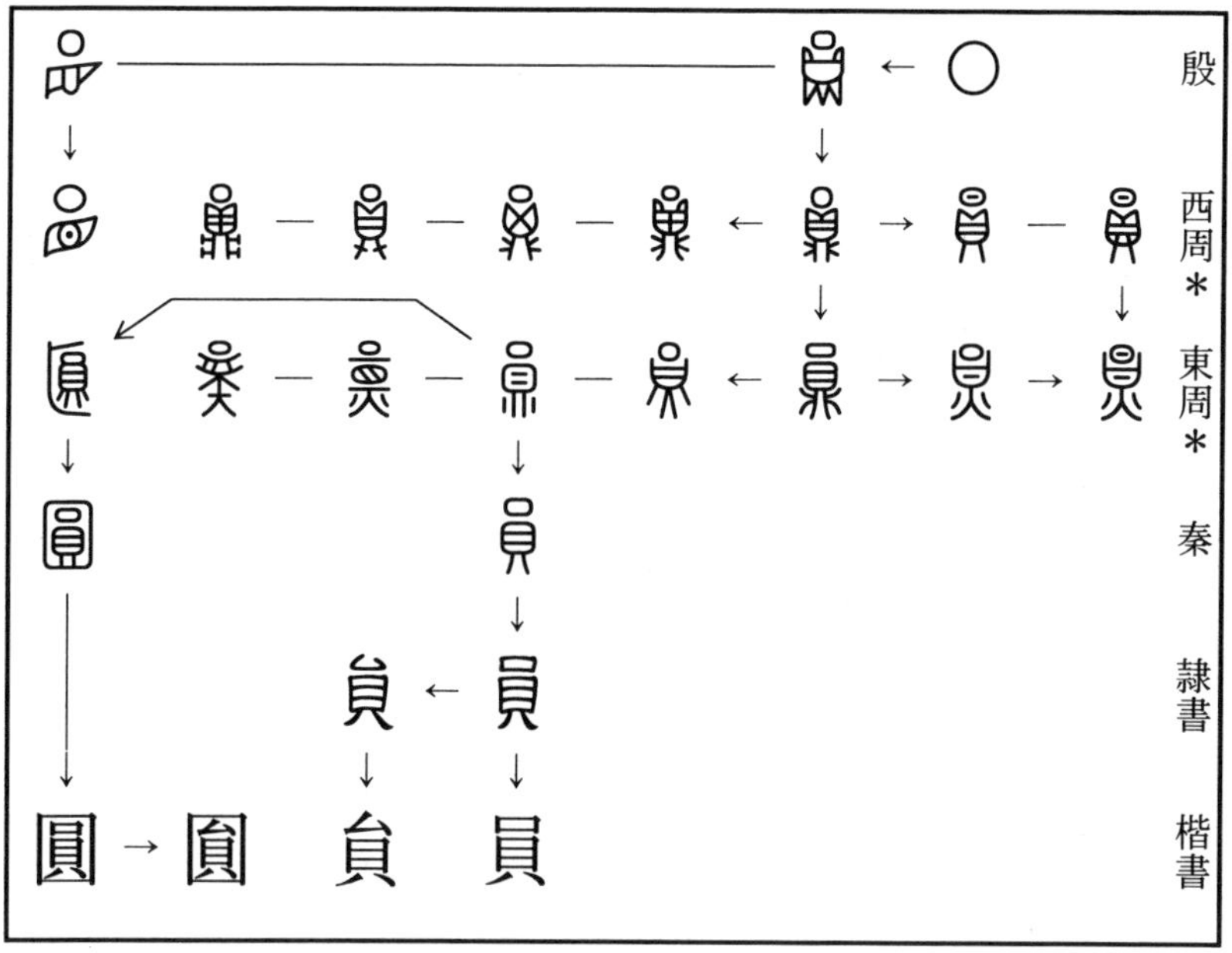

継承している）。楷書の字形は「八」に従うように見えるが、下部は両手の形の廾《きょう》を起源とする。

397【員】〔貟〕 楷十画 口部 成指事（亦声）

古匣紐文部・匣紐元部[ɣiuən, ɦiuan, ɡon]→
→中雲紐仙韻・雲紐文(問)韻
[ɣiuɛn+ɣiuen, ɦiuɛn+ɦiuan, ɦiuen]→
→漢エン(ヱン)・イン(ヰン)呉エン(ヱン)・ウン

398【円】［圓］〔圎〕 楷四画（十三劃）

冂部（口部） 成形声（亦声）

古匣紐元部・匣紐文部[ɣiuan, ɦiuan, ɡon]→
→中雲紐仙韻[ɣiuɛn, ɦiuɛn, ɦiuien]→
→漢エン(ヱン)呉エン(ヱン)

殷代には「円」の意味を表す字形として、単に記号として円形で示したもの（○）のほか、鼎（）の異体（）を加えたもの（）があり、鼎（円鼎）の口が丸いことから「円」の字義を表している（初文の円形は指事記号

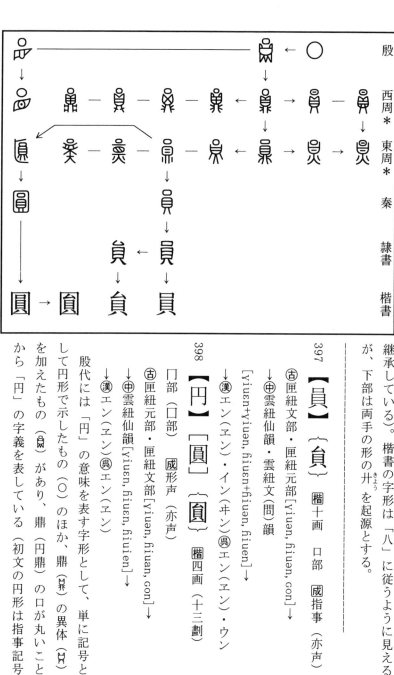

であり、かつ発音も表す亦声の部分）。そのほか異体字に目の形（ ）に丸印を加え、「瞳の円形」を示したもの（ ）もある。

後代には鼎に従う字形が継承され、さらに鼎が「貝」の形に簡略化された。そのため許慎は「貝に従い囗《い》声」とするが、諸家が指摘するように字源に合致しない（許慎は籀文として鼎を用いた「 」に近い形も挙げている）。初文の「員」が後に「数える」や「人員」の意味に転じて使われたため、原義については、「員」の外側に、さらに意符として円形が増し加えられて「圓」の形が作られた（ただし初出の段階（ ）では円形の略体としての「囗」に従う）。なお楷書では、円形の部分はともに「口」の形になっているが、構造としては外側の四角形（もと円形）が意符、員が声符（原義も表す亦声の部分）にあたる。新字体の「円」は「圓」の略体がさらに変形した俗字である。

---

399 **【真】**［眞］ 楷十画 目部 成会意

古端紐真部・章紐真部[tien, tien, tiin]→中章紐真韻[tɕien, tʃien, tɕiin]→漢シン呉シン

初出の殷代の字形は、鼎（ ）または鬲（ ）と、人（ ）またはその異体の匕（ ）に従う。「人」は上古音で真部と推定されており（[ȵien]などと復元）、声符の可能性もあるが、殷代には祭祀名として用いられており、また異体には水滴を表す小点を加えたもの（ ）もあるので、人を烹殺する祭祀儀礼を字源と考えるのが妥当である。そのほか、殷代には火（ ）を用いた異体（ ）も見られる。

字形は西周代以降に「人」と「鼎」の両方が変化していき、最終的に「真」になった。なお、東周代には「 」

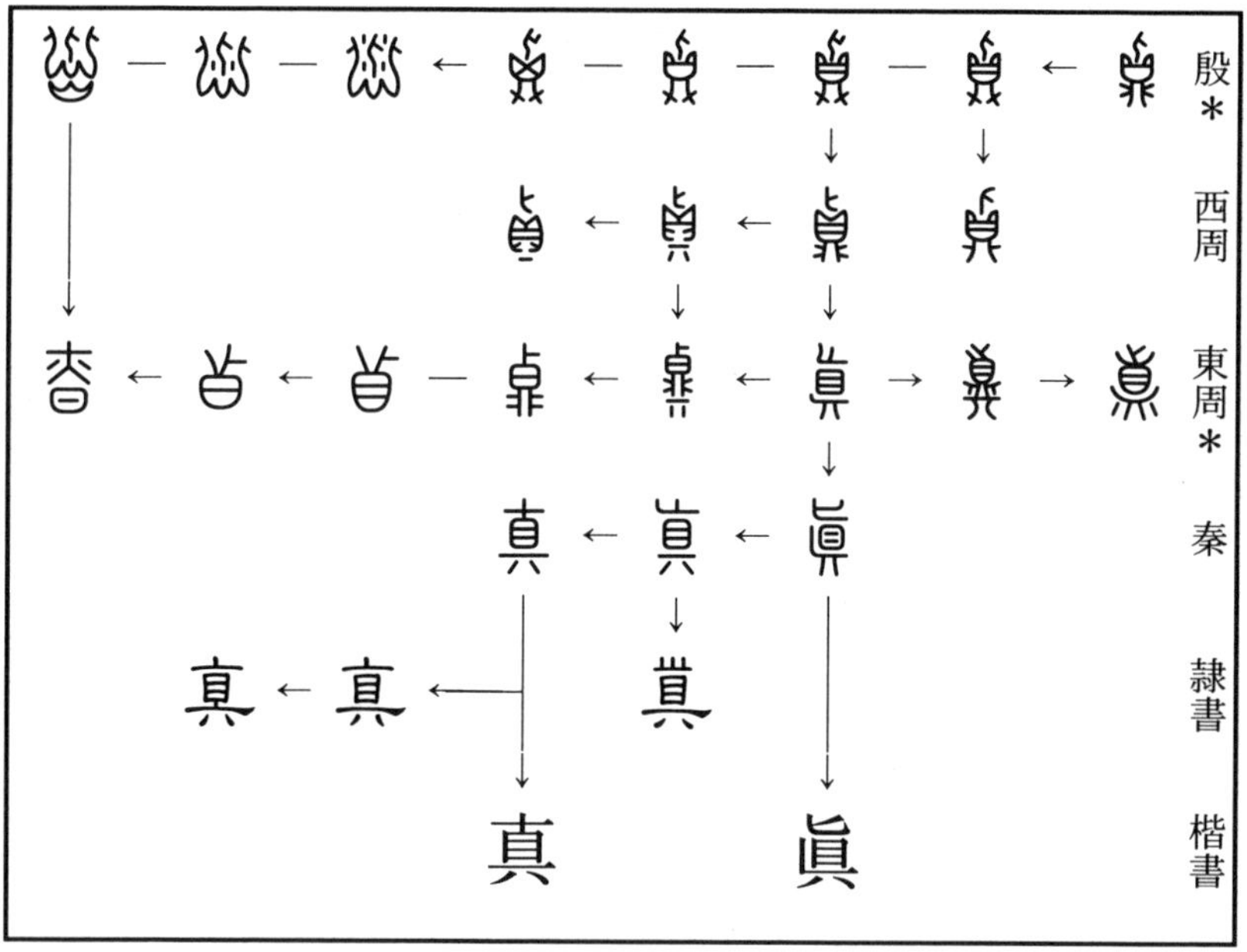

など略体が多いが、いずれも残っていない。また正字は篆書（眞）を模倣した「眞」とされるが、現存の八分隷書には見えない形である。そのほか東周代には「火」の異体（[illegible]）と「日」に従う字形（[illegible]）があり、許慎は「慎」の古文とするが、「心」がないので真の異体であり、「慎」は仮借の用法であろう。

字源について、許慎・加藤・白川・李学勤は本来が鼎や鬲を用いた形であることを知らず、後代の字形から解釈している。また藤堂・赤塚・鎌田・阿辻は、匕を後代の字義である匙の形として解釈している。また谷衍奎は殷代の字形を理解するが、やはり「人が食べる様子」と誤解している。

また字義について、後に「本物」の意味に使われた理由を、鎌田は鼎の中身が詰まることからとし、谷衍奎は美味の意味からの引伸とするが、いずれも字源の誤解による。赤塚・阿辻は仮借とし、現状ではこれ以外に整合性のある説がない（そのほかの研究者は字義の経緯に言及していない）。

皿部

「皿（ᗢ）」は、皿の象形である。字源は今で言う「さら」ではなく、液体を入れる鉢状の器物の象形である。

《皿》⑤皿⑥血⑩盈（温・熅）

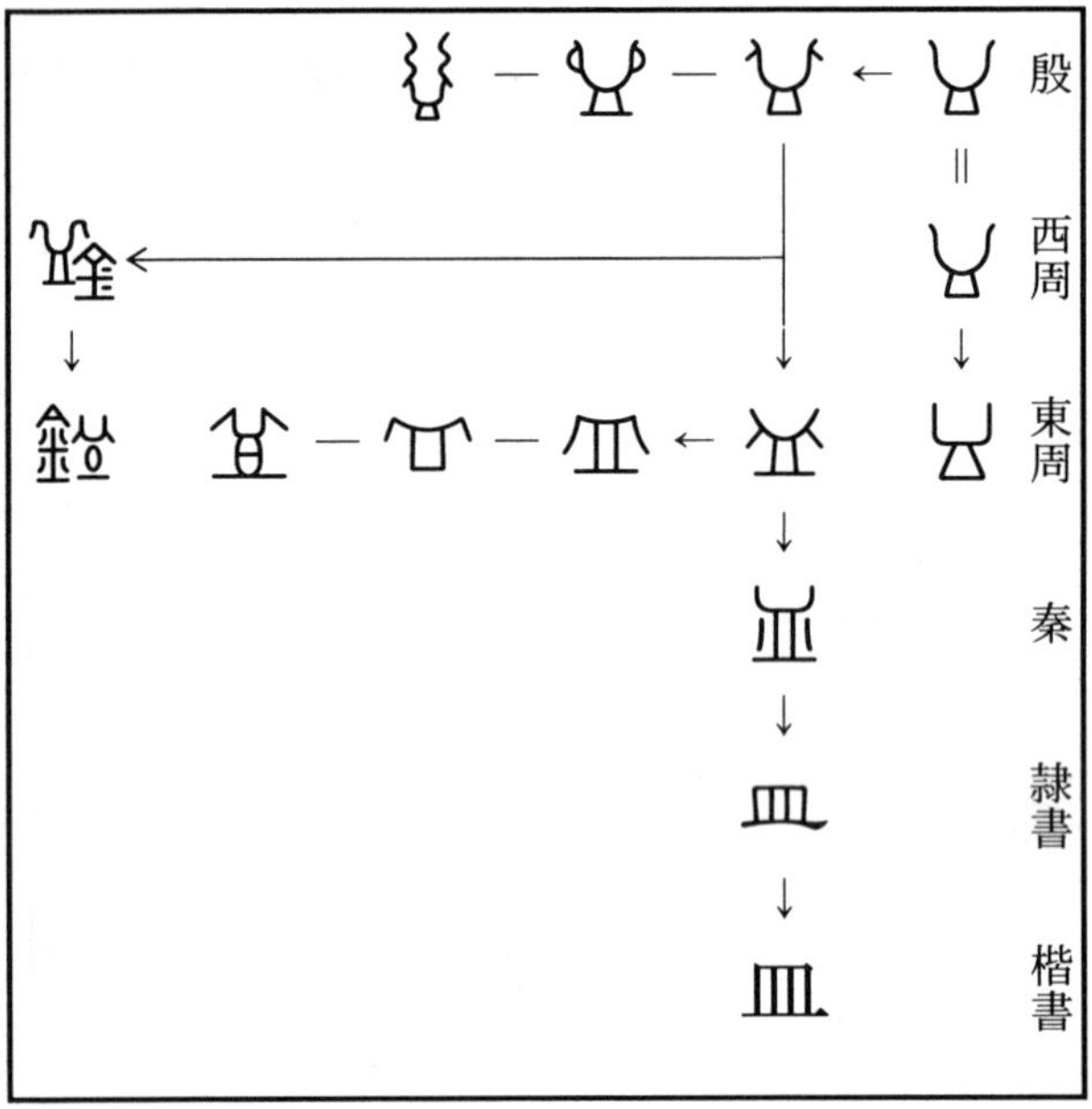

400【皿】楷五画　皿部　成象形

古明紐陽部[miaŋ, miaŋ, mraŋ]→中明紐梗韻[miaŋ, miaŋ, myiæŋ]→漢メイ呉ミョウ（ミヤウ）慣ベイ

皿（ᗢ）は液体を入れる鉢状の器物の象形であり、会意文字などでは「器物の一般像」として使われることが多い。鉢状の器は新石器時代から多く作られており、そのため器物の代表とされたのであろう。

なお、許慎は篆書の形（皿）から豆（豆）と同意とするが、これは後代に皿の下部が強調されたためであり、高坏の象形である豆とは字源が異なる。また、藤堂は「ふせてかぶせるさら」とする説を採るが、そうした用法は見られない。

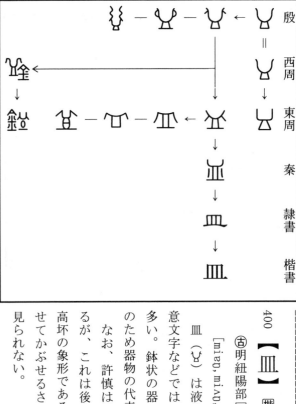

西周～東周代には、意符として「金」を加えた「[glyph]」などの形があり、この場合には青銅器の表現であろう。

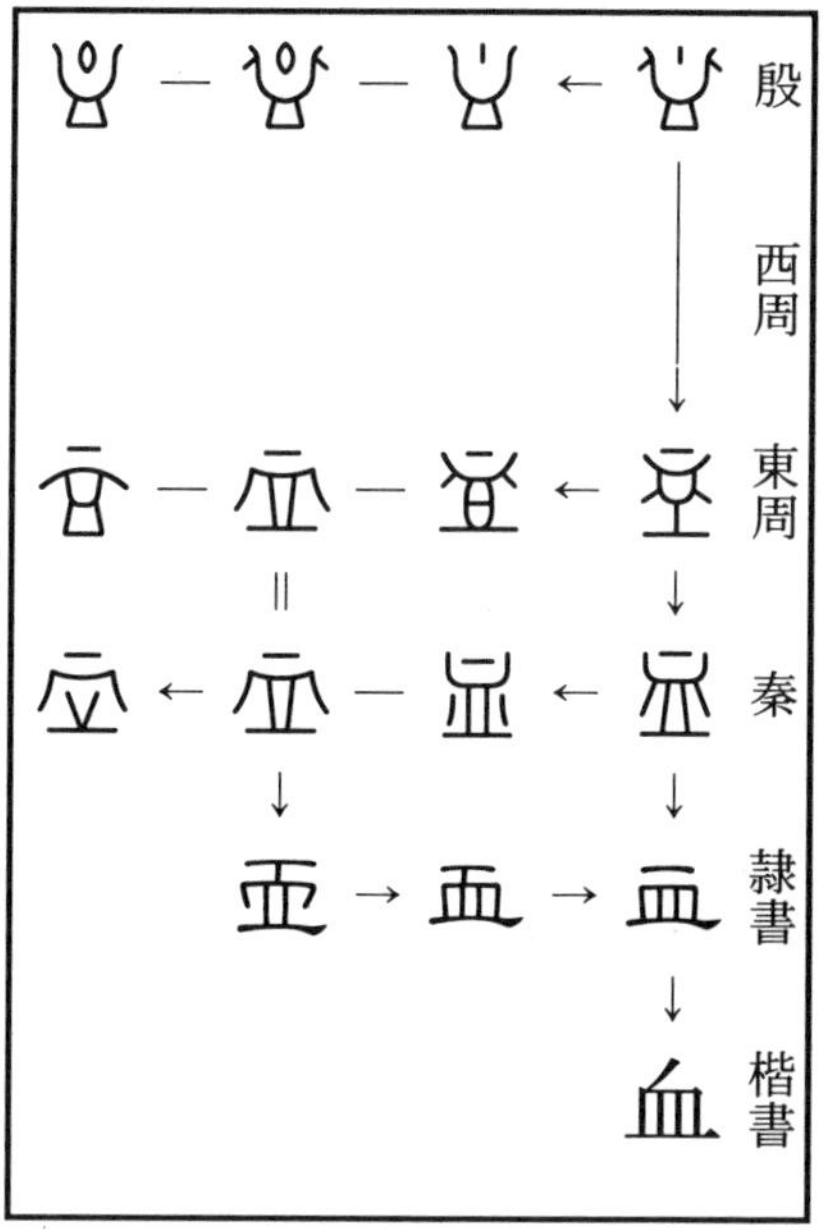

401 【血】 楷六画　血部　成指事

古暁紐質部[hiuet, huet, qhʷig]→中暁紐屑韻[hiuet, huet, huet]→漢ケツ呉ケチ

血（[glyph]）は、皿（[glyph]）に血液を表す指事記号の点や楕円を加えた文字である。古代には犠牲の血を祭祀に用いており、それを表現している。東周代には血液を表す部分が横向きの線になっており、楷書の一画目がそれに該当する。

402 【𥁕】 楷十画　皿部　成会意

古中略→漢オン(ヲン)呉オン(ヲン)

403 【温】［溫］ 楷十二画（十三劃）　水部　成形声

古影紐文部[uən, ʔuən, qun]→中影紐魂韻[uən, ʔuən, ʔuən]→漢オン(ヲン)・ウン呉オン(ヲン)・ウン

404 【熅】 楷十四画　火部　成会意

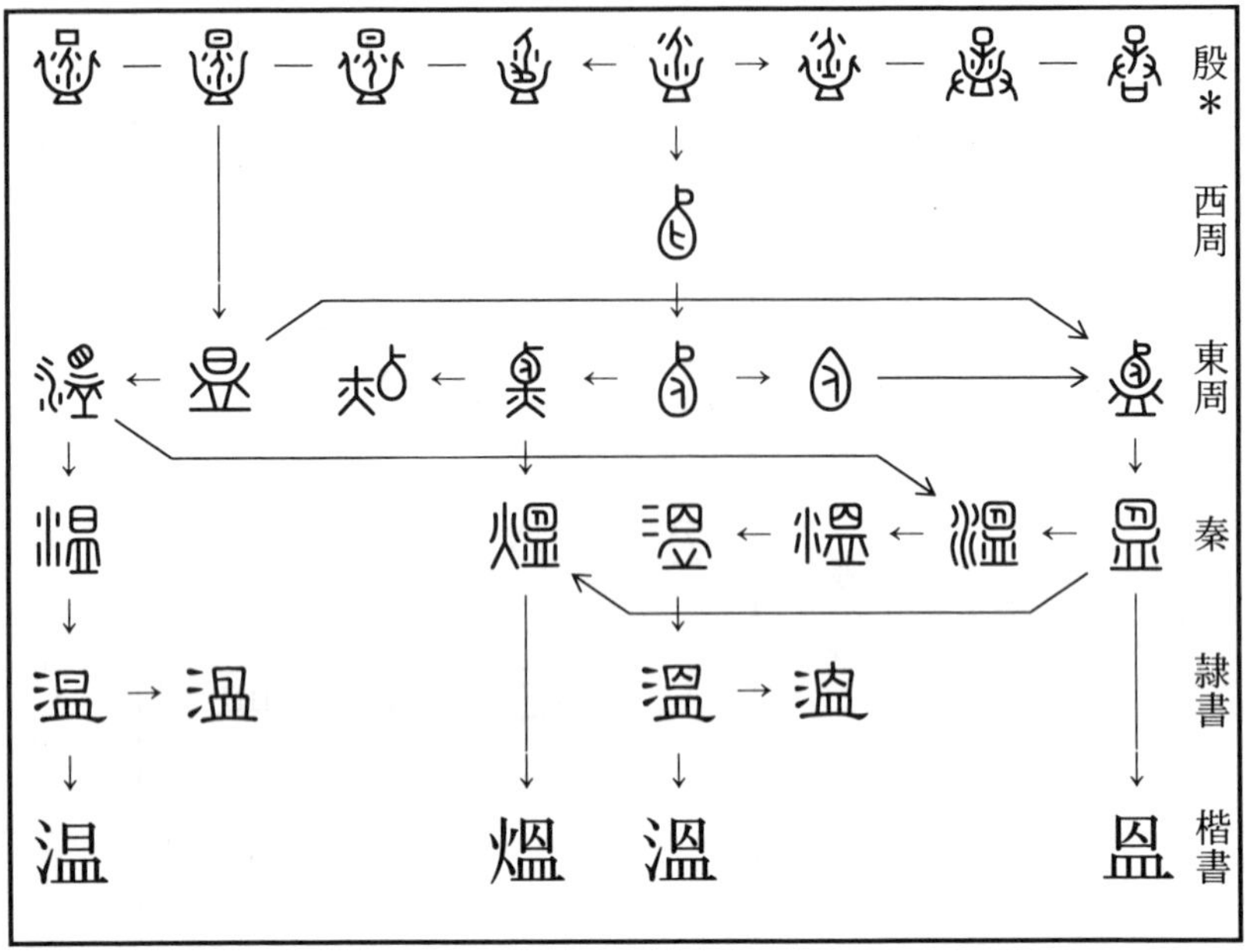

(古)影紐文部[iuən, ʔiuən, -]→(中)影紐文韻[iuən, ʔiuən, -]→(漢)ウン(呉)ウン

殷代の「〓」などは、皿（〓）・人（〓）と水を表す小点に従う。人が沐浴している様子を表した文字であり、皿は浴槽の表現であろう。

また、異体字に日（〓）を加えたもの（〓）があるが、日中に屋外で沐浴したのか、水温が高いことを表現したのかは不明である。また子（〓）と両手の形の廾（〓）に従う異体（〓など）もあり、この場合には子供を入浴させる様子である。

西周金文には「〓」が見え、これは「〓」のうち水滴を省いて皿を「卣」に変えた形にあたる。さらに東周代には「火」の異体（〓）を加えた「〓」があり、これは楷書の「熅」の系統にあたる。

また、これらとは別に、東周代の楚系文字に「〓」が見える。これは「〓」のうち人と水滴を省いた形にあたる。これと「〓」を折衷しているのが秦系文字の「〓」であり、篆書では「〓」の部分が「囚」の形になっている。これが楷書の「𥁕」にあたる。

「𥁕」について、篆書が「囚」に従う形になっているため、許慎は原義を「仁なり」として囚人に食事をとらせる意味とする（谷衍奎も同様）。また、加藤は囚に密閉の意味があるとして、密閉・発酵による温度とし、李学勤は囚声の形声文字とするが、いずれも後起の字形による字源解釈であり、囚は別の成り立ちである。そのほか、白川・鎌田は皿の中の物が温められている様子とし、藤堂は「皿の中に物をまるめて押しこめた形」とし、赤塚・阿辻は皿に煮た食物を盛った様子とするが、字源には合致しない。「熅」の系統についても「𥁕（〓）」から影響を受けたようであり、篆書では「皿」を用いた「〓」になっている。

また「〓」に「水（〓）」を加えたと見られるのが東周代の「〓」であり、これが楷書（新字）の「温」になっている。一方、篆書では「𥁕（〓）」を用いた「〓」の形になっており、楷書ではこれを継承した「溫」が正字とされる。なお、「温［溫］」については、当初は河川名（黔水の支流）だったので、厳密には別源の文字であるが、後に𥁕に通じて借りて「あたたかい」の意味に用いられたので、字形表では同項とした。

豆部

「豆（〓）」は、食物を盛るための高坏の象形である。

《豆》⑦豆《食》⑨食

405【豆】 楷七画　豆部　成象形

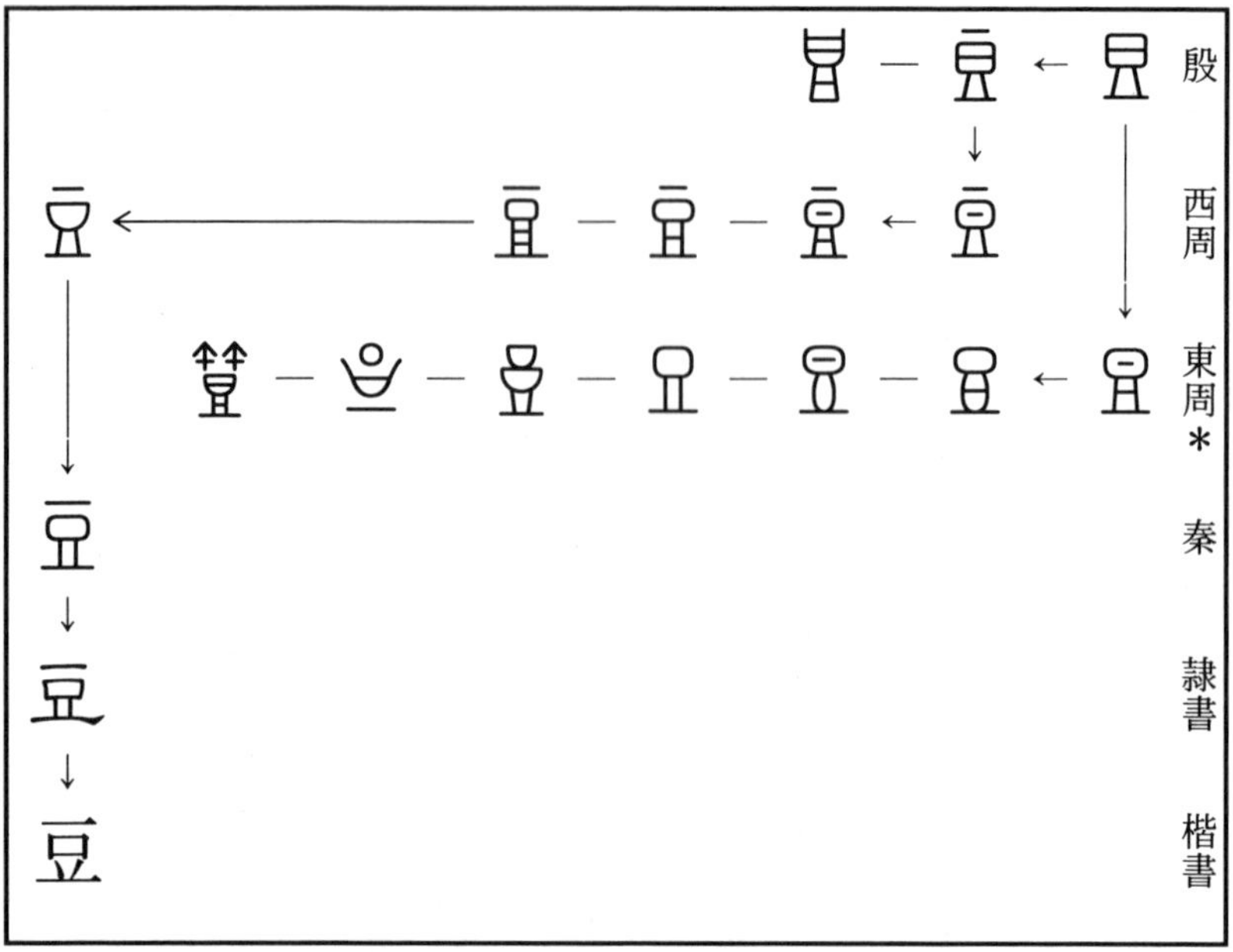

(古)定紐侯部[dɔ, dug, do]→
→(中)定紐侯韻[dəu, dəu, dəu]→(漢)トウ(呉)ズ(ヅ)

豆（）は、高坏の象形であり、殷代の異体字（）の上部にある単線は盛った食物を表している。後代に借りて「まめ」の意味に使われた。

字形の歴史を見ると、西周代には単線を加えた字形が主流であり、東周代には加えない字形が多いが、篆書では再び単線を加えた形が採用されている。そのほか、東周代には意符として竹（⺮）を加えた形（）も見られ、おそらく材質を表しているが、後代には残っていない。

▽食部

406 **【食】**［食］〔〕 楷九画　食部　成会意

(古)船紐職部・定紐職部・以紐職部・邪紐之部・余紐之部[ɖiək+ziə+ʎiə, diək+ɖiəg, ɦlɯg+lɯg]→
→(中)船紐職部・邪紐志韻・以紐志韻
[dʑiək+ziə+yiə, dʒiək+ziei+yiei, ʑik+yi]→

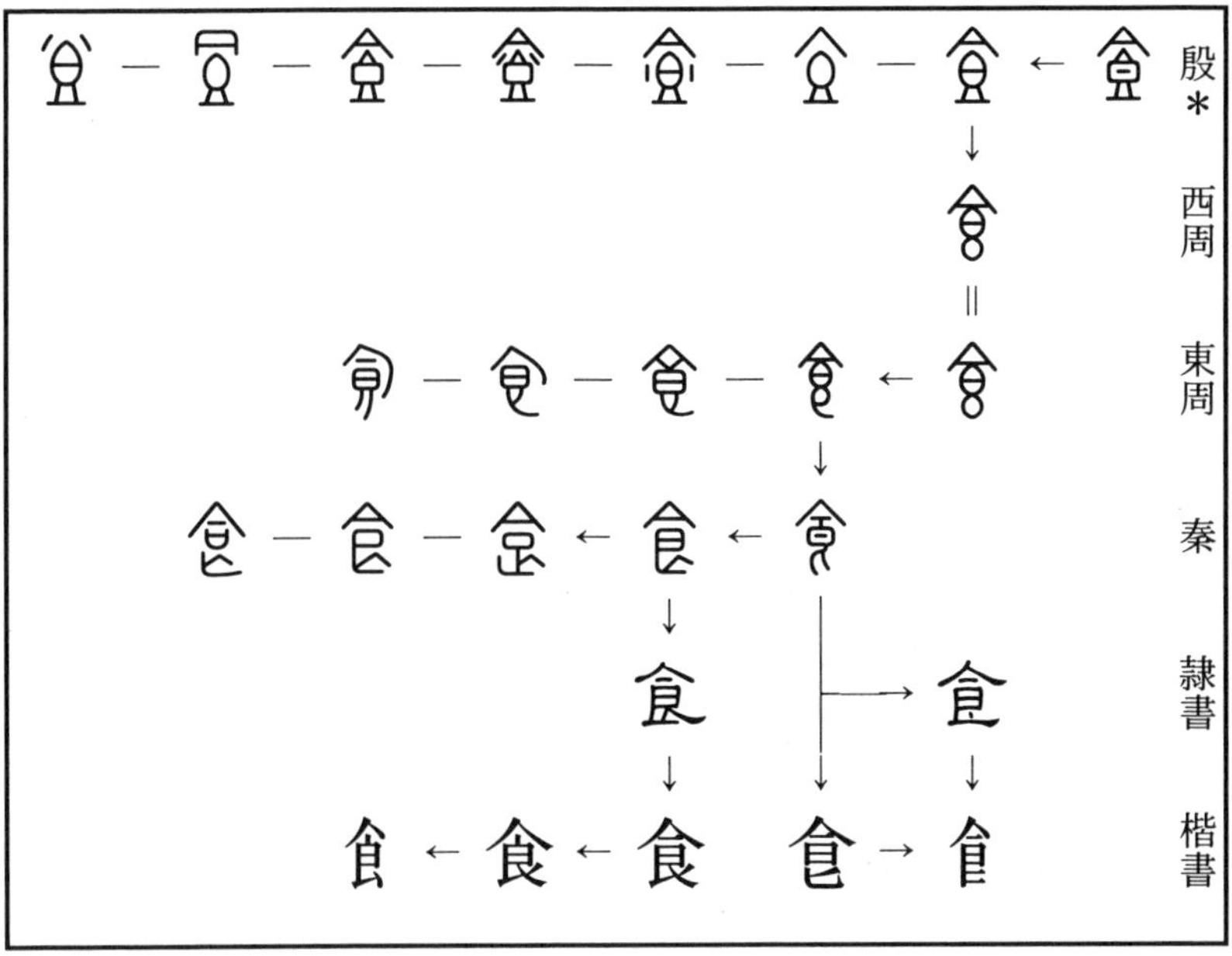

↓漢ショク・シ・イ呉ジキ・ジ・イ

「〓」については、上部が今の初文の亼（〓）、下部が豆（たかつき）に食物を盛った形の皀《きゅう》（〓）である。食器に蓋をした形で「食事」を表す会意文字である。

なお、許慎・加藤は亼《しゅう》を声符とする形声文字とするが、亼は殷代には今の異体であるから、シュウ（シフ）の音は後代に転換したものであり、「食」における声符とは考えられない。また谷衍奎・李学勤は上部を「口」の上下反転形とするが、口（〓）の上下逆向きを用いたのは少数例の異体（〓）のみである。

殷代には、異体として穀物を表す小点を付加したもの（〓）や、そこから蓋を外した形（〓）などがある。また、秦代には皀の下部を変形させた形が多く、楷書では「亼」の下部と合わせて「良」のような形になっているが、良とは成り立ちが全く異なる。ただし、原型に近い「〓」も楷書に残っている。

食が偏になる場合、正字は〓に由来する𩙿であるが、新字は飠の形になっている。

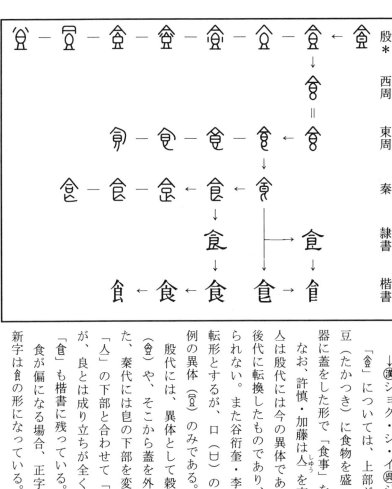

酉部

「酉（酉）」は、樽の象形である。特に酒樽を表すことが多く、主に酒に関係する文字に部首として使われる。そのほか注ぎ口のある酒樽である畐《ふく》（畐）も、字形・字義が近いことから酉の部首に配列した。

《酉》⑦医・酉（酒）⑨畐（福）⑩配

---

407 【医】［醫］｛毉｝ 楷七画（十八劃） 酉部（匚部） 成形声

古影紐之部［iə, ʔiəg, qɯ］→中影紐之韻［iə, ʔiei, ʔi］→漢イ呉イ

「醫」のうち、新字に使われている「医」の部分は、もとは別字で矢の入れ物を表していた（漢音は「エイ」）。殹を意符、医を声符とする「殹《えい》」は打撃の音の意味である。そして、医［醫］は、酒を意味する酉を意符、殹を

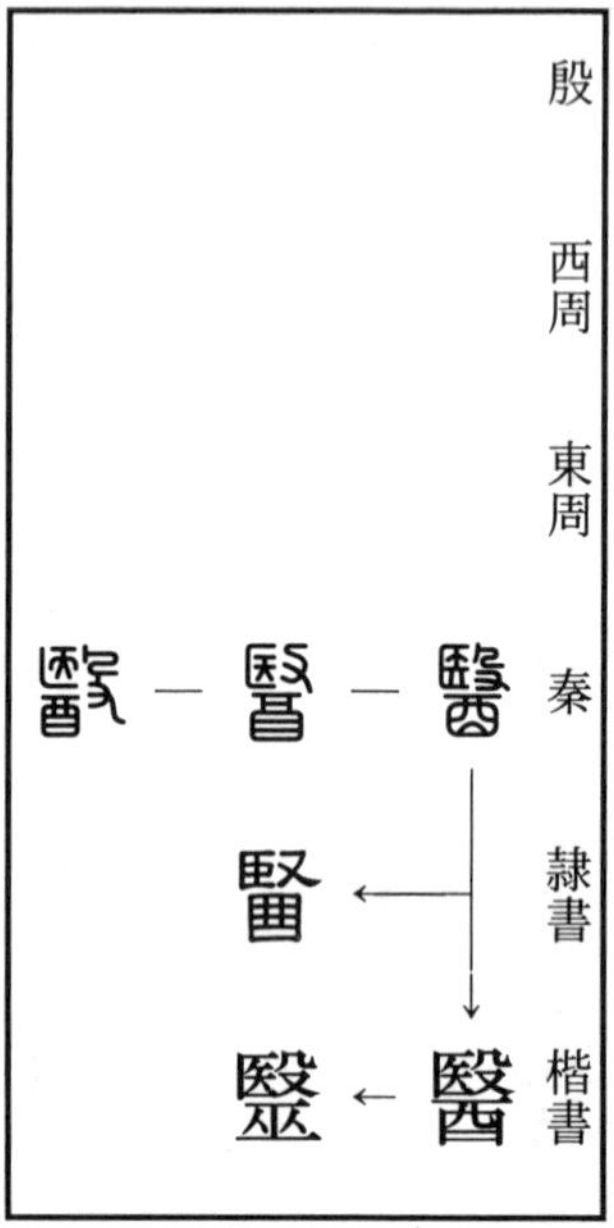

声符とする形声文字である。古代には酒を医療に用いていたので、意符として酒樽の形の「酉」が用いられた。殹の意義について、加藤・赤塚・阿辻・李学勤は純粋な声符として、醫を形声文字とする。そのほか会意や亦声とする説も多く、許慎は殹を「悪姿」あるいは「病声」とする。藤堂は殹を「しまいこみ隠す動作」とし、醫を酒壺に薬草を封じ込むこととする。白川は矢を打つ呪儀

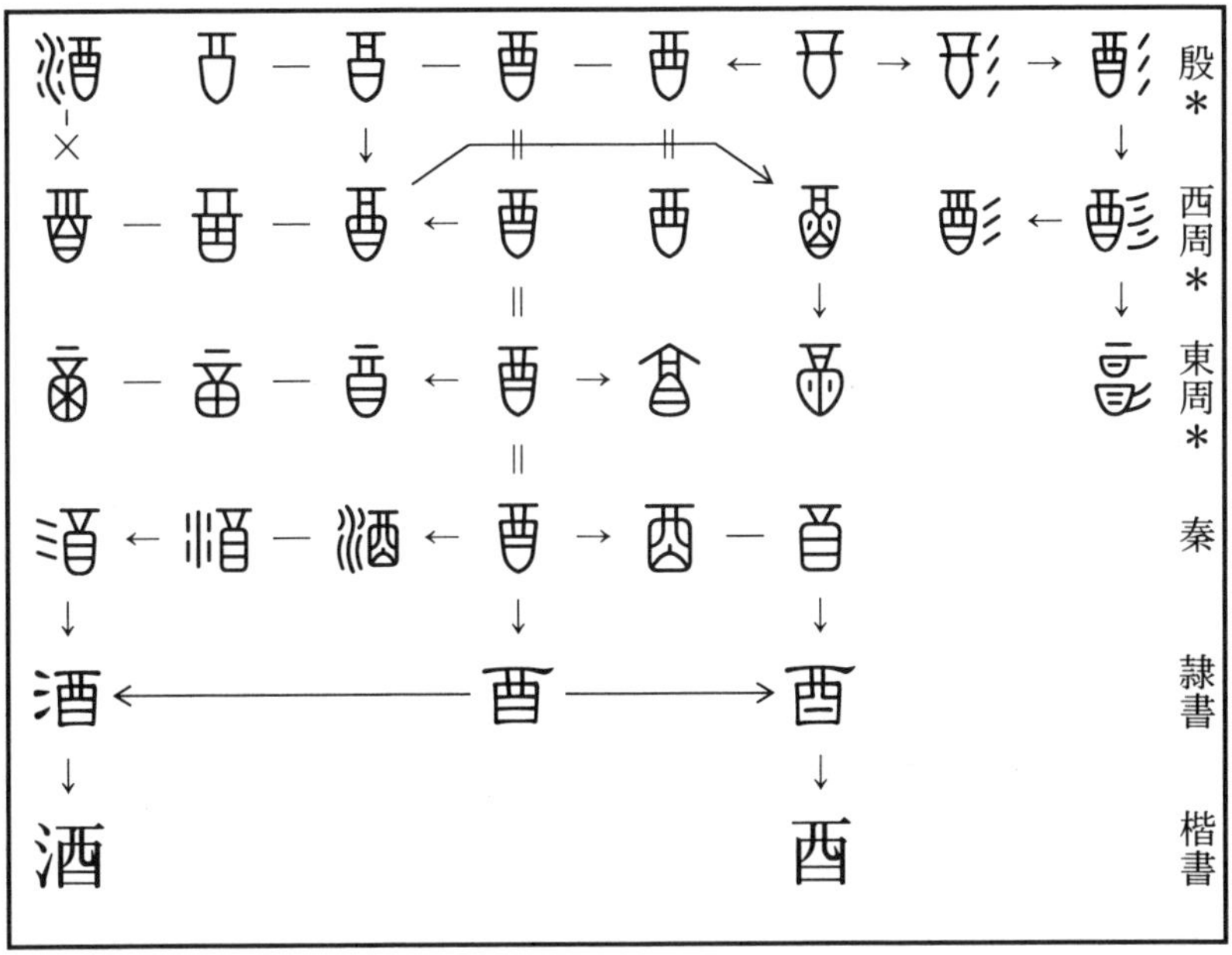

で古代医術の一種とする。また、谷衍奎は矢傷を酒で治療することとし、鎌田は殹をまじないの声とする。いずれも明確な矛盾はないが、現状では正否を確認できる資料もない。

中国では長い間、巫術が医療として行われていたので、醫に含まれる酉（酒）も、消毒用というよりは巫術に使われた可能性が高い。楷書では、酉を巫に代えた「毉」も作られている。

---

408 【酉】 楷七画　酉部　成象形

古余紐幽部・以紐幽部[ɦiu, ɖiog, lu]→中以紐有韻[yiəu, yiəu, yiu]→漢ユウ（イウ）呉ユ

409 【酒】 楷十画　酉部　成形声

古精紐幽部[tsiu, tsiog, ʔslu]→中精紐有韻[tsiəu, tsiəu, tsiu]→漢シュウ（シウ）呉シュ

酉（）は樽の象形である。特に酒樽を表すことが多く、「さけ」の字義としても使われた。そのほか十二支の

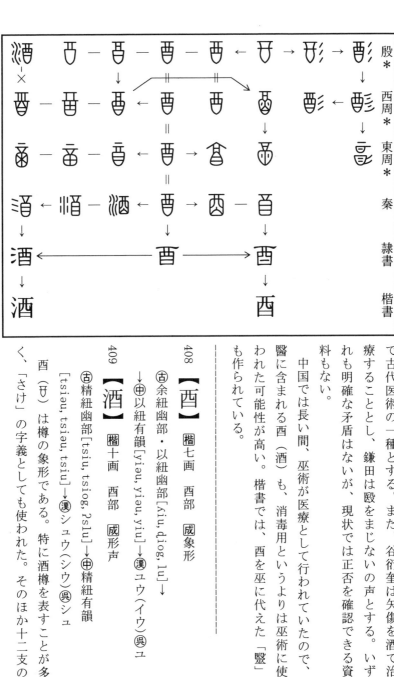

十番目としても使われている。

殷～東周代には、酒滴（あるいは酒の香り）を表す彡（彡）を加えた字形（酌など）もある。この場合は「さけ」に特化した表示方法であり、主に祭祀儀礼の意味で使われている。

ただし、「酉」も「さけ」の意味で使い続けられた。そのため、秦代には、改めて区別のために水（氵）を加えた「酒（酒）」が作られた。

なお、殷代の「酒」については、水と酉から成るが、酉を声符とする形声文字で河川名を表す別字である。また、許慎は「酉の古文」を挙げるが、実際には「丣」であり、やはり別字である。

---

410 【畐】 楷九画　田部　成象形

古滂紐職部・並紐屋部[phiək, bhiuk, -]→
→中滂紐職韻・並紐職韻[phiək, bhiuk, -]→漢フク・ヒョク呉ブク・ヒキ

411 【福】［福］ 楷十三画（十四劃）　示部　成形声（亦声）

古幫紐職部[piuək, piuək, pɯg]→中非紐屋韻[piuk, piuk, piuk, piuk]→漢フク呉フク

畐（畐）などは、注ぎ口のある酒樽の形であり、殷代には祭祀名として使われている。また、福［福］（福）は、それに祭祀に関することを表す示（丅）を加えた繁文である。許慎は福［福］について畐を声符とする純粋な形声文字とし、阿辻・李学勤はこれに従うが、諸家が述べるように畐は原義を示す亦声の部分である。

殷代の異体には、示ではなく酒樽を捧げ持つ両手の形を加えたもの（𥛚など）もある。また西周～東周代には、

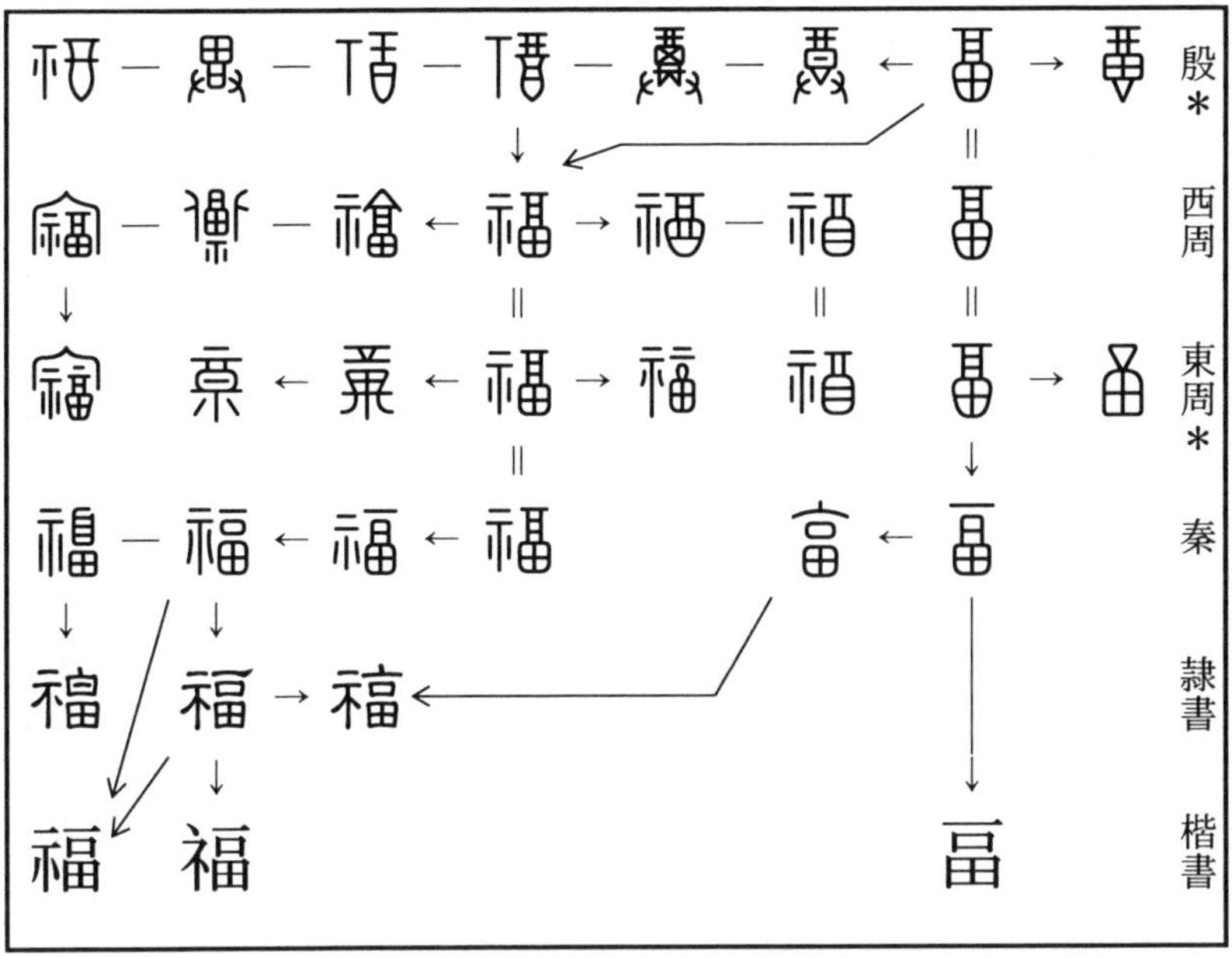

「宀」を加えた異体（〓など）や、配列を変えた異体（〓など）も見られる。秦代に酒樽の形が変形し、楷書の「畐」や「福［福］」になった。

そのほか、殷～西周代の類似形として「〓・〓・〓」などがあり、酒を用いた儀礼を意味する「祼《かん》」の初文とされるが、福と同源字とする説もある（董作賓・徐仲舒など。ただし甲骨文字ではいずれも祭祀名であり識別は困難である）。

「福」は後代に「幸福」の意味に使われたが、その意義について、加藤は神酒の分与の意味とし、藤堂は神の恵みが豊かな意味とし（谷衍奎も同様）、白川は「幸福を祈る」ことからとする（鎌田も同様。そのほかは詳しく述べていない）。いずれが正しいかを確認できるような資料はなく、正否を確かめることは難しい。

一方、「畐」は楷書では「みちる」の字義であるが、単独で使われることは少ない。ただし、古くに作られた副や蝠などの声符として見えている。

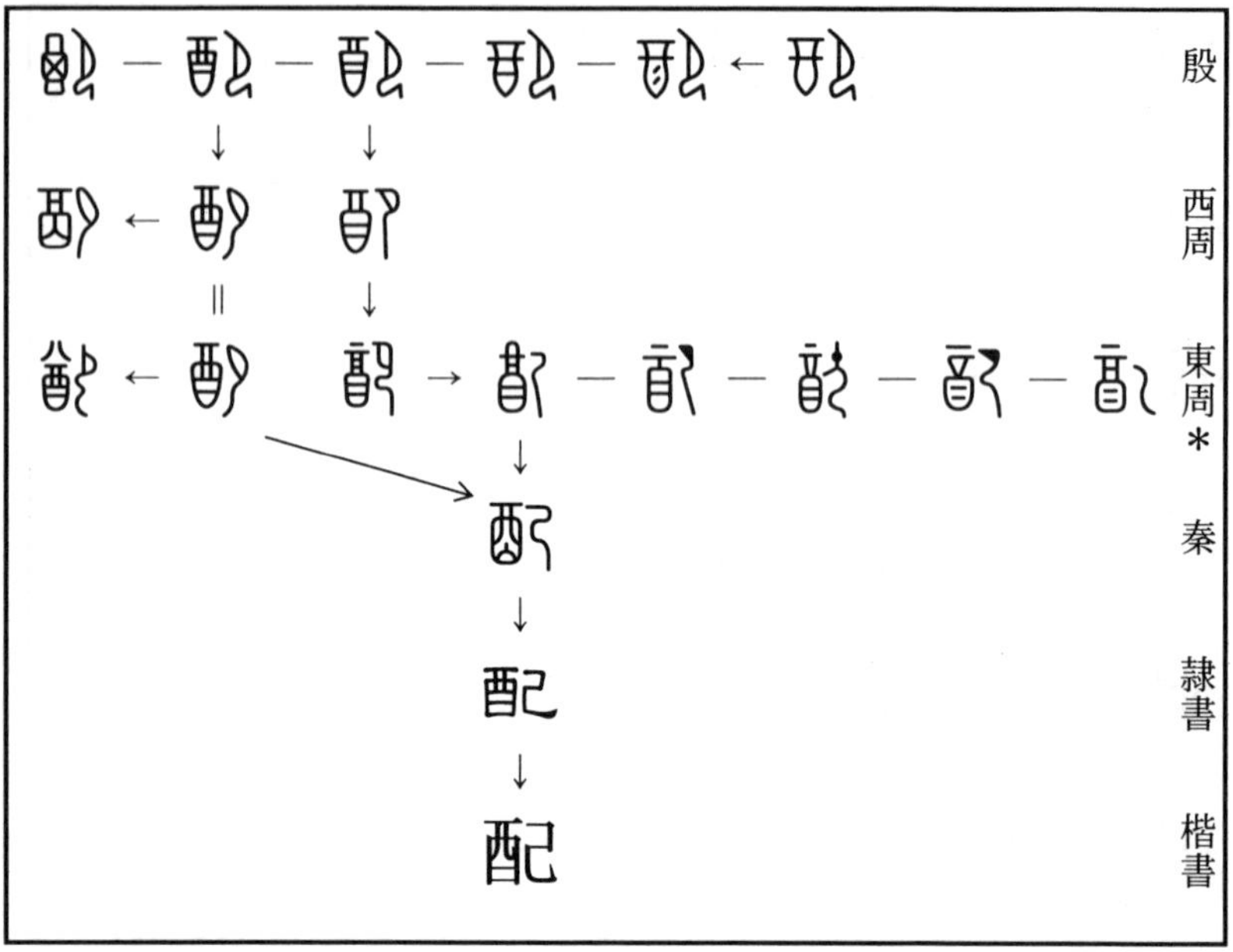

412【配】 楷十画 酉部 成会意

古滂紐微部[phuəi, phuər, phɯl]→
→中滂紐隊韻[phuəi, phuəi, phuʌi]→漢ハイ呉ハイ

殷代の字形（）は、座った人の形である卩《せつ》（）の前に酒樽（）を置いた形であり、祭祀儀礼の様子を表している。

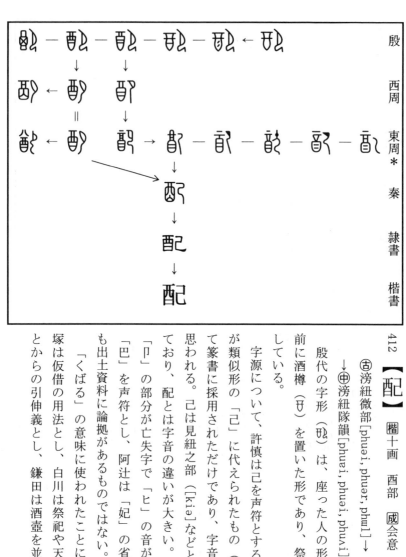

字源について、許慎は己を声符とするが、東周代に「卩」が類似形の「己」に代えられたもの（）が、結果として篆書に採用されただけであり、字音の表示ではないと思われる。己は見紐之部（[kiə]などと復元）と推定されており、配とは字音の違いが大きい。そのほか、加藤は「卩」の部分が亡失字で「ヒ」の音があるとし、赤塚は「巴」を声符とし、阿辻は「妃」の省声するが、いずれも出土資料に論拠があるものではない。

「くばる」の意味に使われたことについて、加藤・赤塚は仮借の用法とし、白川は祭祀や天命に「あたる」ことからの引伸義とし、鎌田は酒壷を並べることからの引伸義とし、李学勤は「酒を配ること」とする（許慎・藤堂・阿辻・谷衍奎は経緯を具体的に述べていない）。李学勤説が最も明快であるが、そのほかの説も矛盾があるわけではない。

壴部

「壴（）」は、楽器の象形であり、太鼓を表している。繁文は「鼓（）」である。

《壴》⑬豊（礼・醴）

413【豊】［豐］ 楷十三画（十八劃） 豆部 成会意

古滂紐冬部[phiuŋ, phioŋ, phuŋ]→中敷紐東韻[phiuŋ, phiuŋ, phiuŋ]→漢ホウ・フウ呉フ慣ブ

414【礼】［禮］｛豊｝ 楷五画（十八劃） 示部 成形声（亦声）

古来紐脂部[liei, ler, ri]→中来紐薺韻[liei, lei, lei]→漢レイ呉ライ

415【醴】 楷二十画 酉部 成形声（亦声）

古来紐脂部[liei, ler, ri]→中来紐薺韻[liei, lei, lei]→漢レイ呉ライ

「豊［豐］」にあたる文字には二系統があり、ひとつは太鼓の象形である壴《ちゅ》（）とふたつの木（）または草の象形の屮《てつ》（）に従う字形（・）であり、殷代には財物を保管する施設の名や祭祀名などに使われている。また木や屮を声符の亡（）に置換した形（など）もこの系統の文字である。ただし上古音の段階で、亡

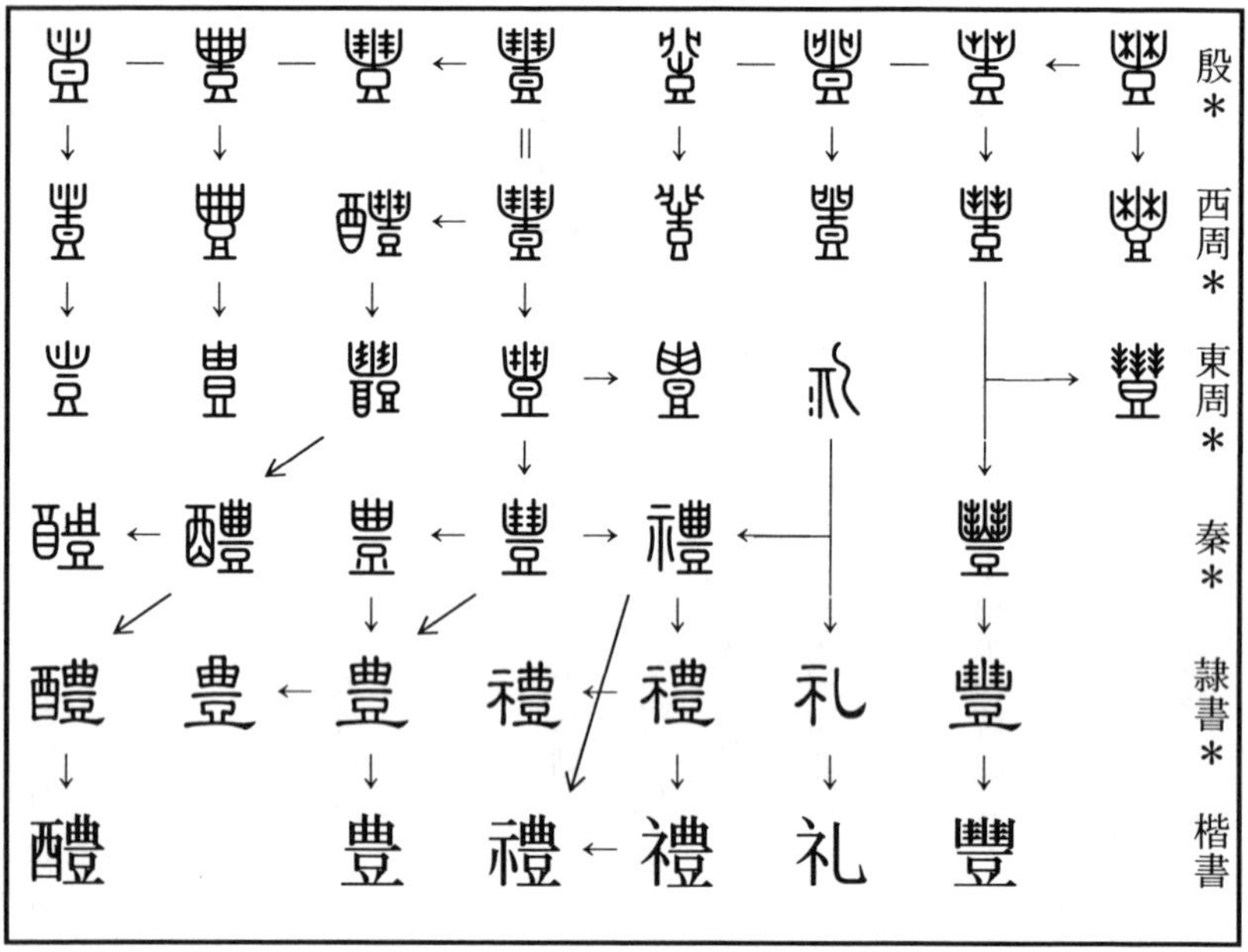

は明紐陽部（[miuaŋ]などと復元）と推定されており、すでに豊（滂紐冬部）とは字音が離れている。

もうひとつは壴とふたつの玉（丰）から成る字形（豐など）であり、殷代には供物の名や祭祀名に使われており、醴《れい》（あまざけ）の初文とされる。玉の形を簡略化した形（豈など）もこの系統である。引伸義で儀礼の汎称としても使われた。

西周代以降には、前者が豊［豐］、後者が意符の酉を加えた醴、あるいは意符の示を加えた礼［禮］となった（後者の系統の「豊《れい》」も残っている）。ただし、殷代には両者が混用されることが多く、またいずれも壴（太鼓）を使った祭祀の様子を表した文字と推定されるので、本書では同項とした。また西周代以降でも、字形の類似から両者の通用が見られ、隷書や楷書でも同様である。新字体についても、前者の「豐」の意味に後者の系統の文字である「豊」を使っている。

なお、禮の新字の「礼」は東周代に起源があり、祭祀用の机である「示」と「乙」（おそらく祭祀をする人の形）

から成る会意文字（）である。

豐・豊の字源について、許慎はいずれも「豆」を部首とする文字と見なすが、豆（）は高坏の象形であり、楽器の象形の壴（）とは別字である。そのほか、藤堂・白川・赤塚・鎌田・阿辻・谷衍奎も字源を豆と関連づけている。

加藤は壴を部首とする文字であることを理解しているが、豐・豊を同源字とし、「」の上部を朋（）を分割したものとして声符とする。しかし、朋の上古音は並紐蒸部（[bəŋ] などと復元）と推定されており、「豐」と声母は近いが韻母には相違がある。

李学勤は、豐・豊が別字であると分析しており、またともに壴に従う字形であることを理解している。ただし、豐については、西周金文の字形（）を元に丰《ほう》（）を声符と見なすが、より古い殷代の甲骨文字には確認できない形である（結果的には「豐」は形声文字と見ることもできる）。また、李学勤は「豊」については壴と二つの玉に従う儀礼の様子であることを把握している。

南部

「南（）」は、楽器の象形である。

《南》⑨南

416 【南】 楷九画　十部　成象形

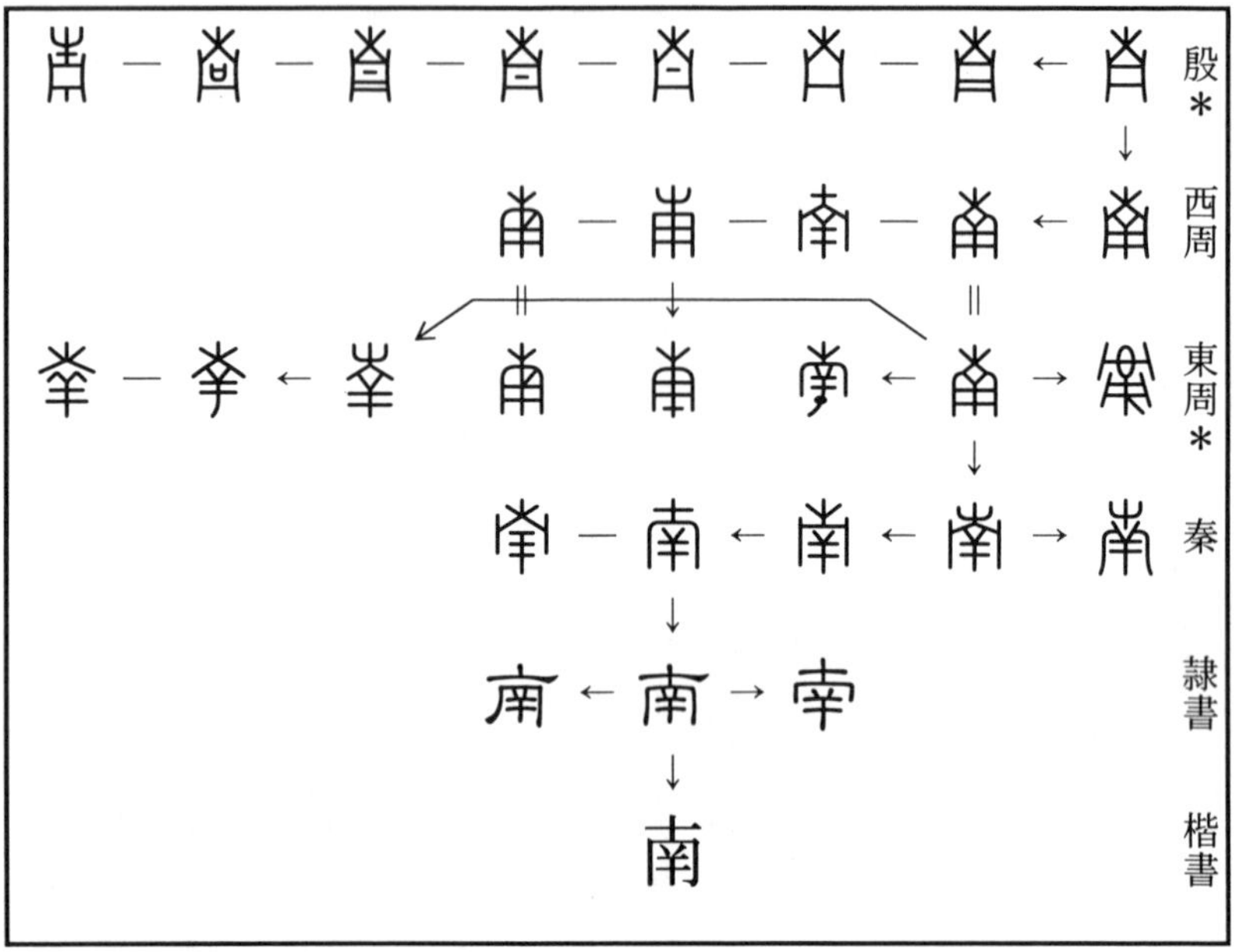

（古）泥紐侵部[nəm, nəm, num]→㊥泥紐覃韻

[nɒm, nəm, nʌm]→（漢）ダン（ダム）（呉）ナン（ナム）

字源について、許慎は篆書（〓）を元に草木の枝がある形とするが、殷代の字形（〓など）には草や木の形は含まれていない。

また赤塚は上部をテントの形、下部を丹として声符とする。異体には丹（〓）に近い形を用いたもの（〓など）もあるが、最も用例の多い「〓」の字形を説明できない。

鎌田は「〓」を分解して屮（〓）・入（〓）・凡（〓）から成るとするが、この場合は逆に異体を説明できない。そのほか加藤は帷幕《とばり》の形、藤堂は納屋ふうの小屋とするが、いずれも殷代には該当する用法が見られない。

「〓」を用いた会意文字を見ると、〓（〓）は撥でそれを叩く形であり、打楽器の象形と考えるのが妥当である。ただし、楽器として具体的に何を指すのかについては、白川は銅鼓の象形、阿辻は鐘状の楽器、谷衍奎は吊り下げた打楽器、李学勤は陶製の楽器とするが、いずれが正しいかは明らかでない。

殷代の異体には、内部に小点や口（日）を加えた異体（㡿・㡿など）がある。また西周代には内部を複雑化した形（㡿など）が用いられた。東周代には上部を変形させた「𢆉」などの形があるが、後代には残っていない。最終的に楷書では上部を十・冂の形にしたものが使われているが、これは秦代の簡牘文字に見える略体（南）に由来する。

幺部

「幺《よう》（8）」は、糸束の象形である。〔関連部首〕「糸」も、糸束の象形の一種である。糸（𢆯）は、束（𣏟）について、下部にのみ纖維の状態を残したものである。初出は西周代であり、殷代には纖維に関係する文字の部首としては束や幺が主に用いられていた。

《幺》④午（幺・玄）⑨県《糸》⑥糸⑨級⑩紙⑪細・組⑫絵⑭緑・練（湅）⑮線

417【午】楷四画　十部　成象形
古疑紐魚部[ŋa, ŋag, ŋa]→中疑紐姥韻[ŋu, ŋo, ŋuo]→漢ゴ呉ゴ

418【幺】楷三画　幺部　成象形
古影紐幽部・影紐宵部[iau, ʔog, qiw]→中影蕭紐韻[ieu, ʔeu, ʔeu]→漢ヨウ（エウ）呉ヨウ（エウ）

419【玄】楷五画　玄部　成象形

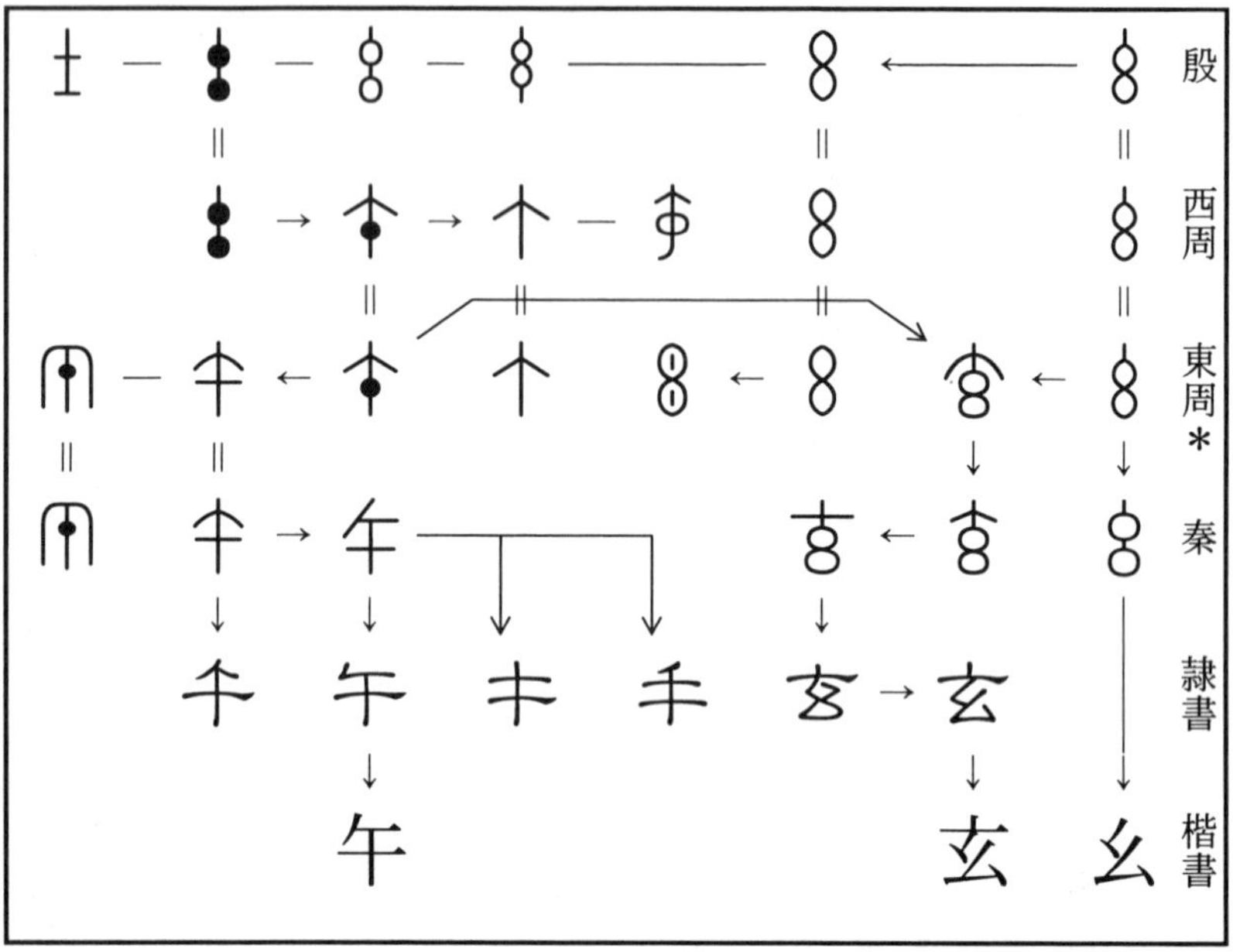

(古)匣紐真部・匣紐元部・群紐真部[ɣiuen, ɦuan, gʷin]→(中)匣紐先韻[ɣiuen, ɦuen, ɦuen]→(漢)ケン(呉)ゲン

午・幺・玄は同源字であるが、篆書では字形が大きく分化しており、原型をよく残している幺が「〓」、玄は「〓」の形であるが、午は「〓」になっている。

そのため、篆書から午の字源を明らかにすることは難しく、許慎はさからうことを意味する「啎」の初文とし、ほとんどの研究者は「杵」の初文とする説を採っている。しかし殷代の段階では、午（〓など）の形は、杵などではなく糸束の象形として使われており、例えば奚（〓）では人を捕らえる紐の形、羌の異体（〓）では弁髪のような髪型を表現して使われている。午の字形は、殷代の異体のうち「〓」が後代に継承され、西周代に上部を変形させた形（〓）が作られ、さらに東周代に下部も横線にした形（〓）になったため、原型を理解することが難しくなったのである。

幺についても、許慎は「幼」に含まれることから生まれたばかりの子供とするが、殷代や西周代にその用法は

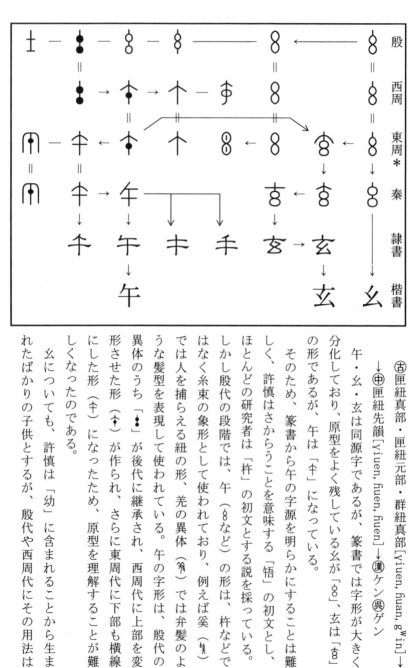

ない。また加藤は「糸」に含まれることから、「糸の上半分」とし、赤塚・鎌田・阿辻もこれを採る。しかし、「糸（）」の初出は西周代であり、それに基づいて殷代からある「幺」ができたとするのは矛盾する（「糸」は束（）の略体である）。白川が述べるように、「幺」も糸束の形であり、谷衍奎・李学勤も正解している。

玄について、許慎は暗いことを意味する幽に関連づけ、また字形の上部を覆う形とする。しかし、その形は殷～西周代には存在せず、東周代に出現した後起の形（）であり、篆書（）に継承されたものである。同様に、加藤・藤堂も「幺」と上部の部分から成る形とし、加藤は声符の「亠」、藤堂は指事記号の「一印」とするが、いずれも殷～西周代の字形にはなく、さらに東周～秦代の字形とも合わない。赤塚・鎌田・阿辻・谷衍奎は黒い糸の形とするが、殷代には玄としての用法でも形状に区別はない。糸の色からの連想で糸の形を黒色の呼び名に転用したと考えるのが妥当である。玄についても、白川が「ただ糸たばの形」と述べるのが正しく、幺と同源の文字である（李学勤も正解している）。

なお、「午」は「幺」とは字音が大きく異なるが、十二支では同様の例として「寅」があり、もと矢の形であるが、「矢」とは字音が大きく異なっている。ただし、十二支の形成は殷代後期の甲骨文字より前であり、その過程や字音が異なるようになった経緯を明らかにすることは難しい。

---

420 【県】［縣］ 楷九画（十六劃） 糸（目）部 成会意

古匣紐元部・群紐元部[yiuan, ɦuan, g^{w}en]→中匣紐霽（先）韻[yiuen, ɦuen, ɦuen]→漢ケン呉ゲン

西周～東周代の字形は、木・幺・百《しゅ》（首の異体）から成り、首を木にかけた梟首《きょうしゅ》の様子を表している。秦代

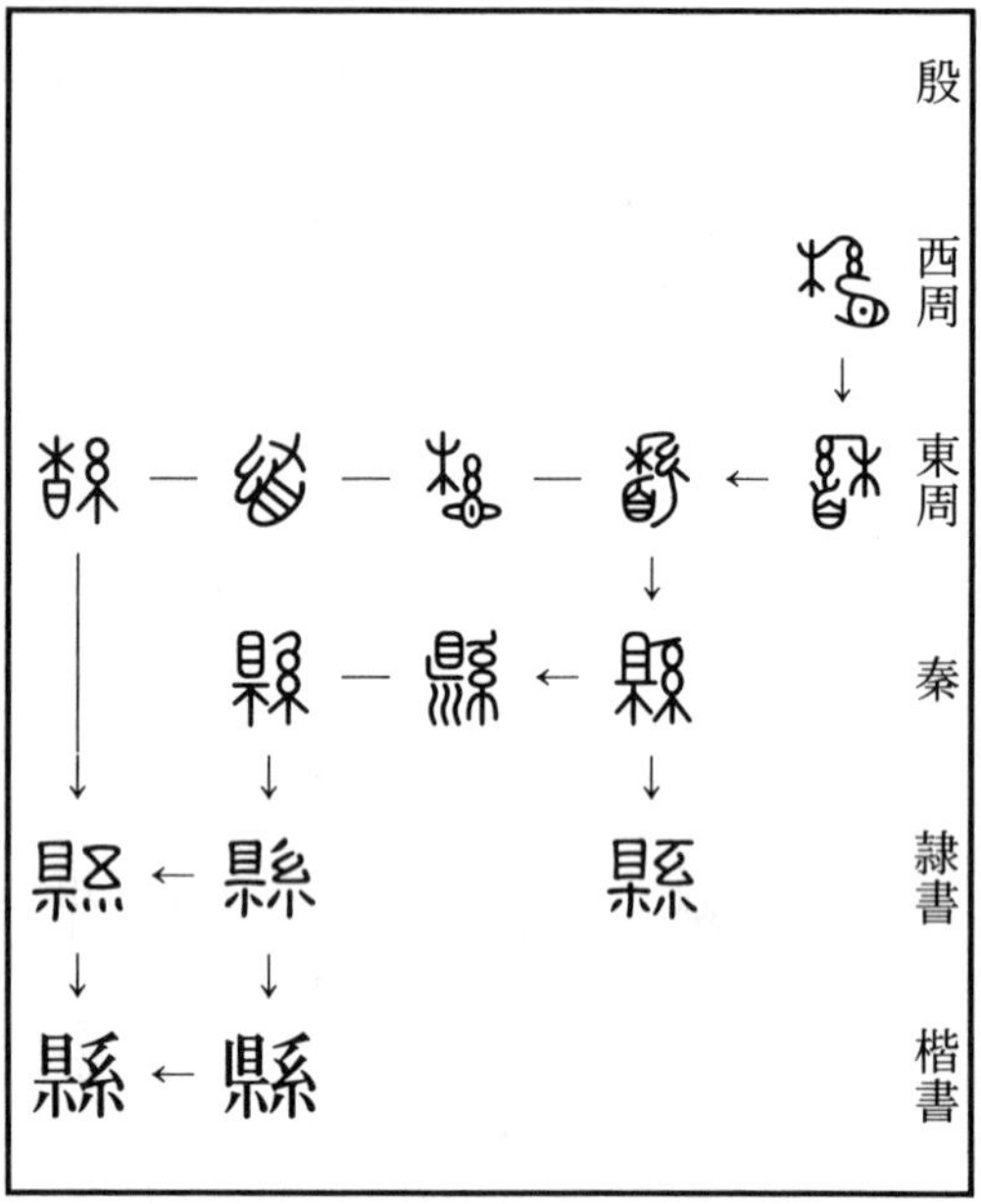

になると木が省かれ、また百は「首」の異体の「𦣻」を上下逆にした「県」の形になり、幺は系に変えられた。

加藤・赤塚は、系が発音も表す亦声の部分とするが、系は上古音でも陽声ではなかった（匣紐支部の[ɣie]などと復元）と推定されており、声符への置換ではなく、系の原義である掛け持つ意味で使われたと考えられる。

後に行政区画へ転用された理由については、単なる仮借とする説もあるが、東周代の支配体制と関連した分析もあり、最終的な結論は出ていないようである。

なお、「県」は別字である（漢音は「キョウ」）が、新字では略体として「県」が用いられる。また、「懸」は心を意符、縣を声符（意味を含む亦声）とする文字で、「心にかける」の意味であり、別字であるが、「縣」が後に行政区画として主に用いられたため、懸を借りて「かける」の意味でも使われるようになった。

▽糸部

421【糸】［絲］ 楷六画（十二劃） 糸部 成会意

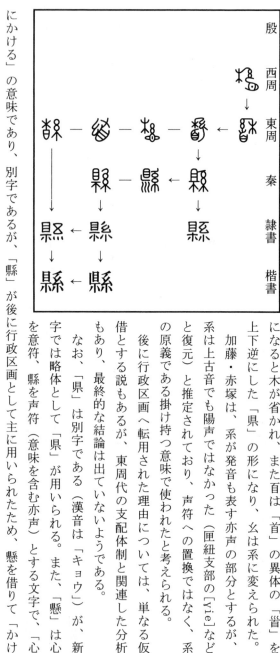

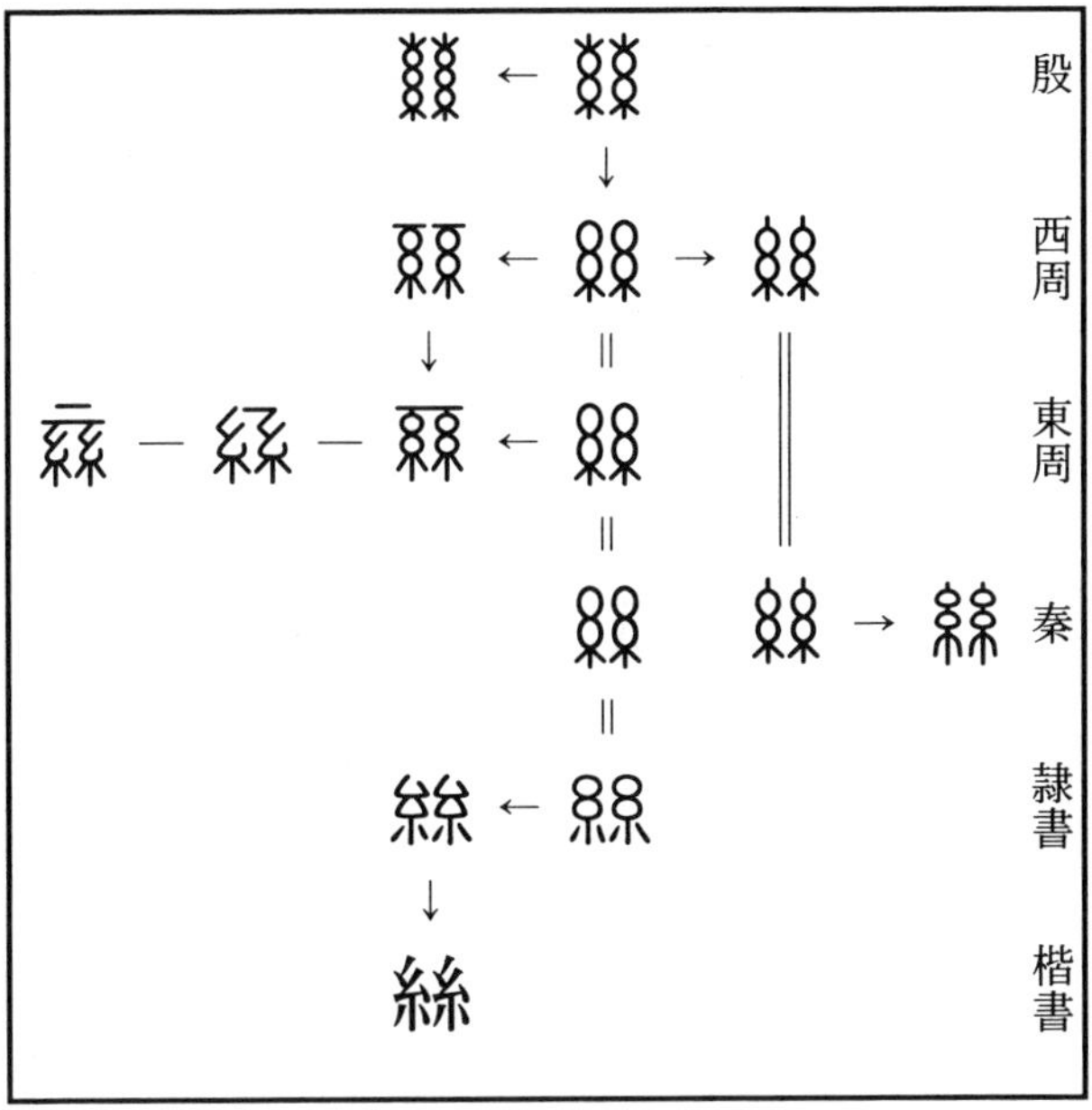

㊄心紐之部[sie, sieg, slɯ]→
→㊥心紐之韻[sie, siei, si]→㊤シ㊦シ

殷代には糸束の象形である束（）を並べた形であり、相対的に細い糸（生糸）であることを表していた。

その後、西周代には下部のみを強調した糸束の形である糸（）を並べた形となり、これが旧字体の「絲」になっている。また東周代には上部に横線を加えた異体（など）もあるが、後代には残っていない。

なお、西周〜東周代には字形・字音が近い「茲《し》」の初文の「𢆶」と互用されることもあった。

新字体は「糸」を一つにした形であるが、本来は「絲」とは別の文字（漢音は「ベキ」）であり、絹の細い原糸を指す文字である。

---

422 **【級】［級］** 楷九画（十劃）　糸部　成形声（亦声）

古見紐緝部[kiəp, kiəp, krɯb]→中見紐緝韻[kiep, kiep, kyiim]→漢キュウ(キフ)呉キュウ(キフ)

「級［級］」は、糸を意符、及［及］を声符とする形声文字であり、機織りにおける糸の順序を表している。

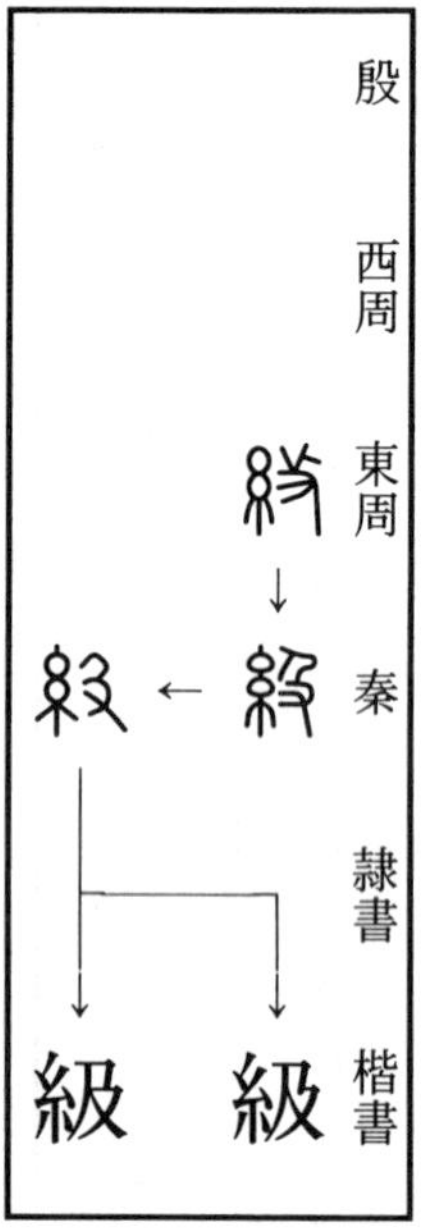

藤堂・白川・赤塚・鎌田は「及」に「前の糸に後の糸が及ぶ意」がある亦声としており、矛盾のない解釈である。

糸の順序の意味から、引伸義で階級などを表すために用いられた。

423 **【紙】** 楷十画　糸部　成形声

古章紐支部・端紐支部・見紐支部[tie, tieg, kie]→中章紐紙韻[tɕie, tʃie, tɕie]→漢シ呉シ

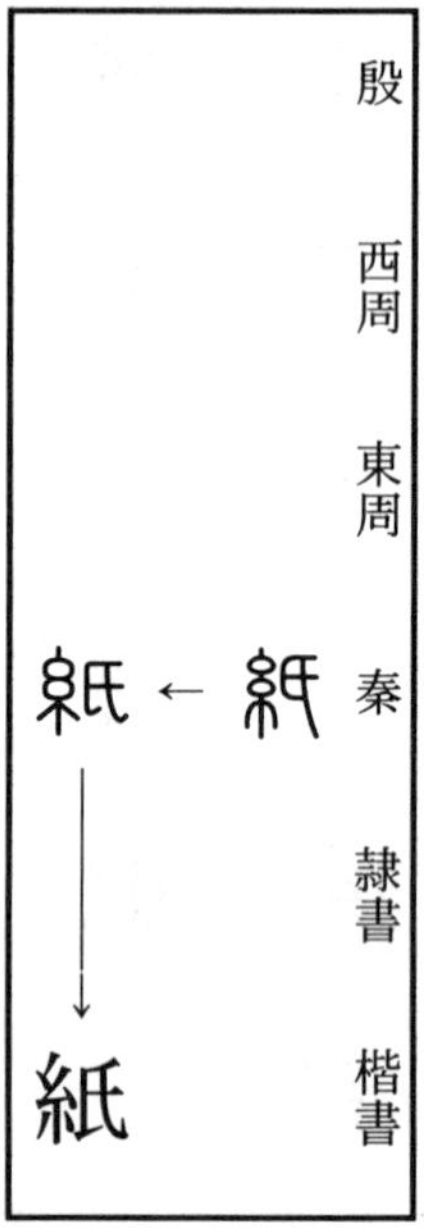

「紙」は、糸を意符、氏を声符とし、秦代に初出の文字である。

かつては後漢代に蔡倫が初めて紙を発明したと言われていたが、現在では秦代にはすでに存在したことが判明している。古くは繊維製品を細かくして紙を作っていたため、細い糸を意味する「糸」を意符として用いている。したがって、蔡倫がおこなったのは樹皮を利用するなど製紙技術の改良であったと考えられる。

なお、赤塚・藤堂・鎌田は、「氏」に「たいら」の意味があるとするなど亦声の部分と見なすが、氏は字源・字義ともに「紙」とは共通点がない。

424【細】{⿰糸囟} 楷十一画　糸部　成形声

古心紐脂部・泥中脂部[siei, ser, snil]→中心紐霽韻[siei, sei, sei]→漢セイ呉サイ

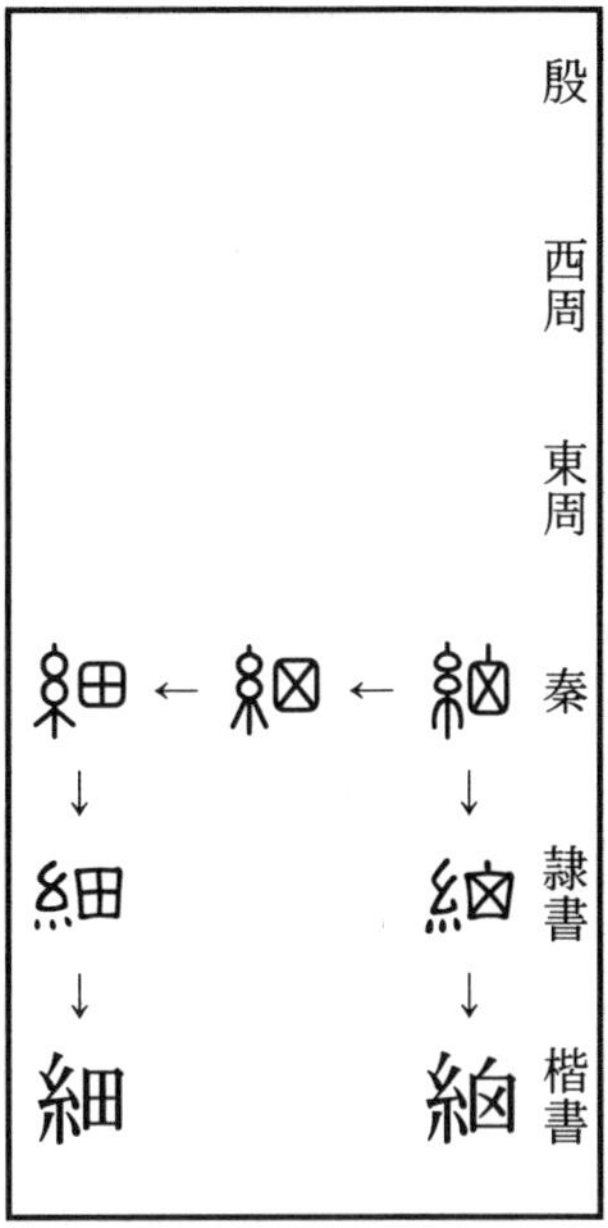

篆書の形（⿰糸囟）は、糸を意符、囟《しん》を声符とし、「細い糸」が原義である。囟が「思」の古い形の恖（⿱囟心）で使われていることから、囟に陰声があるとする説もあるが、「思」は会意文字であり、この場合には囟は声符ではない。囟は上古音で心紐真部（[sien]などと復元）と推定されており、いわゆる陰陽対転であろう。

藤堂・鎌田は囟を乳児の頭部の形で亦声の部分とするが、「思」でも使われているように、人の頭部、特に脳を表した文字であり、「細」の字義とは関連しない。

字形は、秦代にすでに囟を田に略した字形（⿰糸田）があり、これが後代に継承され、楷書ではこちらが広く使われている。

425【組】 楷十一画　糸部　成形声

古精紐魚部[tsa, tsag, ʔsa]→中精紐姥韻[tsu, tso, tsuo]→漢ソ呉ソ

「組」は、糸を意符、且を声符とする形声文字であり、原義は装飾の組紐《くみひも》である。

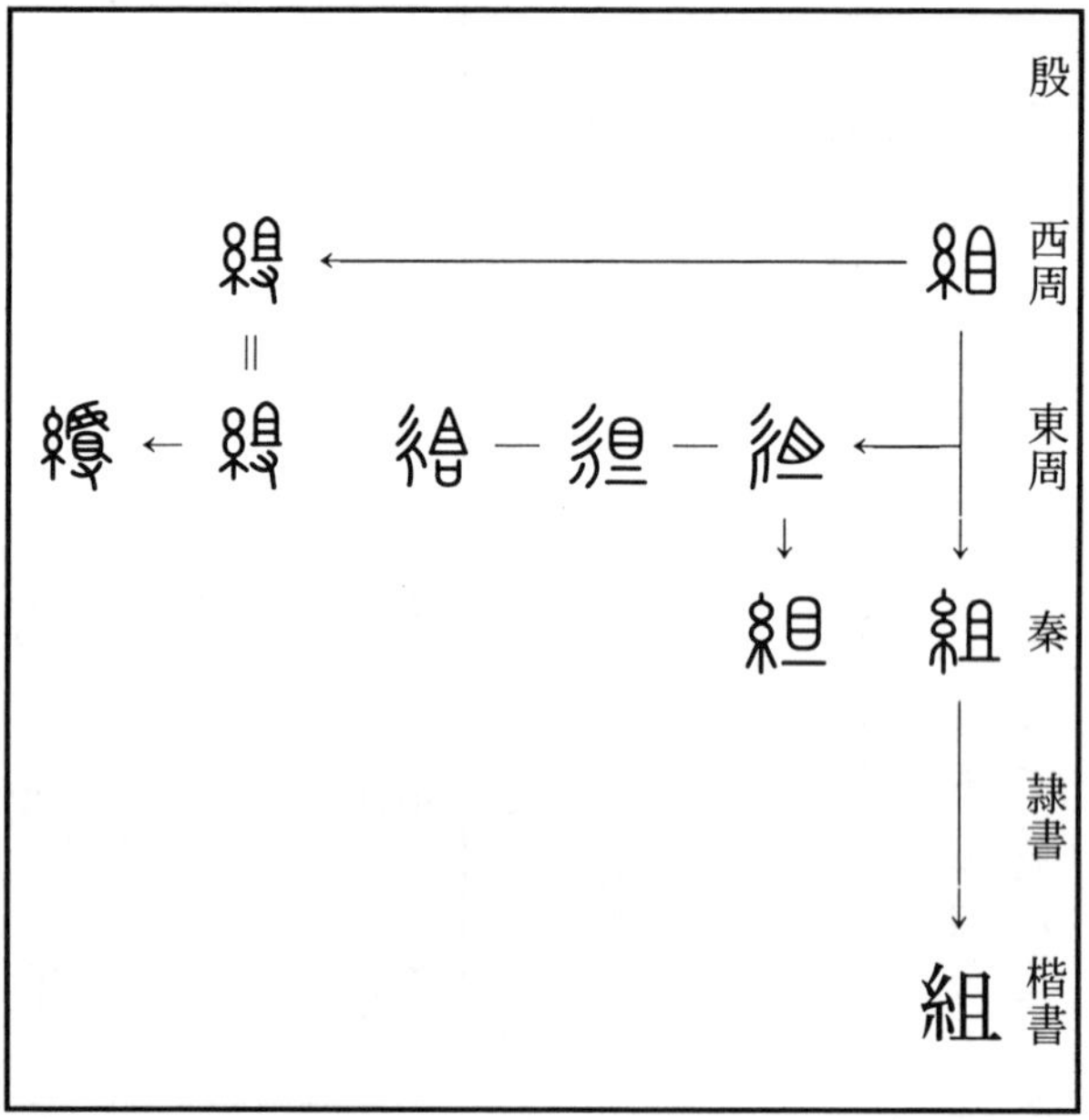

西周～東周代には組紐を作る手の形の又（ヌ）を加えた異体（緝など）や、且の下部に口を加えた形（𦁑）なども見られるが、楷書には残っていない。

なお、藤堂・鎌田は且の部分を「積み重ねる」の意味がある亦声とするが、字源の誤解に基づいており、実際には俎《まないた》の象形である。

426 【絵】［繪］〔繪〕 楷十二画（十九劃）

糸部 成形声（亦声）

古匣紐月部・匣紐歌部・群紐葉部[γuat, ɦuad, gob]→

→中匣紐泰韻[γuai, ɦuai, ɦuai]→

→漢カイ（クヮイ）呉エ（ヱ）・ガイ（グヮイ）

「絵［繪］」は、糸を意符、会［會］を声符とする形声文字である。原義は刺繍であり、後に引伸義で絵画の意味として用いられた。許慎は五色の糸を会わせて刺繍をすることを原義としており、「会」は意味も表す亦声の部分とされる。

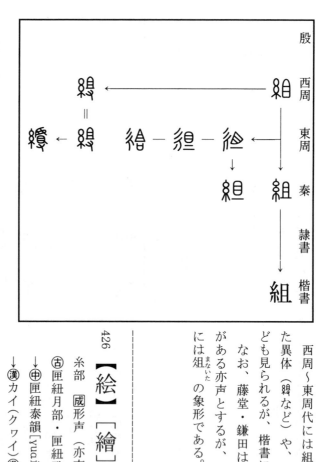

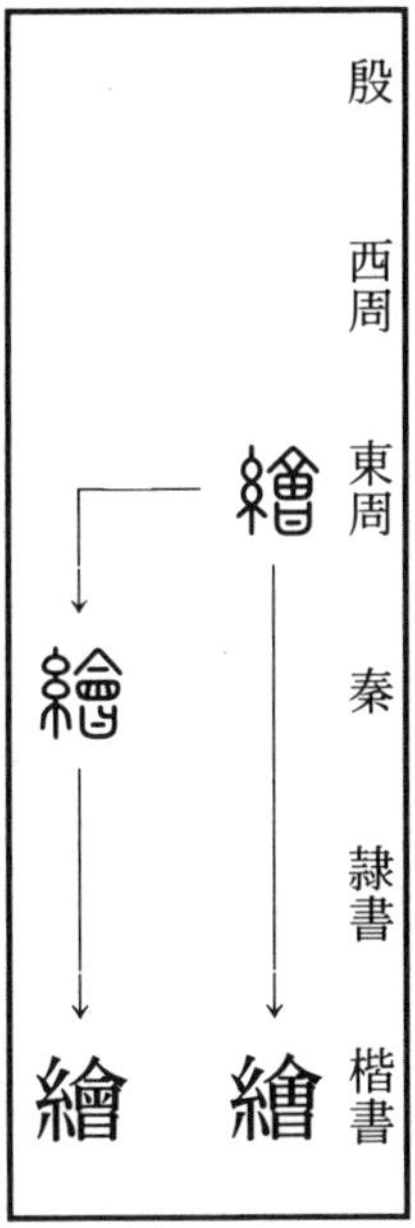

出土文字資料については、隷書以前の用例が僅少であるが、現状の資料では異体の「繪」の方が東周代に先に出現している。

427 **【緑】**［綠］ 楷十四画　糸部　成形声

古来紐屋部[liuok, bliuk, rog]→中来紐燭韻[liuok, liok, liok]→漢リョク呉ロク

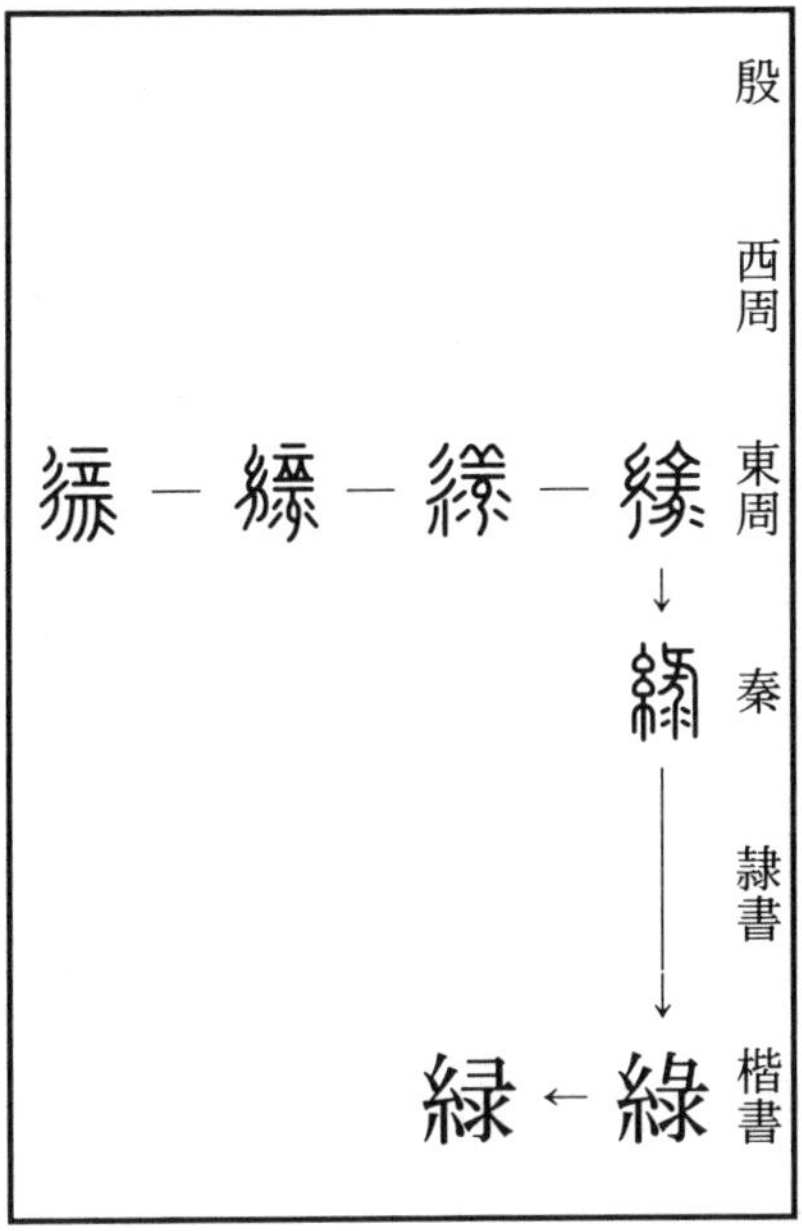

「緑［綠］」は、糸を意符、彔を声符とする形声文字である。原義は緑色の布であり、後に広く緑色の意味で用いられた。東周代には「彔」を借りて「緑」の意味に用いる例もある。

なお、藤堂は彔の字源を竹や木の皮を剝ぐ様子と誤解したうえで竹の緑色を表す亦声とするが、実際には錐の形である。

428 【練】［練］ 楷十四画（十五劃） 糸部

成形声 古来紐元部[lian, lan, gʻ ren]→中来紐霽韻[lien, len, len]→漢レン呉レン

429 【湅】 楷十二画 氵部 成形声

古×→中略→漢レン呉レン

「練〔練〕」は、糸を意符、柬《かん》を声符とする形声文字である。糸を煮て柔らかくした、練り糸・練り絹が原義である。

柬を亦声とする説もあり、藤堂は「より分ける」の意味があり、糸を柔らかくして上質にすることとし、鎌田は「えらぶ」の意味があり、練り糸からさらに良い質のものを選び取ることとする。柬の字義からの解釈であり、明確な矛盾はないが、資料的な根拠のある説でもない。

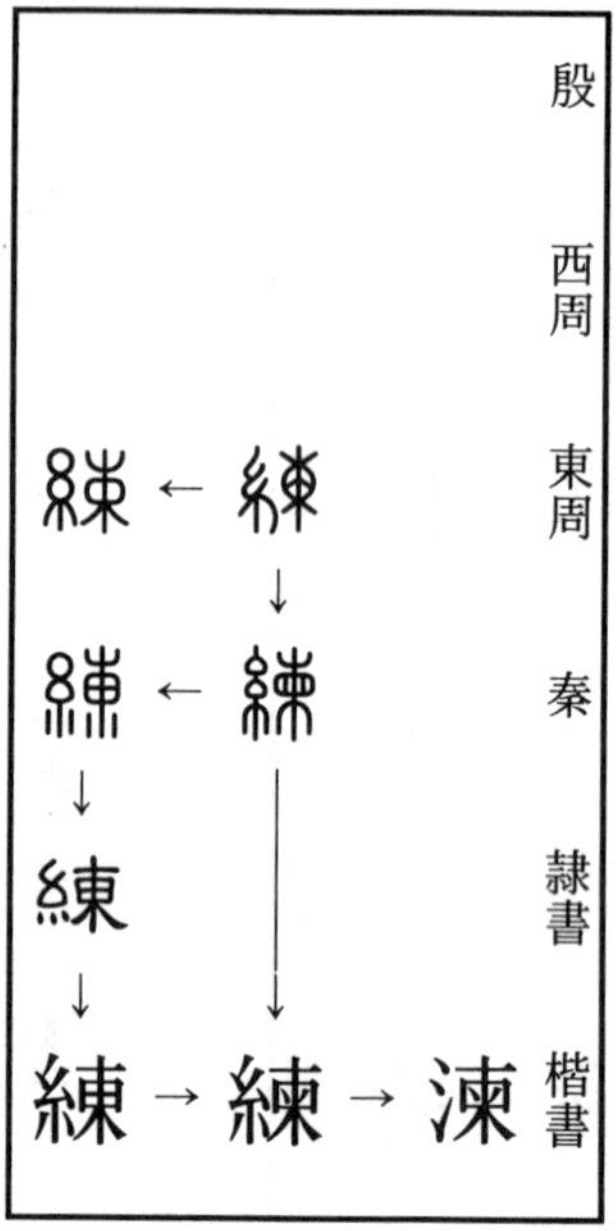

字形は秦代に柬を東に変えた異体（[illegible]）があり、楷書（新字）の「練」になっている。ただし、正字は篆書を模倣した「練」とされる。また、楷書では意符を水（氵）に代えた「湅」も練り糸の意味で使われている。

430 【線】〔綫〕 楷十五画 糸部 成形声

(古)心紐元部[sian, sian, slɛn]→(中)心線紐韻[siɛn, siɛn, siɛn]→(漢)セン(呉)セン

「綫」は篆書（綫）に見え、「糸」を意符、「戔」を声符とする形声文字であり、原義は糸筋である。

一方、「線」は声符として「泉」を用いたものであり、許慎が綫の古文として「線」の形を挙げているが、出土文字には確認できず、現状では「楷書において『説文解字』の古文を模倣した字形」と判断される。なお、日本の教育漢字では線の方が採用されているが、現代中国の簡体字では綫の略体の线が用いられている。

東部

「東（東）」は、筒状の袋の象形である。

《東》⑧東⑨重

431【東】 楷八画　木部　成象形

(古)端紐東部[tɔŋ, tuŋ, toŋ]→(中)端紐東韻[tuŋ, tuŋ, tuŋ]→(漢)トウ(呉)ツ

東（東）は筒状の袋の両端を縛った形である。単独では仮借した方角の意味でのみ使われているが、量（量）

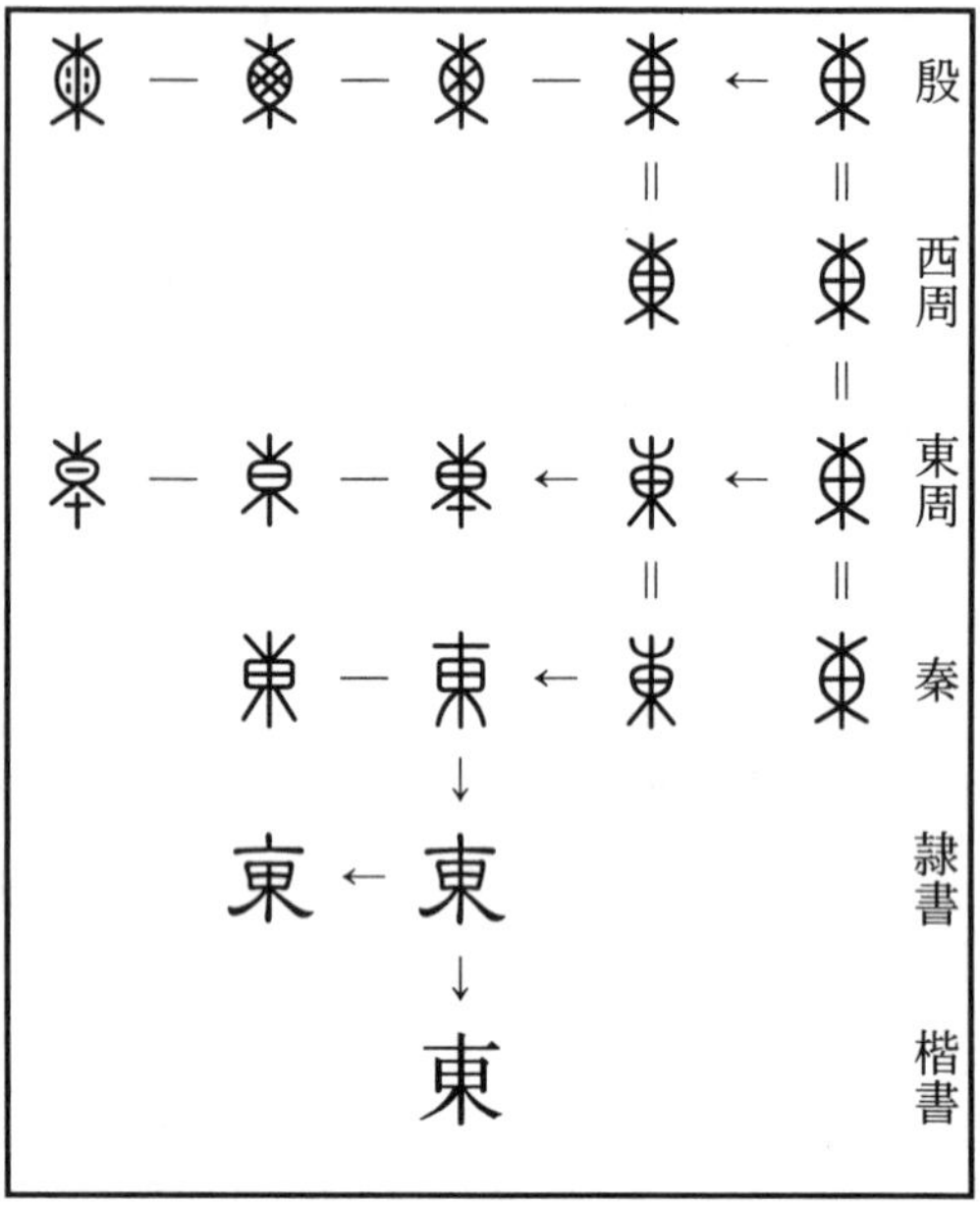

や重（　）などの会意文字では原義で用いられている。殷～西周代の異体には、袋の編み目の表現を変えた「　・　」などの異体が見られる。また東周代には木（　）や本（　）のような形を用いた異体があり、そのうち「　」が篆書以降に継承された。許慎は「日が木の中にある」とするが、これは後起の篆書の字形からの分析である。ただし、字形の変化は小さいので、字形が変化した結果として解釈が変わったのか、解釈の変化によって字形が変えられたのかは明らかでない。

432 **【重】** 楷九画　里部　成会意（亦声）

古定紐東部[diuŋ, diuŋ, doŋ]→中澄紐鐘韻[ḍiuoŋ, ḍioŋ, ḍioŋ]→漢チョウ呉ジュウ(ヂュウ)

重（　）は、人（　）と袋の象形の東（　）を重ねており、人が重い荷物を背負っている様子を表している。上古音では東は重と字音が近く、発音も表す亦声の部分であろう。

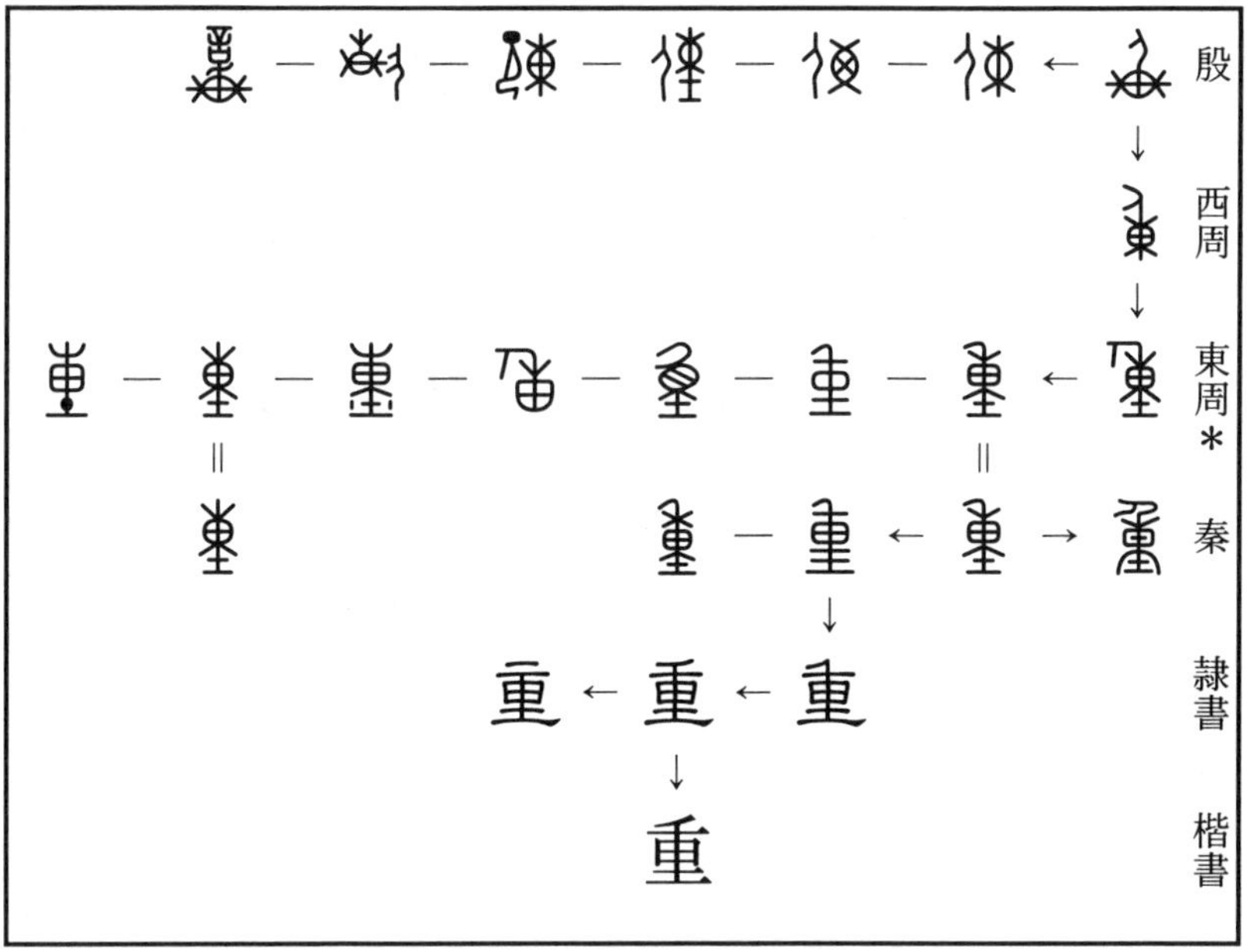

藤堂は東を「つきとおす」の意味とし、「人体の重みが地上の一点にかかること」と解釈するが、東にその意味はない。また、白川は「東と土とに従う」とするが、字源としては明らかな誤解である（東周代の異体（）には見える）。

殷代の異体には、人が荷物を背負った様子にしたもの（）などもある。また、東周代には下部に土（）を加えた形（など）になっており、あるいは殷代の異体（）を継承したものかもしれない。さらに、秦代〜隷書で縦横の線で構成された形となり、楷書の「重」になった。

西部

「西（・）」は、袋の象形である。

《西》⑥西

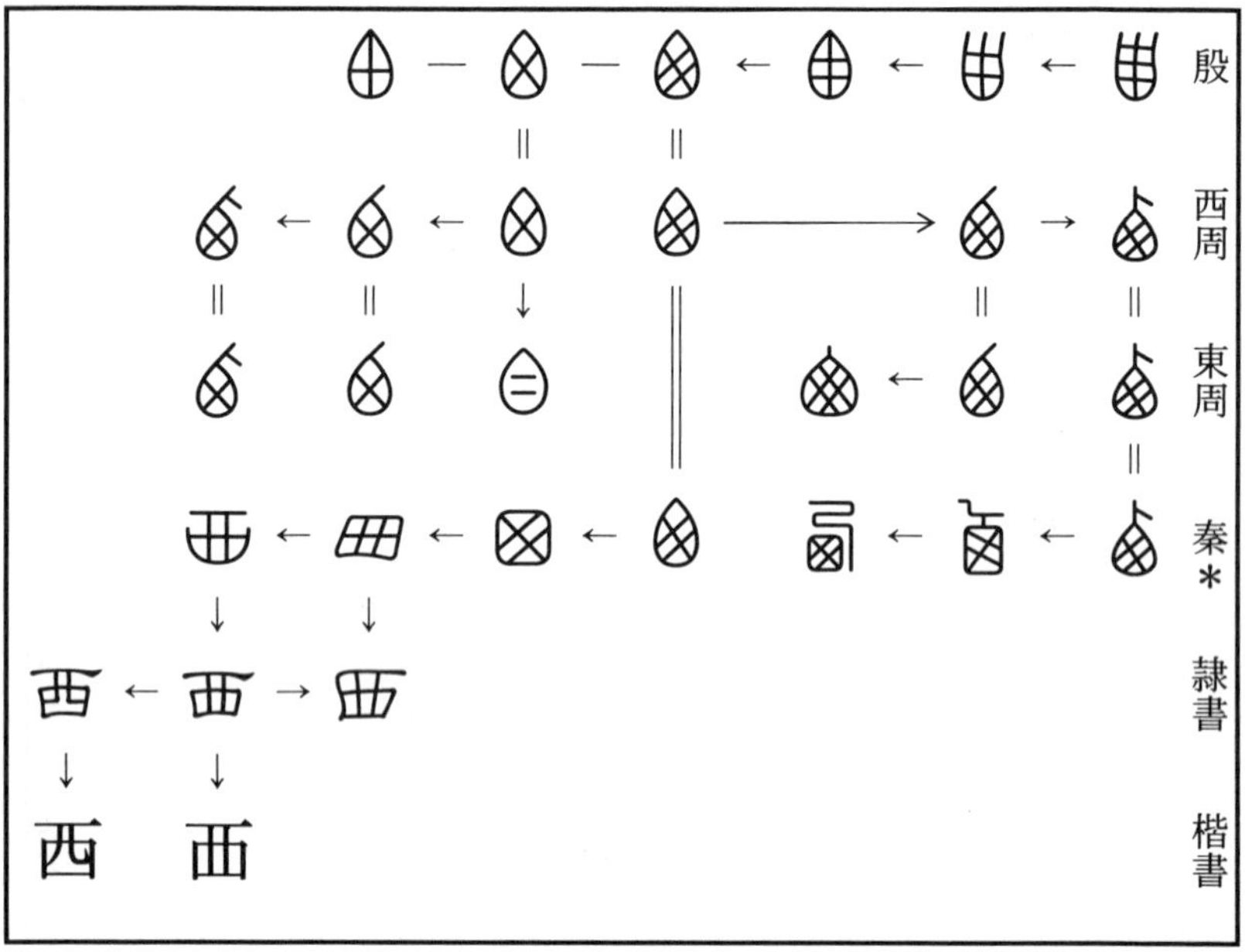

433 【西】〔覀〕 楷六画　襾部　成象形

古心紐脂部・心紐微部[siei, ser, snɯl]→

→中心紐斉韻[siei, sei, sei]→漢セイ呉サイ

「西」は、方角の意味は仮借の用法であり、そのため字源について諸説が見られる。許慎は篆書（〓）を元に鳥が巣の上に在る形とするが、これは後起の字形である。加藤・白川・赤塚・鎌田・谷衍奎は竹籠の形とする説を採り、藤堂はざるの形とするが、初出の殷代にはこれらの用法が見られない。

殷代における類似形を見ると、袋に塩を入れた形である鹵《ろ》（〓）に用いられていることから、目の細かい袋の象形と考えられる。具体的には巾着袋のようなものであり、「〓」などが袋の口を開けた状態、「〓」などが口を縛った状態であろう。

そのほか、阿辻・李学勤は鳥の巣の形を字源とし、巣「巣」（〓）では類似形が用いられるが、鳥の巣を「木の上にある巾着袋のような形」と表現したものであろう。

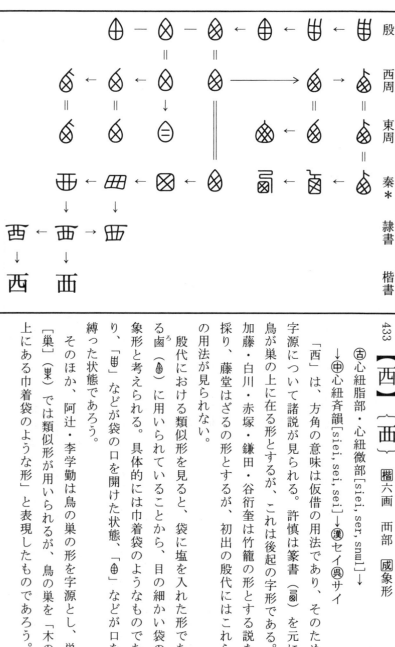

異体として、西周代には香り酒を入れる器物である卣（〓）に近い形（〓など）があり、秦代まで継承され、さらに篆書で「〓」に変わったが、楷書には残っていない。一方、異体のうち「〓」も後代に継承され、秦代～隷書で変形して「西」になった。なお、「覀」は楷書では俗字とされるが、字形としてはむしろ「西」よりも古く、秦代に原型（〓）が見える。

なお、西に近い形として囟《しん》（初出の東周代には「〓」）があるが、頭部（脳）の象形であり成り立ちは異なる。

衣部

「衣（〓）」は、衣服の襟の象形であり、上部が奥襟、下部が襟元である。

《衣》⑤乍(作)⑧表

434【乍】 [楷]五画　丿部　[成]象形

(古)従紐魚部・崇紐魚部・従紐鐸部[dʒea, dzag, zrag]→(中)崇紐禡韻[dʒa, dʐa, dʒɣa]→(漢)サ(呉)ジャ

435【作】 [楷]七画　人部　[成]形声（亦声）

(古)精紐鐸部・精紐魚部・精紐歌部[tsak+tsa+tsai, tsak+tsag, ʔsag]→(中)精紐鐸韻・精紐暮韻・精紐箇韻[tsak+tsu+tsa, tsak+tsa, tsak+tsuo+tsa+]→(漢)サク・サ(呉)サク・サ

「作」の初文の「乍」について、許慎は篆書の字形（〓）を元に、亡と一に従うとするが、殷代の字形では亡

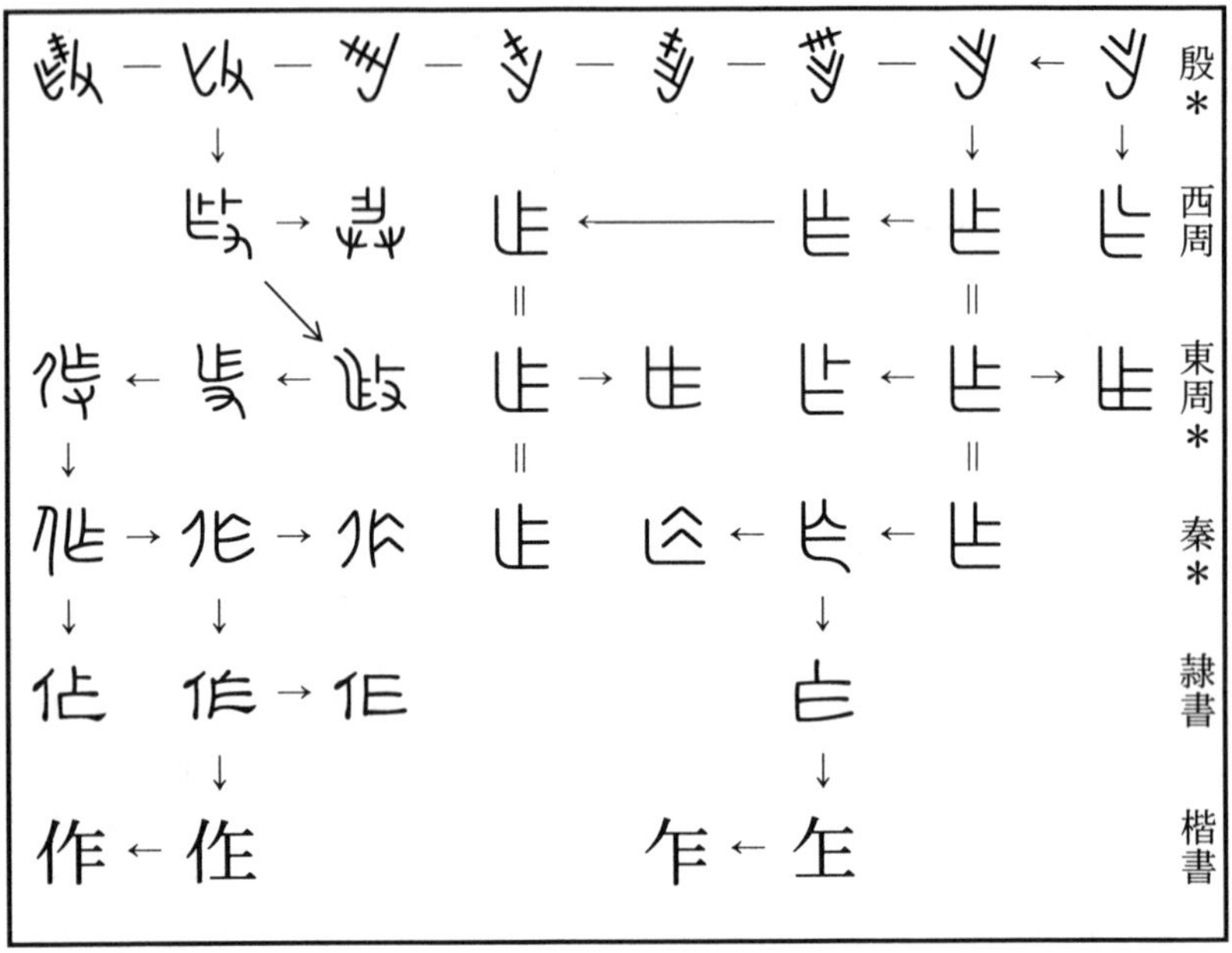

（〓）と乍（〓など）に関連はない。藤堂は「刀」で切れ目を入れる様とし、赤塚・鎌田・阿辻・谷衍奎も同様であるが、「〓」の下部は刀（〓）とは異なる形である。また、加藤は刀斧を意符、卜を声符とする形声文字とするが、斧の象形の斤（〓）とも字形が異なり、また卜（幫紐屋部と推定され[pɔk]などと復元）は乍と字音上の関連がない。そのほか、白川は木の枝を曲げた様子とし、李学勤は耜《すき》で土を起こす様子とするが、いずれも殷代の字形に合わない。

殷代の字形に最も近いのは衣（〓）の下部であり、衣服を作る様子から「つくる」の意味になったと考えるのが妥当である。殷代には「〓」や「〓」など、衣服の縫い目を表した異体も多い。殷代には、「つくる」からの引伸義で「なす」の用法も見られる。

「乍」については、「〓」の左右反転形に基づく字形（〓など）が西周代に使われており、さらに秦代～楷書で字形が変化した。

「作」については、殷代の異体のうち道具を持った手の形の攴（ ）を追加した繁文（ ）が起源となっており、これは道具で衣服を作ることを表している。その後、東周代には攴を手の形の又に変えた異体（ ）があり、さらにそれに意符として「人」を加えた形（ ）が作られた。「人」を用いた理由については、「人為」を意味する意符とする説が有力である。そして、秦代に「又」が省かれ、人（亻）と乍で「作」の形になった。

---

436 **【表】**〔𧘝〕　楷八画　衣部　成会意

古幫紐宵部[piau, piɔg, praw]→中幫紐小韻[piɛu, piɛu, pyieu]→漢ヒョウ（ヘウ）呉ヒョウ（ヘウ）

「表」は、衣と毛から成る会意文字である。原義は毛皮の上着であり、「毛のある衣服」を表現している。隷書で衣と毛が融合して「表」の形になった（楷書では篆書（ ）を模倣した「𧘝」も作られている。）

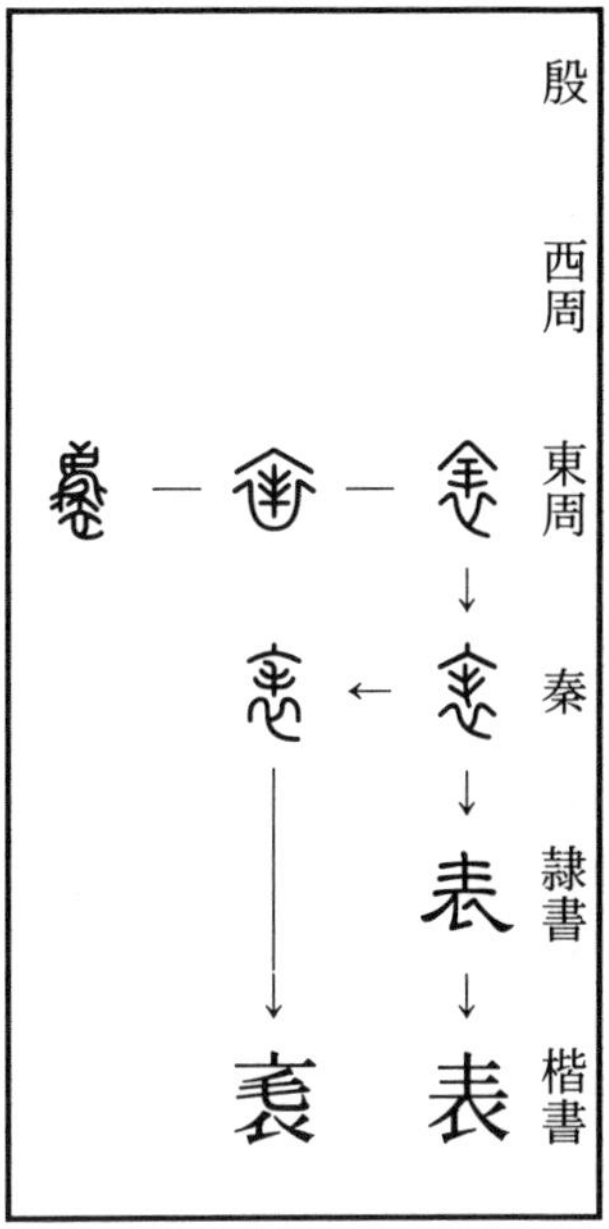

なお、加藤は毛を声符とする純粋な形声文字と見なし、「毛皮の上に着る上着」とする（赤塚も形声文字とする）。上古音では毛は明紐宵部（[mau]などと復元）と推定されており、同部ではあるものの、東周代には「鹿の毛皮」であることを表した異体（ ）もあり、会意と見るのが妥当であろう（毛が亦声の可能性はある）。

巾部

「巾（巾）」は、布の象形である。

《巾》⑪帳

437【帳】楷十一画　巾部　成形声（亦声）

古端紐陽部[tiaŋ, tiaŋ, taŋ]→中知紐漾韻[tiaŋ, tiaŋ, tiaŋ]→漢チョウ(チャウ)呉チョウ(チャウ)

殷	西周	東周	秦	隷書	楷書
				──→	帳

「帳」は、布を表す巾を意符、長を声符とする形声文字であり、「とばり」が原義である。「長」が「長く張る」の意味がある亦声とする説が有力である。

車部

「車（）」は、馬車の象形である。

《車》⑦車⑪転⑫軽

438【車】楷七画　車部　成象形

古昌紐魚部・溪紐魚部・見紐魚部[thia+kia, khiag, khlia+kla]→中昌紐麻韻・見紐魚韻

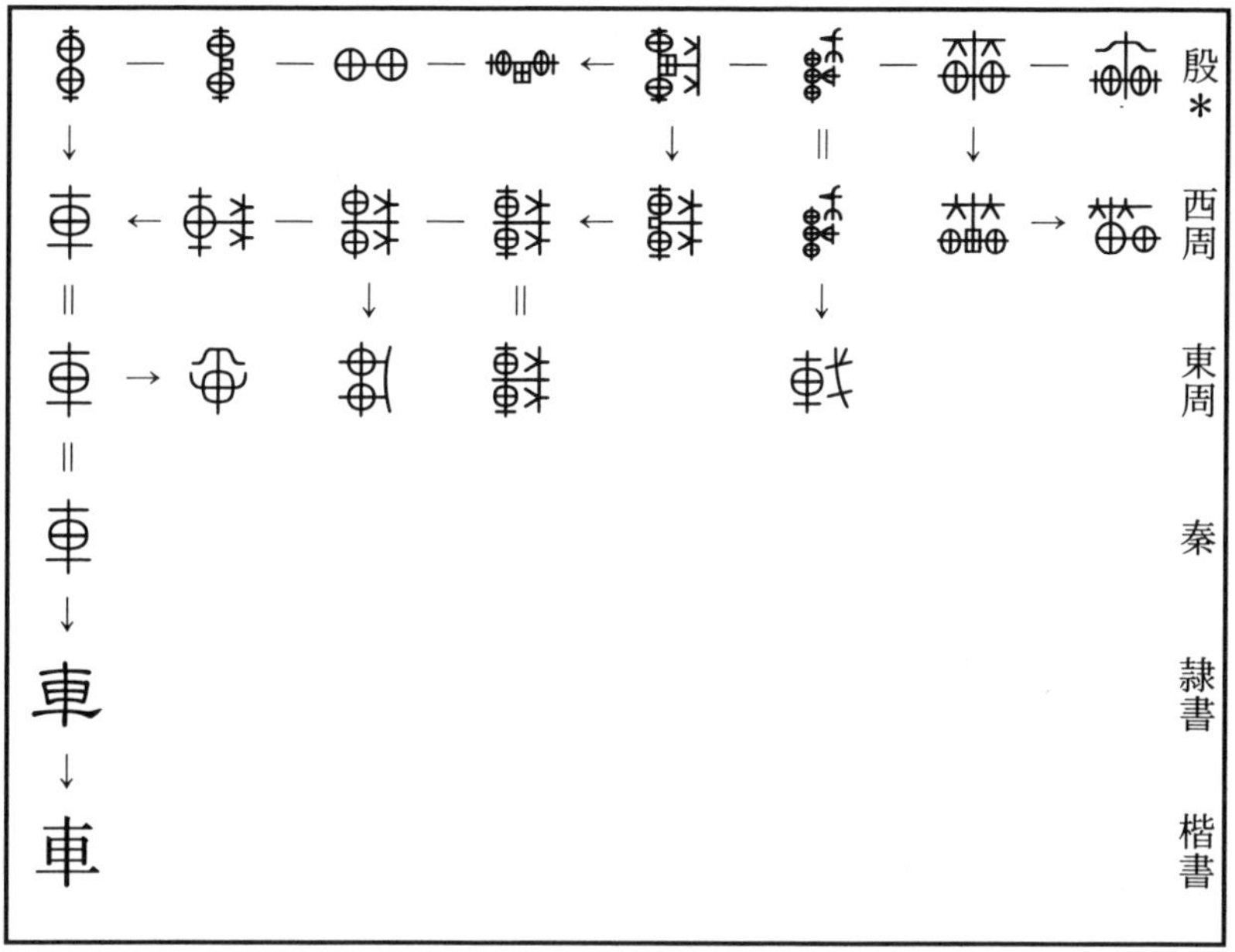

[tɕhia+kio, tʃia, tɕia+kiʌ]→漢シャ・キョ呉シャ・コ

「車」は馬に牽かせる馬車（戦車）を表しており、馬を除いた車体だけの象形である。殷代の字形のうち、「〓」は上部に馬に繋ぐ衡《こう》（よこぎ）の部分と衡と車体を繋ぐ轅《えん》（ながえ）があり、下部に車軸と二つの車輪がある（車輪だけは横から見た形になっている）。また車輪の両側に見える短線は車輪を車軸に止める轄《かつ》（くさび）である。そのほか、人が乗る部分を表現したもの（〓など）や衡に馬の首を繋ぐ軛《あく》（くびき）を示したもの（〓など）もある。

古代中国では、馬車は移動や儀礼においてだけではなく、兵器としても使われており、武器である「戈」と組み合わせた会意の字形（〓）もある。また、略体の「〓」や「〓」なども見られる。

それぞれの系統が後代に継承された。繁雑な字形は東周代まで残っており、「〓」に近い字形は許慎が籀文として挙げているが、秦代以降の出土資料には見られなくなる。また戈を用いた字形も東周代の「〓」を最後に使われなくなる。
　一方、簡略化した字形は、西周代に車輪を一つに簡略化した字形（車）が西周代に作られ、これが楷書の「車」の元になった。楷書のうち、縦画が車軸、「田」の部分が車輪であり、上下の横線は轄にあたる。

439　**【転】［轉］**　楷十一画（十八劃）　車部　成形声（亦声）

古端紐元部[tiuan, tiuan, ton]→中知紐獮(線)韻[tiuɛn, tiuɛn, tiuen]→漢テン呉テン

「転［轉］」は、車を意符、専［專］を声符とする形声文字である。

専を亦声とする説もあり、藤堂・鎌田・谷衍奎は専の字源を糸巻きとし、そこから「回る」の意味になったとし、白川は専の字源を袋とし、袋の中身を打ち固めることから「まるめる」の意味になったとする。専［專］に

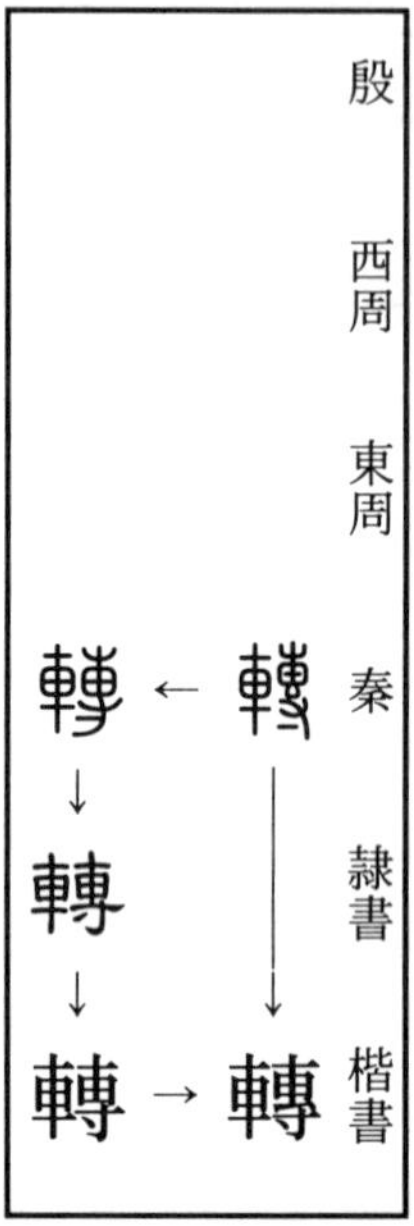

使われている叀は、字源としては袋の形であるが、後代には糸巻きの意味でも使われており、秦代に初出の転［轉］の字源としては、いずれも矛盾のない解釈である。

なお、よく似た文字に「轉」があるが、これは「尃《ふ》」を声符とする別字である（漢音は「ハク」）。

440　**【軽】［輕］**　楷十二画（十四劃）　車部　成形声

古奚紐耕部[khieŋ, khieŋ, kheŋ]→中奚紐清韻[khiɛŋ, khiɛŋ, khieŋ]→漢ケイ呉キョウ（キヤウ）唐キン

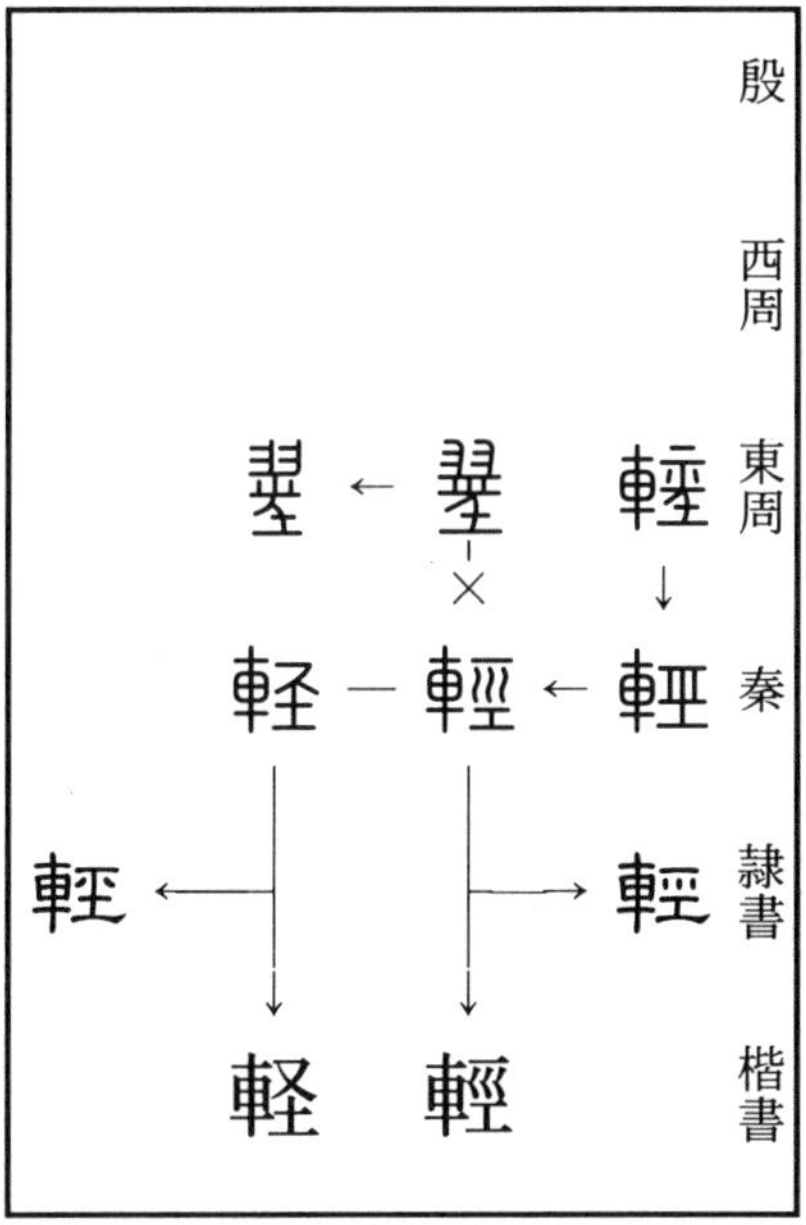

東周代の「⿱羽巠」などは、羽［羽］を意符、巠を声符とする形声文字であり、軽いことを表す。これとは別に車を意符、巠を声符とする「輕」の形（輕など）が作られており、この場合の原義は軽快な馬車である。秦代以降、この文字が、「⿱羽巠」に代えて「かるい」の意味で使われた。

なお、「巠」は「経［經］」の初文で縦糸を表しているが、「輕」において亦声とする説もあり、赤塚・鎌田は真っ直ぐの意から真っ直ぐ敵陣に突き進む車とし、藤堂・阿辻は真っ直ぐ走る戦車とする。しかし、馬車は殷代から春秋代までは基本的に乗員が弓矢で攻撃する兵器であり突撃するものではなく、また戦国時代以降には部隊長の乗り物となっており、やはり敵陣に乗り込むものではない。したがって、純粋な声符とするのが妥当であろう。

舟部

「舟（[illegible]）」は、舟の象形である。

《舟》⑧受（授）⑪船

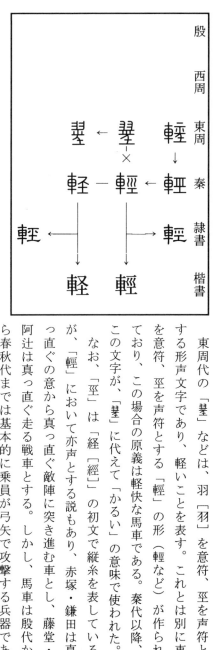

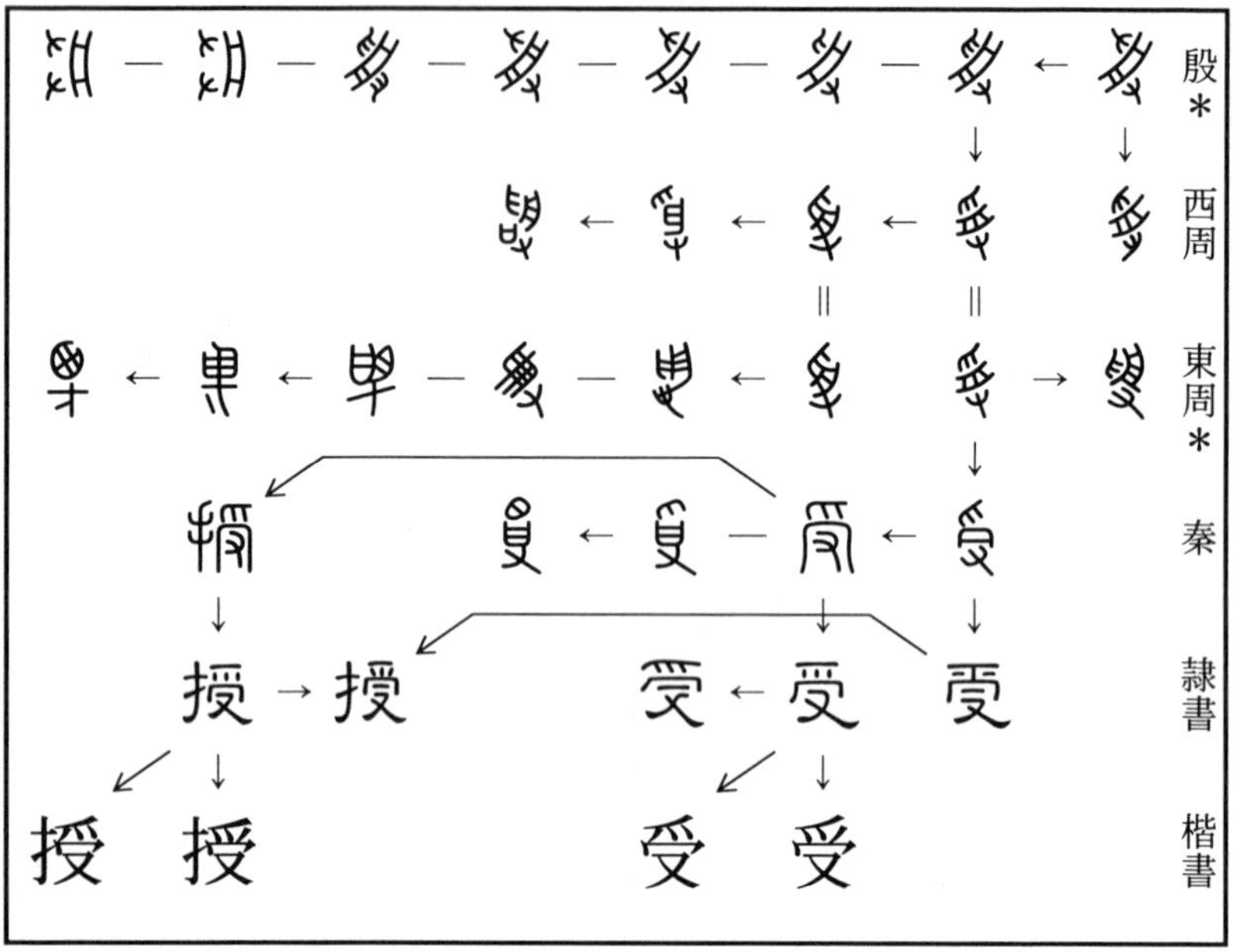

441【受】［受］ 楷八画　又部　成会意（亦声）

古禅紐幽部・定紐幽部［ʑiu, dhiog, diu］→中禅紐有韻［ʑiəu, ʒiəu, dʑiu］→漢シュウ（シウ）呉ズ慣ジュ

442【授】［授］ 楷十一画　手部　成形声（亦声）

古禅紐幽部・定紐幽部［ʑiu, dhiog, diu］→中禅紐宥韻［ʑiəu, ʒiəu, dʑiu］→漢シュウ呉ジュ

殷代の「」などは、舟（）の上下に手の形（）を加えている。後代には上部を爪（）に変えた字形（）が継承された。

許慎は𠬪を意符、舟を声符とする形声文字とし、加藤・藤堂・赤塚・阿辻はこれに従う。しかし、上下の手の形は必ずしも「受ける」の意味を表すわけではなく、例えば争［爭］（）では上下の手が争奪を表現している。したがって、鎌田・李学勤が会意文字として「水上で舟を受け渡す形」とするのが妥当である。舟は上古音で幽部（［tiu］などと復元）と推定されており、発音も表す亦声の部分である。

そのほか、白川・谷衍奎は盤の形を使った会意文字としており、殷代にはそれに該当する字形（[illegible]など）も見られる。殷代には盤の形と舟の形が互用されることも多いが、「[illegible]」などは少数例であり、本来は舟（[illegible]）を用いた字形だったと考えるのが妥当であろう（ただし盤を用いた字形が字源であることも否定はできない）。

字形は秦代に「舟」の部分を簡略化したものが多く、楷書では「⺇」の形になっている。

字義について、殷～東周代には、「受」の字形で「うける」と「さずける」の両方の意味が表示されていた。字形上で区別されたのは篆書であり、意符として手（扌）を増し加えた繁文の「授［授］」が作られた。

---

443 【船】〔舩〕 (楷)十一画　舟部　(成)形声

(古)舟紐元部・定紐文部・以紐元部[dʑiuan, diuən, ɦlon]→(中)船紐仙韻[dʑiuɛn, dʑiuɛn, ʑiuɛn]→(漢)セン(呉)ゼン

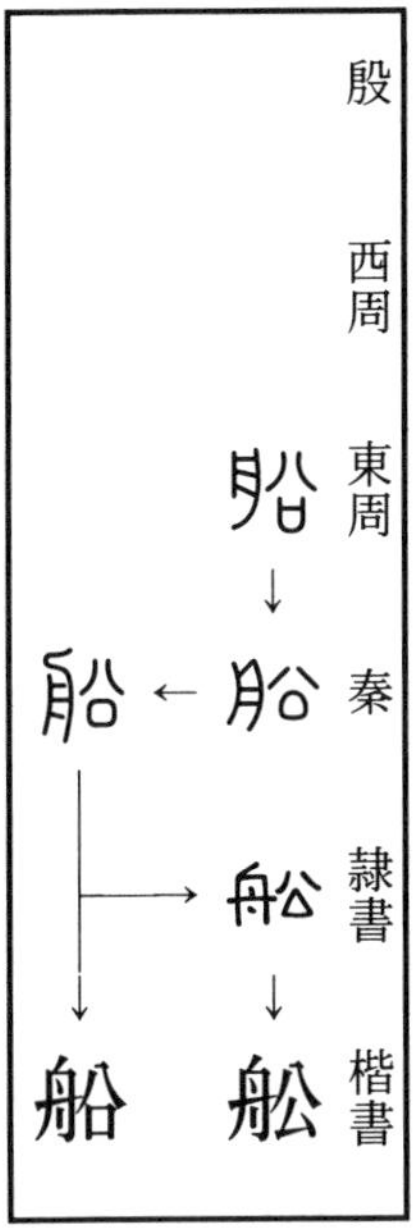

舟を意符、㕣《せん》を声符とする形声文字である。許慎は鉛の省声とするが、諸家が述べるように㕣の発音と考えて問題はない。

「舟」と意味上で大きな違いはなく、舟が本字であり、発音の異なる船は方言とされる。

異体として、隷書には㕣を字形が近い「公」に変えた形（舩）があり、本来の字源とは全く異なるが、楷書にも「舩」として残っている。

力部

「力（）」は、農具の耜の象形であり、耒（）の略体にあたる。

《力》②力⑦助⑩勉⑪動⑫勝

444【力】楷二画　力部　成象形

古来紐職部[liək, liək, rɯg]→中来紐職韻[liək, liək, lik]→漢リョク呉リキ

後代に字形が大きく変化しており、許慎は篆書の形（）を元に人の筋肉の形とし、加藤・藤堂・赤塚・鎌田はこれに従い腕の筋肉の象形とする。

しかし、白川が述べるように、殷代の形（）は筋肉の形ではなく農具の耜《すき》の象形である。会意文字や形声文字でも、男の初文（）や樹の初文（）などで耕作するものとして使われている。当時はまだ牛に犂を牽かせる牛耕が発明されておらず、耜を使って人力で耕作していたため、その象形が「ちから」を象徴する文字として使われたのであろう。ほか阿辻・谷衍奎・李学勤も耜とする。

周代に字源の誤解が発生したようであり、篆書（）には上部に「ちからこぶ」が表現されている。ただし、略体の「」が継承されたため、楷書の「力」には「ちからこぶ」はなくなっている。

445 【助】 楷七画　力部　成形声

古従紐魚部・崇紐魚部[dʒia, dziag, zra]→中崇紐御韻[dʒio, dʑio, dʒiʌ]→漢ショ呉ゾ慣ジョ

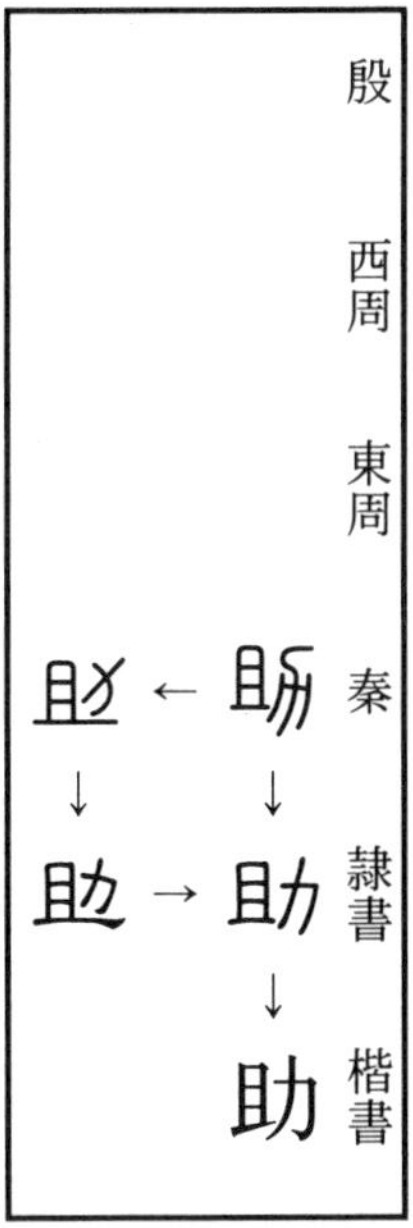

「助」は、力を意符、且を声符とする形声文字である。且の部分を意味も表す亦声とする説もあり、藤堂・赤塚・鎌田は「重ねる」の意があり、そこから「たすける」の意になったとする。しかし、これは且の字源を「積み重ねる」とした誤解に基づいており、実際には俎《まないた》の象形である。また、白川は耒の形と鉏《すき》の形を並べたもので耕作を助ける意味とするが、やはり「且」自体に農具の意味はなく、また東周代以降には「力」を農具の意味では使わなくなっていた。谷衍奎は且（俎）と力の会意文字とし、互いに助ける意味とするが、「且」の部分の意義を説明していない。

446 【勉】［勉］ 楷十画（九劃）　力部　成形声

古明紐元部・明紐文部[mian, miən, mrən]→中明紐獮韻[miɛn, miɛn, myiɛn]→漢ベン呉メン

「勉［勉］」は、力を意符、免［免］を声符とする形声文字であり、「つとめる」が原義である。

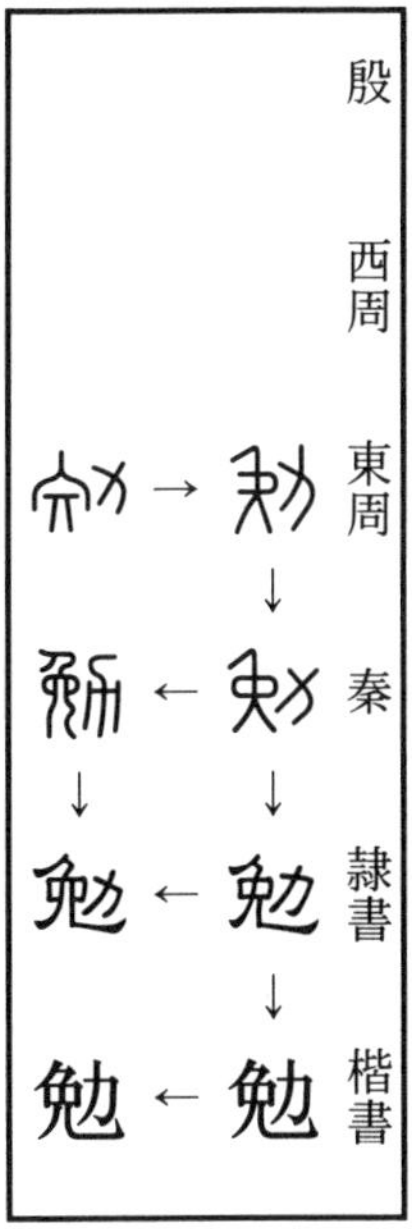

免を亦声とする説もあり、加藤・藤堂・赤塚・鎌田は免が新生児を生む形であり、そこから力を込める意味を表したとする。これは篆書の形（〓）からの連想で免を「娩」の初文と見たものあるが、実際には「〓」が字源に近い形であり、免は人が被り物をした姿で「冕」の初文である（勉や娩においては声符として使われている）。そのほか、白川は力が農具の形であることから「農事に務める」を原義とするが、初出の東周代には「力」が農具の意味では使われなくなっていた。

---

447 **【動】** 楷十一画　力部　成形声（亦声）

古定紐東部[dɔŋ, duŋ, doŋ]→中定紐董韻[duŋ, duŋ, duŋ]→漢トウ呉ズ（ヅ）慣ドウ

初出の東周代には、辵または攴を意符とし、童を声符とする形声文字（〓・〓など）であった。秦代に意符が力に変えられ、また童が字形・字音の近い重に変えられた（童を声符とする字形も秦代まで残っている）。なお、東周代の「〓」は、許慎が近い形を古文として挙げている。

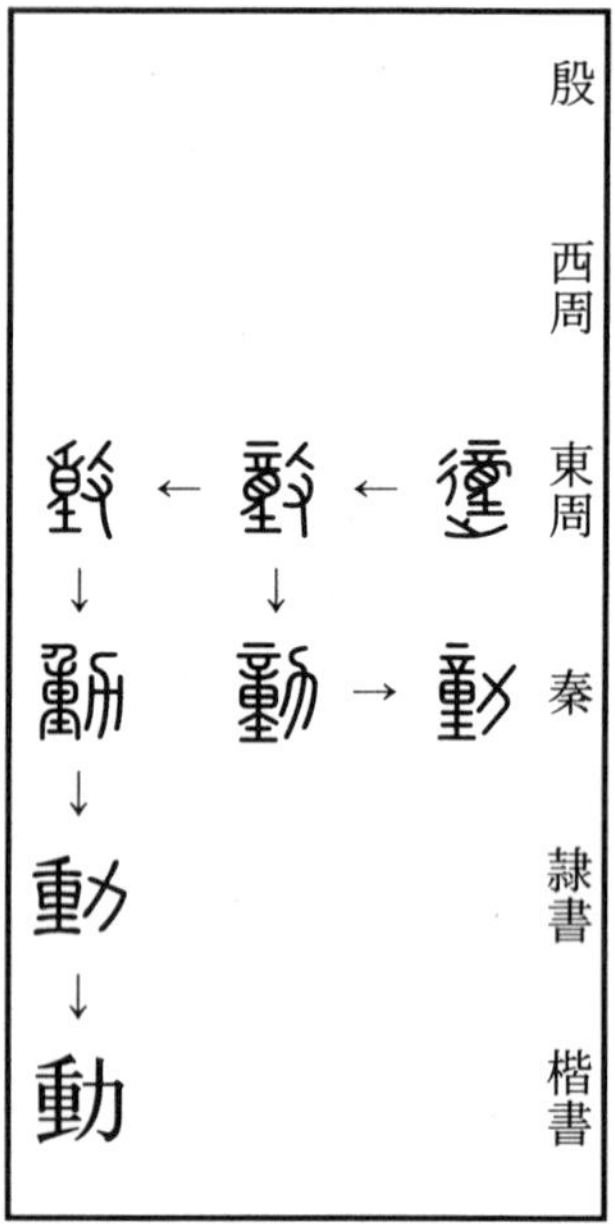

「重」を亦声とする説もあり、藤堂は人が地上を足で突く形で、足でとんと地を突く動作を表すとし、鎌田は重いものに力を加えると解釈するが、実際には童から変わった声符にすぎない。また、白川は童が受刑者で、力（耒）を持って農耕に従うこととするが、力は攴からの意符の交換であり、具象的な表現ではない。

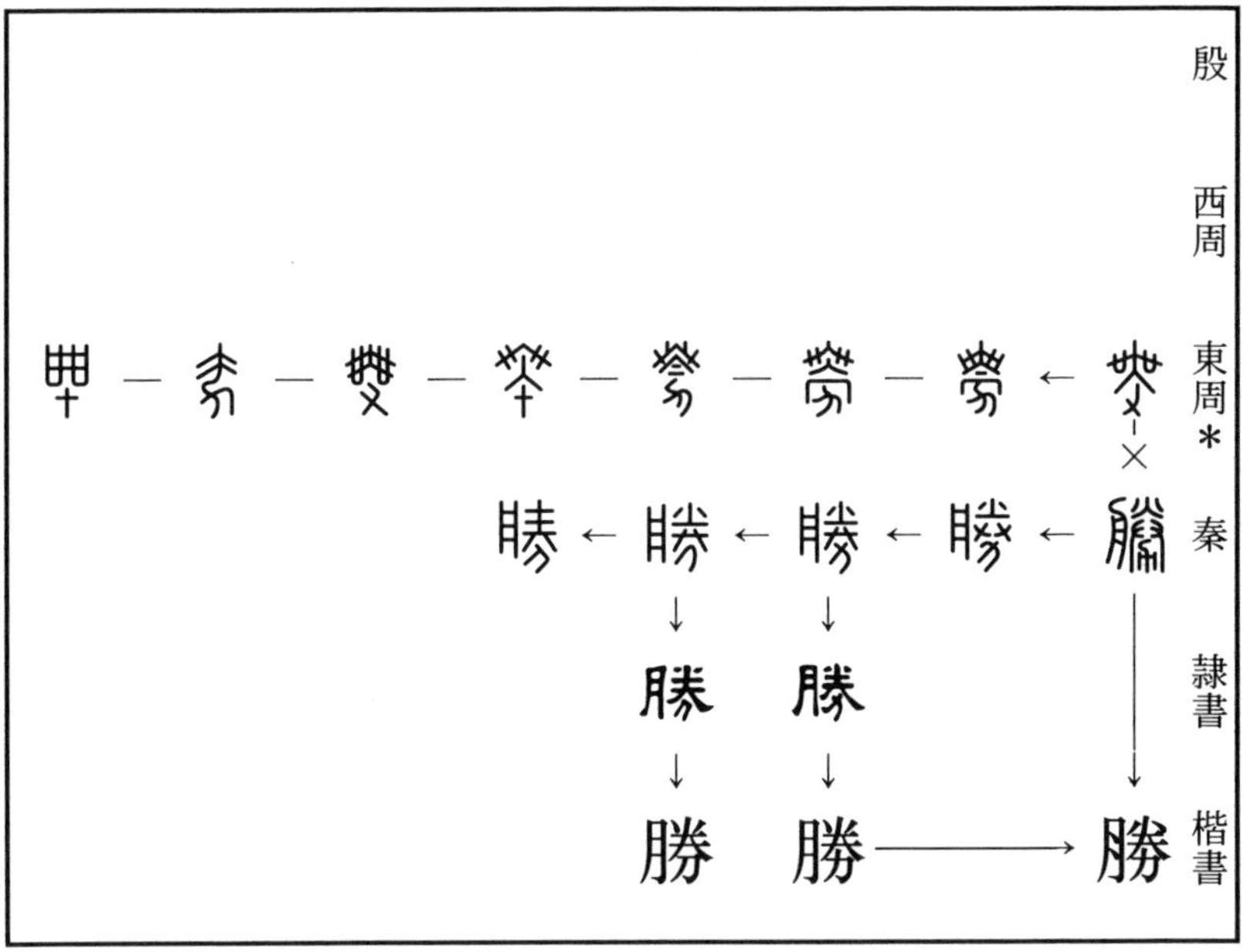

谷衍奎・李学勤は童が荷物を持った姿で、重はその変形と見なす。西周代には童を用いて「動」の意味に使用しているので、この考え方が妥当であり、奴隷労働が字源であろう。ただし、字源としては、童は初出の殷代には冠をかぶった人が土盛りに乗って遠くを見る形（□）であり、奴隷の意味で使われるようになったのは西周代以降であるため、字形表は別とした。

---

448 **【勝】**［勝］〔勝〕 楷十二画 力部 成形声

㊂書紐蒸部・透紐蒸部・以紐蒸部[ɕiəŋ, thiəŋ, hlɯŋ]→
→㊥書紐蒸（証）韻[ɕiəŋ, ʃiəŋ, ɕiŋ]→漢ショウ呉ショウ

初出の東周代には、力を意符、乗［乗］の略体（□）を声符とする形声文字（□など）であり、楚地や晋地の出土資料に見える。しかし、秦代にはその字形が全く使われなくなっており、声符を朕［朕］に代えた形（□など）になっている。

なお、朕は始皇帝以後に皇帝の一人称として使われ、

この場合には上古音が侵部（漢音は「チン(チム)」）であるが、謄や騰などの声符としても使われており、本来の字音は蒸部であった。また、乗も上古音は蒸部（[ɖiəŋ]などと復元）と推定されている。

朕について、意味も表す亦声の部分とする説もあり、藤堂は舟を上に持ち上げる浮力の意味とし、鎌田も同様である。また、白川は朕が盤中のものを神におくる農耕儀礼で、勝の原義を「神意にかなう」とする。語源に何らかの共通点はあったかもしれないが、いずれも史料的な根拠のある学説ではない。

字形は秦代の構造が楷書に残っている。また、意符を「刀」に変えた系統（賸など）も見られる。そのほか、現代中国の簡体字の「胜」は、肉（にくづき）に従う別字であるが、字形の類似と字音の通用により使用されている。

辰部

「辰（）」は、石製の農具の象形であり、石の初文（）が使われている。

《辰》⑬農(辱・槈)

449【農】 楷十三画　辰部　成会意

古泥紐冬部[nuŋ, noŋ, nuŋ]→中泥紐冬韻[nuoŋ, noŋ, nuoŋ]→漢ドウ呉ノウ

450【辱】 楷十画　辰部　成会意

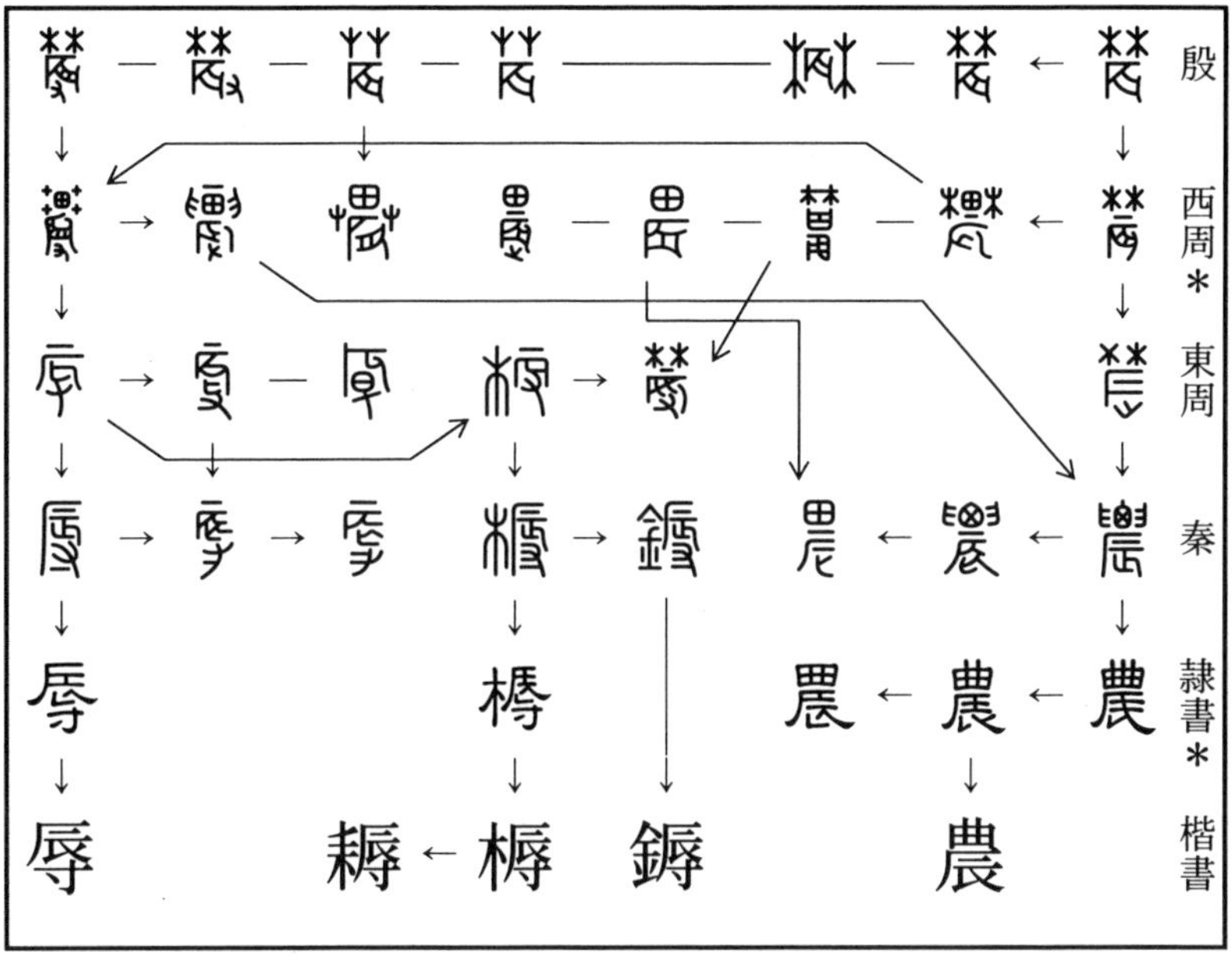

古日紐屋部・泥紐屋部[ȵiuɔk, niuk, niog]→中日紐燭韻[ȵiuok, n(r) iok, ȵiok]→漢ジョク呉ニク

451【槈】〔鎒・耨〕 楷十四画　木部

成形声（亦声）　古泥紐屋部・泥紐覚部

[nok, ˉ, nug+nog]→中泥紐侯韻・泥紐沃韻

[nəu, ˉ, nuok+nəu]→漢ドク・ドウ呉ノク・ヌ

殷代の「」は「農」の初文であり、林（）と農具の象形の辰（）から成る。農業の様子を表した文字であり、林に代えて艸（）を用いた異体（など）や、農具を持つ手の形（）を加えた異体（など）も見られる。

字形は初文が東周代まで使われたが、それとは別に、西周代においてさらに「田」を加えた形（）が作られた。一方、手の形を加えた系統については、さらに両手の形の臼（）を加えた形（）がある。

篆書（）では、上部に臼と田から変わった囟《しん》を用い、下部に辰を用いた形（）になっている。さらに、隷書で臼と囟が融合して「曲」の部分になった（なお「曲」は別の成り立ちである）。

「農」の字源について、許慎は篆書を元に囟を声符と見なすが、囟は田が誤ったものであり、また上古音も心紐真部（[sien]などと復元）と推定されており、農と違いが大きい。

東周代には、手の形を加えた系統の略体として、辰・又から成る「[illegible]」などが作られている。この系統は秦代に又が寸に変えられて「辱」になった。辱にも草を切る意味があり、農からの分化字と考えられる。また、辱に意符として木を加えた「槈」の形（[illegible]）が東周代に作られた、そこから派生して意符を金に変えた鎒が秦代に、意符を耒に変えた耨が楷書で作られている。そのほか、艸（艹）・辱から成る「蓐」も同源字とする説がある。

弋部

「弋《よく》（[illegible]）」は、杙《くい》の象形である。

《弋》④弔（弟・第）

452 【弔】〔吊〕 楷 四画　弓部　成 会意

古 端紐宵部・端紐幽部・端紐覚部[tiau, tog, tiwG]→中 端紐嘯韻[tieu, teu, teu]→漢 チョウ（テウ）呉 チョウ（テウ）

453 【弟】 楷 七画　弓部　成 会意

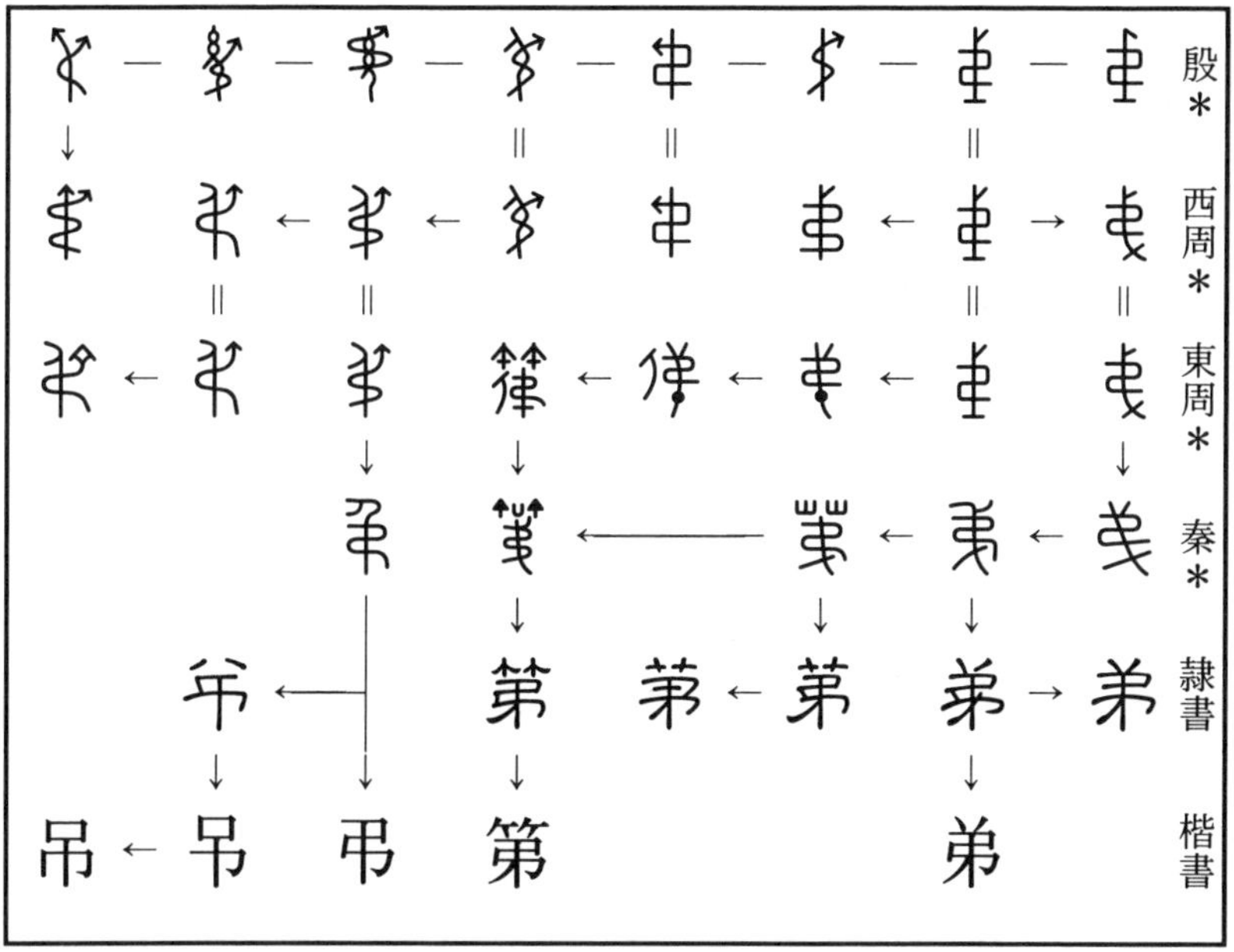

(古)定紐脂部[diei, der, di]→(中)定紐薺(霽)韻[diei, dei, dei]→(漢)テイ(呉)ダイ(慣)デ

454【第】

[楷]十一画　竹部　[成]形声（亦声）

(古)定紐脂部[diei, der, dil]→(中)定紐霽韻[diei, dei, dei]→(漢)テイ(呉)ダイ

初文の形（）は、杙の象形の弋（）に紐状のものを巻きつけた様子を表している。また異体として人（）に紐を巻き付けた形（）も見られる。

後代には、前者が「弟」、後者が「弔」として分化したが、殷代には、いずれも弔の意味で用いられていた。字義としては当初は祭祀名であり、のちに「いたむ」や「とむらう」などの意味で用いられた。

殷代の異体には、巻き付ける対象として、棒状のものを用いた形（）や、捕らえられた人である奚（）の異体（）を用いた形（）などもある。

「弟」については、変形はあったが初文の構造が秦代まで維持された。その後、紐状のものが「弓」になり、弋の形も変形した。楷書では「弓」の部首とされるが、紐の形はもとは己（己）に近い形であった。

字義については、「順序よく紐を巻きつける」ことから順序を表す文字として解釈され、さらに兄弟の順序の意味になったとする説が有力である。さらに、意符として「竹」を加えた繁文の「第」も作られており、「竹簡の並び順」を表したと考えられている。順序（次第）の意味としては、こちらが現在では主に用いられる。

「弔」の字形についても変化があり、秦代までは元の構造が残ったが、楷書では「人」が「|」に、紐の形が「弓」になっている。また、俗字として「吊」が作られ、仮借した「つるす」の用法に専用されるようになった（中国の簡体字では「弔」の意味にも「吊」が採用されている）。

用部

「用（用）」は、桶の象形でその初文である。

《用》⑤用（甬・桶）

---

455 【用】 楷五画　用部　成象形

古余紐東部・以紐東部[ʌiuɔŋ, ḍiuŋ, loŋ]→中以紐用韻[yiuoŋ, yioŋ, yioŋ]→漢ヨウ呉ユウ

456 【甬】 楷七画　用部　成象形

古余紐東部・以紐東部[ʌiuɔŋ, ḍiuŋ, loŋ]→中以紐腫韻[yiuoŋ, yioŋ, yioŋ]→漢ヨウ呉ユウ

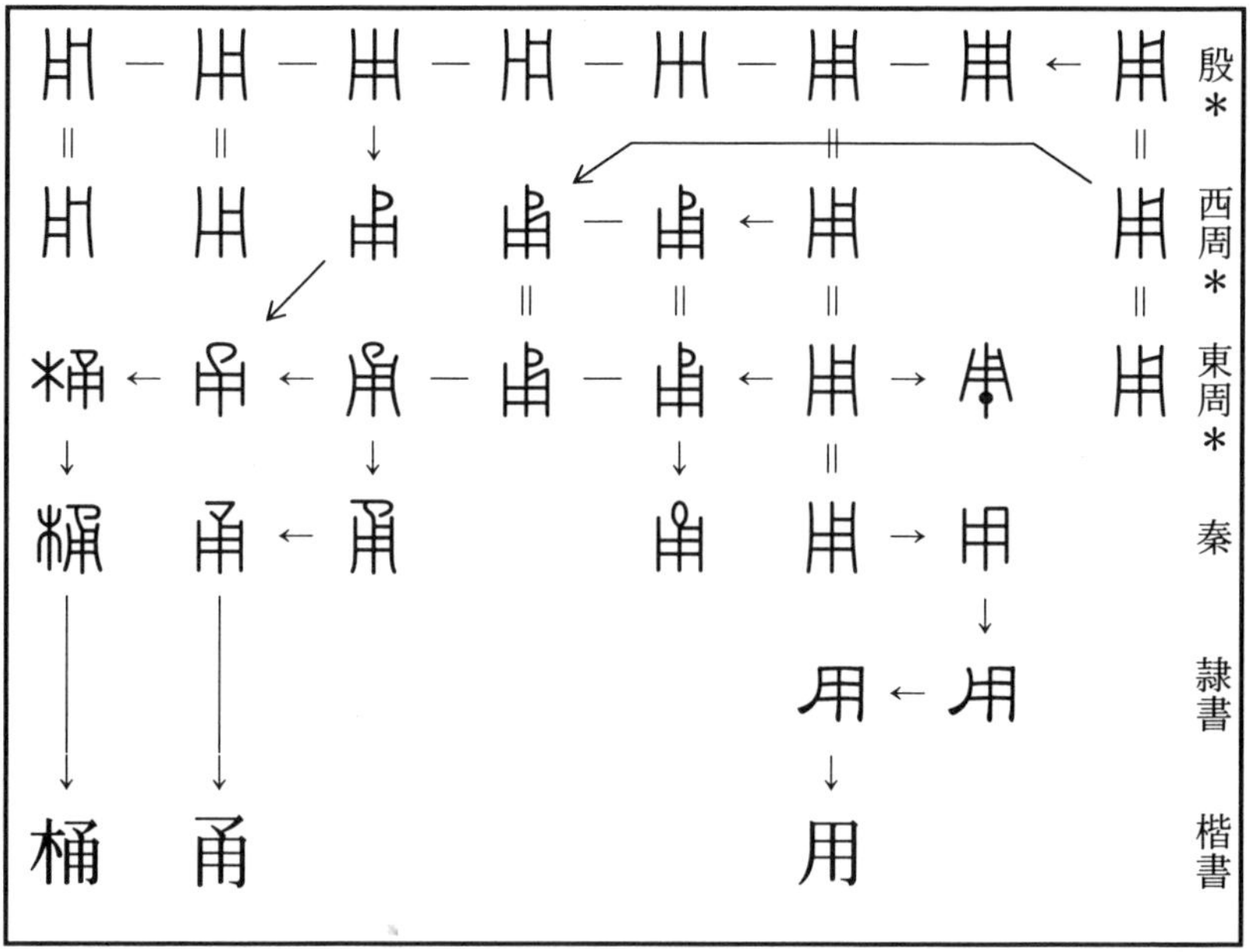

457 【桶】 楷十一画　木部　成形声（亦声）

古透紐東部[thɔŋ, thuŋ, lhoŋ+lʼoŋ]→
→中透紐董韻[thuŋ, thuŋ, thuŋ]→漢トウ呉ツ

用（用）の字源について、許慎は「卜」と「中」に分けて会意と解釈し、同じく谷衍奎も「卜」と「凡［凡］」から成るとするが、元々一体の形状である。また、加藤・白川・赤塚・阿辻は、木組みの柵の形とする説を採るが、それは殷代には「冊」で表現されている。藤堂は板に棒で穴をあけ通す形とするが、使用されている凡（凡）は板の形ではなく、中空の容器の一般形である。

鎌田は鐘の象形でその異体の「銿」の初文とし、李学勤は「桶」の初文とする。いずれも中空の形状であるから、字形から成否を判断することは難しいが、殷代には亡失字に「甬」があり、土（土）を用（用）に入れた様子であることから、鐘ではなく桶の象形とするのが妥当である。一方、鐘の象形と推定されるのは庚（庚）であり、上部が閉じていて用（用）に比べて鐘の形状に近い。

甬（〓）は西周代に初出であり、桶の取っ手を強調した形である。なお、許慎は草木の花が開く様子とし、加藤はこれに従うが、字形は草木の形とは無関係であり、仮借か引伸義であって原義ではない。藤堂は上部を「人」とするが、少なくとも西周～東周代には「人」に従う字形ではない。赤塚は風笛の象形で「筩」の初文とするが、楽器としての用例は見られない。

白川は「甬」については「桶の初文」として正解を得ており、逆に李学勤（各項の編者が異なる）は「鐘の形」として不正解になっている（鎌田・阿辻・谷衍奎も鐘の象形とする）。

原義については、東周代に甬に意符として木を増し加えた「桶（〓）」が作られた。

聿部

「聿《いつ》（〓）」は、筆を持った手の形である。筆の形は単独では使われないため、聿が部首とされる。

《聿》⑥聿（筆）⑧画（劃）⑩書

458 【聿】 楷六画　聿部　成会意

古余紐物部・余紐質部・以紐物部[ʎiuət, ḍiuet, bʼ lud]→中以紐術韻[yiuet, yiuet, yiuit]→漢イツ呉イチ

459 【筆】〔笔〕 楷十二画　竹部　成形声（亦声）

古幫紐物部・幫紐質部[piet, piet, prud]→中幫紐質韻[piet, piet, pyiit]→漢ヒツ呉ヒチ

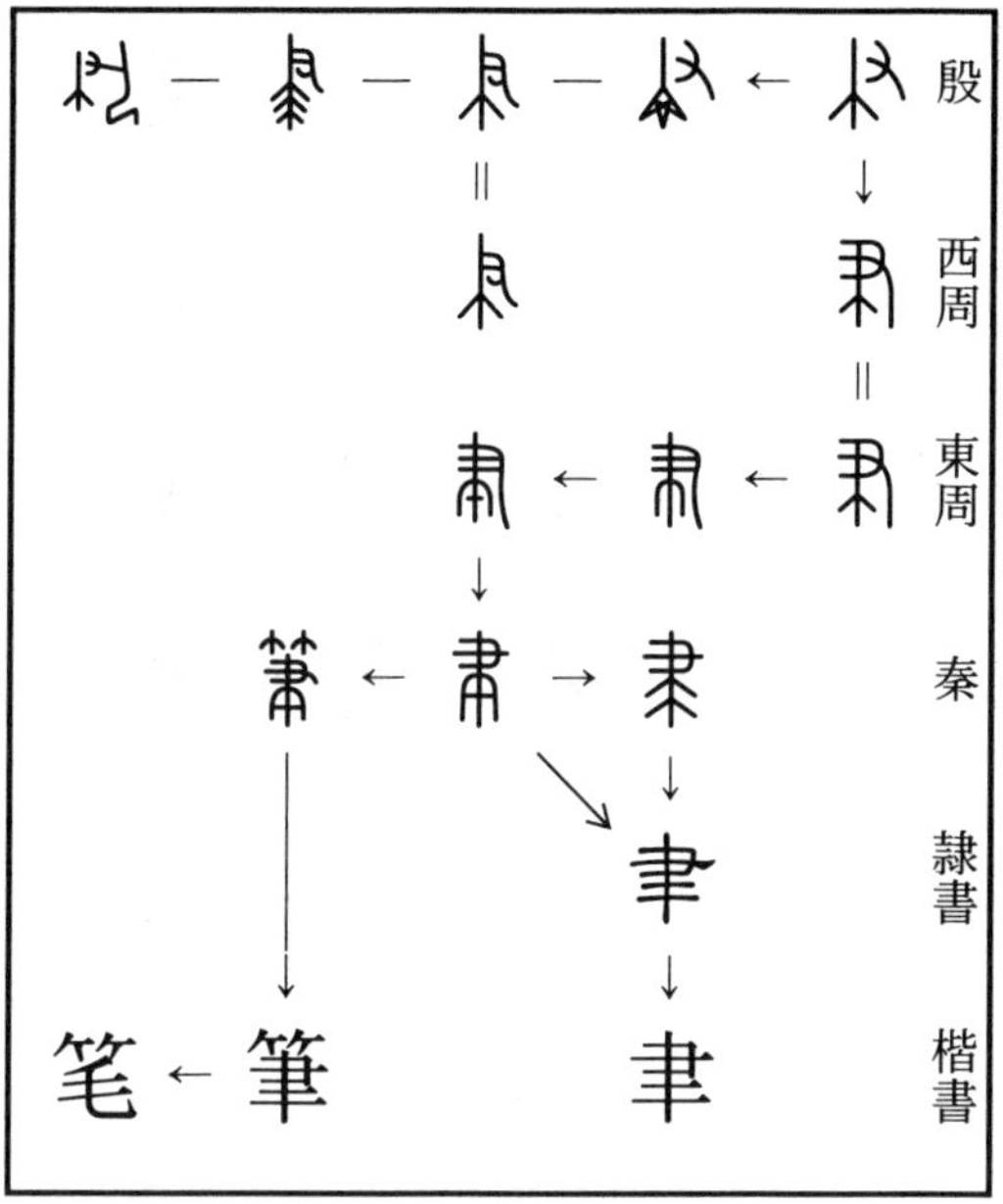

聿（）は筆を手に持った形である。殷代には筆の形を変えた異体（など）や、人の全身像を使った異体（）もあるが、後代には残っていない。その後、東周代に筆の先に短線を加えた形（）が作られ、さらに隷書で筆の部分に直線を用いた形（聿）となり、楷書の「聿」となった。

原義については、篆書で意符として「竹」を増し加えた「筆（）」が作られた。また、楷書では初文の聿を「毛」に変えた「笔」も作られている。

なお、聿《じょう》は別字である。また、津の声符は「𦘔《しん》」の省声であり、聿に飾りを表す彡を加えた会意文字で、やはり聿とは別字である。

---

460 **【画】**［畫］ 楷八画（十二劃） 田部 成会意

古匣紐支部・匣紐錫部・群紐錫部［ɣoe+ɣoek, ɦueg+ɦuek, gʷreg］→中匣紐卦韻・匣紐麦韻［ɣuai+ɣuæk, ɦuai+ɦuɛk, ɦɣue+ɦuɣɛk］→漢カイ（クヮイ）・カク（クヮク）呉エ（ヱ）・ワク慣ガ

461 **【劃】** 楷十四画 刀部 成形声（亦声）

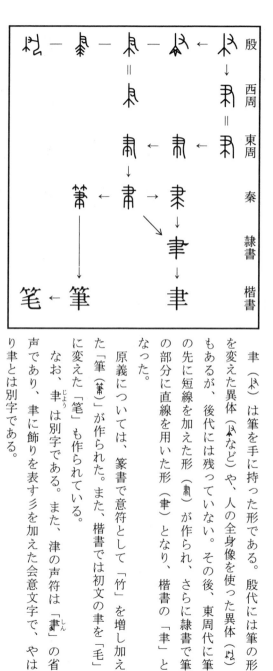

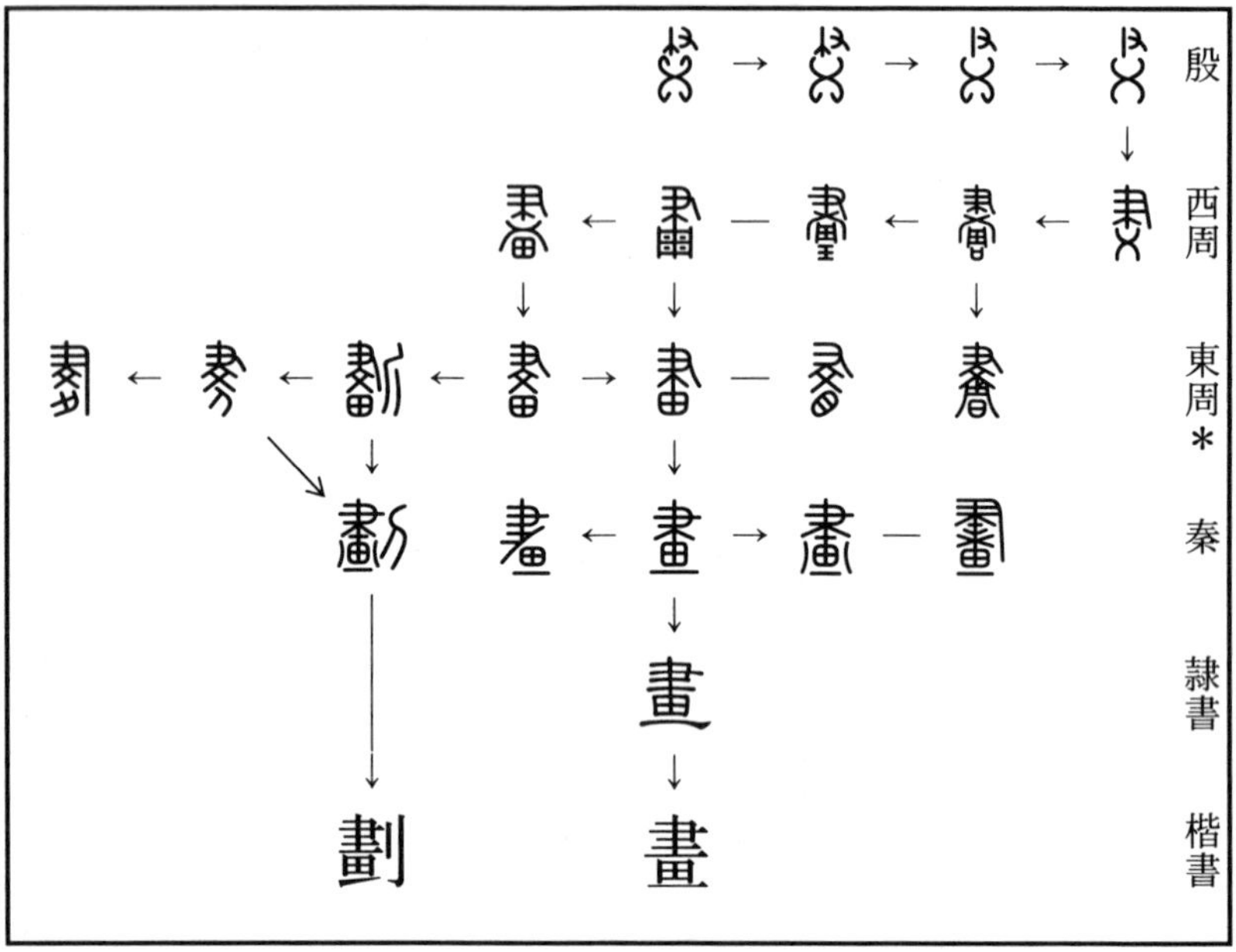

㊄匣紐錫部・群紐錫部・暁紐錫部
[ɣoek, ɦuek, g^{w}reg+qh^{w}reg]→㊥匣紐麦韻・暁紐麦韻
[ɣuæk, ɦuɛk, ɦyuɛk+ɦuyɛk]→㊇カク（クワク）㊋ワク

殷代の字形は、手に筆を持った形の聿（　）と乂《がい》（　）から成り、赤塚らが述べるように筆で描く様子を表している（乂は描かれたものを表す記号）。

西周代に「周（　）」が付加されたが、王朝の号であるから、旗印を書く様と思われる。異体には「王」を加えて「周王」にした形（　）などもある。さらに、周を田（田）に簡略化した形（　）が西周代に作られ、東周代は乂を省いた形（　）になった。そのため、許慎・藤堂・白川・阿辻は字源を田地を区切る意味などとするが、早くとも周代における字源の解釈であり、本来の起源とは異なっている。そのほか加藤は乂を声符とする形声文字とするが、乂は上古音で疑紐月部（[ŋiat]などと復元）と推定されており、字音が離れている。

なお、秦代には「田」の周りに線を加えた「畫・畫」などの形が作られた（この場合には「田地を区切る」と

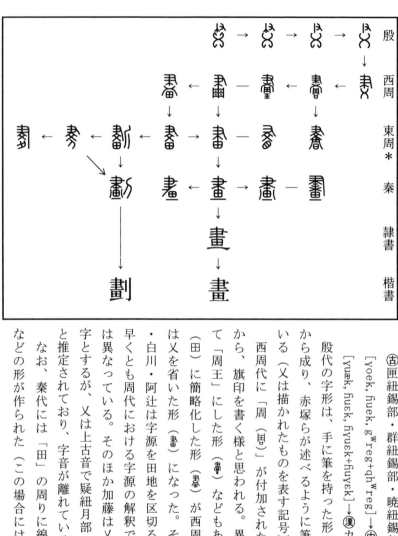

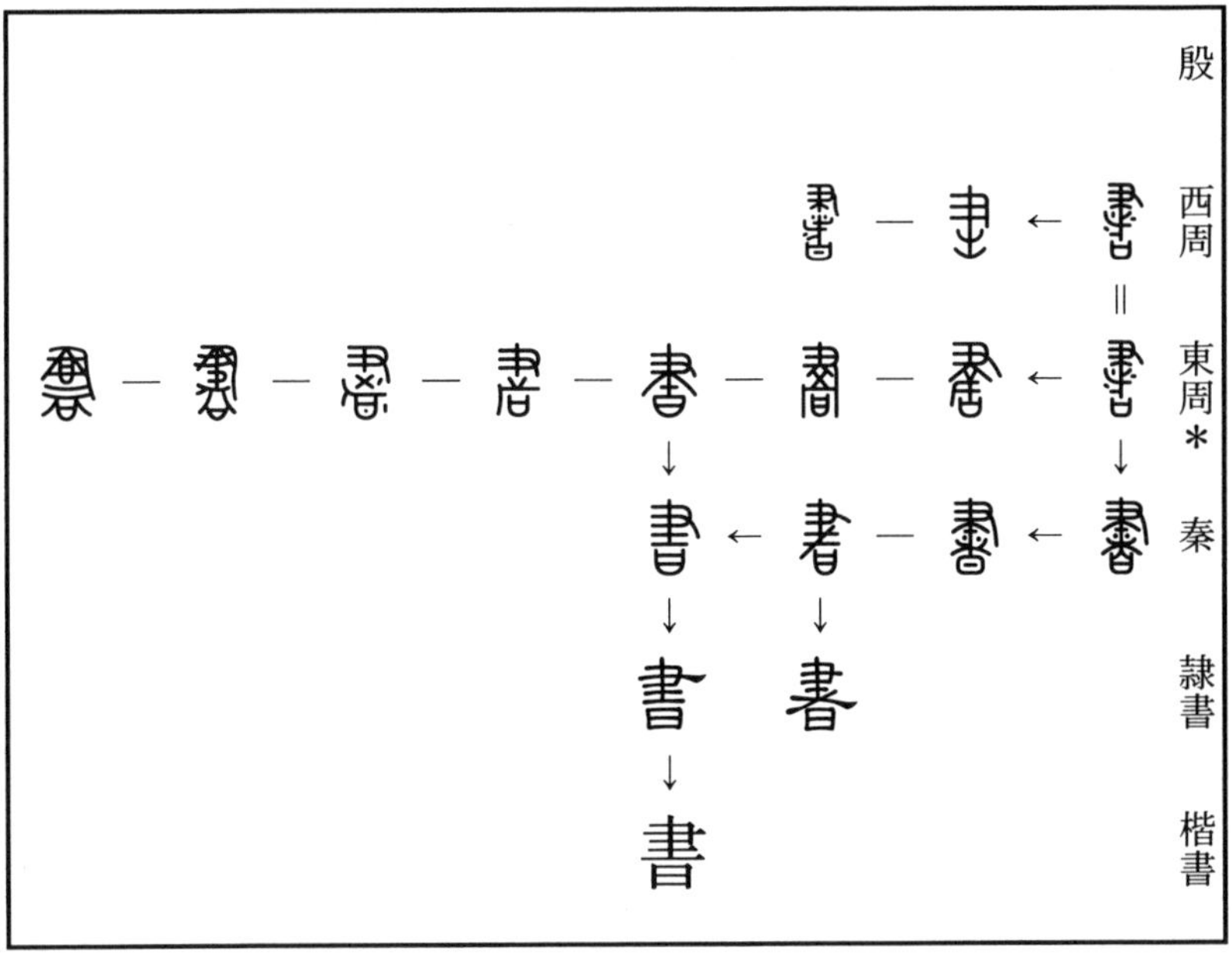

いう解釈であろう）。そのうち下部に一線を加えた字形が後代に継承されて楷書の「晝」になった。また新字体の「画」は略体の俗字である。

字音については二系統があるが、原義である「えがく」の意味では漢音がカイであり、引伸義（後起の解釈）の「くぎる」や「はかる」の意味では漢音がカクである。

また区画や画数などの意味としては、もとは「劃」が使われ、初出の東周代には意符として斧の象形の斤を増し加えた形（〓）であった。また画［晝］の略体としての聿と刀から成る字形（〓）も見られる。この両者を折衷したのが篆書の「劃（〓）」である。ただし、新字体では「劃」の字義についても「画」で代用している。

---

462 **【書】** 楷十画　聿部　成形声

古書紐魚部・透紐魚部・以紐魚部[ɕia, thiag, hla]→
→中書紐魚韻[ɕio, ʃio, ɕiʌ]→漢ショ呉ショ

「書」は、西周代に初出であり、手に筆を持った形の

「聿」を意符、者［者］を声符とする。初文の形は篆書（）まで継承された。一方、東周代には多くの異体があり、そのうち者を日に簡略化した字形（）が秦代の竹簡文字（）にも見られ、楷書の「書」になっている。そのほか、西周・東周代の異体には、者を簡略化したもの（）、耂の部分を厂にしたもの（）、文字全体を変形させたもの（）などがある。

「者」を亦声とする説もあり、白川は呪的行為で祝禱を収めた器を埋めて小枝や土で覆った形とするが、そのような用法は見られない。鎌田は「しばをかき集めた形」で「事物をあつめてかきつけるの意味」とするが、「聿」の部分に「かき集める」の意味はない。また谷衍奎は殷代に見える「」の形を初文とするが、これは直接的に継承関係がある文字ではない（画［畫］の異体か）。

帚部

「帚《そう》（）」は、箒《ほうき》の象形であり、その初文である。また殷代には婦人の意味で用いられており、婦の初文でもある。

《帚》⑩帰

---

463 **【帰】**［歸］ 楷十画（十八劃） 止部（刀部）部 成形声（亦声）

古見紐微部・群紐物部[kiuai+giuət, kiuər, kiul]→中見紐微韻[kiuai+gui, kiuai, kui]→漢キ呉キ・ギ

「帰［歸］」には「かえる」と「とつぐ」の字義があり、これまでほとんどの研究者は「とつぐ」を原義と見

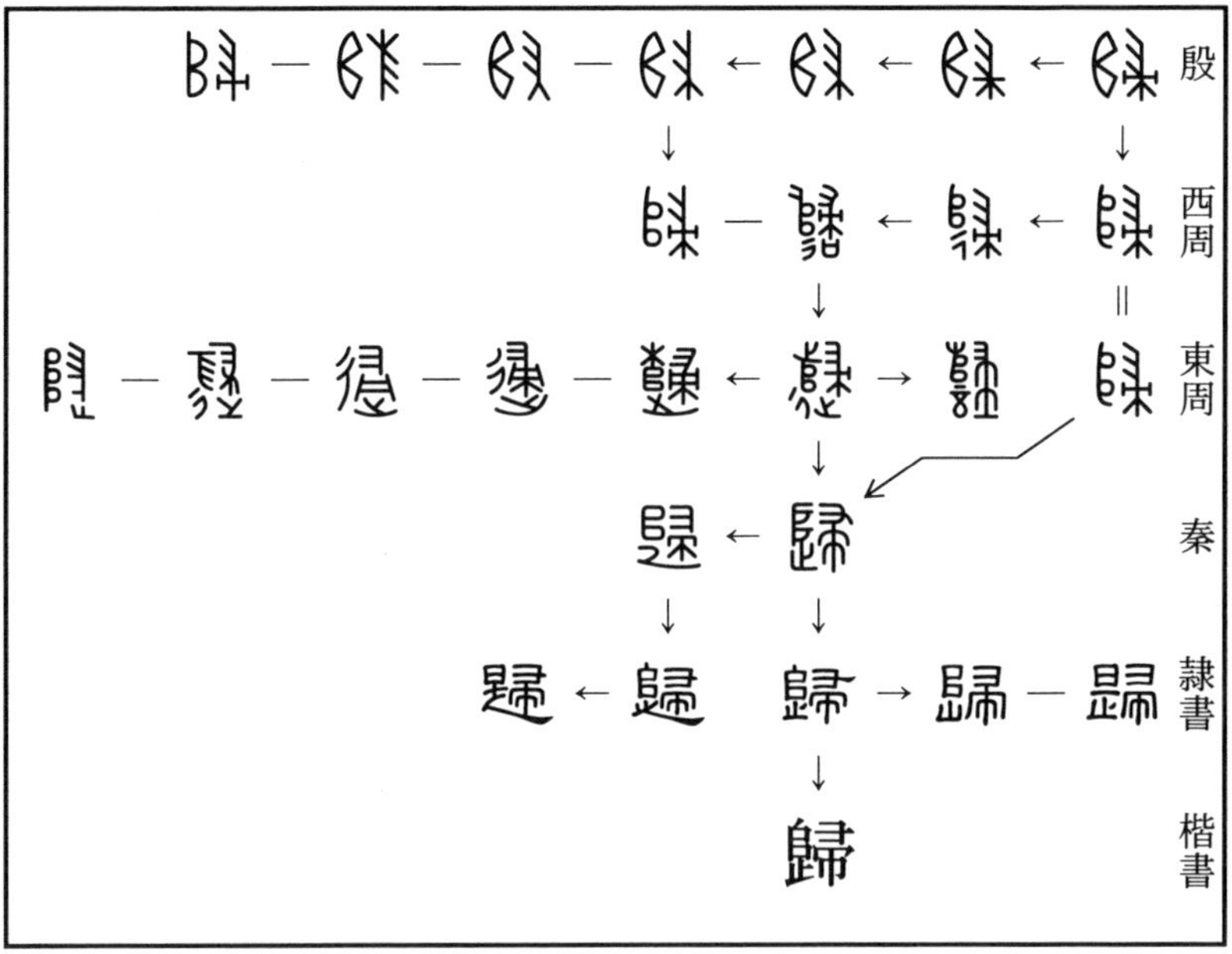

なして字源を解釈していた。しかし、初出の殷代には「とつぐ」の用例は全くなく、すべて「かえる」または固有名詞の用法であり、「かえる」から字源を解釈する必要がある。

また、字形の構造についても、字源の誤解によって理解ができず、形声文字として解釈されている。許慎は自（シ・タイ）を声符とする形声文字とし、藤堂・阿辻・谷衍奎・李学勤がこれを採る。加藤は自・止が共に声符とし、赤塚は帚を声符とする。

殷代には自（）と帚（）から成る字形（など）であり、それぞれ、自は「師」の初文で軍隊を象徴し、帚は婦人を象徴する。前述のように「かえる」が原義であるから、字源は軍務を終えて婦人の元に帰る様子とするのが妥当である。

なお、白川・鎌田のみは「かえる」を原義として会意文字として解釈し、自を祭肉とし、肉と箒を用いた帰還の儀礼とする。しかし、殷代には儀礼としての用法はなく、そもそも「帰還の儀礼」が行われた記述もない。

字形は西周～東周代に意符として彳や辵を加えた繁文（𨑹など）が作られた。また、東周代には様々な異体があり、𠂤を省いたもの（𨒅など）や、𠂤を𡳿《げつ》に変えたもの（𨗚など）がある。秦代には𠂤・帚および辵（彳と止から成る）のうち止のみを残した「歸（𨺅）」の形になった。楷書（旧字体）の構造は、止を意符、初文の「𡚁」の部分を声符（亦声）とする形声文字にあたる。なお、新字体では𠂤・止を刂（りっとう）のような形に変えた略体が採用されている。

そのほか、許慎は止・帚から成る略体を籒文として挙げるが、出土文字には見えない。また隷書にも異体が多く、𠂤を日に変えたもの（𣇈）などがある。

建築・土木に関係する部首の文字

入部

「入（𠆢）」は、屋根や蓋の形を表している。〔関連部首〕「亼」も、入と同じく屋根や蓋の意味で用いられる。

「高」は二階建ての建物の象形である。

《入》②入④内⑥両《今》④今《高》⑧京⑩高

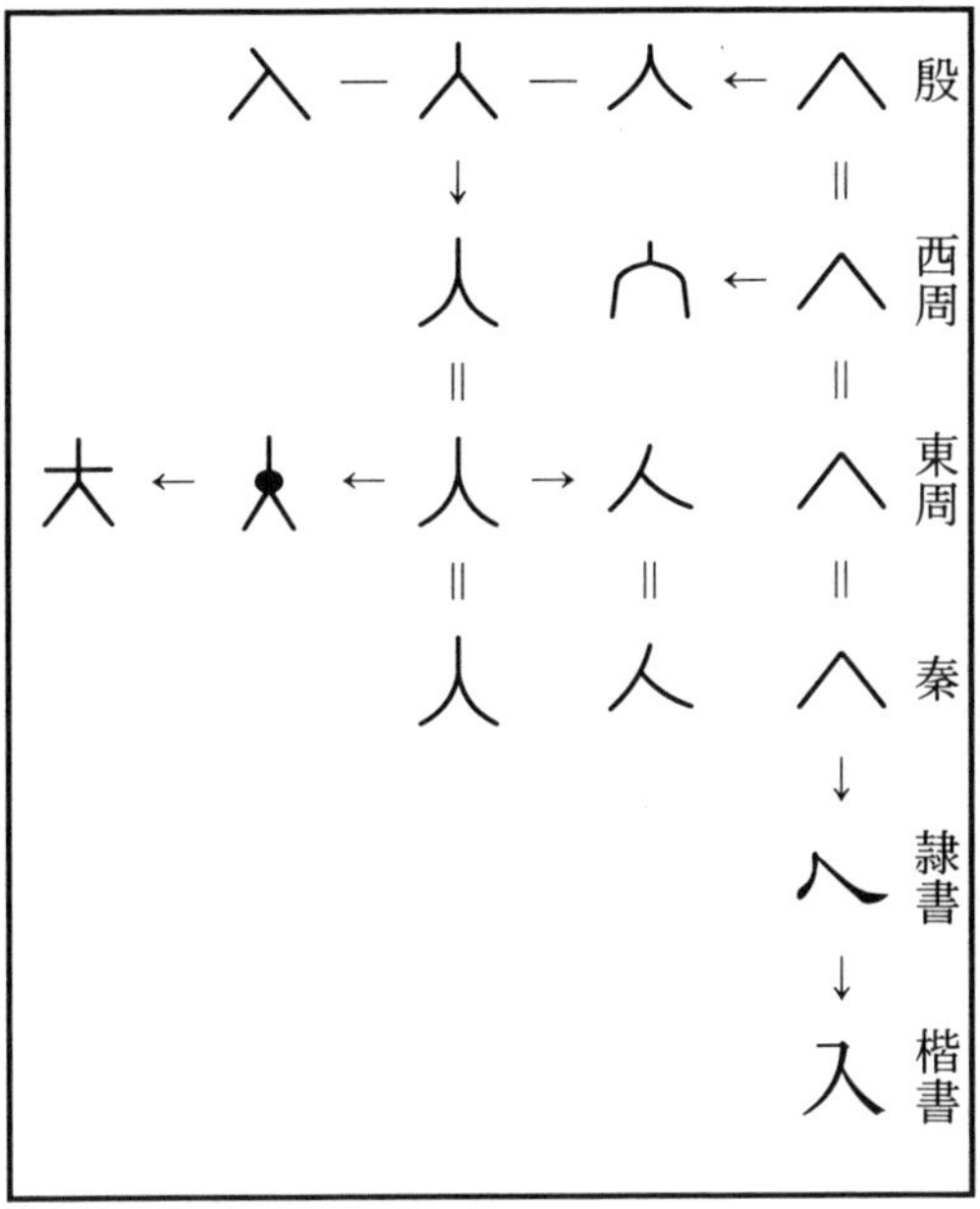

464【入】楷二画 入部 成象形
古泥紐緝部・日紐緝部[ŋiep, niep, niub]→
→中日紐緝韻[ɲiep, ɲ(r) iep, ɲiip]→
→漢ジュウ（ジフ）呉ニュウ（ニフ）慣ジュ・ニッ

入（𠆢）の字源について、多くの研究者が建物の入り口の形としている。しかし殷代の用法を見ると、内（冂）では入り口の形として用いられているものの、会意文字では屋根や蓋の象形である今（亼）と入れ替わることがあり、また家屋の象形の宀（冖）に代えて用いられる場合もある（令・食・安などを参照）。したがって、建物の入り口に限らず、屋根のような覆う構造の一般形とするのが妥当であろう。

そのほか、加藤や藤堂は「六」と同字とするが、六（亣）は家屋全体の象形で屋根を強調したものであり、会意文字で入れ替わることはあるものの、字源としては誤りである。また李学勤は「内」から分化した文字とするが、殷代の会意文字では、内・入の通用が見られない。

字形は東周代に点や線を加えた異体（入など）が見られるが、楷書には残っていない。

465【内】［内］ 楷四画　入部（冂部）　成象形

古泥紐微部・泥紐緝部[nuəi, nuəd, nub]→

→中泥紐隊韻[nuəi, nuəi, nuəi]→漢ダイ・ドウ(ダフ)　呉ナイ・ノウ(ナフ)

「内［内］（内）」は、建築物のうち特に入り口部分を表現している。より厳密に言えば、入（入）の部分は屋根の象形であるから、「屋根の付いた入り口」の表現であろう。類似形に丙（丙）があり、建築物や器物の土台を表している。

字源について、李学勤は金文の「内」の字形を元に「入」の部分を「楔形符号」とするが誤りである。また、加藤・赤塚は「入」を亦声と見なしており、音韻の研究者にも緝部の「入」（[niəp]などと復元）と同部で復元する説もあるが、異論もあり、亦声であることは確実ではない。

西周代には字形が変化し、原型に近いのは冂と入に従う形（内）であるが、そのほか家屋の象形の宀（宀）を

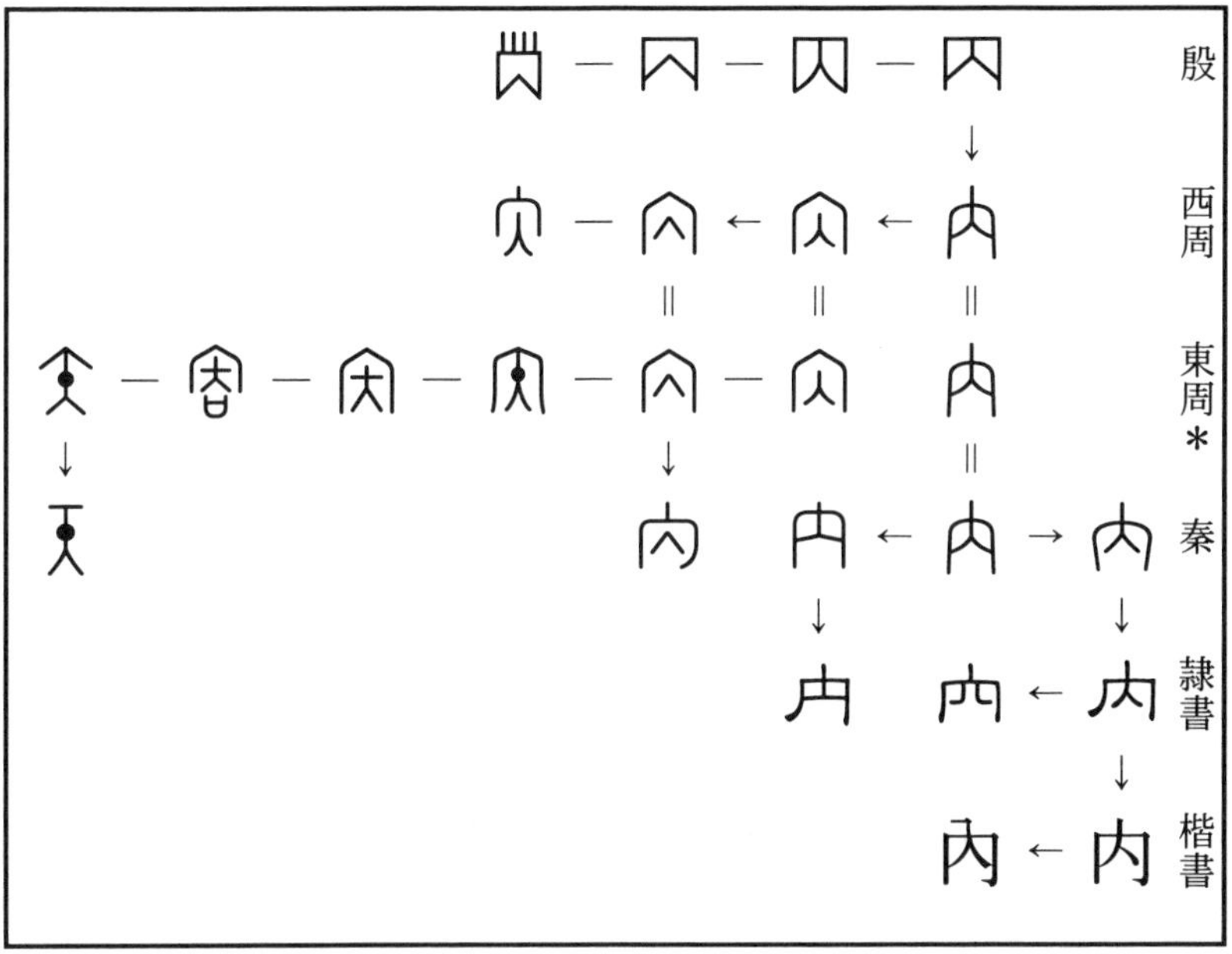

用いた字形（𠆢）などが多く見られる。また東周代にも「亠」を用いた字形が多く、また入の異体（大・大）を用いた形（内など）があり、下部に口（口）を加えた形（内）も見られるが、いずれも後代には残っていない。

篆書では原型に近い形（内）が採用され、これが楷書に継承された。楷書は、字源にのっとり「入」を用いた形（內）を正字とするが、「入」の形自体が楷書で出現したものであり（「入」を参照）、隷書では新字の「内」に近い形（内）が用いられていた。そのほか隷書には異体の「冂」なども見られる。

466 【両】〔兩〕｛㒳｝ 楷六画（八劃）

入部（一部）　成象形（合文）

古来紐陽部[liaŋ, liaŋ, raŋ]→

→中来紐養(漾)韻[liaŋ, liaŋ, lieŋ]→

→漢リョウ(リャウ)呉リョウ(リャウ)

初文の形（㒳）は「㒳」にあたる。「一㒳」の合文が後

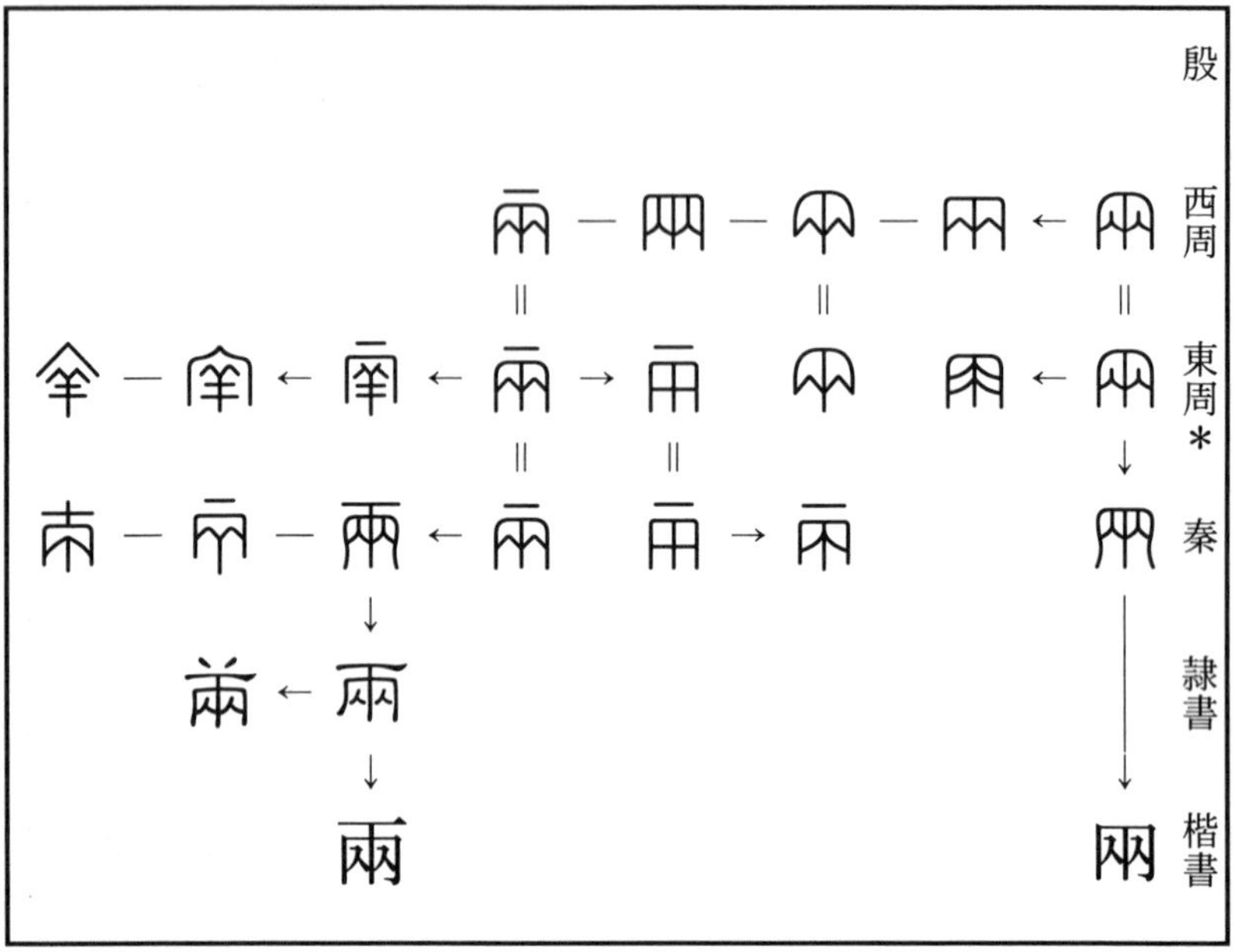

に「両［兩］」として独立した文字になった。楷書にも「㒳」は残っているが、ほとんど使われることはない。

字源について、許慎は冂・从・丨に従う会意文字とするが、もともと一体の字形であり、分割された字形は見られない。

加藤は瓠瓢《ひょうたん》を二つに割った様子とし、形状の類似から錘《おもり》の意味になったとする。藤堂・赤塚・鎌田は二つの錘の形とする。白川は金文では車両の意味で用いられていることから、馬車の軛《くびき》（二頭立ての馬車にふたつ付いている）の形とする。いずれも矛盾はないが、用法から言えば、白川説が最も整合的である。

そのほか、谷衍奎は二つの布銭を並べた形とするが、初出の西周代には貨幣制度は未出現である。また、阿辻は㒳を「二つに分ける意」とするが、具体的な字源を述べていない。李学勤も物体を並べた形とするが、字源を明確に述べていない。

字形は東周代に羊（羊）を用いた異体（[illegible]など）が見られる。羊は上古音で陽部（[ʎiaŋ]などと復元）と推定されており、字形の一部を声符に置換したものであろう（ただし後代には残っていない）。

▽今部

467【今】｛亼一｝ 楷四画　人部　成指事

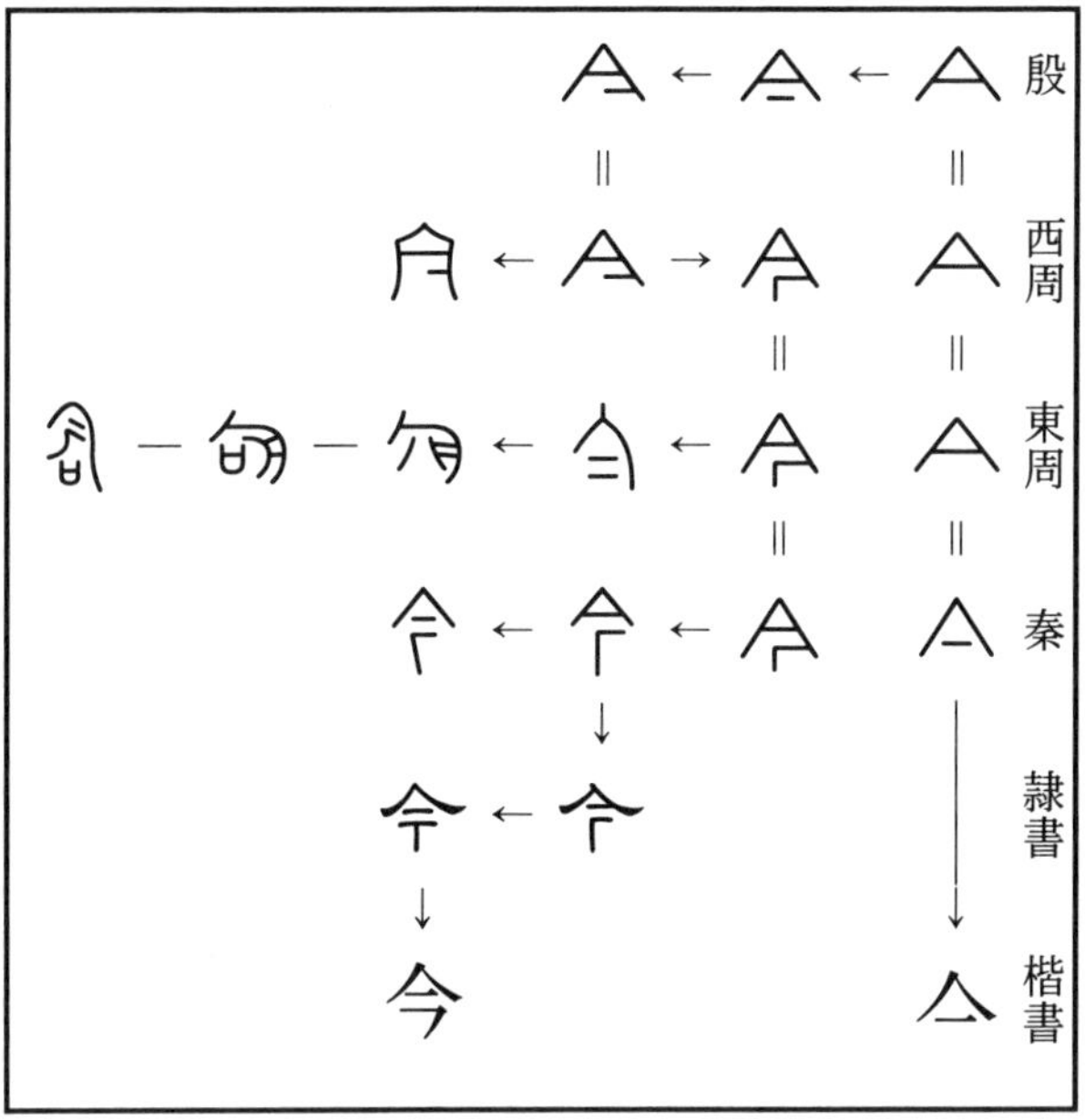

古見紐侵部[kiəm, kiəm, krɯm]→中見紐侵韻[kiəm, kiəm, kɣiim]→漢キン（キム）呉コン（コム）

今の初文の「亼（亼）」は、単独では原義で使われておらず、すべて仮借した「いま」を表す用法であるため、字源に諸説ある。

許慎は篆書の形（今）について、下部を「古文の及」とするが、出土文字ではこの形を「及」の意味で使った例は見られない。また許慎は上部の亼についても、正三角形に近い篆書の形を元に「三合なり」とするが、殷代の用法とは異なっている。

初文の「亼」は、屋根や蓋の象形として用いられており、例えば「合（合）」では器物の蓋として、「倉（倉）」では倉庫の屋根として使われている。正解に近い解釈としては、加藤・赤塚の「屋根が下の物をおおっているさま」、藤堂の「ふたで囲んで押さえたこと」、白川の「栓のある器物の蓋の形」がある。

そのほか、鎌田は文字全体を指事記号とするが、前述のように象形に該当する。阿辻は「亼」を元にして鈴の象形で「鈴」の原字とするが、鈴の旁は「令」であり、「今」ではない（また上古音も大きく異なる）。また谷衍奎は飲の初文（殷代には「〓」）の一部で舌を出した人の口とし、李学勤は曰（殷代には「〓」）の上下逆向きとするが、いずれも字形・用法ともに一致しない。

字形は殷代の段階で、下部に覆う物を表す指事記号を加えた形（〓・〓）が作られ、これが後代に継承され、西周代以降に指事記号が変形した。東周代にはさらに覆う物として曰（〓）を追加した字形（〓）などがあるが、これは楷書に残っていない。

初文の亼について、許慎の「三合」の解釈から、後に「集」と同じシュウ(シフ)の音が当てられたが、周代に作られた文字でも、金（〓）などの声符に使われており、今の初文であることが認識されていた。

▽高部

468【京】{京} [楷]八画 亠部 [成]象形

[古]見紐陽部[kiaŋ, kiaŋ, kraŋ]→[中]見庚紐韻[kiɐŋ, kiʌŋ, kɣiæŋ]→[漢]ケイ[呉]キョウ(キャウ)[唐]キン

許慎は文献資料に基づいて人造の丘を京と呼ぶことを原義と見なす。また、これに影響され、加藤・藤堂・赤塚・鎌田・阿辻は高い丘の上に家が建っている様子とし、谷衍奎・李学勤は人造の丘の上の建物とする。しかし、

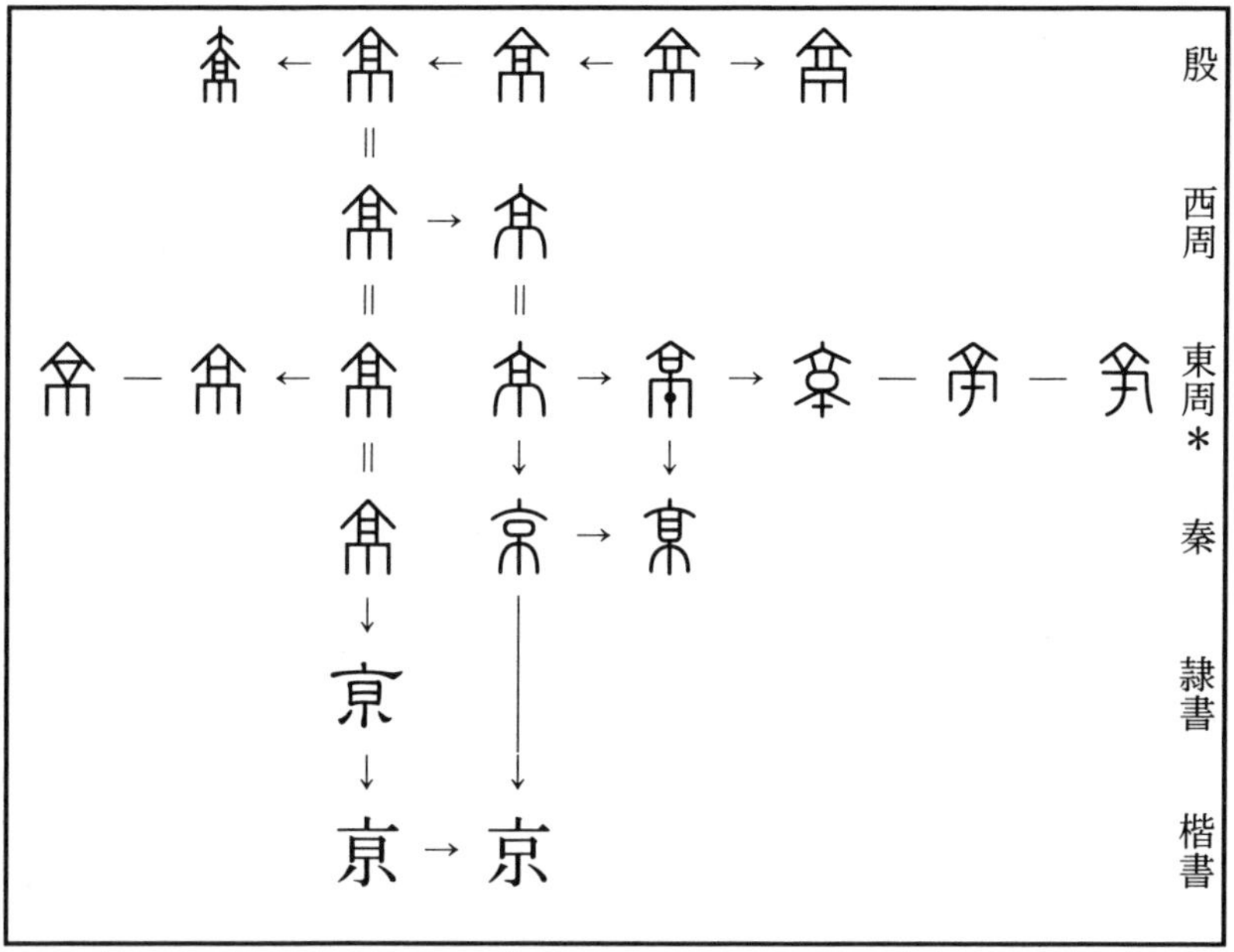

上部は家屋の形であるが、下部は丘（⊻）の形とは異なっている。白川はアーチ状の門の象形とするが、やはり門（冂）とは字形が異なる。したがって、人工の丘を京と呼ぶのは後起の用法ということになる。

殷代では、京（㐭）に最も形が近いのは高の初文（㐭）であり、高楼建築の象形と考えるのが妥当である。今の初文の亼（亼）が二階の屋根を表している。なお、周代には京が「みやこ」の意味になっており、高楼建築が首都の象徴とされたのであろう。

字形は篆書で上部を変形させた形（京）が作られ、これが楷書の「京」の元になっているが、異体の「亰」の方が伝統的な形を残している。

---

469 **【高】**〔髙〕 楷十画　高部　成会意

古見紐宵部[kau, kɔg, kaw]→中見紐豪韻[kau, kau, kau]→漢コウ（カウ）呉コウ（カウ）

初文の形（㐭）は二階建ての建築物の象形であり、引

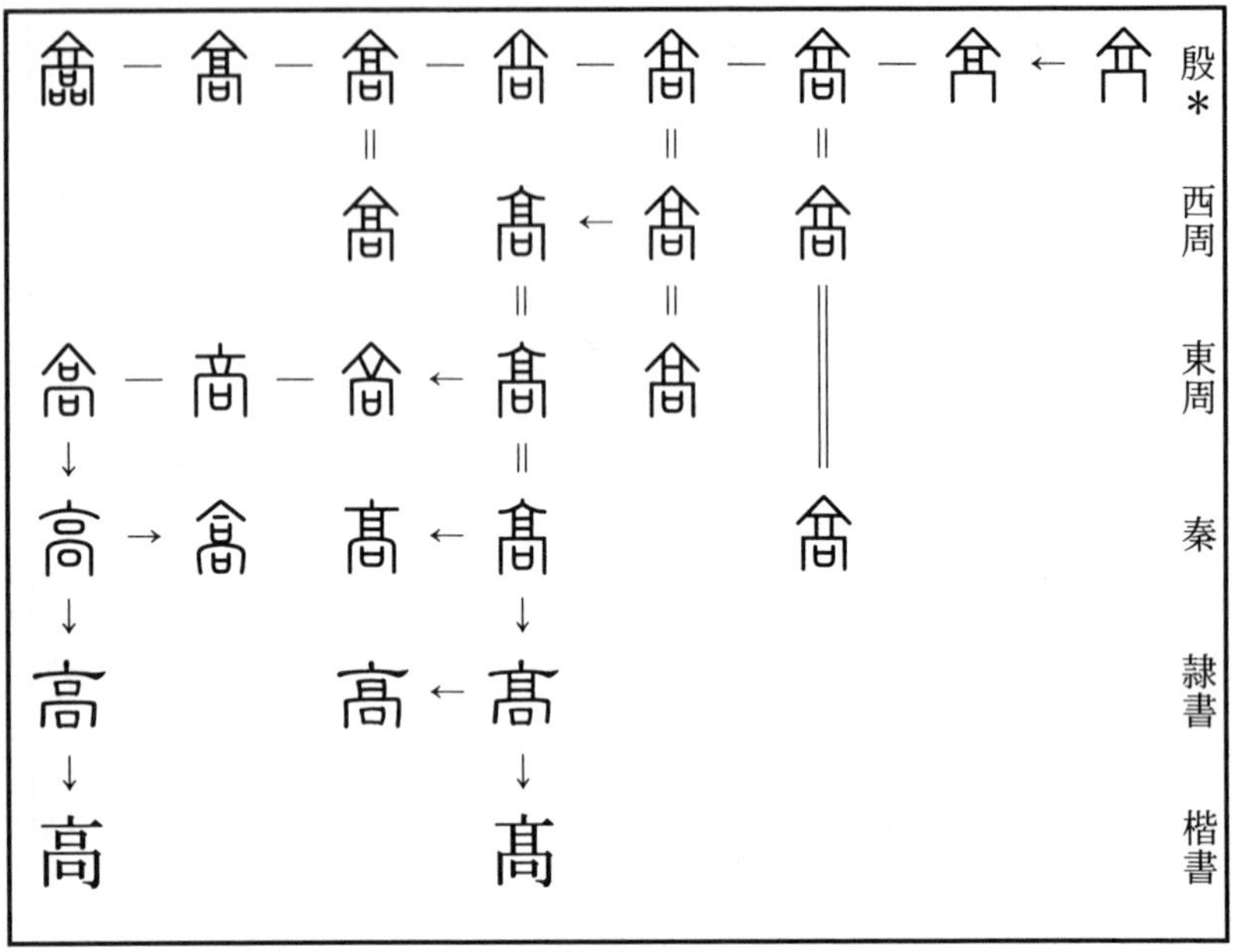

伸義で「たかい」の意味に用いられた。殷代にはすでに下部に口（𠙵）を加えたもの（高など）があり、建物の窓とする説や、建物の土台とする説などがある。しかし、異体字には品（品）を使ったもの（高）があるので、「𠙵」は建物に収める器物と考えるのが妥当であろう。

字源について、白川は「アーチ状の凱旋門」とし、鎌田も「門の上の高い楼」とするが、下部は門（門）とは全く形状が異なる。また藤堂は「台地にたてたたかい建物」とするが、下部の形を台地とすると「口」を入れた異体が説明できない。

字形は東周代に上部を変形させた形（高）が作られ、これを継承した「高」が楷書では一般に用いられるが、異体の「髙」の方が伝統的な形状を残しており、上部が建築物の二階部分である。

宀部

「宀《べん》（宀）」は、家屋の象形である。家屋や建築に関係す

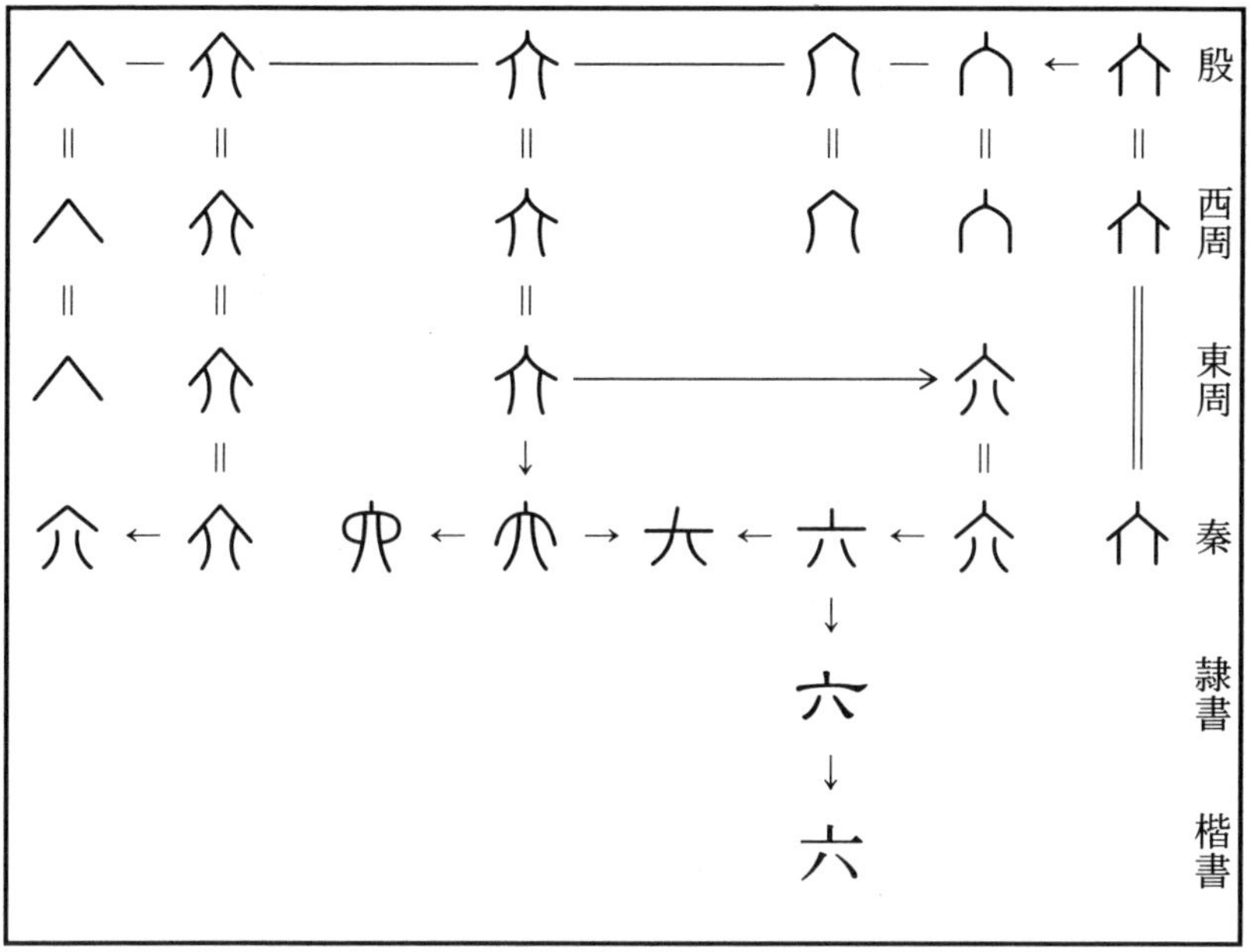

る文字の部首として使われることが多い。〔関連部首〕「广」は、片側が開いた大きな家屋の象形である。「穴」は、天井に穴のある家屋の象形である。
《宀》④六⑤写⑥安・向・字・守⑧学・官(館)・実・定⑨客・室⑩家・宮⑪宿《广》⑤広⑩庫《穴》⑦究⑧空

---

470 **【六】** 楷四画　八部　成象形

古来紐覚部[liuk, liok, rug]→
→中来紐屋韻[liuk, liuk, liuk]→漢リク呉ロク

許慎は「入」と「八」から成る文字とし、藤堂は「おおいをした穴」とするが、いずれも殷・西周代の字形に合わない。六（介）の字源は、諸家が述べるように家屋の形であり、特に屋根の部分を強調して示している。

数字は仮借の用法であり、字音は同じく屋根を表す「陸」に近い。

東周～秦代には屋根と壁の部分を離した形（六など）が作られており、楷書の下部が壁にあたる。

471【写】［寫］ 楷五画（十五劃） 宀部（冖部） 成形声

古心紐魚部[sia, siag, sia]→中心紐馬韻[sia, sia, sia]→漢シャ呉シャ

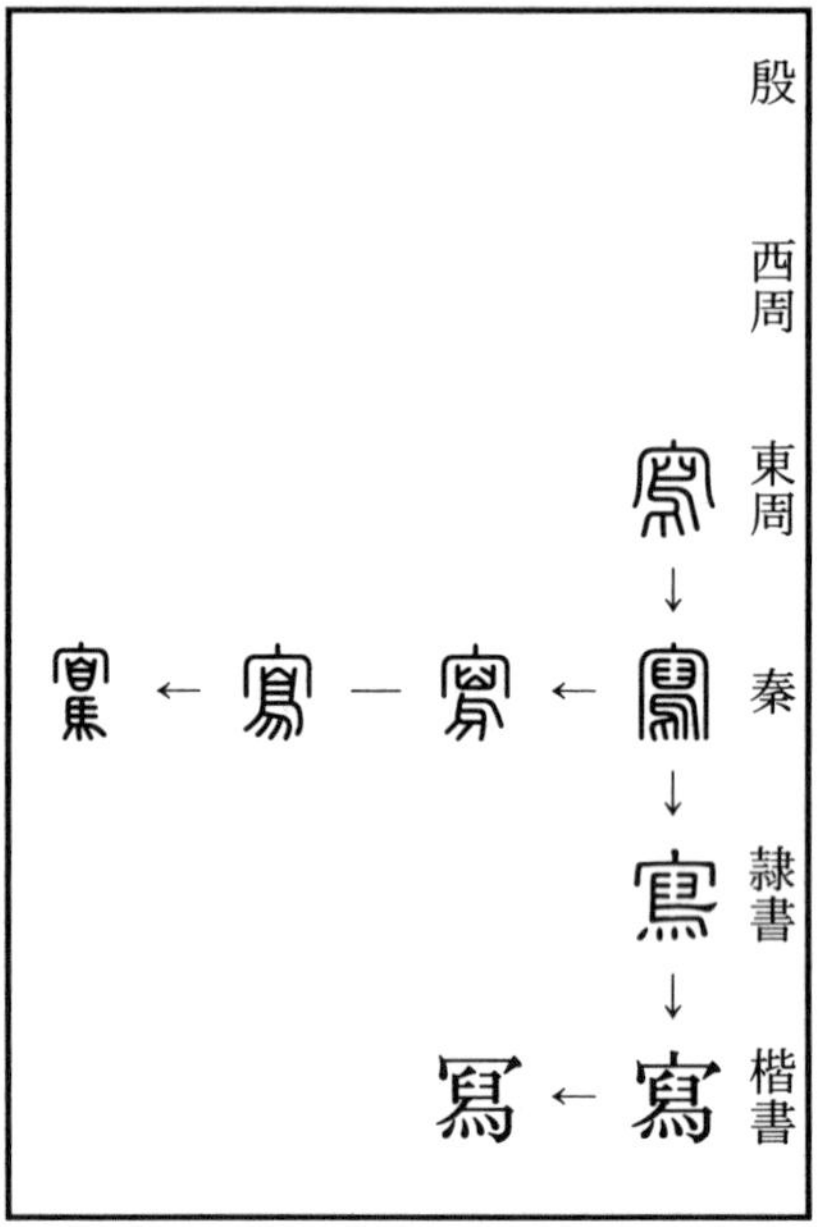

「写」の旧字の「寫」は、家屋の形の「宀」を意符、カササギの象形の「舃《せき》」を声符とする形声文字である。家の中に物を置くことが原義であり、移し置くことからの引伸義で書き写す意味になった。

西周金文では舃が借りて靴の意味で使われることから、白川は家屋の中で靴を脱ぎ変える儀礼の様子を原義とするが、そのような儀礼は確認できない。また、鎌田は「宀」が覆うことを意味し、舃が席に通じて敷くの意味で、紙を覆って書き写すことを原義とするが、宀に覆う意味はない（その意味では「亼」や「冖」が使われる）。

字形は秦代に舃を自・馬に誤った字形（）もあるが後代には残っていない。また、初期の楷書には宀を冖に変えた異体（冩）があり、さらに舃を与に変えたのが新字の「写」である。

472【安】 楷六画 宀部 成会意

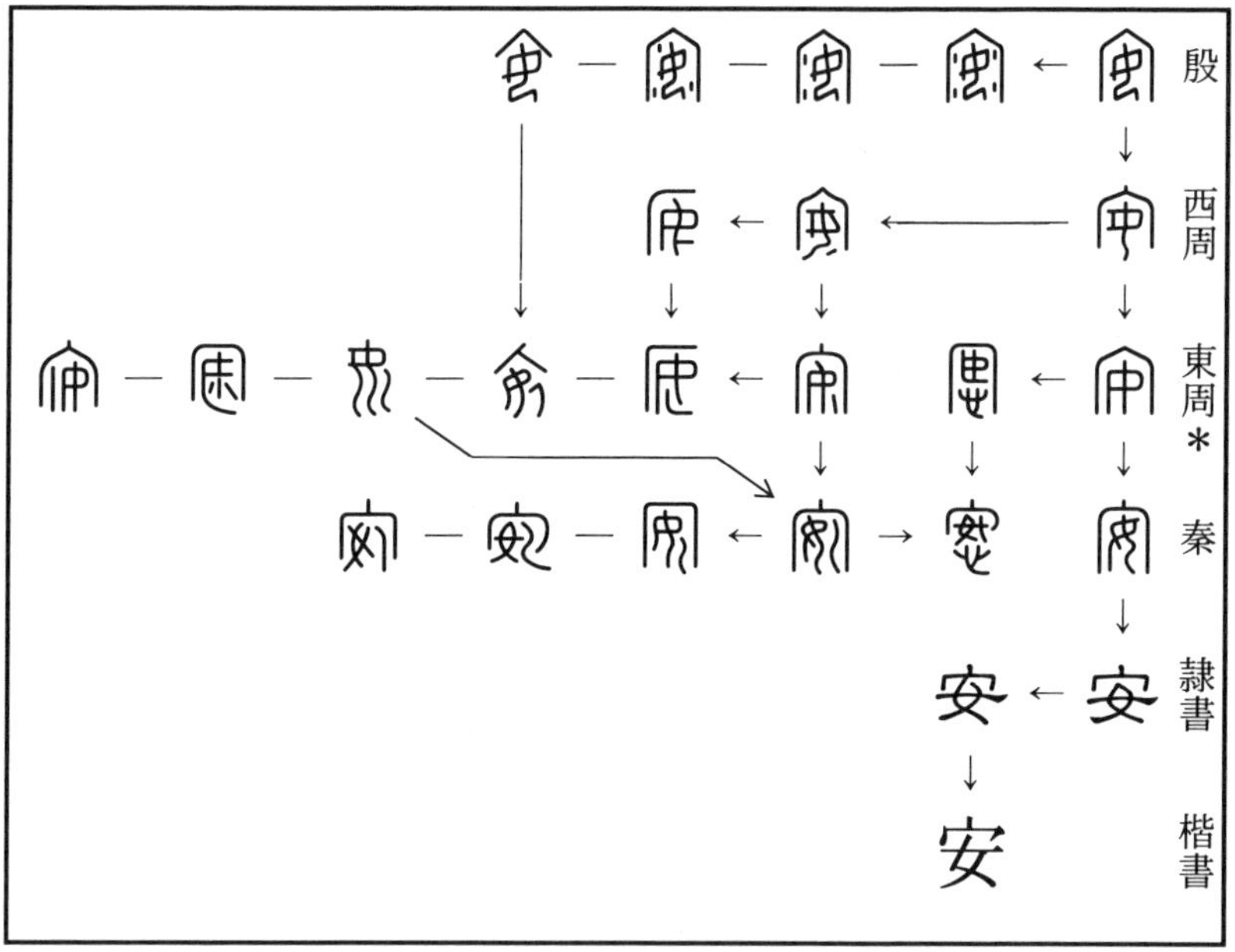

(古)影紐元部[an, ʔan, qan]→
→(中)影紐寒韻[an, ʔan, ʔan]→(漢)アン(呉)アン

安（）は、宀（）と女（）から成り、建物の中で女性が安静にしている様子を表している。白川は儀礼の様子を表すとするが、その用例はない。

殷代の異体には複数の小点を加えたもの（など）もあるが、その意義は不詳である。また、それとは別に、西周代には敷物のような形を加えた異体（など）もあり、この系統は秦代まで広く使われたが、やはり楷書には残っていない。

そのほか、殷代には家屋の象形である「宀」のうち屋根の部分の入（）だけを残した異体（）があり、東周代にも「」が見られる。また、東周～秦代には意符として「心」を加えた繁文（など）もある。

473 **【向】** (楷)六画　口部　(成)会意

(古)暁紐陽部・以紐陽部[hiaŋ, hiaŋ, qhlaŋ+hliaŋ]→

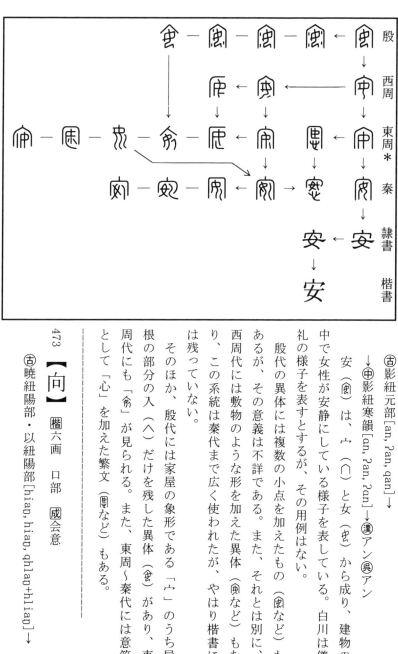

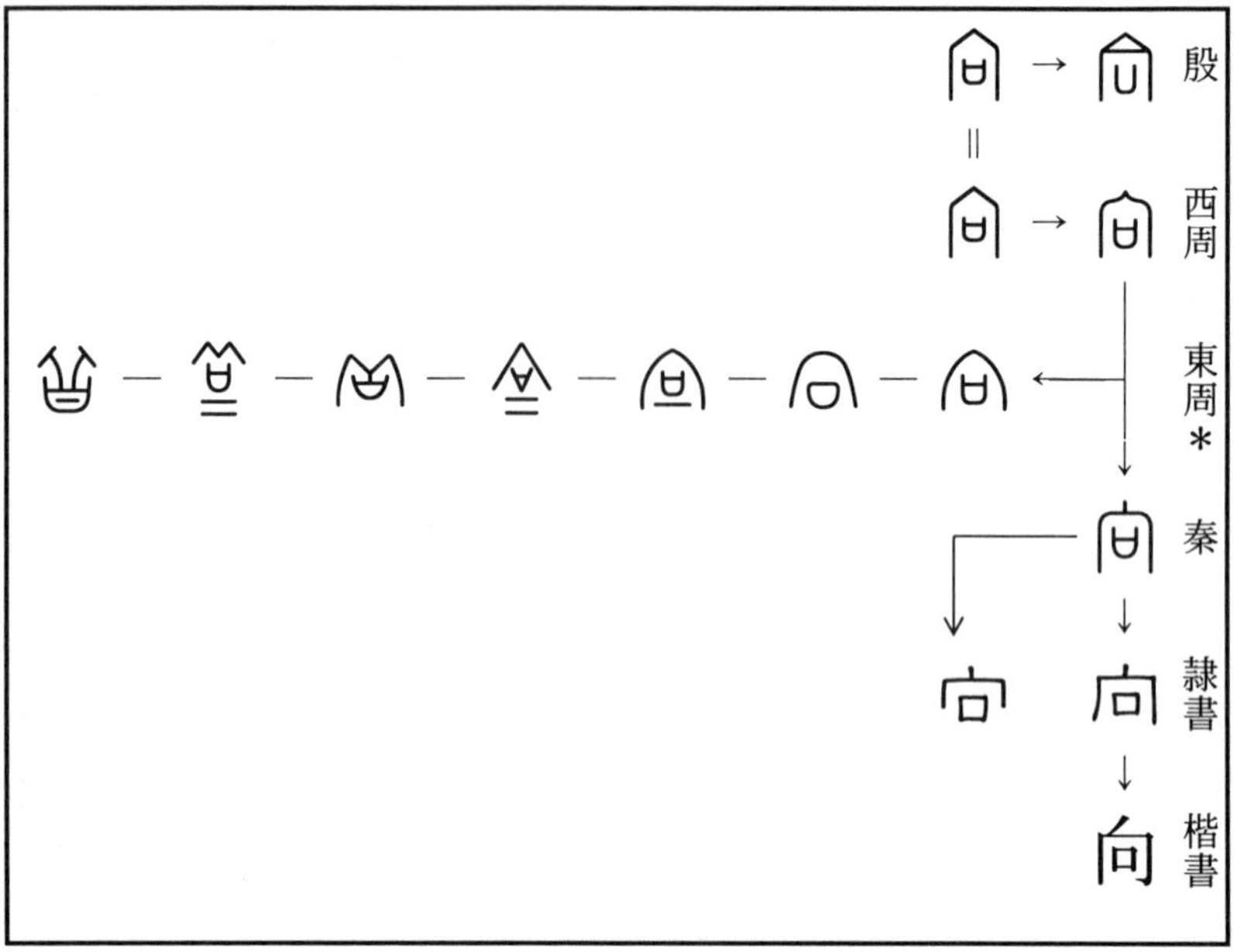

→㊥暁紐漾韻・書紐漾韻[hiaŋ, hiaŋ, hiaŋ+ɕiaŋ]→
↓㊤キョウ(キャウ)・ショウ(シャウ)
㊦コウ(カウ)・ショウ(シャウ)

向（〓）は、初文は宀（⌒）と口（𠙵）に従う。許慎は口の部分を「北に向かう窓」と解釈し、これが有力視されているが、殷代には「向」や「𠙵」を窓の意味で用いた確実な例がなく、正否は不明である。

そのほか、加藤は「口」の音が転じたとするが、口は上古音で溪紐侯部（[khɔ]などと復元）と推定されており、字音の違いが大きい。また、李学勤も「𠙵」を「くち」の意味とし、室内で人の声が反響することが原義で、そこから引伸義で「向かう」の意味になったとするが、資料的根拠に乏しい。

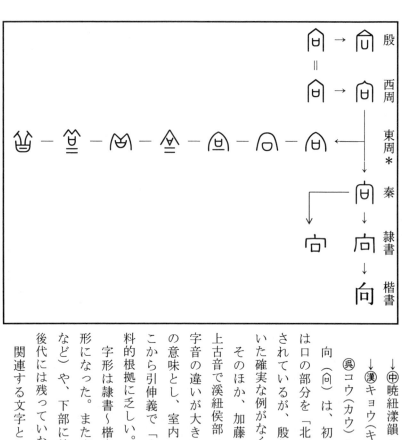

字形は隷書～楷書で「宀」の部分が変形して「向」の形になった。また東周代には宀を変形した異体（〓・〓など）や、下部に線を加えた異体（〓など）もあるが、後代には残っていない。

関連する文字として「嚮」がある。借りて「むく」の意味に用いられていた「卿（郷）」に、さらに声符として「向」を加えたものであり、文字の系統としては「卿（郷）」に属す。ただし「向」とは字音だけではなく字義も共通しており、語彙としては同一の可能性が高い。

---

474 **【字】** 楷六画　子部　成会意（亦声）

古従紐之部[dziə, dziəg, zlɯ]→中従紐志韻[dziə, dziei, dzi]→漢シ呉ジ

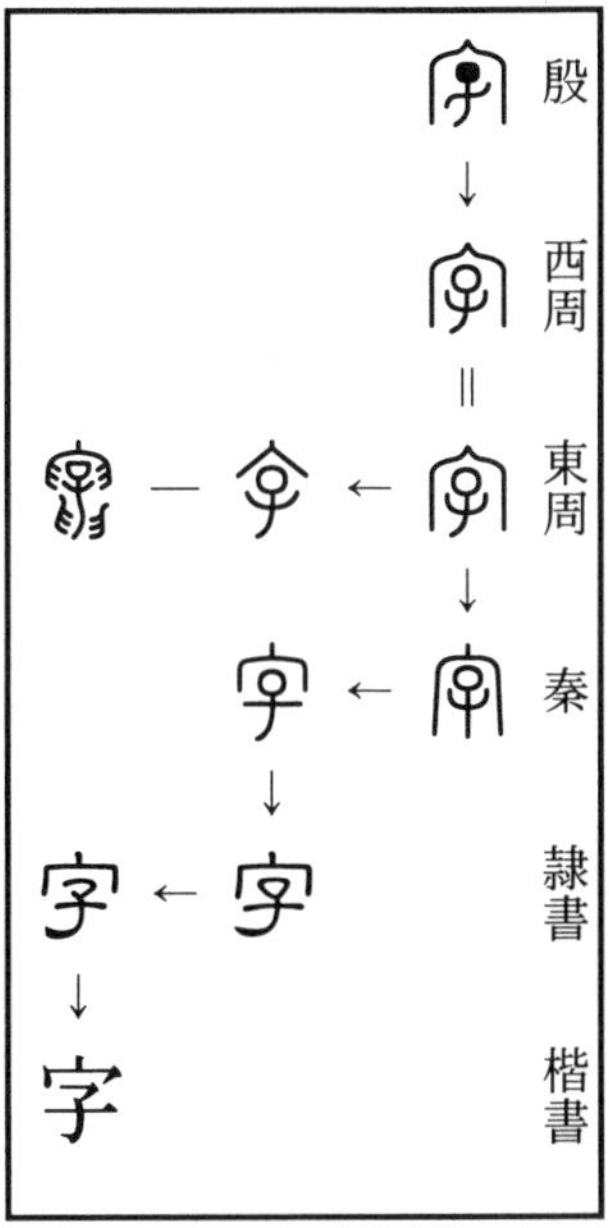

「字」は、宀と子から成る会意文字である。子供が家の中にいる様子を表しており、当初は子供が生まれることや子孫繁栄を意味して用いられた。「子」は発音も表す亦声の部分とされる。

「文字」の意味で用いられた理由については、会意や形声によって既存の文字から造字が可能であることを、子供が増えることに例えたとする説が有力である。

字形は各時代で近い構造であるが、東周代には、宀を入に変えた異体（）や、両手の形の臼《きょく》（）を加えた異体が見られる。

字源について、加藤は宀を意符、子を声符（亦声）とする形声文字で「子を産む家」を原義とする。また白川は家廟に子の出生を報告する儀礼と解釈する。しかし、文章として初出の西周金文で子孫繁栄の意味に用いられており（殷代には金文の図象記号のみ）、これらの説は根拠に乏しい。

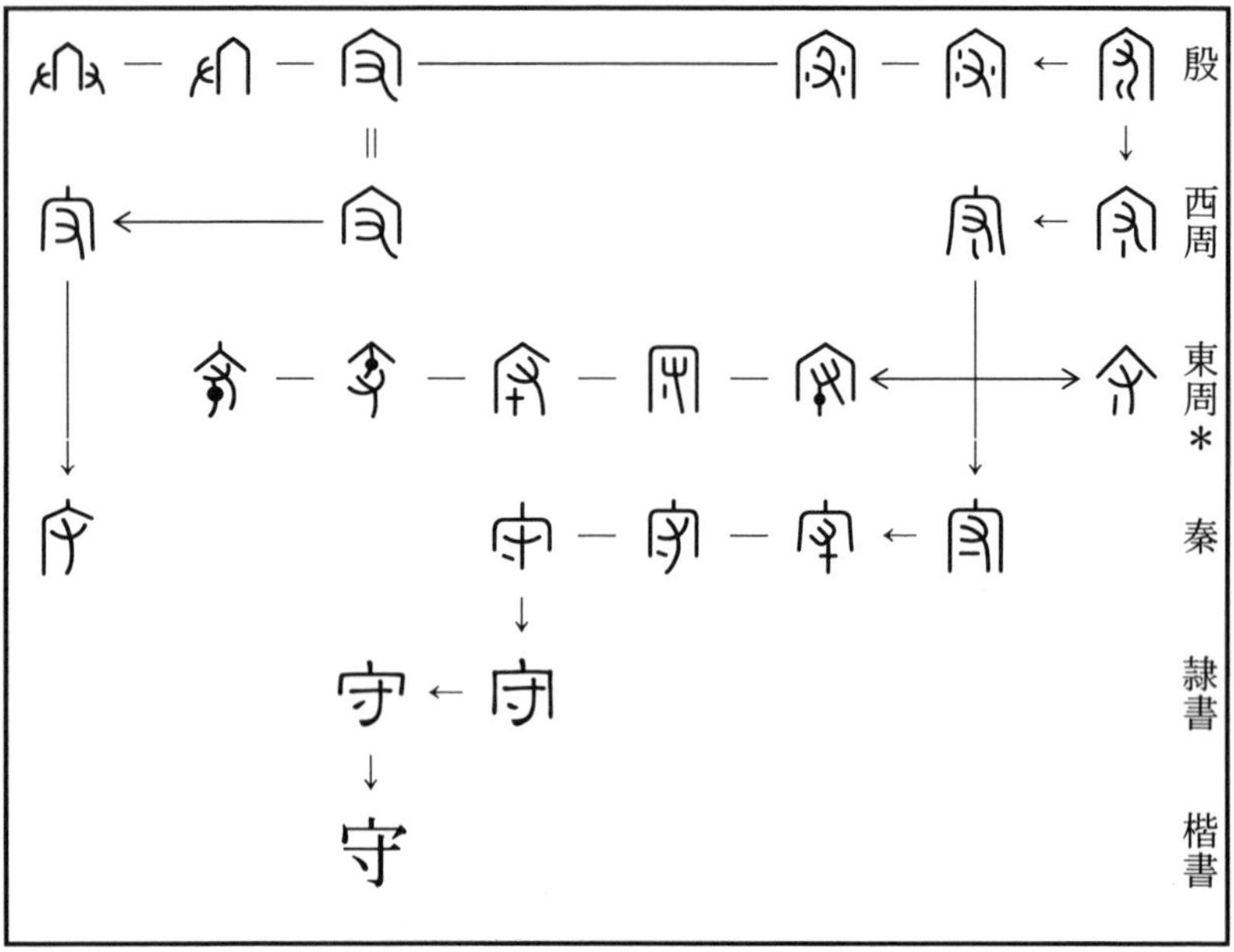

475 【守】 [楷]六画　宀部　[成]会意（亦声）

(古)書紐幽部・透紐幽部・暁紐幽部[ɕiu, thiog, qhliu]→

→(中)書紐有(宥)韻[ɕiau, ʃiau, ɕiu]→

→(漢)シュウ(シウ)(呉)シュ・ス

守（ ）は、家屋の象形の宀（ ）と肘の初文の寸（ ）から成る。字源について、許慎・谷衍奎は宀を役所とし、法度を司ることを表すとする（赤塚・阿辻もこれに近い）。しかし、殷代には「法度」の概念は明確には見えない。また白川は東周代の「 」などの字形から武器を持って王身や聖所を守る意味とするが、それ以前には見えない形である。

鎌田は「宮殿などを手で守る」としており、これが最も矛盾のない解釈である。また藤堂も近い解釈で、「手で屋根の下に囲いこんでまもるさま」とする。そのほか、加藤・李学勤は宀を意符、寸（肘）を声符とする形声文字としており、肘の上古音は守と同じく幽部（[tiu]などと復元）と推定されている。殷代の異体には又（𠂇）や㕚（㕚）を使った異体もあるので、純粋な形声文字とは考えられないが、寸（肘）を使った「𡦹」の字形に限っては、発音も表す亦声の部分と考えてよいだろう。

字形は各時代に異体が多く、東周代には宀を入（∧）に変えた異体（𡦹）や前述のように手が何かを持ったような異体（𡦹）もあるが、後代には残っていない。楷書では「𡦹」を継承した「守」の形になっている。

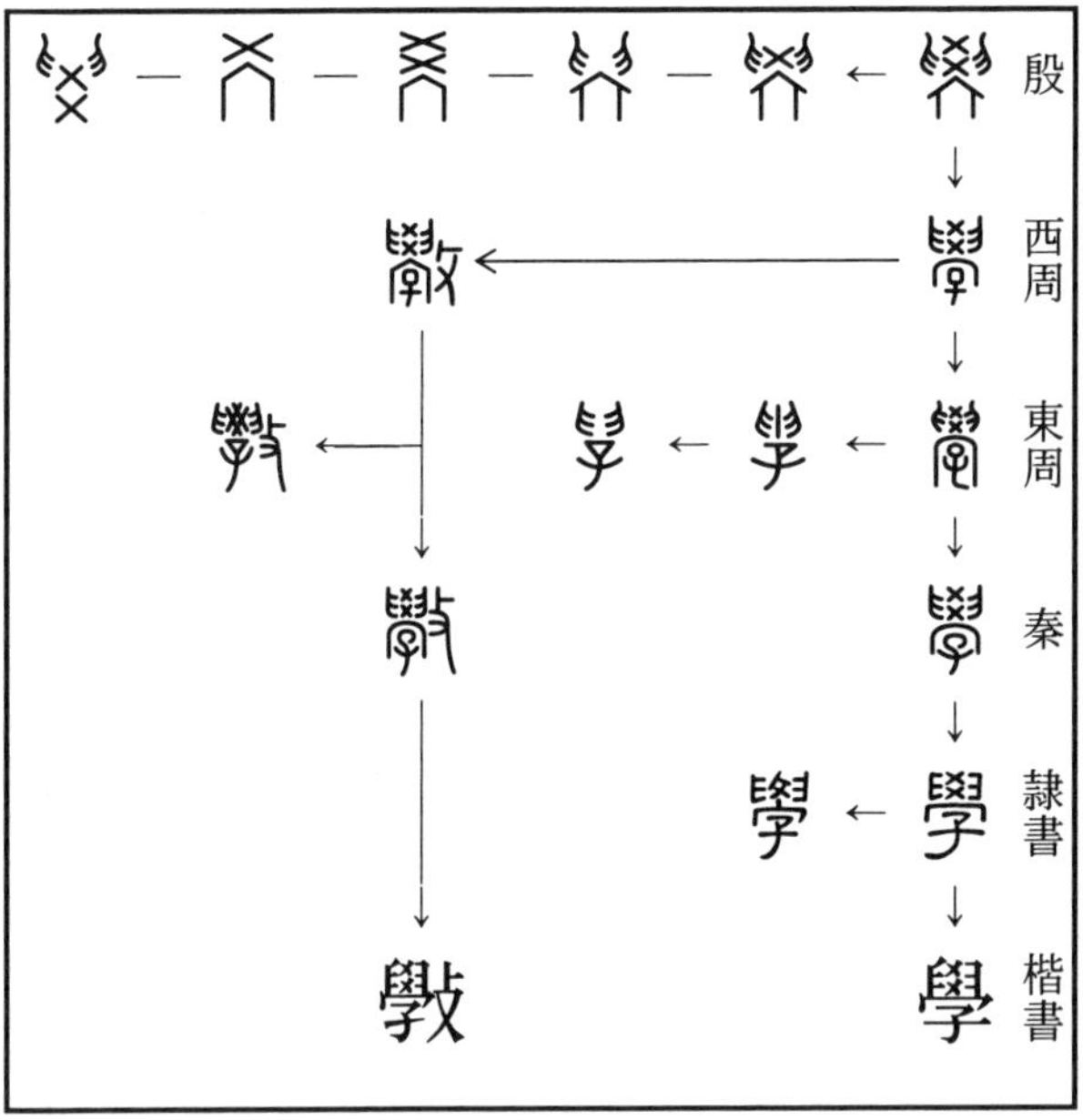

476 【学】［學］〔斆〕 楷八画（十六劃）

子部 成形声（亦声）

古匣紐覚部・群紐覚部[ɣeuk, ɦok, grug]→

→中匣紐覚韻[ɣɔk, ɦɔk, ɦɣʌk]→漢カク呉ガク

許慎は「斆」を本字とし、教［敎］の略体を部首、臼《きょく》を声符と見なす（阿辻はこれに従う）。しかし、字形史から言えば、殷代に出現する「𦥯《かく》（𦥯）」の部分が初文であり、それに「子」を増し加えたものが学［學］である。

𦥯（𦥯）は、爻（爻）・臼（臼）・宀（宀）から成り、両手の形の臼は知識の伝授を表し、宀は校舎を表すと考えられている。「㐅」を重ねた爻については、教［敎］（𢼄）にも使用されているので、教育を象徴するものであることは間違いないが、その意義については諸説あり、学校の入母屋の形、伝授を表す記号、算木の象形などがある。殷代の資料を見ると、「㐅」は文の初文（〓）や爽の異体（〓）にも使用されており、いずれも入れ墨の様子を表している。従って、「㐅」は書かれたもの一般形であり、学校で教える文字の表現とするのが妥当であろう。

字形について、殷代には𦥯（〓）の一部を省略した「〓」や「〓」などの異体も見える。また、西周代に意符として「子」が加えられており、学校教育の対象と考えられている。同時に宀の形が冖になっている。

また、攴を加えた異体の「斆」についても西周代に出現（〓）し、「教」と同じく教鞭の表現と思われるが、各時代とも使用例は少ない。構造としては攴を意符、學を声符（亦声）とする形声文字にあたる。

なお、加藤は爻と冖の部分を声符とし、赤塚はこれに従うが、この形は殷代の略体（〓）にはあるが、他字の声符として使われることはない。また、鎌田は爻を声符とするが、明らかに文字中に組み込まれており、会意と考えるのが妥当である。ただし、爻の上古音の韻母については、宵部とする説と幽部とする説があり、幽部であれば学に近い（陰声と入声の押韻関係）ので、亦声の部分である可能性はある。

ちなみに、楷書では「𦥯」は単独では使われないが、「覚［覺］」や「鴬［鶯］」などの声符として使われている。また新字体の「学」は上部を簡略化した俗字形を用いている。

---

477 **【官】** 楷八画　宀部　成会意

古見紐元部[kuan, kuan, kon]→中見紐桓韻[kuan, kuan, kuan]→漢カン（クヮン）呉カン（クヮン）

478 **【館】**［館］ 楷十六画（十七劃）　食部　成形声（亦声）

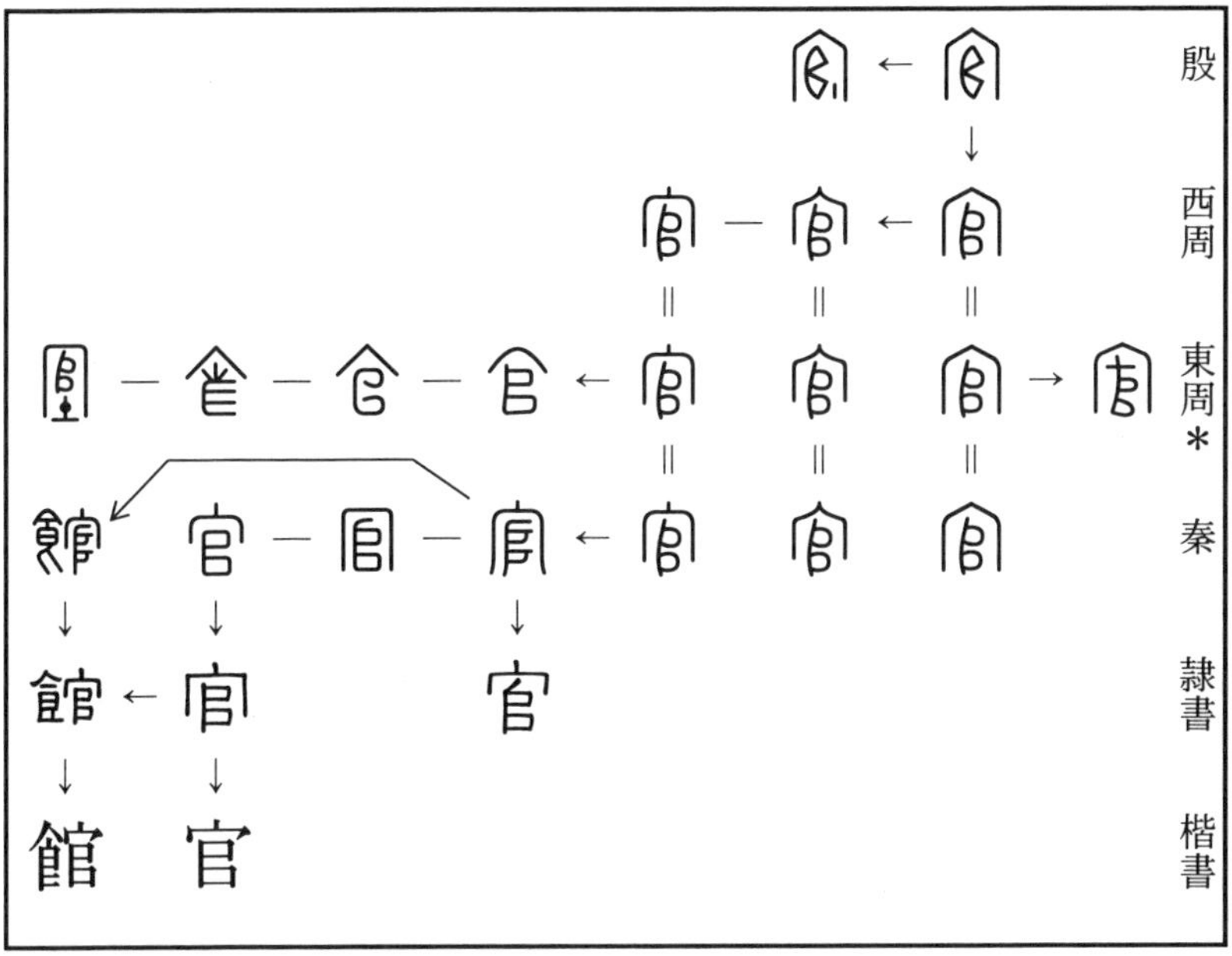

(古)見紐元部[kuan, kuan, kon]→㊥見紐換(緩)韻[kuan, kuan, kuan]→(漢)カン(クヮン)(呉)カン(クヮン)

官（　）は、家屋の象形の宀（　）と軍隊を象徴する師の初文の𠂤（　）から成り、軍隊が宿泊する場所を表している。

「𠂤」の部分について、軍隊の象徴と理解しているのは許慎・鎌田・谷衍奎・李学勤である。許慎が「衆」とした上で「与師同意」とするため、赤塚・阿辻は「衆」に誤る。加藤は声符と見なし、「ハン」の音が「クヮン」になったとするが、𠂤に陽声はない。藤堂は𠂤を「つみかさね」の意味とするが、これは字源の誤解による。白川は𠂤を祭肉として、軍の聖所とするが、出土資料では駐屯地や宿泊する意味の動詞として使われており、固定的な聖所ではあり得ない。

字形は、東周代に宀を屋根の形の入（　）にした異体（　など）があるが、後代には残っていない。また東周代には𠂤を官の略体として用いる例もある。秦代には、𠂤の部分を簡略化した形（　）があり、これが楷書の「官」

になった（隷書まで「官」の形も併用されている）。

なお、「官」は戦国時代に官僚の意味として用いられるようになったため、秦代には提供される食事を意味する「食［食］」を追加した繁文の「館［館］（〓）」が作られた（東周代にも「館」の意味として、意符に土を追加した形（〓）が使われていた）。

479 **【実】**［實］ 楷八画（十四劃） 宀部 成会意

古船紐質部・定紐質部・以紐質部[ɖiet, diet, ɦlig]→中船紐質韻[dʑiet, dʑiet, ʑiit]→漢シツ呉ジチ慣ジツ

「実［實］」は西周代に初出の字形であるが、二系統がある。ひとつは宀と貫に従う形（〓）であり、許慎は貫を貨貝としており、屋内に財貨を満たす意味という解釈になる（白川・阿辻がこれに近い）。

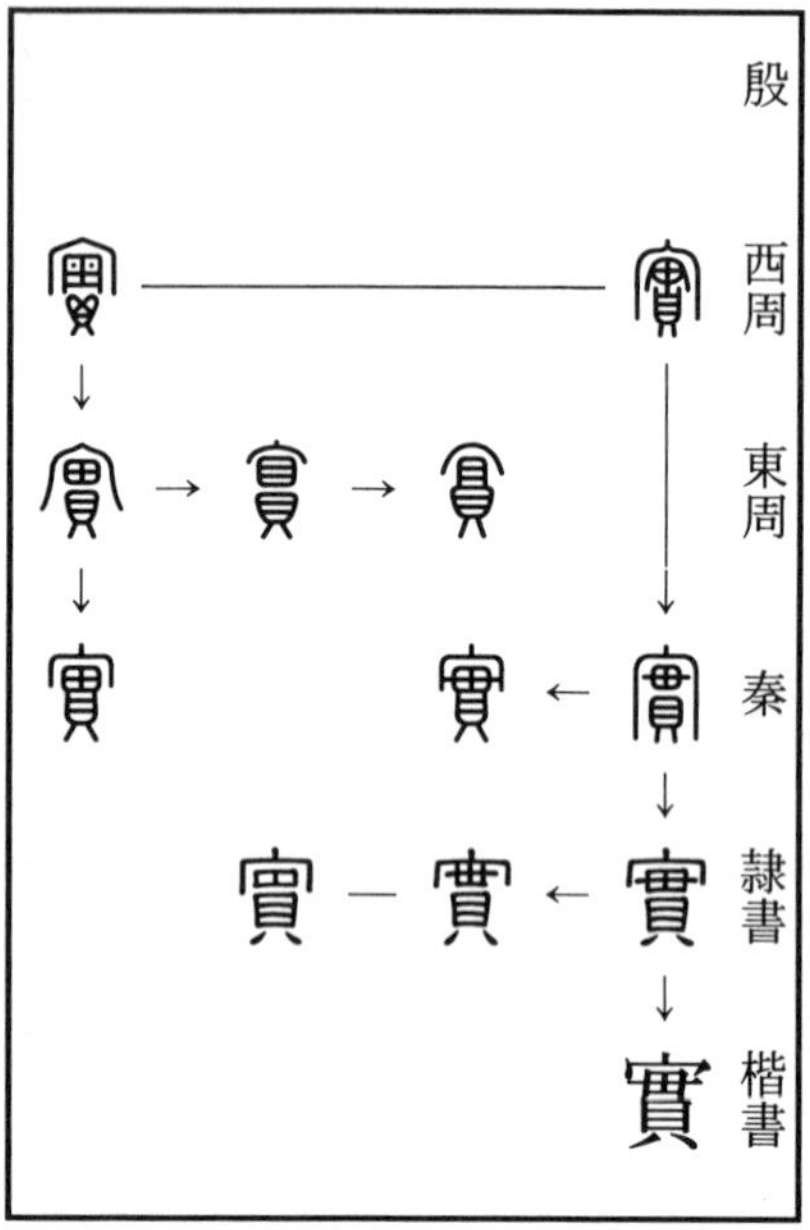

もうひとつは宀・周・貝に従う形（〓）であり、周に満ちる意味があることから、財宝が家屋にみちることという解釈になり、加藤・藤堂・赤塚・鎌田がこれを採る。なお、加藤・赤塚は周を声符の亦声とするが、周は上古音で幽部（[ʈiu]などと復元）と推定されており、違いが大きい。
そのほか、谷衍奎・李学勤は後起の「田」に従う字形

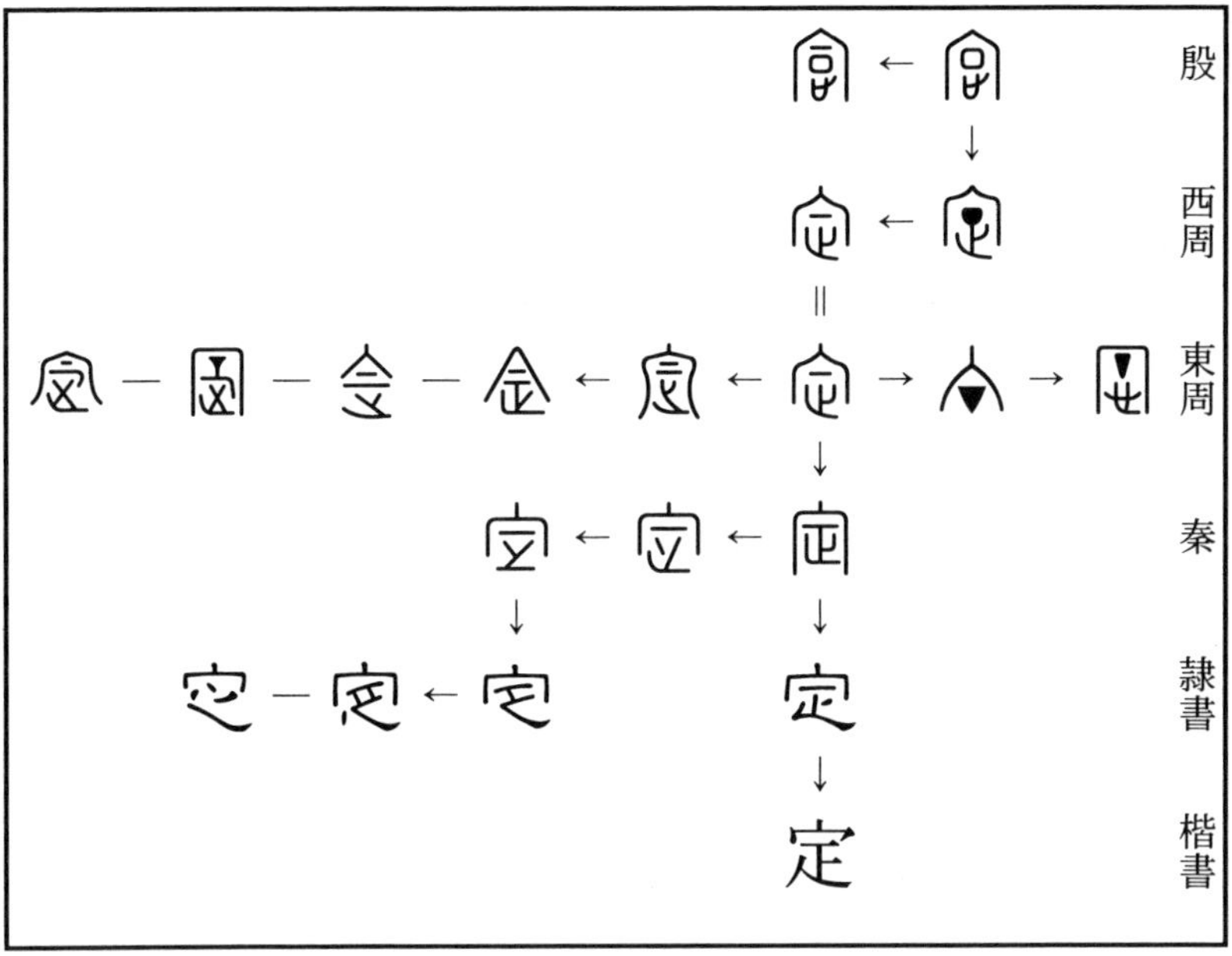

（貫）を起源と誤解している。

文字の構造として、内部で修飾・被修飾の関係になることはある（例えば「雀」）が、他動詞・目的語になる例は他になく、「貝を周《み》たす」という解釈は整合性が低い。ただし、西周金文では周に従う字形の方がやや早く出現しているので、それが字源の可能性も否定はできない。

---

480 **【定】** 楷八画　宀部　成形声

古定紐耕部・端紐耕部[dieŋ, deŋ, deŋ+teŋ]→中定紐径韻・端紐径韻[dieŋ, deŋ, deŋ+teŋ]→漢テイ呉ジョウ(ヂャウ)

定（定）は、家屋の形の宀（宀）と征の初文の正（正）から成る。原義は「さだめる」である。

会意文字とする説に、白川は建物の位置や方向を定める意味とし、谷衍奎は家屋の中で休む様子とするが、その用例は見られない。そのほか、「正」を亦声とする説もあり、藤堂は「足をまっすぐ家の中にたててとまること」

とし、鎌田は「家屋がまっすぐ建つ」の意味とするが、初出の殷代には「正」に「まっすぐ」の意味はない。したがって、諸家が述べるように征（正）を声符とする形声文字と見るべきであろう。征は上古音で定と同じく耕部（[tieŋ]などと復元）と推定されている。

字形は東周代に声符として丁（▼）を使用した形（）があり、さらに意符として「心」を加えた形（）もあるが、いずれも後代に残っていない（丁も上古音が耕部）。隷書では「正」の下部が変形した「定」となり、楷書の「定」の形になった。そのほか隷書にも「㝎」など変形した異体が見られる。

481【客】 [楷]九画　宀部　[成]形声（亦声）

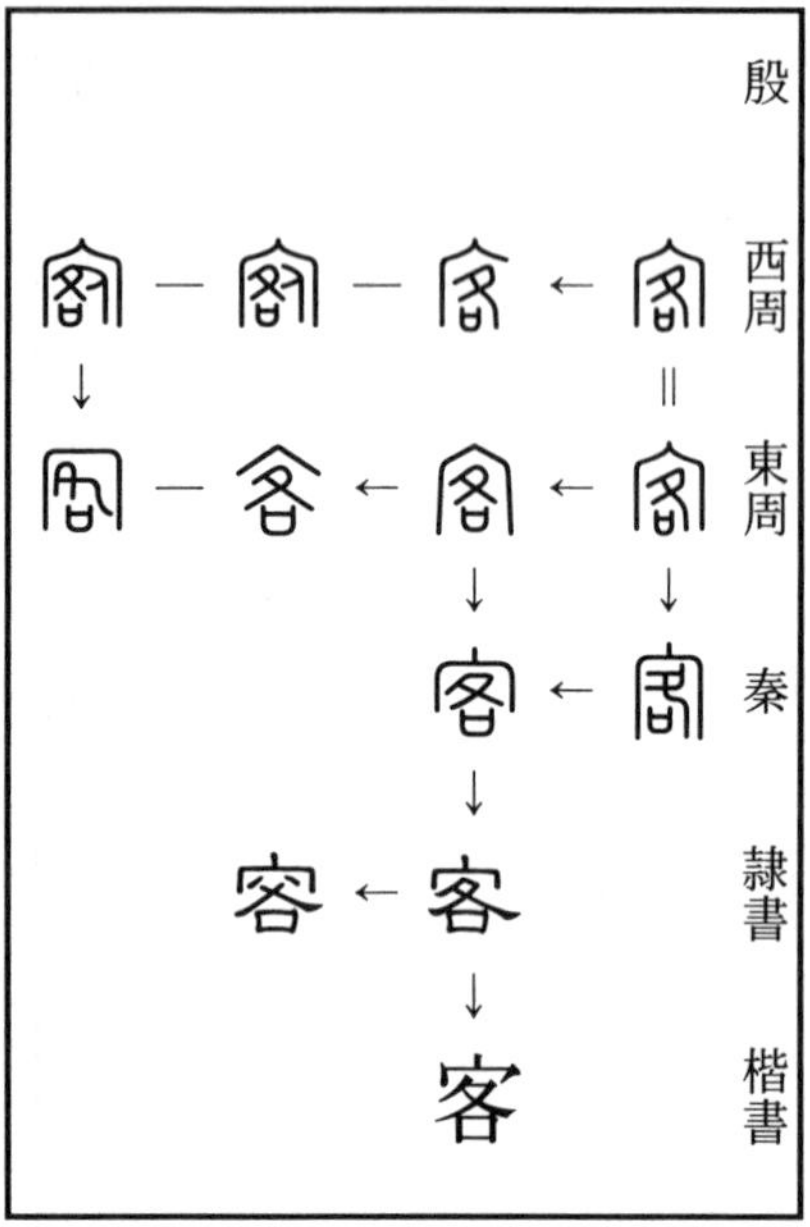

(古)渓紐鐸部[kheak, khak, khrag]→(中)渓紐陌韻[khɐk, khʌk, khyæk]→(漢)カク(呉)キャク

「客」は、宀を意符、各を声符とする形声文字である。許慎・李学勤は純粋な形声文字とするが、赤塚・鎌田・阿辻が述べるように、各には「いたる」の意があり「家にやって来る」ことを表した亦声の部分とするのが妥当である。そのほか、白川・谷衍奎は会意文字の亦声としており、この解釈も矛盾はない。

加藤は殷代に見える賓（）の異体（）を初文と見

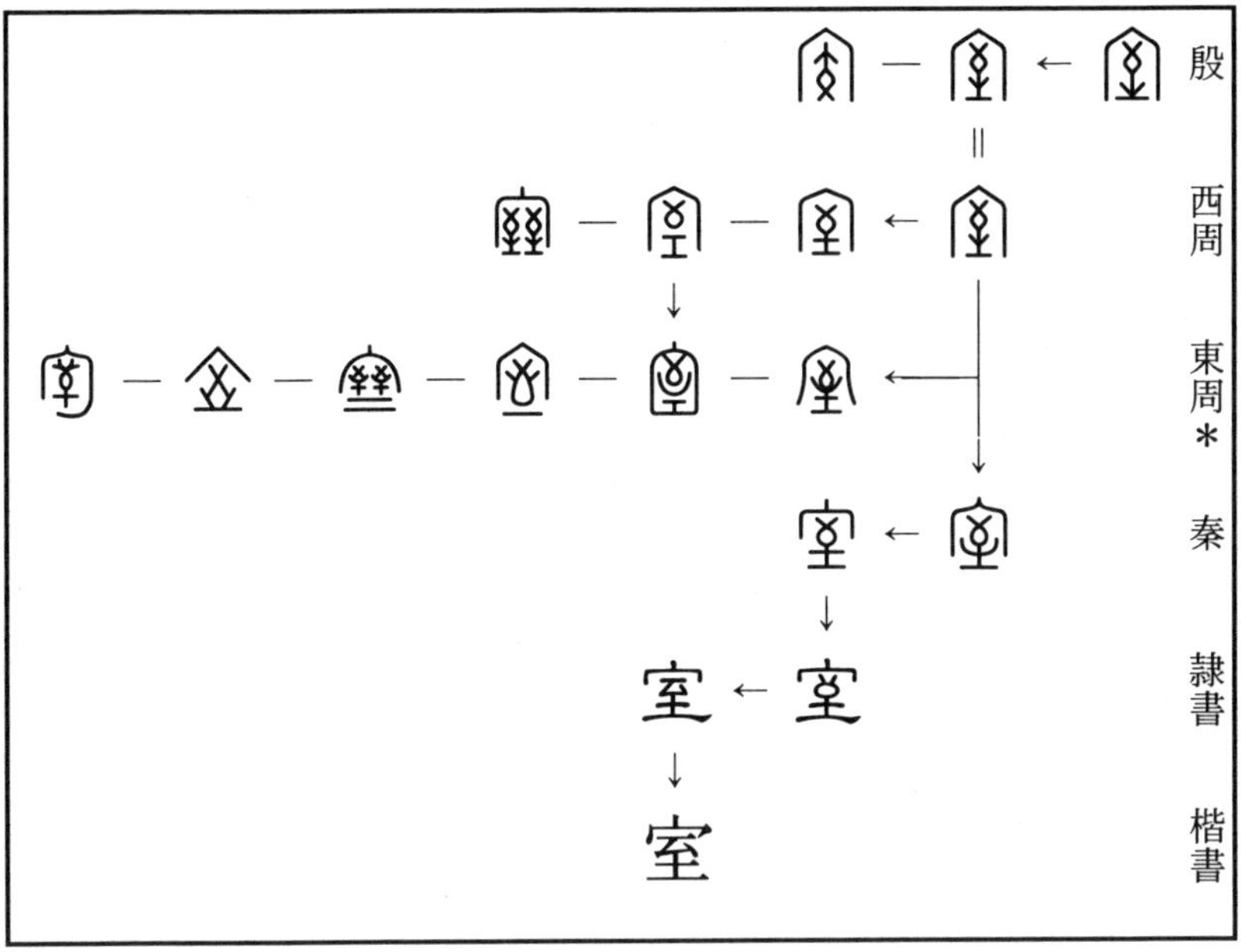

ており、分化字の可能性も否定はできないが、殷代には賓と同じく祭祀に関連して使われているので、積極的な肯定はできない。

字形は、西周代に意符として「人」を加えた異体（）などがあるが、後代には残っておらず、初文と同じ構造が楷書の「客」になっている。

482【室】 楷九画　宀部　成形声

古書紐質部・透紐質部・以紐質部[ɕiet, thiet, hlig]→
→中書紐質韻[ɕiet, ʃiet, ɕiit]→漢シツ呉シチ

室（）は、家屋の象形の宀（）を意符、至（）を声符とする。至を亦声とする説が多く、許慎は「止まる所」の意味があるとし、加藤・鎌田・谷衍奎・李学勤も同様の説である。しかし、初出の殷代には「至」を「止まる」の意味で用いた例はない。また藤堂は「行き詰まりの部屋」の意味とし、赤塚・阿辻はこれに従う。しかし、殷代には中室（）や南室（）など多様な位

置に「室」があり、「行き詰まり」に限定されていない。白川は、「至」が矢が地面に到達する様子であることから、矢を放って建築する位置を決めたとするが、中国では新石器時代から建築物の位置は集落の人的構成に規制されており、そのような占地方法があったとは考えられない。

したがって、「至」は亦声ではなく、純粋な声符と考えるのが妥当である。ただし、字音について、至の上古音を室と同部とする説と別部で復元する説があり、どの段階で字音が入声に分化したのかは明らかではない。

字形は各時代に異体があり、殷代には「矢（）」を声符にした形（）がある（矢も上古音が至に近い）。また、西周代には「至」を増した字形（）などがあり、東周代には宀を入に変えた字形（）などがあるが、いずれも後代には残っていない。最終的に初文の「」と同じ構造が楷書の「室」になっている。

483【家】 楷十画　宀部　成形声

古見紐魚部[kea, kag, kra]→中見紐麻韻・見紐模韻[ka, ka+ko, kya]→漢カ・コ呉ケ・ク

殷代の字形について、「家」と釈される文字には二つの系統がある。ひとつは「」などの字形であり、建物の形である宀（）を意符、牡豚を意味する豭《か》の初文（）を声符とする形声文字で宗廟施設を指す。もうひとつは「」などの字形であり、建物（この場合は家畜小屋）の形である宀（）と豚を意味する豕《し》（）から成る会意文字で家畜の豚、あるいは家畜として飼うために捕らえた豚を指す。

いずれが楷書の「家」の字源かで説が分かれており、前者とするのが許慎・加藤・赤塚であり、後者とするのは藤堂・白川・鎌田・阿辻・谷衍奎・李学勤である。

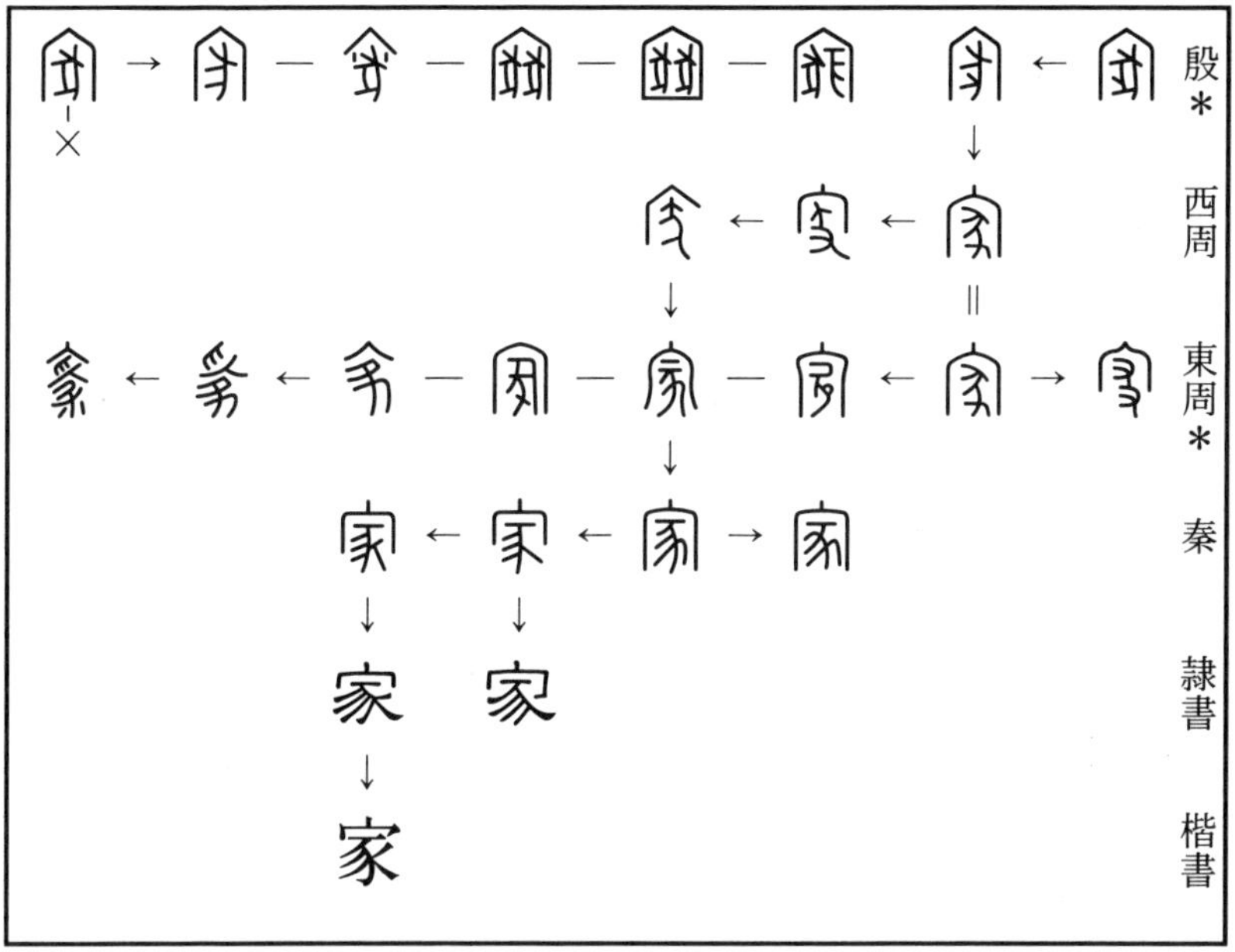

そして、字形表で分かるように、西周代に継承されたのは前者の系統である。その後、西周～東周代に豭の初文を豕に簡略化した異体が出現し、これが後代に継承され、結果として前者と同じ構造になった。したがって、字源としては許慎が「宀に従い豭の省声」とするのが正解である。後代には、宗廟施設からの引伸義で「家族」や「家屋」などの意味になった。

後者の系統については、異体として豕の数を増した「」などがあるが、いずれも後代に残っていない。前者の系統の異体には、西周代に「」があり、東周代に「」などがあるが、やはり秦代以降には残っていない。

---

484 **【宮】**〔宮〕　楷十画　宀部　成会意

古見紐冬部[kiuŋ, kioŋ, kuŋ]→中見紐東韻[kiuŋ, kiuŋ, kiuŋ]→漢キュウ(キウ)呉ク・クウ慣グウ

宮（）は、上部は家屋の象形の宀（）であり、下部は呂（のち呂）の形にあたる。

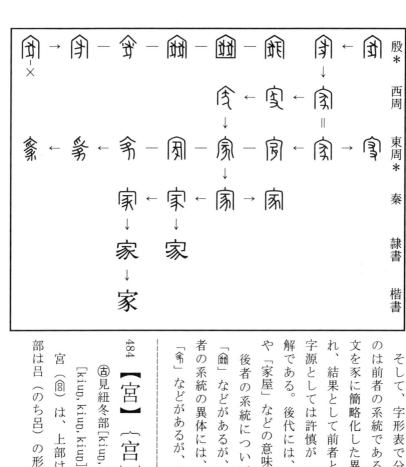

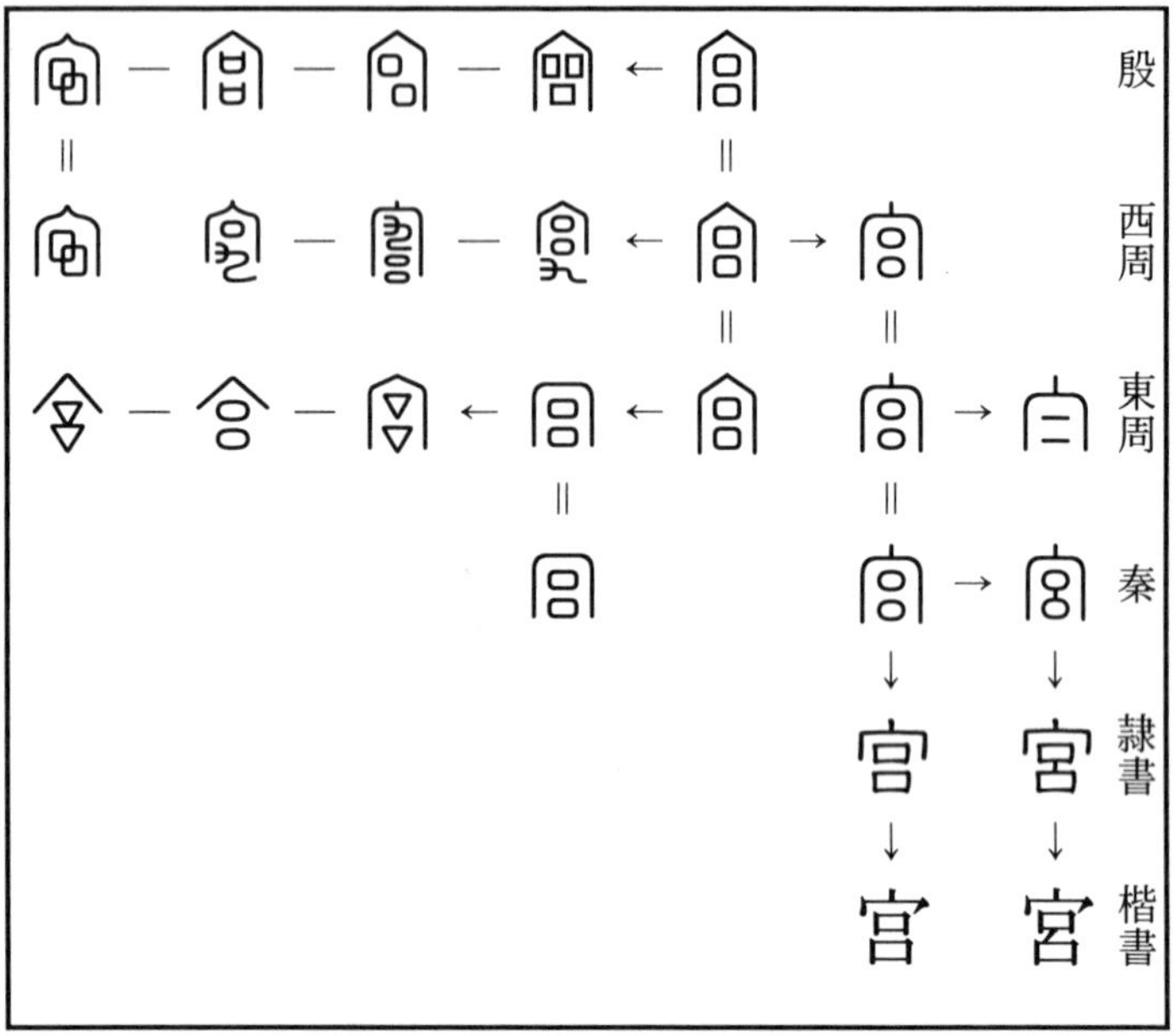

許慎は呂を躳（躬の異体）の省声とし、阿辻はこれに従う。しかし、宮・躳は上古音も同一と推定されているものの、初出の殷代には「躳（および躬）」は出現していないので、字源としてはあり得ない。むしろ、躳を宮を省声とする形声文字と見る方が自然であろう。藤堂は複数の建物が連なっている様子とし、赤塚はこれに従うが、文字の外枠として「宀」が使われているので、四角形を建物の象形とすることはできない。また谷衍奎はふたつの四角形を建物の窓と門を表すとするが、殷代にはそれらの用法はない（「丁（口）」を参照）。

字源としては、加藤・白川・鎌田・李学勤が四角形を部屋の象形とするのが正解であり、「複数の部屋がある宮殿」を表している。

字形は、殷代の形がほぼそのまま後代に継承され、秦代に呂を吕に変えた形が作られた（宮も楷書に残っている）。そのほか、東周代には呂を二に略した異体（）や宀を入に変えた異体（など）もある。特殊なものとして、西周代には「九（）」を加えた異体（など）がある。上古音では九は見紐幽部（[kiu]

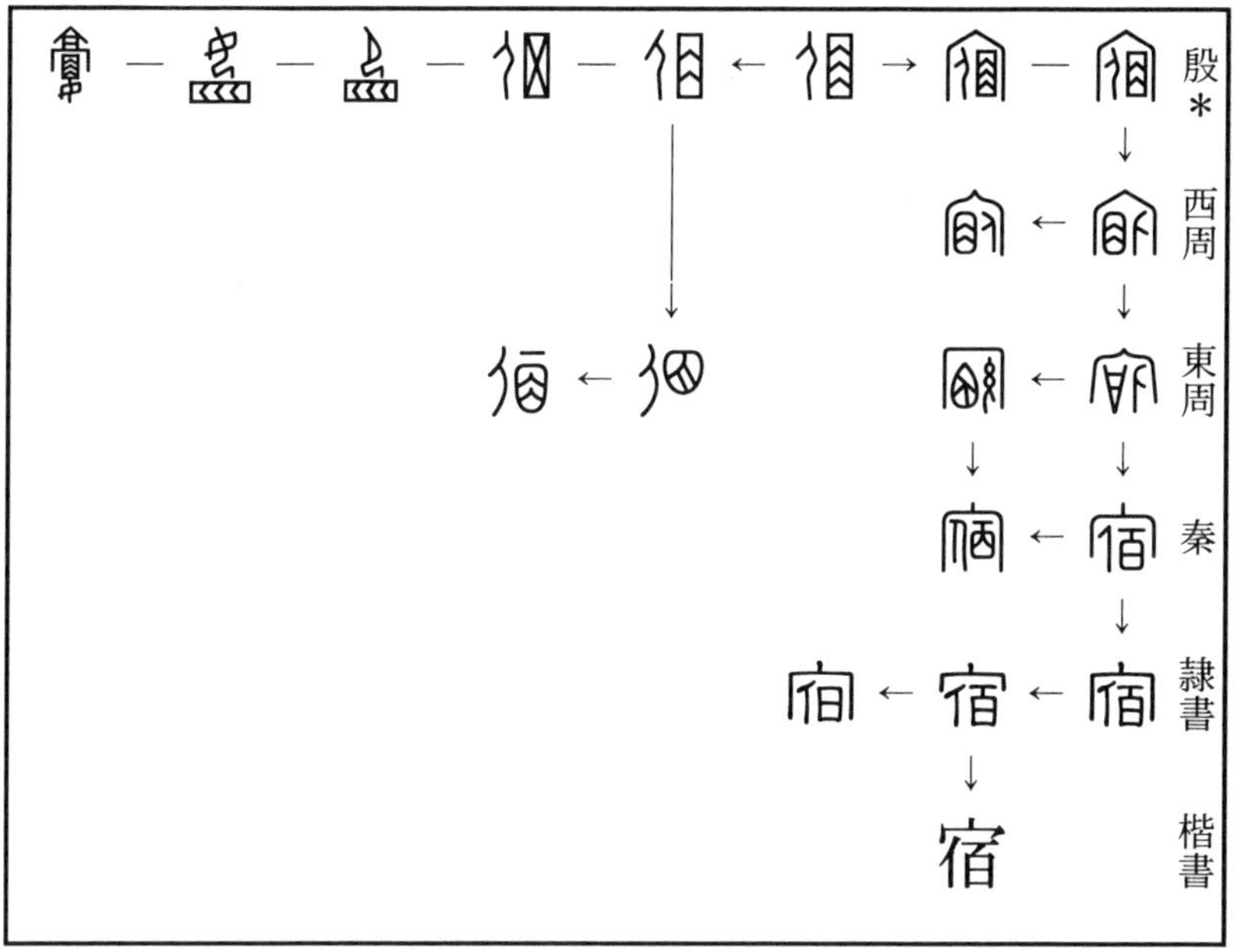

などと復元）と推定されており、韻尾以外は宮と同じなので、九を声符として追加した繁体であろう（後代には残っていない）。

485【宿】 楷十一画　宀部　成会意

㊂心紐覚部・心紐幽部[siuk+siu, siok, sug]→

→㊥心紐屋韻・心紐宥韻[siuk+siəu, siuk, siuk+siu]→

→漢シュク・シュウ（シウ）呉スク・シュ

許慎は篆書の形の「宿（𡪢）」を元に、「佰」が声符で古文の夙とするが、諸家が述べるように、実際には夙は殷代には月の形を用いた「㚢」などの形であり、字音は近似するが字源は全く異なる。そのほか、藤堂は「㐰」の字源を四角い物が縮んだ様子と誤っている。

「㐰」などは、人（亻）と敷物である席の初文（囧）から成り、人が席について休むことを表している。殷代には、すでに建物の形である宀（⌒）を加えて宿泊を表した字形（𡪢など）もある。そのほか、人を卩《せつ》（㔾）や

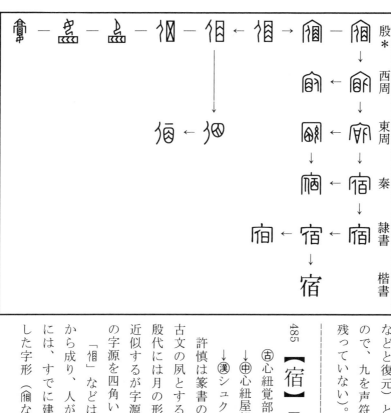

女（〓）に変え、敷物の上で座って休んでいる様子を表した字形（〓など）もある。

東周代までは宀のない字形が見えるが、それ以降には継承されていない。秦代には席の初文を「㐁《てん》」に変えた「〓」が篆書とされたが、簡牘文字では「百」に変えた「〓」が使われており、これが楷書の「宿」になった。

▽广部

486 **【広】**［廣］｛廣｝ 楷五画（十五劃） 广部 成形声

古見紐陽部[kuaŋ, kuaŋ, kʷaŋ]→中見紐蕩(宕)韻[kuaŋ, kuaŋ, kuaŋ]→漢コウ（クヮウ）呉コウ（クヮウ）

初出の殷代の字形（〓）は、家屋の形の宀（〓）を意符、黄［黃］（〓）を声符とする形声文字であり、広い建造物を表している。西周代には、意符を宀から広い家屋を意味する「广」に変えた字形（〓）となり、これが楷書にまで残っている。

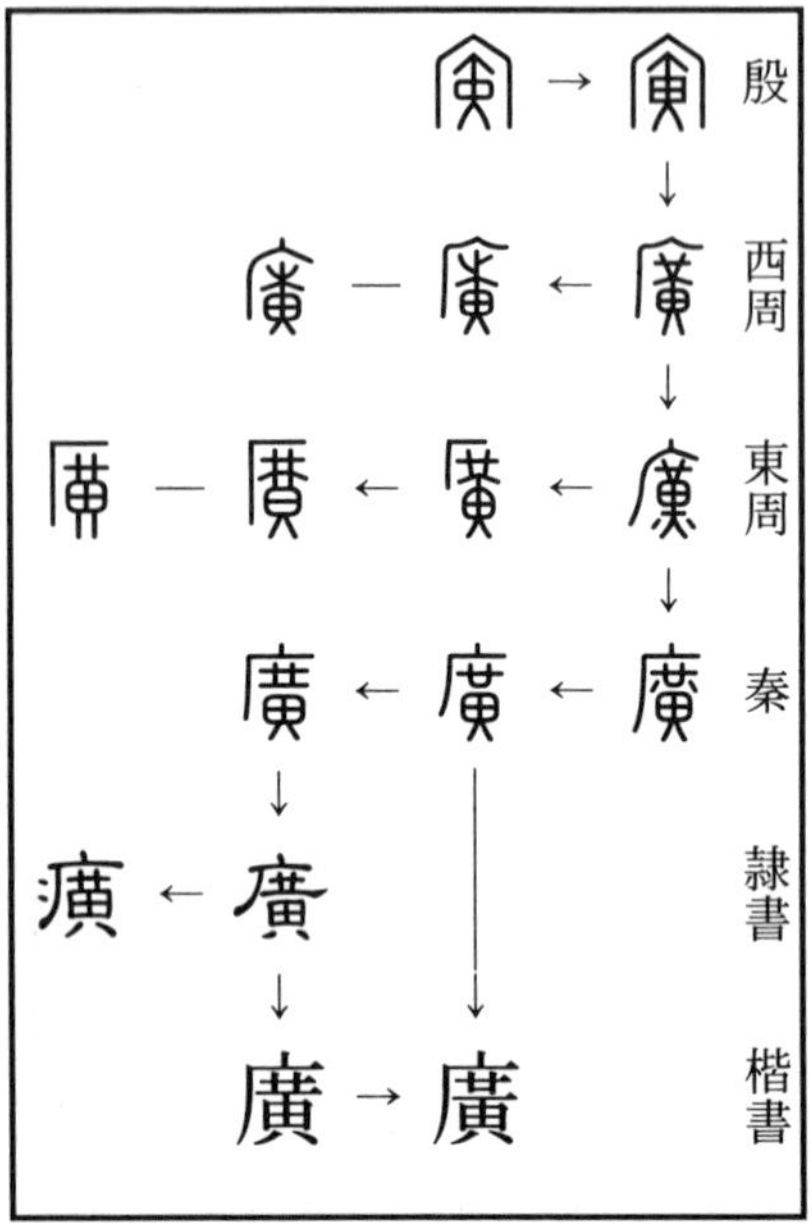

そのほか、東周代には广を厂に変えた異体（〓など）があり、隷書には疒を用いた形（〓）もあるが、これらは楷書に残っていない。また「黄［黃］」の形も様々であり、正字は「黃」を用いた「廣」であるが、異体の「黄」を用いた形の方が秦代~楷書には長く使われていた。

なお、藤堂は黄を火矢の形とし、広の字源を四方に広がる光から四方に広がった広間を表す亦声の部分とし、赤塚はこれに従うが、黄（〓）は火矢の形ではない。また鎌田は、黄の字音が王に通じて大きいの意味とする。上古音は近いと推定されているので、語源としての類似点はあるかもしれないが、「黄」自体には「大きい」の意味はなく、字形の構造として亦声とは言えない。

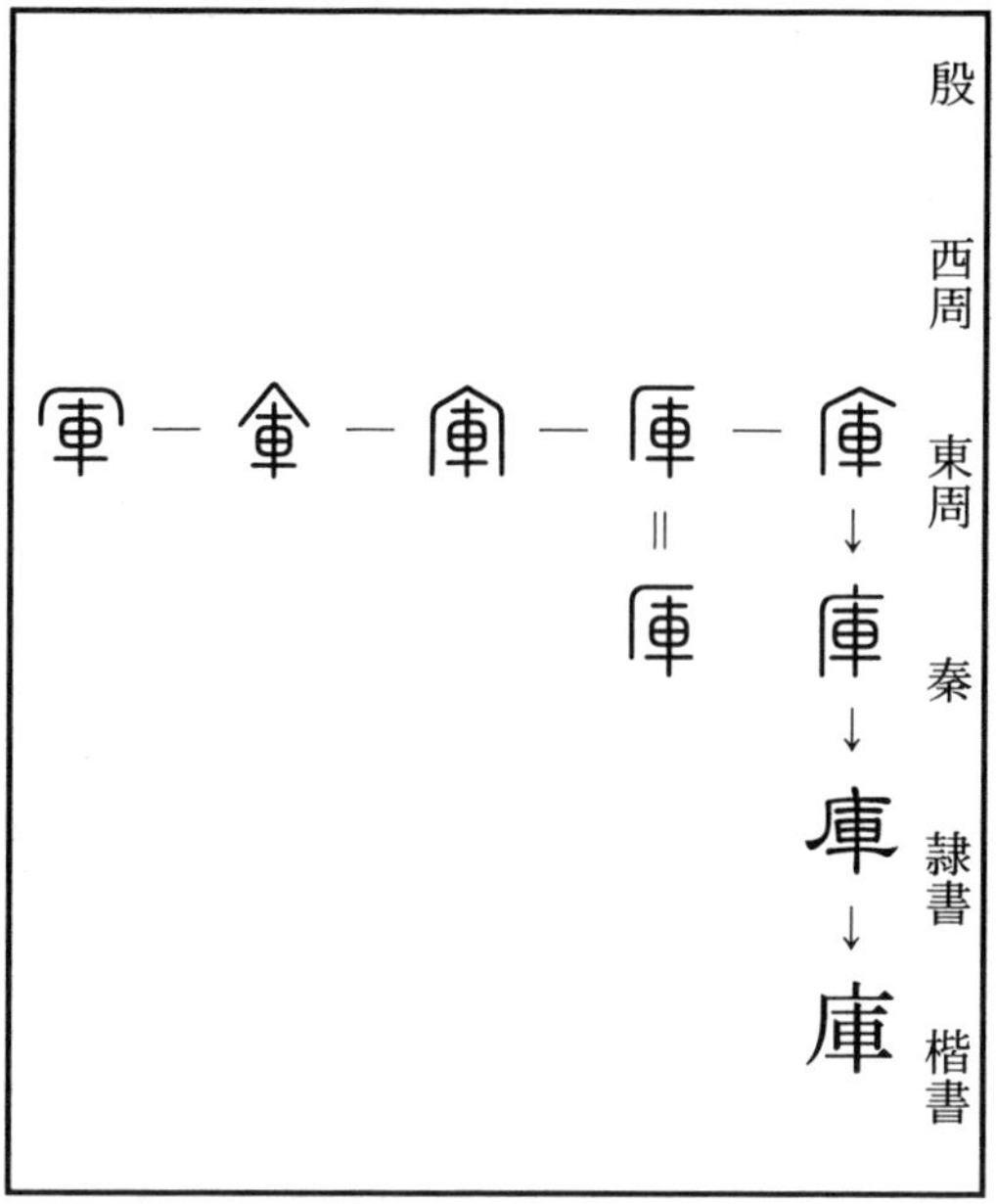

487 【庫】 [楷]十画　广部　[成]会意（亦声）

(古)渓紐魚部[kha, khag, kha]→(中)渓紐暮韻[khu, kho, khuo]→(漢)コ (呉)ク

庫（〓）は、広い家屋を表す「广」と馬車（戦車）を表す「車」から成り、車を収める倉庫を表す会意文字である。車には牙喉音の発音があったとされ（[kia]などと復元。漢音は「キョ」）、「車」は発音も表す亦声の部分とする説が有力である。

東周代には广の部分を変えた異体が多く、家屋の一般形の宀にしたもの（〓）や屋根だけの部分の入にしたもの（〓）などがあるが、いずれも楷書には残っていない。

488【究】 楷七画　穴部　成形声（亦声）

古見紐幽部[kiu, kiog, ku]→中見紐宥韻[kieu, kiəu, kiu]→漢キュウ呉ク

「究」は、穴を意符、九を声符とする形声文字である。「九」を亦声とする説もあり、赤塚は曲がる意があるとし、曲がった穴から「窮まる」や「窮める」の意味になったとする。藤堂は九を穴の奥に手が届いて曲がった様子とする（鎌田も同様）。九（九）は抽象的な記号ではなく、字源が手を曲げた形なので、藤堂説が妥当であろう。そのほか、谷衍奎も九を亦声とするが、尾の形と誤っている。

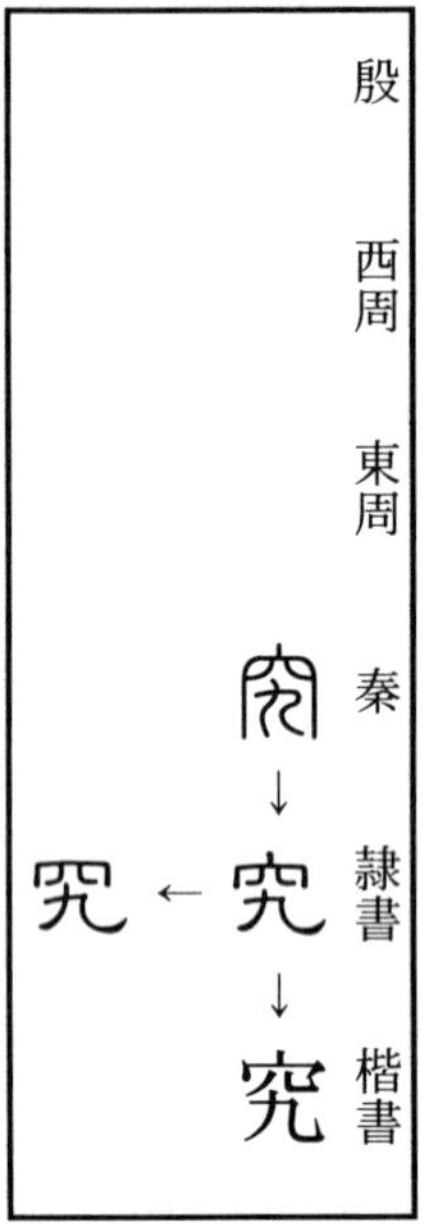

489【空】［空］ 楷八画　穴部　成形声（亦声）

古渓紐東部[khɔŋ, khuŋ, khoŋ]→中渓紐東（送）韻[khuŋ, khuŋ, khuŋ]→漢コウ呉クウ

空（空）は、西周代に初出であり、穴を意符、工を声符とする形声文字である。西周金文には「工」を仮借して用いた例もある。ちなみに、現代の日本では呉音の「クウ」が主に使用されるが、漢音は「工」と同じく「コウ」である。

また声符の「工」は鑿の象形であり、赤塚や李学勤などは穴を開けることも意味する亦声の部分とする。空の

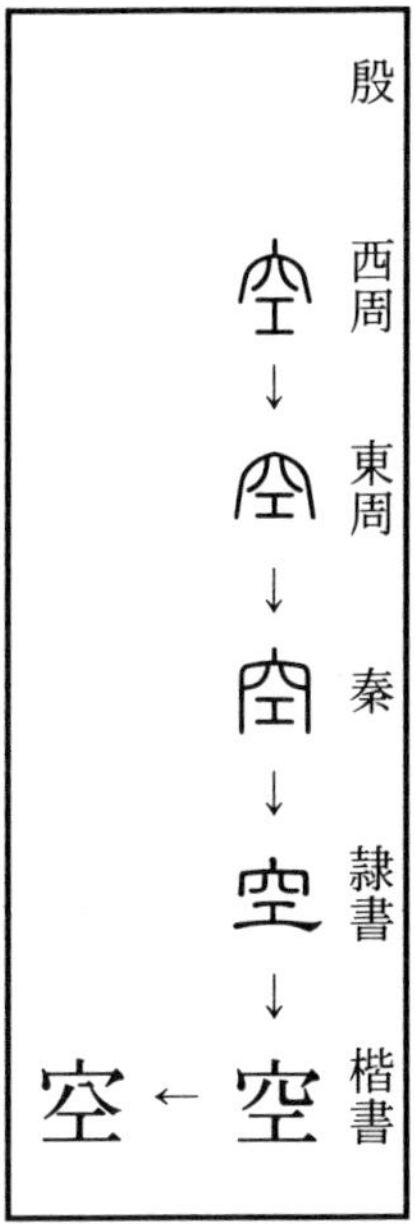

原義は「あな」なので、「鑿で開けた穴」と考えれば整合的である。

そのほか、藤堂は「工」が「穴を通す」ことを抽象的に表した記号とするが誤りである。また白川は「工」に虹や杠（『説文解字』牀前横木）のようなゆるく湾曲する形のものを示すことがあるというが、空の原義の「あな」と「ゆるく湾曲する形」は字義上の共通点がない。

字形については、ほとんど変化がないまま楷書に至っている。楷書では「空」という字形が使われることもあり、『康熙字典』などはこの形を正字とするが、これは「穴」を「宀」と「八（八）」から成る文字と見たもので、字源には合致しない。

字義については、原義の穴から転じて「そら」や「むなしい」などの意味に使われている。

丙部

「丙（丙）」は、入り口部分を強調した建物の形である。会意文字では器物の土台として使われることもある。

《丙》⑪商（賞・償）

490【商】楷十一画　口部　成会意

古書紐陽部・透紐陽部・以紐陽部[ɕiaŋ, thiaŋ, hlaŋ]→中書紐陽韻[ɕiaŋ,ʃiaŋ,ɕiaŋ]→

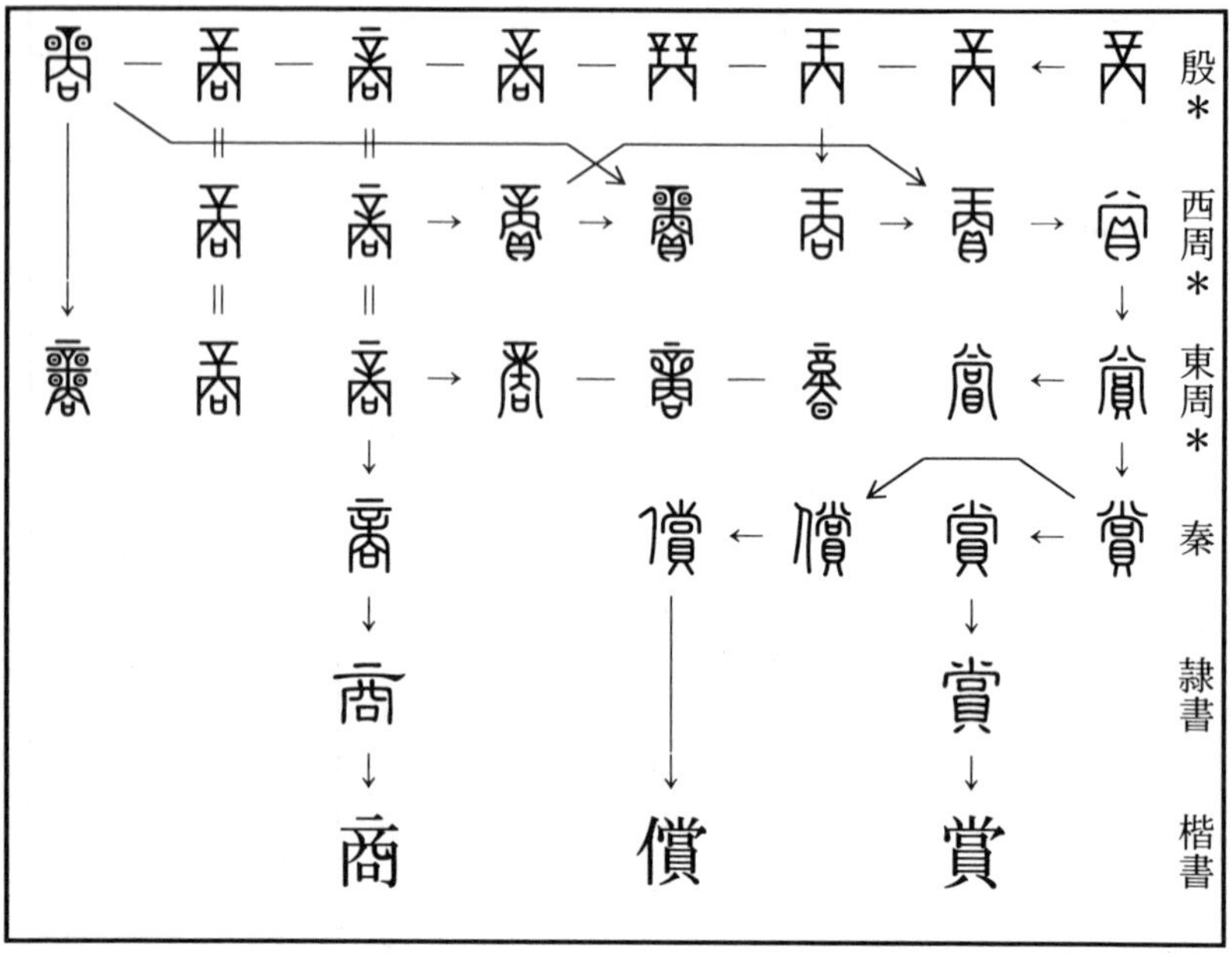

→(漢)ショウ(シャウ)(呉)ショウ(シャウ)

491 【賞】 [楷]十五画　貝部　[成]形声

(古)書紐陽部・透紐陽部・以紐陽部[ɕiaŋ, thiaŋ, hlaŋ]→
→(中)書紐養韻[ɕiaŋ, ʃiaŋ, ɕiɐŋ]→
→(漢)ショウ(シャウ)(呉)ショウ(シャウ)

492 【償】 [楷]十七画　人部　[成]形声（亦声）

(古)禅紐陽部[ʑiaŋ, dhiaŋ, -]→(中)禅紐陽(漾)韻
[ʑiaŋ, ʒiaŋ, -]→(漢)ショウ(シャウ)(呉)ジョウ(ジャウ)

「商」は、殷代後期の都の名である。その字源について、許慎は下部を冏、上部を章の省声とし、推し量ることを字源とする（阿辻はこれに従う）。藤堂・赤塚・鎌田も上部を章の省声とする。白川は辛・丙・口の会意とし、辛は刑罰権を表し、台座の前に祭器をおいて祈ることとする。

しかし、殷代に最も早くに多く見える字形は「〓」であり、これは上部が「辛（〓）」や「章（〓）」ではなく、冠の形である。殷代には、冠の形は尊貴の象徴とされて

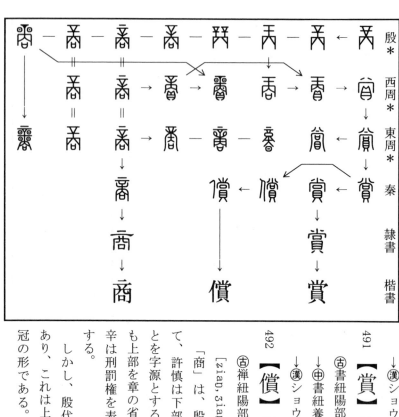

いるので、下部の建物の形と合わせて、王の宮殿を表したと考えられる。

そのほか、加藤は上部を「䇂」で「セツ」の音とし、下部を臀《しり》の形とするが、「䇂」は「辛《けん》」の異体であり「セツ」の音はない。谷衍奎は酒器の形とするが、図示したのは斝《か》（甲骨文字では「〓」）の形である。また李学勤は「構形不明」とする。

字形は殷代の末期になると上部を「辛」とし、下部に凵（〓）を加えた「〓」の字形が作られ、これが後代に継承された。その後、篆書〜隷書で「辛」が略体化され、「商」の形になった。そのほか、複数の「日（〓）」を加えた異体（〓など）もあるが、これは「商」が星の名（さそり座のアンタレスとされる）に使われたため、その表現と言われる（許慎は近い形を籀文として挙げている）。なお、星の初文は晶（〓）である。

また、殷〜西周代には借りて「賞」の意味で使われたため、意符として「貝」を加えた繁文（〓など）が作られた。さらに、声符を商から尚「尙」に変えたのが「賞」の形（〓など）である。商（賞）はまた賠償の意味にも使われたため、秦代に人（亻）を増し加えた繁文の「償」の形（〓など）が作られた。

なお、俗説として、殷（商）の人々が王朝が滅びた後に商人になったため、「商」が「あきない」の意味になったとされるが、実際には殷に仕えていた人々は周の建国後はその支配下の小貴族になっている。白川が述べるように、「あきない」の意味は「賞」や「償」からの引伸義と考えるのが妥当である。

戸部

「戸（〓）」は、片開きの扉の象形である。〔関連部首〕「門」は、片開きの戸「戶」を二つ並べ、両開きの扉がある門を表した形である。

《戸》④戸《門》⑧門⑫開・間

493 【戸】［戶］ [楷]四画画　戶部　[成]象形

(古)匣紐魚部・群紐魚部[ya, ɦag, gʷa]→(中)匣紐姥韻[yu, ɦo, ɦuo]→(漢)コ(呉)ゴ

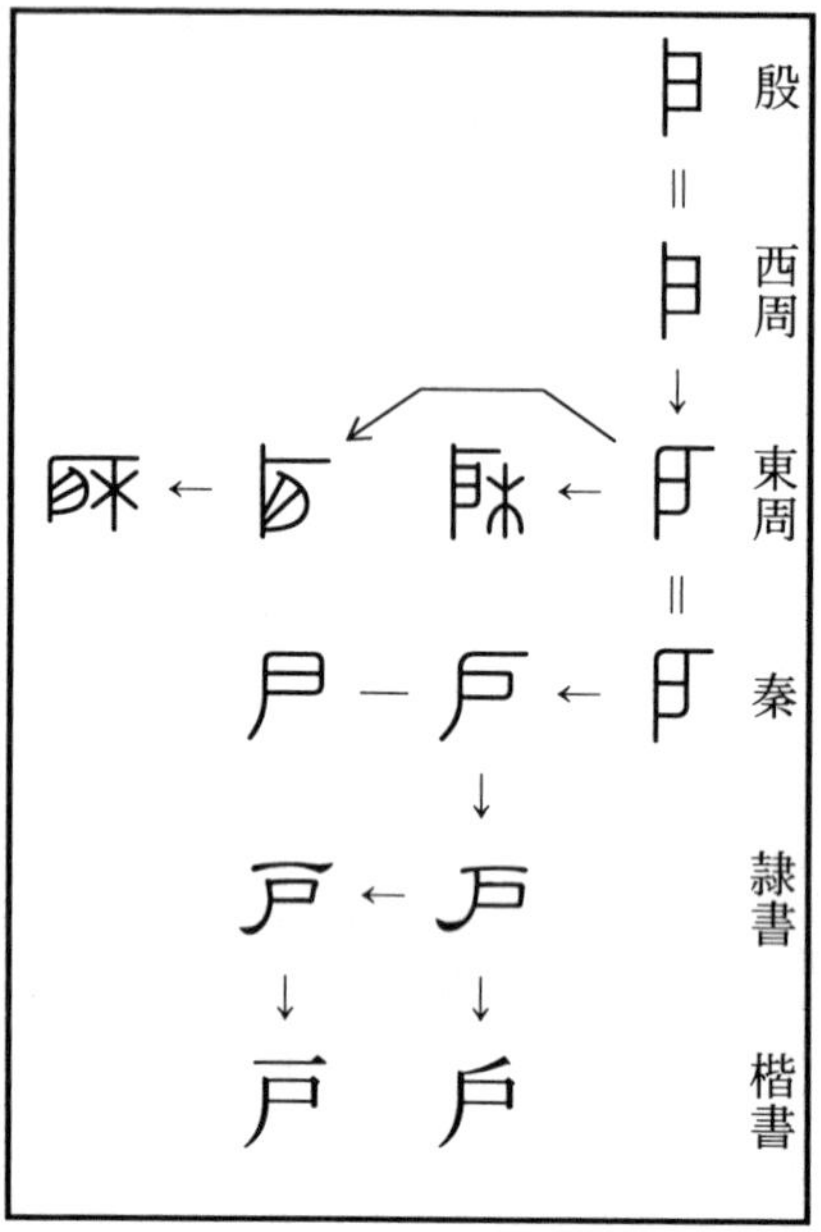

戸（日）は、片開きの扉の象形である。後代には、玄関の扉から転じて家屋や戸数の意味にも転用された。

木材で作られることから、東周代には木（木）を加えた異体（㭱）があり、許慎も古文として類似形を挙げている。また篆書の形（戶）は、会意文字などでは東周代から使われていたものである。楷書の正字は「戶」であるが、新字体の「戸」も隷書の異体（戸）から使われており、長い歴史のある字形である。

▽門部

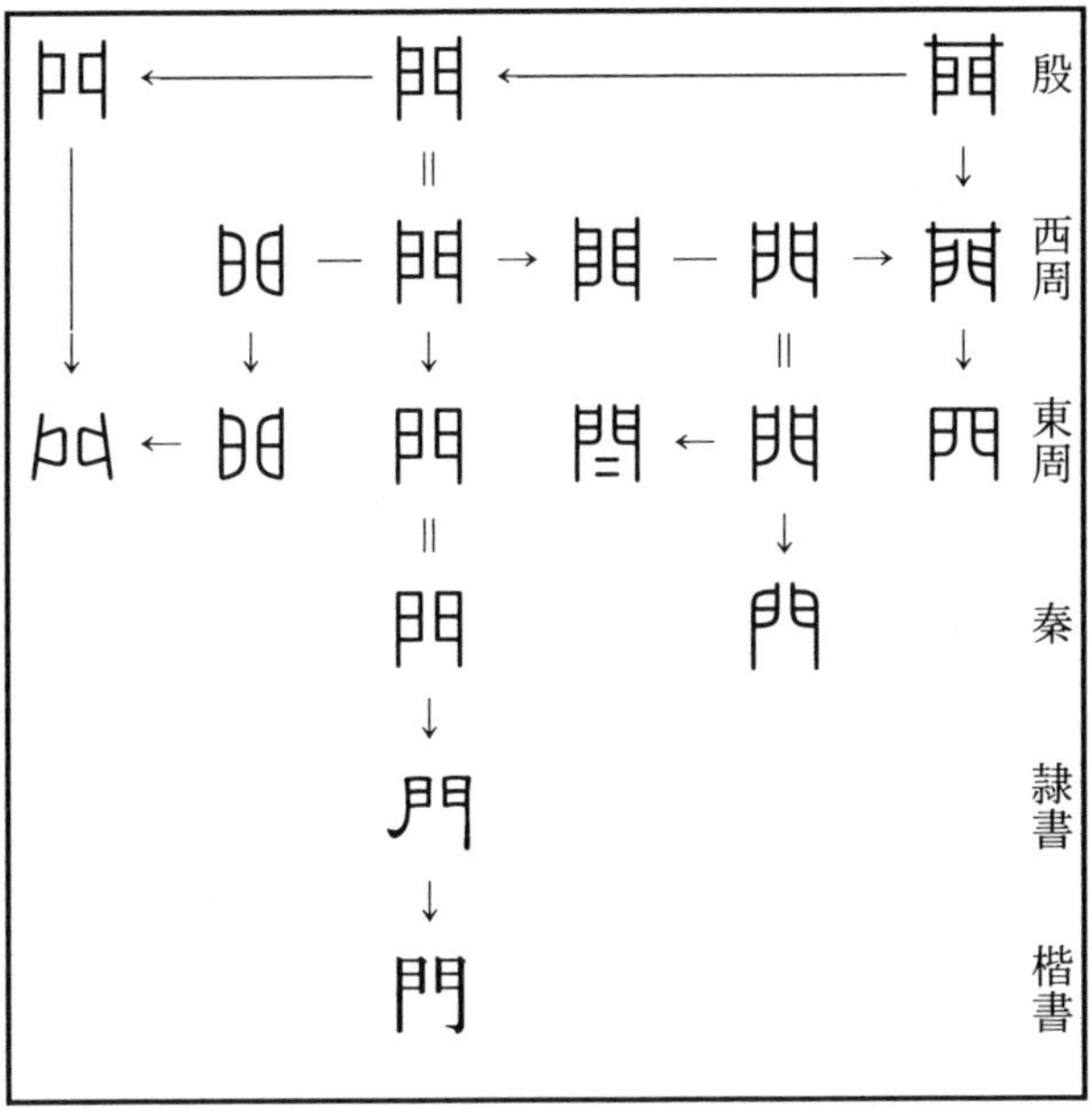

494【門】 楷八画　門部　成会意

古明紐文部[muən, muən, mɯn]→中明紐魂韻[muən, muən, muən]→漢ボン呉モン

門（〓）は、片開きの戸［戶］（〓）を二つ並べて両開きの扉がある門を表している。中国では初期国家の段階から大きな門を建築しており、殷代の「〓」や西周代の「〓」は、その形状を詳しく表現したものである。

そのほか、殷代には略体の「〓」もあり、類似形は東周代にも見える。また東周代には下部に「二」を加えたもの（〓）があり、あるいは閂《かんぬき》などを表現しているかもしれない。ただし、いずれも後代には残っておらず、楷書には、ほぼ原型に近い構造が継承されている。

495【開】｛開｝ 楷十二画　門部　成会意

古渓紐微部[khəi, khər, khɯl]→中渓紐咍韻[khɒi, khəi, khʌi]→漢カイ呉カイ

許慎は篆書（〓）を元にして、幵《けん》を声符とする形声文字とし、加藤はこれに従う。ただし、これは変化した後起の形であり、東周代の初文（〓）は「門」と閂《かんぬき》を表す「一」、および門を外す両手の形の「廾」から成って

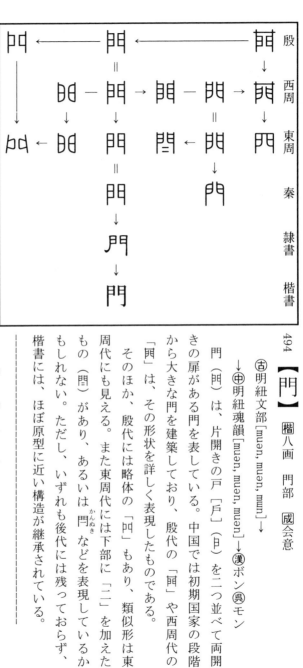

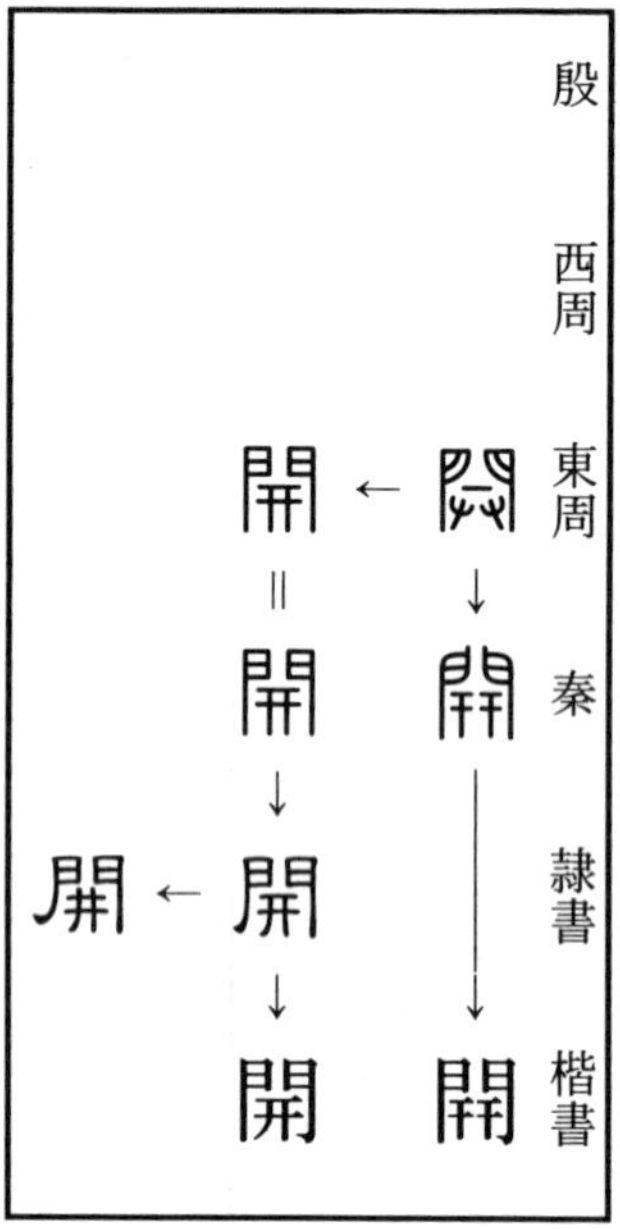

いる（許慎は初文の形も古文として挙げている）。

東周代の異体には、「二」と「廾」をあわせて「开《かい》」にした形（　）があり、これが後代に継承されて楷書の「開」になっている（楷書には「開」も残っている）。なお、「开」は開の声符ではなく略体である。そのほか、隷書には开を井に変えた異体（　）もある。

なお、開とよく似た成り立ちの文字に「闢《へき》」があり、初出の西周代には門と廾から成る形（　）であったが、後に廾が声符の辟に代えられた。赤塚・鎌田は誤って闢の初文を開の初文として挙げている。

---

496 **【間】［閒］** 楷十二画　門部　成会意

古見紐元部［kean, kan, kren］→中見紐山（襉）韻［kæn, kɑn, kyɛn］→漢カン呉ケン

初出の西周代の字形（　）は門（　）と月（　）から成り、門の隙間から月が見えている様子を表している。

東周代には、月の形を変えた様々な異体があり、月を同源の夕（　）に変えたもの（　）やさらに外（　）に変えたもの（　など）もあり、後者は許慎が類似形を古文として挙げている（「門の隙間から外が見える様子」を表している）。また月を日（　）に変えたもの（　）は楷書に残っており、新字体に採用されている。

なお、加藤は月を声符とし、赤塚はこれに従うが、形声文字とすると月を日や外に置換できることが説明でき

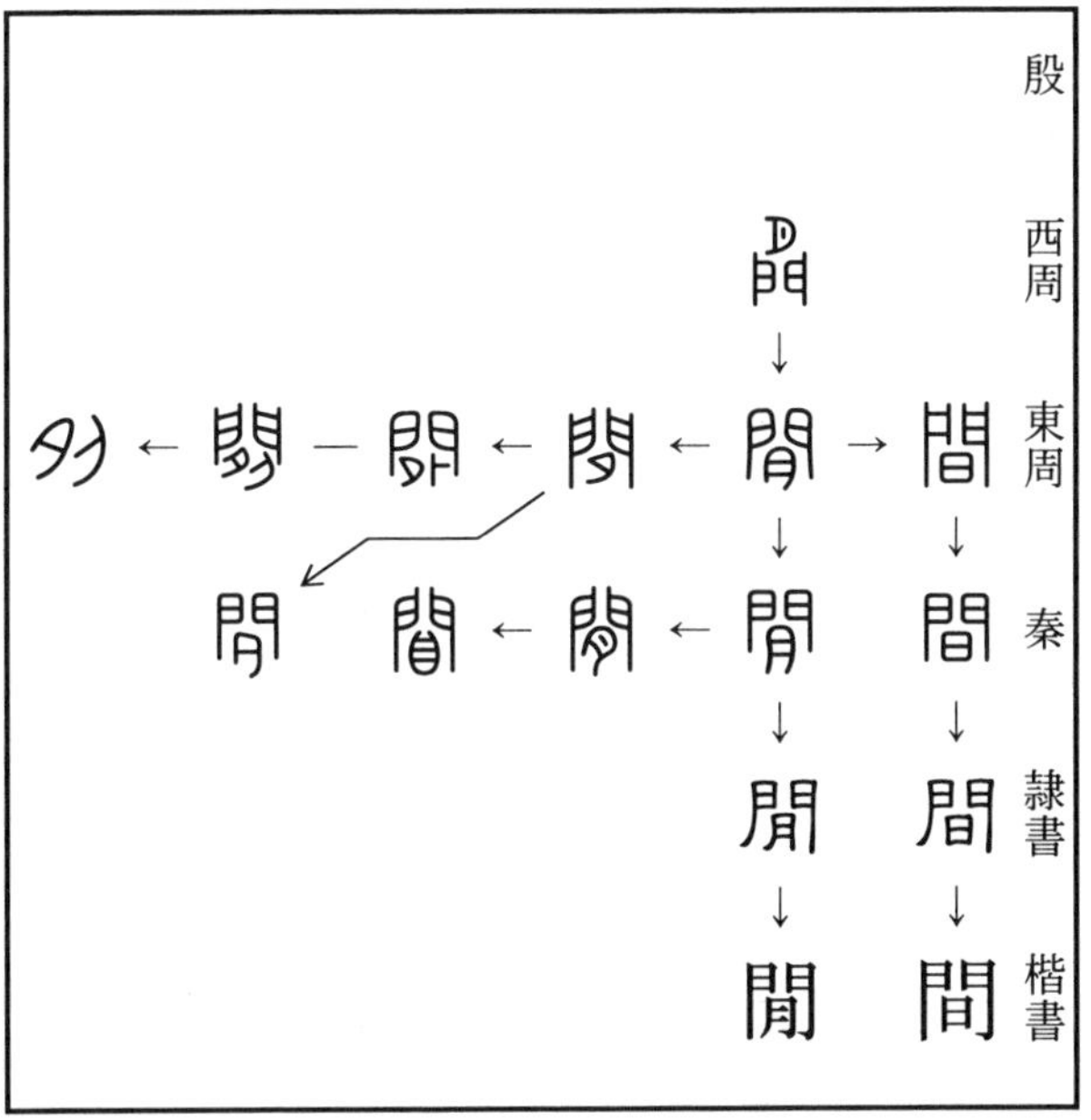

ない。また月は上古音で疑紐月部（[ŋiuat]などと復元）と推定されており、字音の違いも大きい。白川は外に従う字形を字源とするが、初出は西周代の月に従う字形である。

阜部

「阜」には二系統があり、「阝」は梯子の象形であり、「阝阝」は山（）や丘（）を横に向けた形である。殷代には両者が使い分けられていたが、西周代以降に字形は前者に統一され、しかも両方の字義で使われるようになった。また、梯子の意味から建築に関係する文字にも広く部首として使われるようになった。

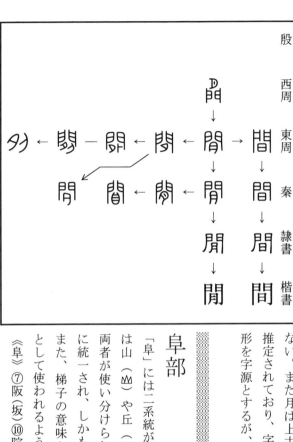

《阜》⑦阪(坂)⑩院⑫階・隊(隊・墜・地)

497【阪】 楷七画　阜部　成形声

古並紐元部・幫紐元部[bean, ban+piuan, bran+pan]→中並紐潸韻・非紐阮韻[ban, ban+piuɐn, byan+piɐn]→漢ハン呉バン・ホン

498 【坂】 楷七画　土部　成形声

古×→中非紐阮韻[piuan, piuan, pian]→漢ハン呉ホン慣バン

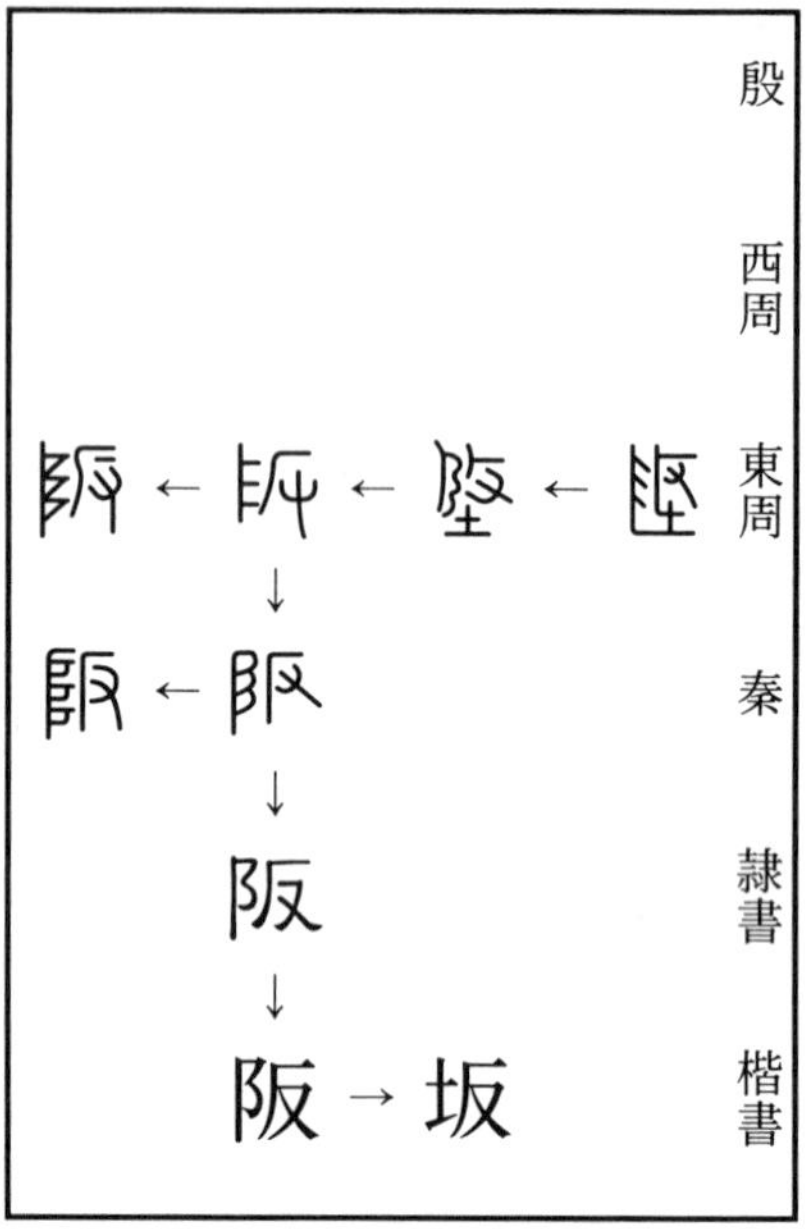

東周代に最も早く見えるのは「〓」の字形である。これは、阜（⻖）の異体と土を意符とし、反を声符とする形声文字である。

「反」を亦声とする説もあり、白川は崖の意味があるとし、藤堂は反り返って弓形に傾斜することとするが、いずれの用法も確認できない。

字形は東周代に「土」を略した形（〓など）があり、これが楷書の「阪」になった。また、楷書では意符を阜（⻖）から土に変えた「坂」も作られている。

字音について、藤堂と『漢字字音演変大字典』は「坂」の上古音を復元している（それぞれ[piuan][pan]）が、上古音の時代には「坂」の字形がないので、その復元には意味がない（『漢字古今音表』などは上古音を空欄にしている）。また、類似の字形として西周～東周代に厂と圣に従う文字があるが別字であり、軍事攻撃の意味などで使われている。

499 【院】 楷十画　阜部　成形声

(古)匣紐元部・疑紐元部[ɣiuan, ɦiuan, ɦɡon]→㊥匣紐桓韻・雲紐線院[ɣiuɛn, ɦiuɛn, ɦuan+ɦiuen]→
→(漢)カン(クヮン)・エン(ヱン)(呉)ガン(グヮン)・エン(ヱン)(慣)イン(ヰン)

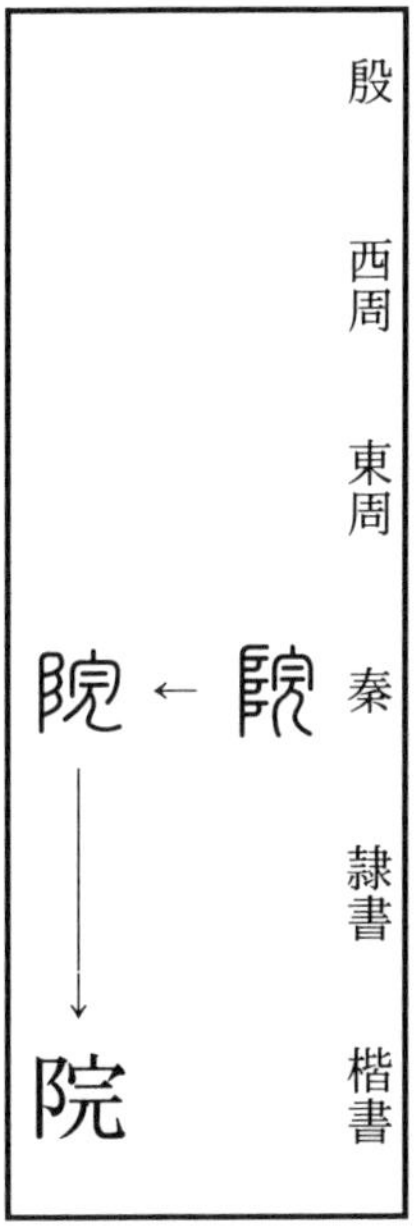

「院」は、阜（阝）を意符、完を声符とする形声文字であり、原義は垣（土塀）である。

藤堂は、完を「欠けめなくとりかこむ」の意味がある亦声の部分とするが、それでは内部への出入りができなくなる。また、許慎は垣を表す「寏」（西周金文に初出）を院の初文とし、谷衍奎はこれに従うが、別字とする説が有力である。加藤は完と寏を同字としており、通用する例はあるものの、字形の直接的な継承関係は確認できない。

---

500 【階】〔堦〕 (楷)十二画 阜部 (成)形声

(古)見紐脂部[kei, ker, kril]→㊥見紐皆韻[kɛi, kʌi, kɣɛi]→(漢)カイ(呉)カイ

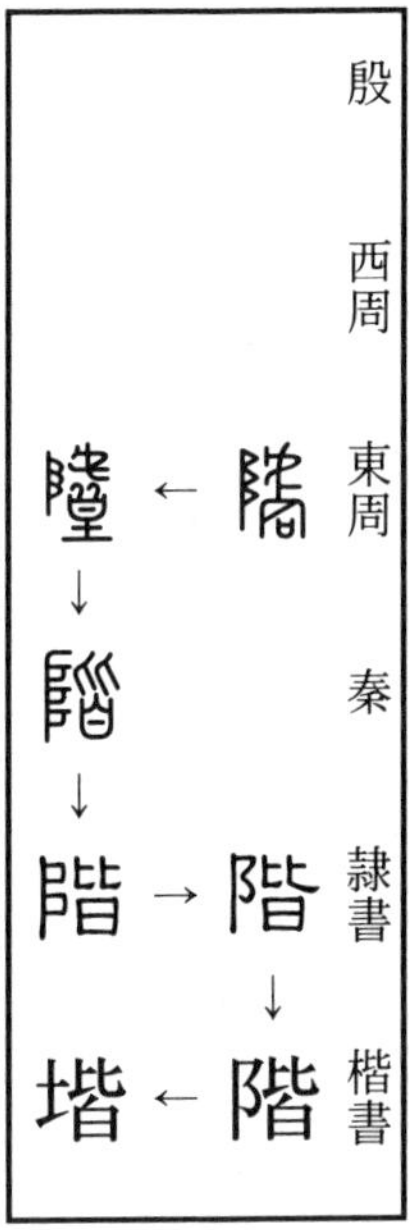

「階」は、阜（阝）を意符、皆を声符とする形声文字である。初出の東周代には声符として「虏」（亡失字）を用いた形（〓）であり、さらに意符の「土」や声符の「皆」を加えた形（〓）となった。篆書の「〓」は旁のうち虏などは省いて声符の皆だけにしており、これが楷書の「階」の元になっている。また、楷書では意符とし

て土を用いた「堦」も作られている。

なお、藤堂・赤塚・鎌田は、「皆」に「そろう」や「ならぶ」の意があり、階段の形状を表現する亦声の部分とする。明確な矛盾はないが、史料的な根拠も乏しい。

---

501 【隊】［隊］ 楷十二画　阜部　成形声
古定紐微部・以紐物部[duəi, duəd, l'ud]→中定紐隊韻[duʌi, duʌi, duʌi]→漢ツイ・タイ呉ズイ（ヅイ）

502 【隊】 楷十二画　阜部　成形声
古中略→漢テン呉ダン

503 【墜】［墜］ 楷十五画　土部　成形声（亦声）
古定紐微部・以紐物部[diuəi, diuər, l'ud]→中澄紐至韻[ɖui, ɖiui, ɖiui]→漢ツイ呉ズイ（ヅイ）

504 【地】｛地｝ 楷六画　土部　成形声
古定紐歌部・以紐歌部[diai, dieg, l'el]→中定紐至韻[di, dii, dii]→漢チ呉ジ（ヂ）

初文の形（）は、梯子の象形の阜（）と人（）を上下逆にした形の匕《か》（）に従い、人が梯子から墜落する状況を表した会意文字である。字義は「墜」にあたる。殷代には、匕の部分を子（）の上下逆向きの𠫓《き》（）に変えた異体（など）もあるが、後代には残っていない。

西周代には、匕の部分を声符の豕《し》に変えた形声の形（）が作られ、また豕ではなく彖《し》を用いた形（）もあ

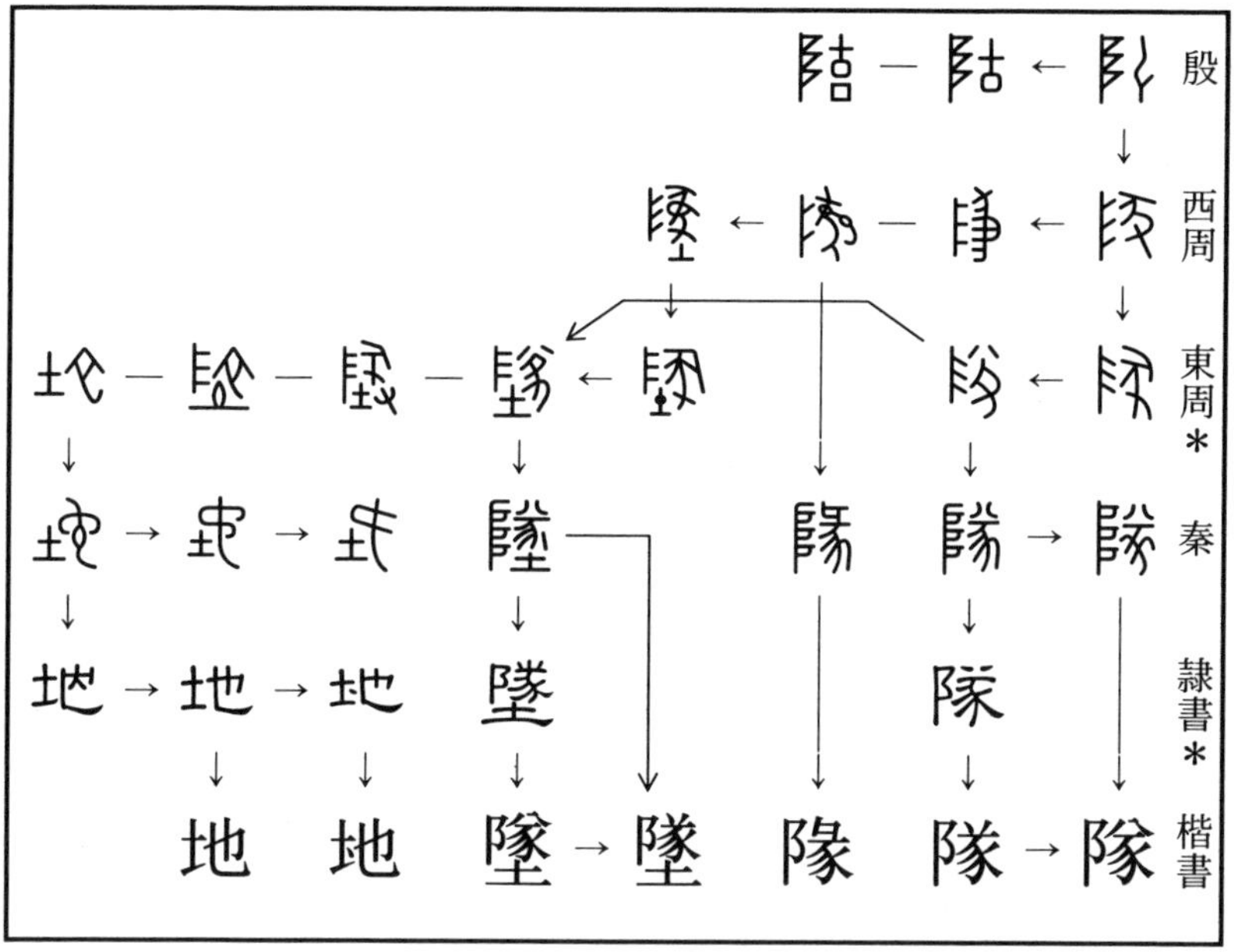

る。西周代には引伸義で「おこたる」の意味で用いられることもある。

　前者については、さらに東周代に声符を豙《すい》［㒸］に変えた形（〓）になり、これが継承されて楷書では隊［隊］の形になっている。また原義で使われることが少なくなり、仮借の用法である軍隊（あるいはさらに引伸した集団）の意味で主に用いられるようになった。なお、谷衍奎は豚が崖から落ちる様とし、後述の墜・地も同様の会意文字とするが、阜に崖の意味はない。

　後者については、楷書に「隊」が残っているが、字義は建築物（垣の一種とされる）に転用されている。また字音についても、象の字音（漢音は「シ」と「タン」）のうち陽声が用いられており、一種の慣用音になっている。

　これらとは別に、西周代には、隊に意符として「土」を追加した形（〓）があり、後代にはこれが原義の表示として用いられた。東周代には隊と同じく声符に豙を用いた形（〓）が作られ、これが楷書で墜［墜］となっている。

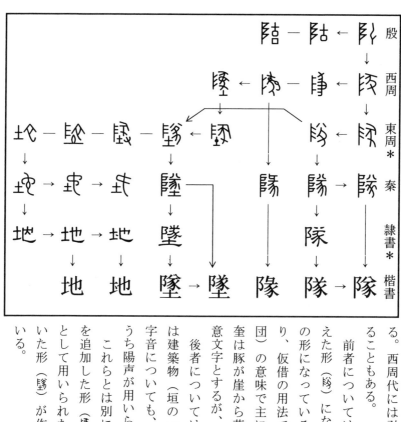

さらに、東周代には声符を「也」に変えた形（墬）があり、さらにそこから阜を略したもの（地）が「地」にあたる（「地」の出現以前は墜を地の意味で使っていた）。なお、也は上古音が余紐歌部（[ʎiai]などと復元）と推定されており、もとは地に近い発音であった。転注に対応した声符の置換であろう。

地については、蛇の象形である「也」を亦声とする説もあり、加藤・鎌田はうねうねとした土地、藤堂・赤塚はのびひろがる大地とするが、原義は墜落の対象の地面である。

彳部

「彳（彳）」は、四つ辻の象形の行（行）の略体である。部首としては道の形から歩行や進行を象徴して使われることが多い。〔関連部首〕「行」は、四つ辻の形を略さずに残したものである。「辵」は彳と止を合わせたものであり、いずれも歩行・進行を象徴するものである。楷書では部首になると辶の形になる。

《彳》⑤永（泳・𠂢・派）⑨待《行》⑥行《辵》⑦近⑧侯（送）⑨追⑩速・通⑪進⑫運・道（導）⑬遠（袁）

---

505 【永】 楷五画　水部　成会意

古匣紐陽部[ɣiuaŋ, ɦiuaŋ, gʷraŋ]→中雲紐梗韻[ɣiuɐŋ, ɦiuɐŋ, ɦuɣiæŋ]→漢エイ呉ヨウ（ヤウ）

506 【泳】 楷八画　水部　成形声（亦声）

古匣紐陽部[ɣiaŋ, ɦiuaŋ, gʷraŋ]→中雲紐映韻[ɣiuɐŋ, ɦiuɐŋ, ɦuɣiæŋ]→漢エイ呉ヨウ（ヤウ）

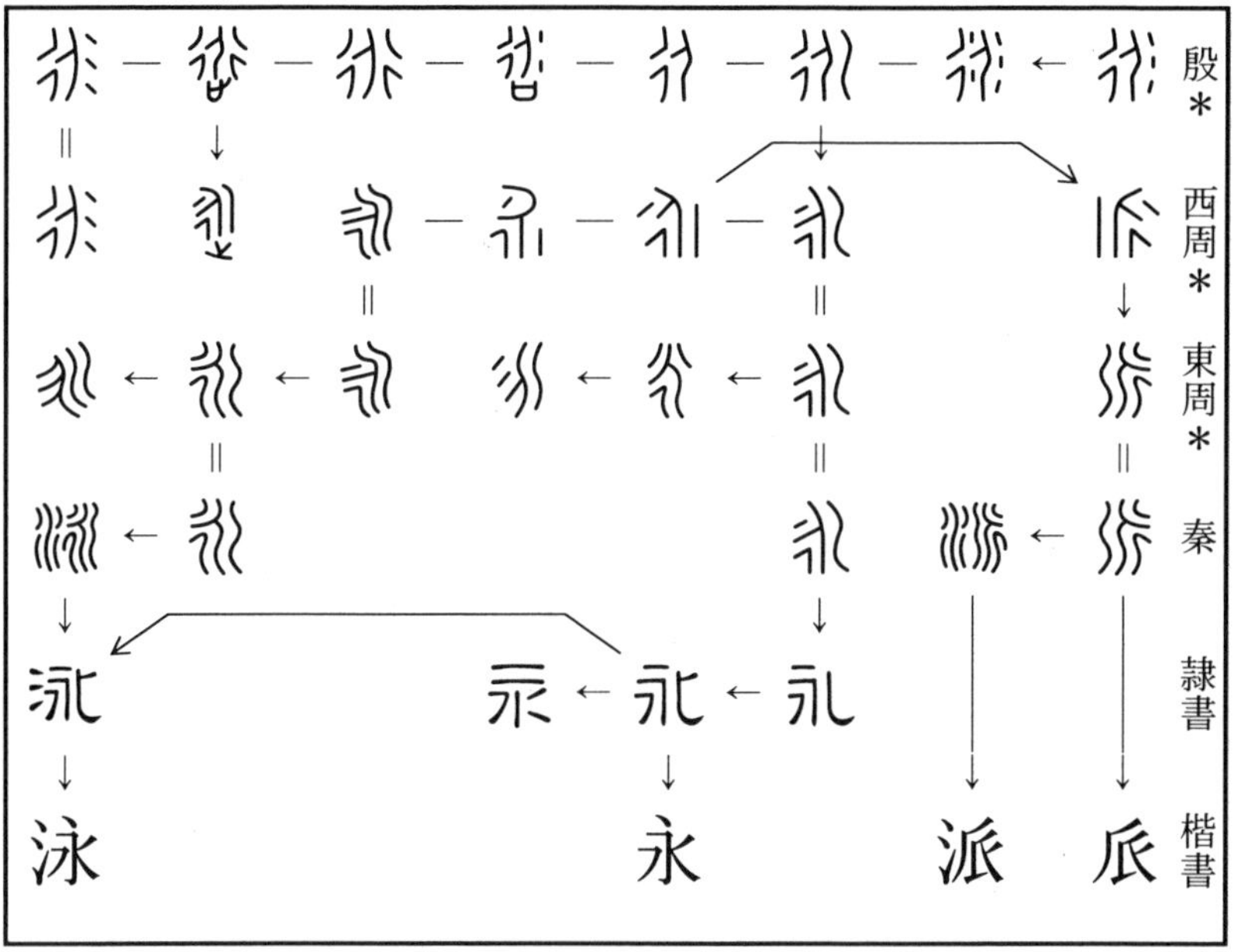

507 【𠂢】［𠂢］ 楷六画　丿部　成会意

古中略→漢ハイ呉へ慣ハ

508 【派】［派］ 楷九画　水部　成形声（亦声）

古滂紐錫部・滂紐支部・撫紐錫部[phek, pheg, mhreg]→
→中滂紐卦韻[phai, phai, phyɛ]→漢ハイ呉へ慣ハ

殷代の「〓」は、彳（〓）・人（〓）と水を表す小点から成り、人が水中を泳いでいる様子を表している。字形としては「永」にあたり、字義は「泳」である。

殷代の異体字には小点を水（〓）の略体にしたもの（〓）や小点を省いたもの（〓）などがあり、前者が後代に継承された。さらに、隷書で人の形などが変形し、楷書の「永」になった。また、原義については篆書で「水（氵）」を加えた「泳」の形（〓）が作られている。

字源について、許慎は川の流れを表すとしており、多くの研究者がこれに従うが、後起の解釈である。谷衍奎・李学勤のみは人が水中を泳ぐ形であることを指摘している。

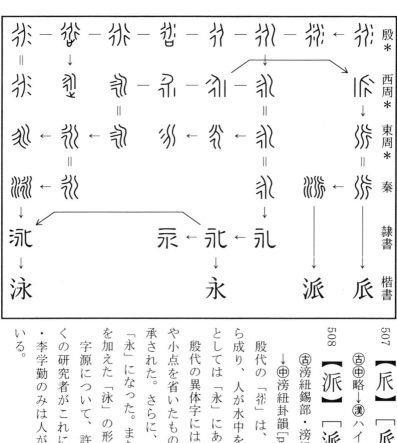

西周代には、前述の解釈によって永の左右反転形（𠂢）が川の分流の意味として転用された。字形としては𠂢［𠂢］であるが、現在では繁文の派［派］が主に使われている。

509【待】 楷九画　彳部　成形声

古定紐之部[də, dəg, dɯ]→中定紐海韻[dɑi, dəi, dʌi]→漢タイ呉ダイ

殷　西周　東周　秦　隷書　楷書

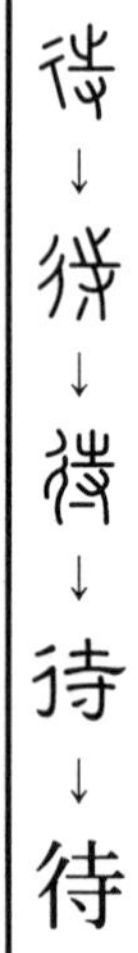

「待」は、彳を意符、寺を声符とする形声文字である。道に留まって待つことが原義であろう。

寺を亦声とする説もあり、赤塚・鎌田は「とまる意」があるとする。寺は止を声符とする形声文字であるから、語彙として止と関連はあったと思われるが、寺は持の初文であり、直接的に意味を表示したものではない。また藤堂・谷衍奎は、侍と同じく「もてなす」を原義と見なすが、その用例はなく、また「彳」の義にも合わない。

「寺」は、初文が「又」を用いた形（寺）であったが、東周代に意符が寸に変わった形（寺）になったため、待についてもそれに合わせた字形（待）になった。字音については、上古音では寺と同じく之部であったが、中古音で韻尾が変化している。

▽行部

510【行】 楷六画　行部　成象形

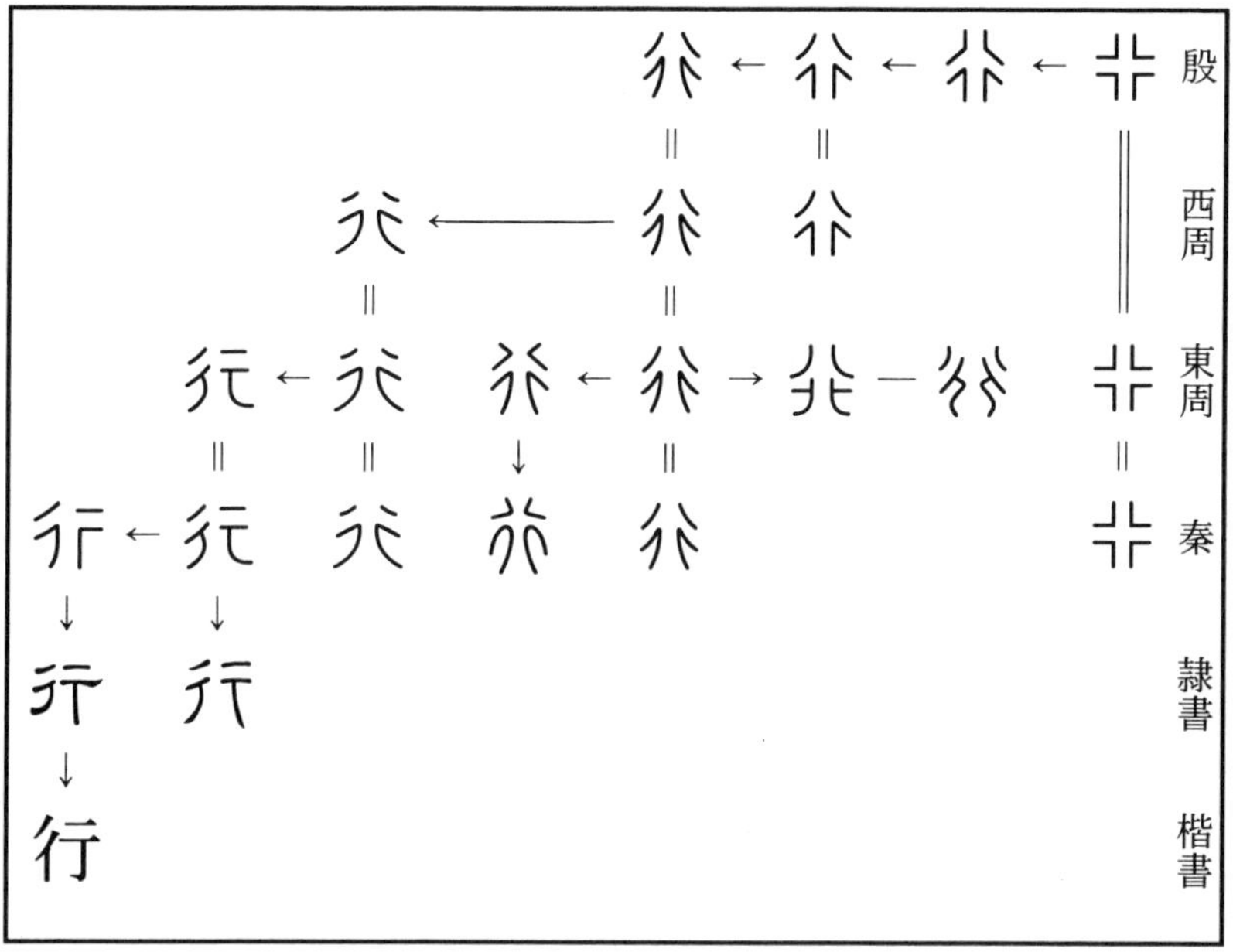

(古)匣紐陽部・群紐陽部[ɣeaŋ+ɣaŋ, ɦaŋ, graŋ+gaŋ]→
→(中)匣紐庚(映)韻・匣紐唐(宕)韻
[ɣaŋ+ɣaŋ, ɦaŋ+ɦaŋ, ɦɣæŋ+ɦaŋ]→
→(漢)コウ(カウ)(呉)ギョウ(ギャウ)・ゴウ(ガウ)(唐)アン

許慎は篆書の字形（行）を元に「人が歩いたり走ったりすること」とするが、諸家が述べるように、殷代の「卝・行」の字形が示すとおり字源は十字路の象形である。

さらに道路の意味から「ゆくこと」を象徴して用いられており、部首としても「行（ぎょうがまえ）」やその略体である「彳（ぎょうにんべん）」は進行を象徴して用いられる。

▽辵部

511 **【近】**［近］ (楷)七画（八劃） 辵部 (成)形声

(古)群紐文部[gien, gien, gɯn]→(中)群紐隠(焮)韻
[gien, gien, gin]→(漢)キン(呉)ゴン(慣)コン

「近［近］」は、辵（辶）を意符、斧の象形の斤を声符

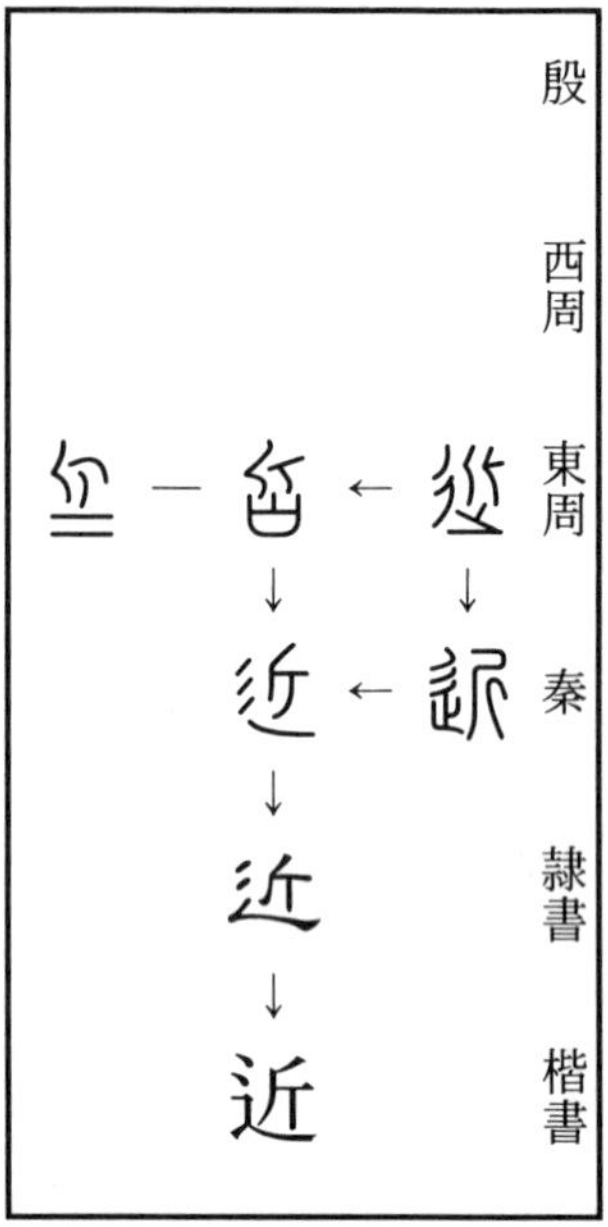

とする形声文字である。東周代には辵を略体にした異体（〓）などもあるが、後代には残っていない。
なお、「斤」を意味も表す亦声とする説もあり、藤堂は後代の字形から「斧の先端がちかづいたさま」とするが、これは斤の字源を誤解している（殷代には「〓」の形）。また、鎌田は斤がものを小さくする刃物であり距離を小さくすることとするが、無理な解釈と言わざるを得ない。

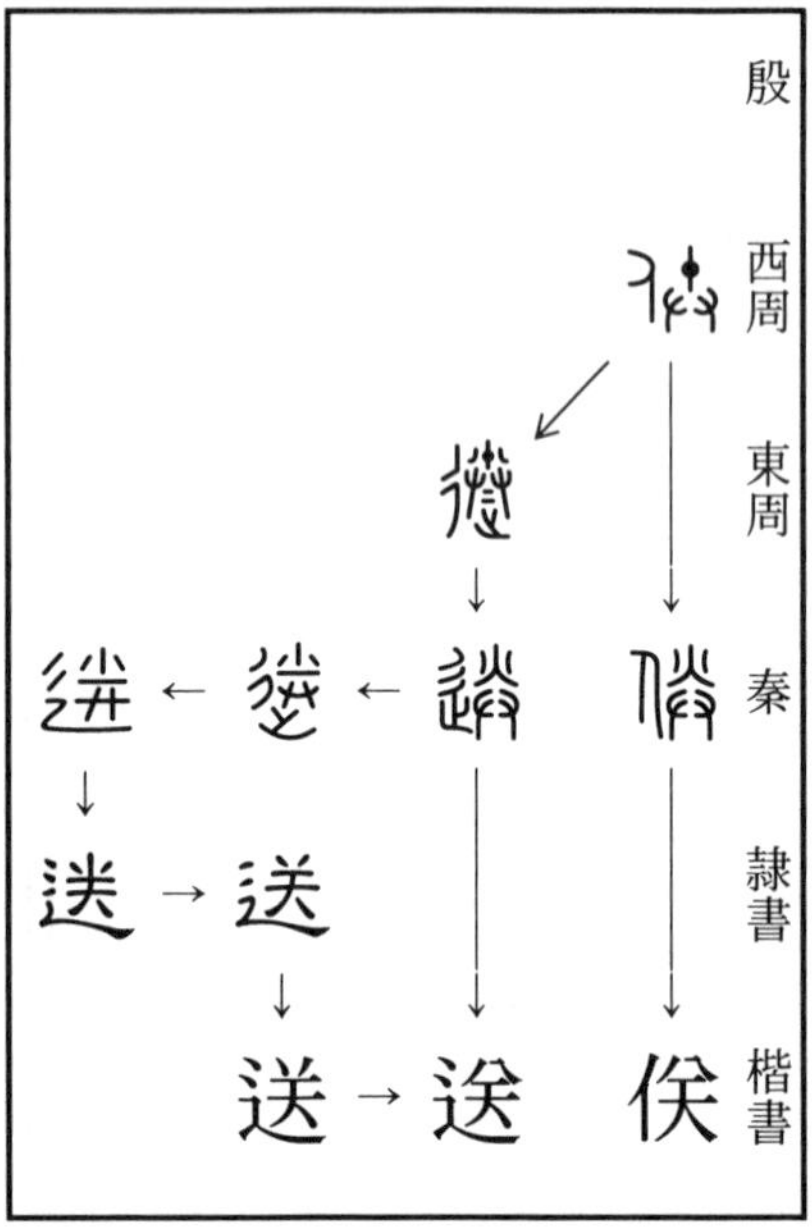

512 **【俟】** 楷八画　人部　成会意

古中略→漢ヨウ呉ヨウ

513 **【送】［送］** 楷九画（十劃）　辵部　成会意

古心紐東部［sɔŋ, suŋ, sloŋ］→

→中心紐送韻［suŋ, suŋ, suŋ］→漢ソウ呉ソウ

初出の西周代には人と关［关］から成る「俟」の形（〓）である。その後、東周代に人を辵（⻌）に変えた形になっており、これが楷書の「送［送］」に継承された。楷書にも俟は残っているが、ほとんど使われることがない。

許慎・加藤・白川・赤塚・阿辻・李学勤は关を声符とするが、关が声符の「朕」を声符とする勝や騰は上古音が蒸部であり、やや異なっている。類似音を声符に用いた可能性もあるが、物を両手に持った形の「关」の部分を意味表示と考えるのが妥当であり、物を持って人や遠くに送る様子であろう。会意説を採るのは藤堂・鎌田・谷衍奎であり、白川も形声の亦声としている。

514【追】［追］ 楷九画（十劃） 辵部 成会意（亦声）

古端紐微部[tiuai, tiuar, tul]→中知紐脂韻[tui, tiui, tiui]→漢ツイ・タイ呉ツイ

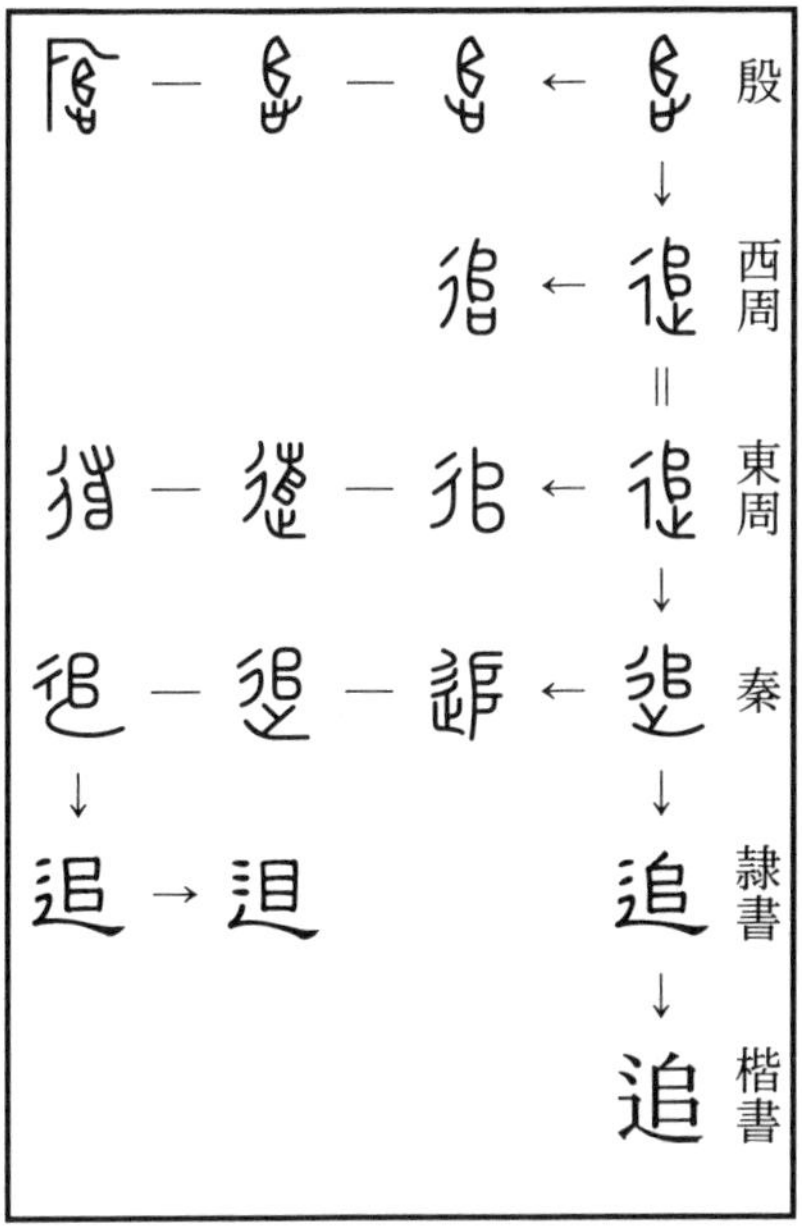

初出の殷代には𠂤（）と止（）から成る形（）である。許慎は𠂤（シ・タイ）を声符とする純粋な形声文字とし、加藤・藤堂・赤塚・阿辻・李学勤はこれに従う。しかし、𠂤は師の初文で軍隊を象徴し、また殷代には「追」は敵の軍隊を追うことを意味して使われているので、軍隊（）を足（）で追う様子を表した会意文字とするのが妥当である（𠂤は亦声にあたる）。殷代には、𠂤に軍旗の象形の㫃《えん》（）を加えたもの（）もあり、これも𠂤が軍隊の表示であることを証している。

白川のみ、軍隊に関係することを理解するが、𠂤の字

源を祭肉とし、軍の行動には常にそれを奉じて行動するとしており、史料上には確認できない風習で解釈している。また、鎌田は白川説を受けて「肉をそなえて祭り、祖先をしたう」を原義とするが、初出の殷代の用法に合わない。また、谷衍奎は自の字源を弓と誤解している。

字形は西周代に止を辵（辶）に変えた字形（⿺辶𠂤）となり、これが楷書の「追［追］」に継承された。

---

515 【速】［速］｛遬｝ 楷十画（十一劃） 辵部 成形声

古心紐屋部[sɔk, suk, slog]→
→中心紐屋韻[suk, suk, suk]→漢ソク呉ソク

「速［速］」は、辵（辶）を意符、束を声符とする形声文字である。

「束」を亦声とする説もあり、藤堂は束ねることから「ぐっとちぢめて間をあけない」とし、鎌田は「道を行くのに時間をたばねちぢめる」とするが、無理な解釈である。

字形について、殷代の「⿰彳束」は彳に従う形であるが、固有名詞の用法しかなく、別字かもしれない。また、許慎は古文や籀文として「遬」の形を挙げており、東周代

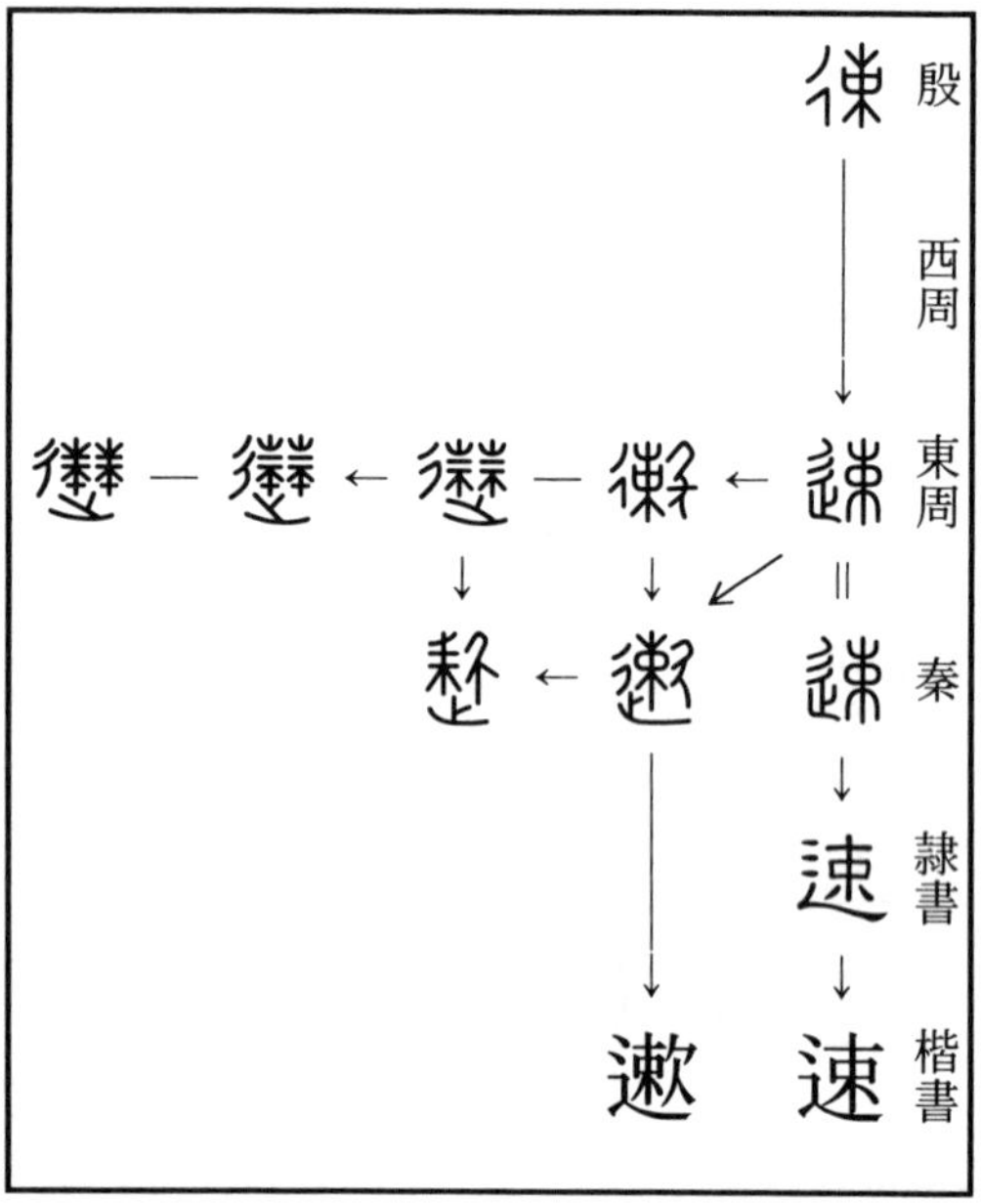

に類似形（〓）があり、秦代の簡牘や印章にも「〓」の形が見える。

そのほか、殷代や東周代には辵と東に従う文字（〓など）が見え、「速」の異体とする説もあるが、字義を把握できる文章がない。

516 **【通】［通］** 楷十画（十一劃）　辵部　成形声

古透紐東部・胎紐東部[thɔŋ, thuŋ, lhɔŋ]→中透紐東韻[thuŋ, thuŋ, tsuŋ]→漢トウ呉ツ慣ツウ

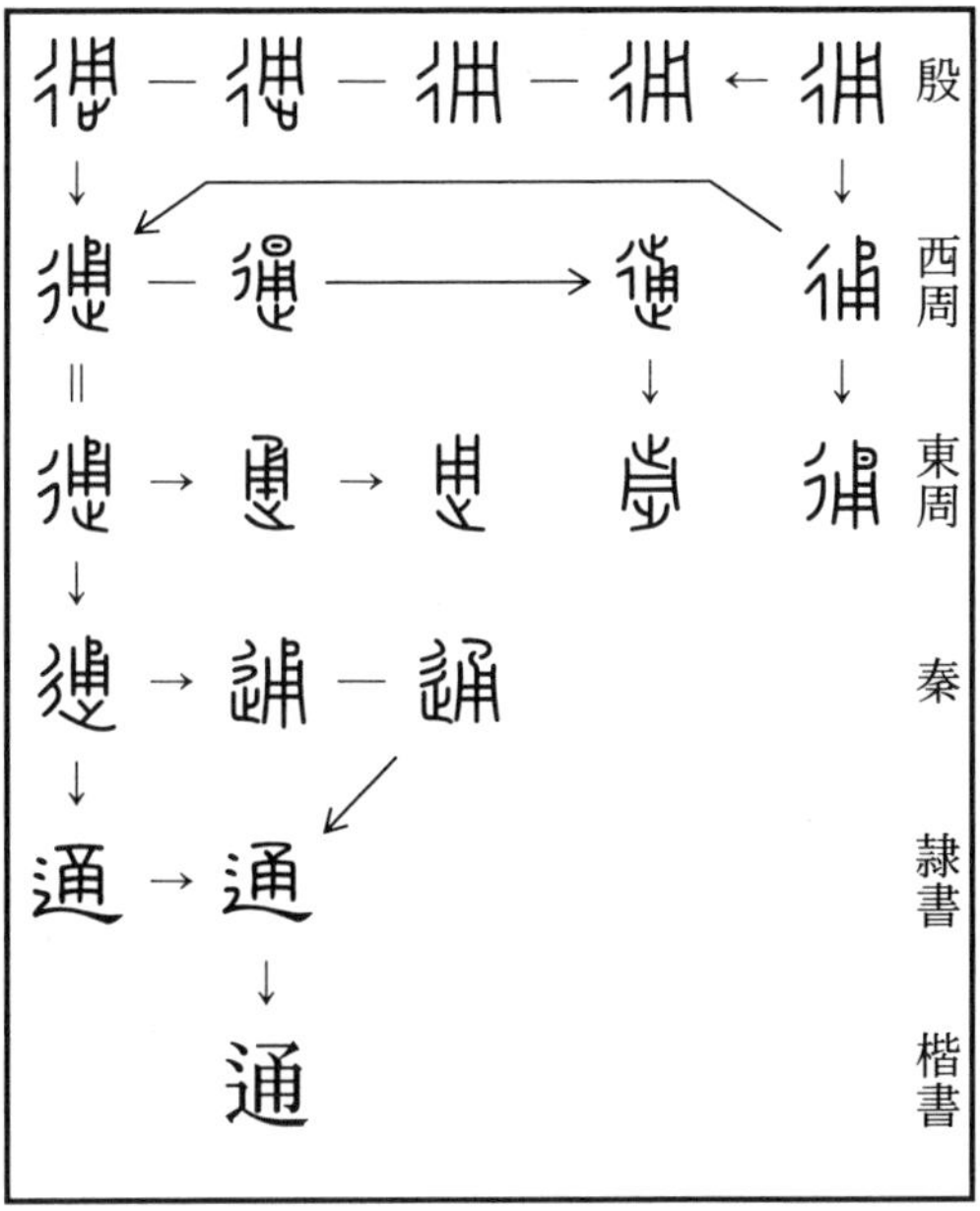

初文の形（〓）は彳（〓）を意符、用（〓）を声符とし、すでに殷代に意符を辵（〓）に変えた「〓」などの形が見られる。

さらに西周代には、声符を用と同源の甬に変えた「〓」となり、これが後代に継承された。そのほか異体として、西周代～東周代には意符に「止」を用いたもの（〓）や、甬の上部も「止」に変形したもの（〓）などがある。

なお、声符の甬に「突き通る」の意味がある亦声とする説もあり、多くの研究者がこれを採る。しかし、甬は器物（桶であろう）の象形であり、直接的な意味表示とは認められない。さらに、初出の殷代には地名や祭祀名

の用法しかなく、「とおる」の意味が原義かも明らかではない。

517 【進】［進］ 楷十一画（十二劃） 辵部 成会意

古精紐真部[tsien, tsien, ʔslin]→中精紐震韻[tsien, tsien, tsiin]→漢シン呉シン

「進［進］」は、鳥の象形の隹と辵（⻌）から成る。

字源について、許慎は形声文字として隹を閵《りん》の省声とするが、「閵」は隹が部首で㒼《ちん》の省声なので、進では字音を表示する部分がなくなってしまう。加藤・白川・赤塚・阿辻は隹を声符とする（白川は鳥占から声符が選択されたとする）が、隹は陰声の微部（[tiuəi]などと復元）と推定されており、字音の違いが大きい。したがって、会意文字とするのが妥当である。藤堂・鎌田・谷衍奎は鳥が飛ぶ様子を表すとし、李学勤は鳥の足は進めるが戻れないとする説を採っており、いずれも矛盾のない解釈である。

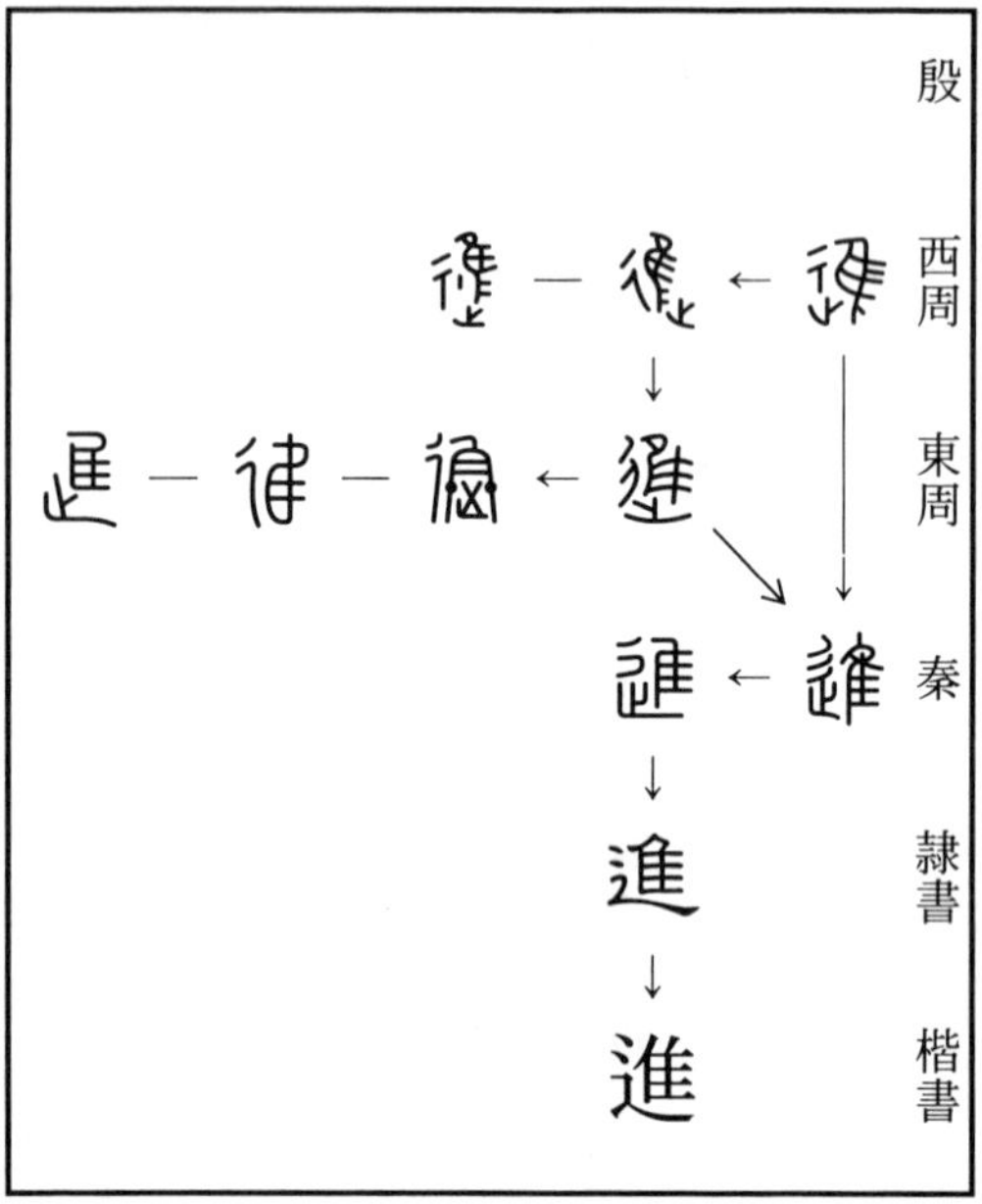

字形は東周代に略体（〓など）があるが、後代には残っていない。そのほか、殷代の資料に一例だけ「隹・止」から成る字形が見え（合集三二五三五）、これを進の初文

とする説もあるが、祭祀に関連して記されており、継承関係は明らかではない。

518 【運】［運］ 楷十二画（十三劃） 辵部 成形声（亦声）

古匣紐文部[ɣiuən, ɦiuən, gun]→中雲紐問韻[ɣiuən, ɦiuən, ɦiun]→漢ウン呉ウン

「運［運］」は、辵を意符、軍を声符とする形声文字である。原義は「めぐる」とする説が有力である。

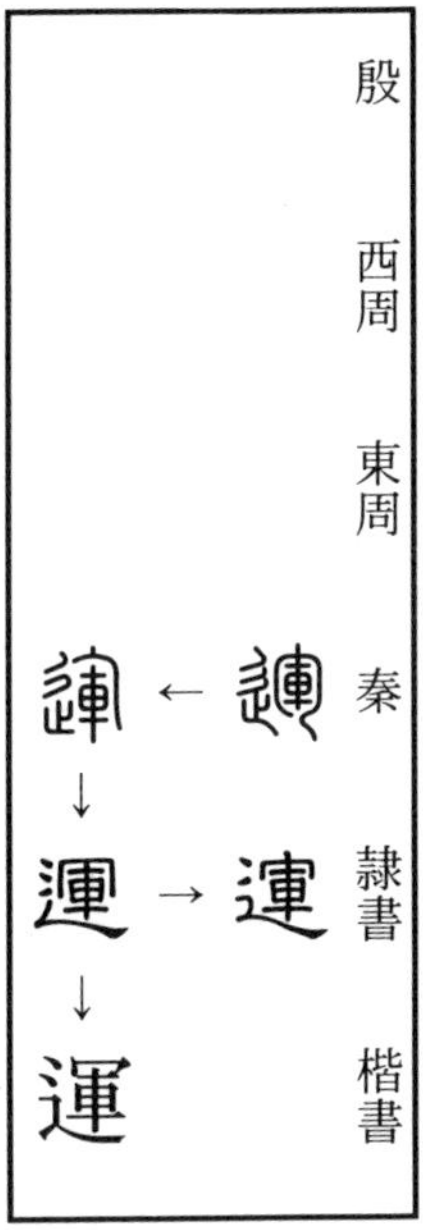

戦車の陣形を表した「軍」を亦声とする説もあり、藤堂は戦車の陣立てを表すとし、鎌田・谷衍奎も同様である。また白川は戦車の旋回とし、赤塚はとりまく様子とする。いずれの解釈も矛盾はなく、正否を判断するのは難しい。

519 【道】［道］ 楷十二画（十三劃） 辵部 成形声

古定紐幽部・以紐幽部[du, dog, l'u]→中定紐晧韻[dau, dau, dau]→漢トウ（タウ）呉ドウ（ダウ）

520 【導】［導］ 楷十五画（十六劃） 寸部 成形声（亦声）

古定紐幽部・以紐幽部[du, dog, l'u]→中定紐号韻[dau, dau, dau]→漢トウ（タウ）呉ドウ（ダウ）

西周初期に初出の形は「」であり、「行」と「首」に従う。字形に「首」が含まれる意義について、許慎・

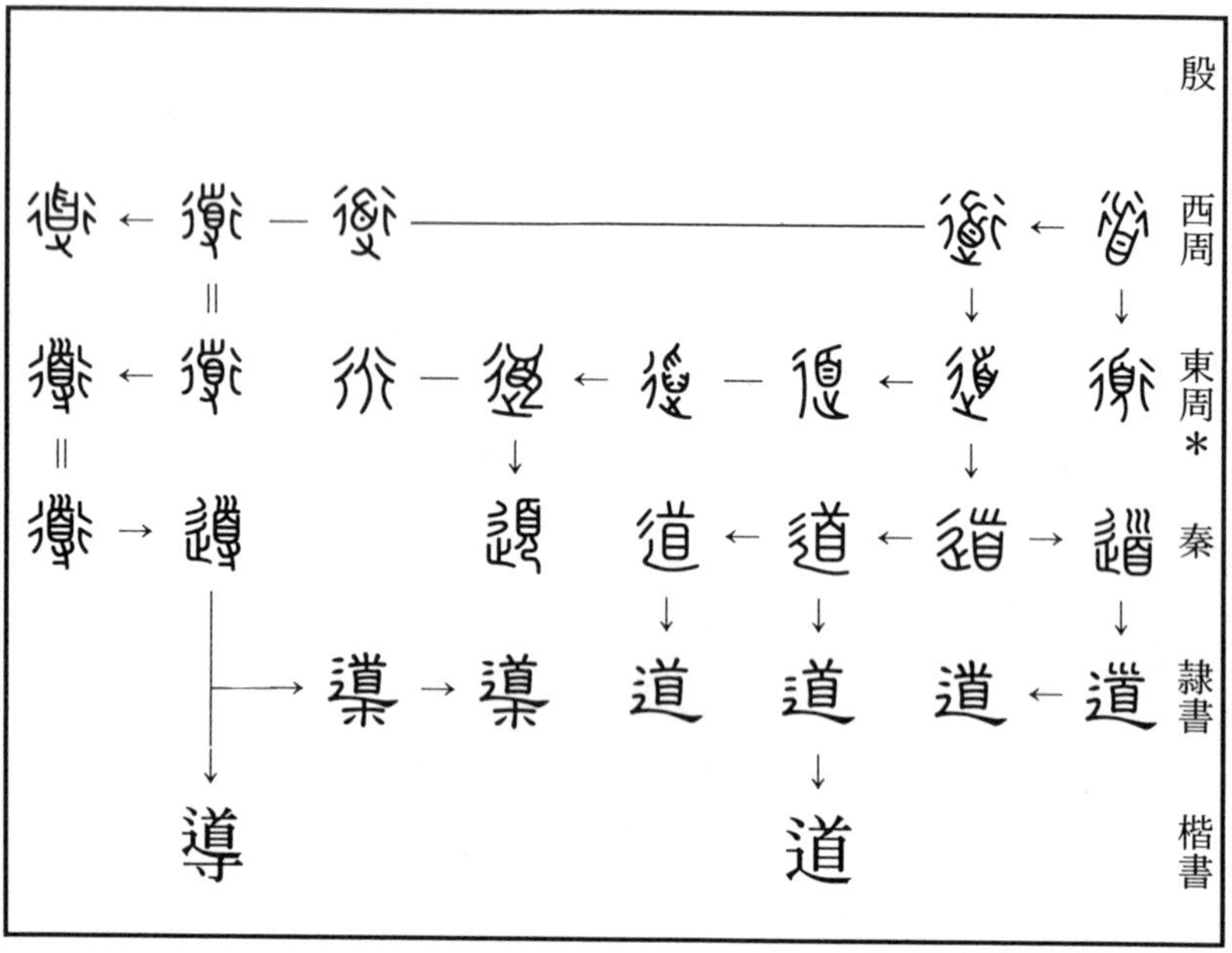

李学勤はその意義を述べていない。そのほか、加藤は声符とし、赤塚はこれに従う。藤堂は頭を向けて進み行く道とする。白川は、異族の首を携えて外に通じる道を進むことで道を祓い清める修祓儀礼とし、鎌田はこれを元にして異民族の首を埋めて清められた道とする。阿辻は「首」を「先導する首長」の意味とする。谷衍奎は家畜の首を手で引いて道を進む様子とする。なお、藤堂・鎌田・阿辻は形声亦声とする。

いずれも、確実に肯定・否定ができる資料はないが、初出が西周代であるから、殷代のような原始的な信仰は薄れた時代であり、白川・鎌田説については採りがたい。また初出の形（）には手の形は含まれていないので、谷衍奎説も字源とは思われない。殷代～西周初期には「首」に「首長」の字義が見られないので、阿辻説も根拠はない。

したがって、消去法であるが、「首」（書紐幽部または透紐幽部と推定され[ɕiu]などと復元）、またはその同源字の「頭」（定紐侯部と推定され[dɔ]などと復元）を声符とする形声文字として分類した。

字形は西周代に意符として「止」を追加した形（𨑧）が作られ、さらに東周代に「行」が「彳」に簡略化されたため、結果として意符は彳と止で辵（辶にあたる）となった。

そのほか、東周代～秦代には、声符の首を類似形の「頁」に変えた異体（𨖓など）や、「道を進む人」と解釈して「人」に変えた異体（𧗵）がある。また隷書には「首」の形が異なる異体（道など）が見られる。

一方、「導」は道の初文（衜）に意符として手の形の「又」を加えて「みちびく」を表した形（𢖳）が起原であり、この場合は「道」は声符でかつ意味も表す亦声の部分である。

さらに東周代に意符を「寸」に変えた形（𨗊）が作られ、また秦代には「道」の場合と同じく「行」を「辵」に変えた形（導）となり、最終的に「導」の形になった。隷書には寸を「木」のような形にした異体（𡬴など）も見られる。

---

521 【遠】［遠］ 楷十三画（十四劃） 辵部 成形声

古匣紐元部[ɣiuan, ɦiuan, gʷan]→中雲紐阮（願）韻[ɣiuɐn, ɦiuɐn, ɦuɐn]→漢エン（ヱン）呉オン（ヲン）

522 【袁】 楷十画 衣部 成形声

古匣紐元部[ɣiuan, ɦiuan, gʷan]→中雲紐元韻[ɣiuɐn, ɦiuɐn, ɦuɐn]→漢エン（ヱン）呉オン（ヲン）

最も基本的な形は殷代の「𧘇」であり、進行を象徴する彳（彳）を意符、衣（衣）を声符とする。すでに衣の中に円形を加えたもの（𧘇）もあり、円は重複した声符と推定され、当時は遠・衣・円が近い発音だったようだ

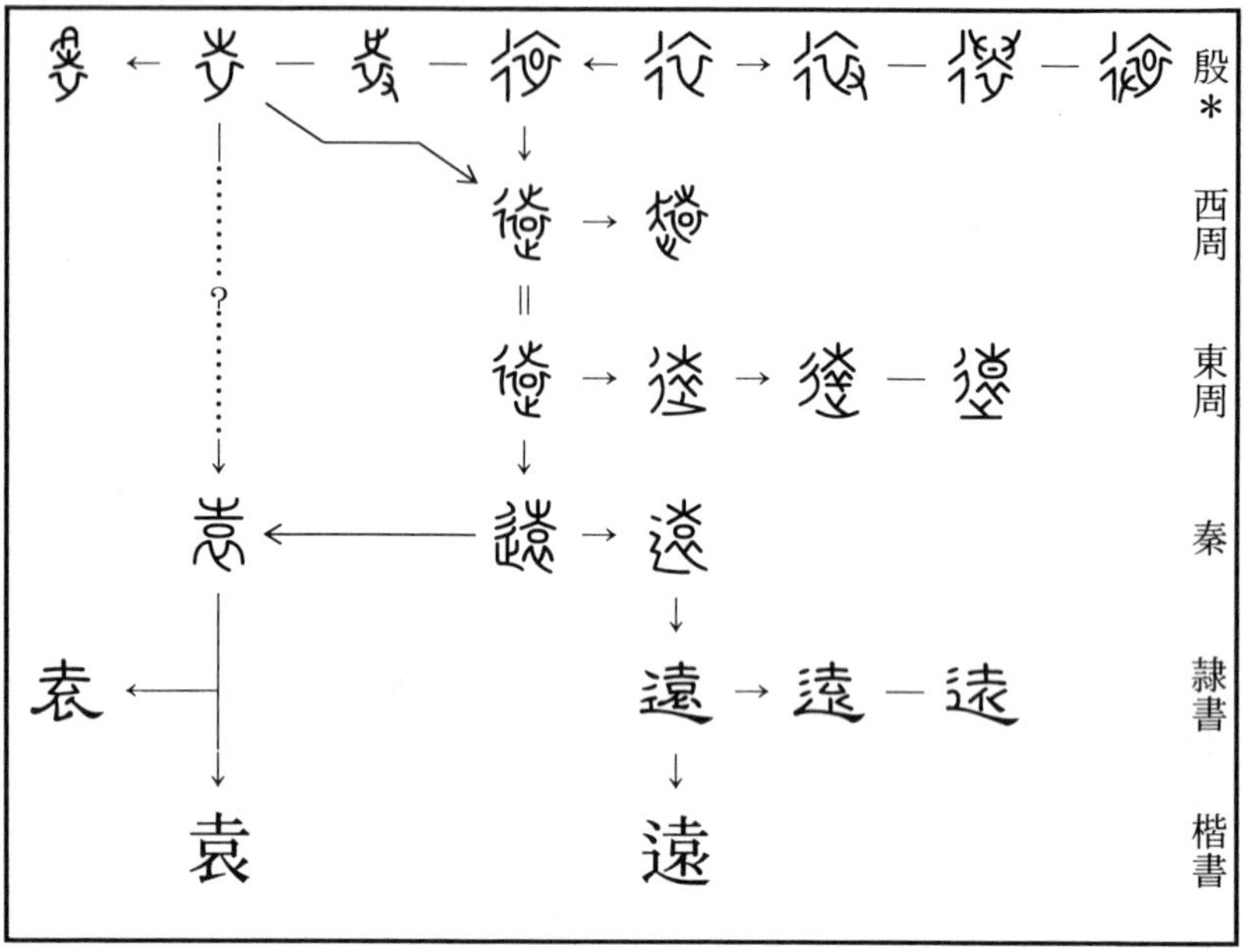

（殷代には「衣」には「みな」の字義（陽声）もあった）。

そのほか、殷代には衣服を持つ手の形（〓）を加えた異体（〓）などがある。「〓」などについては、意符を彳から同じく進行を象徴する止に置換した形であり、字形としては「袁」に近い。

「遠」の字形については、西周代に意符として二重に「止」を増し加えた形（〓）が作られた。これが楷書に継承されており、「遠」のうち、止のひとつと衣の上部が「土」、円形が「口」の部分になっており、彳ともうひとつの止が辵（⻌）になっている。

「袁」については、西周〜東周代に見えず、秦代の篆書として見えるが、「ゆったりした衣服」の字義で使われており、この場合には「衣」が部首と解釈されている。また、字形として殷代の「〓」などを継承したものか、あるいは篆書の「〓」の略体であるかは明らかではない。

袁の字源について、許慎は叀の省声とし、阿辻はこれに従い、また藤堂は「○印＋衣」とするが、いずれも古い字形に合わない。加藤は円形と衣を組み合わせた形が

「哀」にあたることから、それを声符と見なし、赤塚はこれに従うが、哀は上古音で影紐微部（[əi]などと復元）と推定されており、袁・遠の字音に合わない。そのほか白川は会意文字として円形を玉器とし、谷衍奎も同様の説であるが、円形は追加された部分であり、造字における基礎部分ではない。より古い殷代の字形から解釈したのは鎌田・李学勤のほか、何琳儀『戦国古文字典』など少数である。

田部

「田（田）」は、耕作地の象形である。転じて狩猟の意味でも用いられる。
《田》⑤田（畋・佃・甸）⑥曲・当⑦男・町⑧周（週）⑨界・畑（畠）⑫番（播）

---

523 【田】 [楷]五画　田部　[成]象形
(古)定紐真部・以紐真部[dien, den, lʼiŋ]→(中)定紐先韻[dien, den, den]→(漢)テン(呉)デン

524 【畋】 [楷]九画　攴部（田部）　[成]会意（亦声）
(古)定紐真部・以紐真部[dien, den, lʼiŋ]→(中)定紐先（齊）韻[dien, den, den]→(漢)テン(呉)デン

525 【佃】 [楷]七画　人部　[成]形声（亦声）
(古)定紐真部・以紐真部[dien, den, lʼiŋ]→(中)定紐齊（先）韻[dien, den, den]→(漢)テン(呉)デン

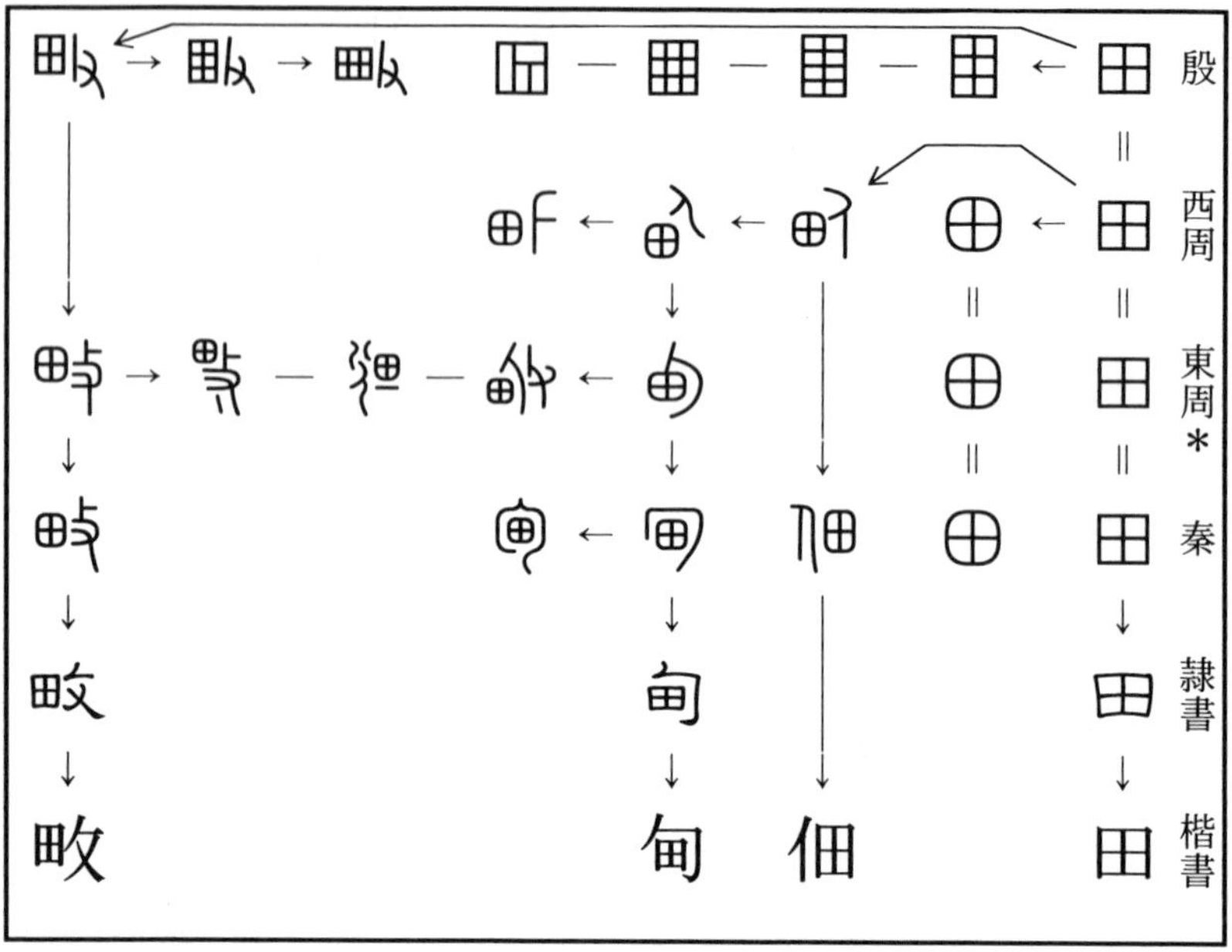

526 **【甸】** [楷]七画　勹部（田部）　[成]形声（亦声）

(古)定紐真部・以紐真部[dien, den, lʼiŋ]→

→(中)定紐霽韻[dien, den, den]→(漢)テン(呉)デン

田（田）は四角く区切った耕作地の象形である。中国では田と畑の区別がなく、耕作地であれば「田」と呼称される（「畑」は国字）。甲骨文字には「田」や「𤰞」などの異体があるが、使用例はごく僅かであり、「田」の字形がほとんどを占めている。

田は、耕作地から転じて耕作をすること、耕作の担当者、狩猟地、狩猟をすること、地方領主などにも転用されている。繁文として、狩猟をする意味では手に道具を持った形の攴を加えた「畋（畋）」が作られ、地方支配の意味では意符として人（亻）を加えた「佃（佃）」や、佃から分化した「甸（甸）」が作られた（佃は後に小作人の意味などに使われた）。

なお、『康熙字典』などは畋・甸の部首を田とするが、追加された意符である攴・勹とするのが妥当である。

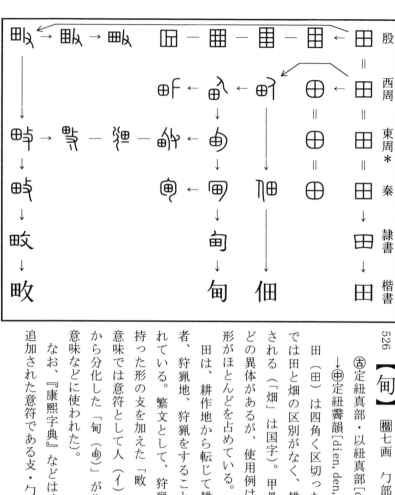

527【曲】 (楷)六画 曰部 (成)象形

(古)溪紐屋部[khiuɔk, khiuk, khog]→(中)溪紐燭韻[khiuok, khiuk, khiok]→(漢)キョク(呉)コク

曲の字源について、許慎は曲がった器物とし、加藤・白川・赤塚・鎌田・阿辻・谷衍奎は竹などを曲げて作った器物とする。また藤堂・李学勤は曲がったものさしとする。実際に東周代の「〓」や篆書の「〓」などは、ものさしや器物のように見えるが、いずれも後起の形であり、字源とは言えない。

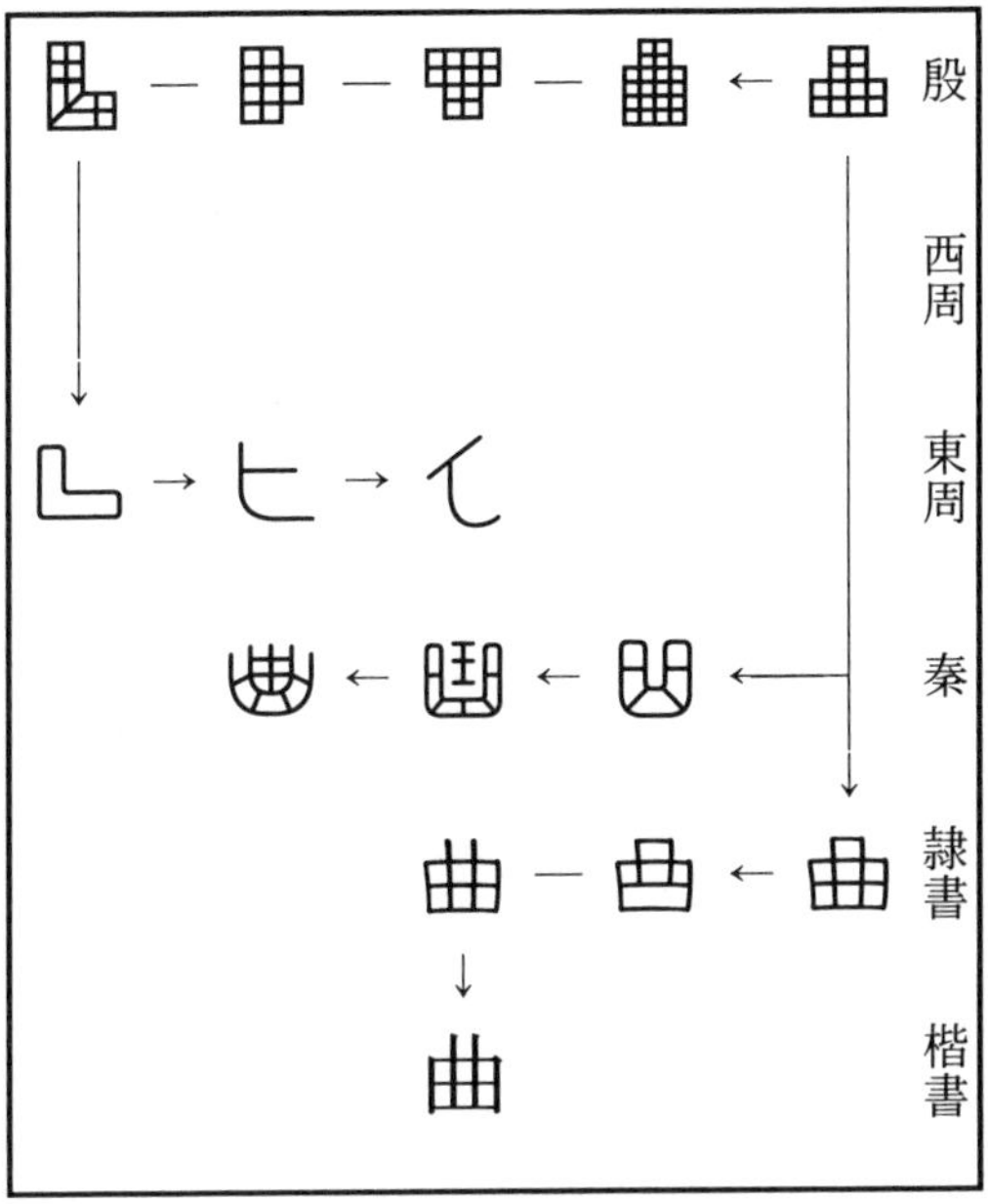

殷代の字形の「〓」や「〓」などは、原義では使用されておらず、また会意文字などでも使われていないので、確実な形で字源を明らかにすることはできないが、最も近い形は田（〓）であり、字源は屈曲した耕作地を表した文字であろう。

なお、隷書には殷代の「〓」に近い形が用いられており、さらに上部を少し変形させたものが楷書に残っている。そのほか、秦代の異体の「〓・〓」は、篆書の形に「玉」を追加した繁体であり、器物に玉を入れた様子と思われる。ただし、玉は上古音で屋部（[ŋiuɔk]などと復元）と推定されており、声符の追加かもしれない。

528 【当】［當］ [楷]六画（十三画） 田部（小部） [成]形声

(古)端紐陽部[taŋ, taŋ, taŋ]→(中)端紐宕(唐)韻[taŋ, taŋ, taŋ]→(漢)トウ(タウ)(呉)トウ(タウ)

当［當］は、田を意符、尚［尚］を声符とする形声文字である。原義については、許慎は田地の価値が釣り合うこととし、そこから転じて「あたる」の意味で使用されたようである。

殷	西周	東周	秦	隷書	楷書
			當	→ 當	→ 當
			—		
			當		

声符の尚について、意味も表す亦声の部分とする説もあり、白川は神が現れることとし、原義を「田土に神を迎えて祀る農耕儀礼」とする。また鎌田は願うの意味があり、原義を「実りを願って事にあたるの意味」とする。しかし、いずれも無根拠な憶測と言わざるを得ない。

先秦時代の文献資料では、仮借の用法で助字として「當」が多く使われているが、現状の出土資料では、先秦時代には「尚」や「堂」を借りて用いており、後代に書き換えられたと思われる（ただし、今後発見される可能性も否定はできない）。

楷書の字形について、尚については「尚」が正字とされるが、當については「尚」の形を用いたものが正字とされている。また新字体は下部を大幅に簡略化した俗字である。

529 【男】 [楷]七画 田部 [成]会意

(古)泥紐侵部[nəm, nəm, num]→(中)泥紐覃韻[nɒm, nəm, nʌm]→(漢)ダン(ダム)(呉)ナン(ナム)

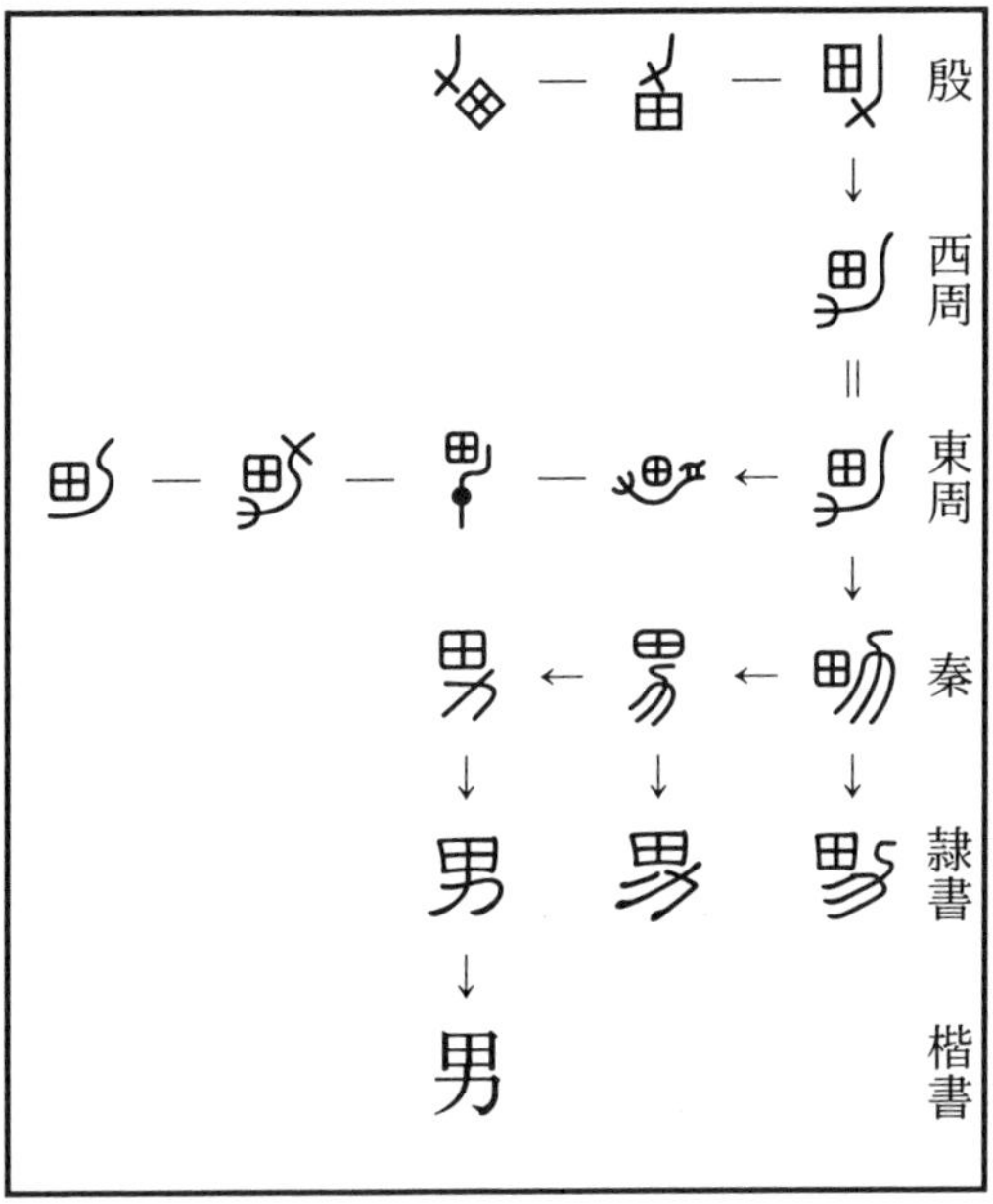

男（[illegible]）は、田（田）と力（[illegible]）から成る。

字源について、許慎は「力」を腕の象形とする誤解から「田に力を用いること」とし、藤堂・鎌田はこれに従う。しかし、実際には白川が述べるように「力」は農具である耜《すき》の象形であり、耕作を表現した文字である。後に耕作から転じて農業を司る職名や男子の意味などに用いられた。そのほか、赤塚・阿辻・谷衍奎・李学勤は白川説を採り、加藤はこの文字に言及がない。

字形は、後代に「力」の字源が忘失されたためであろうが、田と力の配置が入れ替わり、田が上部に置かれるようになった（横に並べた字形も隷書まで使われた）。

---

530 **【町】** (楷)七画　田部　(成)形声

(古)透紐耕部・定紐耕部[thieŋ, theŋ, theŋ+dheŋ]→(中)透紐迥(青・銑)韻・定紐迥韻[thieŋ, theŋ, theŋ+deŋ]→(漢)テイ(呉)チョウ(チャウ)

「町」は、耕作地の象形である田を意符、丁を声符とする形声文字であり、原義は耕作地のあぜ道である。

殷	西周	東周	秦	隷書	楷書
			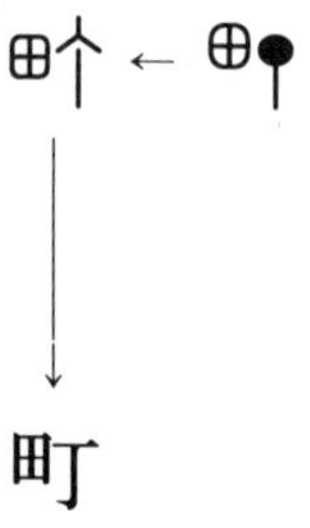		町

声符の丁について、意味も表す亦声とする説もあり、藤堂はT字型のあぜ道とし、鎌田は丁を釘の象形として、耕作地に釘のように打ち込まれたあぜ道と解釈する。丁の字源は都市の城壁であるが、秦代には誤解から釘の形になっているので、これらの解釈も可能であるが、史料的な根拠もない。

隷書については、典型的な八分隷書には見えないが漢代の簡牘には使用例がある。

---

531 **【周】**［周］ (楷)八画　口部　(成)会意

(古)端紐幽部・章紐幽部[tiu, tiog, tiuɯ]→(中)章紐尤韻[tɕiəu, tʃiəu, tɕiu]→(漢)シュウ(シウ)(呉)シュ

532 **【週】**［週］ (楷)十一画（十二劃）　辵部　(成)形声(亦声)

(古)×→(中)章紐尤韻[-, tʃiəu, tɕiu]→(漢)シュウ(シウ)(呉)シュ

周［周］は、初文（周）が田（田）を変形したものと小点から成り、耕作地に穀物などを植えた状態を表している。殷代の異体には、田を変化させた形だけの略体（田など）もある。

字源について、鎌田は箱に彫刻が施されている様子とするが、箱の形である曰（曰）が附されたのは西周代である。白川は紋様のある楯の形とするが、楯の象形である毌（毌）とは字形が異なる。谷衍奎は紋様のある鐘の形としており、字形の近い用（用）を鐘の象形とする説もあるが、「周」と「用」は別の字源である（なお本書

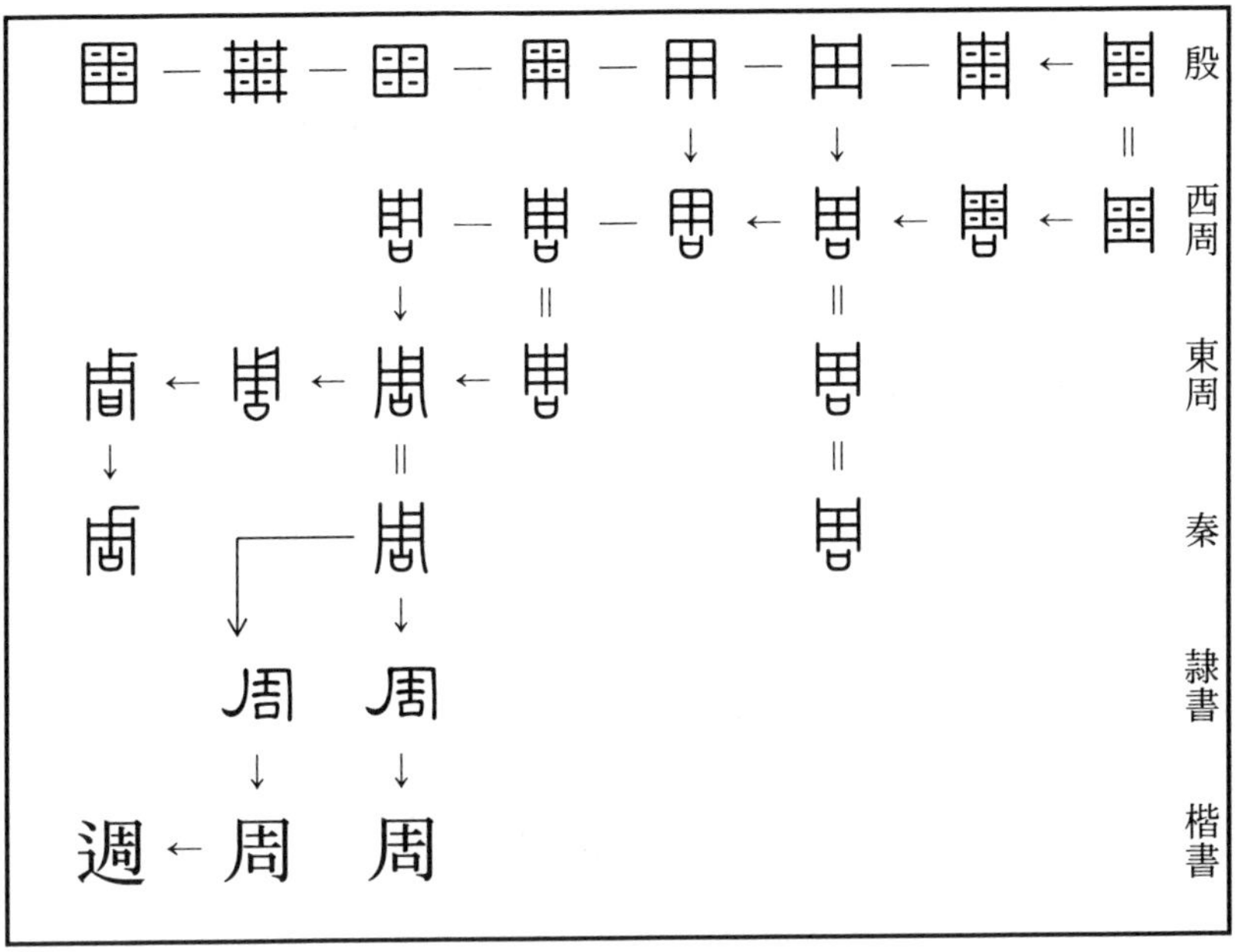

は用の字源を桶の象形としている）。

西周代には、初文あるいは田を変形させた異体の下部に口（凵）を加えた形（〓・〓など）になった。意義は不明であるが、「周」は当時の王朝名であり、口には祭祀などに関連することを表す部首としての用法があるので、自らの神聖性を主張したのかもしれない。

さらに東周代には、初文の部分が誤って「用」の形になった異体（〓）が作られており、これが後代に継承された。なお、許慎・阿辻は用に従う篆書の字形（〓）から字源を解釈するが、殷・西周代の字形に合わない。

楷書の正字は「周」であるが、新字体は中央の縦画を短くした略体になっており、隷書で作られた形（〓）を継承している。

なお、「周」は引伸義で「めぐる」や「あまねく」の意味になったが、「耕作地全体を耕す」や「作物がびっしりはえている様子」などの解釈からとされる。

そのうち「めぐる」の意味に限定して作られた繁文が「週」であり、意符として辵（辶）を追加したものである。ただし、現代日本では「めぐる」の意味では用いられず、専ら「週間」の意味にのみ用いられる。なお、藤堂と『漢字字音演変大字典』は週の上古音を周と同音で復元するが、楷書が初出であり、上古音は存在しない（『漢字古今音表』は上古音だけではなく中古音の段階でも未成立と見なしている）。

533【界】〔畍・堺・⿰阝界・⿰口界〕 楷九画　田部　成形声（亦声）

古見紐月部・見紐歌部[keat, kad, kred]→中見紐怪韻[kɐi, kʌi, kγɛi]→漢カイ呉カイ

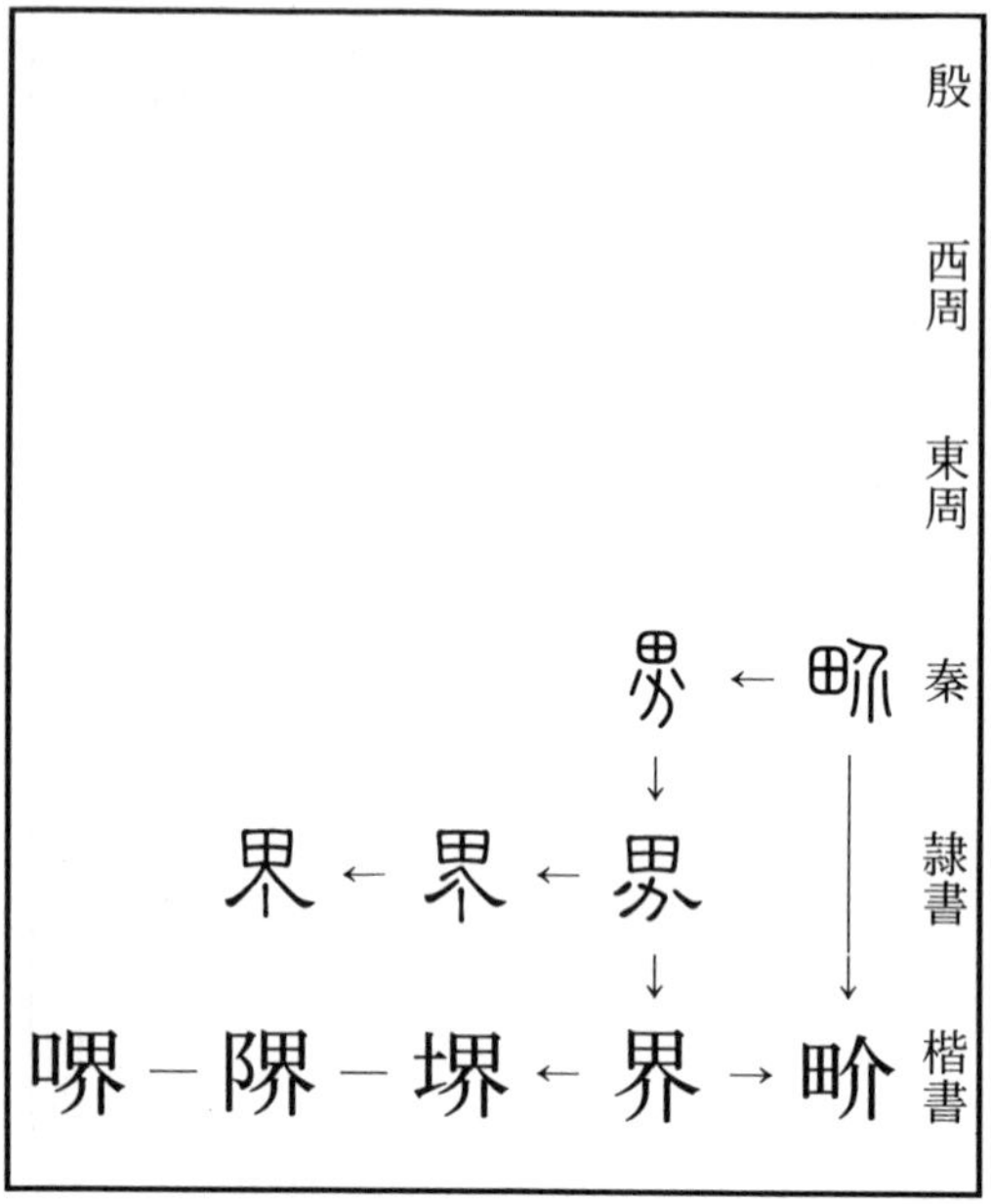

「界」は、田を意符、介を声符とする形声文字であり、耕作地の境界を表している。藤堂・赤塚・鎌田・谷衍奎は「介」が「区切る」の意味も表す亦声の部分としており、矛盾のない解釈である。

字形は篆書（畍）では田・介を横に並べた形であったが、上下に並べた異体（界）が作られ、これが継承されて楷書の「界」になった。楷書では篆書の構造を模倣した「畍」も作られている。楷書では、異体として「土」を意符として加えた「堺」のほか、「⿰阝界」や「⿰口界」が作られている。現代日本では「界」と「堺」を使い分けることが多いが、成り立ちとしては同一字にあたる。

534【畑】〔畠〕 楷九画　田部　成会意・国字

「畑」は国字であり、「火」と「田」から成る。乾いた耕地の意味とも、焼き畑を表したものとも言われる。「畠」も「はたけ」を表す国字であり、水田に対して、乾いて白い耕地を表している。なお、中国では田と畑の区別がなく、いずれも「田」で表されていたが、近代では一種の「逆輸入」によって、中国でも「畑」が使われることもある。

535【番】 楷十二画　田部　成形声

古滂紐元部・幫紐歌部[phiuan+phuan+puai, phiuan, phan+pal]→中敷紐元韻・滂紐桓韻・幫紐過(戈)韻[phiuan+phuan+pua, phiuan, phiən+phuan+pua]→漢ハン・ハ呉ホン・ハ慣バン

536【播】 楷十五画　手部　成形声（亦声）

古幫紐歌部[puai, puar, pal]→中幫紐過韻[pua, pua, pua]→漢ハ呉ハ慣ハン・バン

番（番）について、許慎は獣の足の掌を表現したものとし、白川・谷衍奎・李学勤はこれに従う。しかし、上部の「釆」は爪を表現したものであるが、下部は耕作地を表す「田」である。したがって、耕作地を表す田を意符、釆《はん》を声符とする形声文字と考えられ、諸家が述べるように「播」の初文である。なお、爪を表す「釆」については、種を播く手の意味がある亦声かもしれない。

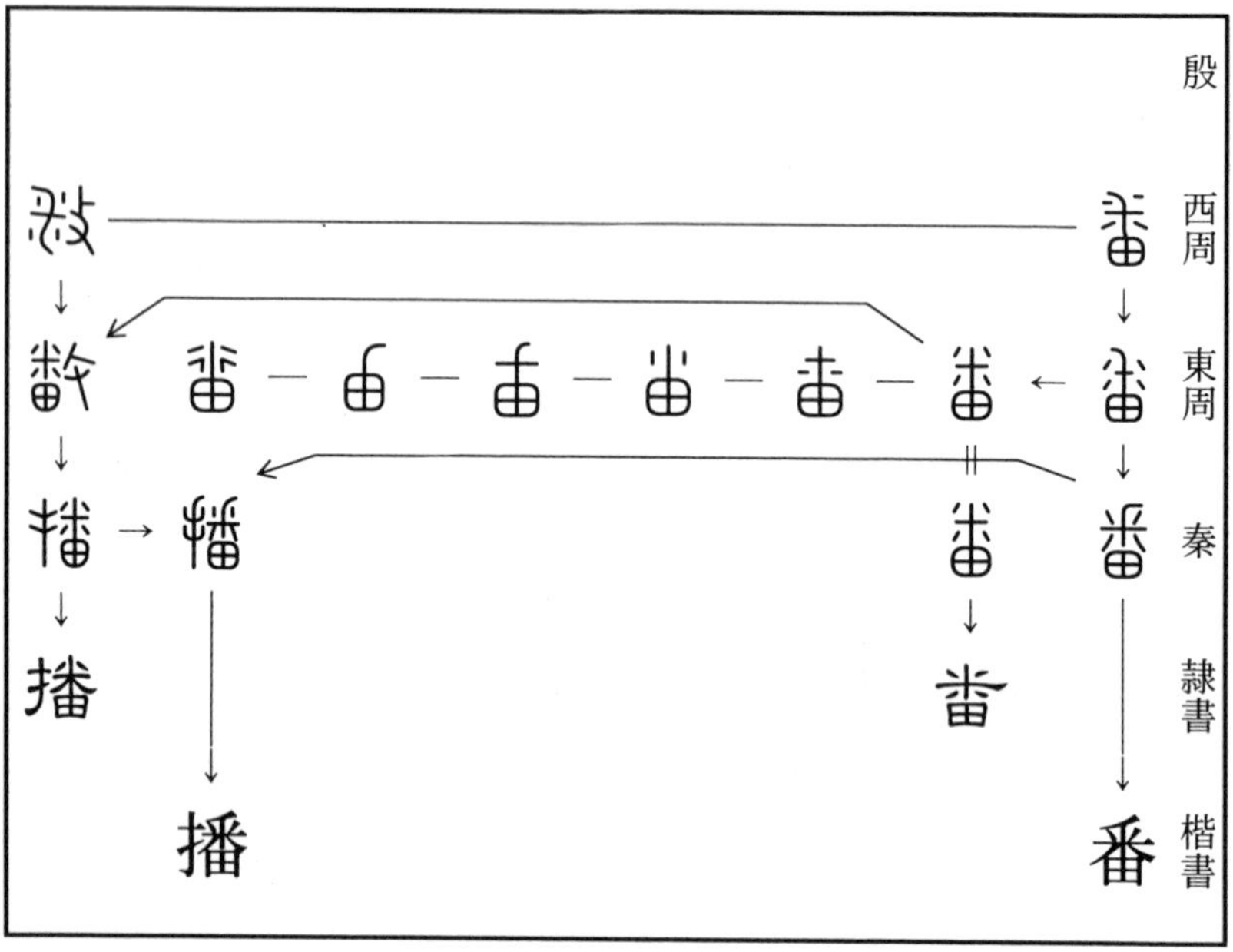

東周代には異体が多く、釆を「米」に変えたもの（番）や「毛」に変えたもの（番）などがあるが、最も原型に近い形が楷書に継承された（米に従う形は隷書まで見える）。

のちに、番は引伸義で順番の意味や「蛮〔蠻〕」の意味などで用いられたため、原義については手（扌）を追加した繁文が作られた（番には陰声も存在し、発音も表す亦声の部分である）。なお、すでに西周金文において、「播」の異体にあたる文字が見えており、この段階では攴を意符、釆を声符とする形（𢽾）であった。その後、東周代に声符として「番」を用いた形（𢿎）となり、さらに秦代に意符が「手（扌）」に置換されて「播」となった。

そのほか『説文解字』は古文として釆を借りて使う例、および或体として足を意符、煩を声符とする形声文字を挙げるが、現状の出土資料には見られない。

丁部

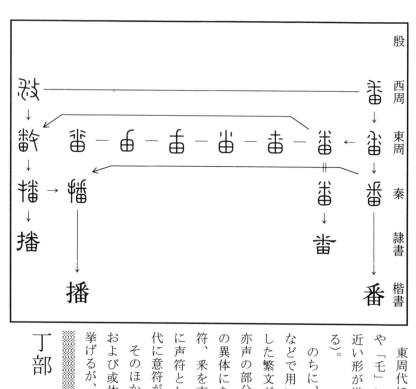

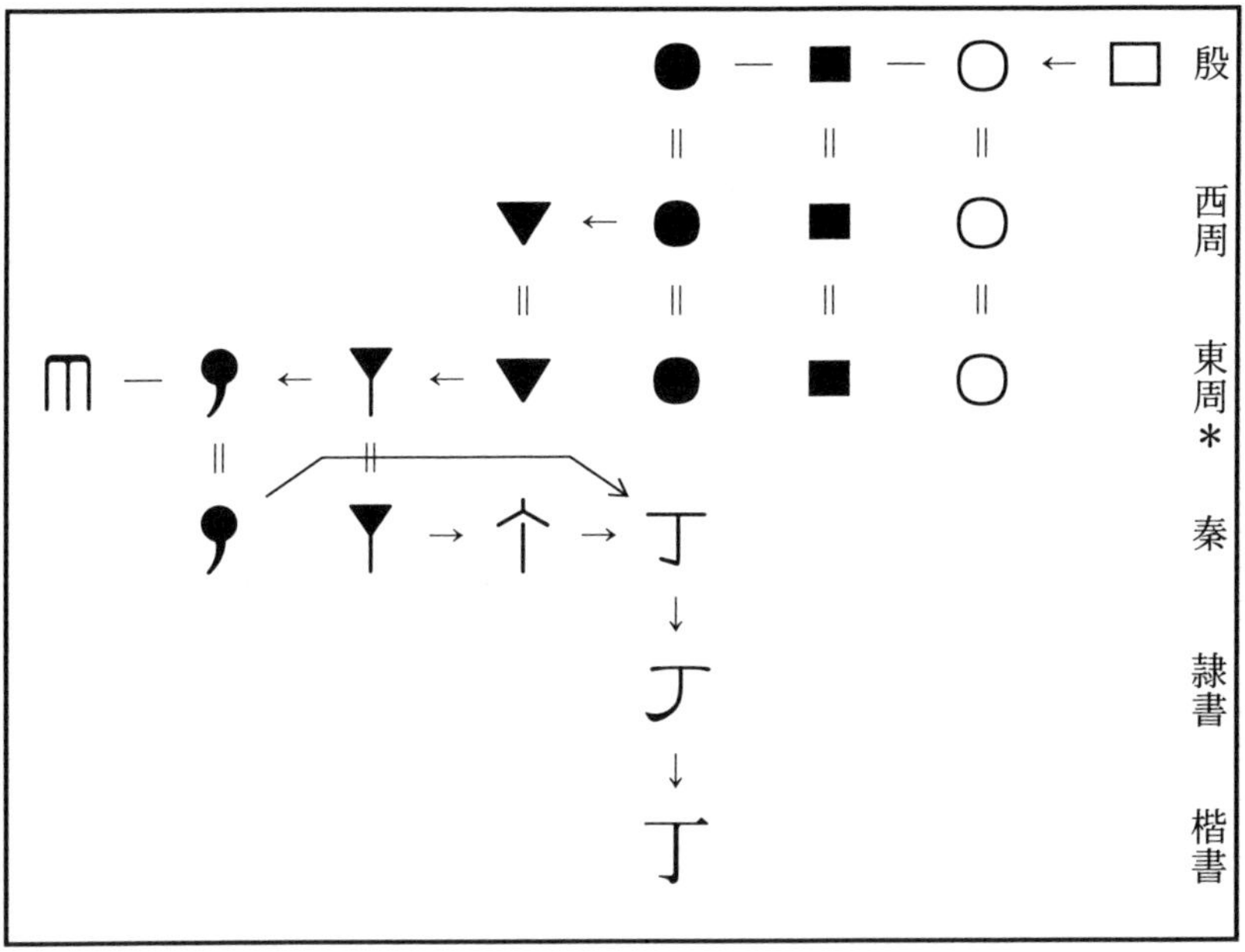

「丁（口）」は、城壁や囲い、部屋の形など四角形の構造物を表す。部首として使われた場合、楷書では口や囗（くにがまえ）の形になることが多い。

《丁》②丁⑦図⑧或（国・域）⑬園《邑》⑦村⑪都・部

537【丁】 楷二画 一部 成象形

古端紐耕部[teŋ+tieŋ, teŋ, teŋ+rteŋ]→中端紐青韻・知紐耕韻[tieŋ+tæŋ, teŋ+tɛŋ, teŋ+tɣɛŋ]→漢テイ・トウ呉チョウ（チャウ）

許慎は十干を人体の各部分の表現と見なし、丁の字源を人の心臓の象形とするが、その概念は誤りである（なお心臓の象形は殷代には心（ ）である）。

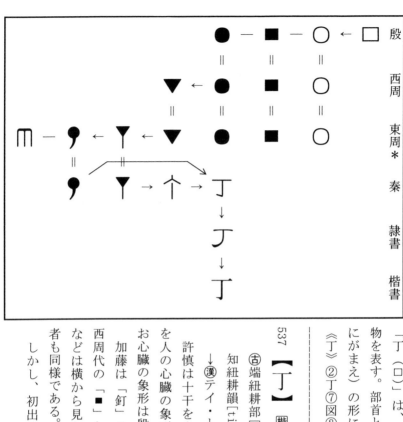

加藤は「釘」の象形でその初文とする。つまり、殷・西周代の「■」などは釘を上から見た形、秦代の「个」などは横から見た形と考えるのであり、そのほかの研究者も同様である。

しかし、初出の殷代には、単独でも会意文字でも釘の意味での用例はない。丁（口）は四角形のものを表す一般形であり、特に会意文字では城壁の意味で用いられることが多く、例えば征の初文の正（）は城壁に足を向けて攻撃することを表している。また、部屋の象形や抽象的な物体などの用法もあり、例えば宮（）では部屋の形として用いられている。

ただし、後代には釘の形と解釈されたようであり、東周代以降に釘を横から見た形（▼など）に変わり、「■」などは使われなくなった。

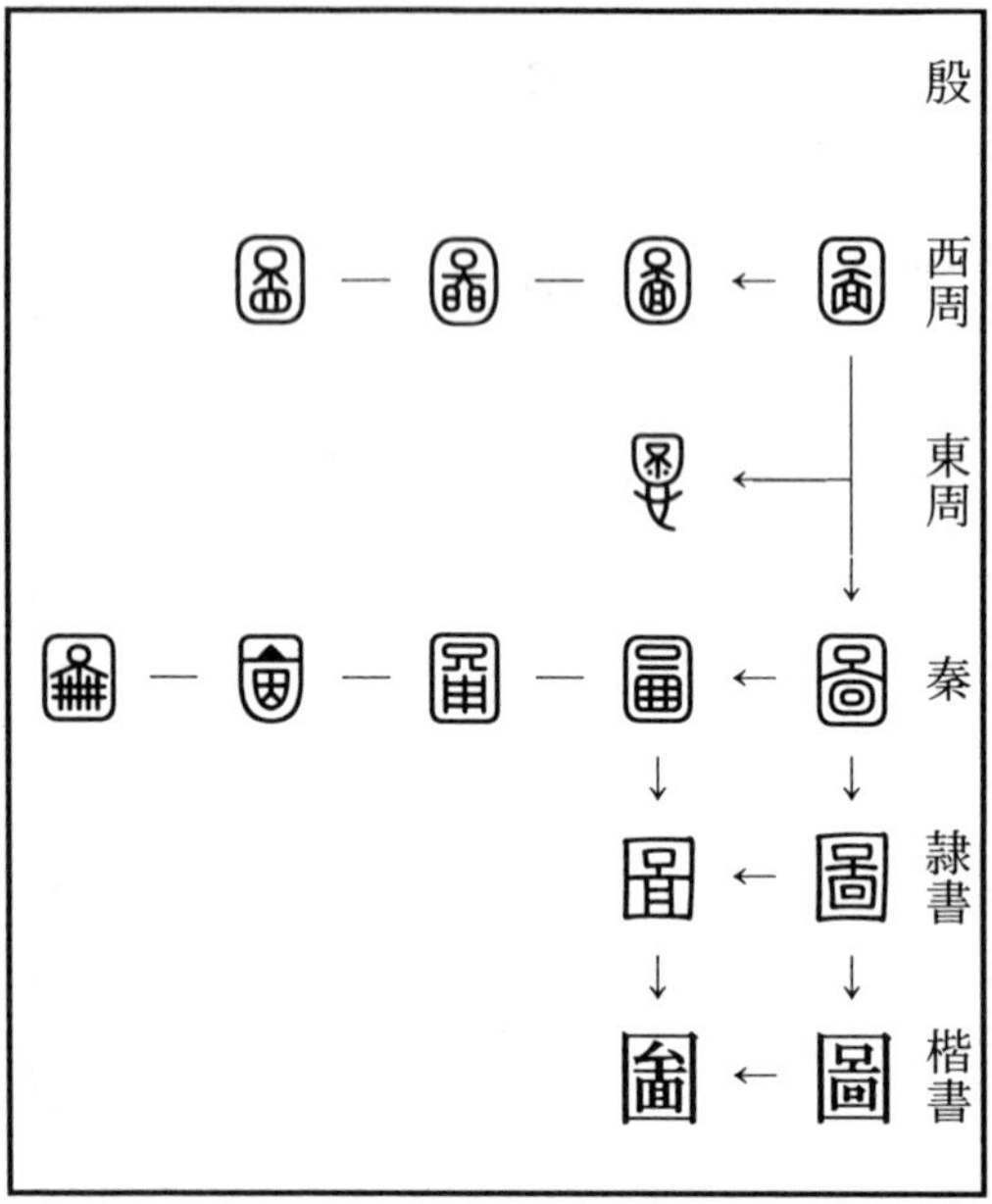

538 【図】［圖］〔圗〕 楷七画（十四劃）

囗部 成会意 古定紐魚部[da, dag, da]→↓中定紐模韻[du, do, duo]→漢ト呉ズ（ヅ）

図［圖］は、領域を表す四角形と都市を表す「啚《ひ》」から成り、領土を表現している。ちなみに啚は、城壁を表す四角形と倉庫の意味の廩の初文の㐭から成る。図［圖］は、後に地図の意味などに転用され、また仮借して「はかる」の意味でも用いられた。

なお、藤堂・白川・阿辻・谷衍奎・李学勤は地図を原義とするが、初出の西周初期の金文では領土の意味で用いられている。また、許慎は啚を「難しいことの意味」

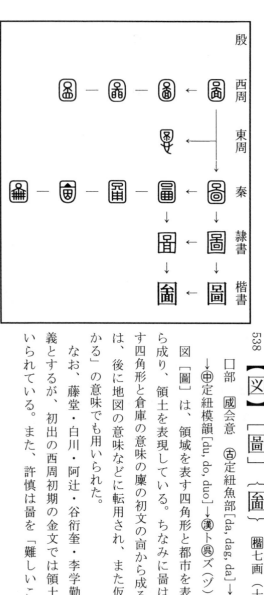

とするが、前述のように都市を表している。加藤は啚を声符とするが、啚の上古音は幫紐之部（[pǐə]などと復元）と推定されており、図とは字音が大きく異なる。

東周代には、「はかる」の意味として「心」を増し加えた繁文（〓）が作られたが、後代には残っていない。そのほか秦代以降にも啚を変形させた異体（圗など）が見え、楷書にも異体の「圗」がある。教育漢字の「図」は略体の俗字である。

539【或】 楷八画　戈部　成会意

古匣紐職部・群紐職部[ɣuək, ɦuək, gʷɯg]→中匣紐徳韻[ɣuək, ɦuək, ɦuək]→漢コク呉ワク

540【国】［國］〔囯・囶〕 楷八画（十一劃）　囗部　成形声（亦声）

古見紐職部[kuək, kuək, kʷɯg]→中見紐徳韻[kuək, kuək, kuək]→漢コク呉コク

541【域】〔㽣〕 楷十一画　土部　成形声（亦声）

古匣紐職部・匣紐物部[ɣiuək, ɦiuək, ɢʷrɯg]→中雲紐職韻[ɣiuək, ɦiuək, ɦuik]→漢ヨク呉イキ

「或」は西周代に初出であり、基本的な形（〓・〓）は、都市を表す四角形と杙《くい》の象形の弋《よく》、および領域の範囲を表す指事記号の単線を四本または二本加えたものである。弋は、領域の境界に標識として打った杙と思われるが、上古音では或と同部（職部の[ʎiək]などと復元）と推定され、声符または亦声の可能性もある。

西周後期に出現する異体字には、「弋」と指事記号の線を重ねて武器の一種の「戈」にしたもの（〓）がある

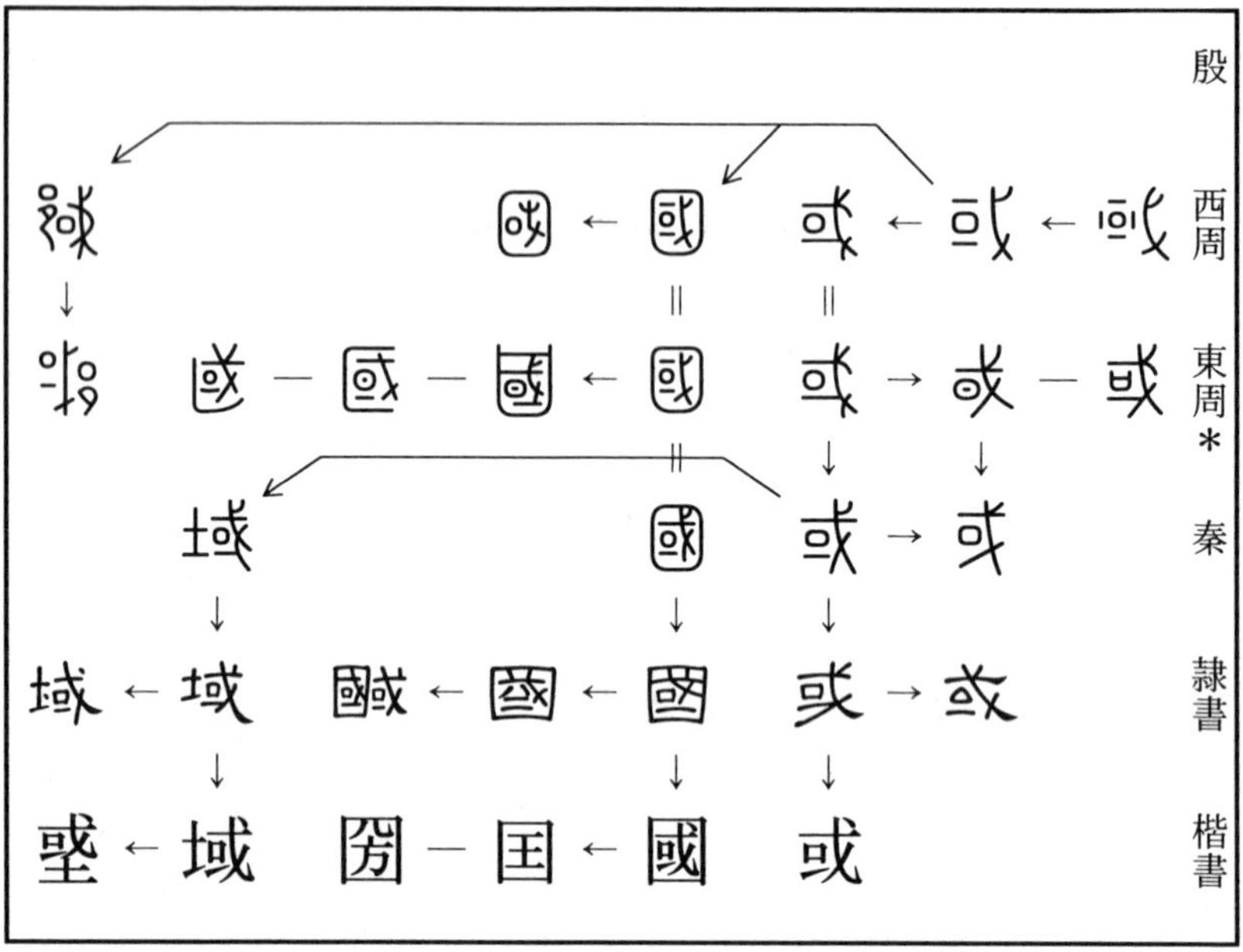

が、誤字というよりは、「武器で守られた地域」と解釈したものであろう。

なお、許慎・白川・鎌田・阿辻・谷衍奎は後起の戈に従う字形を原型とするが、現状の資料では、藤堂・赤塚が述べるように弋に従う字形が古い（西周初期に出現）。そのほか李学勤は項目ごとの担当者により見解が分かれている。また加藤は弋と畺の略体から成るとするが、耕作地の象形である「田」に従う字形は見られない。

「国［國］」は、「或」に領域を示す部首として「囗」を増し加えた繁文であり、周代には国土全体ではなく首都とその周辺を指して用いられることが多かった。

東周代には都市の象形を日に変えた異体（〓）や、口を匚や匸に置換した異体（〓・〓）などもあるが、後代には残っていない。また楷書では或を王に変えて「王の居所」の意味にした形（囯）があり、さらに新字体の「国」は王を玉に変えた形である。また「八方」を用いて国土を表現した形（圀）については、唐代に則天武后が作った所謂「則天文字」である。

そのほか、西周代には意符として邑を加えた繁文（　）も見られ、東周代までは継承されたが、それ以降には残っていない。

また意符として「土」を加えた「域」も同源の繁文であり、篆書に初出（　）である。現在の音読みでは離れているが、上古音では「或」と「域」は近似していた。「域」の異体として、楷書には配列を変えた「㘬」も見られる。

なお、殷代に出現する口・戈に従う字形（　）を字源とする説もあるが、これは馘《かく》の初文（　）のうち眉（　）を口（　）に変えたものであり、別字である。

---

542 **【園】**｛薗［薗］｝ 楷十三画　口部　成形声

古匣紐元部[ɣiuan, ɦiuan, g^{w}an]→中雲紐元韻[ɣiuɐn, ɦiuɐn, ɦuɐn]→漢エン（ヱン）呉オン（ヲン）

囲いを表す囗を意符、袁を声符とする形声文字であり、果樹などを植える菜園を表している。

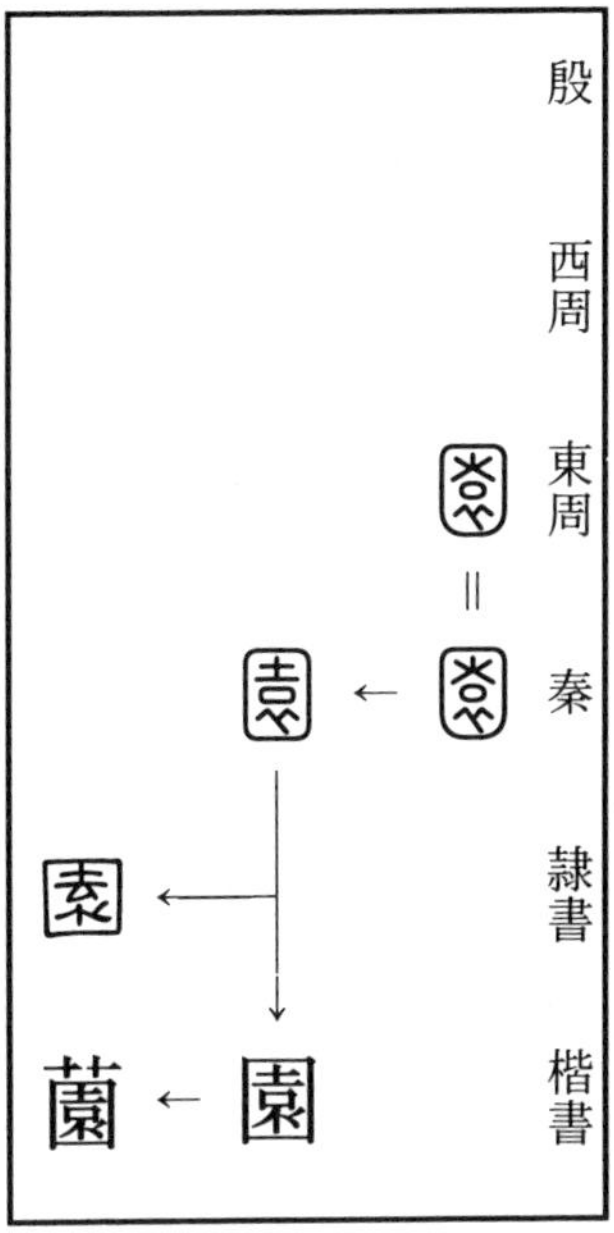

赤塚などは、めぐる意味の「睘」が目と袁の古体から成ることから、園についても袁に囲いをめぐらせることの意味があると見なし、囲いそのものを原義とする。初出の東周代には園に原義での用例がなく、正否は確実には言えないが、袁の字義にはその意味はないので、語彙として字音の共通はあったかもしれないが、直接的な意

味表示とは考えられない。
薗［薗］は楷書で作られた異体であり、意符として艸（艹）を増し加えたものである。

▽邑部

543【村】〔邨〕 楷七画　木部　成形声

古清紐文部[tshuən, tshuən, shuən]→中清紐魂韻[tshuən, tshuən, tsuən]→漢ソン呉ソン

殷	西周	東周	秦	隷書	楷書
			 ――――→		邨
					村

篆書の形（）は邑（阝）を意符、屯を声符とする形声文字である。屯は「人々がたむろする」ことも表す亦声の部分とされる。

「村」は中世に新たに作られた形であり、本来は木の種類を表していたようだが、「邨」の代替字として使われるようになった。声符の寸は肘の初文であり、本来は陰声であるが、長さの単位として転用されたため陽声が存在する。

なお、藤堂・鎌田・谷衍奎は「むら」を原義とするが、部首が木なので、木名が原義で「むら」は仮借か引伸義とするのが妥当である。

544【都】［都］ 楷十一画（十二劃）　邑部　成形声

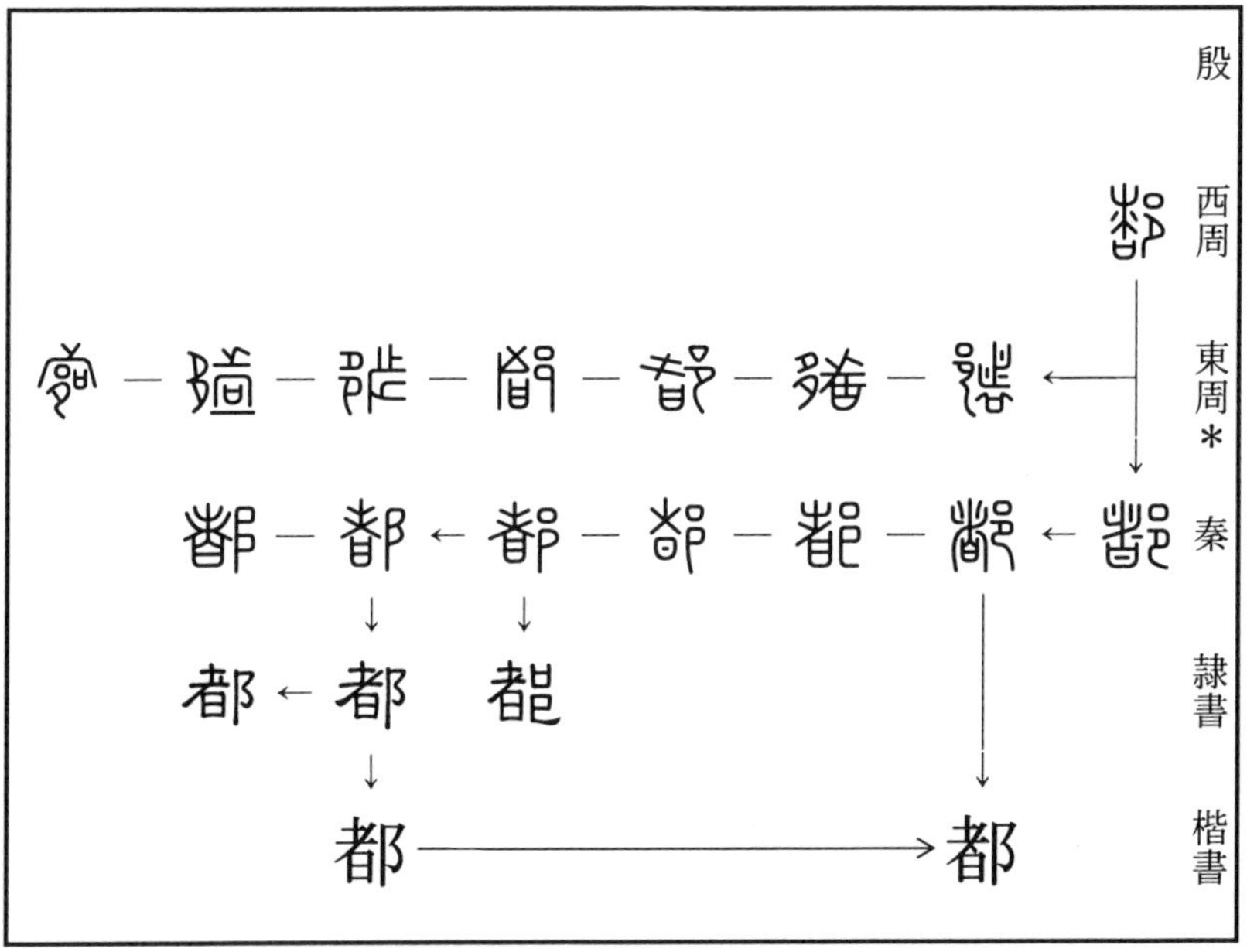

(古)端紐魚部[ta, tag, ta]→
→(中)端紐模韻[tu, to, tuo]→(漢)ツ(呉)ト

都［都］は、邑（阝）を意符、者［者］を声符とする形声文字であり、大きな都市を表す。

「者」を亦声とする説もあり、藤堂はこんろの上で柴をもやすさまから、火力の集中を表し、そこから人々が集中する意味になったとするが、無理のある解釈であり、また者の字源も誤っている。白川は呪的に作られた土垣で、それをめぐらせた都市を原義とするが、そうした文化は確認できない。鎌田は台上にしばを集めた形から多くの人が集まるの意味になったとする。これは者の字源には近いが、やはり者に直接的に「集まる」を表す意義はない。

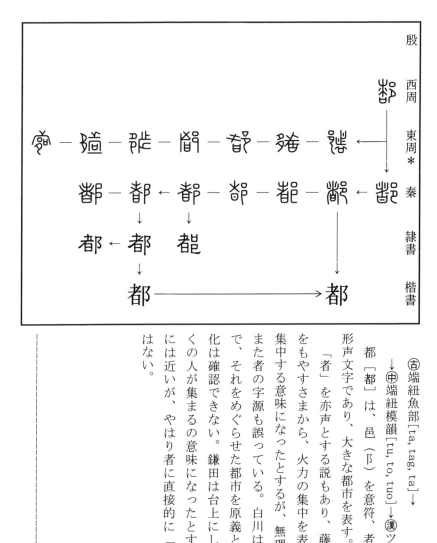

【部】 楷十一画　邑部　成形声

古並紐之部・並紐侯部[bua+bə, buəg, bo]→中並紐姥(厚)韻[bu+bəu, bo+bəu, buo+bəu]→漢ホ・ホウ呉ブ

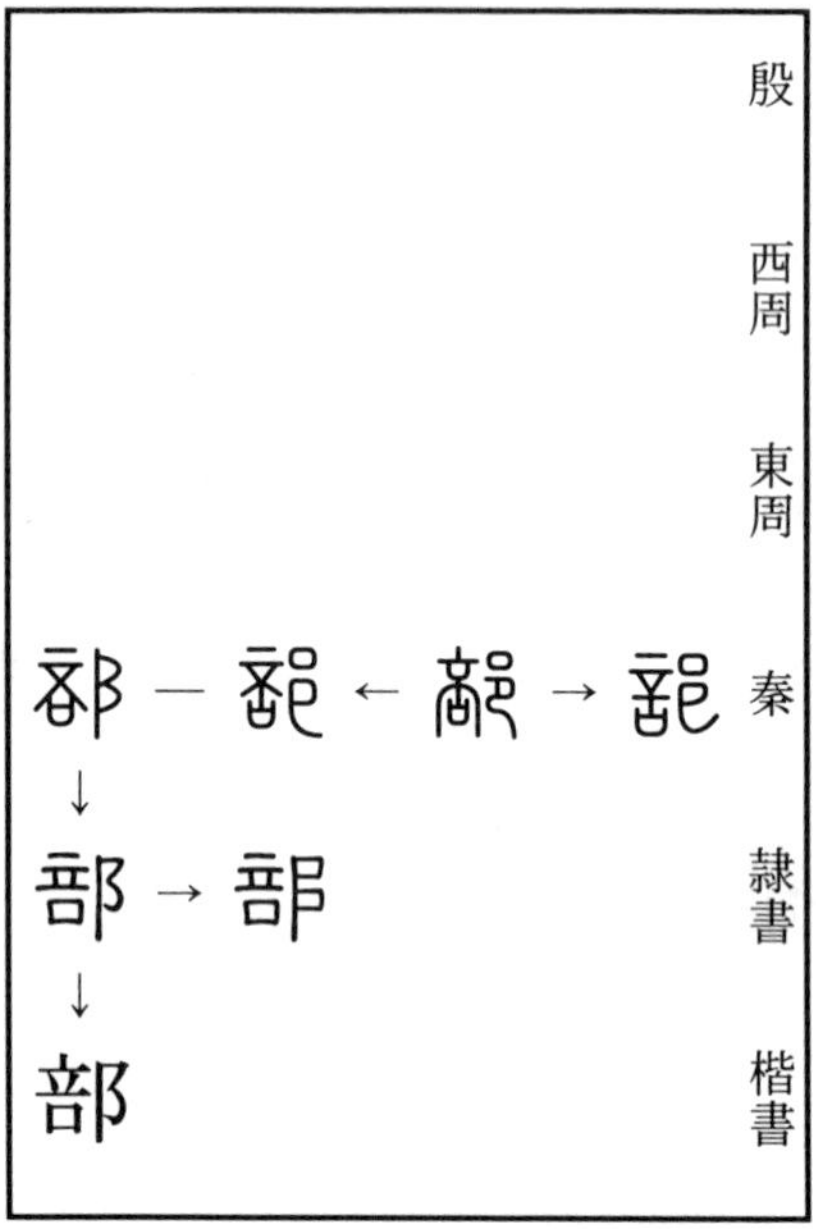

現行の『説文解字』では邑を意符、否を声符とするが、掲載されている字形は音（咅《ほう》）を声符とする形である。また出土資料（〓など）も否ではなく咅を用いている。もとは北方の都市の名だったようだが、仮借して剖と同じく分ける意味に使われた。なお、白川は「分けられた地域」を原義とし、実際に秦代の簡牘では行政区画として用いられているので、都市の名は転用かもしれない。

そのほか咅を亦声とする説もあり、藤堂は咅に「ふくれる」の意味があり、ふくれた土盛りや丘を原義とするが、出土資料にはその用法が確認できない。

青部

「青（〓）」は、丹（〓）を意符、生（〓）を声符とする形声文字である。本来は丹が部首であるが、楷書では青の部首とされる。なお丹は井（〓）に指事記号の小点を加えた文字である。

《青》⑧青

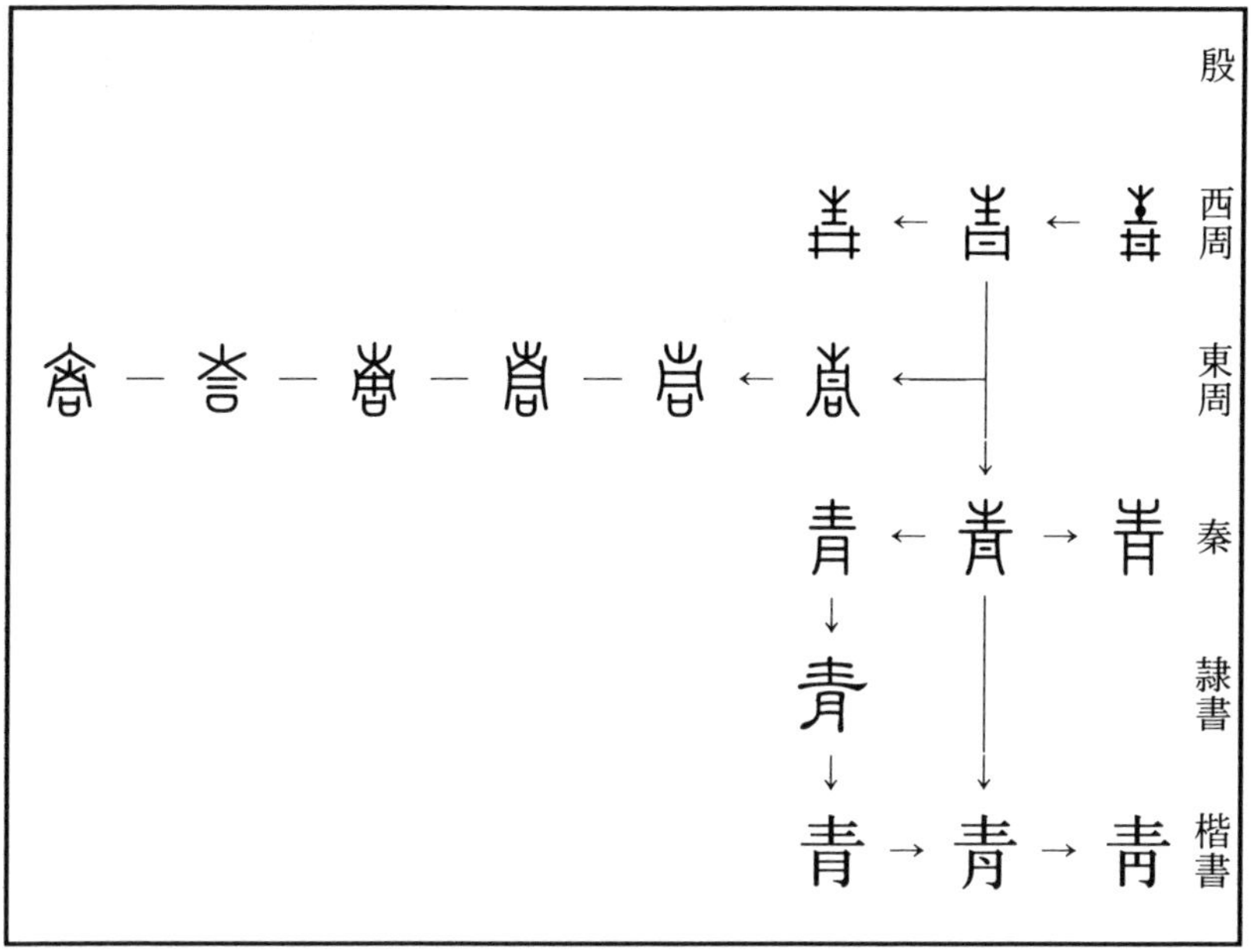

546【青】［靑］ 楷八画　青部　成形声（亦声）

古清紐耕部[tshieŋ, tsheŋ, shleŋ]→中清紐青韻[tshieŋ, tshieŋ, tsheŋ]→漢セイ呉ショウ（シャウ）

「青［靑］」は、西周代に初出の形（𤯍など）は、上部が生、下部が丹の初形である。「生」が声符、顔料を意味する「丹」が意符で「青い顔料」を表現している。また、草が生える様子を表した「生」は、「草の青色」も意味する亦声の部分とする説が有力である。

なお、藤堂は丹を井戸の中の清水を表すとするが、丹に含まれる「井（丼）」は、古くは井戸に限らず人為的に掘った穴を指して用いられており、丹は人為的に掘った穴から取り出される鉱物性の顔料を表している。ただし、各時代の異体に「丹」を「井」に略した形があり、異体字には井戸の意味で解釈して作られたものがあるかもしれない。

東周代には下部に曰（日）を加え、また生と丹（または井）を接着させた異体（靑など）が主に使われていたが、秦地には西周代の字形が残されていたようであり、篆書では初出の構造のものが採用されている。

秦代には丹を月に変えた形（青）があり、この場合には略体かもしれないが、「青い月」という解釈かもしれない。これが後代に継承され、楷書（新字体）の「青」になった。ただし、楷書で「正字」を決定する際には、篆書の字形が考慮されて「靑」となり、さらに「靑」となった。

幾何学的符号を部首とする文字

一部

「一（一）」は、数字や地面などを表す指事記号として使われる。

《一》①一②二③三⑤四

547【一】〔弌〕 楷一画 一部 成指事

古影紐質部[iet, ʔiet, qlig]→中影紐質韻[iet, ʔiet, ʔiet]→漢イツ呉イチ

「一（一）」は、一本の横線で「ひとつ」の意味を表したものが起源である。後に引伸義で「はじめ」や「おなじ」などの意味にもなっている。甲骨文字から楷書に至るまで字形の変化は少ない。

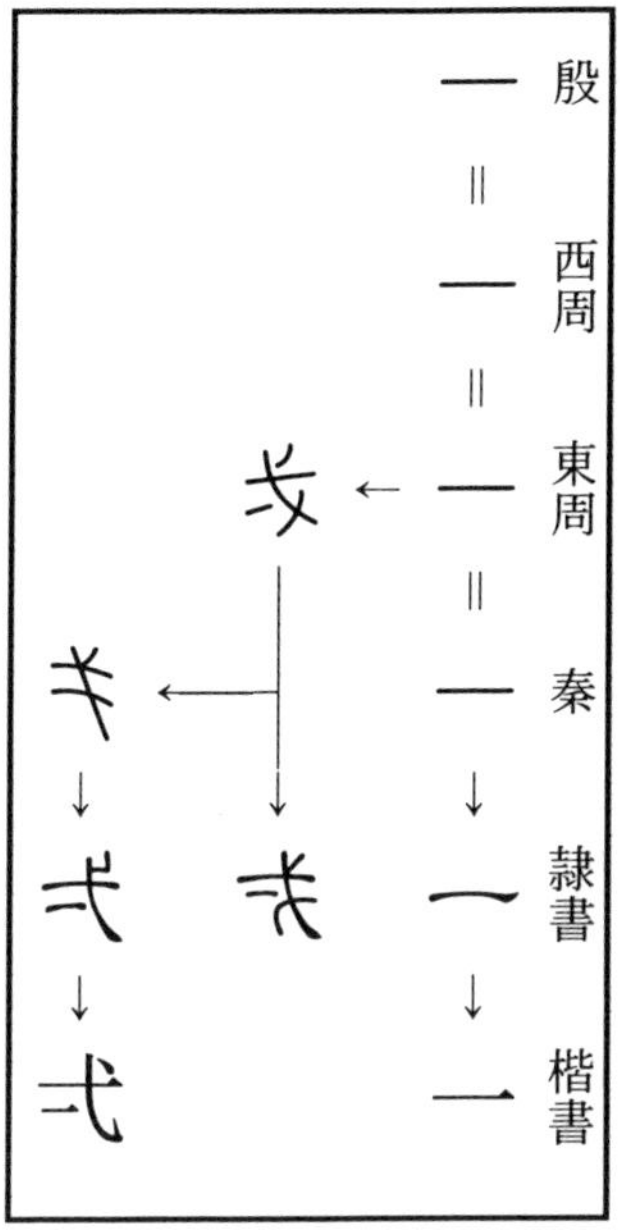

許慎は「惟れ初め太始（小徐本は「太極」）、道は一に立つ」とするが、諸家が指摘するように後起の思想である。「一」を重ねることで「二」や「三」となっており、字源として横線に思想的な意味はない。

仰韶文化の陶文には、縦線やそれを重ねた形が見えており、あるいはこれが数字（一～四）の字源かもしれな

い。加藤は指を立てた形が字源と考えており、陶文の形に合致している。ただし、殷代の段階ですでに記号としてのみ用いられており、現存の資料から言えばは指事文字と見るのが妥当であろう。また白川や谷衍奎は算木の象形とするが、原始社会や殷代に算木が存在したことは確実ではない。

東周代以降には、異体として、弋を加えた形（弍）や戈を加えた形（戋など）がある。白川は戈を盟誓を表示したものとするが、古代には「戈」にその用法は見られない。谷衍奎は「弋」を声符の追加とするが、発音の異なる二（弍）や三（弎）でも使われており矛盾する。徐鍇『説文解字繫伝』は弋を助数詞とし、加藤も同様に弋が木の棒であることから物を数える助数詞となったとする。今のところ、この説に反証はないが、弋や戈が独立して助数詞として用いられた例もなく、確実な論証もできない。

なお、楷書には戈を用いた形は残っておらず、弋を用いた「弍」のみが残っている。また許慎は古文として弋を用いた「弍」を挙げるが、先秦時代の出土文字資料には、その形が確認できない。

そのほか隷書以降には仮借して壱〔壹〕が用いられることもあり、壺を意符、吉を声符とする形声文字で、「壹」の形は壺・吉が融合したものである。

548【二】〔弍〕 楷二画 二部 成指事

古泥紐脂部・日紐脂部[ɳiei, nier, nii]→中日紐至韻[ɹi, n(r)ii, ɳii]→漢ジ呉ニ

横線が二本で数字の二を表す。字形について、抽象的な指事記号とする説と具体的な象形とする説がある（「一」を参照。）

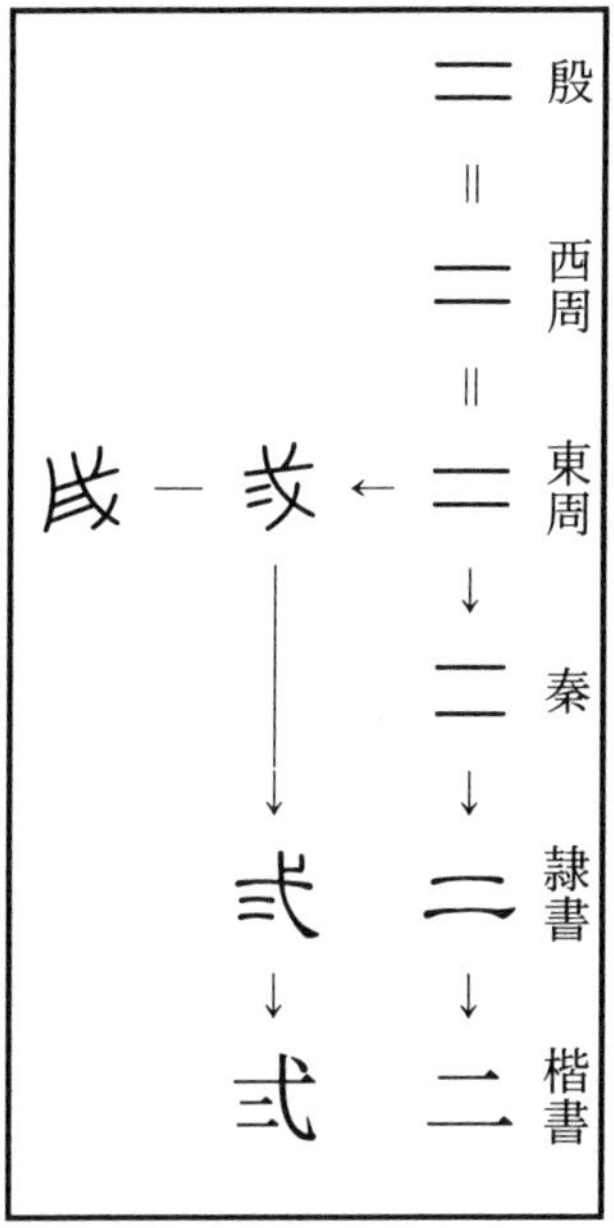

東周代の「弍」は「戈」を増し加えた形である。また許慎は古文として「弍」を挙げるが、現存の出土資料には弋に従う字形は見えない。「戈」「弋」の意義についても諸説ある（「一」を参照）。

そのほか、字義・字音が近い「貳（貝に従い弍声）」やその略体の「弍」を「二」に代えて用いることもある。

549【三】｛弎｝ 楷三画　一部　成指事

古心紐談部・心紐侵部[səm, sam, sum]→中心紐談（闞）韻[sam, sam, sam]→漢サン（サム）呉サン（サム）

横線が三本で数字の三を表している。許慎は「天地人の道」とするが、これは後代の思想に基づく解釈にすぎない。字源として、抽象的な指事記号とする説と具体的な象形とする説がある（「一」を参照）。

「弋」を組み合わせた「弎」について、許慎は古文として「弎」を挙げるが、先秦代の出土文字資料には確認できない（戈を用いた「弎」は近年に発見された）。「弋」の意義についても諸説ある（「一」を参照）。

そのほか、参［參］を仮借して用いることもある。

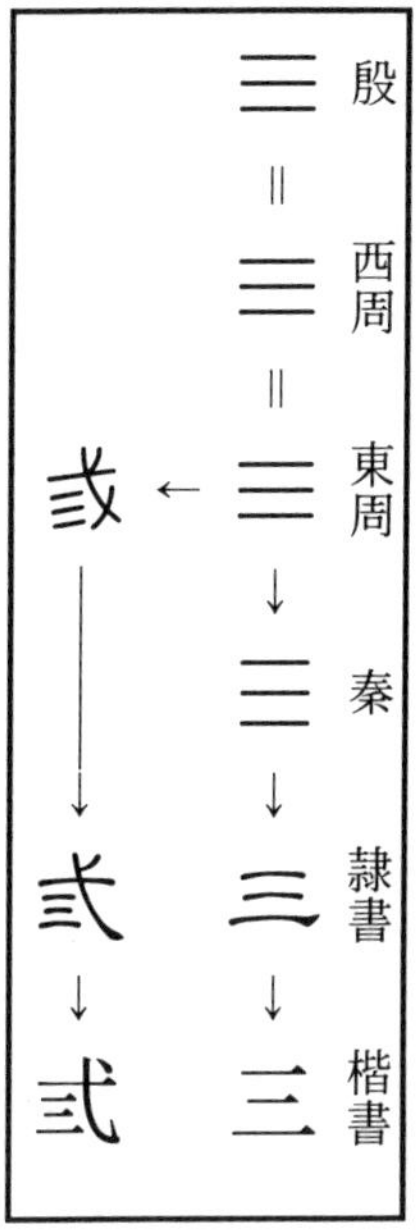

550【四】 楷五画　口部　成象形

古心紐脂部・以紐質部[siei, sied, hliid]→

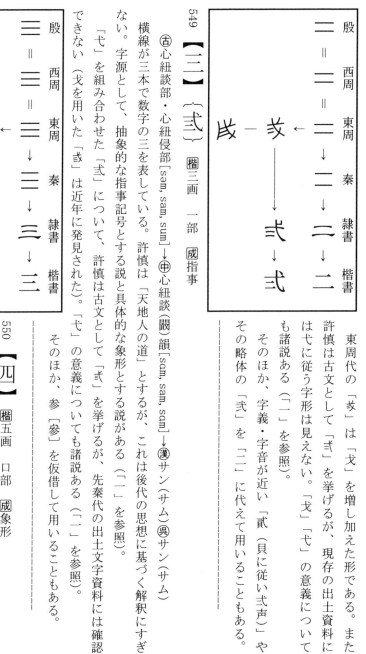

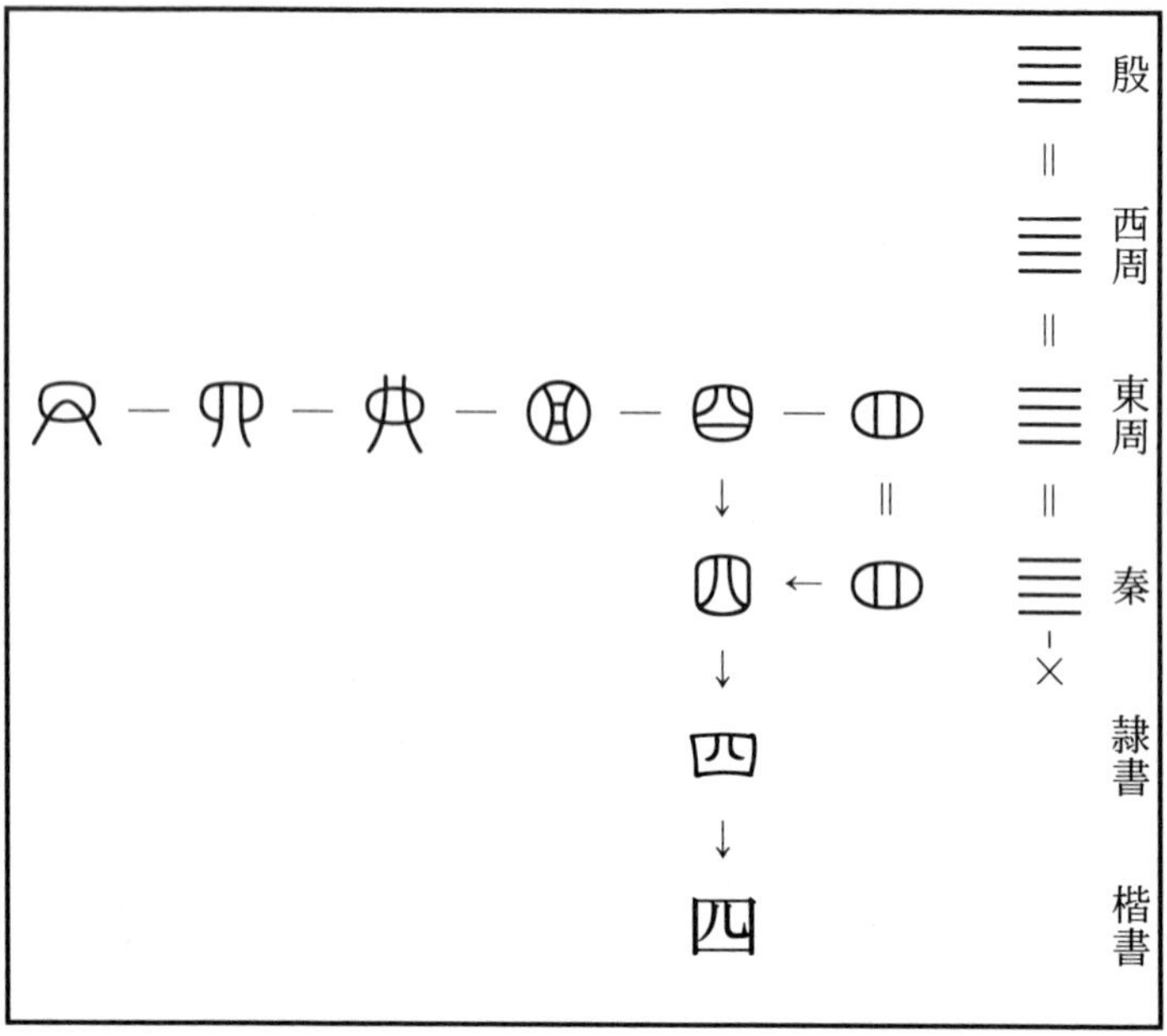

→(中)心紐至韻[si, sii, sii]→(漢)シ(呉)シ

「四」を意味する文字は、当初は四本の横線で表示された指事文字であったが、この形は楷書に残っていない（八分隷書には例がないが、漢簡などには見られる）。おそらく「三」と「亖」が紛らわしいためであろうが、東周代に楷書の「四」の原型が用いられるようになった。

「〓」などの形について、許慎は「四分の形」とするが、東周代の字形は必ずしも四つには分けていない。近代の研究では、口を開けた形に象り、息を意味する「呬《き》」の初文とする説が有力である。そのほか谷衍奎は口の上に鼻がある形とし、藤堂は「口」と息を表す「八」から成るとし、いずれも「呬」の初文とするところからの解釈である。ただし、数字としての「四」は仮借の用法であり、また原義によって会意文字で使用された例もないので、いずれが正しいのかを明らかにすることは難しい。

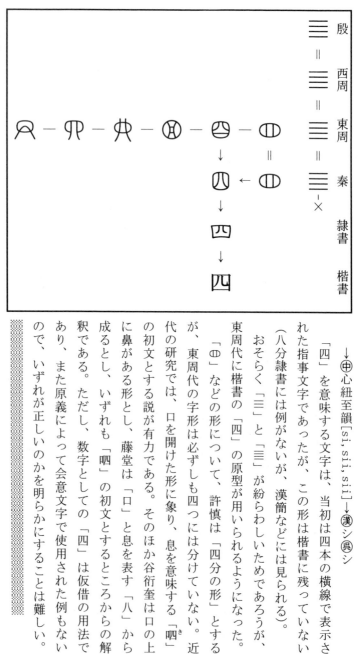

「|（|）」は、古くは数字の「十」にあたる形である。便宜上、十以外にも、この形を用いた文字で他に部首分類できないものをまとめた。

《|》②七・十③才(在)

551【七】楷二画　一部　成指事

古清紐質部・灘紐質部[tshiet, tshiet, snhid]→中清紐質韻[tshiet, tshiet, tshiit]→漢シツ呉シチ

許慎は篆書の形（ち）から字源を分析するが、元は縦横の直線から成る字形であった。「切」の声符に用いられていることから、切断を意味する文字とする説が有力である。ただし、「七」を切ることの意味で用いたものはなく、また「切」の初出は秦代であり、同源語の可能性はあるが、直接の分化字であることは確認できない。

具体的な字源について、白川は切断した骨の象形とし、谷衍奎は棍棒を切断する様子とするが、「七」に骨や棍棒と関連づけるような字形・用法はない。抽象的な指事記号とするのが妥当である。

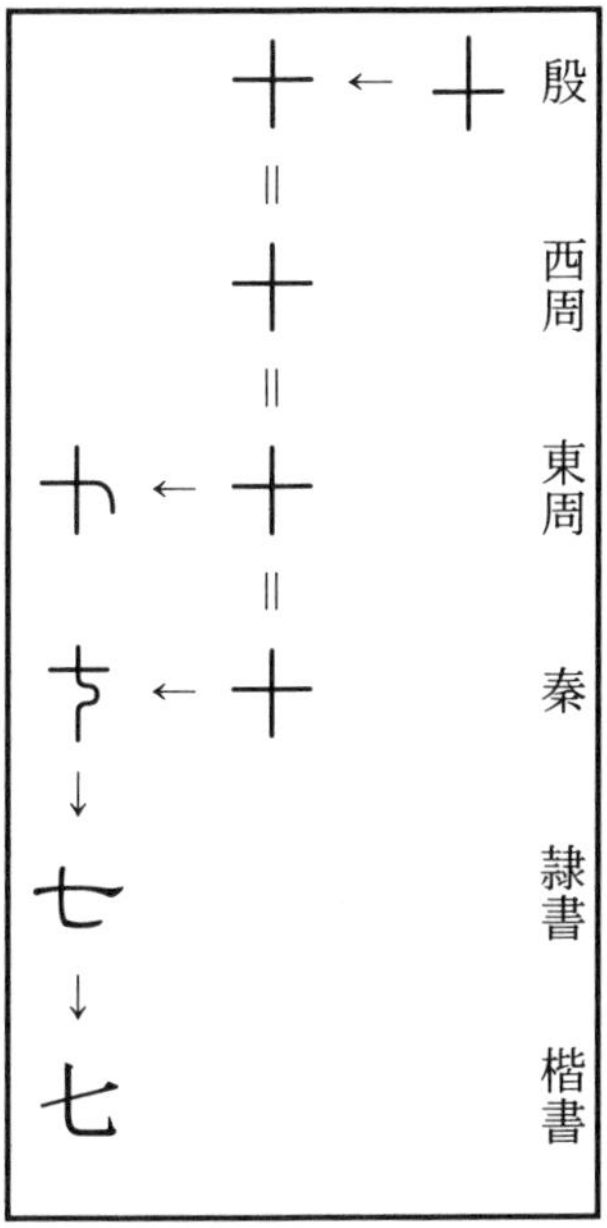

また、加藤・赤塚・阿辻・李学勤は、横線を縦線で切断する様とする説を採り、鎌田は縦横に切りつける様とするが、甲骨文字の字形には縦線が長いもの（十）があり、藤堂が縦線を横線で切る様とするのが字源であろう。あるいは、「十（|）を七対三に切り分ける」という表現かもしれない。

552【十】楷二画　十部　成指事

古禅紐緝部・群紐緝部[ʑiəp, dhiəp, giub]→

→中禅紐緝韻[ʑiep, ʒiəp, dʑiip]→漢シュウ（シフ）呉ジュウ（ジフ）慣ジッ

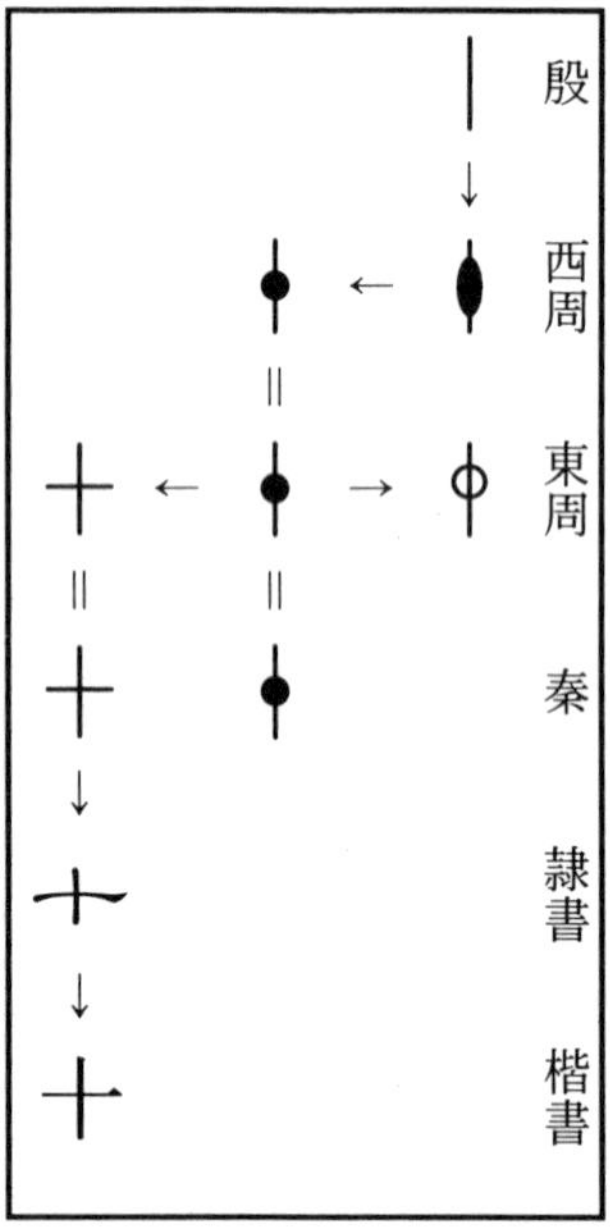

許慎は篆書（十）を元に四方を表す記号とするが、殷代の字形（|）に合致しない。

そのほか、加藤は針の形でその初文とし、赤塚・鎌田・阿辻はこれに従う。藤堂・白川は算木で十を表す形とし、谷衍奎は十の刻みをつけた棒とする。また李学勤は針の形とするほか、刻まれた符号とする説を併記する。

いずれも矛盾はないが、殷代から、それ自体を字形として組み合わせて（接合させて）大きな数字を表示しており、楷書の廿・卅・卌はそれぞれ甲骨文字の合文の∪・⩀・⩃を元にしている。したがって、具体的な物体ではなく、純粋な指事記号と考えるのが妥当であろう。

字形は西周代に縦線の中央に点を加えた形（┿）になり、さらに東周代に点を横線に変えた形（十）が出現し、これが楷書に継承された。

553【才】楷三画　手部　成象形

(古)従紐之部[dzə, dzəg, zlɯ]→(中)従紐咍韻[dzɒi, dzəi, dzʌi]→(漢)サイ(呉)ザイ

554【在】〔扗〕 楷六画　土部　成形声（亦声）

(古)従紐之部[dzə, dzəg, zlɯ]→(中)従紐海（代）韻[dzɒi, dzəi, dzʌi]→(漢)サイ(呉)ザイ

「才」について、許慎は篆書の字形（〓）を元に草木が生える様子とし、谷衍奎・李学勤もこれに従う。しかし、それに該当する文字は生（〓）であり、殷代の才の字形（〓・〓など）とは異なっている。

藤堂は、災の初文（〓）において河川や洪水を表す巛（〓）とともに使われていることから、「川をせきとめるせきの象形」とし、鎌田も氾濫をせき止める木材とする。また加藤も近い解釈であり、川が塞がって起こる水の災いとする。しかし、災においては純粋な声符として用いられており、例えば災の異体で「戦禍」を意味する字形は「〓」であり、戈（〓）が意符、才（〓）が声符である。

殷代の字形から解釈したのは白川であり、十字形の標木で中央に器物の𠙵（〓）がある形とする。また赤塚・阿辻はここから十字形にしばった木材とする。白川説に矛盾はないが、殷代の段階から原義での用法は全く見られないので、現在の資料状況からは標木であるか否かを確かめる方法がない。篆書では、閉（〓）で才（〓）と同形が使われているので、あるいは門の形が起源かもしれない。

なお、字形は最終的に「扌」に近い形になったため、楷書では「手」の部首とされるが、手（〓）とは成り立ちが全く異なる。

「才」は後代に才能などの意味で主に用いられ、「〜にあり」の意味については繁文の「在」が西周代に作られている。

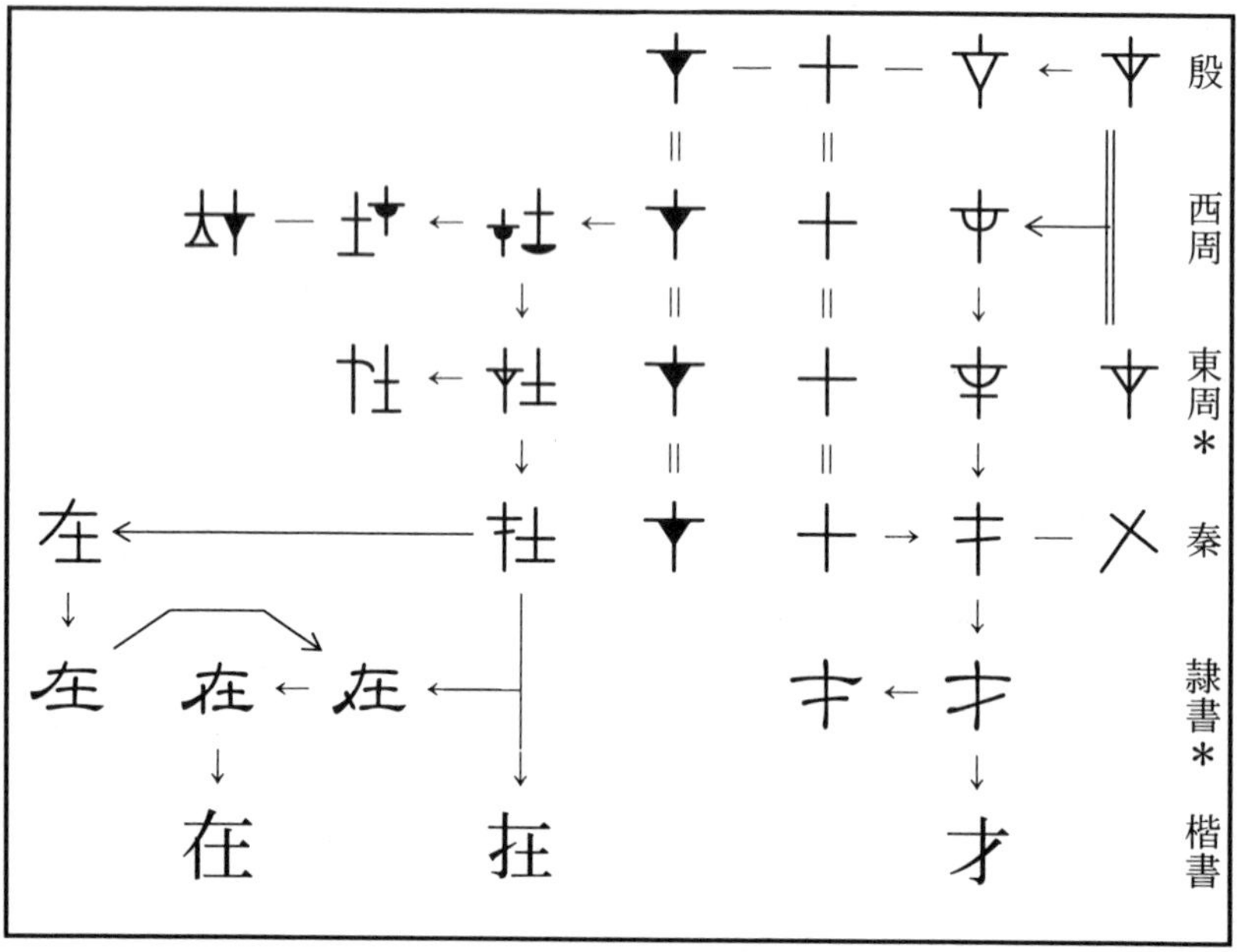

「在」の字源について、加藤・藤堂・鎌田は「才」の部分を河川の堰として関連して考えるが、前述のように誤りである。

士は、殷代には小さな家屋の形（）であったが、西周代には鉞の刃ような形（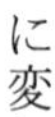）に変わった。そのため、西周代に初出の「在」の字形（）について、白川は鉞が標木としての才を守ることと解釈する。これについても論理的な矛盾はないが、会意文字では、守る意味としては楯の象形の「毌」や武器の「戈」が使われることが多く、鉞はむしろ処刑の道具として使われることが多いので、賛成しがたい。上古音では、「士」は之部（[dʒie] などと復元）と推定され、「在」と近い字音が推定されているので、声符の追加と考えるのが妥当であろう。

その後、東周代以降に鉞の形の「士」が類似形の「土」に変わっており、これは「所在地」としての意符への置換であろう。許慎・赤塚・阿辻・谷衍奎・李学勤は土を意符とするものを初形とするが、実際は声符を意符に置換した後の字形である。

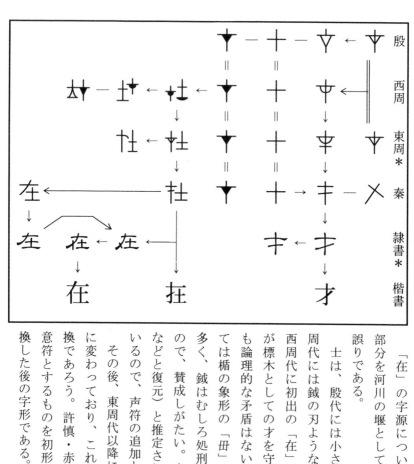

字形はさらに秦代～隷書で「才」が変形し、楷書の「在」の土を除いた部分が「才」が変形したものである。また楷書には「才」の変形が少ない「扗」もあり、『康熙字典』はこちらを正字としている。そのほかにも東周代に才の異体、隷書に在の異体があるが、表に収まらないため省いた。

上部

「上（二）」は、指事記号だけで構成されており、基準となる長い線よりも上に短線があることから、「うえ」の字義を表している。

《上》③下・上

555【下】楷三画　一部　成指事

古匣紐魚部・群紐魚部[ɣea, ɦag, gra]→中匣紐馬（禡）韻[ɣa, ɦa, ɦɣa]→漢カ呉ゲ

下（二）は、基準となる長い線の下に短線があり、「した」の字義を表している。長い線については、抽象的な基準線とする説が多いが、加藤・谷衍奎は「何らかの物体」とし、藤堂は覆いの形とし、白川は手のひらとする。確実な証明は困難であるが、初出の段階できわめて単純化されており、抽象的な記号と見るべきであろう。

字形は東周代に基準線と単線を繋ぐ縦線が追加されて「下」の形になり、これが後代に継承された。そのほか、東周には「下」を簡略化した「丅」の形が見られ、隷書まで使用されている。東周代には意符として辵を追加したもの（𨑗）もあり、これは「下」の引伸義のうち「くだる」に注目して作られたものであろう。

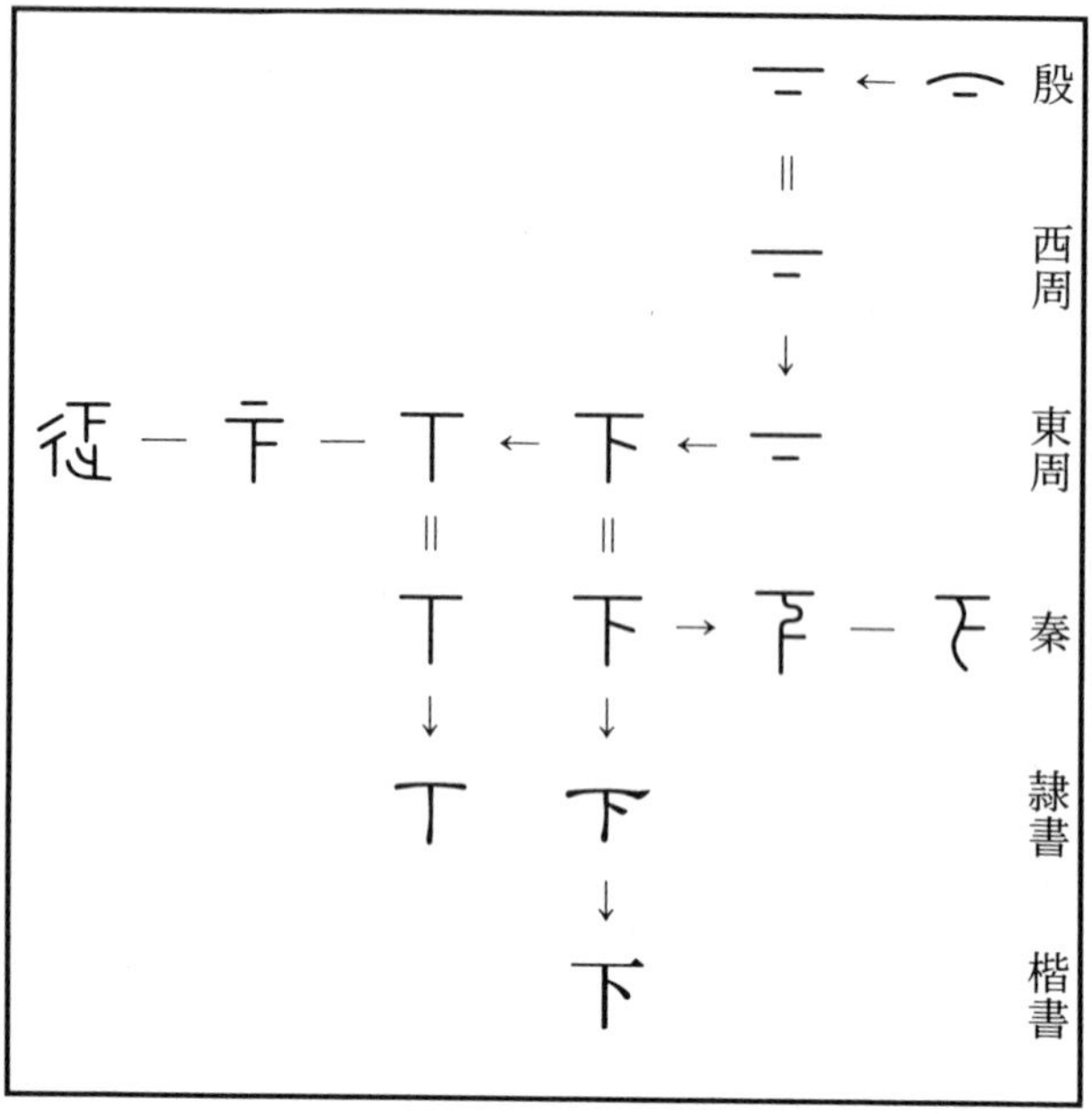

また秦代には、縦線を曲げた形の「下」や「下」も併用されていた。段玉裁『説文解字注』は、大徐本所載の篆書の字形（下）を後世の過誤とするが、近年に発掘された秦代の出土文字資料にも見えている。

556 **【上】** 楷三画　一部　成指事

(古)禅紐陽部・定紐陽部[ʑiaŋ, dhiaŋ, diaŋ]→

→(中)禅紐漾(養)韻[ʑiaŋ, ʒiaŋ, dʑiaŋ]→

→(漢)ショウ(シャウ)(呉)ジョウ(ジャウ)

「上」の字源について、加藤は「乗」などに通じ、何かの上に何かを乗載した形とし、藤堂・谷衍奎も具体的に乗せた状態を表した形と解釈するが、甲骨文字では「上」を「のせる」の意味で使う例はなく、また上古音では乗は蒸部（[dɨəŋ]などと復元）であり上とは異なっている。白川は掌の上に点を加えた形とするが、いずれの異体にも手の形（ヨ）は使われていない。したがって、諸家が述べるように、抽象的に基準となる長い横線の上に単線を加えて「うえ」の字義を表した指事文字と考えるのが妥当である。

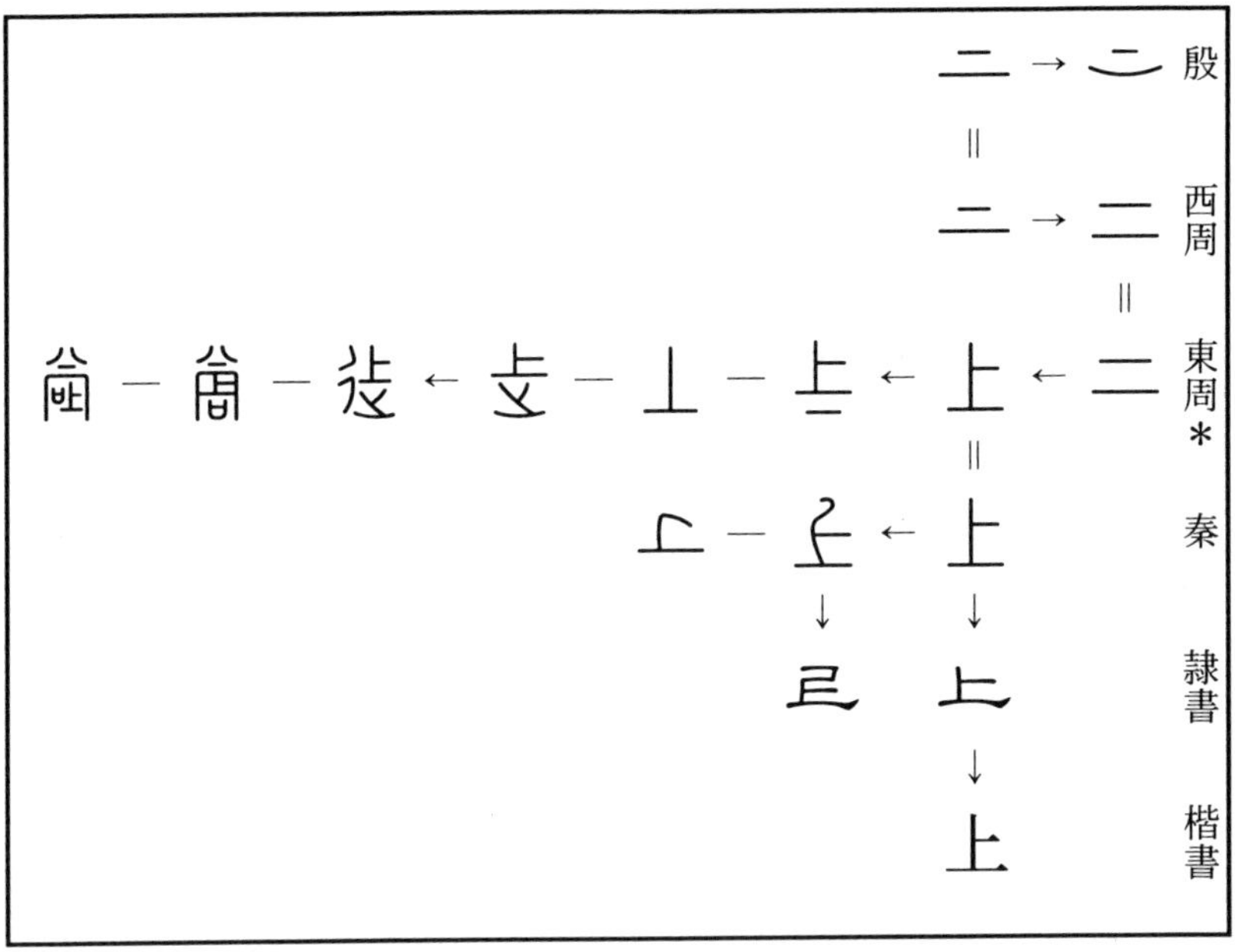

字形は東周代に線と点を繋ぐ縦線が加えた形（上）が作られ、これが楷書に継承された。東周代には進行を象徴する「止」や「辵」を加えた形（〓など）があり、これは「上」の引伸義のうち「のぼる」に注目して作られたものであろう。また東周代には声符として尚［尙］を追加した形があり、これは引伸義の「たっとぶ」に注目したもので、尚は意味も表す亦声の部分と考えられる（東周代には尚を借りて上の意味に用いることもある）。

秦代の字形について、現行の『説文解字』では「丄」を篆書（小篆）とし、「〓」を異体として挙げるが、現状の出土資料では「丄」は東周代にのみ使われた異体である。また段玉裁『説文解字注』は「丄」を篆書（小篆）、「𠄞」を古文とするが、これも結果的には誤りである。

小部

「小（〓）」は、小点を並べた形であり、相対的に小さなものを表している。

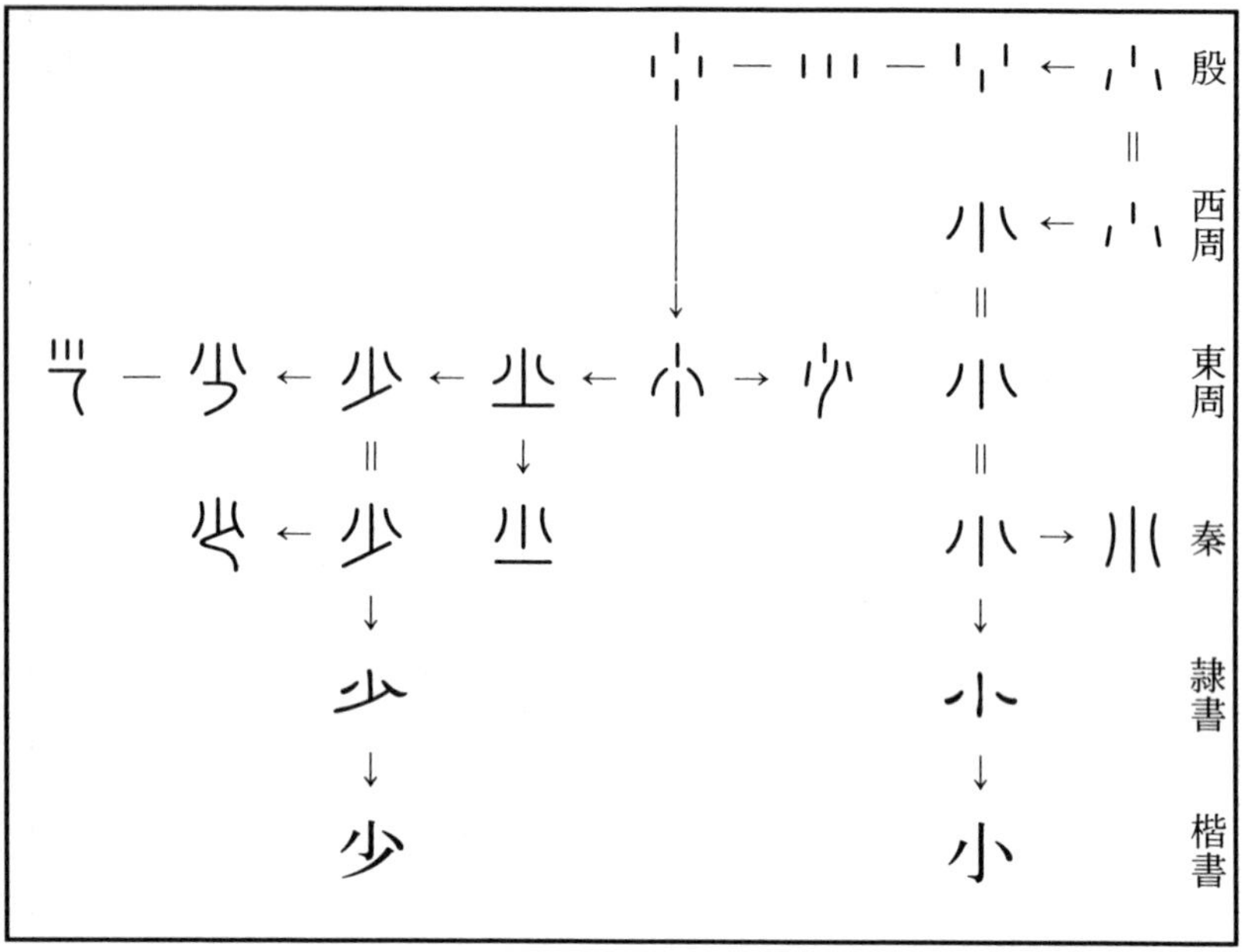

《小》③小（少）

557 【小】 楷三画　小部　成指事

古心紐宵部・明紐宵部[siau, siɔg, smew]→
→中心紐小韻[siɛu, siɛu, sieu]→
→漢ショウ（セウ）呉ショウ（セウ）

558 【少】 楷四画　小部　成指事（亦声）

古書紐宵部・透紐宵部・明紐宵部
[ɕiau, thiɔg, hmiew]→中書紐小（笑）韻
[ɕiɛu, ʃiɛu, ɕieu]→漢ショウ（セウ）呉ショウ（セウ）

小について、許慎は篆書（川）を元に八と｜から成るとし、また藤堂は棒を削って細くするさまとするが、殷～西周代に見える古い形（⺌）に合わない。

甲骨文字では、小点は水滴や土砂、穀物の実など、特定の物体の象形ではなく一般に小さなものを表す指事記号として使われる。したがって、諸家が述べるように小点を用いて相対的に小さなものを表した指事文字とするのが正しい。なお、白川は「玉または貝を写したもの」とするが、これは小点の用法のごく一部だけから解釈したものである。

また、甲骨文字のうち一画多い異体字の「〓」が同源字の「少」の元になっているが、加藤らが述べるように甲骨文字の段階では必ずしも厳密な区分はなかった。東周代以降に字義上で分化し、また字形も最下部の点が長くなった。少・小は上古音が近いので、少において小は亦声の部分と考えるべきであろう。

許慎は少について、篆書（〓）を元に小に従い丿《へつ》声とし、また藤堂は丿を「そぎとる」の意味とするが、殷～西周代の形に合わない。また白川が「玉や貝を紐で綴った形」とするのも前述の小と同様の誤りである。

八部

八（〓）は分かれた物体を表す指事記号である。〔関連部首〕「谷」は、八を並べることで両側に山が分かれた地形を表現している。

《八》②八④公《谷》⑦谷

559【八】楷二画　八部　成指事

古幫紐質部・幫紐月部[pet, puat, pred]→中幫紐黠韻[pæt, puʌt, pyɛt]→漢ハツ呉ハチ

八（〓）は、分かれた物体を表す指事記号である。単独では仮借して数字としてのみ用いられるが、分（〓）や谷（〓）などでは原義で用いられている。

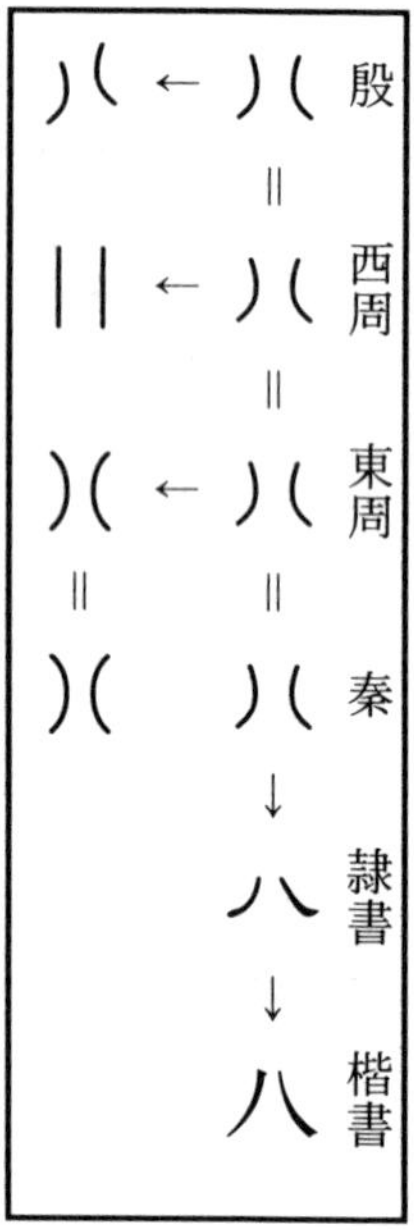

なお、加藤は分かれたものの記号と数字は別の起源とし、数字については片手で「はち」を表すときに中の三本を折って親指と小指を伸ばして表した形とするが、根拠のない憶測と言わざるをえない。そのほか象形として分類する説もあるが、特定の物体を表したものではなく、抽象的な記号表現である。

各時代に異体があるが、いずれも使用例は少なく、殷代の形がほぼそのまま楷書になっている。

---

560 **【公】** 〔楷〕四画　八部　〔成〕会意

(古)見紐東部[kɔŋ, kuŋ, klɔŋ]→(中)見紐東韻[kuŋ, kuŋ, kuŋ]→(漢)コウ(呉)ク

「公」について、許慎・阿辻は篆書の字形（〓）から「八」と「ム」から成るとするが、殷～西周代の古い字形（〓）に合わない。

殷代には、王の宮殿である「公宮（〓〓）」として使われており、白川が述べるように宮廷の前庭の平面図と考えるのが妥当である。具体的には四角形が宮殿であり、それと「八」で囲まれた部分が前庭であろう。そのほか、李学勤も公宮が字源であることを把握している。また、これに近い考えとして、加藤は「自由に出入しうる公開屋敷」、藤堂は「入り口を開いて公開すること」、赤塚・鎌田は「広場の形」とする。ここから、後に「おおやけ」の字義となった。

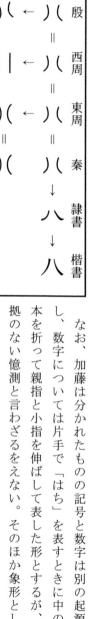

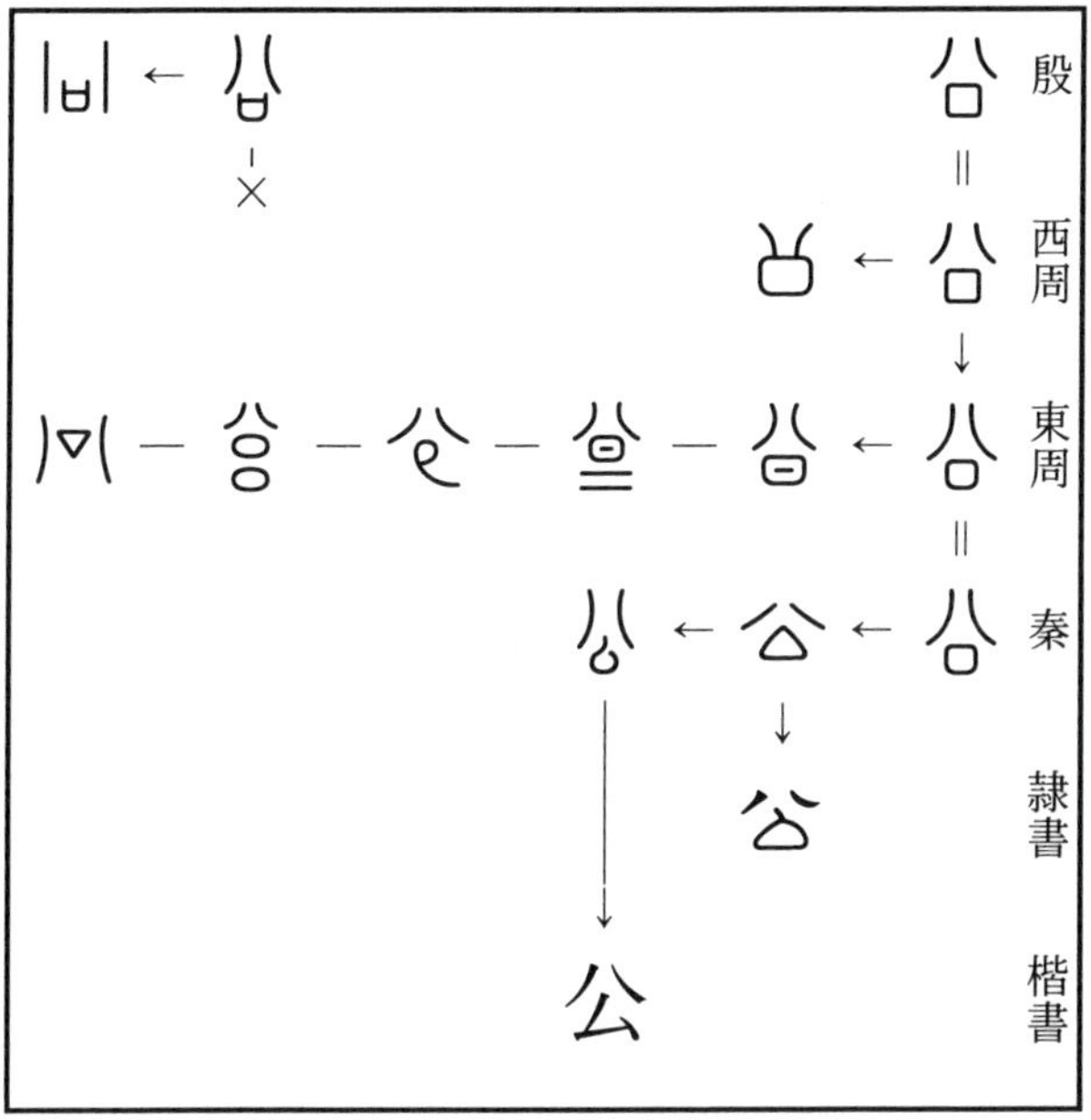

殷代には、類似形として「㕣」などがあり、器物（口）の上に切り分けた供物（八（八）の部分）を置いた様子である。谷衍奎が字源を「器物の中に物がある様子」とするのは、この系統の字形である。この系統は、殷代には、祭祀から転じて死去した父、および父の世代の男性を指して用いられていた。

「㕣」と「㕣」の両系統について、字形としては、前者が後代に継承され、後者は使われなくなった。しかし字義としては後者も前者の形で表示されており、西周代にも死去した父親への尊称（諡号）として「公（㕣）」が用いられている。また派生して諸侯の称号や諡号にも用いられた。

字形は、秦代に四角形を私の略体の「厶」に変えた形（公）が作られた。これは許慎やそれが引く『韓非子』の「私に背く」という解釈であり、本来の表現とは別の形に改めたものであるが、これが楷書の「公」に継承された。

561【谷】楷七画　谷部　成指事

古見紐屋部・余紐屋部・以紐屋部・来紐屋部[kɔk+ɦiuɔk, kuk, klog+log+g·rog]→中見紐屋韻・以紐燭韻・来紐屋韻[kuk+yiuok, kuk, kuk+yiok+luk]→漢コク・ヨク・ロク呉コク・ヨク・ロク

562【㕣】楷五画　口部　成指事

古余紐元部・定紐元部[ɦiuan, diuan, -]→中余紐獮韻[yiuɛn, yiuan, -]→漢エン呉エン

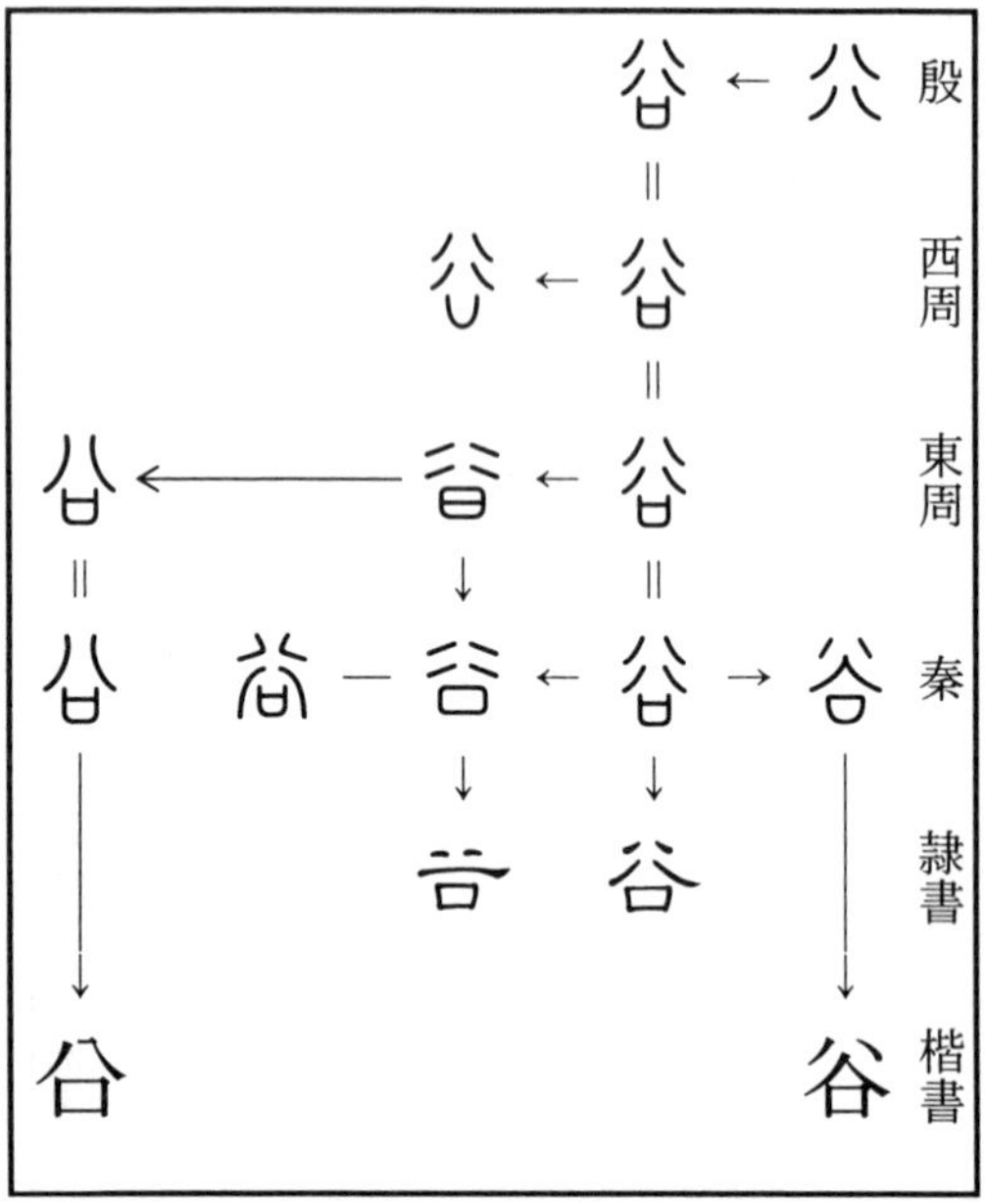

許慎は篆書の字形（㕣）から、上部を「水（⺡）の半分」とするが、初文（仌）は指事記号の八（八）を二つ重ねた形であり、両側に山が分かれた場所を抽象的に表している。

殷代の異体字には、すでに口の形（口）を加えた字形もあるが、その意義については水源または谷底の表現とする説が有力である。ただし、「口」は多様な用いられ方をするため特定は難しい。西周代には下部を「凵」に変えた異体（仌凵）があり、この場合には谷底の形であろう。

また、加藤・赤塚は口を亦声とする。口は上古音で侯部（[khɔ]などと復元）と推定されており、谷とは陰声と

入声の押韻関係になるが、この文字では「くち」の意味では使われていないので、亦声とは認められない。鎌田は口の部分について、水源や谷底ではなく純粋な形声文字の声符と見なしている。この解釈は論理的な矛盾はないが、「凵」と通用することから、「口」についても意義上の表現とするのが妥当であろう。

㕣は原義が谷底の泥とされており、谷の略体が派生したものであろう。そのほか「谷」はよく似ているが、口（くち）を部首とする別字である（漢音は「キャク」）。また殷代の類似形の「㕣」は「公」を参照。

五部

「五（X）」は、字源に諸説ある文字である。単純化されているため幾何学符号の部首に分類した。

《五》④五

563 【五】 楷四画　二部　成象形

古疑紐魚部[ŋa, ŋag, ŋa]→中疑紐姥韻[ŋu, ŋo, ŋuo]→漢ゴ呉ゴ

「五」の字源について、許慎は五行説から字源を解釈し、鎌田はこれに従うが、五行説は東周代以降の思想である。

そのほか、加藤は糸巻きの象形で片手で扱うことから「五」の字義を表したとし、赤塚はこれに従う。藤堂は交錯の様子を表す記号で片手で数を数えるときの方向転換にあたる数字であるから「五」を表したとする。李学勤は交錯を表す記号で数字は仮借の用法とし、阿辻もこの説を採る。白川は器物の蓋の形で数字は仮借の用法と

する。谷衍奎は算木で「五」を表す形とする。

このように字源に諸説あるが、最古の漢字資料である甲骨文字の会意文字を見ると、酒樽の蓋として用いた形（）や人が乗る踏み台として用いた形（）などがあり、特定の物体ではなく、くびれた円筒形の一般像と考えるのが妥当であろう。

なお、「X」は東周代以降には五の異体と見なされ、楷書では「乂」の形であるが、字形の起源としては爻《こう》（）の略体にあたる。

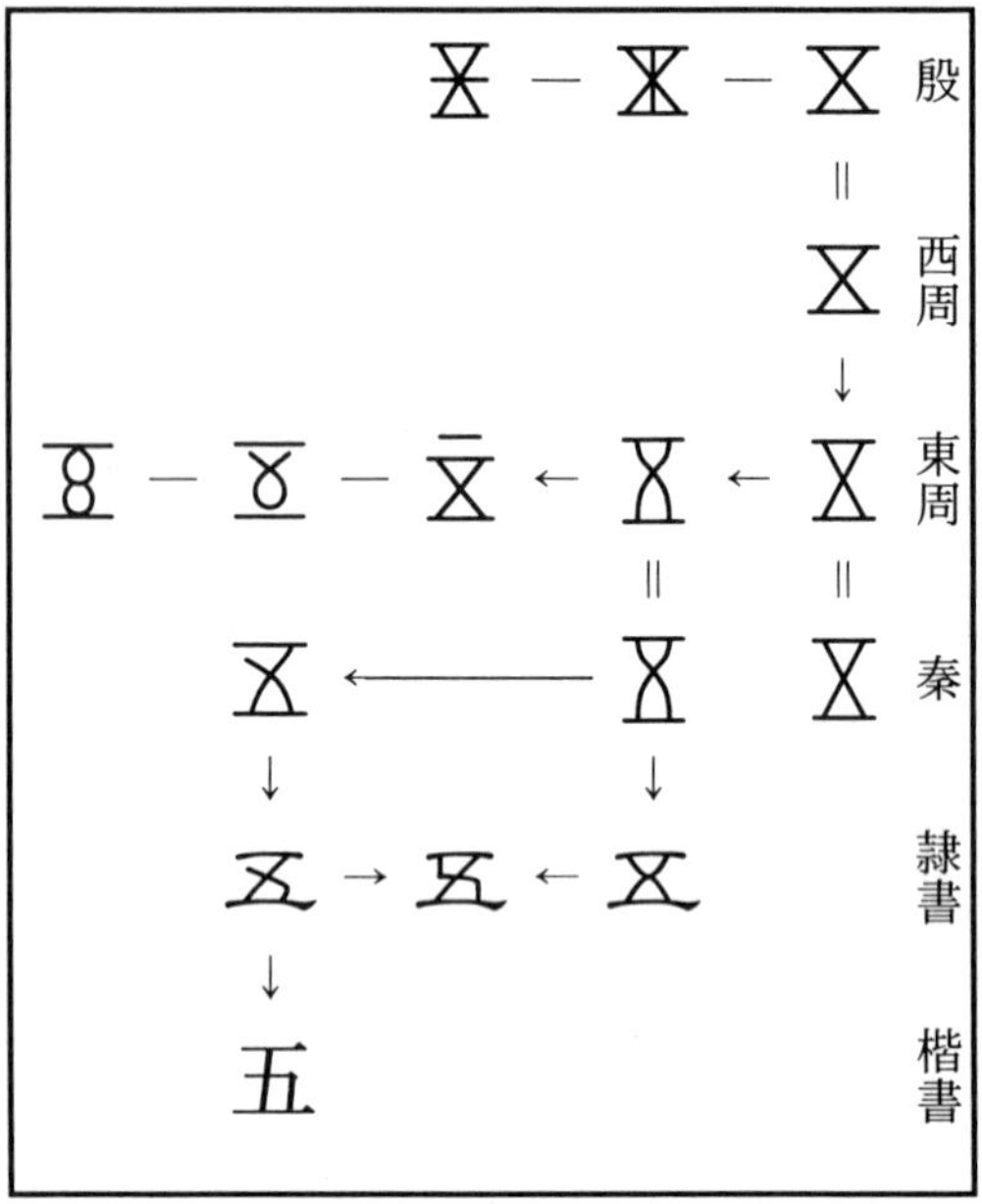

亘部

「亘（）」は、回り込む形を表した記号である。

《亘》⑥亘(回・廻)

564【亘】楷六画　二部　成指事

古心紐元部・暁紐元部[-, siuan, sqhon]→

→中心紐仙韻[-, siuɛn, siuen]→漢セン・カン(クワン)呉セン・ガン(グワン)

565 【回】〔囘・囬〕 楷六画 口部 成指事

古匣紐微部・群紐微部[ɣuəi, ɦuər, gul]→中匣紐灰韻[ɣuɑi, ɦuɑi, ɦuɑi]→漢カイ(クヮイ)呉エ(ヱ)

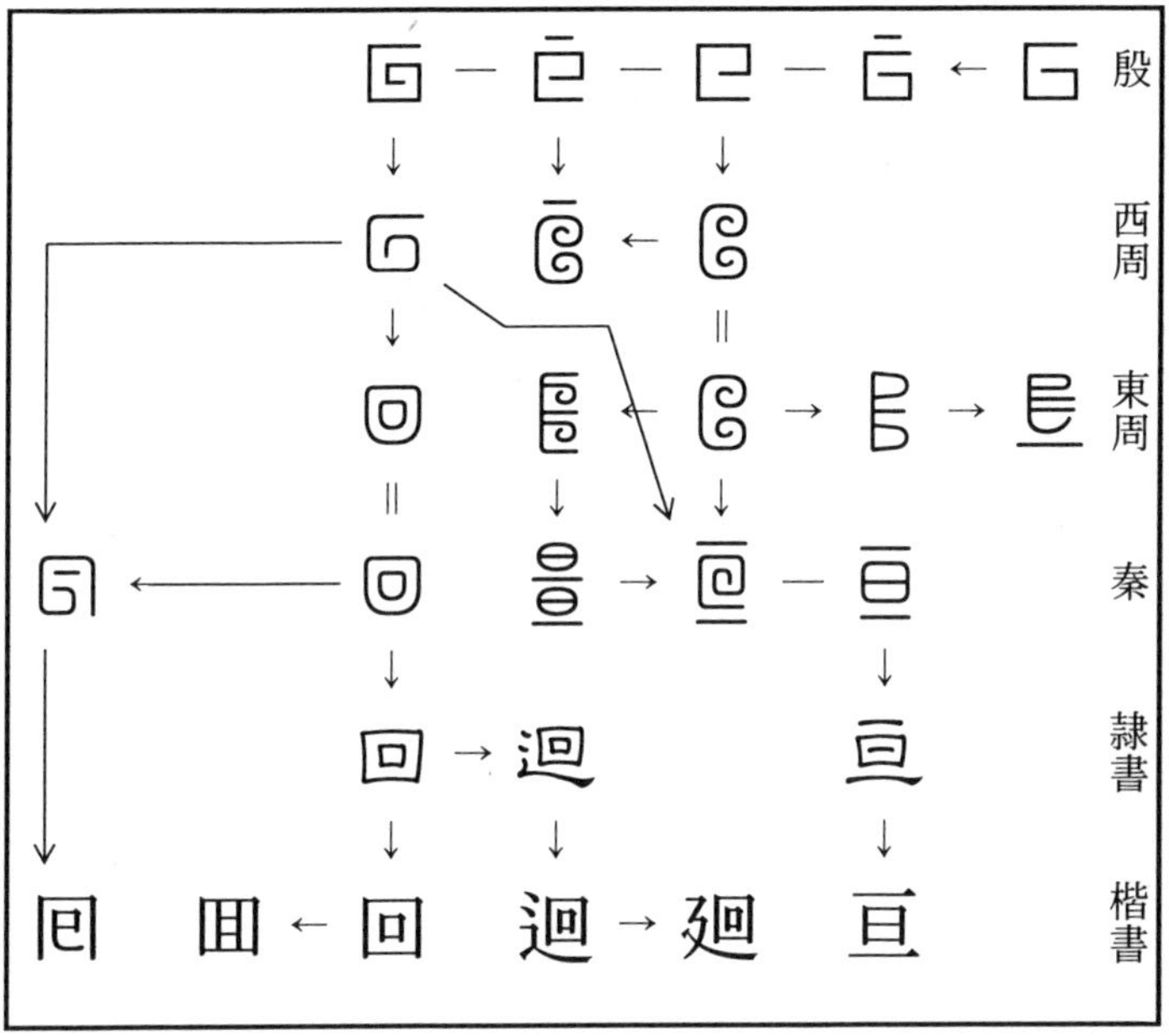

566 【迴】〔廻〕 楷十画 辵部 成形声(亦声)

古匣紐微部[ɣuəi, ɦuər, -]→中匣紐灰(隊)韻[ɣuɑi, ɦuɑi, -]→漢カイ(クヮイ)呉エ(ヱ)

亘（〓）は、回り込む形を表す指事記号である。形声文字の声符として「垣」や「宣」にも用いられているが、この場合には「回り込む構造物」を意味する亦声の部分とされる。

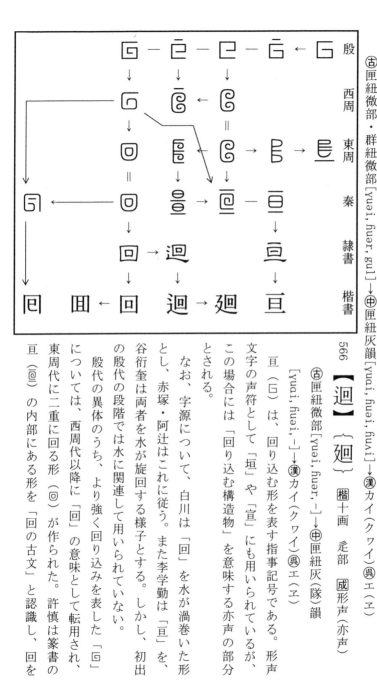

なお、字源について、白川は「回」を水が渦巻いた形とし、赤塚・阿辻はこれに従う。また李学勤は「亘」を、谷衍奎は両者を水が旋回する様子とする。しかし、初出の殷代の段階では水に関連して用いられていない。

殷代の異体のうち、より強く回り込みを表した「〓」については、西周代以降に「回」の意味として転用され、東周代に二重に回る形（〓）が作られた。許慎は篆書の亘（〓）の内部にある形を「回の古文」と認識し、回を

「回転の形」としている。

「亘」の系統については、西周〜東周代に複雑化し、「〓」や「〓」などの形が作られた。なお西周・東周代には亘は単独では見えず、他字の一部としてのみ見える。秦代には上下に囲いを表す指事記号を加えた形（〓）が作られており、あるいはこの段階では「垣の象形」などのように認識されていたかもしれない。さらに回り込む形を「日」に簡略化した異体（〓）があり、これが後代に継承された。

そのほか、迴は隷書で作られた繁文であり、廻は辶を廴に変えた異体である。また回の異体の「囘」は秦代に近い形「〓」があり、これは金文の字形「〓」を継承している可能性がある。

なお、恒［恆］の初文の亙は別字であるが、隷書以降には「亘」に書くこともあり、混同が見られる。

匸部

匸《けい》（㇄）は、区切ることを表す記号である。楷書では、類似形の匚などに変わることもある。

《匸》④区⑦廷（庭）

567 【区】［區］ 楷四画（十一劃） 匸部（匸部） 成指事 古溪紐侯部・影紐侯部

［khiuɔ+ɔ, khiug+ʔug, kho+qo］→中溪紐虞韻・影紐侯韻［khiu+əu, khiu+ʔəu, khio+ʔəu］→漢ク・オウ呉ク・ウ

区［區］（〓）は、品（〓）と匸（㇄）から成る。許慎は原義を多くのものを隠し持つ意味とし、また白川・阿辻・李学勤も「隠す」の意味から字源を解釈するが、初出の殷代には匸に「隠す」の意味はない。そのほか、

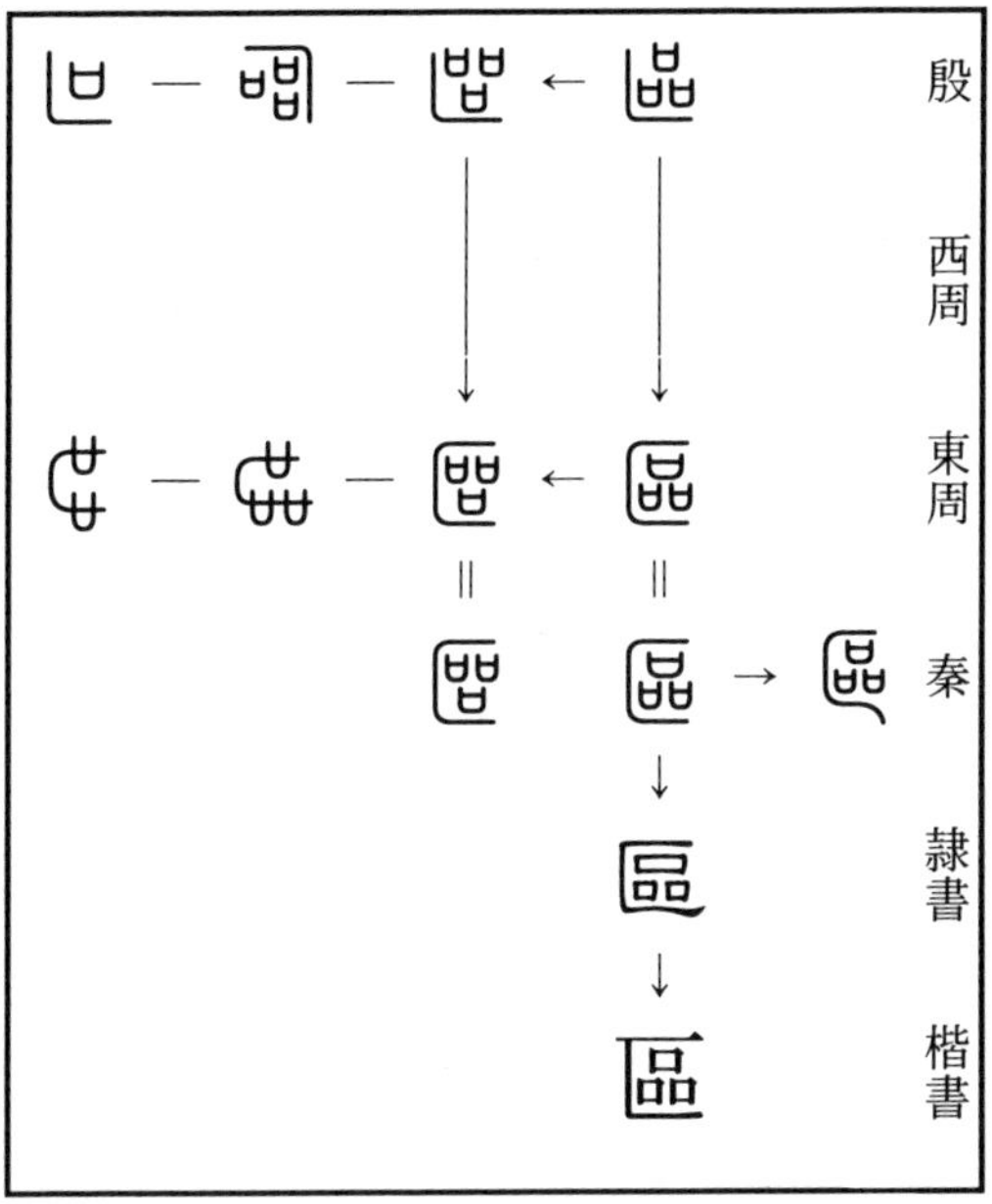

加藤は匸を人の形と誤解し、藤堂は東周代の「」を原型と誤解している。

殷代には祭祀名として使われているので、祭祀用の器物を並べ、さらに区分けした状態を表したと考えられる（赤塚・鎌田も区分けすることを字源とする）。

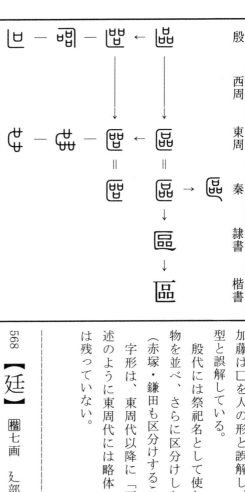

字形は、東周代以降に「匸」の形が変化した。また前述のように東周代には略体（など）があるが、後代には残っていない。

568 【廷】 楷七画　廴部　成会意（亦声）

古定紐耕部・以紐耕部[dieŋ, deŋ, lʼeŋ]→中定紐青韻[dieŋ, deŋ, deŋ]→漢テイ呉ジョウ(ヂャウ)

569 【庭】 楷十画　广部　成形声（亦声）

古定紐耕部[dieŋ, deŋ, lʼeŋ]→中定紐青韻[dieŋ, deŋ, deŋ]→漢テイ呉ジョウ(ヂャウ)

殷代の字形（）は、人（）と土盛り（）および小点から成り、おそらく人が土盛りに液体を撒く形である（酒を注ぐ儀礼とする説もある）。ただし、欠損した甲骨片の一例のみにしか見えず、原義は確実ではない。

西周代には区切ることを表す匸（）を加えた「」などの形になっており、儀式を行う「にわ」の範囲を表

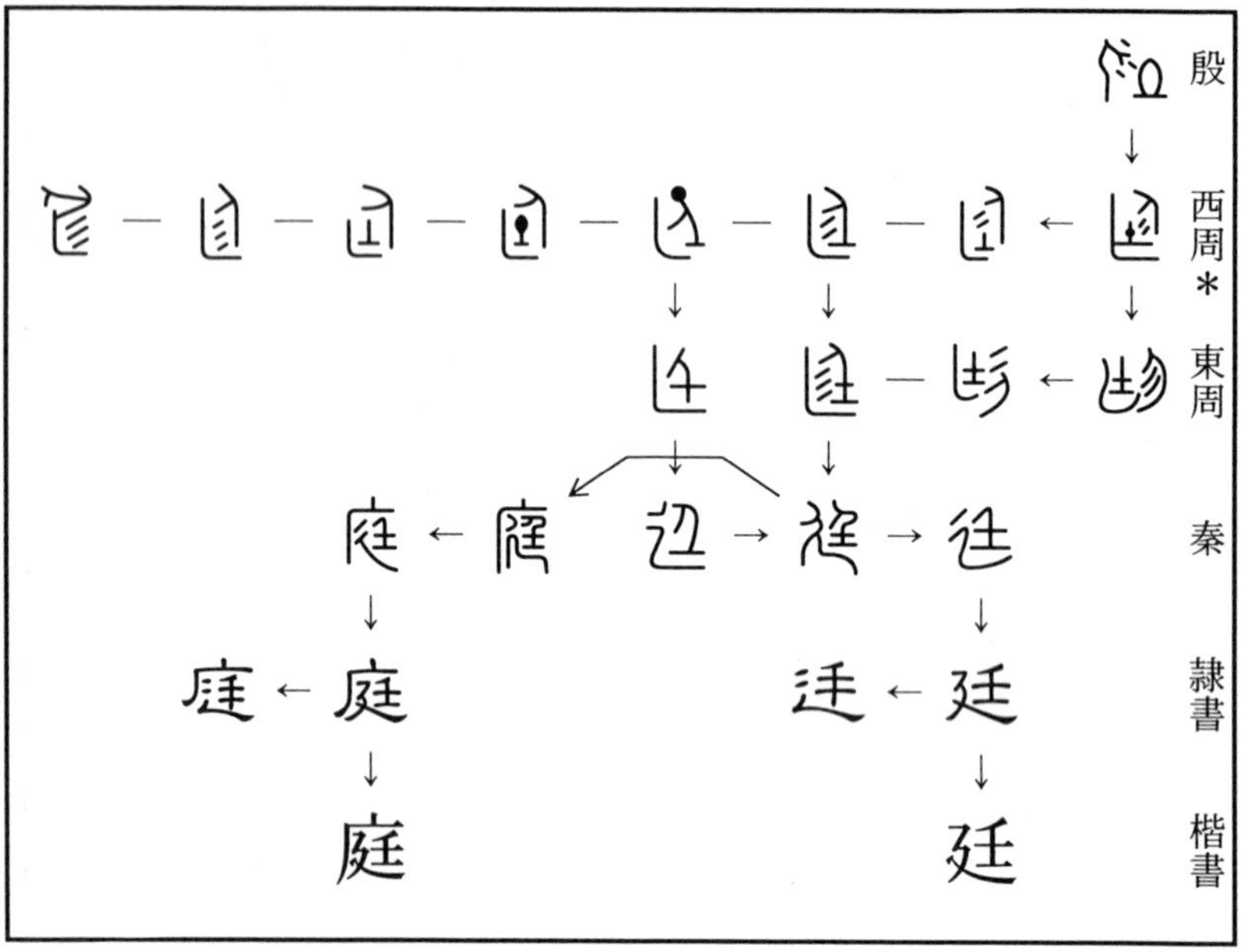

した。さらに、異体として「人」と「土」を重ねた「𡈼《てい》」の形を用いたもの（〓など）がある。𡈼の上古音は耕部（[tʰeŋ]などと復元）と推定されており、この場合には、𡈼は発音も表す亦声にあたる。

　秦代には、水滴を表す部分を省略した形が残っており、しかも乚が廴に変えられた。そのため、許慎・藤堂・鎌田・阿辻は篆書の字形（〓）から形声文字として字源を解釈するが、後起の字形であり、起源の形ではない。また、白川・李学勤も西周金文の諸字形を挙げながら、字源を形声文字に誤る。赤塚・谷衍奎は異体の「〓」から「人」とそれ以外に分け、人が階段の前に立った様子と解釈するが、これは「土」を省いた略体であり、また各部分の分け方も誤っている。加藤のみ、人・土・乚から成る形（〓）を起源として「庭」を表す会意文字としており、これだけは正解に近い。

　字形はさらに、隷書で「𡈼」を「壬」に誤った形（廷）となり、楷書の「廷」になった。また、秦代には意符として広い家屋を表す「广」を増し加えた繁文（〓など）

が作られ、楷書の「庭」になっている。

彡部

「彡（彡）」は、当初は音や光などを表す指示記号であった。後に、毛や飾りなどの表現にも転用された。

《彡》⑦形

570【形】〔形〕 楷七画　彡部　成形声

古匣紐耕部・群紐耕部[ɣieŋ, ɦeŋ, geŋ]→中匣紐青韻[ɣieŋ, ɦeŋ, ɦeŋ]→漢ケイ呉ギョウ（ギャウ）

篆書の形（形）は、彡を意符、幵《けん》を声符とする形声文字である。なお、声符としての幵については、研〔研〕・栞などでは漢音が「ケン」であるが、形のほか刑〔刑〕や筓では漢音が「ケイ」であり、前者は上古音の韻母が元部[-an]、後者は耕部[-eŋ]である。一方が転用されたものかもしれないが、先秦時代の幵の用例が少ないため、いずれが起源かを明らかにすることは難しい。

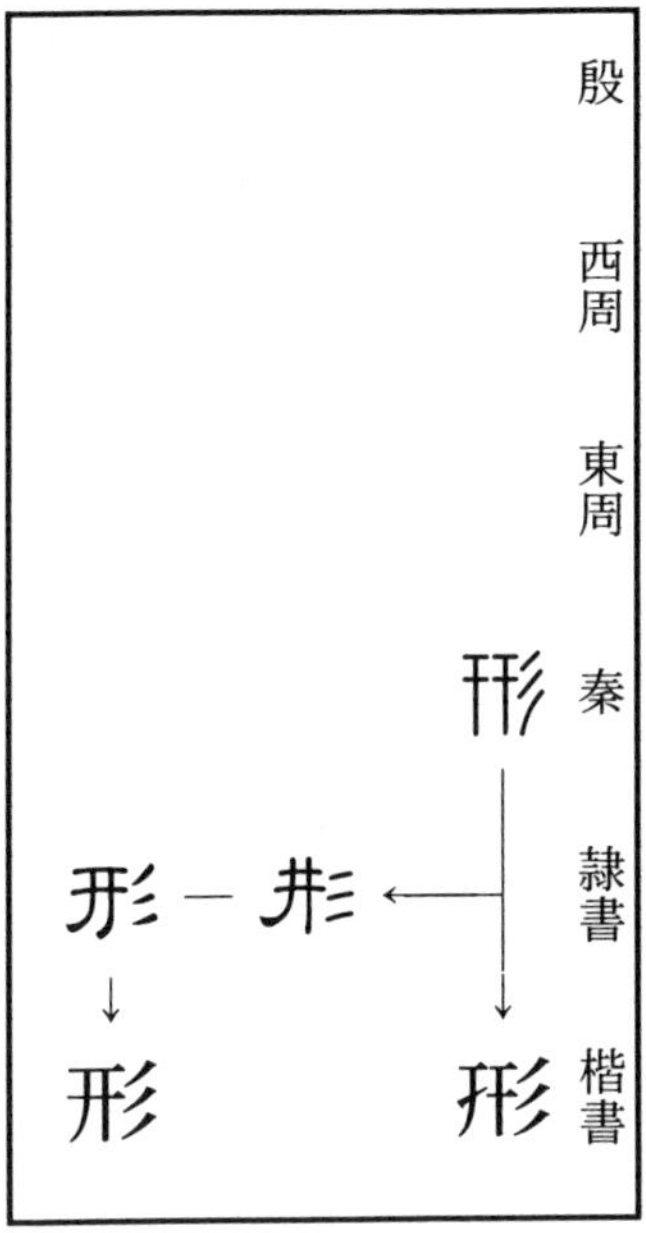

字形は隷書で「井」に従うもの（形）のほか、刑などと同じく幵を用いた形（形）が作られ、これが楷書に継承された。また楷書には「形」の形も残っている。

なお、加藤・赤塚などは井を用いたものを字源とする。

幵・井は字形・字音ともに近い（井は上古音が精紐耕部で[tsieŋ]などと復元）ため入れ替わることが多く、また秦代の「形」の形は現行の『説文解字』のみに見えるため、その可能性も否定はできない。

そのほか、白川も井を用いたものを起源とし、会意文字と見なして、美しい鋳型を字源とする。しかし、井は井戸または人為的に掘った穴の形であり、鋳型の意味はない。また、藤堂は自己が想定する字音の「イメージ」に基づき、幵（井）に「四角いかた」の意味もある亦声の部分とし、鎌田もこれに従う。しかし、これは字音が近い囲や型などと同じ成り立ちであるはずという前提の推定であり、文字資料から得られた結論ではない。

白部

「白（⊖）」は、字形の起源が明らかになっていない文字である。便宜上、幾何学符号として分類した。

《白》⑤白(伯・百)

---

571 【白】 (楷)五画　白部　(成)象形

(古)並紐鐸部[beak, bak, brag]→(中)並紐陌韻[bɐk, bʌk, bɣæk]→(漢)ハク(呉)ビャク

572 【伯】 (楷)七画　人部　(成)形声（亦声）

(古)幫紐鐸部・幫紐魚部[peak, pak+pag, prag]→(中)幫紐陌韻・幫紐禡韻[pɐk, pʌk+pa, pɣæk]→(漢)ハク・ハ(呉)ヒャク・ハ

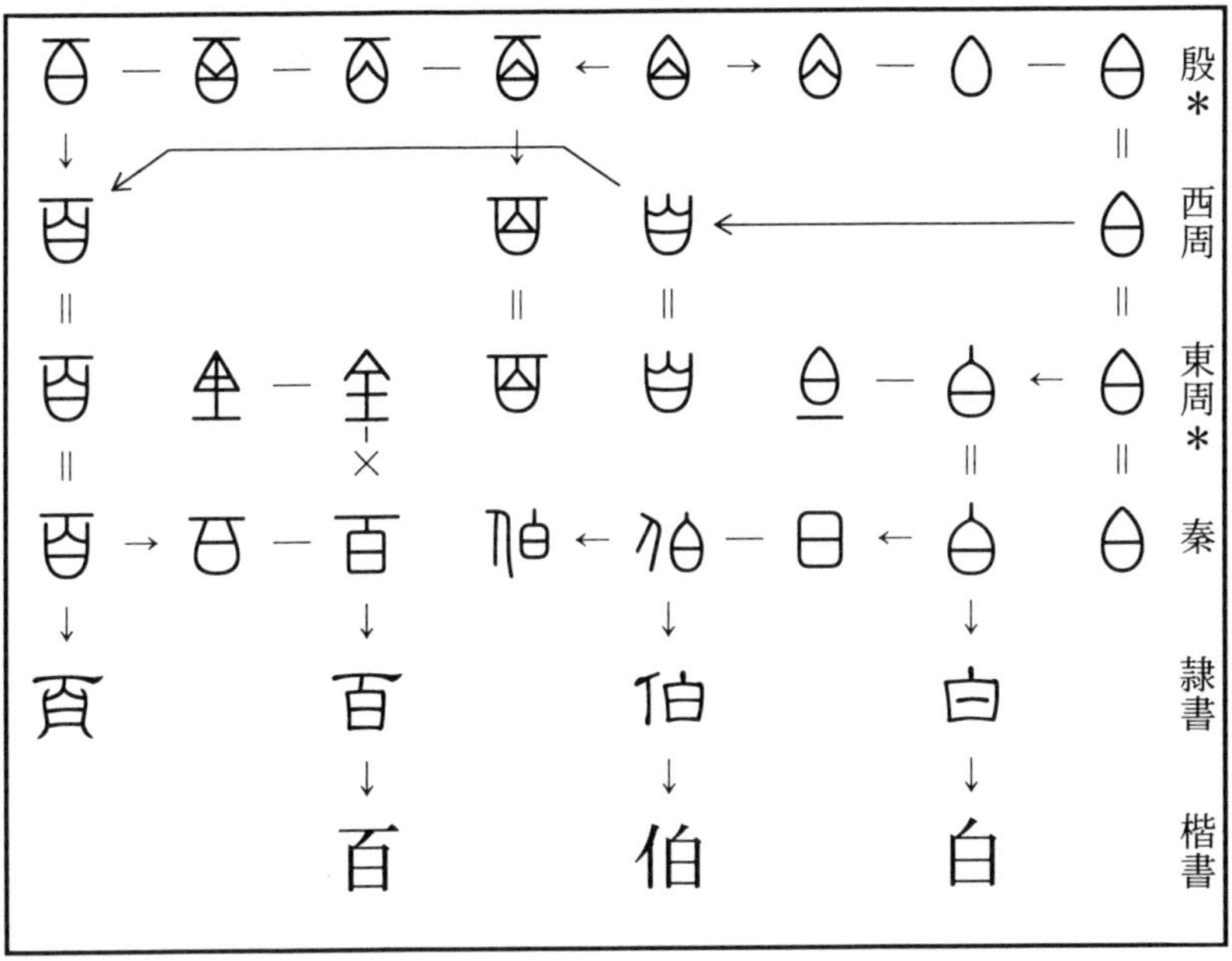

573 **【百】** 楷六画　一部（白部）　成象形（合文）

古幫紐鐸部[peak, pak, prag]→

→中幫紐陌韻[pɐk, pʌk, pyæk]→漢ハク呉ヒャク

「白（⊖）」について、許慎は「入に従い二を合わせる」とするが、実際には入（𠆢）と二（二）の会意ではない。

加藤・李学勤は親指の象形とする説を採り、「しろい」の意味は仮借の用法とする。そのほかの研究者は「しろい」の字義から解釈し、藤堂はどんぐりの実の形とする。白川は白骨化した頭蓋骨とし、阿辻はこれに従う。また赤塚は月が光るさまとし、谷衍奎は白い米粒とする（鎌田は諸説を併記する）。

このように諸説あるが、甲骨文字の段階できわめて簡略化されており、かつ原義によって会意文字などで使用された例もないので、いずれが正しいか、あるいはさらに別の字源なのかは不明である

「伯」は「白」に意符として「人（亻）」を増し加えた形であり、秦代に作られた。純粋な形声文字とする説も

あるが、「白」には甲骨文字の段階から「領主」としての用法があるので、意味も表す亦声の部分として分類した。伯は覇〔霸〕と通用することから、藤堂は上古音に幫紐魚部[pag]を推定するが、徐鉉注は覇の発音について「普伯の切。臣鉉等曰く、今俗は必駕の切」としているので、上古音に陰声を復元するのは誤りであろう。

「百（〓）」は、殷代には白（〓）と発音が同じであったため、仮借し、かつ数字の「一（一）」を加えた合文で「一百」の意味を表した文字である。「〓」や「〓」は「一」を加えていないが、殷代の資料では「百」の意味で使われた字形である。こちらの方が「〓」よりも繁雑な形であり、「白」の字源についても、これらの字形から判断すべきかもしれない。

西周～東周代に見える「〓」については、鼻の象形である自（〓）の略体（〓）とほぼ同形であり、字形からの識別は難しい。東周代に見える「〓・〓」は、晋地や斉地などで使われ、字義は「百」であるが、別系統の字形であり、由来は不明である（形は「金」の略体（〓）に近い）。また後代にも残っていない。

干部

「干（〓）」は、字源が明らかになっていない文字である。単純な形であり、便宜上、幾何学的符号に分類した。

《干》⑤平

574【平】〔平〕 楷五画　干部　成指事？

㊂並紐耕部・並紐陽部[bieŋ, biaŋ, breŋ]→㊥並紐庚韻[bieŋ, biaŋ, byiæŋ]→

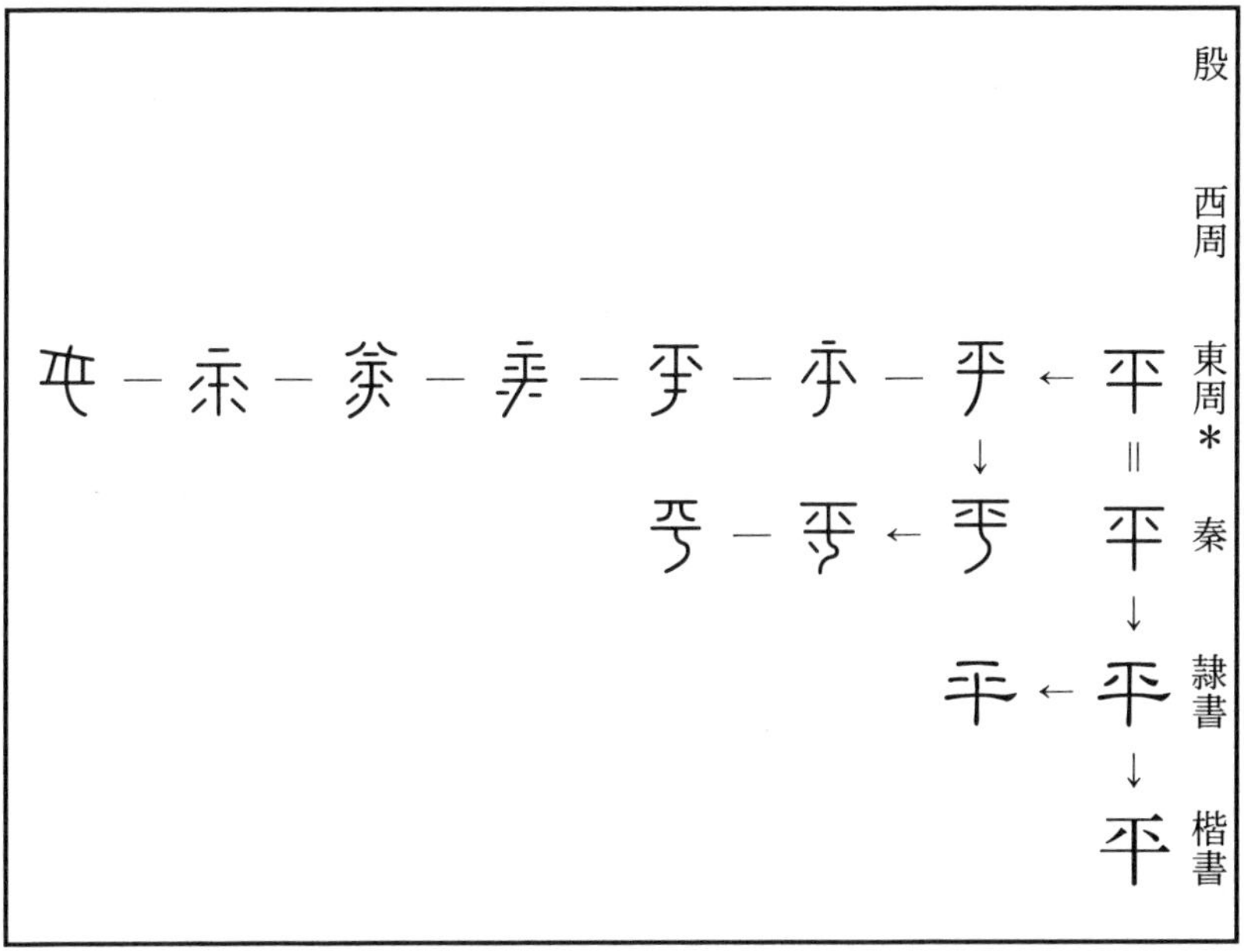

→漢ヘイ呉ビョウ（ビャウ）慣ヒョウ（ヒャウ）

「平」の字源について、許慎は篆書の字形（〓）を元に亏・八に従う字形とし、谷衍奎も同様であるが、これは字形史の中では特殊な異体である。加藤・藤堂・赤塚・鎌田・阿辻は、苹《へい》（うきくさ）の初文でその象形とするが、この説の根拠となったのは加藤・赤塚が誤って甲骨文字の平（〓）を初形としたところにあり、賛成しがたい。また、白川は手斧と木くずから成るとし、手斧で木を削って平らにする意味とするが、斧の形の「斤（〓）」とも異なっている。

初出の東周代の字形のうち、「平」や「〓」は李学勤が指摘するように「于（〓）」と「八」を用いた字形である。ただし、李学勤は「字形結構不明」としており、字源については明らかではない。そもそも于（〓）の字源が明らかになっていないため、必然的に「平」の字源も明らかにするのは困難である。

異体として、上部に線を加えたもの（〓）や、八を重ねたもの（〓）などもあるが、後代には残っていない。

落合淳思（おちあい　あつし）

1974年愛知県生まれ。立命館大学大学院文学研究科史学専攻修了。博士（文学）。現在、立命館大学白川静記念東洋文字文化研究所客員研究員。主な著書に、『小学校一年生の漢字』～『小学生六年生の漢字』『部首から知る漢字のなりたち』（監修、理論社）、『甲骨文字辞典』『殷代史研究』（朋友書店）、『殷――中国史最古の王朝』『漢字の字形――甲骨文字から篆書、楷書へ』（中公新書）、『漢字の成り立ち』（筑摩選書）、『甲骨文字に歴史をよむ』（ちくま新書）、『古代中国の虚像と実像』『甲骨文字の読み方』（講談社現代新書）ほかがある。

漢字《かんじ》字《じ》形史《けいし》小字《しょうじ》典《てん》

二〇一九年三月三一日　初版第一刷発行
二〇一九年八月一〇日　初版第二刷発行

著　者●落合淳思
発行者●山田真史
発売所●株式会社東方書店
東京都千代田区神田神保町一―三　〒一〇一―〇〇五一
電話〇三―三二九四―一〇〇一
営業電話〇三―三九三七―〇三〇〇
装　幀●森田恭行（キガミッツ）
印刷・製本●（株）平河工業社

定価はカバーに表示してあります

© 2019　落合淳思　Printed in Japan
ISBN978-4-497-21912-1　C3580
乱丁・落丁本はお取り替えいたします。
恐れ入りますが直接小社までお送りください。

Ⓡ本書を無断で複写複製（コピー）することは著作権法上での例外を除き禁じられています。本書をコピーされる場合は、事前に日本複製権センター（JRRC）の許諾を受けてください。JRRC（https://www.jrrc.or.jp　Eメール：info@jrrc.or.jp　電話：03-3401-2382）

小社ホームページ〈中国・本の情報館〉で小社出版物のご案内をしております。
https://www.toho-shoten.co.jp/

付録

1本書の部首・文字一覧

○本書に掲載した部首分類と親文字、および掲載ページ数である。《　》は部首と関連部首、丸数字は画数、（　）は同源字である。

自然に関係する部首の文字

動植物に関係する部首の文字

建築・土木に関係する部首の文字

幾何学的符号の部首の文字

２画数索引

○楷書の画数による索引である。同画数の文字については、第1画の方向で分類しており、「一」は横画、「丨」は縦画、「丿」は払い、「丶」は点、「乛」は曲がった画である。ごく短い横画・縦画は「丶」に分類した。旧字については、新字と画数または第1画の方向が違う場合のみ掲載した。異体は掲載していない。画数と第1画の方向が同じ場合には、本書の掲載順とした。

3音読み索引

○音読みによる索引である。親文字について、漢音はすべて掲載した。呉音・慣用音は一般的に使用されるもののみ掲載した。また、現在の日本で音読みが一般的でないものなど（貝・皿・箱・畑の4文字）は訓読みも掲載した。現代仮名遣いのみを用い、新字体のみ表示した。読みが同じ文字は本書の掲載順とした。

き

く

け

4教育年次別漢字表

○小学校1～3年生で学習する漢字の一覧と掲載ページ数である。各文字について、最も一般的な音読みの順で掲載し、それがないもの（貝・皿・箱・畑の4文字）は訓読みとした。新字体のみ表示している。

5各研究者の上古音分類

郭錫良『漢字古音手冊（増訂本）』の分類

韻母分類（29部）

陰声		入声		陽声	
ə	之部	ək	職部	əŋ	蒸部
əu	幽部	əuk	覚部	-	冬部
au	宵部	auk	薬部		
o	侯部	ok	屋部	oŋ	東部
ɑ	魚部	ɑk	鐸部	ɑŋ	陽部
e	支部	ek	錫部	eŋ	耕部
ei	脂部	et	質部	en	真部
əi	微部	ət	物部	ən	文部
a	歌部	at	月部	an	元部
		əp	緝部	əm	侵部
		ap	葉部	am	談部

声母分類（32紐）

		唇音		舌頭音		舌上音		歯頭音		正歯音		喉音			
塞	清不気	p	幫紐	t	端紐	ʈ	章紐					k	見紐	φ	影紐
音	清送気	ph	滂紐	th	透紐	ʈh	昌紐					kh	渓紐		
	濁送気	bh	並紐	dh	定紐	ɖh	船紐					gh	群紐		
鼻音	濁	m	明紐	n	泥紐	ɳ	日紐					ŋ	疑紐		
辺音	濁			l	来紐	ʎ	餘紐								
塞	清不気							ts	精紐	tʃ	荘紐				
擦	清送気							tsh	清紐	tʃh	初紐				
音	濁送気							dzh	従紐	dʒh	崇紐				
擦	清					ɕ	書紐	s	心紐	ʃ	山紐	x	暁紐		
音	濁					ʑ	禅紐	z	邪紐			ɣ	匣紐		

○韻母は主母音7種・韻尾8種（含無韻尾）。

○声母については細部は筆者が配列した。

周長楫・李珍華『漢字古今音表（修訂本）』の分類

韻母分類(30部)

陰声		入声		陽声	
ə	之部	ək	職部	əŋ	蒸部
u	幽部	uk	覚部	uŋ	冬部
au	宵部	auk	薬部		
ɔ	侯部	ɔk	屋部	ɔŋ	東部
a	魚部	ak	鐸部	aŋ	陽部
e	支部	ek	錫部	eŋ	耕部
ei	脂部	et	質部	en	真部
əi	微部	ət	物部	ən	文部
ai	歌部	at	月部	an	元部
		əp	緝部	əm	侵部
		ap	葉部	am	談部

声母分類（32紐33種）

		唇音		舌頭音		舌上音		歯頭音		正歯音		牙喉音		喉音	
塞音	清不気	p	幫紐	t	端紐	ʈ	章紐					k	見紐	ϕ	影紐
	清送気	ph	滂紐	th	透紐	ʈh	昌紐					kh	渓紐		
	濁	b	並紐	d	定紐	ɖ	船紐					g	群紐		
鼻音	濁	m	明紐	n	泥紐	ɳ	日紐					ŋ	疑紐		
辺音				l	来紐	ʎ	餘紐								
塞擦音	清不気							ts	精紐	tʃ	荘紐				
	清送気							tsh	清紐	tʃh	初紐				
	濁							dz	従紐	dʒ	崇紐				
擦音	清					ɕ	書紐	s	心紐	ʃ	生紐	h	暁紐		
	濁					ʑ	禅紐	z	邪紐	ʒ		ɣ	匣紐		

○韻母は主母音6種・韻尾8種（含無韻尾）。

Ｂ・カールグレン"GRAMMATA SERICA RECENSA"の分類

韻母分類（30部35種）

陰声		入声		陽声	
əg	之部	ək	職部	əŋ	蒸部
og	幽部	ok	覚部	oŋ	冬部
ɔg, ɔ	宵部	ɔk	薬部		
ug, u	侯部	uk	屋部	uŋ	東部
ag, a	魚部	ak	鐸部	aŋ	陽部
eg	支部	ek	錫部	eŋ	耕部
ed	脂部	et	質部	en	真部
əd, ər	微部	ət	物部	ən	文部
ad, ar	歌部	at	月部	an	元部
		əp	緝部	əm	侵部
		ap	葉部	am	談部

声母分類（33紐）

		唇音	舌頭音	舌上音	歯頭音	正歯音	牙喉音	喉音
塞音	清不気	p	t	ʈ			k	ʔ
	清送気	ph	th	ʈh			kh	
	濁不気		d	ɖ			g	
	濁送気	bh	dh	ɖh			gh	
鼻音	濁	m	n	ɳ			ŋ	
辺音	濁		l					
塞擦音	清不気				ts	tʃ		
	清送気				tsh	tʃh		
	濁不気				dz	dʒ		
	濁送気				dzh			
擦音	清			ɕ	s	ʃ	x	
	濁				z			

○韻母は主母音6種・韻尾10種（含無韻尾）。

○声母の分類は"WORD FAMILIES IN CHINESE"による。また表になっておらず、筆者が配列した。

○二重声母の存在が想定されている。

○紐・部の名称がない（韻母の分類は他研究者のものを流用して筆者が作成した）。

藤堂明保『学研　漢和大字典』の分類

韻母分類（30部33種）

陰声		入声		陽声	
əg	之部	ək	職部	əŋ	蒸部
og	幽部	ok	覚部	oŋ	冬部
ɔg	宵部	ɔk	薬部		
ug	侯部	uk	屋部	uŋ	東部
ag	魚部	ak	鐸部	aŋ	陽部
eg	支部	ek	錫部	eŋ	耕部
ed, er	脂部	et	質部	en	真部
əd, ər	微部	ət	物部	ən	文部
ad, ar	歌部	at	月部	an	元部
		əp	緝部	əm	侵部
		ap	葉部	am	談部

声母分類（22紐28種）

		唇音	舌頭音	歯音	牙音	喉音
塞音	清不気	p	t		k	ʔ
	清送気	ph	th		kh	
	濁不気	b	d		g	
	濁送気		dh			
鼻音	濁	m	n		ŋ	
辺音	濁		l			
塞擦音	清不気			ts		
	清送気			tsh		
	濁			dz		
擦音	清			s		h
	濁					ɦ
弱有声音		b̊, m̊	d̊, n̊		g̊	
強送気音			th, dh			

○韻母は主母音6種・韻尾9種。
○韻母の分類について薬部を沃部、幽部を中部、物部を隊術部と呼称する。
○声母は『中国語音韻論』では19紐とするが、『学研　漢和大字典』では増加している。また紐の名称がなく、表にもなっていない（表は筆者が作成した）。
○声母のうち、丸をを付したものは「弱い有声音」が想定されるもの。そのうちd̊は余紐に対応する（便宜上、本文ではɖで表記している）。またthとdhには「とくに強い息の出る」発音が想定されている。そのほかdhは禅紐に対応する。
○二重声母（1を付したもののみ）が想定されている。

鄭張尚芳ほか『漢字字音演変大字典』の分類

韻母分類（30部58種）

陰声		入声		陽声	
ɯ	之部	ɯg	職部	ɯŋ	蒸部
u, ɯw, iw	幽部	ug, ɯwɢ, iwɢ	覚部	uŋ	冬部
ew, aw, ow	宵部	ewɢ, awɢ, owɢ	薬部		
o	侯部	og	屋部	oŋ	東部
a	魚部	ag	鐸部	aŋ	陽部
e	支部	eg	錫部	eŋ	耕部
i, il	脂部	ig, id	質部	iŋ, in	真部
ɯl, ul	微部	ɯd, ud	物部	ɯn, un	文部
ol, al, el	歌部	od, ad, ed	月部	on, an, en	元部
		ɯb, ub, ib	緝部	ɯm, um, im	侵部
		ob, ab, eb	葉部	om, am, em	談部

声母分類（26紐36種）

		唇音		舌頭音		歯音		牙喉音		小舌音	
塞音	清不気	p	幫紐	t	端紐			k	見紐	q	影紐
	清送気	ph	滂紐	th	透紐			kh	渓紐	qh	暁紐
	濁	b	並紐	d	定紐			g	群紐	ɢ	匣紐
鼻音	清送気	mh	撫紐	nh	灘紐			ŋh	哭紐		
	濁	m	明紐	n	泥紐			ŋ	疑紐		
辺音	清送気			lh	胎紐	rh	寵紐				
	濁			l	以紐	r	来紐				
擦音	清不記					s	心紐				
	清送気					sh	清紐				
	濁					z	従紐				

○上古音を前後期に分割しており、うち前期を掲載。表は筆者が作成。

○韻母は主母音6種・韻尾10種（含無韻尾）。また後韻尾2種（ʔ・s）が想定されている。

○二重声母・三重声母が想定されている。前声母としてʔを付したʔsは精紐に対応する。また牙喉音・小舌音に8種の円唇化（k^w, kh^w, g^w, $ŋh^w$, $ŋ^w$, q^w, qh^w, $ɢ^w$）を認め、辺音に2種の塞音化（l', r'）を認める。

６参考文献（著者の姓の五十音順）

赤塚忠『中国古代の宗教と文化』角川書店、1977年

阿辻哲次『漢字文化の源流』丸善、2009年

王輝主編『秦文字編』中華書局、2015年

王巍総主編『中国考古学大辞典』上海辞書出版社、2014年

王文耀『簡明金文詞典』上海辞書出版社、1998年

王平主編『中国異体字大系・楷書編』上海書画出版社、2008年

王力『漢語語音史』中国社会科学出版社、1985年

大島正二『中国言語学史　増訂版』汲古書院、1998年

小川環樹・西田太一郎・赤塚忠『角川　新字源』角川書店、1968年（改訂版、1994年）

落合淳思『甲骨文字小字典』筑摩書房、2011年

落合淳思『殷代史研究』朋友書店、2012年

落合淳思『漢字の成り立ち』筑摩書房、2014年

落合淳思『甲骨文字辞典』朋友書店、2016年（再版2018年）

落合淳思『漢字の字形』中央公論新社、20019年

何景成『商周青銅器族氏銘文研究』斉魯書社、2009年

何琳儀『戦国古文字典』中華書局、1998年

Ｂ・カールグレン（BERNHARD KARLGREN）″WORD FAMILIES IN CHINESE″ THE MUSEUM of FAR EASTERN ANTIQUITIES, 1933

Ｂ・カールグレン″GRAMMATA SERICA RECENSA″ ELANDERS BOKTRYCKERI AKTIEBOLAG, 1957（″GRAMMATA SERICA″1940の修訂版）

郭錫良『漢字古音手冊』北京大学出版社、1986年（増訂本、商務印書館、2011年）

郭沫若主編『甲骨文合集』中華書局、1982年

加藤常賢『漢字の起原』角川書店、1970年（1949～1968年「漢字ノ起源」（謄写版）に加筆）

鎌田正・米山寅太郎『新漢語林』大修館書店、2004年（第二版、2011年）
許慎（後漢）『説文解字』同治十二年刊本（大徐本、中華書局、1963年）、道光十九年刊本（小徐本、中華書局、1987年）
黄天樹主編『甲骨拼合集』学苑出版社、2010年
黄徳寛主編『戦国文字字形表』上海古籍出版社、2017年
高明・涂白奎編『古文字類編（縮印増訂本）』上海古籍出版社、2014年
谷衍奎『漢字源流字典』語文出版社、2008年
国際音声学会編／竹林滋・神山孝夫訳『国際音声記号ガイドブック』大修館書店、2003年
載家祥主編『金文大字典』学林出版社、1995年
佐藤信弥『西周期における祭祀儀礼の研究』朋友書店、2014年
紫渓「古代量器小考」『文物』一九六四年第七期
島邦男『増訂　殷墟卜辞綜類』汲古書院、1971年
徐中舒『甲骨文字典』四川辞書出版社、1989年
徐無聞『甲金篆隷大字典』四川辞書出版社、1991年（新版、2010年）
鐘柏生・陳昭容・黄銘崇・袁国華『新収殷周青銅器銘文曁器影彙編』芸文印書館、2006年
白川静『金文通釈』白鶴美術館、1964～1984年（『白川静著作集』別巻収録、平凡社、2005年）
白川静『字統』平凡社、1984年（新訂版、2004年）
沈道栄『隷書辨異字典』文物出版社、2008年
睡虎地秦墓竹簡整理小組『睡虎地秦墓竹簡』文物出版社、1990年
臧克和・典郭瑞主編『中国異体字大系・隷書編』上海書画出版社、2010年
段玉裁（清）『説文解字注』嘉慶十三年（附標点・索引等、芸文印書館、2007年）
中国社会科学院考古研究所『小屯南地甲骨』中華書局、1980年
中国社会科学院考古研究所『殷周金文集成』中華書局、1984～1990年
中国社会科学院考古研究所『殷墟小屯村中村南甲骨』雲南人民出版社、

2012年
張亜初『殷周金文集成引得』中華書局、2001年
張学海『竜山文化』文物出版社、2006年
張桂光主編『商周金文辭類纂』中華書局、2014年
趙誠『甲骨文簡明詞典』中華書局、1988年
滕壬生『楚系簡帛文字編』湖北教育出版社、2008年
湯餘惠主編『戦国文字編（修訂本)』福建人民出版社、2015年
董蓮池『新金文編』作家出版社、2011年
藤堂明保『漢字語源辞典』学燈社、1965年
藤堂明保『学研　漢和大字典』学習研究社、1978年
長沢規矩也・原田種成・戸川芳郎『新明解漢和字典』三省堂、2009年
西林昭一・小谷喜一郎・村上幸造『中国法書選６』、二玄社、1989年
馬承源主編『商周青銅器銘文選』、文物出版社、1988～1990年
林巳奈夫『殷周青銅器の研究』殷周青銅器綜覧1、吉川弘文館、1984年
彭邦炯『甲骨文合集補編』語文出版社、1999年
松丸道雄・高嶋謙一『甲骨文字字釈総覧』東京大学出版会、1994
孟世凱『甲骨学辞典』世紀出版集団、2009年
姚孝遂主編『殷墟甲骨刻辞類纂』中華書局、1989年
頼惟勤監修『説文入門』大修館書店、1983年
李学勤主編『清華大学蔵戦国竹簡（壹)』中西書局、2010年
李学勤主編『字源』天津古籍出版社、2012年
李学勤・斉文心・艾蘭『英国所蔵甲骨集』中華書局、1985年
李珍華・周長楫『漢字古今音表』中華書局、1993年（修訂本1999年)
李鍾淑・葛英会『北京大学珍藏甲骨文字』上海古籍出版社、2008年
劉雨・盧岩『近出殷周金文集録』中華書局、2002年
劉雨・厳志斌『近出殷周金文集録　二編』中華書局、2010年
林連通・鄭張尚芳総編『漢字字音演変大字典』江西教育出版者、2012年